U0632250

本書出版得到國家古籍整理出版專項經費資助

〔唐〕顔師古撰
嚴旭疏證

匡謬正俗疏證

中華書局

圖書在版編目(CIP)數據

匡謬正俗疏證/(唐)顔師古撰;嚴旭疏證. —北京:中華書局,2019.10
ISBN 978-7-101-13496-4

Ⅰ.匡… Ⅱ.①顔…②嚴… Ⅲ.①經學-訓詁②《匡謬正俗》-研究 Ⅳ.H131.6

中國版本圖書館CIP數據核字(2018)第235818號

封面題簽:袁　旦
責任編輯:朱兆虎

匡謬正俗疏證
〔唐〕顔師古 撰
嚴　旭 疏證
*
中華書局出版發行
(北京市豐臺區太平橋西里38號 100073)
http://www.zhbc.com.cn
E-mail:zhbc@zhbc.com.cn
北京瑞古冠中印刷廠印刷
*
850×1168毫米 1/32 · 20½印張 · 4插頁 · 450千字
2019年10月北京第1版　2019年10月北京第1次印刷
印數:1-3000册　定價:78.00元

ISBN 978-7-101-13496-4

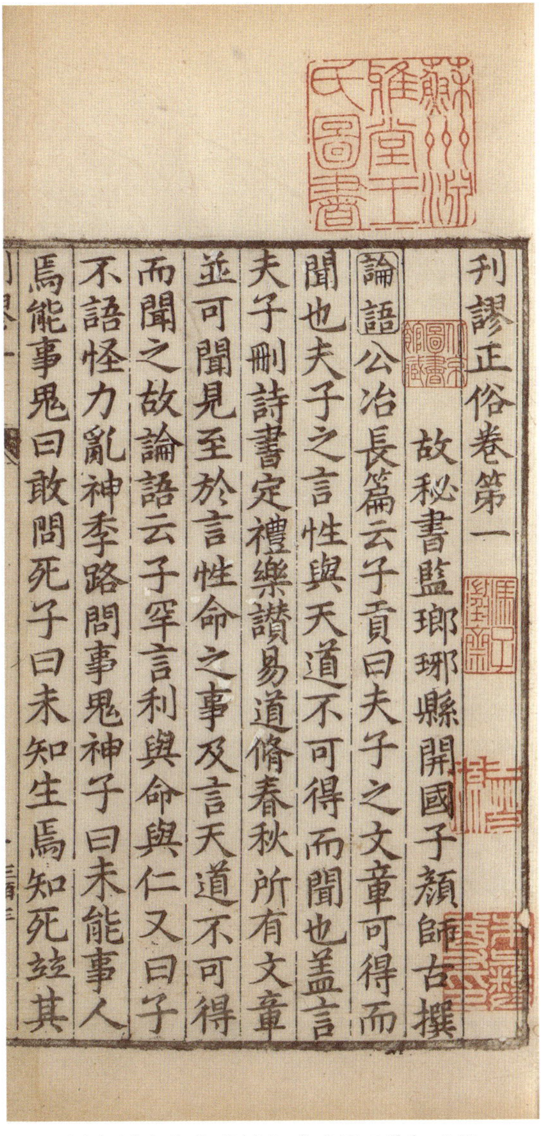
刊謬正俗卷第一
故秘書監瑯琊縣開國子顔師古撰
論語公冶長篇云子貢曰夫子之文章可得而
聞也夫子之言性與天道不可得而聞也蓋言
夫子刪詩書定禮樂讃易道脩春秋所有文章
並可聞見至於言性命之事及言天道不可得
而聞之故論語云子罕言利與命與仁又曰子
不語怪力亂神季路問事鬼神子曰未能事人
焉能事鬼曰敢問死子曰未知生焉知死兹其

國家圖書館藏明刻本《刊謬正俗》書影

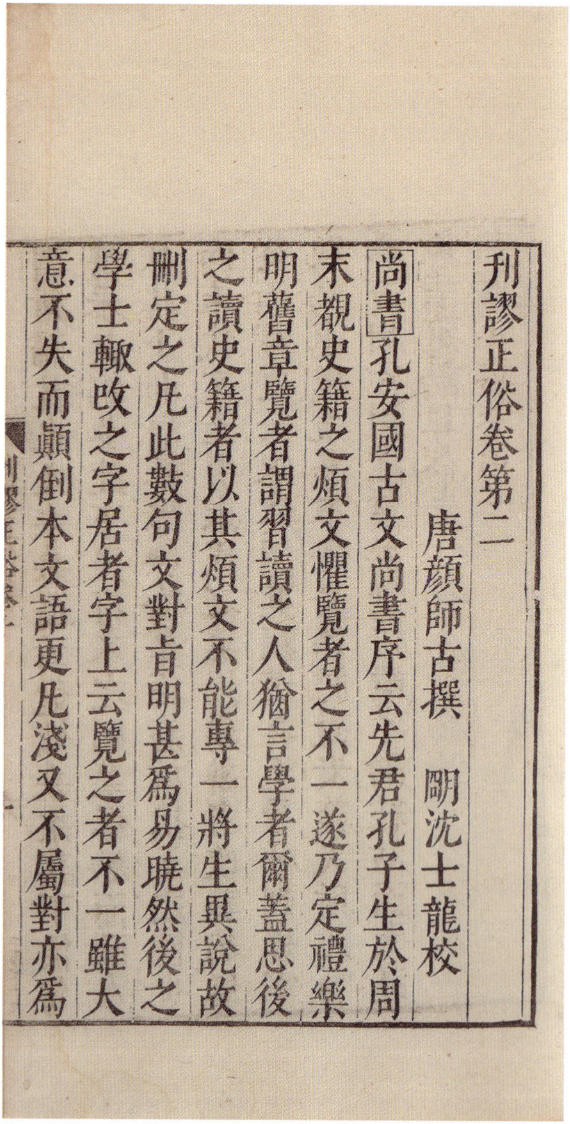

刊謬正俗卷第二

唐顔師古撰　明沈士龍校

尚書孔安國古文尚書序云先君孔子生於周末覩史籍之煩文懼覽者之不一遂乃定禮樂明舊章覽者謂習讀之人猶言學者爾蓋思後之讀史籍者以其煩文不能專一將生異說故刪定之凡此數句文對旨明甚爲易曉然後之學士輙改之字居者字上云覽之者不一雖大意不失而顛倒本文語更凡淺又不屬對亦爲

國家圖書館藏沈世龍校明刻本《刊謬正俗》書影

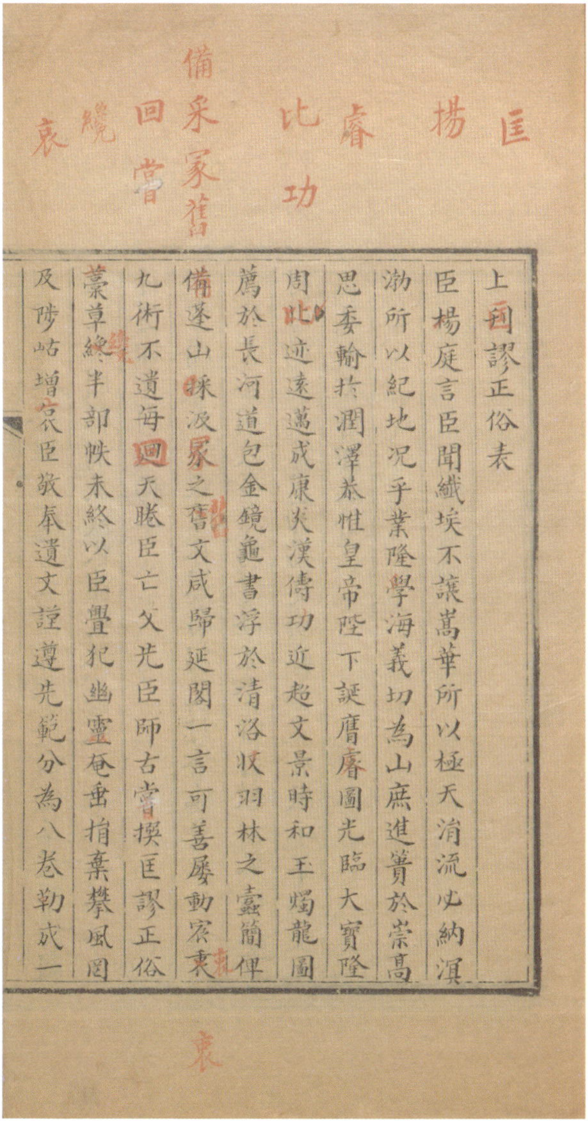

匡
揚
睿
比功
備采冢舊
回嘗
纔
哀
上匡謬正俗表
臣揚庭言臣聞纖埃不讓嵩華所以極天涓流必納溟
渤所以紀地況乎業隆學海義切為山庶進簣於崇高
思委輸於潤澤恭惟皇帝陛下誕膺睿圖光臨大寶隆
周比迹遠邁成康炎漢儔功近超文景時和玉燭龍圖
薦於長河道包金鏡龜書浮於清洛收羽林之壼簡俾
備蓬山採汲冢之舊文咸歸延閣一言可善屡動宸衷
九術不遺每回天睠臣亡父先臣師古嘗撰匡謬正俗
藁草纔半部帙未終以臣疊犯幽靈奄垂捐棄攀風罔
及陟岵增哀臣敬奉遺文謹遵先範分為八卷勒成一
衷

國家圖書館藏盧文弨校清抄本《匡謬正俗》書影

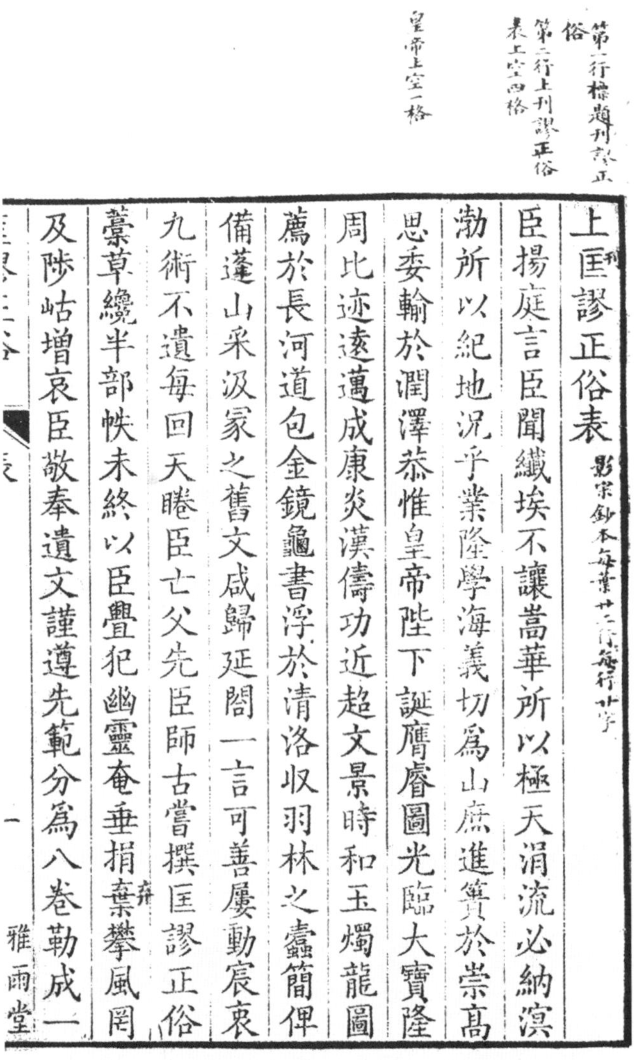
第一行標題刊匡謬正俗
第二行上刊謬正俗表上空四格
皇帝上空一格
上匡謬正俗表
影宋鈔本每葉廿二行每行廿字
臣揚庭言臣聞纖埃不讓嵩華所以極天涓流必納溟渤所以紀地況乎業隆學海義切爲山庶進簣於崇高思委輸於潤澤恭惟皇帝陛下誕膺睿圖光臨大寶隆周比迹遠邁成康炎漢儔功近超文景時和玉燭龍圖薦於長河道包金鏡龜書浮於清洛收羽林之蠹簡俾備蓬山采汲冢之舊文咸歸延閣一言可善屢動宸衷九術不遺每回天睠臣亡父先臣師古嘗撰匡謬正俗藁草纔半部帙未終以臣疊犯幽靈奄垂捐棄攀風罔及陟岵增哀臣敬奉遺文謹遵先範分爲八卷勒成一
一
雅雨堂

國家圖書館藏吴翌鳳、張紹仁校《雅雨堂叢書》刻本《匡謬正俗》書影

序

濟寬

《匡謬正俗》八卷，唐顔師古遺著。師古生前未能編定。唐高宗永徽二年，師古之子顔揚庭表上此書。次年詔下，抄録存秘書臺，未見施行記録。

所謂「匡謬正俗」者，匡其謬而欲其正，正其俗而欲其雅也。大凡傳世典籍之雅正者，莫過於經。師古此書，三之一爲諸經，三之二爲諸書，是諸書爲重，諸經爲輕也。師古離世前三載，唐太宗貞觀十六年，孔穎達《五經正義》編成，付國子監施行。諸經訓詁，雅正之體至此大定。師古之匡正，於諸經僅五十五條，或與此相關耶？

又雅、正之所指，諸經諸書之内，在乎音釋與訓詁。字音之正而不謬、字義之雅而不俗，所以爲匡正也。四庫館臣以爲師古或誤以今韻讀古音，或誤以古音讀今韻，千慮一失，而與沈重《毛詩音》同開後來叶音之説，是「不能知音有古今」。然音或有失，義多可取。丘區、禹宇之論，都鄙、俘厥之解，或見重於同代之文豪，或先達於千載之後學。畢竟去古未遠，根柢猶存也。

《匡謬正俗》八卷百八十條，非巨帙也。然遠隔千四百年，其間一如初獻之始，抄録者有之，施行者鮮見，而詳考者罕言也。

今嚴旭君發奮鑽研，冬夏不輟。窮搜存世各本，比勘今人著述。梳理源流，論列短長，讎校文字，評點訓詁。學究理脈，上承師古之根柢；文思細密，下啓後學之津梁。其心可白於先賢，其功可表於同道也。

當此斯文興復之時，其人或可期於未來，其言或可立於儒林耶？

戊戌正月初六於京都

來園往事（代序）

宋哲

嚴清蕙兄是大學裏研究「小學」的人。選擇古典研究這條道路，看似偶然，今之視昔，命運的綫早已織就。《匡謬正俗疏證》是她碩士階段的研究成果。很榮幸，我見證了這部書稿的成型，它構成了我們一個羣體的精神肖像。

緣詩而通史，通史而明經。這是我們的路。

在十九世紀中葉之前，古典意味着終極價值歸屬。孔子作爲大成至聖接受奉祀，廟學合一。即使是邊鄙之地，蒙童也能在釋菜禮的頌儀中感知聖賢的風教。《顏氏家訓》引古人語：「千載一聖，猶旦暮也。」這條文明的根脈，在傳統中國是日用而知的。西學東漸餘緒下的我們，則熱切而茫然。

二〇〇八年我進入北京語言大學開始本科學習。在哲人巷書店購得《清人注疏十三經》和《諸子集成》，勉力讀之，懵懂而執着。二〇〇九年，我創辦了學生社團知靜齋古琴社，清蕙兄是第一批社員。承蒙張陽老師的協調，琴社在教四樓二樓得以有活動教室。琴社起家是三張琴，週一到週五由我從宿舍樓搬到教四樓供社友習練。清蕙兄一般週二來。當時教室裏有一面黑板，我常在上面推演漢字，當時昧於字形，未明因聲求義之旨。

教室的窗外，是珊珊可愛的「來園」。北語是一所知名的涉外高校，來園取義「有朋自遠方來，不亦樂乎？」社友則私下命之以「遠人不服則修文德而來之」。池塘春草，園柳鳴禽，萬事不關心。

後來，小教室被別的學院借走，琴社没有了場地，我也有些心灰意懶。再見清蕙兄，是之後的詩社活動。學院的棲遲詩社，有一本叫《來園》的文學刊物。曹曉亮社長囑我幫忙遴選優秀作品，我點了一組舊詩爲首，這組詩即是清蕙兄的手筆。可貴的是，清蕙兄有詩才，兼有史才。那一時期，詩社的朋友們頗多唱和，在詩學中發現中國。

學術的一大轉折在二〇一三年。嚴兄遊張濟寬先生門，修碩士業。是年，我拜郁夫子爲師，研習小學。二〇一三年到二〇一四年初的一段時間，嚴清蕙兄、程葦之兄、王瓊瑶兄和我常常在清晏樓二樓聚學。雖在庖廚，觳觫無睹，倒還可以心安理得做君子之學。清蕙兄勤勉篤學，李蘭川兄和李宜賓兄方可當之。然她又含謙遜之質，恂恂似不能言。後來清蕙兄的論文工作不斷深入，需要經常到國圖校書，讀書小組系統性的研讀就暫告段落。有時水面清圓，鳥雀呼晴，大家就到來園小坐，聊聊各自論文的進展。《禮記·學記》云：「獨學而無友，則孤陋而寡聞。」那一段時間，文獻語言學的趣味把朋友們團結在一起。讀書、校書、注書，快樂也有另一種句法。

二〇一六年，我負笈東南，葦之兄求學西荷，交流也就開始轉到綫上。再過一年，郁夫子歸棹桐鄉，蘭川兄執教嶽麓，宜賓兄下帷燕園，我亦卜居餘杭，難以相見。微信羣裏，馬永光兄退密於三禮，何子粲兄書藝益精進，王瓊瑶兄壯遊天地，志在高山流水，任居易兄嘻嘻哈哈，志在陽光型男。清蕙兄依舊嫻靜，學術之餘，做起了手工。清蕙兄的前言和濟寬先生的序言，對是書學術源流和貢獻的研究已然該備，她仍囑我爲書稿寫一篇序言。我欣睹清蕙兄三載結構，乃成篇什，聊述往事，以明其篤學深思，心性然也。

思緒紛紛，落筆草草。寫作這篇短文，情緒往往把我拉回來園的新陽景致和難以忘懷的朗朗書聲，懷舊似乎來得太早些？大數據、腦機接口、賽博化將爲未來的學術研究提供新的範式，我們也許就是碳基人類的最後的古典學人。生命不可遏制地步入而立之年，學術的時光已歷經了十載。「錢塘江上潮信來，今日方知我是我。」時近修禊，來園之曲水，或流觴也邪？復有弦歌者乎？

二〇一八年四月宋哲謹識於餘杭春鏡樓

前言

顔籀（五八一—六四五）字師古（一説名師古，字籀），初唐經學家、史學家、訓詁學家，著名學者顔之推之孫。顔師古少承家學，博覽羣書，通達政理，嫻於文辭，曾奉詔撰成《五經定本》，製作《字樣》，參定《五經正義》，傳世著作有《漢書注》、《急就篇注》和《匡謬正俗》。《匡謬正俗》是他的遺作，由其子顔揚庭整理而成。全書共八卷，收録詞語一百八十二條，綜論諸書故訓、俗語方言，内容包含校讎經史、訂正音讀、辨析詞義、考察名源等，是一部考據精審的訓詁札記，也是《四庫全書》小學類訓詁之屬下收的唯一一部唐代著作。書中「既有確實的根據，又有卓越的見解」（王力《中國語言學史》，山東教育出版社一九九〇年，第一二八頁），可以管窺顔師古的學術成就和治學方法。

在語音學方面，顔師古繼承了劉熙、揚雄、郭璞乃至顔之推以來關於語音隨時空而變化的觀念，清楚地認識到語音「或有時代訛轉，或有方俗語異」（132「賁」），並開始有意識地運用排比韻脚字的方法考求古音，如通過「等」字與中古海韻諸字爲韻，認定其本音「都在反」（095「底」）；通過《西京賦》中「反」字與去聲字爲韻，認定「反」字有「扶萬切」之音（110「反」）。他還注意到了諧聲偏旁與古音的關係，常常選用諧聲偏旁相同的字來注

「古音」，如「怠懈之字通有『荅』音」(112「怠」)，「誼」、「議」二字「並有『宜』音」(105「誼議」)。明清學者考求古音的方法主要有「詩韻繫聯法」、「諧聲類推法」和「唐韻離析法」(何九盈《中國古代語言學史》〔新增訂本〕，北京大學出版社二〇〇六年，第二五五頁)，除了未從離析唐韻入手，系統地建立起上古韻部外，在詩韻繫聯和諧聲類推這兩種方法上，顔師古皆已導夫先路。他在《匡謬正俗》中還對訓讀、音變構詞等語音現象進行了個案研究，爲人們探索其中規律留下了寶貴的綫索。

在文字學方面，顔師古對形、音、義三者的關係，尤其是字音勾通形、義的作用，已經具有比較清晰的認識，如認爲「惟」、「維」、「唯」三字「同音通用，厥義無别」(024「惟」)，「於戲」、「烏呼」、「於乎」、「嗚呼」諸詞「文有古今之變，義無美惡之别」(025「烏呼」)。以聲音通訓詁，形音義互相求，經過後世段、王等人提煉發皇，成爲小學的圭臬。在卷六、七、八的衆多條目中，顔師古以古語釋今言，考求方言俗語的古本字，既是對《爾雅》、《方言》的繼承與發展，也對後世《新方言》等著作有所啓發。顔氏《字樣》開啓了後世「字樣」學的先河，《匡謬正俗》中亦有與正字相關的條目，如157「替」、168「飭」等，反映了顔師古的語言文字規範觀念與實踐。

在訓詁學方面，從内容上看，《匡謬正俗》既有指正鄭玄、杜預等名家經注之誤，亦有繩糾當時流俗曲解詞義之失，大多言辨而確，勝義紛出。師古史學精深，嫻於雅故，對名物、地理、風俗、制度等的訓釋尤爲博洽。還有一些條目通過分析語法結構來訓釋詞義，展現了語法、語義相結合的研究方法。从體式上看，《匡謬正俗》極大地發皇了訓詁札記這一新興體式。訓詁札記產生於南北朝時期，亦稱「雜記」、「筆記」等，摘引詞語，釋疑辨正，介乎辭典與注疏之間。現存最早的訓詁札記類著述，當屬《顏氏家訓》中的《書證》、《音辭》兩篇，而訓詁札記勒爲專書，則始於《匡謬正俗》。故《四庫全書總目》云：「古人考辨小學之書，今皆失傳。自顏之推《家訓·音》、《證》篇外，實莫古於是書。」此書大體先釋古書詞語，辨明音義；後解方言俗語，推闡名源，有時二者也交叉出現。前四卷論《論語》、《詩》、《尚書》、《禮記》、《春秋》諸經音義，卷第五論史，卷第六至第八論方言俗語及前人著作中文字訛誤、訓釋失當等問題。涉及的古書大致按時間順序編排，同出一書的條目依次整合。每條一般首列被釋字詞作爲題名，繼而大多採用問答體，先出示誤解或疑問，再引用古書古注，然後分析論斷，表明己見。雖是未竟之作，體系不盡嚴密，但仍可謂是一部精心詮次、體大思精的訓詁學著作。中唐以至宋代，筆記類著作中的訓詁文章逐漸繁盛，如李涪《刊誤》、洪邁《容齋隨筆》、王應麟《困學紀聞》、王楙《野客叢書》、趙令時《侯鯖録》等，積累了豐富的訓詁資料，是漢語史和語言學史研究的寶庫。《匡謬正俗》無疑頓開風氣之先。清代小學鼎盛，訓詁札記在數量和質量上都極爲繁榮，其中王念孫的《讀書雜志》、王引之的《經義述聞》、俞樾的《羣經平議》等尤稱傑作。追根溯源，亦不能不推《匡謬正俗》爲濫觴。

在文獻學方面，顏師古在《匡謬正俗》中的很多校勘意見對當今的古籍整理工作仍有參考價值，如077「宋書」、079「錫趺」，分别被中華書局點校本《南史》、《南齊書》所採用。又因書中大量徵引古代典籍和前人故訓，客觀上也爲保存古代文獻發揮了積極的作用。一方面，一些已佚的文獻材料僅見於此，如周祖謨《景宋本〈匡謬正俗〉校記·序》所云陸機詩文、169「陵遲」等五條引董勛《問禮俗》、174「抉目」等兩條引應劭《風俗通義》等。另一方面，許多傳世古籍曾經改竄，而《匡謬正俗》中保存了顏師古所見之本，即唐初或唐代以前的版本面貌，如001「論語」所引《論語》之文與今本異、128「蜼」等三條引郭璞《山海經圖讚》與諸家輯本及類書所引皆有異文等。若能詳考其中的古書古本，或可使此書在辨章學術、考鏡源流方面發揮更大的學術價值。

當然，《匡謬正俗》内容豐贍，未免瑕瑜互見。《四庫全書總目》以爲「考據極爲精審，惟拘於習俗，不能知音有古今」，乃例論其中誤以今韻讀古音、誤以古音讀今韻之處。其實顏師古固知音有古今，但還遠未認識到古音的系統性和音變的規律性。他雖知排比韻腳字，但尚無明確的古韻分部觀念。有時雖舉當時方音爲證，但孤立的字音只能代表音值，不能代表音類；有時只得隨文改讀，稱爲「合韻」。他的「合韻」實即「協韻」、「叶音」，蓋避曾祖顔協諱，乃另立「合韻」之名，與段玉裁所説的「合韻」不同，故《四庫全書總目》責其「以合聲爲言，遂與沈重之音《毛詩》同開後來叶音之説」。顔師古之失，實亦不止音讀，特音讀爲甚耳。《匡謬正俗》中亦有釋詞不當之處，或是過於宗尚經典故訓，忽視語言實際使用中的詞義變化，如060「縲」、068「阡」、121「渚」、122「河」、150「鄙人」、158「樂石」等；或是囿於所學，如017「莫」、018「奚斯」等，專取《毛詩》爲説，否定三家《詩》説；或是缺乏文學性的理解，如008「背」、113「免」、116「尸韓」、127「兔」等；抑或一時不審，考辨未周，人非聖賢，在所難免。

《匡謬正俗》唐時藏於秘府，宋代雕板刊行，明清傳佈漸廣。古代對它的研究主要是校勘文字、考辨内容，多屬拾遺補闕之作。其中貢獻較大的有宋代的王應麟、吴曾、汪應辰，清代的顧炎武、惠棟、錢大昕、段玉裁、俞樾、王先謙等。民國時期，秦選之作《匡謬正俗校注》（簡稱《校注》），收入商務印書館「國學小叢書」。《校注》簡要清通，校勘主要以清代盧見曾《雅雨堂叢書》刻本與師古他著或所引原書互校，注釋主要針對文中的引文出處、人名、地名等，間或對顔氏的觀點有所補證。周祖謨據清張紹仁所校雅雨堂本（簡稱

「張本」）撰次爲《景宋本〈刊謬正俗〉校記》，不僅清晰地展現了張校所反映的影宋鈔本的面貌，亦且注意辨明影宋本與雅雨堂本之得失。當代的研究專著有劉曉東《匡謬正俗平議》（簡稱《平議》），「依隱顏説，平秩衆論」，「徵其不備之文，伸其未竟之緒」（《匡謬正俗平議・自序》），淹博精審，識斷允當。二十世紀八九十年代以來，亦有一些研究《匡謬正俗》的論文出現，或對整體價值做出評介，或對具體條目進行考辨，或藉書中條目反映顏師古的訓詁方法與學術思想，或是補充與《匡謬正俗》相關的文獻資料。而對全書作系統勘校與疏釋匯證，尚乏專書。

本書名爲《疏證》，是對顏師古《匡謬正俗》的全面整理和研究。校勘是在釐清《匡謬正俗》兩個傳世版本系統的基礎上（參見本書附録六），以《雅雨堂叢書》本爲底本，參校多本，考訂文句。疏證是對引文出處、疑難字詞、語典事典、人名地名等加以注釋，對顏師古所論的問題綜合運用文獻語言學的方法和成果加以闡發，扇揚其精義，辨明其不足。附録則是匯集筆者所見的《匡謬正俗》相關資料，以備查閲。

顏師古一代鴻儒，而《匡謬正俗》是其畢生所業的精華輯録。本書經始於二〇一五年，雖已琢磨四年，增削六次，仍不免有扣槃捫燭、聞鐘揣籥之笑貽於大方。《疏證》的字數十倍於顏師古原文，如何在保持考證結果完整的情況下删繁就簡，也是筆者須要不斷思考的問題。懇請諸位方家不我遐棄，批評指正。

由小學而入經史，藉文獻以登堂奧，正是傳統的治學門徑。惟願鍥而不捨，馬麄切玉，庶幾進簣於高山，掃葉於書林而已。這是筆者整理和研究《匡謬正俗》的初衷，也是今後努力前行的方向。

己亥年春嚴旭謹識於北語寓所

凡例

一、本書采用清盧見曾《雅雨堂叢書》刻本爲底本（簡稱「雅雨堂本」），校以明清諸本，各本簡稱如下：

明本——國家圖書館藏明刻本

沈本——沈世龍校明刻本

何本——何焯校注清抄本

惠本——惠棟校清抄本

盧本——盧文弨校清抄本

張本——張紹仁校《雅雨堂叢書》刻本

並參校吴省蘭注吴志忠校注《雅雨堂叢書》刻本（簡稱「吴本」）、王國維校《雅雨堂叢書》刻本（簡稱「王本」）及相關史書、文集等。

二、爲便於稱引，逐條進行編號，並對每條小題施加「【 】」，以清眉目。

三、本書校勘，務求其是，凡據他本訂正增補者，用「〔 〕」標示。底本之錯訛衍文，則用「（ ）」標示，以存其貌。凡所校改，皆出校記説明。避諱字除缺筆徑予補足，其改字者，亦用增删符號回改。

四、疏證主爲梳理顔氏所謂「謬」、「俗」之源流，辨析「匡」、「正」之得失。於疑難字詞、引文出處、語典事典、人名地名等，兼加注釋。

五、前人校勘、考證之説，盡力搜采，並下己意以辨正之。

六、疏證中采用的古音依據郭錫良《漢字古音手册》（增訂本）。

七、《甕牖閑評》稱引《匡謬正俗》，有七條逸於今本《匡謬正俗》之外者，輯爲《補遺》，附録於後。

八、各本序跋、相關著録等資料，擇其要者，輯采附後，以備參考。

目録

匡謬正俗疏證卷第四

匡謬正俗疏證卷第五

匡謬正俗疏證卷第六

匡謬正俗疏證卷第七

匡謬正俗疏證卷第八

匡謬正俗序

唐秘書監顔師古，貞觀中，與國子祭酒孔沖遠同定《五經正義》。師古更承其叔父游秦之業，注《漢書》一百卷，當時稱爲「班氏功臣」。又以世俗之言多謬誤，質諸經史，匡而正之，謂之《匡謬正俗》，未成而卒。永徽中，其子揚庭編爲八卷上之，奉敕録付秘閣。其中所引典籍及諸家訓詁，多上世逸書，言辨而确，可資後學見聞。蓋唐人尚詩賦，而師古、沖遠獨畢力于經史。近代采唐人之詩者，無慮數千家，二君者顧不預焉，用知古人學有專門，不尚兼長。今人經史詩賦，事事求工，而身後遺書，不免蔑如之歎①。讀是書，可以知所務矣。宋時雕板避諱，作《刋謬正俗》。元、明以後，未見刻本〔一〕。爲梓而行之，以廣其傳，改「刋」爲「匡」，存本書之舊。師古名籀，以字行，故《漢書》及此書結銜並稱師古云〔二〕。

乾隆丙子，德州盧見曾序〔三〕

〔校勘記〕

①不免：盧本作「偏有」。

〔疏證〕

〔一〕元、明以後，未見刻本：明代實有刻本，明本、沈本即是。蓋雅雨堂本直承宋本，未見明刻。或者盧氏意謂元明以後、有清以來尚無刻本。

〔二〕結銜：舊時官吏簽署官銜。此書結銜，各本卷一皆作「故秘書監瑯琊縣開國子顔師古撰」，張本朱筆眉批：「題名上空四格。以下各卷皆無結銜。」卷二以下，明本、何本、惠本皆無結銜，沈本作「唐顔師古撰　明沈世龍校」；盧本原無結銜，朱筆補入「故秘書云云」，眉批：「增入一行照前式。」雅雨堂本則各卷皆有結銜如卷一。

〔三〕盧見曾：字抱孫，號澹園，一號雅雨山人，山東德州人，清代官員、學者、藏書家。事見《清史列傳》卷七一。

上匡謬正俗表

臣揚庭言：臣聞纖埃不讓，嵩、華所以極天；涓流必納，溟、渤所以紀地〔一〕。況乎業隆學海，義切爲山，庶進簣於崇高〔二〕，思委輸於潤澤〔三〕。恭惟皇帝陛下，誕膺睿圖，光臨大寶。隆周比迹，遠邁成康；炎漢儔功，近超文景〔四〕。時和玉燭〔五〕，龍圖薦於長河；道包金鏡〔六〕，龜書浮於清洛〔七〕。收羽（林）〔陵〕之蠹簡①〔八〕，俾備蓬山〔九〕；采汲冢之舊文〔一〇〕，咸歸延閣〔一一〕。一言可善，屢動宸衷；九術不遺，每回天睠。臣亡父先臣師古，嘗撰《匡謬正俗》，藁草纔半，部帙未終。以臣釁犯幽靈〔一二〕，奄垂捐棄〔一三〕，攀風罔及，陟岵增哀〔一四〕。臣敬奉遺文，謹遵先範，分爲八卷，勒成一部。百氏紕繆〔一五〕，雖未可窮；六典迂訛〔一六〕，於斯矯革。謹齎詣闕〔一七〕，奉表以聞。輕觸威嚴，伏深震悚。永徽二年十二月八日，符璽郎臣顔揚庭上。

敕旨：顔師古業綜書林，譽高詞苑，討論經史，多所匡正。前件書發明故事，諒爲博洽，宜令所司録一本付秘書閣。仍賜其子符璽郎揚庭絹五十匹。永徽三年三月十五日，中書侍郎來濟宣。

〔校勘記〕

①羽陵：原作「羽林」，惠本、盧本同。今據明本、沈本、何本改。吴本吴志忠眉批：「『羽陵』見《穆天子傳》，今俗刻本誤作『羽林』，盧誤引妄改也。」按：作「陵」是，傳説周穆王暴書於羽陵。

〔疏證〕

〔一〕「纖埃不讓」句：語出李斯《諫逐客書》：「泰山不讓土壤，故能成其大；河海不擇細流，故能就其深；王者不卻衆庶，故能明其德。」

〔二〕進簣：累土成山時加一筐土。如晉陶潛《贈長沙公》詩：「進簣雖微，終焉爲山。」

〔三〕委輸：彙聚，注聚。如晉木華《海賦》：「於廓靈海，長爲委輸。」

〔四〕成康、文景：成康，周成王與康王；文景，漢文帝與景帝。皆用以稱至治之世。

〔五〕玉燭：四時之氣和暢。形容太平盛世。《爾雅·釋天》「四氣和謂之玉燭」，郭注曰：「道光照。」邢疏云：「言四時和氣，温潤明照，故曰玉燭。」

〔六〕金鏡：比喻顯明的正道。《太平御覽》卷七一七引《尚書考靈耀》「秦失金鏡，魚目入珠」，鄭玄注曰：「金鏡，喻明道也。」

〔七〕龍圖、龜書：即河圖洛書。《易·繫辭上》：「河出圖，洛出書，聖人則之。」詳見《書·顧命》、《洪範》之孔傳、《漢書·五行志上》。古時以爲帝王聖者受命的祥瑞。

〔八〕羽陵：古地名。《穆天子傳》卷五「仲秋甲戌，天子東遊，次於雀梁，□蠹書於羽陵」，郭注曰：

「謂暴書中蠹蟲，因云蠹書也。」後因以爲貯藏古代秘笈之處。

〔九〕蓬山：秘書省的別稱。語出《後漢書·竇章傳》：「是時學者稱東觀爲老氏臧室，道家蓬萊山。」後因以指秘閣。

〔一〇〕汲冢：晉太康二年，汲郡人不準盜發魏襄王墓（或曰安釐王冢），得竹書數十車，計七十五篇，皆先秦科斗字。晉武帝命荀勗撰次，以爲《中經》。原簡已不傳。事見《晉書·束皙傳》、《荀勗傳》。

〔一一〕延閣：古代帝王藏書之所。「閤」同「閣」，《正字通·門部》：「閤，宋太祖藏經史子集天文圖書，分六閤，與『閣』同。」《漢書·藝文志》「於是建藏書之策」，注引如淳曰：「劉歆《七略》曰：『外則有太常、太史、博士之藏，內則有延閣、廣內、秘室之府。』」

〔一二〕釁犯幽靈：釁，罪過，過失。幽靈，人死後的靈魂，泛指鬼神。

〔一三〕奄垂捐棄：奄，急遽，忽然。《方言》卷二：「奄，遽也。吳揚曰芒，陳潁之間曰奄。」垂，敬詞，用於上對下的動作，如垂問、垂愛。全句乃婉言父親辭世，意爲因我冒犯了鬼神，所以父親突然棄我而去。

〔一四〕陟岵：語出《詩·魏風·陟岵》：「陟彼岵兮，瞻望父兮。」後因以爲思父之典。

〔一五〕百氏：諸子百家。如《漢書·叙傳下》：「緯六經，綴道綱，總百氏，贊篇章。」

〔一六〕六典：儒家六經，即《易》、《書》、《詩》、《禮》、《樂》、《春秋》。

〔一七〕齎：攜，持。《廣雅·釋詁三》：「齎，持也。」

書糾謬正俗①

按：顔揚庭《表》以爲「藁草纔半，部帙未終」，則知是書非定本也②。每章以朱書標所釋於上③，然所引《論語》、《尚書》、《禮記》、《春秋》、《史記》、《漢書》中事，則各以朱書書名於前。自《東觀漢記》後(蜀)〔獨〕標「(朱)〔宋〕書」字④，餘不復爾。而「論語」後有《毛詩》(字)〔事〕數章⑤，復不標「毛詩」字，不應前後乖刺如此，以知(正)〔止〕是屬藁之際⑥，偶爾標題，未皇緒正⑦。除「史記」乃是論《史記》體制⑧，宜如舊外，宜改朱書「論語」字爲「性與天道」，「尚書」爲「覽之者不一」，「禮記」爲「取」，「春秋」爲「游」⑨，「漢書」爲「陂」，「宋書」爲「道憐」。又「春秋」下皆是《左傳》事⑩，或詞非解經。小顔既欲立言正俗，必不以《左氏傳》爲《春秋》也。又「阡」字下引《漢書・原涉傳》⑪，別無訓説，疑必有闕文⑫。「受授」字下乃是謂「壽」有兩音⑬，宜改「受授」爲「壽」，益知非當時定本。顧其所是，正(僞)〔譌〕謬甚衆⑭，惜乎不見成書也！然而以《東門之楊》解《坊記》，經意各有所適，不必以爲一義。古文「有」、「又」字通，「三王有乞言」讀「有」爲「又」，似未失也。裨諶「謀於野則」，自是記一時事，恐不緣「草創」立文。謂後學不當因此以「草創」爲草野，則可；而以疑《左氏春秋》⑮，則過矣。後世帝女，雖不執婦道，然立言正俗，而曰「公主既尊，止得云侍奉」，亦未免爲習俗所移也。潘岳賦「賴前哲以長懋」，岳必不以「免」爲「勉」⑯，但拘於聲韻，易左氏語以牽合懋盛之意⑰。若以爲勉勵，非唯不合左氏，亦復不成〔賦〕語⑱。此則文人相輕⑲，或損其真矣。「殿研」二釋，頗穿鑿⑳。按：《晉書》沮渠蒙遜謂劉祥曰：「汝敢研研然也？」「研研」即倔强之貌，恐語音變而爲「殿研」。夫「殿」乃殿師，「研」乃研摩，有何交涉而合爲一語乎？從而求其義，則過矣㉑。應辰從外舅借是書，因記所疑于後云。紹興十三年八月晦，汪應辰書。

第七卷所辨「奚斯」，以余考之，其失自揚子雲始。子雲曰：「正考甫常晞尹吉甫矣㉒，公子奚斯常晞正考甫矣。」正考甫得《商頌》于太師，非作也。奚斯作新廟，非作詩也，而與尹吉甫並言之㉓，非其實也。班固《兩都賦序》云：「奚斯頌魯。」此又承子雲之失矣。至於王延壽、曹子建用之，不爲無所自也。甲戌十二月望日書。

〔校勘記〕

①各本皆無篇題，今據文淵閣《四庫全書》本《文定集》卷十擬題（簡稱「汪應辰《書》」）。

②知是書非定本：周祖謨《校記》云：「汪文定《玉山集》四庫輯本作『是書初非定本』。」

③所釋於上：周祖謨《校記》云：「《文集》『釋』下有『字』字，『於』作『于』，下同。」

④獨標宋書字：「獨」字原作「蜀」，何本、惠本、盧本同，今據張本朱校、明本、沈本、《文定集》改。

「宋」字原作「朱」，明、沈、何、盧、惠本同，今據張本朱校改。周祖謨《校記》云：「景宋本、皕宋樓藏舊鈔本均作『後獨標宋書字』，是也。論《宋書》『道憐』字見卷五。」按：此謂《東觀漢記》以下唯標《宋書》書名，非朱書也。

⑤事：原作「字」，何本、惠本、盧本同。今據張本朱校、明本、沈本改。周祖謨《校記》云：「『字』景宋本作『事』，與《文集》合。」

⑥止：原作「正」，沈本、何本、惠本、盧本同。今據張本朱校、明本改。周祖謨《校記》云：「『正』景宋本、舊鈔本均作『止』，是也。《文集》作『必是屬藁之際』。」

⑦皇：周祖謨《校記》云：「『皇』《文集》作『遑』。」

⑧論史記體制：周祖謨《校記》云：「《文集》作『論作史體制』。」

⑨游：惠本、盧本同。張本朱校、明本、沈本、何本作「斿」。周祖謨《校記》云：「『游』景宋本作『斿』，與卷四本文合。舊鈔本及《文集》亦誤。」

⑩左傳：何本、惠本、盧本同。張本朱校、明本、沈本、《文定集》「左」下有「氏」字。周祖謨《校記》云：「景宋本『左』下有『氏』字，與《文集》合。」

⑪引：周祖謨《校記》云：「『引』上《文集》有『止』字。」

⑫必：周祖謨《校記》云：「《文集》無『必』字。」

⑬受授字下乃是謂壽有兩音：周祖謨《校記》云：「《文集》作『受授字乃是壽字有兩音』。」

⑭譌：原作「僞」，今據明本、沈本、何本、惠本、盧本、《文定集》改。

⑮左氏春秋：張本朱校、明本、沈本無「春秋」二字，何本作「左氏傳」。周祖謨《校記》云：「舊鈔本同。景宋本無『春秋』二字，與《文集》合。」

⑯免：周祖謨《校記》云：「『免』《文集》作『懋』，是也。」按：周校非也。113「免」辨「懋」當訓「勉」而不訓「免」，汪氏則謂潘岳並非通「免」爲「勉」而以之釋「懋」。

⑰易左氏語以牽合懋盛之意：周祖謨《校記》云：「《文集》作『易左氏語以牽合蓋取茂盛之意』。」

⑱不成賦語：原脱「賦」字，盧本同。今據張本朱校、明本、沈本、何本、惠本補。周祖謨《校記》云：「景宋本、舊鈔本『成』下有『賦』字，與《文集》合。《文集》『語』下復有『岳必不然』四字。」

⑲此：周祖謨《校記》云：「『此』《文集》作『斯』。」

⑳頗穿鑿：盧本同。張本朱校、明本、沈本、何本「頗」下有「爲」字。周祖謨《校記》云：「『頗』下景宋本有『爲』字，與《文集》合。」

㉑有何交涉而合爲一語乎從而求其義則過矣：周祖謨《校記》云：「《文集》作『有何交涉而合爲一語必欲求其一義則過矣』。」按：《文定集》「則」下有「又」字。

㉒常晞：周祖謨《校記》云：「『常晞』《文集》作『嘗晞』。」下同。

㉓而與：盧本同。張本朱校、明本、沈本、何本、惠本「而」下有「以」字。周祖謨《校記》云：「景宋本、舊鈔本『而』下有『以』字，與《文集》合。」

001

匡謬正俗疏證卷第一

【論語】〔一〕《公冶長》篇云：「子貢曰：『夫子之文章，可得而聞也。夫子之言性與天道，不可得而聞已矣①〔二〕。』」蓋言夫子刪《詩》、《書》，定《禮》、《樂》，讚《易》道，脩《春秋》，所有文章，並可聞見，至於言性命之事及言天道，不可得而聞之。故《論語》云：「子罕言利與命與仁〔三〕。」又曰：「子不語怪力亂神〔四〕。」季路問事鬼神，子曰：「未能事人，焉能事鬼？」曰：「敢問死。」子曰：「未知生，焉知死？」〔五〕並其義也。而近代學者乃謂夫子之言語、性情並與天道合〔六〕，所以不可得而聞。離文析句，違經背理。綴文之士，咸作此意用之，大爲紕繆。若言夫子之言不可得聞者，《論語》二十篇所述夫子言語，何從而得？又不應語弟子云：「予欲無言〔七〕。」

【校勘記】

①已矣：張本朱校、明本、沈本、何本作「也」；惠本、盧本原作「也」，改作「已矣」。

【疏證】

〔一〕論語：汪應辰《書》云：「宜改朱書『論語』字爲『性與天道』。」王國維訂正篇題爲「性與天道」，並於篇題之上加標「論語」。按：是書未遑緒正，又經後世刊刻，未可遽推顏意。考全書體例，

《論語》、《尚書》、《禮記》、《春秋》、《史記》、《漢書》、《宋書》中事，每書首條即以書名爲題名，其餘各條則以所釋字詞爲題名；而《東觀漢記》、《後漢書》、《齊書》、《文選》、《風俗通義》、《陳留風俗傳》等中事，則悉以所釋字詞爲題名，不標書名。

〔二〕不可得而聞已矣：今本《論語》作「不可得而聞也」。皇侃《義疏》本作「不可得而聞也已矣」。葉德輝《天文本單經論語校勘記》云：「足利本作『不可得而聞也已』，與天文本同。考文補遺引古本、一本、唐本、津藩本、正平本末有『已』字。」《史記·孔子世家》引作「夫子言天道與性命，弗可得聞也已」，《漢書·眭兩夏侯京翼李傳贊》引作「不可得而聞已矣」，《外戚傳上》注引作「不可得而聞也已矣」。錢曾《讀書敏求記》云：「高麗有何晏《集解》鈔本，此與《漢書》傳贊適合。蓋子貢寓嗟歎於不可得聞中，故以『已矣』傳言外微旨。二字似不可脱。」《關中叢書》本《匡謬正俗》跋語亦云，《論語集解》日本正平本、津藩有造館本「也」字皆作「已矣」。按：錢氏所言是也。蓋師古所見《論語》之本作「不可得而聞也已矣」，各本及諸家所引或脱「也」字，或脱「矣」字，或脱「已矣」句。

〔三〕見《論語·子罕》。

〔四〕見《論語·述而》。

〔五〕見《論語·先進》。

〔六〕夫子之言語、性情並與天道合：「夫子之言性與天道」的語法結構可作兩種分析：其一，「言」作動詞言説，「與」作連詞和、及，「之」用於主謂之間取消句子獨立性；其二，「言」作名詞言語，「與」作動詞相合，「之」爲結構助詞，相當於「的」。「之」爲虚詞，其義視句義而定。檢索《論語》、《左傳》、《國語》中「言」、「與」二詞用例（除「夫子之言性與天道」以外），『言』作動詞、名詞，使用頻率大體持平；『與』作連詞、動詞，使用頻率亦無顯别。『與』之動詞義有跟從、親近、給予、讚許、幫助等，所謂「相合」，實亦諸義之引申。是則兩種分析皆可成立，亦且無法通過用例多寡辨别優劣。

以爲性與天道是夫子言説之内容者，如《漢書·眭兩夏侯京翼李傳贊》師古注曰：「性命玄遠，天道幽深，故孔子不言之也。」《外戚傳序》「非通幽明之變，惡能識乎性命」，注曰：「謂孔子不言性命及天道。而學者誤讀，謂孔子之言自然與天道合，非唯失於文句，實乃大乖意旨。」可與此條相參。又如《史記·孔子世家》引作「夫子言天道與性命，弗可得聞也已」，《天官書》云：「孔子論六經，紀異而説不書。至天道性命，不傳。傳其人，不待告。告非其人，雖言不著。」《後漢書·桓譚傳》「蓋天道性命，聖人所難言也」，李賢注引鄭玄曰：「性，謂人受血氣以生，有賢愚吉凶。天道，七政變動之占也。」何晏《集解》云：「性者，人之所受以生也。天道者，元亨日新之道也。深微，故不可得而聞也。」邢疏云：「與，及也。」朱熹《四書集注》、清劉寶楠《正義》、程樹德《集釋》等皆持此意。是皆以「性」與「天道」並列，「言」作動詞，「與」作連詞。

以爲夫子之言語、性情合於天道者，如皇侃《義疏》云：「夫子之言，即謂文章之所言也。

性，孔子所稟以生者也。天道，謂元亨日新之道也。言孔子六籍乃是人之所見，而六籍所言之旨，不可得而聞也。所以爾者，夫子之性與天地元亨之道合其德，致此處深遠，非凡人所知，故其言不可得聞也。」錢大昕《潛研堂文集》卷九云：「一説，性與天道，猶言性與天合也。《後漢書·馮異傳》：『臣伏自思惟，以詔敕戰攻，每輒如意；時以私心斷決，未嘗不有悔。國家獨見之明，久而益遠，乃知性與天道，不可得而聞也。』《管輅别傳》：『苟非性與天道，何由背爻象而任胸心？』《晉書·紀瞻傳》：『陛下性與天道，猶復役機神於史籍。』此亦漢儒相承之説。」又如《舊唐書·孫伏伽傳》唐太宗詔曰：「朕每惟寡薄，恭膺寶命，雖不能性與天道，庶思勉力，常冀弼諧，以匡不逮。」《新唐書·長孫無忌傳》無忌對太宗曰：「陛下神武聖文，冠卓千古，性與天道，非臣等愚所及，誠不見有所失。」《法言·修身》「聖人口不肆乎善」，李軌注曰：「性與天道，發言成章，不肆習。」唐韓愈、李翺《筆解》、清宋翔鳳《論語説義》卷三、黄式三《論語後案》卷五等皆持此意。是皆以「性」爲孔子之性，「言」作名詞，「與」作動詞。

皇氏《義疏》「多以老莊之旨，發爲駢儷之文，與漢人説經相去懸絶」（皮錫瑞《經學歷史》）。韓、李《筆解》繩糾漢儒，疑經破注，向被目爲師心自用。宋氏以爲「《論語》微言與《春秋》通」，故解「子罕言」、「予欲無言」、「不可得而聞」皆爲「微言」；以爲「天人之際，通之以性」，故解「與」爲「天人相與」。黄氏《後案》但斥何晏「競爲清淡，祖尚虚無」，而無實據以駁之。可見解作「夫子之言語、性情合於天道」者，多受經學思想所制。

按：判斷詞性、詞義，既須參考當時通行之例，更須視其上下文語境。就《論語》此句而言，若以「言」爲名詞言語、「與」爲動詞合，則與下文「不可得而聞也」文意相悖，故而師古斥其「離文析句，違經背理」。《馬氏文通·虛字》篇亦云：「『性』及『天道』，兩名平列，蓋皆爲夫子所可言者，故以『與』字聯之。」

此章歷來聚訟紛紜，除「言」、「與」之詞性、詞義外，還有其他問題如文章與性、天道是一還是二，夫子是否言過性與天道，子貢是否聞過性與天道，等。參見三國魏王弼《周易略例》、宋陳祥道《論語全解》、朱熹《四書章句集注》《論孟精義》、張栻《癸巳論語解》、明呂柟《四書因問》、高拱《問辨録》、劉宗周《論語學案》、清陸隴其《四書講義困勉録》等，茲不贅述。

〔六〕見《論語·陽貨》。

002

【攘】或問曰：《論語》云：「直躬之父攘羊〔一〕。」注云：「攘，盜也。」何以謂盜爲「攘」？更有何義？荅曰：按：《爾雅》云：「攘、仍，因也〔二〕。」《書》云：「敓攘矯虔〔三〕。」即其事也。

〔疏證〕

〔一〕見《論語·子路》。

〔二〕見《爾雅·釋詁》。今本「攘」作「儴」。

《説文·手部》：「攘，推也。从手襄聲。」段注曰：「古推讓字如此作……凡退讓用此字，引申之，使人退讓亦用此字，如攘寇、攘夷狄是也。」「攘」之本義爲退讓，如《禮記·曲禮上》「君出就車，則僕并轡授綏，左右攘辟」，鄭注曰：「攘，古『讓』字。」引申爲排斥，如《國語・魯語下》「彼無亦置其同類，以服東夷，而大攘諸夏」，韋昭注曰：「攘，卻也。言楚亦將自置其同姓於魯以取天下。」又引申爲竊取，如《孟子・滕文公下》「今有人日攘其鄰之雞者」，趙岐注曰：「攘，取也，取自來之物也。」孔廣森《經學卮言》卷三「攘其左右」條云：「凡攘羊、攘雞，竊取者乃言『攘』耳。」又表侵奪，如《莊子・漁父》：「諸侯暴亂，擅相攘伐，以賤民人。」又表擾亂，如《淮南子・兵略》「此四君者，皆有小過而莫之討也，故至於攘天下，害百姓」，高誘注曰：「攘，亂也。」《廣韻》陽韻「汝陽切」：「攘，以手禦。又竊也、除也、逐也、止也。揎袂出臂曰攘。」然則「攘」之有盜取義，乃由本義引申而來。

《爾雅・釋詁》「儴、仍，因也」，郭注曰：「皆謂因緣。」邢疏云：「皆因緣也。《費誓》曰：『無敢寇攘。』鄭注云：『因其亡失曰攘。』『儴』、『攘』音義同。施博士讀曰『襄』。《周書・君奭》云：『襄我二人。』」古音「攘」（日母陽部）、「仍」（日母蒸部）一聲之轉，而「仍」之本義即爲因襲、沿用。《說文・人部》：「仍，因也。」段注曰：「《釋詁》曰：『攘、仍，因也。』《大雅・常武》傳曰：『仍，就也。』『就』與『因』義一也。」然則「攘」之有因緣義，乃由「仍」之音轉。

按：「攘」之盜取義源於詞義引申，因緣義源於語音通轉。一見《說文》，一見《爾雅》，皆常用義，故漢魏以降多以二義相兼。如《史記・魯周公世家》「無敢寇攘，逾牆垣」，《集解》引鄭玄云：「因其失亡曰攘。」何晏《論語集解》引周氏注、朱熹《集注》皆曰：「有因而盜曰攘。」師古此條引《爾雅》、《尚書》，蓋亦釋「攘」爲有因而取。

〔三〕敚攘矯虔：詐稱上命，强奪他人財物。今本《尚書·周書·吕刑》作「奪攘矯虔」，孔安國注曰：「以相奪攘，矯稱上命，若固有之。」按：《説文·攴部》「敚」字引作「敚攘矯虔」，段注曰：「此是爭敚正字，後人假『奪』爲『敚』，『奪』行而『敚』廢矣……今《尚書》作『奪』，此唐天寶衛包所改……唐人尚用『敚』字，《陸宣公集》有『敚斅』是也。」劉曉東《平議》云，漢代古文經作「敚攘矯虔」，今文經作「奪攘撟虔」，後經僞孔之隸古及范甯之改，至初唐則「敚」與「奪」、「攘」與「斅」、「矯」與「撟」已多相亂。

【風】〔一〕《毛詩序》云：「《關雎》，后妃之德也。《風》之始也，所以風天下而正夫婦也。」今人讀「風」爲「諷天下」①〔二〕。案：《序》釋云：「上以風化下，下以諷刺上。」此當言「所以風天下」，不宜讀爲「諷」。又云：「風，風也，教也。風以動之，教以化之。」今人讀云「風以動之」，不作「諷」音〔三〕。案：此蓋《序》釋「風」者訓諷、訓教，諷刺謂自下而上，教化謂自上而下。今當讀云「諷以動之」，不宜直作「風」也。

〔校勘記〕

①風：王本眉批：「上『風』字下當有『天下』二字」。秦選之《校注》「風」字下曰：「恐衍文。」按：此處或衍一「風」字，或「風」下脱「天下」二字，兩通。

〔疏證〕

〔一〕風：王國維於篇題之上加標「毛詩」。

〔二〕諷天下：《釋文》云：「『所以風』，如字。徐『福鳳反』，今不用。」是則「風天下」之「風」，徐邈音去聲「諷」，即此條所謂「今人」之讀；師古、元朗則音平聲「風」。

〔三〕不作「諷」音：《釋文》云：「『風，風也』，並如字。徐上如字，下福鳳反。崔靈恩《集注》本下即作『諷』字。劉氏云：『動物曰風，託音曰諷。』崔云：『用風感物則謂之諷。』沈云：『上風是《國風》，即《詩》之六義也。下風即是風伯鼓動之風。君上風教，能鼓動萬物，如風之偃草也。』今從沈説。『風以動之』，如字。沈『福鳳反』，云：『謂自下刺上，感動之名，變風也。』今不用。」是則「風以動之」之「風」，元朗音平聲「風」，即所謂「今人」之讀；師古、沈重則音去聲「諷」。

按：音義相合，異讀別義，自是諸家共識，異議則在「風」之音義如何配合。「風」本義爲空氣流動的現象，《説文・風部》：「風，八風也。」大徐本引《唐韻》音「方戎切」。轉爲動詞，意爲風吹，如《説苑・貴德》：「吾不能以春風風人，吾不能以夏雨雨人。」引申則有兩義：一曰教化，一曰諷諫。風吹、教化、諷諫各義當讀何音，凡有二説：

其一，風吹之「風」、教化之「風」讀平聲，諷諫之「風」讀去聲。《廣韻》東韻「方戎切」：「風，教也，佚也，告也，聲也。」送韻「方鳳切」：「風，同『諷』，見《詩》。」賈昌朝《羣經音辨・辨字音清濁》云：「上化下曰風，方戎切；下刺上曰風，方鳳切。」「上化下」即教化，「下刺上」即諷諫。顔、陸、徐、崔、劉、沈諸家皆持此意，而其注音之異，蓋因詩句釋義之別。「風天下」之「風」，師古、《釋文》讀平聲，是解爲風吹，比喻教化，如《正義》所云：「風之所吹，無物不扇；化之所被，無往不沾，故取名焉。」而徐邈讀去聲，則是解爲諷諭，如《正義》所云：「言王者施化，先依違諷諭以動之，民漸開悟，乃後明教命以化之。」「風以動之」之「風」，《釋文》讀平聲，是解爲教化，師古、沈重則解爲諷刺，故讀去聲。可知師古與「今人」之别在於對經義的理解不同，而對「風」字音義配合關係的認識實則一致。《漢書注》凡訓教化者皆不注音，如《武帝紀》「蓋聞導民以禮，風之以樂」，注曰：「風，教也。《詩序》曰：『上以風化下。』」凡訓諷諫者皆注曰「讀如『諷』」，如《樊酈滕灌傅靳周傳》「風齊王以誅吕氏事」，注曰：「『風』讀如『諷』。」然亦偶有自亂其例者，如《食貨志下》「布告天下，以風百姓」，注曰：「『風』讀曰『諷』。」然而此「風」正是教化之意。劉曉東《平議》云：「蓋一時之疏耳。」

其二，風吹、教化、諷諫之「風」皆讀去聲。孫玉文《漢語變調構詞考辨》以爲，原始詞義爲空氣流動的現象，名詞，方戎切（平聲）；滋生詞義爲風吹拂人，引申爲用微詞婉言鼓勵别人，進一步引申爲諷刺，字作「諷」，動詞，方鳳切（去聲）。「風」讀去聲並不區分「上化下」和「下刺上」，而是指用微詞婉言鼓勵别人，後起字作「諷」。後來特指下級以微詞婉言來鼓動上級，又發展出「諷刺」義，仍讀去聲；而「風吹拂人」「微詞婉言鼓勵别人」在六朝後期口語中已經可讀平聲，唐代已難辨平去，師古亦主張讀平聲。

004

【架】《詩》鄭氏箋云：「鵲之有巢①，冬至加功②，至春乃成〔一〕。」此言始起冬至加功力作巢，蓋直語耳。而劉昌宗〔二〕、周續等音「加」爲「架」〔三〕。若以搆架爲義，則不應爲「架功」也〔四〕。

〔校勘記〕

①有：吴本吴志忠眉批：「《御覽》廿八引，『有』作『作』。」今本鄭箋亦作「作」。

②冬至加功：周祖謨《校記》云：「案《詩》箋作『冬至架之』，《釋文》云：『俗本作『加功』。』」

〔疏證〕

〔一〕見《詩·召南·鵲巢》鄭箋。

〔二〕劉昌宗：東晉《禮經》名家，著有《周禮音》、《儀禮音》等，皆已佚，其音切散見於《經典釋文》等書。

〔三〕周續：周祖謨《校記》云：「案『周續』當作『周續之』，周續之，劉宋時人也。《經典釋文序録》有《儀禮喪服注》。」周續之，字道祖，雁門廣武人，晉宋間著名學者、隱士。事見《宋書·隱逸傳》。《經典釋文序録》叙《毛詩》注解傳述人，有「宋徵士雁門周續之」。

六朝之文，爲求駢儷，多有裁截三字人名爲雙音詞者。如梁鍾嶸《詩品·序》「顔延、謝莊，尤爲繁密」（顔延之），梁任孝恭《爲羊侍中讓表》「猶願長城巨防，射魯仲之書」（魯仲連），隋崔賾《答豫章王書》「漢則馬遷、蕭望，晉則裴楷、張華」（司馬遷、蕭望之）等。吴本吴省蘭腳注云：「周續之可稱『周續』，徐仙民不容去『民』字也。蓋表上時避廟諱耳。」謂「之」字無實義，而「民」字有實義，本不容徑去，爲避唐太宗諱乃去。徐邈字仙民，佚名《勘正》云：「『徐仙』字恐當作『徐仙民』，蓋唐諱『民』字。然陸德明《釋文》不諱也，況師古此書有用『民』字處。然欲只作『徐仙』，除去他『民』字迺可耳，庶不失其真也。」又007「甲」何本眉批：「晉徐邈字仙民。既避廟諱，何不書其名乎？」周祖謨《校記》云：「案『仙』下當有『民』字，《晉書》徐邈字仙民。余季豫先生曰：唐本《正俗》蓋避太宗諱作『徐仙人』，後人並去『人』字，遂爲『徐仙』矣。」余氏之說，蓋最近之。

〔四〕不應爲「架功」：「冬至加功」，阮刻《十三經注疏》本作「冬至架之」，《校勘記》云：「宋小字本、相臺本皆同。案此《釋文》本也。」《釋文》云：「『冬至架之』，音『嫁』。俗本或作『加功』。」《正義》有「故知冬至加功也」之語，可知《正義》本作「加功」，與《釋文》所云「俗本」同。阮元《校勘記》引此條，云：「劉、周二本作『加之』，故音『架』，而以橫架爲義，與《釋文》作『架之』者實一本也，自不作『功』字，不得以架功駁之。當以《釋文》本爲長。」《廣韻》禡韻「架」、「嫁」同音「古訝切」，故《釋文》音「架」爲「嫁」。要之，師古定本、《正義》本、《釋文》所云「俗本」作「加功」，劉、周之本作「加之」，《釋文》本作「架之」。

《說文》有「加」而無「架」。「加」从力从口會意，本義爲誣枉、誇大，引申爲增加、附加、放置、施行，又引申爲超越、欺凌。《力部》：「加，語相增加也。」段注曰：「引申之，凡據其上曰加，故加巢即架巢。」然則「加」、「架」同源，故阮元《校勘記》云劉、周之本與《釋文》本實是一本。孫玉文《漢語變調構詞考辨》以爲，原始詞義爲把一物放在另一物之上，動詞，古牙切（平聲）；滋生詞義爲架設，動詞，字作「架」，古訝切（去聲）。《説文・木部》又有「枷」字，意爲連枷，與「架」不同。《廣韻》禡韻：「架，架屋，亦作『枷』。」非也。

《淮南子・天文訓》云：「十一月冬至日，鵲始加巢。」《時則訓》云：「鴈北鄉，鵲加巢。」王念孫《讀書雜志》卷一三「鵲加巢」條云：「『加』讀爲『架』，謂構架之也。《召南・鵲巢》箋曰：『鵲之作巢，冬至架之，至春乃成。』《釋文》：『架之，俗本或作加功。』案『之』作『功』者非，『架』作『加』則古字通用。劉昌宗讀『加』爲『架』，是也。《匡謬正俗》謂加功力作巢，非是。《本經》篇『大夏曾加』，高注謂以材木相乘架，是『加』、『架』古字通。此言『鵲加巢』，即鄭箋所謂『冬至架之』者，非謂增加其巢也。」王氏徑謂「『之』作『功』者非」，而無説解。

按：「加之」、「加功」孰是孰非，並無確證。「加之」固然不誤，然「加功」之語，漢人亦實用之，如《漢書・成帝紀》永始元年詔：「中陵、司馬殿門内尚未加功。」注引臣瓚曰：「時皆未作之，故曰尚未加功。」師古以己之定本駁劉、周，王氏又以《釋文》之本駁師古，似有强人就己之嫌。秦選之《校注》曰：「劉、周之説不無所本，而師古駁之過矣。」作「加之」者自是構架之意，作「加功」者自謂增加功力。二者各有所適，未可輕判高下。

《經典釋文序録》云：「前儒或用假借字爲音，更令學者疑昧。今余所撰，務從易識。」劉曉東《平議》云：「劉、周『音加爲架』，實即『以假借字爲音』之法，讀『加』爲『架』也。陸元朗易之爲『音嫁』，是不以假借字爲音也。」以005「夾」、007「甲」、010「横」、012「矜」、020「御」、022「夾」、026「禮記」、027「奉」、030「予」、031「葬」、032「離」、033「祝」、036「裼」、037「羶」、038「辟」、040「嘯」、042「卵」、043「有」、044「孽」、047「春秋」等條觀之，師古亦不以假借字爲音。當訓釋詞與被釋詞之間具有語音關聯（包括音同、音近、音轉）時，劉、周等六朝經師傾向於首先考慮假借，師古則傾向於首先考慮義訓，以爲被注字「自有本音」（007「甲」），「不勞借音」（010「衡」），不應「浪爲假借」（026「禮記」、027「奉」）。然則師古之駁劉、周，既有版本異文之故，亦爲訓釋方法之別。

005

【夾】又《詩傳》曰：「山夾水曰澗〔一〕。」此引《爾雅》正文〔二〕，言兩山夾水，名之爲澗，居然可曉。而劉、周之徒又音「夾」爲「頰」〔三〕，於義無取，亦爲專輒。

〔疏證〕

〔一〕見《詩·召南·采蘩》毛傳。

〔二〕見《爾雅·釋山》：「山夾水，澗。」

〔三〕劉、周之徒又音「夾」爲「頰」：《采蘩》毛傳《釋文》云：「夾，古洽反，一音『古協反』。」《釋山》《釋文》云：「夾，古洽反。」《廣韻》洽韻：「夾，持也。古洽切。」據《釋文》條例，「『一音』者，蓋出於淺近，示傳聞見」，可知「古洽反」爲「夾」之正音，「古協反」非正音也。而「古協反」正是

「頰」音，《廣韻》怗韻：「頰，頰面也。古協切。」《釋文》所引劉昌宗音切，「夾」字皆音「古協反」，如《周禮・天官・腊人》之「夾脊」，《春官・肆師》之「夾室」，《大史》之「夾日」，《夏官・旅賁氏》之「夾王」，《司弓矢》之「夾弓」，《考工記》之「夾臾」，《儀禮・特牲饋食》注之「當夾」等。又《尚書・顧命》之「西夾」，《釋文》云：「夾，工洽反。徐音『頰』。」《禮記・月令》之「夾鍾」，《釋文》云：「夾，古洽反，一音『頰』。」《左傳》僖四年、僖二十六年、莊四年之「夾輔」，《釋文》皆云：「夾，古洽反。舊音『古協反』。」劉、周、徐音即「一音」、「舊音」也。

「夾」、「頰」古音皆在見母葉部，可相通假，如《左傳》定十年「公會齊侯於夾谷」，《公羊》、《穀梁》皆作「頰谷」。師古之駁劉、周，不僅因其乃是「出於淺近」的變音，更因其有假「夾」爲「頰」之嫌。劉、周等六朝經師慣以假借字爲音，即使音「夾」爲「頰」純是注音，亦令人疑其欲説假借。然而「山頰水」實爲不辭，故曰「於義無取」。參見004「架」疏證〔四〕。

006

【籀】問曰：《鄘詩・墻有茨》篇云：「中冓之言，不可讀也。」《毛詩傳》云：「讀，抽也。」「抽」是何義？荅曰：「讀」止謂道讀之讀。更訓爲抽，翻成難曉。按：許〔氏〕《説文解字》曰①：「籀，讀也。從竹㨨聲②〔一〕。」「㨨」即古「抽」字〔二〕，是以「籀」或作「籕」。〔此〕蓋毛公以「籀」解「讀」③，傳寫字省，故止爲「抽」〔三〕。此當言「讀，籀也」，不得爲抽引之義。又《左氏傳》云「其繇曰：『專之渝』〔四〕」、「其繇曰：『士刲羊』〔五〕」之類，字雖爲

「繇」，音、訓皆作「籀」〔六〕，並（未）〔謂〕讀卜筮卦繇之辭也④。

〔校勘記〕

①氏：原闕，盧本同。今據張本朱校、明本、沈本、何本、惠本補。周祖謨《校記》云：「『許』下景宋本有『氏』字，是也。」

②從竹㩅聲：沈本同。張本朱筆眉批：「影宋本無『竹』字。」黃筆眉批：「明刻本有『竹』字。紹仁案：《説文》有『竹』字，乃是宋本脱耳。」明本作「從籀聲」；何本原作「從籀聲」，改作「從竹㩅聲」；盧本原作「從行榴聲」，改作「從竹㩅聲」；惠本作「從竹榴聲」。按：「㩅」「榴」、「行」「竹」形近而譌，「籀」乃「竹㩅」連寫而誤。

③此：原闕，盧本同。今據張本朱校、明本、沈本、何本、惠本補。周祖謨《校記》云：「『蓋』上景宋本有『此』字，是也。」

④謂：原作「未」，今據張本朱校、明本、沈本、何本、惠本改。

〔疏證〕

〔一〕見《説文·竹部》。

〔二〕「㩅」即古「抽」字：《説文·手部》：「㩅，引也。从手畱聲。抽，㩅或从由。」

〔三〕傳寫字省，故止爲「抽」：師古謂「抽」乃「籀」字之省，未確。惠本眉批：「《説文》：『籀，讀書也。《春秋傳》曰卜籀。』『籀』俗作『繇』，未聞『籀』作『抽』。直是傳寫誤耳，非省也。」惠棟謂

「籀」俗作「繇」，是也；然謂「籀」作「抽」誤，亦非是。

《説文·言部》：「讀，誦書也。」誦者，諷也。段玉裁以爲「誦書」之「誦」本當作「籀」，曰：「『讀』與『籀』疊韻而互訓……『諷』謂背其文，『籀』謂能繹其義。大史公作《史記》，曰『余讀高祖侯功臣』，曰『大史公讀列封至便侯』，曰『大史公讀秦楚之際』，曰『余讀諜記』，曰『大史公讀春秋曆譜諜』，曰『大史公讀秦記』，皆謂紬繹其事以作表也。漢儒注經，斷其章句爲讀。如《周禮注》鄭司農『讀火絶之』，《儀禮注》『舊讀昆弟在下』、『舊讀合大夫之妾爲君之庶子女子子嫁者未嫁者』是也。擬其音曰讀，凡言『讀如』、『讀若』皆是也。易其字以釋其義曰讀，凡言『讀爲』、『讀曰』，當皆是也。人所誦習曰讀，如《禮記注》云『周田觀文王之德』，博士讀爲『厥亂勸寧王之德』是也。諷誦亦爲讀，如《禮》言『讀賵』、『讀書』，《左傳》『公讀其書』皆是也。」古音「籀」（定母幽部）、「讀」（定母屋部）旁對轉。

「籀」可假借「抽」（透母幽部）字爲之。《竹部》：「籀，讀書也。」段注曰：「毛傳曰：『讀，抽也。』方言曰：『抽，讀也。』『抽』皆『籀』之假借。籀者，抽也。讀者，續也。抽引其緒相續而不窮也。」「籀」从「㩅/抽」聲，蓋與「抽」同源，「籀」得義於「抽」。

又假「紬」（透母幽部）字爲之。《説文·糸部》：「紬，大絲繒也。」徐廣音「抽」。《釋名》：「紬，抽也。抽引絲耑出細緒也。」《史記·太史公自序》：「紬史記石室金匱之書。」《漢書·司馬遷傳》注引如淳曰：「紬徹舊書故事而次述之。」而師古曰：「此説非也。紬謂綴集之，音

『冑』。」是不以假借字爲音也。

又假「繇（䌛）」（喻母幽部）字爲之。《説文・系部》：「䌛，隨從也。」「䌛」、「由」古通用。今卜筮繇辭之「繇」，《説文》「籀」字下引《春秋傳》曰「卜籀云」，可知《左傳》古本作「籀」。《爾雅・釋詁》：「䌛，道也。」「猷，言也。」郭注曰：「猷者，道。道亦言也。」然則「猷」、「䌛」音義並同。此「道」意爲言説，即師古所謂「道讀」之「道」。繇辭之「繇」亦多訓抽、訓由，如《周易・繫辭下》《釋文》引服虔曰：「繇，抽也。抽出吉凶也。」又引韋昭曰：「由也。吉凶所由出也。」

要之，「籀」、「讀」、「抽」、「紬」、「繇」、「由」、「猷」、「道」音近義通，同源通假，皆謂探源發微、推衍闡釋。如段玉裁所言，斷其章句曰讀，紬繹其事曰讀，擬其音曰讀，釋其義曰讀，人所誦習曰讀，諷誦亦曰讀。「諷誦可云『讀』，而『讀』之義不止於諷誦。諷誦止得其文辭，讀乃得其意藴……《孟子》云『誦其詩，讀其書』，則互文見義也。」

按：毛傳訓「讀」爲「抽」，兼釋音義。鄭箋云：「抽猶出也。」乃變言其義，非謂「抽」有曝出、宣露之意而「讀」無之。《正義》云：「讀誦非宣露之義，傳訓爲『抽』，箋申『抽』爲出也。」蓋唐人多已不曉「抽」、「讀」音近義通。師古知「籀」省作「抽」，而不知「抽」、「籀」同源通假；惠棟知「繇」即是「籀」，而不知「抽」亦是「籀」也。

〔四〕見《左傳》僖四年。

〔五〕見《左傳》僖十五年。

〔六〕字雖爲「繇」，音、訓皆作「籀」：師古意謂《左傳》卜筮繇辭之「繇」乃是「籀」之假借。《漢書・文帝紀》注曰：「繇音丈救反，本作籀，籀書也，謂讀卜詞。」「丈救反」（澄母宥韻）即「籀」音。

007

【甲】《衛詩・芄蘭》篇云：「能不我甲。」《毛詩傳》曰：「甲，狎也。」毛公此釋，蓋依《爾雅》本訓〔一〕。而徐仙遂音「甲」爲「狎」〔二〕。案：「甲」雖訓狎，自有本音〔三〕，不當便讀爲「狎」。譬猶「斁」字訓厭〔四〕，《葛覃》篇云：「服之無斁〔五〕。」豈得讀云「服之無厭」乎？若以「甲」有「狎」音，假借爲字者，不應方待訓詁，始通其義也〔六〕。

〔疏證〕

〔一〕見《爾雅・釋言》：「甲，狎也。」

〔二〕徐仙：何本眉批：「晉徐邈字仙民。既避廟諱，何不書其名乎？」詳見004「架」疏證〔三〕。

〔三〕「甲」雖訓狎，自有本音：師古以爲毛傳「甲，狎也」只是訓釋詞義，不是説明假借。《釋文》云：「甲如字，狎也。《爾雅》同。徐『胡甲反』。《韓詩》作『狎』。狎，户甲反。」是元朗亦持此意。

依顔意，即使訓釋字與被注字音近，但凡能以義訓説通，則不必視爲假借。然而「甲，狎也」並不能以義訓説通。「甲」字象形，本義爲植物籽實外殼或動物鱗甲，「狎習、親暱」義無法通過詞義引申而獲得，只能視爲「狎」之假借。師古以爲《爾雅・釋言》「甲，狎也」可證「甲」有「狎」義，其實《爾雅》亦是説明假借。「甲」（見母葉部）、「狎」（匣母葉部）可相通假。《説文・犬部》：「狎，犬可習也。」段注曰：「古叚『甲』爲之。《衛風》傳曰：『甲，狎也。』此言叚借也。」

是則《韓詩》用本字，《毛詩》用假借字。又如《尚書・多方》「因甲于内亂」，《正義》云：「鄭、王皆以『甲』爲『狎』。王云：『狎習災異，於内外爲禍亂。』鄭云：『習爲鳥獸之行，於内爲淫亂。』」

毛傳中多有説明假借者，另如《周南・汝墳》「惄如調饑」傳「調，朝也」，《小雅・斯干》「秩秩斯干」傳「干，澗也」，《大雅・既醉》「景命有僕」傳「僕，附也」等。劉曉東《平議》云：「古之通假，不可以後世之定音律之；後世之正讀，亦不可以古之通假淆之。明其通假之道而從其正音之讀，斯兩得之矣。」寔爲切論。

〔四〕「斁」字訓厭：斁音yì，本義爲解除，引申爲鬆懈、厭倦。《詩・周南・葛覃》「服之無斁」，毛傳曰：「斁，厭也。」《説文・攴部》：「斁，解也。从攴睪聲。《詩》云：『服之無斁。』斁，厭也。」段注曰：「『厭』同『猒』，飽也。」「猒（厭）」本義爲飽足，引申爲滿足、厭倦。在「厭倦」義上，「斁、厭」構成同義詞。「厭」（影母談部）、「斁」（餘母鐸部）韻部遠隔，不屬語音通轉，與「甲，狎也」不同。

〔五〕見《詩・周南》。

〔六〕不應方待訓詁，始通其義也：師古以爲若「甲」讀「狎」音，又訓「狎」義，音義相會，則無須訓詁，即知本字爲「狎」；惟有「甲」讀如字，而訓「狎」義，乃須訓詁。是故「甲」、「狎」各有音義，非假借也。可知顔氏立足當代，堅守「正音」。

008

【背】《伯兮》篇云：「焉得諼草，言樹之背〔一〕。」毛傳云：「背，北堂也。」謂於堂北種之以忘憂耳。而陸士衡詩云：「焉得忘憂草，言樹背與襟〔二〕。」便謂身體前後種之〔三〕。此亦誤也。

〔疏證〕

〔一〕見《詩·衛風》。

〔二〕陸士衡詩：陸機，字士衡，吴郡吴縣（今上海）人，西晉文學家、書法家。事見《晉書·陸機傳》。此詩名《贈從兄車騎》，《文選》卷二四、《陸士衡文集》卷五「焉得忘憂草」作「安得忘歸草」。何焯《義門讀書記》卷四六云：「萱草只取能忘，忘憂、忘歸皆可。」

〔三〕便謂身體前後種之：《説文·北部》：「北，乖也。从二人相背。」「北」會二人相背之意，爲後背之「背」初文，商代甲骨文即借爲南北之「北」，後加肉旁别造「背」字以表後背，引申爲背離、違背等義。《伯兮》《正義》云：「樹之於北堂之上。」又云：「背者，鄉北之義，故知在北。婦人欲樹草於堂上，冀數見之，明非遠地也。婦人所常處者堂也，故知北堂。」俞樾《羣經平議》卷八云：「『背』即『北』字也。古『背』、『北』同字。《國語·吴語》曰『吴師大北』，韋昭注曰『北，古之背字』是也。『爰樹之背』即『爰樹之北』。傳以經但言北，未言所在，故以北堂釋之。《正義》之説，反涉迂曲矣。」《正義》並非不知「背」即

萱草

（《植物名實圖考》卷十四）

「北」字，但欲説明何以必是北「堂」，而非北户、北庭之屬，故曰「婦人所常處者堂也」，並云「堂」是房室居所之總名。

按：「言樹之背」原意固爲種植諼草於北堂，至於陸士衡此句，則可作多種理解：

一解，士衡確實誤解「背」爲後背，「襟」亦實指前襟。《説文》：「尌，立也。从壴从寸，持之也。」「尌」金文作尌仲簋蓋，象人手持羽飾植於鼓上，本義爲樹立，後起字作「樹」。《周禮·考工記·廬人》「置而摇之」，鄭注曰：「置，尌也。」「樹（尌）」既有持、置義，則句意可謂將忘憂草置於後背與前襟。

一解，士衡固知「背」爲北堂。然則又分兩種情形：

其一，元伊世珍《瑯嬛記》、清余蕭客《文選音義》皆引謝氏《詩源》曰：「堂北曰背，堂南曰襟。」秦選之《校注》亦曰：「清人蕭山沈祖棨、浣水吴頴炎解陸此詩云：『余讀謝氏《詩源》，有曰堂北曰背，堂南曰衿。樹背與襟，言前後皆樹也。』其義尚新，録之以供參考。」是則陸詩深化《伯兮》之意，僅於堂北種之已不足以忘憂，更須南北皆樹，明其憂思之深也。然《謝氏詩源》今已不存，未知「堂南曰襟」之訓出於何處。《四庫總目》集部四十四謂《文選音義》「罅漏叢生」，有「摭拾舊文，漫無考訂」之失，云：「陸機《贈從兄詩》『言樹背與襟』，引謝氏《詩源》：『堂北曰背，堂南曰襟。』亦杜撰虚詞，不出典記。」「堂南曰襟」之説，未足深信。

其二，佚名《勘正》云：「『焉得諼草，言樹之背』，以爲陸士衡用事之誤。然詩人便宜，不宜

拘以箋注。若作『背與襟』，尤覺意切而味長也。」「背」既兼有北方、後背義，何妨「將錯就錯」，

一語雙關，用後起之字，借古詩之情，字面荒唐而情思蘊藉，適令語更新奇。

士衡之詩心幽思，今已無從確知。一二臆測，聊備參詳。

009

【溥】《鄭詩·野有蔓草》篇云：「野有蔓草，零露溥兮。有美一人，清揚婉兮。」《詩》古本有「水」旁作「專」字者，亦有單作「專」字者，後人輒改爲之「（溥）〔團〕」字①，讀爲團圓之「（溥）〔團〕」②〔一〕。作辭賦篇什用之，遞相因襲，曾無疑者。按：呂氏《字林》「雨」下作「專」〔二〕，訓云「露貌」，音「上兗反」③。此字本作「⿱雨專」，或作「溥」耳。單作「專」者，古字從省〔三〕。又「上兗」之音，與「婉」相類〔四〕，益知呂氏之説可依，本非團義矣。下云「零露瀼瀼」者，豈復亦論其從横之貌乎？

〔校勘記〕

①團：各本原皆作「溥」。《釋文》云：「溥，本亦作『團』。」周祖謨《校記》云：「案：二『溥』字審上下文義當作『團』。」今據正。

②團：原作「溥」，明本、惠本、盧本同。沈本作「團」；何本原作「溥」，改作「團」。

③兗：張本朱校、沈本、何本、盧本同，明本、惠本作「兖」。吴本吴志忠眉批：「『⿱雨專』，《集韻》平、上聲兩收。今改『上兖反』，則與『婉』不相類。所改謬矣。」周祖謨《校記》云：「『兗』景宋本作『兖』，

誤。下『又上窔之音』，『窔』亦誤爲『衮』。」按：周校、吴説皆誤。

〔疏證〕

〔一〕「《詩》古本」句：「零露漙兮」之「漙」，據此條可知師古所見之本有作「漙」者，亦有作「專」者，後人或改爲「團」，師古定本作「漙」。《釋文》云：「漙，本亦作『團』。徒端反。」可知元朗所見之本有作「漙」者，亦有作「團」者。《文選》陸機《歎逝賦》「瘁零露於豐草」，謝靈運《永初三年七月十六日之郡初發都》詩「火旻團朝露」，謝朓《京路夜發》詩「猶霑餘露團」，謝惠連《七月七日夜詠牛女》詩「團團滿葉露」，江淹《雜體詩・古離别》「簷前露已團」，李善注引《詩》皆作「團」。又如江淹詩《劉文學楨感懷》「團團霜露色」，張率《白紵歌》「秋風蕭瑟白露團」，費昶《和蕭洗馬畫屏風》詩「零露一朝團」，劉長卿《夏中崔中丞宅見海紅摇落一花獨開》「秋露未須團」，李嶠《八月奉教作》「蒼葭曉露團」，羅隱《夜泊毘陵無錫縣有寄》「草蟲幽咽露初團」等，可見詩文辭賦多用「團」字。

按：師古既云「讀爲團圓之『團』」，是謂「漙」、「團」别字，蓋訓「漙」爲露盛多貌，「團」爲圓貌。毛傳曰：「漙漙然盛多也。」《説文・口部》：「團，圜也。」其實露盛多貌之義即圓貌之引申也，「團」本義爲圓，引申爲聚合，如《文選・馬融〈長笛賦〉》「冬雪揣封乎其枝」李善注引鄭玄《毛詩箋》曰：「團，聚貌。」聚合亦即盛多也。

〔二〕吕氏《字林》：晉吕忱著《字林》六卷（一説七卷），分部皆依《説文》，更按羣典，搜求異字。南北朝至隋唐，影響僅次於《説文》，後亡佚於元明之際。清任大椿有《字林考逸》八卷，陶方琦有《字林考逸補本》一卷。

〔三〕單作「專」者，古字從省：「專」甲骨文作合16239，本義爲紡磚，引申爲專一、專長等。《詩》之古本蓋作「專」，乃「團」之假借字，意爲聚合、盛多。《説文》「團」字段注曰：「《周禮》假『專』爲『團』。《大司徒》注曰：『專，圜也。』」師古以爲本字作「𩅸」，或作「漙」，省作「專」，「團」乃後人所改，其實本字正當作「團」也。「漙」、「𩅸」皆特爲露盛多貌之義所造之後起分別字，故其形、義與《詩》密合。可見師古規範文字，乃以形義相合爲要，魏晉以來字書中之通用字，若能合乎六書理據，亦以爲正。何本於此句上眉批：「較之陸釋爲長。」是何焯亦持此意也。

〔四〕「上兖」之音，與「婉」相類：《集韻》「漙」、「𩅸」同字，有二音：平聲桓韻「徒官切」：「漙𩅸湪𩂢，漙漙，露多皃。或作『𩅸』，或並省。」即 tuán 音；上聲獮韻「豎兖切」：「漙𩅸，露皃。或從雨。」即「上兖」之音，折合今音約爲 shuàn。婉，《釋文》音「於阮反」，《廣韻》阮韻同，《集韻》「委遠切」。師古云「相類」，蓋指「𩅸」、「婉」同爲上聲。

陳第《讀詩拙言》云：「蓋四聲之辨，古人未有，中原音韻，此類實多。舊音必以平叶平、仄叶仄也，無亦以今而泥古乎？總之，《毛詩》之韻動於天機，不費雕刻，難與後世同日論矣。」江永《古韻標準・例言》云：「隨其聲諷誦詠歌，亦自諧適，不必皆出一聲。如後人詩餘歌曲正以雜用四聲爲節奏，《詩》韻何獨不然？前人讀韻太拘，必强紐爲一聲，遇字音之不可變者，以强紐失其本音。顧氏始去此病，各以本聲讀之。不獨《詩》當然，凡古人有韻之文皆如此讀，可省無數糾紛，而字亦得守其本音，善之尤者也。」段玉裁《六書音均表・古四聲説》謂古平上爲一類，王力謂之「舒聲」。按：四聲之實，古已有之，然四聲之説，起於後世。早期韻文，主要追求韻母主元音之相同相近，未必嚴格要求韻腳字聲調一致，故《詩》之用韻，多有異調通押者。「團」雖平聲，亦不妨與「婉」爲韻也。

010

【衡】《齊詩・南山》篇云：「蓺麻如之何？衡從其畝。」《禮》云：「古之冠縮縫①，今也衡縫〔一〕。」「衡」即「横」也〔二〕，不勞借音。而徐氏並音爲「横」〔三〕，皆失之矣。

【校勘記】

①之：今本《禮記・檀弓》作「者」。吴本吴志忠眉批：「唐以前經傳多與今異文，不必據今改古。」

【疏證】

〔一〕見《禮記・檀弓》。

〔二〕「衡」即「横」也：師古以爲「衡」固有「横」義，不必視爲「横」之假借而讀「横」音。《漢書・爰盎鼂錯傳》「衡加之以衆」，注引張晏曰：「衡音横。」師古曰：「衡即横耳，無勞借音。」可與此條相參。

「衡」本義爲綁在牛角上以防觸人的横木，引申爲車轅横木，或横木爲門。《説文・角部》：「衡，牛觸，横大木其角。」「横」本義爲門閂，引申爲凡横直之稱。《木部》：「横，闌木也。」

二字音近而別,《廣韻》庚韻「户庚切」(開口):「衡,横也,平也。」「户盲切」(合口):「横,縱横也。」

〔三〕徐氏並音爲「横」:《詩·齊風·南山》《釋文》云:「衡音『横』,注同,亦作『横』字。又一音如字。『衡』即訓爲『横』。《韓詩》云:『東西耕曰横。』」《禮記·檀弓》鄭注曰:「衡讀爲横,今冠横縫,以其辟積多。」《釋文》云:「衡依注音『横』,華彭反。」鄭樵《通志·藝文略一》云:「徐音雖亡,然陸音多本於徐。」蓋《釋文》「衡音『横』」即本於徐邈,「又一音」則同於師古。

「衡」、「横」古音皆在匣母陽部,可相通假。如《周禮·考工記·玉人》「衡四寸」,鄭注曰:「衡,古文『横』。假借字也。」《檀弓》鄭注曰:「衡讀爲『横』。」段玉裁《周禮漢讀考序》云:「『讀爲』、『讀曰』者,易其字也。易之以音相近之字,故爲變化之詞。」是知「衡」音「横」者,乃以假借字爲音,故爲師古所不取。參見004「架」疏證〔四〕。

011

【忉】《甫田》篇云:「勞心忉忉〔一〕。」《爾雅音》:「切切,憂也〔二〕。」後之賦者叙憂慘之情,多爲「忉怛」。王仲宣《登樓賦》云:「心悽愴以感發,意忉怛而(潛)〔憯〕惻①。」諸如此類,皆當音「切」〔三〕,字與「忉」字相類。「切」字從刀(匕)〔七〕聲②,傳寫誤亂,或變爲「忉」。今之學者諷誦辭賦,皆爲「忉怛」,不復言「切」,失之遠矣。

〔校勘記〕

①憯:原作「潛」,惠本、盧本同。今據張本朱校、明本、沈本、何本改。周祖謨《校記》云:「『潛』景宋

本作『憯』，是也。」

②七：原作「匕」，今據張本朱校、明本、沈本、惠本改。盧本原作「七」，改作「匕」，誤。

〔疏證〕

〔一〕見《詩·齊風》。

〔二〕《爾雅音》：此句標點或爲「《爾雅音》：『切切，憂也。』」然不知誰氏之音。或爲「《爾雅》音『切切』，憂也」，然《爾雅·釋訓》：「忉忉，憂也。」亦不作「切切」。未知顏意何如。

〔三〕皆當音「切」：王本眉批：「按此條不可解。《爾雅·釋訓》：『忉，憂也。』《釋文》：『忉，都勞反。』據《詩·甫田》與驕韻，亦當爲『忉』，無作『切』之理。秘監似不應有此說。」「忉」字不當音「切」，見有多方證據：

其一，《詩》中用「忉」之處，音「切」則皆失韻。如《齊風·甫田》「無田甫田，維莠驕驕。無思遠人，勞心忉忉」，毛傳曰：「忉忉，憂勞也。」《釋文》云：「忉音『刀』。」《陳風·防有鵲巢》「防有鵲巢，邛有旨苕。誰侜予美，心焉忉忉」，《釋文》云：「忉，都勞反，憂也。」《檜風·羔裘》「羔裘逍遥，狐裘以朝。豈不爾思，勞心忉忉」，《釋文》云：「忉音『刀』。」又如揚雄《法言·修身》「田圃田者莠喬喬，思遠人者心忉忉」，「忉」與「喬」韻，亦不得音「切」。

其二，「忉」（端母宵部）、「怛」（端母月部）一聲之轉，故可合爲「忉怛」，音「切」則無以音轉。《說文·心部》：「怛，憯也。从心旦聲。」大徐本引《唐韻》音「得案切」。《方言》卷一：

「怛，痛也。」《詩·檜風·匪風》「中心怛兮」，毛傳曰：「怛，傷也。」《釋文》云：「都達反，慘怛也。」《齊風·甫田》「勞心怛怛」，毛傳曰：「怛怛，猶忉怛也。」《釋文》云：「怛，旦末反。」郝懿行《爾雅義疏》云：「『忉』字《説文》所無。《詩·甫田》傳：『怛怛猶忉忉也。』是『忉』、『怛』聲轉義同。《説文》：『怛，憯也。』是其義。」漢魏以降詩文辭賦多用「忉怛」，如李陵《答蘇武書》「異方之樂，秖令人悲，增忉怛耳」，趙曄《吴越春秋·王僚使公子光傳》「父繫三年，中心忉怛」，潘岳《寡婦賦》「少伶俜而偏孤兮，痛忉怛以摧心」，阮籍《詠懷詩十七首》「徘徊空堂上，忉怛莫我知」等。惟蔡邕《司徒袁公夫人馬氏碑》云「號咷切怛，曾不我聞」，《胡碩碑》云「痛心絶望，切怛永慕」。劉曉東《平議》云：「以蔡《集》各本相校，『切』、『忉』兼存，原石不見，難定是非矣。」

俞樾《著書餘料》云：「顔氏此條，殊不可解。《甫田》篇云：『無田甫田，維莠驕驕。無思遠人，勞心忉忉。』『忉』與『驕』爲韻，則其音自讀如『刀』。若作『勞心切切』，失其韻矣。《釋文》出『忉』、『切』二字，音『都勞反』，未聞其音『切切』也。《玉篇·心部》：『忉，都勞切，憂心貌。』《廣韻·六豪》：『忉，都牢切，憂心貌。』師儒相承，未有異讀。顔氏乃創爲此説，未知所本。書名《匡謬》，而有此謬，何邪？」黄侃《爾雅音訓》卷上亦曰：「忉，正作『惆』，失意也。字變作『怊』、『忉』。《匡謬正俗》一：《詩》『勞心忉忉』，《爾雅音》：『切切，憂也。』字當從刀七聲，傳寫誤爲『忉』。案顔説誤。」然則曲園、觀堂、季剛皆謂此條殊爲可疑。

012

【矜】《小雅・鴻鴈》篇序云：「至于矜寡，無不得其所焉。」徐仙音「矜」爲「古頑反」①。案：此詩當章言「爰及矜人，哀此鰥寡」，故鄭箋云：「當及此可憐之人，謂貧窮者欲令賙餼之，鰥寡則哀之，其孤獨則收斂之，使有依也。」尋序及詩意，蓋云可矜憐之人及鰥寡者〔一〕，皆被勞來安集。鄭箋釋之，正得其理。而徐氏讀「矜」爲「鰥」，既無所憑，大失本旨。

〔校勘記〕

①古：明本、沈本、何本作「各」；惠本、盧本原作「各」，改作「古」。《鴻鴈・序》《釋文》：「矜，本又作『鰥』，同『古頑反』。徐又『棘冰反』。」吴承仕《經籍舊音辨證》云：「徐邈以下皆音『古頑反』，而以『棘冰反』爲又音也。」按：「古」、「各」同爲見母，「古」合口，「各」開口，作「古」較長。

〔疏證〕

〔一〕可矜憐之人及鰥寡者：「爰及矜人，哀此鰥寡」，「矜人」與「鰥寡」對舉，師古以爲固非一義，故鄭箋分别釋爲「可憐之人」與「鰥寡者」，序中「矜寡」之「矜」即詩中「矜人」之「矜」，而非詩中「鰥寡」之「鰥」。秦選之《校注》曰：「意謂序以『矜』、『寡』二字，冒詩『矜人』及『鰥寡』也。」《釋文》「矜」之兩讀，元朗取「古頑反」，師古則取「棘冰反」。《漢書・蕭望之傳》引《詩》「爰及矜人，哀此鰥寡」，師古注曰：「矜人，可哀矜之人，謂貧弱者也。言王者惠澤下及哀矜之人以至鰥寡。」可與此條相參。

宋王觀國《學林》卷三「矜」條云：「既曰『矜人』，又曰『鰥寡』，故作詩序者以爲『矜寡無不得其所焉』。然則矜寡之『矜』不可讀爲『古頑反』亦明矣。毛氏《詩傳》曰：『矜，憐也。』『偏喪曰寡。』鄭氏箋曰：『矜人，可憐之人』也。所謂『矜寡』者，離散失所，羈獨可憐之人也。『矜』字當讀爲『居陵反』。而陸德明《釋音》皆作『古頑反』，非也。」其説與師古同。

吴承仕《經籍舊音辨證》則云：「《大田·序》曰：『言矜寡不能自存。』《記·王制》：『老而無妻謂之矜。』《疏》以『矜』、『鰥』爲古今字。疑漢魏晉宋間，真、諄部字亦得與蒸、侵相轉，故相承假『矜』爲『鰥』。徐邈以下皆音『古頑反』，而以『棘冰反』爲又音也。《鴻鴈序》言『至于矜寡』，自與《大田序》同意，『矜』、『寡』對文。至當章『爰及矜人』，則訓爲可矜憐之人，分理甚明。師古混爲一談，乃謂徐音失旨，其説非也。」其説與師古相反。

按：序釋詩意，然序文與詩句未必一一對應，而三百篇序之遺詞則宜相同。故吴云「矜寡」即「鰥寡」，「矜人」爲「可憐之人」，是也。然謂漢魏晉宋間假「矜」爲「鰥」，則似未確。「鰥」本義爲大魚，《説文·魚部》：「鰥，鰥魚也。」段注曰：「『鰥』多叚借爲鰥寡字。鰥寡字蓋古祇作『矜』。『矜』即『憐』之叚借。」《釋名·釋親屬》：「鰥，昆也。」古音「鰥」（見母文部）、「矜」（見母真部）旁轉。「矜」字古文作 詛楚文，从子从令，會垂憐之意。篆文譌爲 説文，从矛今聲，表矛柄，《説文·矛部》：「矜，矛柄也。从矛今聲。」唐慧苑《華嚴經音義》：「『特垂矜念』，《毛詩傳》：『矜，憐也。』按《玉篇》、《字統》皆从矛令，無从矛今者。」段玉裁依漢石經

《論語》、《溧水校官碑》、魏《受禪表》改字爲「矜」，曰：「从令聲。令聲古音在真部，故古叚『矜』爲『憐』。《毛詩·鴻鴈》傳曰『矜，憐也』，言叚借也……《毛詩》與『天』、『臻』、『民』、『旬』、『填』等字韻，讀如『鄰』，古音也。漢韋玄成《戒子孫》詩始韻心。晉張華《女史箴》、潘岳《哀永逝文》始入蒸韻。由是『巨巾』一反僅見《方言》注、《過秦論》李注、《廣韵》十七真，而他義則皆入蒸韻。是今音之大變於古也。」然《左傳》僖二十二年、宣十六年引《詩》「戰戰兢兢」，《釋文》皆云：「兢，居陵反，本或作『矜』。」是則段氏謂「矜」晉代始入蒸韻，或可商榷。

要之，「鰥」假爲「矜」，「矜」假爲「憐」，皆古音通假，不可以後世之正音律之。

【央】《庭燎》篇云：「夜未央〔一〕。」傳云：「央，旦也①〔二〕。」鄭箋云：「夜未央，猶言未渠央也。」按：《秦詩·蒹葭》篇云「宛在水中央」，《禮·月令》云「中央」，並是中義。許氏《説文解字》云：「央，中央也。一曰久〔三〕。」是則「夜未央」者，言其未中也、未久也。今關中俗呼二更、三更爲「夜央」、「夜半」〔四〕，此蓋古之遺言，謂夜之中耳。毛公訓「央」爲旦，亦未知出於何典。而鄭君直釋云「未渠央」，不解「未渠」何義。按：俗語云「未渠央」，亦言「未遽央」，「遽」與「渠」同，言未遽中耳〔五〕。古詩云「調絃未遽央〔六〕」，即是其事。康成不能指明其義，而更曲引「未渠」云，復加以「猶言」，如博依之説〔七〕，適令學者不曉其意〔八〕。

〔校勘記〕

①旦：明本、何本、惠本、盧本同，沈本作「且」。按：《釋文》云：「且，七也反，又『子徐反』，又音『旦』。經本作『旦』。」《正義》云：「言『夜未央』者，謂夜未至旦，非謂訓『央』爲旦。故王肅云『央，旦。未旦，夜半』是也。」是知王肅時所見本作「旦」，《釋文》本作「且」。

〔疏證〕

〔一〕見《詩·小雅》。

〔二〕央，旦也：師古以爲毛公訓「央」爲旦，無所依據，故訓爲中、半。《漢書·外戚傳上》「惜繁華之未央」，注曰：「未央，猶未半也。」可與此條相參。

「央」甲骨文作合3006，象人頸上荷枷形，乃「殃」之初文，本義爲災禍，引申爲中、盡、久遠等。「央」無旦義，故後人多從《釋文》本「央，且也」爲説。如李黼平《毛詩紬義》卷一二以「且」通「祖」，云：「古『且』、『祖』字通。曾子曰：『大祖者，且也。』《嘯堂集古録》載商祖戊尊、祖丁尊，『祖』皆作『』。周穆公鼎『祖皇穆公』、周雝公緘鼎『用追享孝于皇祖考』，『祖』皆作『』。『祖』訓始，言始夜也。」胡承珙《毛詩後箋》卷一八以「且」爲「𧇡」，云：「《説文》：『𧇡，且往也。从且，虘聲。』『且』謂姑且，『虘』聲亦兼匆遽之義。」段玉裁《毛詩故訓傳定本》卷一八云：「『且，薦也。』凡物薦之則有二層。『未且』猶未漸進也，與『未艾』、『鄉晨』爲次弟。若作『旦』字，則與『鄉晨』不別矣。」又注《説文》「央」字曰：「『且者，薦也。』凡物薦之則有二，至於

『艾』而爲三矣。」陳奂《詩毛氏傳疏》卷一八云：「案『且』字是也。箋云：『猶言夜未渠央也。』《釋文》引《説文》云：『久也，已也。』王逸注《楚辭》云：『央，盡也。』《韓奕》箋『且』訓多，《載芟》傳『且』訓此。『多』者，猶言久也；『此』者，猶言已也、盡也。『夜未且』正與『夜未久』同義。」馬瑞辰《毛詩傳箋通釋》、陳喬樅《魯詩遺説考》等亦以「央，且」爲正而訓「央」爲盡。

王引之《經義述聞》卷六則云：「『夜未央』者，夜未已也。《楚辭·離騷》『時亦猶其未央』，王注云：『央，盡也。』《九歌》『爛昭昭兮未央』，注云：『央，已也。』盡亦已也。《管子·輕重丁》篇云：『賈人蓄物而賣，爲讎買，爲取市，未央畢。』央、畢皆盡也。《吕氏春秋·知化》篇云：『其後患未央。』是古人謂未已爲『未央』也。夜盡則旦，故毛云『央，旦也』，鄭云『夜未渠央』，亦是此意。今以『未央』爲未中，則與下文不合。朝禮辨色始入，夜未中而朝，我未之前聞也。古詩『調弦未遽央』，『央』亦已也，豈未遽中之謂乎？《正義》以『旦』爲夜屈之限，是也；而又從王肅以『旦』爲夜半，則非。《釋文》『旦』作『且』，音『七也反』，又『子徐反』，尤非。」

按：王説是也。毛傳「央，旦」乃是串講句意，非字義也。《正義》知毛意，故云：「言『夜未央』者，謂夜未至旦，非謂訓『央』爲旦。」又如《商頌·烈祖》「亦有和羹，既戒既平」，傳曰：「戒，至。」《正義》亦云：「言『戒，至』者，謂恭肅敬戒而至，非訓『戒』爲至也。」然則「夜未央」者，夜未盡而至旦也。「未央」、「未艾」、「鄉晨」三章同義變文，無關時間遞進。

〔三〕見《説文·冂部》。

〔四〕今關中俗呼二更、三更爲「夜央」、「夜半」：《顔氏家訓·書證》篇云：「或問：一夜何故五更？更何所訓？答曰：漢、魏以來，謂爲甲夜、乙夜、丙夜、丁夜、戊夜，又云『鼓』，一鼓、二鼓、三鼓、四鼓、五鼓，亦云一更、二更、三更、四更、五更，皆以五爲節。《西都賦》亦云：『衛以嚴更之署。』所以爾者，假令正月建寅，斗柄夕則指寅，曉則指午矣，自寅至午，凡歷五辰。冬夏之月，雖復長短參差，然辰間遼闊，盈不過六，縮不至四，進退常在五者之間。更，歷也，經也，故曰五更爾。」秦選之《校注》曰：「然則二更、三更適得其半數耳。」

〔五〕未渠央、未遽央：《史記·陸賈傳》：「尉他大笑曰：『吾不起中國，故王此。使我居中國，何渠不若漢？』」是漢時俗語有「何渠」、「未渠」。《索隱》云：「渠，劉氏音『詎』。」《漢書》作『遽』字，小顔以爲『有何迫促不如漢也』。」《漢書·酈陸朱劉叔孫傳》作「何遽」，師古注曰：「言有何迫促而不如漢也。遽音『其庶反』。」「渠」、「遽」聲韻俱同，一平一去，可相通假。《説文·辵部》：「遽，傳也。一曰窘也。」窘即窘迫之意，故師古釋「遽」爲迫促。

師古以爲鄭箋釋義不明，後人多辨其失。《廣雅·釋言》「腒，央也」，王念孫《疏證》云：「腒，字或作『渠』，又作『巨』，又作『遽』。卷一云：『央，盡也。』卷四云：『央，已也。』……諸書或言『未央』，或言『未遽』，或言『未遽央』，其義一也。」胡承珙《毛詩後箋》亦云：「顔氏據《秦風》、《禮記》、《説文》釋『央』爲中，不誤。而云康成不能明『未渠央』之義，則非。是箋云『猶言』者，正以俗語釋古語。『未渠央』即『未央』，急言之曰『未央』，緩言之曰『未渠央』耳。《史記・尉佗傳》曰：『使佗居中國，何渠不若漢？』班史作『何遽不若漢』。康成豈尚不知『渠』即爲『遽』乎？又案：『未遽央』即『未央』，亦可作『未遽』。《文選・魏都賦》『其夜未遽，庭燎晰晰』，注即引《毛詩》『夜未央』爲證……《廣雅》：『腒，央也。』王氏《疏證》云：『《集韻》：巨，央也。通作腒。』《廣雅・釋詁》云：『腒，久也。』『《説文》：央，久也。』故此又以『腒』爲央矣。」

要之，「腒」、「渠」、「巨」、「詎」、「遽」皆一聲之轉。此語漢魏以降多用之，如王融《三婦豔詩》「調絃詎未央」一作「未渠央」，陶淵明《雜詩十二首》其三「枯悴未遽央」，左思《魏都賦》「其夜未遽，庭燎晰晰」，周舍《上雲樂》「歡樂未渠央」，《隋書・音樂志中》「緬追歲事，夜遽不寧」等。可見「未渠」乃當時通用俗語，故鄭康成徑用之也。

〔六〕古詩：《玉臺新咏》卷一《古樂府六首・相逢狹路間》云：「大婦織綺羅，中婦織流黄。小婦獨無事，挾瑟上高堂。丈人且安坐，調絲未遽央。」《長安有狹斜行》古辭略同。《藝文類聚》卷四一、《顔氏家訓・書證》篇引「絲」皆作「絃」，與此條同。《書證》篇云，近代文士取此三句爲式，頗作《三婦豔》詩，亦省作《三婦》，乃爲匹嫡並耦己之羣妻之意，改「丈人」爲「佳人」、「良人」。王利器《集解》引何焯曰：「然則《三婦豔》『豔』乃是曲調，猶《昔昔鹽》『鹽』字，非豔冶也。」詞牌《三姝媚》調名亦源於此。

〔七〕博依：廣爲譬喻，指詩之比興。一説指可以歌詠的雜曲。《禮記・學記》「不學博依，不能安詩」，鄭注曰：「博依，廣譬喻也。」孫希旦《集解》云：「博依，謂雜曲可以歌詠者也……博依非詩之正也，然不學乎此，則於節奏不嫻熟，而不能以安於詩矣。」

〔八〕適令學者不曉其意：秦選之《校注》曰：「師古此條，於毛傳訓『央』爲『旦』，略而未言，茲爲補述其義。夫夜盡爲旦，《廣雅·釋詁》：『央，盡也。』則『夜未央』者，即也未盡而旦耳。故詩疏云：『旦是夜屈之限。』其言極有見地。」按：師古實駁毛傳，非補述也。

014

【號】《北山》篇云：「或燕燕居息，或盡瘁事國。或息偃在牀，或不已於行。或不知叫號，或慘慘劬勞。或棲遲偃仰，或王事鞅掌。或湛樂飲酒，或慘慘畏咎〔一〕。」從上及下，句句相韻。「叫號」者，猶言諠呼自恣耳，非必要謂號咷之「號」〔二〕。毛傳云：「叫，呼。號，召也。」而徐仙乃音「號」爲「呼到反」〔三〕。今讀者遵之，亦甚非也①。

〔校勘記〕

①甚：張本朱校、明本、何本作「以」；沈本缺，「亦」下空一格。何本眉批：「一無『以』字。」惠本、盧本缺，「亦」下原皆空一格，惠棟眉批：「原本缺一字。」盧補入「甚」字，蓋出己意。「以」字意亦未洽。

〔疏證〕

〔一〕見《詩·小雅》。

〔二〕非必要謂號咷之「號」：號咷，啼哭呼喊。《易·同人》「九五，同人先號咷而後笑」，《釋文》云：「號，户羔反。號咷，啼呼也。」按：師古既云「非必要謂號咷之『號』」，繼而否定徐邈「呼到反」

之音，似謂「號」之號咷義當讀去聲，而「叫號」之「號」當訓「召」，故不讀去聲也。

〔三〕呼到反：「或不知叫號」《釋文》云：「號，户報反，協韻『户刀反』。」「號」之異讀别義，無關聲紐，乃是聲調平去之别。徐邈音「呼到反」，疑「呼」（曉母）當作「乎」（匣母），「乎到反」則與《釋文》首音「户報反」同。然則徐邈、《釋文》以爲「叫號」之「號」讀去聲，師古則以爲當讀平聲。

《説文·号部》：「号，痛聲也。」大徐本引《唐韻》音「胡到切」。段注曰：「号，嘑也。凡嘑號字古作『号』。《口部》曰：『嘑，号也。』今字則『號』行而『号』廢矣。」「號，呼也。」大徐本引《唐韻》音「乎刀切」。《玉篇·号部》：「号，胡到切。号令也，召也。《大祝》：『掌辨六号。』」「號，胡高切。哭痛聲也。亦同上。」《廣韻》豪韻「胡刀切」：「號，大呼也，又哭也。」號韻「胡到切」：「号，号令。又召也，呼也，謚也。亦作『號』。」「號，上同。」《集韻》豪韻「乎刀切」：「號号，《説文》：『呼也。』」號韻「後到切」：「号，《説文》：『痛聲也。』」「號，教令也。」然則呼喊義、痛聲義皆有平去兩讀，號令義則只讀去聲。

孫玉文《漢語變調構詞考辨》以爲，原始詞義爲高聲呼喊，動詞，胡刀切（平聲），有時特指放聲痛哭；滋生詞特指號令别人，動詞，胡到切（去聲），也指名詞號令。「或不知叫號」，毛傳曰：「叫，呼。號，召也。」《正義》云：「居家用逸，不知上有徵發呼召者。」依孫説，則此「號」訓號令，故《釋文》讀去聲，而以平聲爲「協韻」之讀。然孫説無法解釋《説文》「号」字何以音「胡到切」，乃云：「此讀去聲，俟考。」

細究顏意，似謂「叫號」之「號」當訓「諠呼」（即呼喊義），讀平聲；而「號」訓「號咷」（即痛聲義）時當讀去聲。顏説與《説文》「号」、「號」之《唐韻》音相合，然漢魏六朝經注中「號」之痛聲義實多讀平聲，如《易・同人》《釋文》「號咷」之「號」音「户羔反」，《左傳》宣十二年「申叔視其井，則茅絰存焉。號而出之」，杜注曰：「號，哭也。」《釋文》云：「號而，户刀反，哭也。注同。」《禮記・檀弓下》「既封，左袒，右還其封，且號者三。」鄭注曰：「哭且言也。」《釋文》云：「且號，户高反。注同。」

要之，「號」之呼喊、痛聲、號令三義當讀何音，凡有二説：孫玉文以爲呼喊、痛聲義讀平聲，號令義讀去聲；顏師古以爲呼喊義讀平聲，痛聲、號令皆讀去聲。二説各有所適，然亦各有所短。若爲勉力彌合，蓋漢時痛聲義已可平去兩讀。按：《北山》此章，兩兩相韻，「號」與「勞」韻，宜讀平聲。惟若依孫説，則此「號」當訓號令，徐邈音「呼到反」是其本音，平聲乃協韻之讀；若依顏説，則此「號」當訓呼喊，平聲是其本音，徐邈音去聲誤也。

015

【享】《楚茨》篇云：「以享以祀，以介景福〔一〕。」鄭箋云：「享，獻也。」又《信南山》篇云：「享于祖考。」《大田》詩亦云：「以享以祀。」其義並同，此自可曉。而徐仙並音「享」爲「許亮反」〔二〕，未審其意。

〔疏證〕

〔一〕與下《信南山》、《大田》皆見《詩・小雅》。

〔二〕許亮反：「享」字《楚茨》《釋文》未出音。《信南山》「享于祖考」、《大田》「以享以祀」，《釋文》云：「許兩反，徐『許亮反』。」《大雅·旱麓》「以享以祀」、《周頌·我將》「我將我享」，《釋文》云：「許丈反，徐『許亮反』。」「許兩」、「許丈」二反同爲上聲，「許亮反」爲去聲。師古以爲「享」訓獻時當讀上聲。

《廣韻》漾韻「許亮切」無「享」字，而養韻「許兩切」有「亯」字，云：「獻也，祭也，臨也，向也，歆也。」「亯」即古「享」字，象高臺上有建築形，意爲亯祭之所，後分化出「亨」、「享」、「烹」三字。《集韻》漾韻「許亮切」則有「享」字，云：「薦也。《詩》『享于祖考』，徐邈讀。」是《廣韻》不以徐音爲正，故不取；而《集韻》以徐邈有此一讀，乃存録之。

宋賈昌朝《羣經音辨》卷六云：「享，獻也，呼兩切。神受其獻曰享，呼亮切。」然則賈氏以爲「享」之上、去二音乃是施受別義。孫玉文《漢語變調構詞考辨》則以爲據《經典釋文》，「享」訓「獻」時可上可去，訓「神受其獻」反而只注上聲，《羣經音辨》歸納有誤。「享」由「鄉」滋生而來，原始詞義爲古代地方基層組織，一萬二千五百家爲一鄉，名詞，許良切（平聲）；滋生詞義爲鄉人相聚飲酒，動詞，有上聲「許兩切」（鄉¹）和去聲「許亮切」（鄉²）兩詞，字作「饗」、「享」。「享」讀上聲屬於「鄉¹」一系，讀去聲屬於「鄉²」一系。然則孫氏以爲「享」之上、去二音乃是原始詞「鄉」的變調構詞在不同方言中變讀不同的遺跡。如此則徐音不誤，只是「鄉²」一系在六朝中後期漸趨萎縮，形成變調構詞的缺環。

按：四聲别義，即原始詞通過聲調變化構造滋生詞，新詞詞義與原始詞有所關聯。清人顧炎武、錢大昕、盧文弨、段玉裁等皆以爲肇自六朝經師，周祖謨《四聲别義釋例》以爲始於漢代，孫玉文《漢語變調構詞考辨》則謂上古已然。顏、賈與孫各有理致，今諸說並存可也。

016

【賚】《楚茨》又云：「徂賚孝孫〔一〕。」毛傳云：「賚，予也。」徐仙音「賚」爲「來」〔二〕，亦所未詳。

〔疏證〕

〔一〕見《詩・小雅》。

〔二〕音「賚」爲「來」：《楚茨》《釋文》云：「賚，如字，徐音『來』。」又《尚書・説命上》、《湯誓》、《武成》、《費誓》等《釋文》皆云「徐音『來』」。《爾雅・釋詁》「賚，賜也」，《釋文》云：「賚，力代反，又『力臺反』。」「力代反」之音即「如字」，「力臺反」即「來」音。

「如字」乃當時常用音義。《廣韻》代韻「洛代切」：「賚，與也，賜也。」平聲咍韻則無「賚」字。是則《釋文》、《廣韻》皆以「賚」讀去聲爲正音。《集韻》代韻「洛代切」：「賚，賜也。」咍韻「郎才切」：「賚，與也。」蓋存録舊音耳。錢大昕《十駕齋養新録》卷四「徐仙民多古音」條云：「徐仙民音有不載于《釋文》者，如顏之推所舉《毛詩》反『驟』爲『在遘』、《左傳》切『椽』爲『徒緣』，今陸氏《釋文》皆無之。顏、陸皆南士，而陸年輩差後，顏既詆前世反語多不切，陸即因而削之。蓋自周彦倫、沈休文之學行，南士靡然從之，爭改舊音以從新切，而古音之失傳者多矣。」

孫玉文《漢語變調構詞研究》云：「前人確定一個字的音義是否如字，主要是看其是否在當時常見……歷史上有常用義轉爲非常用義，非常用義轉爲常用義的事實，而中古人注如字，又往往以中古的音義來定如字，跟上古的情況不盡一致。」

「賚」之平、去二讀聲調雖異，而詞義實同，與上條「享」之上、去二音別義者不同。平聲之讀，蓋方俗音變耳。又《商頌·烈祖》「賚我思成」，毛傳曰：「賚，賜也。」鄭箋云：「『賚』讀如往來之『來』……神靈來至，我致齊之所思則用成。」《釋文》云：「賚，毛如字，鄭音『來』。」是則康成以「賚」爲「來」之假借字，與徐邈之別音而不別義者又不同。

【莫】《大雅·皇矣》篇云：「皇矣上帝，臨下有赫。監觀四方，求民之莫。」毛傳云：「莫，定也〔一〕。」鄭箋云：「求民之定，謂所歸就也〔二〕。」又《桑柔》篇云：「菀彼桑柔，其下侯旬。捋采其劉，瘼此下民〔三〕。」捋采之，則葉爆爍而疏，人息其下，則病於爆爍。喻羣臣恣放，損王之德也。而末代文士〔四〕，引「求民之莫」以屬辭者，改「莫」爲「瘼」，從而釋之云：「求瘼」謂其疾苦耳〔五〕。至乃呼刺舉宰牧爲「求瘼」〔六〕，既易本字，妄爲臆説，安施失所，比喻乖方，相承用之，曾無覺悟。雖采酌經詁，而大違厥旨，亦爲巨謬。

〔疏證〕

〔一〕莫，定也：《漢書·敘傳上》引《皇矣》「求民之莫」，師古注曰：「莫，定也。言大矣天之視下，赫然甚明，監察衆國，求人所定而授之。」可與此條相參。《爾雅・釋詁》：「貉、嘆、安，定也。」《皇矣》「貊其德音」，毛傳曰：「貉，静也。」鄭箋云：「德應和曰貉。」《釋文》云：「貉，本作『貊』，武伯反。《左傳》作『莫』，音同。《韓詩》同，云：『莫，定也。』」《説文・口部》：「嗼，啾嗼也。」「啾嗼」即今之「寂寞」，故爲静定之義。然則「貉」、「貊」、「嗼」、「莫」、「寞」音義皆同。

〔二〕求民之定，謂所歸就也：《正義》云：「主明則民定。觀其能定民者，欲歸就之。」秦選之《校注》曰：「即《孟子・梁惠王》篇：『天下惡乎定？』『定於一。』之義。」孫奭疏云：「此章言定天下者一道，仁政而已。不貪殺人，人則歸之。」

〔三〕見《詩・大雅》。毛傳曰：「菀，茂貌。旬，言陰均也。劉，爆爍而希也。瘼，病也。」鄭箋云：「桑之柔濡，其葉菀然茂盛，謂蠶始生時也。人庇陰其下者，均得其所。及已捋采之，則葉爆爍而疏，人息其下，則病於爆爍。興者，喻民當被王之恩惠，羣臣恣放，損王之德。」

《説文・疒部》：「瘼，病也。」《方言》卷三：「瘼，病也。東齊海岱之閒曰瘼。」《爾雅・釋詁》「瘼，病也」，郝懿行《義疏》云：「『瘼』者，《詩》『亂離瘼矣』、『瘼此下民』，傳並云：『瘼，病也。』《方言》及《説文》同。通作『莫』。《文選・關中詩》及《爲范尚書表》並云『亂離斯莫』，李善注引『《韓詩》作莫字，薛君曰：莫，散也。』又『求民之莫』，《文選・齊故安陸昭王碑》注引作『求民之瘼』，云：『班固《漢書》引《詩》而爲此瘼。』按：班所引亦必三家《詩》也。」今本《漢書・叙傳上》引《皇矣》作「求民之莫」，而《宋書・福瑞志上》言及《漢書・叙傳》引《皇矣》則作

「瘼」。是李善、沈約所見《漢書》與師古注本異。班固《詩》學兼及今文三家，重《魯》而輕《毛》，《漢書》所引，容與《毛詩》不同。王符《潛夫論·班禄》引《皇矣》亦作「瘼」，蓋亦三家《詩》也。要之，《毛詩》「求民之莫」，三家《詩》或作「瘼」；《毛詩》「亂離瘼矣」，三家《詩》或作「莫」。

按：「莫」之訓詁，與「求」相關。「求」以獲得爲目的，故有尋求義；而欲有所得，則須去發現，故又有體察義。察民之病，除之而使民安定，是一件事全過程的兩個階段，察病爲始，安民爲終。毛、鄭釋「求」爲尋求義，故訓「莫」爲定，與表寂寞之「貘」、「貊」、「嘆」、「寞」同；而若視「莫」爲「瘼」之通假，釋爲病義，則訓「求」爲體察，上下詩意亦頗諧暢。毛、鄭以爲「瘼」、「莫」判然分别，三家《詩》以爲「瘼」、「莫」同音通假，各有所適，皆有理致。

師古《漢書》注及此條皆徑從毛、鄭，然《全唐文》卷一四七録其《聖德頌》，有「蠲苛削密，求瘼恤隱」之語，是師古自著之文亦有以「求瘼」爲求其疾苦之意者。可見師古固知有「瘼」、「莫」之異文，然解經注史，自有取捨，至於作文屬辭，則隨時便宜，執其一端可也。

〔四〕末代文士：末代，後世也。以師古而言，蓋指魏晉六朝時期。參見025「烏呼」疏證〔一〕。秦選之《校注》曰：「此句上無所承，故知『捋采之』句上有脱字也。」

〔五〕「求瘼」謂其疾苦：「瘼」本義爲病，引申指疾苦。如蔡邕《和熹鄧后謚議》「皇太后參圖考表，求人之瘼」，《後漢書·循吏傳》「廣求民瘼」，《三國志·蜀志·馬超傳》「兼董萬里，求民之瘼」，

《晉書·武帝紀》「皇天鑒下，求人之瘼」，江淹《遣大使巡詔》「思所以闢訪治蠹，詢求民瘼」，唐陸贄《請依京兆所請折納事狀》「求瘼救災，國之令典」等。

〔六〕呼刺舉宰牧爲「求瘼」：刺舉，檢舉奸惡，舉薦有功。宰牧爲治民之官，故刺舉宰牧即爲體察民間疾苦。如《南史·循吏傳》「梁武帝踐皇極，躬覽庶事，日昃聽政，求瘼卹隱」，沈約《齊故安陸昭王碑》「而皇情眷眷，慮深求瘼」等。

匡謬正俗疏證卷第二

018

【尚書】〔一〕孔安國《古文尚書序》云：「先君孔子生於周末，覩史籍之煩文，懼覽者之不一，遂乃定禮樂，明舊章。」「覽者」謂習讀之人，猶言學者爾。蓋思後之讀史籍者，以其煩文，不能專一，將生異説，故删定之。凡此數句，文對旨明，甚爲易曉。然後之學者①，輒改「之」字居「者」字上，云「覽之者不一」〔二〕。雖大意不失，而顛倒本文，語更凡淺，又不屬對，亦爲妄矣。今有晉、宋時書不被改者，往往而在，皆云「覽者之不一」。又云：「以所聞伏生之書，定其可知者爲隸古，定，更以竹簡寫之。」蓋言以孔氏壁中科斗文字，依傍伏生口傳授者，考校改定之，易科斗以隸古字。定訖，更别以竹簡寫之，非復本文也。近代淺學，乃改「隸古定」爲「隸古字」，非也。按：直云「隸古」〔三〕，即是隸古字，於理可知，無所闕少。「定」者爲②定訖耳。今先代舊本，皆爲「隸古定」，不爲「古字」也。

〔校勘記〕

①者：惠本、盧本同。張本朱校、明本、明本、何本作「士」，兩通。

②爲：何本、惠本、盧本同。明本、沈本作「謂」，兩通。

【疏證】

〔一〕尚書：汪應辰《書》云宜改「尚書」爲「覽之者不一」。王國維訂正篇題爲「覽者」，並於篇題之上加標「尚書」。

〔二〕覽之者不一：今本《尚書序》如此。《文選》卷四五、《初學記》卷二一所引亦作「之者」。阮元《校勘記》云：「岳本『之者』作『者之』。」按：若作「覽者之不一」，則「之」爲連詞，連接偏正結構，「覽者」與「史籍」對文，上下句結構相同；若作「覽之者不一」，則「之」爲代詞，作動詞「覽」之賓語，二「之」字詞性不同，上下句亦不屬對。以語法結構而言，晉宋舊本優於今本。又《史通》劉知幾《自叙》云：「覩史籍之繁文，懼覽者之不一。」蓋劉氏所見本亦與晉宋舊本同，可資旁證。

〔三〕隸古：《尚書序》《正義》云：「言『隸古』者，正謂就古文體而從隸定之。存古爲可慕，以隸爲可識，故曰『隸古』，以雖隸而猶古。」《經典釋文序録》云：「《尚書》之字本爲隸古，既是隸寫古文，則不全爲古字。」又云：「以校伏生所誦，爲隸古寫之。」《史通・古今正史》云：「更以隸古字寫之。」是「隸古」與「隸古字」一也。

依顏意，《尚書序》中「隸古」二字不當與下「定」字連讀，「定」字上下各有一逗，所「定」者乃是伏生之書。《正義》云：「『定其可知』者，就古文内定可知識者爲隸古定。」依孔意，「隸古定」三字當連讀，所「定」者乃是隸古之字。二者各有所適，皆可通。

【刕】古文「戮」字。《商書・湯斷》古「誓」字。云：「予則孥刕汝①〔一〕。」孔安國傳云：「古之用刑，父子兄弟罪不相及。今云『孥戮』，權以脅之，使勿犯也。」案：「孥戮」者，或以爲奴，或加刑戮，無有所赦耳。此非孥子之「孥」〔二〕，猶《周書・泰誓》稱「囚孥正士」，亦謂或囚或(孥)〔奴〕也②，豈得復言并子俱囚一無「囚」字。也？又班固《漢書・季布傳贊》云：「及至困(亢)〔戹〕奴僇苟活③〔三〕。」蓋引《商書》之言，以爲折衷矣。

〔校勘記〕

①刕：張本朱校、明本、沈本、何本、惠本作「戮」；盧本原作「戮」，改作「刕」。按：《夏書・甘誓》、《商書・湯誓》「孥戮」字，宋薛季宣《書古文訓》、夏竦《古文四聲韻》皆作「[illegible]」，與「刕」形近。《說文・羽部》「翏」字段注謂「𦐇」即「翏」之譌，假借爲「戮」字。劉曉東《平議》云迨衛包改爲今字，開成石經遂定作「戮」。盧本蓋欲改之以合篇題。

②奴：原作「孥」，盧本同。今據明本、沈本、何本、惠本改。按：師古不當以「孥」解「孥」，作「奴」是也。

③戹：原作「亢」，明本、惠本、盧本同。張本朱校作「庀」。今據沈本、何本正。周祖謨《校記》云：「案當依《漢書・季布傳贊》作『戹』。」按：「戹」即古「厄」字，「亢」乃形譌也。

〔疏證〕

〔一〕《商書・湯斷》云「予則孥刕汝」：《夏書・甘誓》亦有此語。「斷」通「誓」，王引之《經義述聞》

卷三云：「《匡謬正俗》所引《湯誓》古文，字當作『𣂚』。『𣂚』，籀文『折』字，古文假借也。」《説文·艸部》篆文作「𣂔」，籀文作「𣂚」，隸省作「折」。「誓」从言𣂔聲，與「𣂚」古音通假。孥，《湯誓》《正義》引鄭玄注及僞古文《尚書》皆作「孥」，《漢書·王莽傳中》及《周禮·秋官·司厲》注鄭司農引《書》皆作「奴」。劉曉東云開成石經遂定作「孥」。

〔三〕此非孥子之「孥」：《甘誓》孔安國傳曰：「孥，子也。」《詩·小雅·常棣》「樂爾妻孥」，「孥」、「妻」對文，故爲子也。《漢書·王莽傳中》引《書》「予則孥戮汝」，師古注曰：「《夏書·甘誓》之辭也。奴戮，戮之以爲奴也。説《書》者以爲『帑』，子也，戮及妻子。此説非也。《泰誓》云『囚奴正士』，豈及子之謂乎？」可與此條相參。依顏意，「孥」有二義：一曰奴，即身自爲奴；一曰孥子，即并子俱囚。《甘誓》、《湯誓》皆取義於前者。

「孥」字《説文》無。《女部》：「奴，奴婢皆古辠人。」《巾部》：「帑，金幣所藏也。」大徐本引《唐韻》皆音「乃都切」。「帑」字段注曰：「《雅·常棣》傳曰：『帑，子也。』此叚『帑』爲『奴』。《周禮》曰：『其奴，男子入於罪隸，女子入於舂稾。』本謂罪人之子孫爲奴，引伸之則凡子孫皆可偁奴，又叚『帑』爲之……今音帑藏『他朗切』，以别於妻帑『乃都切』。」宋袁文《甕牖閑評》卷一云：「字書『孥，乃都切，妻子也。』『帑，它囧切，金帛所藏舍也。』此二字初不相干，因毛詩《常棣》篇『樂爾妻帑』借用此『帑』字，故《左氏傳》『宣子使臾駢送其帑』及『爾以帑免』，《史記》『向使二世除去收帑汙穢之罪』，《漢書》『盡除收帑相坐律』，皆借用『帑』字，而《廣韻》、《玉篇》

見諸書如此，遂並以『帑』字亦音『乃都切』矣。」清俞樾《曲園雜纂·評袁》云：「古有『帑』字無『孥』字……孫愐音『乃都切』，此『帑』字之本音也；惟其義則以『金幣所藏』爲本義……凡人金幣所藏，必藏於内，而妻子亦居於内，故其義得相通。或疑妻帑之『帑』乃『奴』之假字，然古所謂奴婢，皆罪人也，何取此義以目其妻子乎？『孥』者後出字，所以别於金幣所藏之『帑』；『帑』以『它罔切』者，又以别於妻子之『孥』。其實古止作『帑』，有二義，無異字，無異音也。」

要之，「奴」本義爲罪人；「孥」字後起，義爲子；「帑」本義爲藏錢府庫，音 nú，假借爲「孥」字，後别音帑藏義爲 tǎng。師古以爲「孥」字義兼「奴」與「孥子」，蓋與懋堂同謂「孥」是「奴」之分别字；袁文以爲「帑」假借爲「孥」；曲園則謂「孥」是「帑」之分别字，與「奴」義無涉。按：「帑」、「孥」之詞義引申，俞曲園論之已詳；而「奴」、「孥」之間是否具有引申關係，即罪人之子是否從坐爲奴，自漢以降，衆説紛紜。

以爲罪止其身者，如《孟子·梁惠王下》「澤梁無禁，罪人不孥」，趙岐注曰：「孥，妻子也。罪人不孥，惡惡止其身，不及妻子也。」以爲子孫連坐者，如《湯誓》《正義》引鄭玄云：「大罪不止其身，又孥戮其子孫。」《詩·小雅·棠棣》《正義》云：「《書》曰：『予則孥戮汝。』皆是子也。」《三國志·魏志·毛玠傳》引鍾繇曰：「自古聖帝明王，罪及妻子。《書》云：『左不共左，右不共右，予則孥戮女。』」《湯誓》孔傳曰：「古之用刑，父子兄弟罪不相及。今云孥戮汝，權以脅之，使勿犯。」《甘誓》傳又曰：「非但止汝身，辱及汝子，言耻累也。」《正義》曲意彌合，謂《甘誓》但爲威脅警示，並非果欲戮其子孫。夏啓承舜、禹之後，法本寬仁，必不連坐妻子，故《甘誓》不須解釋，殷、周以後，其罪或相緣坐，恐其實有孥戮，故須於《湯誓》傳解之。説者亦多謂鄭玄以漢法解經，不合古制。宋吴仁傑《兩漢刊誤補遺》有「釋『奴戮』」二條，其一云：「《越語》句踐徇于軍曰：『左而不在左，右而不在右，身斬，妻子鬻。』此殆甘戰誓師之法而過于殺者。顔氏『囚奴』之説，雖不失爲近厚，方用兵行師之際，有不用命而罪止囚奴其身，何以使人致死？蓋『戮』非必殺之，或劓、刖、墨刑以爲辱。『孥戮』謂從妻子之類也。此《書》上文有『戮於社』之言，而繼之以『孥戮』，是不止于辱及其身矣。此用兵行師之法，不可與國之常刑同日而語。然視『罰弗及嗣』、『罪人不孥』，要爲有愧。」秦選之《校注》曰：「此或糾正《莽傳》顔注之失者也。」

〔三〕奴僇：師古注曰：「僇，古『戮』字也。奴僇，謂髡鉗爲奴而賣之也。」《説文·人部》「僇」字段注曰：「《大學》借爲『戮』字，荀卿書同。」「僇」、「戮」古同音通假。

020

【御】《周書·牧誓》篇云：「弗御克奔〔一〕，以役西土。」孔安國注云：「商衆能奔來降者，不迎擊之。如此則所以役我西土之義①〔二〕。」徐仙音「御」爲「五所反」〔三〕。按：「御」既訓迎，當音「五駕反」，不得音「（御）〔禦〕」②。《商書·盤庚》云：「予御續乃命於天。」《詩·鵲巢》云：「百兩御之。」訓解亦皆爲迎〔四〕，徐氏並作音「訝」〔五〕，何乃《牧誓》獨爲「（御）〔禦〕」音③？又與孔氏傳意不同，失之遠矣。

〔校勘記〕

①役：明本、沈本、何本、惠本、盧本同。張本朱校作「役」，周祖謨《校記》云：「『役』景宋本作『役』，是也。案《説文》：『役，古文作役。』師古所引乃孔氏《古文尚書》也。」下「役」字同。

②禦：原作「御」，明本、惠本、盧本同。今據張本朱校、沈本、何本改。周祖謨《校記》云：「『御』景宋本作『禦』，是也。下文云『徐氏並音訝，何乃《牧誓》獨爲禦音』，是其證。」按：師古必不以「御」音「御」，作「禦」是。

③禦：原作「御」，今據明本、沈本、何本、惠本、盧本改。

〔疏證〕

〔一〕弗御克奔：徐仙民音「禦」，是知徐本與師古定本同作「御」。今本《周書·牧誓》作「弗迓克奔」，《釋文》云：「迓，五嫁反，馬作『禦』，禁也。」何本眉批：「馬融作『弗禦』，徐音各從其家法耳。」《正義》云：「『迓』訓迎也，不迎擊商衆能奔來降者，兵法不誅降也。」又云：「王肅讀『御』爲『禦』，言不禦能奔走者，如殷民欲奔走來降者，無逆之；奔走去者，可不禦止。」是王肅本亦作「御」。《史記·周本紀》《集解》引鄭玄云：「禦，彊禦，謂彊暴也。」是鄭本作「禦」。阮元《校勘記》云：「『蓋作『御』者，古文也；作『迓』者，今文也。」

「御」甲骨文有合 6057、合 32331、合 8189、合 6675 等形，或以爲、象馬策，象人形，爲道路，會駕馭之意；或以爲乃「午」之初文，作聲符，象人跪而迎迓之

形，行爲道路，意爲迎迓。卜辭中「御」多指祓除不祥的「禦祭」，字或从示，《説文・示部》：「禦，祀也。」引申爲防禦、抵抗之義。典籍中「御」多指駕馭車馬，《説文・彳部》：「御，使馬也。从彳从卸。馭，古文御。」引申爲駕車之人，亦引申爲治理、統治。又有迎接之義，《集韻》禡韻「魚駕切」：「訝迓御，《説文》：『相迎也。』……或作『迓』、『御』。」「訝」有驚詫義，又有迎接義，字後作「迓」。《説文・言部》：「訝，相迎也。」段注曰：「惟《周禮》作『訝』，他經皆作『御』，如《詩》『百兩御之』，毛曰：『御，迎也。』『以御田祖』箋云：『御，迎也。』《書》『予御續乃命于天』、『弗御克奔，以役西土』、『御衡不迷』，某氏皆訓迎，故衛包遂皆改爲『迓』。《士昏禮》『媵御』，《曲禮》『大夫士必自御之』，《穀梁傳》『跛者御跛者，眇者御眇者』，《列子》『遇駭鹿，御而擊之』，皆訓迎，則皆『訝』之同音假借……此下鉉增『迓』字，云『訝或從辵』，爲十九文之一。按：『迓』俗字，出於許後。衛包無識，用以改經，不必增也。」

要之，王肅本、徐本、師古定本作「御」，馬融、鄭玄之本作「禦」。因「御」字構形不明，故「御」、「禦」訓迎，可能是「訝」之假借，也可能是其本義。作「迓」者，則是衛包改隸古爲今字。

〔二〕所以役我西土之義：《正義》云：「『役』謂使用也，如此不殺降人，則所以使用我西土之義。用義於彼，令彼知我有義也。」《釋文》云：「役，馬云：『爲也。』爲，於僞反。」《正義》又云王肅解「役」，爲也，盡力以爲我西土。是孔安國解「役」爲使用，馬融、王肅則解爲施爲。

〔三〕五所反：今本《釋文》不録徐音，蓋宋陳鄂删改《釋文》以合於今字也。《廣韻》語韻「魚巨切」：

「禦，禁也，止也。」「五所」、「魚巨」二反同，亦即「禦」音。御韻「牛倨切」：「御，理也，侍也，進也，使也。」禡韻「吾駕切」：「迓，迎也。」「訝，嗟訝。亦上同。」師古謂「御」當音「五駕反」，即「訝」、「迓」之音。

按：「御」、「禦」、「訝」、「迓」古音皆在疑母魚部，隋唐時則音近而義别。師古從孔注，訓「御」爲迎擊，是以「御」爲「訝」、「迓」之假借；徐邈從馬、王之説，訓「御」爲禁止，是則以「御」爲「禦」之假借。致歧之源不在音讀，而在經義。學者各依家法，未可强求一律。

〔四〕訓解亦皆爲迎：今本《商書·盤庚》作「予迓續乃命于天」，傳曰：「迓，迎也。言我徙，欲迎續汝命于天。」《詩·召南·鵲巢》「百兩御之」，箋云：「御，迎也。」又《詩·小雅·甫田》「以御田祖」，箋云：「御，迎。」等。

〔五〕徐氏並作音「訝」：《盤庚》《釋文》云：「迓，五駕反。」《鵲巢》《釋文》云：「御，五嫁反，本亦作『訝』，又作『迓』，同。王肅『魚據反』，云『侍也』。」「侍也」乃駕馭義之引申，「魚據反」即《廣韻》「牛倨切」，是王肅取其本音本義也。《釋文》不録徐邈之音，以師古此條觀之，徐氏以此二「御」字爲「訝」之假借。

021

【嘼】①《武成序》云：「武王伐殷，往伐歸嘼〔一〕。」孔安國注云：「往誅紂克定，偃武脩文，歸馬、牛於華山、桃林之牧地。」徐仙音「嘼」爲「始售反」〔二〕。按：《武成》當篇云：「歸馬於華山之陽，放牛於桃林之野。」此與序意相承。又許氏《説文解字》云：「嘼，㹌也〔三〕。」

《字林》「嘼」音「火又反」〔四〕，「獸」字從嘼、從犬。斯則六畜之字本自作「嘼」，於後始借〔畜〕養字爲耳②〔五〕。且「嘼」、「獸」類屬不同〔六〕：嘼者，人之所養；獸者，是山澤所育。故《爾雅》（論）〔説〕牛、馬、羊、豕則在《釋畜》③，論麋、鹿、虎、豹即在《釋獸》，較然可知。若武王歸鹿華山之陽，放虎桃林之野，可言「歸獸」。所歸放者既是馬、牛，當依「嘼」字本音讀之，不得以作「獸」字一邊，便謂古文省簡，即呼爲「獸」。且《堯典》云「鳥獸孳尾」、「鳥獸希革」、「鳥獸毛毨」、「鳥獸氄毛」，《旅獒》云「珍禽奇獸，不育于國〔七〕」，皆作「獸」字，不作「嘼」也。何獨《武成》一篇，以「嘼」爲「獸」？斯不然矣。

〔校勘記〕

①嘼：張本朱筆眉批：「『火又反』以上五『嘼』字，鈔本皆作『獸』，誤。」又黄筆眉批：「明刻第二字作『嘼』，餘同鈔本。」篇内前五「嘼」字，明本、惠本皆作「獸」；沈本第二字作「嘼」，餘作「獸」；何本皆作「嘼」；盧本原作「獸」，皆改作「嘼」。按：今本《武成序》《釋文》：「獸，徐『始售反』。本或作『嘼』，許救反。」《正義》云：「歸馬放牛，不復乘用，使之自生自死，若野獸然，故謂之『獸』。」是《釋文》本、《正義》本皆作「獸」。《文選·左思〈魏都賦〉》張載注引亦作「獸」。薛季宣《書古文訓》則作「嘼」，與師古定本同。阮元《校勘記》云：「作『嘼』者，古文也。作『獸』者，今文也。徐、陸二本皆用古文，今本《釋文》，開寶所改，非陸氏元本。故録顔氏説，以存古文之遺。」後人蓋以今本《尚書》改此條，「嘼」、「獸」遂多相亂。盧校是也。

②畜：原脱「畜」字，盧本同。今據張本朱校、明本、沈本、何本、惠本補。王本眉批：「『養』當作『畜』，或『養』上奪『畜』字。」

③説：原作「論」，今據張本朱校、明本、沈本、何本、惠本、盧本改。按：「説」、「論」對文，字宜不同。

〔疏證〕

〔一〕見《尚書·周書》。原文亡佚於東漢建武之際，今本《武成》乃晉梅賾依《書序》之意，采《樂記》「馬散之華山之陽而弗復乘，牛散之桃林之野而弗父服」、《史記·周本紀》「縱馬於華山之陽，放牛於桃林之虚」等語而僞作。孔廣森《經學卮言》卷二云：「歸獸之事，蓋《孟子》所謂『驅虎豹犀象而遠之』者，出於此篇。梅氏古文但摭拓《樂記》放牛歸馬二語，恐未足以當之。而《世俘》載虎二十有二，貓二，麋五千二百三十五，犀十有二，氂七百二十有一，熊五百十有一，羆百一十有八，豕三百五十有二，貉十有八，麈十有六，麝五十，麋三十，鹿三千五百有八。此一節頗與歸獸事相類，意《武成》、《世俘》文多大同。」魏源、章太炎以爲《逸周書·世俘》即所亡之《武成》。

〔二〕始售反：折合今音爲 shòu，即野獸義之音。《廣韻》宥韻「舒救切」（書母）：「獸，《説文》曰：『守備者。』」與「始售反」同。

〔三〕見《説文·嘼部》。段注曰：「《爾雅》《釋文》引《字林》『嘼，犍也』，《説文》『嘼，牲也』。今本《説文》作『犍也』，乃後人以《字林》改《説文》耳。」

〔四〕火又反：折合今音爲 chù，即牲畜之音。《爾雅·釋畜》《釋文》：「畜，許又反。」《説文·嘼部》「嘼」字，大徐本引《唐韻》音「許救切」，皆與「火又反」（曉母宥韻）同。錢大昕《十駕齋養新録》卷一「畜」條云：「經典『畜』字有三音：讀『敕六切』者，訓積、訓聚；讀『許六切』者，訓養；讀『許救反』者，訓六畜。此字《説文》作『嘼』。」秦選之《校注》曰：「案『火』字古音爲『毁』，轉聲如『喜』，故『火又』二字切『畜』。」其實不勞聲轉也。

〔五〕畜養：「嘼」金文作小盂鼎，象狩獵工具之形，表牲畜，引申爲畜養，此二義後皆寫作「畜」。《説文·田部》：「畜，田畜也。」段注曰：「俗用『畜』爲六嘼字。」又注「嘼」字曰：「今多用『畜』者，俗書叚借而然。」

〔六〕「嘼」、「獸」類屬不同：師古謂人之所養者爲嘼，山澤所育者爲獸，《武成》古文原作「嘼」，讀如字，皆是也。然而「嘼」、「獸」並非判然分别，「嘼」表牲畜，乃「獸」之引申義。「獸」甲骨文作合 29027，从單从犬會意，表示用工具和獵犬捕獲野獸。《説文·嘼部》：「獸，守備者。」徐灝《注箋》云：「獸之言狩也，田獵所獲，故其字從犬，謂獵犬也。」由狩獵引申爲野獸。狩獵義後寫作「狩」；狩獵野獸可以馴養，故又引申爲牲畜，後寫作「嘼」。故言「獸」可以包「嘼」。《爾雅·釋畜》《釋文》云：「畜，許又反。本又作『嘼』，音同。按《釋獸》、《釋畜》二篇俱釋獸而異其名者，畜是畜養之名，獸是毛蟲總號，故《釋畜》惟論馬牛羊雞犬，《釋獸》通説百獸之名。」《周禮・天官・序官》「獸醫，下士四人」，鄭注曰：「獸，牛馬之類。」賈疏云：「案《爾雅》在野曰獸，在家曰畜，『畜』、『獸』異矣。而言『獸，牛馬』者，但此職云『主治牛馬』，未必治其野獸。而以牛馬爲獸者，對文則『畜』、『獸』異，散文通。故《爾雅》又云『兩足而羽謂之禽，四足而毛謂之獸。』既不別釋畜，則『獸』中可以兼牛馬，是其牛馬亦有獸稱。」《禮記・祭義》「古者天子諸侯必有養獸之官……犧牷祭牲必於是取之」，《正義》云：「養獸者，若《周禮》牧人也。」《周禮・地官・牧人》：「牧人，掌牧六牲而阜蕃其物，以共祭祀之牲牷。」是皆以「獸」爲總名，「嘼」爲專指，對文則異，散則通。師古以爲「嘼」、「獸」各有音義，《武成》「嘼」字不當讀爲「獸」。「獸」發生詞義引申後，「嘼」、「獸」確有分工，顏説不誤，但未盡耳。

俞樾《曲園雜纂・評袁》別出心裁，從字形分析，謂「嘼」是總名，「獸」是專指：「今《説文》云：『嘼，犍。象耳頭足厹地之形。』『獸，守備者。從嘼從犬。』陸德明則以『犍也』之訓屬之《字林》，而以《説文》爲訓牲。是許君説解，傳寫有異，未必可據，而其字之象耳頭厹地之形，則固可信也。『嘼』字止取象形，畜養之意不見；而『獸』訓守備，字又從犬，則其爲人之所畜者無疑。世豈有養虎豹以自衛者乎？故竊疑『嘼』乃毛蟲之總名，而『獸』則是畜養之物。《爾雅》『嘼』、『獸』之義乃正相反，蓋《爾雅》訓詁之書，每從今義以曉學者，而不必盡合古義。如《説文》：『禽，走獸總名。』而《爾雅》云：『二足而羽謂之禽。』則非古義也。《書序》『獸』字當是古本如此，《魏都賦》『武人歸獸而去戰』，張載注云：『《尚書》曰：往伐歸獸。』晉人所見《書序》是

「獸」非「罯」，然則未可輕改矣。」亦可聊備一說。

〔七〕見《尚書·周書》。

022

【夾】《多方》篇云：「爾害弗夾介乂我周王，享天之命〔一〕？」孔安國注云：「夾，近也。汝何不近大見治於我周王，以享天之命，而爲不安乎？」徐仙音「夾」爲「協」〔二〕。按：「夾」既訓近，〔當〕音「陿」①〔三〕，不得讀爲「協」也。

【校勘記】

①當：原脱「當」字，盧本同。今據張本朱校、明本、沈本、何本、惠本補。周祖謨《校記》云：「景宋本「音」上有「當」字，宜據補。」

【疏證】

〔一〕見《尚書·周書》。「爾害弗」，今本《多方》作「爾曷不」，薛季宣《書古文訓》作「介害弜」。

〔二〕徐仙音「夾」爲「協」：《釋文》云：「夾音『協』。」又《尚書·梓材》「懷爲夾」，《釋文》云：「夾音『協』，近也。」是元朗亦訓「夾」爲近而音「協」。

〔三〕當音「陿」：師古謂「夾」當音「陿」，可作兩種理解：

其一，師古以爲徐邈音「夾」爲「協」，是通「夾」爲「協」；而師古自以爲當通陿隘之「陿」，故云「夾」當音「陿」。「協」本義爲協同、合作，引申爲輔助、和洽、調和、順服等義，不與「近」義直接相關，故師古以爲不當通「協」。而「陝」有「近」義，《説文·𨸏部》：「陝，隘也。」段注曰：

「俗作陋、峽、狹。」張舜徽《約注》云：「『陜』之本義，謂兩山對峙而近，其間甚迫隘耳。世所稱『三峽』，當以此爲本字……因引申爲凡褊隘之稱。今則通作『峽』字，『峽』行而『陜』廢矣。」《廣韻》洽韻「侯夾切」：「狹，隘狹。」「陜陋，並上同。」然則「夾」（見母葉部）、「陜」（匣母葉部）同源通假，兩旁相夾，則中間必狹隘，「陜」是「夾」之分別字。賈昌朝《羣經音辨》卷四云：「夾，隘也。音『洽』。」即取此意。

其二，師古但辨「夾」之音讀，無關假借。「夾」本義爲從左右相持，引申爲在兩旁、挾持（此義後寫作「挾」）、接近、摻雜等義。訓近之「夾」，當時多音並存。《説文・大部》：「夾，持也。」大徐本引《唐韻》音「古狎切」。《廣雅・釋詁》：「夾，近也。」曹憲音「古匣」，是讀見母狎韻。《玉篇・大部》：「夾，古洽切，近西廂也。又『古協切』。」《廣韻》洽韻「古洽切」：「夾，持也。」《集韻》洽韻「訖洽切」：「夾挾，《説文》：『持也。從大俠二人。』或从手。」是讀見母洽韻。《顔氏家訓・音辭》篇云：「其謬失輕微者，北人以『洽』爲『狎』。」此其一證也。《玉篇》又音「古協切」，《集韻》帖韻「吉協切」：「夾俠，傍也。或從人。」是讀見母帖韻。又《集韻》帖韻「檄頰切」：「俠夾，《説文》：『俜也。』一曰傍也。亦姓。或省。」訓「俜也」者，本是「俠」字，《説文》「俠」字段注曰：「俠之言夾也。夾者，持也。經傳多假『俠』爲『夾』，凡『夾』皆用『俠』。」如《公羊傳》哀四年注：「齊、晉前驅，滕、薛俠轂，魯、衛驂乘。」是讀匣母帖韻。

按：二説皆有理致。然師古既不以假借字爲音，前説適自違其例，竊以爲後説較長。參見

004「架」疏證〔四〕。

023

【閞】①〔一〕《費誓序》云：「魯侯伯禽宅曲阜，徐、夷一作「𡰥」〔二〕。並興，東郊不閞〔三〕。」孔安國注云：「徐戎、淮夷，並起爲寇於東②。故東郊不〔閞〕〔開〕③。」徐仙音「開」〔四〕。按許氏《説文解字》及張揖《古今字詁》〔「𨵒」，古「開」字〕④：「閞」，古「闢」字。但「闢」既訓開〔五〕，故孔氏釋云「東郊不開」爾，不得徑讀「闢」爲「開」。亦猶《蔡仲之命》云：「乃致辟管叔于商。」孔安國注云：「致法，謂誅殺也。」豈得即音「辟」爲「法」乎〔六〕？此例多矣。

〔校勘記〕

①閞：明本、沈本、惠本作「開」；何本作「闢」；盧本原作「開」，改作「閞」。何本眉批：「馬融作『闢』。」吴本吴省蘭腳注亦云：「『不閞』，馬融作『不闢』。」吴志忠眉批：「楷書自有體，不必參入篆形。《集韻》：『闢』，古文『闢』。『開』，古文『開』。硃校亦不省此義。」

②東：周祖謨《校記》云：「『東』，今《尚書序》作『魯』。」

③開：原作「閞」，今據張本朱校、明本、沈本、何本、惠本改。盧本原作「開」，改作「閞」。周祖謨《校記》云：「『閞』景宋本作『開』，是也。下文云『故孔氏釋云東郊不開尔』可證。」按：孔注當以「不開」釋「不閞」之意，盧校誤也。

④𨵒古開字閞古闢字：「閞」上原脱四字，今據明本、沈本、何本、惠本、盧本補。「𨵒」，明本、何本、惠本作「闢」，沈本作「闢」，盧本原作「闢」，改作「𨵒」。「閞」，明本、沈本、惠本作「闢」，何本作

「闢」，盧本原作「闢」，改作「𨳇」。按：「閞」爲古文「開」，「𨳇」爲古文「闢」，明見《說文》，盧校是也。雅雨堂本脱四字，不知何人所删。

〔疏證〕

〔一〕𨳇：「闢」字金文作𨳇大盂鼎，會雙手開門之意，隸變後楷書寫作「闢」；小篆改爲从門辟聲，隸變後楷書寫作「闢」。《說文·門部》：「闢，開也。𨳇，《虞書》曰：『闢四門。』从門从𠬞。」《玉篇·門部》：「闢，步役切。開也。」「闢，古文。」「開」字古文作閞說文古文，會雙手拉動門閂之意，篆文从門幵聲。《說文·門部》：「開，張也。閞，古文。」

〔二〕夷一作「𡰣」：「夷」字薛季宣《書古文訓》作「𡰣」。郭忠恕《汗簡》：「𡰣，夷。見《尚書》。」

〔三〕東郊不𨳇：見《尚書·周書》。《釋文》云：「『不開』，舊讀皆作『開』，馬本作『闢』。」黄焯《經典釋文彙校》云：「《釋文》原本當作『不𨳇』。舊鈔本作『闢』。『𨳇』即『闢』字，『𨳇』與『開』之古文『閞』相似，故徐仙氏誤讀『𨳇』爲『開』。『舊讀』者，徐仙氏音也。見《匡謬正俗》。當衛包改古文從今文，『𨳇』宜作『闢』，乃徑改爲『開』。開寶間人改《釋文》『𨳇』字作『開』，於是此注遂不可通矣。」是則漢代古文本作「𨳇」，《釋文》舊鈔本作「闢」，今本《釋文》作「開」。秦選之《校注》曰：「『𨳇』字唐石經作『闢』，至天寶中詔集賢學士衛包改從今文，乃又磨改作『闢』。宋以後直作『開』字，非也。說見《九經古義》。」

〔四〕徐仙音「開」：徐邈音「開」，則其所見之本亦當作「𨳇（闢）」。訓「開」之「闢」（或借「辟」字爲之)，徐邈常音「甫亦反」，如《尚書·虞書·堯典》：「詢于四岳，闢四門。」《釋文》云：「闢，婢亦反，徐甫亦反。」「婢亦」、「甫亦」二反有清濁之異，而意義無别，蓋屬方言音變。古音「闢」（並母錫部）、「開」（溪母微部）聲韻俱遠，音「闢」爲「開」，既非語音通轉，亦非徐氏常音，蓋因「闢」字生僻，故而訓讀爲「開」。其餘作「闢」之處，則仍讀正音「甫亦反」。（抑或徐邈不識古文「闢」字，據上下文意直接將其識讀爲「開」字。然若如此，則無須再爲之注音矣。）

〔五〕「闢」既訓開：「闢」本義爲打開、開啓，如《易·繫辭上》「是故闔户謂之坤，闢户謂之乾，一闔一闢謂之變」，李鼎祚《集解》云：「虞翻曰：闢，開也。謂從震之乾，乾剛象晝，故以開户也。」引申爲開拓、摒除、邪僻等義，如《戰國策·齊策六》：「且自天地之闢，民人之治，爲人臣之功者，誰有厚於安平君者哉？」《商君書·壹言》：「則上令行而荒草闢，淫民止而姦無萌。」《説文》段注曰：「引申爲凡開拓之偁。」「開」本義爲開門，引申爲舒張、拓展、解除、起始等。在「打開、開啓」義上，「闢」、「開」構成同義詞。

〔六〕豈得即音「辟」爲「法」：孔傳以「法」釋「辟」，然非讀「辟」爲「法」。師古以爲「闢」訓讀爲「開」乃是誤讀，而《尚書》中「闢」常借「辟」字表示，故舉「辟」之刑法義以爲類比。「辟」本義爲行刑，引申爲法、罪等義。《説文·辟部》：「辟，法也。从卩从辛，節制其辠也。」《蔡仲之命》「致辟」，《釋文》云：「辟，婢亦反，徐扶亦反。」二反聲母小别，或爲方言音變，或爲釋義不同，如《周書·金縢》：「周公乃告二公曰：『我之弗辟，我無以告我先王。』」《釋文》云：「辟，扶亦反，治也；《説文》作璧，音必亦反，法也；馬、鄭音避，謂避居東都。」然皆屬於語音通轉，未有訓讀「辟」爲「法」者。蓋因「辟」之刑法義較爲常見，無須訓讀也。

訓讀又稱義讀、義通換讀、義同換讀、同義替代等，是用標注一個常見同義字之音，以釋被注字之義，漢魏六朝經師常用此法。師古立足當代，堅守正音，故以謬誤視之。

024

【惟】「惟」，辭也，蓋語之發端〔一〕。《書》云：「惟三月哉生魄」〔二〕、「惟十有三祀，王訪于箕子」〔三〕之類是也。古文皆爲「惟」字〔四〕，而今文《尚書》變〔惟〕爲「維」者①〔五〕，同音通用，厥義無别。又《詩》云「价人維藩，大師維垣，大邦維屏，大宗維翰。懷德維寧，宗子維城」〔六〕，此亦是辭語之助，與《書》之「列爵惟五」、「分土惟三」〔七〕、「任官惟賢材，左右惟其人」〔八〕，於理無别。然今文學之士，不詳立語之體、古今字變，因爾穿鑿，妄生義理。製册文、哀誄、祭文，其唱首云「維某年月日」〔九〕者，既不爲「惟」字，自作釋云：「此字是維持一篇之首〔一〇〕，故爲綱維之字。」又言：「『宗子維城』，謂藩屏維繫連城之義耳〔一一〕。」乃呼帝子弟爲王者爲「藩維」〔一二〕，既無所據，不知本是助辭，大爲謬矣。譬若《詩》云「維師尚父」〔一三〕、「番維司徒」〔一四〕、「維彼哲人」〔一五〕，此類多矣，皆爲「維」字，豈連繫之義乎？且《爾雅》云：「伊、維，侯也〔一六〕。」三者並發語之辭。《詩》云「伊其相謔」〔一七〕、「我罪伊何」〔一八〕、「伊予胡底」〔一九〕、「侯誰在矣」〔二〇〕、「侯薪侯蒸」〔二一〕，並與「維」同義，寧當更有别説？斯不然矣。

〔校勘記〕

①惟：原脱「惟」字，盧本同。今據張本朱校、明本、沈本、何本、惠本補。

〔疏證〕

〔一〕「惟」，辭也，蓋語之發端：今本《爾雅·釋詁》「伊，維也」，郭注曰：「發語辭。」《文選·潘岳〈西征賦〉》「惟泰山其猶危」、嵇康《幽憤詩》「惟此褊心」，李善注引郭璞《爾雅注》皆作「惟，發語辭也。」陸機《答賈長淵》「伊昔有皇」，注引作「《爾雅》曰：『伊，惟也。』郭璞曰：『發語辭也。』」是李善所見《爾雅注》作「惟」不作「維」也。又《文心雕龍·章句》：「夫惟、蓋、故者，發端之首唱。」

〔二〕見《尚書·周書·康誥》。

〔三〕見《尚書·周書·洪範》。

〔四〕古文皆爲「惟」字：劉曉東《平議》云：「據三體石經《尚書》殘石，其《多士》、《無逸》、《君奭》諸篇古文皆作『隹』，篆隸作『惟』，此漢之古文《尚書》也。若枚本僞古文《尚書》，如《多士》，據唐諸抄本（敦煌殘卷伯二七四八，日本内野本、足利本等）及晁公武刻《古文尚書》殘石，薛季宣《書古文訓》皆作『惟』字。」《漢書·王莽傳中》王莽取《詩·大雅·板》「价人維藩」等句，製「惟城」、「惟寧」、「惟翰」、「惟屏」、「惟垣」、「惟藩」等名號，亦皆作「惟」，可咨旁證。

〔五〕今文尚書變惟爲「維」：宋洪适《隸釋》卷一四所録漢石經《尚書》，《盤庚》、《牧誓》、《無逸》、

《立政》、《多方》諸篇皆作「維」，此漢代今文《尚書》。劉曉東《平議》云：「今存之《康誥》殘石正作『維』。」秦選之《校注》曰：「又《魯詩》作『惟』，《毛詩》作『維』，亦見漢石經殘字。」

「惟」、「維」、「唯」三字古音同爲喻母微部平聲。宋袁文《甕牖閑評》卷一云：「『惟』、『維』二字古通用，『唯』字亦然。《書》中盡用『惟』字，《詩》中盡用『維』字，各從其便。故《詩》中『維此文王』，《左氏傳》乃作『唯此文王』，字雖不同，而其義則同。《正義》謂『今王肅註《詩》及《韓詩》作唯此』，方且致疑于其間。彼蓋不知《詩》中盡用『維』字，初無他義也。」《說文・心部》「惟」字段注亦曰：「經傳多用爲發語之詞，《毛詩》皆作『維』，《論語》皆作『唯』，古文《尚書》皆作『惟』，今文《尚書》皆作『維』。古文《尚書》作『惟』者，唐石經之類可證也。今文《尚書》作『維』者，漢石經殘字可證也。俗本《匡謬正俗》乃互易之，大誤。又《魯詩》作『惟』，與《毛詩》作『維』不同，亦見漢石經殘字。」師古謂「惟」、「維」「同音通用，厥義無別」，是已初具因聲求義觀念。

〔六〕見《詩・大雅・板》。

〔七〕見《尚書・周書・武成》。

〔八〕見《尚書・商書・咸有一德》。

〔九〕其唱首云「維某年月日」：魏晉六朝哀誄祭文，「惟」、「維」互見，如潘岳《楊荆州誄》曰「維咸寧元年夏四月乙丑」，其《馬汧督誄》則曰「惟元康七年秋九月十五日」。自唐以降，作「維」者多，如韓、柳諸哀誄祭文皆是。

〔一〇〕此字是維持一篇之首：《左傳》昭十年「居其維首，而有妖星焉」，《正義》云：「維者，綱也。玄枵次有三宿，女爲其初，女是次之綱維也。」秦選之《校注》曰：「此即《左》昭十年傳『居其維首』疏語而衍之者也。」

〔一一〕「惟」本義爲思考，《爾雅・釋詁》：「惟，思也。」《説文・心部》：「惟，凡思也。」「維」本義爲大繩，《糸部》：「維，車蓋維也。」引申爲綱紀、連接、維持等。二者用作發語詞時，皆爲假借用法。

〔一二〕藩屏維繫連城之義：《詩・大雅・板》「懷德維寧，宗子維城」，毛傳曰：「和女德，無行酷虐之政，以安女國，以是爲宗子之城。」「維」字本無實義。《左傳》昭六年引《詩》「宗子維城」，杜預注曰：「言宗子之固若城。」蓋以「維」爲維繫、鞏固之義也。

〔一三〕呼帝子弟爲王者爲「藩維」：如王簡棲《頭陀寺碑文》「觀政藩維，樹風江漢」，沈約《封授臨川等五王詔》「藩維廣樹，經朔攸屬」，《陳書・虞寄傳》「方今藩維尚少，皇子幼沖」等。

〔一四〕見《詩・大雅・大明》。

〔一五〕見《詩・小雅・十月之交》。

〔一六〕見《詩・小雅・鴻鴈》。今本「彼」作「此」。

〔一七〕見《爾雅・釋詁》。

〔一七〕見《詩・鄭風・溱洧》。

〔一八〕見《詩・小雅・小弁》。

〔一九〕見《詩・小雅・小旻》。今本「予」作「于」，箋云：「于，往。」

〔二〇〕見《詩・小雅・六月》。

〔二一〕見《詩・小雅・正月》。

【烏呼】①「嗚呼」，歎辭也。或嘉其美②，或傷其悲。其語備在《詩》、《書》，不可具載。但古文《尚書》悉爲「於戲」字，今文《尚書》悉爲「嗚呼」字，而《詩》皆云「於乎」字，中古以來文籍皆爲「嗚呼」字〔二〕。文有古今之變，義無美惡之別。末代文字，輒爲體例，若哀誄祭文，即爲「嗚呼」〔三〕；其封拜册命，即爲「於戲」〔四〕。「於」讀如字，「戲」讀爲「義」〔五〕。謂「嗚呼」爲哀傷，「於戲」爲歎美，非止新有屬綴，設此二端，乃亦諷讀舊文，分爲兩義。妄爲穿鑿，不究根本。按：《大雅》云：「於乎小子！未知臧否〔六〕。」豈非傷王不知善否乎？《周頌》云：「於乎！前王不忘〔七〕。」非美先王之見稱頌乎？《五子之歌》云：「嗚呼曷歸！予懷之悲〔八〕。」此即哀傷之語。《〔允〕〔胤〕征》云③：「嗚呼！威克厥愛允濟〔九〕。」此即褒美之辭。何以各别爲字也？且漢武册命三王文〔一〇〕，皆曰「嗚呼」，此豈哀傷之義？舉其大意，斷可知矣。且許氏《説文解字》及李登《聲類》並云〔一一〕「於」即古「烏」字耳〔一二〕。

〔校勘記〕

①烏呼：明本、沈本、惠本、盧本同。何本作「烏乎」，誤。周祖謨《校記》云：「案『烏』依下文當作『嗚』。」按：末句云「『於』即古『烏』字」，馮登府《漢石經考異》云「烏」字唐石經始加「口」作「嗚」，劉曉東《平議》云：「即依校本言之，唐諸抄本（如《盤庚中》之敦煌伯二六四〇及諸篇之日本内野、足利等本）均作『烏呼』或『烏虖』，至開成石經則定作『嗚呼』矣。」是則師古所見古文《尚書》當作「烏」。篇内下云「今文《尚書》悉爲『嗚呼』字」（按：「今」當爲「古」，詳見疏證〔二〕）及引《五子之歌》、《胤征》皆作「嗚」者，蓋後世所改。

②嘉：沈本同。明本、何本、惠本作「加」；盧本原作「加」，改作「嘉」。吴本吴志忠眉批：「『或加其美』下或有加頌美之詞者，則不獨悲傷爲嗚呼。盧校改非也。」按：「加」較長，「嘉」亦通。

③胤：原作「允」，今據明本、沈本、何本、惠本回改。盧本原作「胤」，改作「允」。張本朱筆眉批：「『允』本字宋亦諱缺末筆。」

〔疏證〕

〔一〕中古：《漢書·藝文志》「世歷三古」，注引孟康曰：「伏羲爲上古，文王爲中古，孔子爲下古。」蓋中古次於上古，相對成義。如《韓非子·五蠹》：「中古之世，天下大水，而鯀、禹決瀆。」此指虞夏之際。《易·繫辭下》：「《易》之興也，其於中古乎？」此指商周之際。晉左思《蜀都賦》：「夫蜀都者，蓋兆基於上世，開國於中古。」此指戰國。南朝宋鮑照《河清頌》：「察之上代，則奚斯、吉甫之徒鳴玉鑾於前；視之中古，則相如、王褒之屬馳金羈於後。」此指漢代。師古此條所言「中古」，蓋指《詩》、《書》以後，「末代」以前的時期，包括而不限於漢代。

〔二〕文有古今之變，義無美惡之別：《漢書・王莽傳上》加九錫之策文云：「於戲，豈不休哉！」《王莽傳中》策命孺子嬰云：「於戲！敬天之休。」策命五司云：「於戲，勗哉！」師古注皆曰：「『於戲』讀曰『嗚呼』。」《司馬遷傳》録《太史公自序》，師古注曰：「於戲，歎聲也。『於』讀曰『烏』，『戲』讀曰『呼』。古字或作『烏虖』，今字或作『烏呼』，音義皆同耳。而俗之讀者，隨字而別，又曲爲解釋，云有吉凶美惡之殊，是不通其大指也。義例具在《詩》及《尚書》，不可一二遍舉之。」可與此條相參。

「於戲」、「烏呼」、「於乎」、「嗚呼」音近義同。《廣韻》模韻「哀都切」：「烏，安也，語辭也。《説文》：『孝烏也。』」「嗚，嗚呼。」「於，古作『於戲』，今作『嗚呼』。」「荒烏切」（曉母）：「呼，喚也。《説文》曰：『外息也。』」「戲，古文『呼』字。」「户吴切」（匣母）：「乎，極也，辝也。」《左傳》襄三十年「烏乎，必有此夫！」《釋文》云：「『烏乎』，本又作『嗚呼』，音同。」《詩・周頌・清廟》「於穆清廟」，《正義》云：「於乎、於戲，皆古之『嗚呼』之字，故爲歎辭。」《小爾雅・廣訓》云：「烏呼，吁嗟也。吁嗟，嗚呼也。有所歎美，有所傷痛，隨事有義。」王引之《經傳釋詞》卷四「於」條云：「《詩・文王》傳：『於，嘆詞也。』一言則曰『於』，下加一言則曰『於乎』。或作『於戲』，或作『烏呼』，其義一也。」

又按：師古云古文《尚書》悉爲「於戲」字，今文《尚書》悉爲「烏呼」字，「今」、「古」二字恐倒。馮登府《漢石經考異》云：「案《匡謬正俗》云：古文《尚書》悉爲『於戲』字，今文《尚書》悉爲『嗚呼』字。此古、今字倒，當云古文爲『烏呼』，今文爲『於戲』。伏生《大傳》作『於戲』（謂漢石經也。石經『於戲』凡四見，今文然也），《詩》作『於乎』，《大學》作『於戲』，《漢書》皆作『烏呼』。唐石經始加『口』作『嗚』，當從衛包所改，並失枚賾原本矣。」秦選之《校注》曰：「梅賾本作『嗚呼』。案蔡邕石經殘字，乃係今文，故段玉裁於《說文解字注》『烏』字下云：『古、今二字互譌。』」

〔三〕哀誄祭文，即爲「嗚呼」：劉曉東《平議》云：「『嗚呼』以誄仲尼，哀傷於焉承用。」秦選之《校注》曰：「如劉彦和《文心雕龍・誄碑》篇，其引哀公之誄孔子也，便云：『憖遺之切，嗚呼之歎。』是也。」檢漢魏六朝碑刻，多以「嗚呼」、「嗚乎」、「烏呼」、「烏乎」與「悲夫」、「哀哉」等連用。

〔四〕其封拜册命，即爲「於戲」：六朝碑刻引策命之文用「於戲」者，如南朝梁《蕭融太妃王慕韶墓誌》引天監三年策命拜桂陽王太妃文曰：「於戲！維爾令德克昭，靜恭靡忒。」《蕭敷妃王氏墓誌》引天監二年策命永陽王母王氏爲國太妃曰：「於戲！惟尔茂德内湛，淑範外昭。」史書所載魏晉六朝策命之文用「於戲」者，如《晉書・文六王傳》太康四年策命司馬攸云：「於戲！維命不于常。」又如《宋書・武帝紀中》策命宋王、《南齊書・高帝紀上》策明齊王、《梁書・武帝紀上》策命梁王、《陳書》策命鄱陽王，等。

中古以後，「於」字轉入魚韻，「戲」字轉入支韻，不再與「嗚呼」同音。封拜册命多用「於戲」，蓋爲擬古遺詞，以顯高雅端方；哀誄祭文多用「嗚呼」，蓋因字形直觀，以示聲情並茂。隨着語音發展演變，不同歷史時期有時會選用不同漢字來記録同一擬聲詞，約定俗成，無可厚非。

〔五〕「於」讀如字，「戲」讀爲「羲」：《廣韻》魚韻「央居切」：「於，居也，代也，語辭也。」支韻「許羈切」：「戲，於戲，歎辭。」「羲，姓。」

〔六〕見《詩·大雅·抑》。

〔七〕見《詩·周頌·烈文》。

〔八〕見《尚書·夏書》。

〔九〕見《尚書·夏書》。

〔一〇〕漢武册命三王文：元狩六年四月乙巳，漢武帝三子閎、旦、胥同時被分别册立爲齊王、燕王、廣陵王。封三王之策文，《史記·三王世家》皆作「於戲」，《漢書·武五子傳》作「烏呼」、「嗚呼」。劉曉東《平議》云：「此不一律者，容抄刻之亂，嘉美之義未嘗變也。」

〔一一〕李登《聲類》：《隋書·經籍志》經部小學類有「《聲類》十卷，魏左校尉李登撰」，今已不存。《魏書·江式傳》云：「忱弟靜别放故左校令李登《聲類》之法，作《韻集》五卷，宫、商、角、徵、羽各爲一篇。」《隋書·潘徽傳》云：「末有李登《聲類》、吕靜《韻集》，始判清濁，才分宫羽，而全無引據，過份淺局，詩賦所須，卒難爲用。」封演《聞見記》云：「魏時有李登者，撰《聲類》十卷，凡一萬一千五百二十字，以五聲命字。」

〔三〕「於」即古「烏」字：「烏」金文作毛公鼎，象烏鴉之形。《説文·烏部》：「烏，孝烏烏也。象形……，象古文烏省。」「」即「於」字，乃「烏」之形變分化字，金文作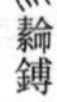⿰素命鎛。

匡謬正俗疏證卷第三

【禮記】〔一〕《曲禮》云：「禮聞取於人，不聞取人。」鄭(元)〔玄〕注云①：「取於人，謂高尚其道。取人，謂制服其身。」此義較然可曉。而徐仙音「取於人」爲「娶」〔二〕，浪爲假借矣。一本「娶」作「聚」。

〔校勘記〕

①玄：原作「元」，今據張本朱校、明本、沈本、何本、惠本回改。張本朱筆眉批：「『元』本字宋亦諱缺末筆。」盧本原作「玄」，改作「元」。書内並同，下徑改不出校。

〔疏證〕

〔一〕禮記：汪應辰《書》云宜改「禮記」爲「取」。王國維訂正篇題爲「取」，並於篇題之上加標「禮記」。

〔二〕音「取於人」爲「娶」：《釋文》云：「取於，舊『七樹反』，謂趣就師求道也。皇如字，謂取師之道。取人，如字，謂制師使從己。」未録徐音。按：舊音「七樹反」，是通「取於人」之「取」爲趣走之「趣」。「禮聞趣於人，不聞取人」指依禮應當前往老師處求道，而不應使老師自來從己。徐邈音「娶」，《廣韻》遇韻「趣」、「娶」同音「七句切」，亦即「七樹反」之舊音。六朝經師慣以假借字爲音，徐邈音「取」爲「娶」，其意可能是通「取」爲「趣」，也可能是通「取」爲「娶」。古之經典雖多假「取」爲「娶」，然《曲禮》「取於人」并非嫁娶之意，故師古斥其「浪爲假借」。

皇侃讀「取於人」爲如字，則是不以「取」字爲假借。「禮聞取於人，不聞取人」指須從老師處有所取（即有所學），非特招徠其人而已。《正義》云：「熊氏以爲此謂人君在上招賢之禮，當用賢人德行，不得虚致其身。『禮聞取於人』者，謂禮之所聞，既招致有賢之人，當於身上取於德行，用爲政教，不聞直取賢人，授之以位，制服而已，故鄭云『謂君人者』。皇氏以爲人君取師受學之法，『取於人』，謂自到師門，取其道藝。」熊氏與皇侃之别，只在於熊氏以爲此「禮」是人君在上招賢之禮，皇氏則以爲是人君取師受學之法，而對「取於人」之「取」，則皆釋爲取用。

舊音通「取」爲「趣」，似嫌迂曲；徐邈通「取」爲「娶」，更屬無理。相較而言，皇侃、師古及《正義》之説較勝，然則「取人」、「取於人」，二「取」字厥義無别。《漢書·王莽傳上》「乃者，國家之難，本從亡嗣，配取不正。請考論五經，定取禮，正十二女之義，以廣繼嗣」，師古注曰：「『取』皆讀曰『娶』。」此二「取」字乃爲「娶」之假借。

然此與《孟子·滕文公上》「勞心者治人，勞力者治於人。治於人者食人，治人者食於人」句法結構相同，「治」、「食」二字因施受異勢而音義有别，《廣韻》至韻「直利切」：「治，理也。」又「直之切」。」志韻「直吏切」：「治，理也。又『丈之切』。」職韻「乘力切」：「食，飲食。」志韻「祥吏切」：「飤，食也。」《集韻》志韻：「飤飼食飴，《説文》：『糧也。』或从司，亦作『食』、『飴』。」「治人」、「治於人」，「食人」、「食於人」既有施受之異，而「取人」、「取於人」是否亦如之，説法不一。佚名《勘正》云：「『取於人』、『取人』，恐當有兩音。」秦選之《校注》則曰：「其句法與《禮》文雖同，而義實異趣。『治』字、『食』字可有二讀，而『取』字則不必有二音。」

按：「取人」、「取於人」之施受異勢，未見於諸家訓詁，然意亦可通。今試解之如下：「禮聞取於人，不聞取人」指國君應當被賢人選取爲主君（即能够吸引賢人主動前來），而不應直取賢人爲己所用。與其强行招攬，不如修其德政，則擇木之良禽自至，擇主之賢臣自來。《廣韻》麌韻「七庾切」：「取，收也，受也。」厚韻「倉苟切」：「取，又七庾切。」疑即因施受而别音也。

要之，若二「取」字厥義無别，則師古之説是也；若「取人」、「取於人」施受異勢，竊以爲亦無不可。

【奉】又云：「奉長者之手」、「入户奉扃」、「奉席如橋衡」〔一〕。凡如此例，「奉」者皆謂恭而持之，於義足了。今皆讀爲「捧」〔二〕，音「敷奉反」，亦浪爲假借也。

〔疏證〕

〔一〕冒上見《禮記·曲禮》。

〔二〕讀爲「捧」：「奉」之初文从収丰聲，金文作散氏盤，可以隸作「𢍏」，意爲捧承。累增「手」旁而爲「奉」，仍爲捧承義，即「恭而持之」。《説文·収部》：「奉，承也。从手从廾，丰聲。」引申爲獻祭、供養、遵循、擁戴、從事、保全等義，故捧承義之「奉」又增一「手」旁，即爲「捧」。《廣韻》腫韻「扶攏切」（奉母）：「奉，與也，獻也，禄也。《説文》：『承也。』」「敷奉切」（敷母）：「捧，兩手

承也。」韻同而聲有清濁之異。又《説文·手部》：「捀，奉也。」王筠《句讀》曰：「此蓋以重文爲説解也。『奉』亦从手丰聲，與『捀』字大同。又奉者，承也，其俗字作『捧』。」《廣韻》鍾韻「符容切」（奉母），又用韻「扶用切」（奉母）。然則「⿱丰廾」、「奉」、「捀」、「捧」皆一字之分化。

「奉長者之手」《釋文》云：「奉，芳勇反，又『扶恭反』，下及注『奉扃』、『奉席』、『奉箕』皆同。」「奉扃」鄭注曰：「敬也。」「奉」字凡訓「恭而持之」者，《釋文》皆音「芳勇反」，如《禮記·曲禮下》「奉者當心」，《内則》「少者奉槃」，《投壺》「主人奉矢」等。「芳勇反」（敷母腫韻）及此條所云「敷奉反」即「捧」字之音也。錢大昕《潛研堂文集》卷一五《古無輕脣音》云：「凡今人所謂輕脣者，漢、魏以前皆讀重脣。」秦選之《校注》曰：「『芳』屬敷母，故『芳勇』得易『敷奉』。又『敷』字古音同滂，故『芳勇』得切『捧』音。」是則元朗亦讀爲「捧」。師古乃就既有「捧」字之後而言，「奉」字固有捧承義，不必視爲「捧」之假借，故斥其「浪爲假借」也。

028

【拾】又云：「拾級聚足〔一〕。」此言升階歷級，每一級則並足，然後更登也。「拾」者，猶言一一拾取。而鄭康成讀「拾」爲「涉」〔二〕，近乎穿鑿。

【疏證】

〔一〕冒上見《禮記·曲禮》。

〔二〕讀「拾」爲「涉」：「拾級」意爲逐級登上臺階。鄭玄以爲「拾」乃「涉」之假借，「拾級聚足」鄭注曰：「『拾』當爲『涉』，聲之誤也。級，等也。涉等聚足，謂前足躡一等，後足從之併。」「涉」本義爲步行渡水，《説文・水部》：「𣻜，徒行厲水也。」「𣻜」即「涉」字。《爾雅・釋水》曰：「繇膝以上爲涉。」比喻引申爲經歷、度過，如《穀梁傳》襄二十七年「嘗爲大夫，與之涉公事矣」，《正義》引徐邈云：「涉猶歷也。」「涉級」意爲依次經過每級台階。「涉」之近義詞「渡」亦可由渡水比喻引申爲度過，這一同步引申可資旁證。古音「涉」（禪母葉部）、「拾」（禪母緝部）一聲之轉，可相通假。

師古則將「逐級登階」釋爲「拾」之引申義。「拾」本義爲撿起，《説文・手部》：「拾，掇也。」「掇，拾取也。」秦選之《校注》然其説，曰：「『拾』讀如字，義自了了。轉讀爲『涉』，未聞『大夫跋涉』可易爲『大夫跋拾』者，故曰『穿鑿』也。」然而「拾」引申爲收斂、整頓等義，其引申系列多强調聚集之義，而非强調逐一，師古以升階歷級如同「一一拾取」爲引申理據，似嫌牽强。鄭説亦未可輕駁也。

【禹宇丘區】〔一〕或問曰：《曲禮》云：「禮不諱嫌名。」鄭注云：「嫌名，謂『禹』與『宇』、『丘』與『區』。」其義何也？荅曰：康成鄭君此釋，蓋舉異字同音，不須諱耳〔二〕。「區」、「（字）〔宇〕」既是①，故引爲例。「禹」、「宇」二字，其音不別。「丘」之與「區」，今讀則異〔三〕，然尋按古語，其聲亦同〔四〕。何以知之？陸士衡《元康四年從皇太子祖會東堂詩》云〔五〕：「巍巍皇代，奄宅九圍。帝在在洛，克配紫微。普厥丘宇〔六〕，時罔不綏。」又《晉宮閣名》所載「某舍若干區」者〔七〕，列爲「丘」字，則知「區」、「丘」音不別矣〔八〕。且今江淮田野之人，猶謂「區」爲「丘」〔九〕，亦古之遺音也〔一〇〕。今之儒者，不曉其意，競爲解釋：或云「禹」、「宇」是同聲，「丘」、「區」是聲相近，二者並不須諱；（並爲詭妄）②或云「宇」「禹」、「區」「丘」並是別音相近，乃讀「禹」爲「于舉反」〔一一〕，故不須諱。並爲詭妄，不詣其理。

〔校勘記〕

①宇：原作「字」，明本、何本、惠本、盧本同。今據張本朱校、沈本改。周祖謨《校記》云：「『字』景宋本作『宇』，當據正。」

②並爲詭妄：周祖謨《校記》云：「案『並爲詭妄』四字亦見下文，此處依文義觀之，當是衍文。」今删。

〔疏證〕

〔一〕禹宇丘區：何本眉批：「韓文公《諱辯》引此，其字作『蓲』。」吴本吴省蘭腳注：「《諱辯》不引師古。『區』，韓文《諱辨》引此作『蓲』。『驅』字之右，唐人多作『丘』。『傴』字或作『嶇』，亦作『坵』。」

《韓昌黎集》卷一二《諱辨》引鄭注曰：「謂若『禹』與『雨』、『丘』與『蓲』之類是也。」鄭注之文，《釋文》本、《正義》本皆作「『禹』與『雨』，『丘』與『區』」，此作「宇」者，蓋師古定本也。雅雨堂本《總目》「禹宇丘區」下亦有雙行小注曰：「《曲禮注》『宇』作『雨』。所見本異。」《廣韻》麌韻「雨」、「宇」同音「王矩切」，此處異文與文意無涉。尤韻「丘」、「蓲」同音「去鳩切」，《諱辨》作「蓲」，疑昌黎自改也。今依此條原文進行分析。

〔二〕異字同音，不須諱：師古以爲鄭玄舉「禹」與「宇」、「丘」與「區」爲例，皆謂音同字異，不須避諱。《釋文》云：「『禹』與『雨』，並『于矩反』，一讀『雨』音『于許反』。『丘』與『區』，並『去求反』，一讀『區』音『羌蚪反』，又『丘於反』。」是元朗亦謂「禹」「雨/宇」同音、「丘」「區」同音。

〔三〕「丘」之與「區」，今讀則異：《廣韻》尤韻「去鳩切」：「丘，聚也，空也，大也。又丘陵。」虞韻「豈俱切」：「區，具區，吳藪名。又《禮》曰：『草木茂區萌達。』注云：『屈生曰區。』」《釋文》「丘」又音「丘於反」（模韻）。「丘」、「區」時音不同，故讀者多不解鄭注之意。《正義》云：「今謂『禹』與『雨』音同而義異，『丘』與『區』音異而義同。此二者各有嫌疑：『禹』與『雨』有同音嫌疑，『丘』與『區』有同義嫌疑，如此者不諱。」《唐律疏議》卷十「若嫌名者，則《禮》云『禹與雨』，謂聲嫌而字殊；『丘與區』，意嫌而理別」，孫奭音「『禹』與『雨』並『于矩切』。『丘』與『區』，去求切，下『豈俱切』」。是皆以爲漢時「禹」、「宇」音同，「丘」、「區」音異。

〔四〕尋按古語，其聲亦同：「丘」字古音本在之部，轉入尤韻。顧炎武《唐韻正》卷六曰：「『丘』字自漢王褒《九懷》『飛翔兮靈丘』始與『蕭』、『條』、『蜩』、『嘷』、『留』爲韻。」「區」字古音本在侯部，轉入虞韻，如張衡《思玄賦》「願得遠渡以自娛，上下無常窮六區」，「區」與「娛」韻。吳承仕《經籍舊音辨證》云：「『丘』聲本在之部，漢時讀與『區』同。『丘』、『區』並音『去求反』，猶『母』聲亦之部字，而嬰䳇之『䳇』讀『莫厚反』，『侮』從母聲，亦在之部，讀『文甫反』，皆之、侯通轉之論。至隋唐之際，『丘』、『區』韻部已殊，故《正義》謂『禹』、『雨』音同而義異，『丘』、『區』音異而義同，蓋已不曉鄭讀。而《釋文》並音『去求反』，則舊音如是，德明承用之耳。」是皆以爲漢時「禹」「宇」、「丘」「區」各自音同。

要之，漢時「禹」「宇」、「丘」「區」之音義關係，説法有三：

其一，「禹」、「宇」音同而義異，「丘」、「區」音異而義同。鄭注之意是，無論是有同音還是同義嫌疑，均不須避諱。此孔穎達、孫奭之説也。

其二，「禹」「宇」、「丘」「區」各自音同。鄭注之意是同音字無須避諱。此顔師古、陸德明、顧炎武、吴承仕之説也。至於「丘」、「區」爲何同音，又可作兩種理解：

一解，音變乃漸變，而非突變。劉曉東《平議》云：「『丘』字先秦讀入之咍，至西漢已漸變入尤侯。而『區』字先秦讀入尤侯，至漢魏則漸變近魚虞……然『區』字之音變，非一時俱變，亦有仍其舊音讀入尤侯者，《藝文類聚》卷七録劉楨《黎陽山賦》曰：『自魏都而南邁，迄洪川以朅休。想王旅之旌旄，望南路之遐修。御輕駕而西徂，過舊塢之高區。』以『區』與『休』、『修』韻（按：此文之『高區』實即『高丘』耳）是也。可知漢魏之際『區』仍有與『丘』同音者也，故鄭舉以示嫌。」

一解，「故引爲例」之「故」乃故意之義。秦選之《校注》曰：「謂鄭故意引作例證。」漢時「丘」、「區」讀音已别，康成特意選取一組古今皆同音者，一組今讀雖異而古音實同者，以示無論今音異同，均不須避諱。

其三，「禹」「宇」、「丘」「區」各自音近，而有小别。鄭注之意是，但凡音不全同，則不須避諱。此今人孫玉文之説也。

〔五〕陸士衡《元康四年從皇太子祖會東堂詩》：此詩可補《陸士衡文集》之遺。參今人劉運好《陸士衡文集校注・補遺》。

〔六〕丘宇：顔意蓋謂「區宇」本常用詞，而「區」字偶亦作「丘」，可見「丘」、「區」音同。「區宇」一詞用例，如《晉書・地理志》「表提類而分區宇」，馬融《廣成頌》「坰場區宇」，《西都賦》「區宇若兹」，史岑《出師頌》「混一區宇」，《隋書・經籍志》有《隋區宇圖志》一百二十九卷等。按：師古舉證似欠妥，「丘宇」、「區宇」未必是同一個詞。佚名《勘正》云：「『丘』與『區』固爲同音，但所引陸士衡詩以證者，非。《漢書》『丘蓋不言』，荀卿子以爲『區蓋』是也。」此例甚當，「丘蓋」、「區蓋」乃實爲一詞。

《荀子・大略》「言之信者，在乎區蓋之間。疑則不言，未問則不立」，楊倞注曰：「區，藏物處。蓋，所以覆物者。凡言之可信者，如物在器皿之間，言有分限，不流溢也。器名『區』者，與『丘』同義。《漢書・儒林傳》：『唐生、褚生應博士弟子選……試誦説，有法，疑者丘蓋不言。』丘與區同也。」《漢書・儒林傳》注引蘇林曰：「丘蓋不言，不知之意也。」如淳曰：「齊俗以不知爲丘。」師古曰：「二説皆非也。《論語》載孔子曰：『蓋有不知而作之者，我無是也。』欲遵此意，故效孔子自稱丘耳。蓋者，發語之辭。」

區、丘相通，曾無疑義；而「丘蓋」之義，凡有六説：其一，「丘」指孔子，「蓋」爲發語詞。顏師古之説是也。斯乃望文生義，實不可從。其二，「區」爲藏匿，「蓋」爲覆蓋。楊倞之説是也。高亨《諸子新箋》同。其三，「區」爲空，「蓋」爲發語詞。王先謙《補注》引洪頤煊曰：「《文選》陳孔璋《爲曹洪與魏文書》云：『恐猶未信丘言。』《廣雅》：『丘，空也。』是丘言爲空言。《法言·問神篇》：『《酒誥》之説俄空焉。』蓋者，發語詞。空蓋不言，即闕疑之意。」張覺《荀子校注》同。其四，「區」爲區別，「蓋」爲大概。北京大學荀子注釋組《荀子新注》之説是也。其五，「區蓋」是聯綿詞，意爲「存疑」。今人吴平《「區蓋」小議》（《學術研究》一九八五年第六期）之説是也。其六，「區蓋」、「丘蓋」皆爲「闕」字之緩讀。張新武《〈荀子〉訓解辨正》（《孔子研究》二〇一三年第四期）之説是也。

〔七〕《晉宮閣名》：今已佚。

〔八〕「區」、「丘」音不別矣：秦選之《校注》曰：「《釋名·釋典藝》：『丘，區也。』又《黄帝内經》『鬼臾區』，《亢倉子》作『鬼容丘』。而陳琳《大荒賦》亦以『丘』叶『蹰』。皆足爲『丘』、『區』相通之證。」

〔九〕今江淮田野之人，猶謂「區」爲「丘」：惠本眉批：「《詩》：『送子涉淇，至於頓丘。匪我愆期，子無良媒。』協『丘』。又『猗于畝丘，作爲此詩』，『詩』協『丘』。是『丘』古音『區』也。」惠棟謂「丘」與「淇」、「期」、「媒」、「詩」韻，古音屬之部。之、侯旁轉，故讀與侯部「區」字同。按：此音近世猶存。江永《古韻標準・平聲第十一部》云：「今方音呼一區田爲一丘田。」章太炎《新方言》卷八亦引師古此條云：「今驗南方土田契籍及方俗語言，皆謂一區田爲一丘田。」秦選之《校注》曰：「此不獨隋唐時爲然，今人亦復如此。且不獨田野之人爲然，而官府契紙糧串，亦用『某丘』字樣。」顏云「今」者，是唐代即有此音，語例俟考。

〔一〇〕古之遺音：秦選之《校注》曰：「《古艷歌・陌上桑》一首，即將虞、尤兩韻字互押。」

〔一一〕讀「禹」爲「于舉反」：《釋文》謂「禹」、「雨」並音「于矩反」，於《廣韻》在麌韻，「于舉反」則在語韻。若依此讀，則「宇」、「禹」亦音近而小別，與疏證〔四〕中孫玉文之説同。又秦選之《校注》曰：「案『禹』、『宇』並爲『于舉反』，而『宇』有『寓』字一音，今既謂讀『禹』爲『于舉反』，則必讀『宇』如『寓』。」此別一説。

030

【予】鄭〔元〕〔康成〕注《曲禮下》篇①：「予，古『余』字〔一〕。」因鄭此説，近代學者遂皆讀「予」爲「余」〔二〕。案：《爾雅》云：「卬、吾、台、予、朕、身、甫、余、言，我也〔三〕。」此則「予」之與「余」，義皆訓我，明非同字。許慎《説文》：「予，相推予也〔四〕。」「余，詞之舒也〔五〕。」既各有音義，本非古今字別。《詩》云：「迨天之未陰雨，徹彼桑土，綢繆牖户。今女下民，或敢侮予〔六〕。」又曰：「終其永懷，又窘陰雨。其車既載，乃棄爾輔。載輸爾載，將伯助予〔七〕。」又曰：「習習谷風，維風及雨。將恐將懼，維予與女。將安將樂，女轉棄予〔八〕。」

又《雲漢》篇云：「羣公先正，則不我助。父母先祖，胡寧忍予〔九〕。」《楚辭》云：「帝子降兮北渚，目眇眇兮愁予。嫋嫋兮秋風，洞庭波兮木葉下〔一〇〕。」又曰：「君回翔兮來下②，踰空桑兮從女。紛惣惣兮九州③，何壽夭兮在予〔一一〕。」又曰：「秋蘭兮蘼蕪，羅生兮堂下④。緑葉兮素枝，芳菲菲兮襲予⑤。夫人自有兮美子，蓀何以兮愁苦⑥〔一二〕。」歷觀詞賦，「予」無「余」音〔一三〕。若以《書》云「予一人」〔一四〕，《禮》云「余一人」〔一五〕，便欲通之以古今字⑦〔一六〕，至如《夏書》云「非台小子，敢行稱亂」〔一七〕，豈得便言「台」、「余」古今字耶？《邶詩》云「人涉卬否，卬須我友」〔一八〕，豈得又言「卬」、「我」古今字乎？

〔校勘記〕

①鄭康成注曲禮下篇：「康成」原作「元」。今據張本朱校、明本、沈本、何本、惠本、盧本改。張本朱校「篇」下有「云」字。

②君回翔兮來下：「回」，張本朱校、明本、沈本、何本、盧本作「佪」；惠本原作「佪」，改作「回」。《楚辭補注》「回」作「迴」，「來」作「以」，洪興祖曰：「迴，一作『回』。以，一作『來』。」所見本異也。

③紛總總：張本朱校、沈本作「絲總」，張本朱筆眉批：「『總』字不重。」明本、何本、盧本作「總總」；惠本原作「總總」，上增入一「紛」字，與《補注》合。

④堂：盧本同，與《補注》合。明本、沈本、何本、惠本作「庭」。

⑤芳菲菲：明本、沈本、何本、盧本作「芳菲」。張本朱筆眉批：「『菲』字不重。」惠本原作「芳菲菲」，

删去下「非」字，又補回。《補注》作「芳菲菲」。

⑥夫人自有兮美子蓀何以兮愁苦：張本朱筆於「美」字及下「兮」字旁加點，眉批：「『美』、『兮』二字無。」又黄筆眉批：「明刻作『夫人自有美子兮蓀何爲兮愁苦』。」明本作「夫人自有兮子孫何以愁苦」；沈本作「夫人自有美子兮蓀何爲兮愁苦」；何本原作「夫人自有兮子蓀何以愁苦」，改作「夫人自有美子兮蓀何以愁苦」；盧本作「夫人自有兮子孫何以愁苦」；惠本原作「夫人自有兮子蓀何以愁苦」，改作「夫人自有兮美子蓀何以愁苦」。吴本吴志忠眉批：「所引《楚辭》俱與今《楚詞》不合，然『夫人自有兮子孫』二句係《大司命》章，王逸注文云：『言天下萬民，人人自有子孫，司命何爲主握其年命而用思愁苦？』則與顔引意適合。直古本如此也。」按：《補注》作「夫人自有兮美子，蓀何以兮愁苦」，洪興祖曰：「一云『夫人兮自有美子』。以，一作『爲』。」所見本異也。

⑦以：張本朱校、明本、沈本、何本、惠本「以」下有「爲」字。

〔疏證〕

〔一〕予，古余字：《禮記·曲禮下》「君天下曰『天子』，朝諸侯、分職、授政、任功，曰『予一人』」，鄭注曰：「《覲禮》曰：『伯父實來，余一人嘉之。』『余』、『予』古今字。」段玉裁《經韻樓集》卷一一「曲禮君天下曰……余予古今字」條云：「鄭意『余』爲古字，『予』爲今字，非可以互易也。云『余、予古今字』，則上字古，下字今，易之是無文理矣。」李運富《「余予古今字」考辨》（《古漢語研究》二〇〇八年第四期）則認爲，「余」、「予」的古今關係變動不居，未必「余」古「予」今。師古引鄭注爲「予，古余字」，亦無礙於『余』、『予』古今字」之說。

〔二〕讀「予」爲「余」：《釋文》云：「予一人，依字音『羊汝反』。鄭云『余、予古今字』，則同音『餘』。」

〔三〕見《爾雅・釋詁下》。

〔四〕見《說文・予部》。今本無「相」字。

〔五〕見《說文・八部》。今本「詞」作「語」。段注曰：「語，《匡謬正俗》引作『詈』。」

〔六〕見《詩・豳風・鴟鴞》。

〔七〕見《詩・小雅・正月》。

〔八〕見《詩・小雅・谷風》。

〔九〕見《詩・大雅》。

〔一〇〕見《楚辭・九歌・湘夫人》。

〔一一〕見《楚辭・九歌・大司命》。

〔一二〕見《楚辭・九歌・少司命》。

〔一三〕「予」無「余」音：古音「余」爲餘母魚部平聲，「予」爲上聲。江永《古韻標準・上聲第三部》云：「取予之『予』借爲予我之『予』，古皆同音，後始轉入平聲。顏師古《匡謬正俗》曰：『予』當讀如『與』，不當讀如『余』，《詩》『予』悉音『與』。又按鄭康成注《曲禮》云：『余』、『予』古今字，豈是時音已變與？而晉人陸機、陸雲詩猶入上聲韻也。」《說文・予部》「予」字段注曰：「推予之

「予」，假借爲予我之『予』。」又云：「古予我字亦讀上聲。」諸韻書《玉篇》、《廣韻》、《集韻》等，「予」讀平聲僅有訓我一義，其古本音蓋讀上聲。

〔一四〕予一人：如《商書·湯誥》：「王曰：『嗟！爾萬方有衆，明聽予一人誥。』」孔安國傳曰：「天子自稱曰『予一人』。」

〔一五〕余一人：今本《儀禮·覲禮》作「予」不作「余」。段玉裁以爲鄭注所引乃古文《儀禮》，《經韻樓集》卷一二「……余予古今字」條云：「今本《覲禮》誤也……小戴多用十七篇今文之字，故《覲禮》作『余』，小戴作『予』，亦猶是也。鄭所引《覲禮》作『余』，而今譌作『予』，非其舊也。」李運富詳考《禮記·曲禮下》孔疏、《儀禮·覲禮》鄭注及賈疏義例，以爲此乃鄭玄引例偶然失察，「余」字未必出自《覲禮》。

〔一六〕古今字：認識古今字現象，最早可追溯至東漢鄭衆，並爲鄭玄所繼承。二鄭所謂「古今字」，是指記録同一個詞而古今用字不同，須要滿足同音（古音相同或相近）、同義（概念意義相同）兩個條件。師古之駁康成，理由有二：一曰「『予』無『余』音」，二曰「明非同字」。師古既知「予」、「余」「義皆訓我」，仍又溯其《説文》本義，可知師古所謂「古今字」，是指同一字之古今異體，須要滿足同音、同義、「同字」（本義相同）三個條件。

「『予』無『余』音」者，其説本不誤。然而鄭玄之「古今字」並不要求嚴格同音，師古以此駁鄭，似有强人就己之嫌，故段玉裁、郝懿行等皆駁顔説。如《説文·八部》「余」字段注曰：

「《詩》、《書》用『予』不用『余』，《左傳》用『余』不用『予』……凡言古今字者，主謂同音，而古用彼、今用此異字。若《禮經》古文用『余一人』，《禮記》用『予一人』。『余』、『予』本異字異義，非謂『予』、『余』本即一字也。顏師古《匡謬正俗》不達斯恉，且又以『予』上聲、『余』平聲爲分別，又不知古音平、上不甚區分，重悂貤繆。」《言部》「誼」字注曰：「凡讀經傳者，不可不知古今字。古今無定時，周爲古則漢爲今，漢爲古則晉宋爲今。隨時異用者謂之古今字，非如今人所言古文、籒文爲古字，小篆、隸書爲今字也。」又《經韻樓集》卷一一「……余予古今字」條云：「凡鄭言古今字者，非如《説文解字》謂古文籒篆之别，謂古今所用字不同，如古人作『衡』，後代作『横』；古人作『鄉』，後代作『向』是也。」是則懋堂亦謂音近義同（即記録同一個詞）而古今用字不同，即爲古今字。

又如《爾雅·釋詁》「我也」條，郝懿行《義疏》云：「鄭君之意，乃因經傳『余』、『予』通用而别以古文今文，非謂『余』、『予』同字。《匡謬正俗》誤會鄭意，乃云『因鄭此説，學者遂皆讀予爲余』，又云『歷觀詞賦，予無余音』，此駁非也。今以聲義求之，『余』、『予』不妨同音，『余』、『予』不嫌非同字。據《玉篇》、《廣韻》，予『以諸切』、『餘佇切』，本兼二音。《曲禮》《釋文》予『依字音羊汝反。鄭云余、予古今字，則同音餘。』是陸德明誤讀鄭注，與顏師古同矣。」郝氏以爲「余」、「予」古今字「非謂『余』、『予』同字」，是也；然云「别以古文今文」，且以《玉篇》、《廣韻》證「余」、「予」同音，則似欠妥。《玉篇》、《廣韻》皆晚於鄭注，不能排除「予」因鄭注乃有平聲一讀。

「明非同字」者，蓋因當時「余」、「予」皆爲記録人稱代詞「我」之常用字，故而師古誤以爲「余」、「予」是兩個同義詞。檢魏晉六朝隋唐文獻，「余」、「予」訓我時，使用頻率大體無别。

按：師古因爲「余」、「予」既不同音、又非同字，故而否認其爲古今字。然則其所謂「同字」，蓋指魏晉六朝隋唐時期記録「古今字」組所表詞語，古字鮮少使用，幾可視爲今字之「古異體字」。《漢書注》中所標古今字，以今觀之，屬於古今異體字者最多，滿足同音、同義、「同字」三個條件，如《五行志上》等注「壄，古『野』字」，《禮樂志》注「譱，古『善』字」，《律曆志上》等注「楙，古『茂』字」，《公孫劉田王楊蔡陳鄭傳》注「褎，古衣袖字」等；屬於假借字與本字者，如《貨值傳》注「茬，古槎字也」，《五行志上》等注「鼂，古『朝』字」等；屬於本字與假借字者，如《敘傳上》注「欥，古聿字也」；屬於同源者，如《淮南衡山濟北王傳》注：「骫，古委字」，《武五子傳》等注「菑，古災字」等；屬於訓讀者，如《禮樂志》等注「中，古『草』字」等；屬於形近譌字者，如《王子侯表上》注「替，古僣字也」等。雖有多種字際關係，然而古字使用頻率悉皆極低。所謂「同音」，師古顯然嚴於鄭玄，其實古今字之「同音」包括音近。

〔一七〕見今本《尚書·商書·湯誓》。

〔一八〕見《詩·邶風·匏有苦葉》。

031

【葬】《檀弓》云：「杜氏之葬，在西階之下。」「葬」謂葬處。而乃讀「葬」爲「(葬)〔藏〕」才浪反①〔一〕，亦爲穿鑿。

【校勘記】

①而乃讀葬爲藏才浪反：「藏」原作「葬」，盧本同。今據張本朱校、明本、沈本、何本、惠本改。周祖謨《校記》云：「案『而』上蓋有脱文，《經典釋文》云：『葬，徐才浪反。』徐謂徐仙民也。」盧本原無「才浪反」三字，朱筆補入，注云：「双行。」按：盧本「藏」字誤爲「葬」，故加反語以明其音讀。

【疏證】

〔一〕讀「葬」爲「藏」：《釋文》云：「葬，徐『才浪反』，又如字。」「才浪反」即「藏」之一音。惠本眉批：「古『葬』字皆讀爲『藏』。」

「葬」、「藏」各有平去兩讀：

「葬」从茻从死會意，本義爲埋葬，讀平聲，《集韻》唐韻「慈郎切」：「葬，瘞也。《周禮》『以相葬埋』劉昌宗讀。」《周禮·地官·族師》「以相葬埋」，《釋文》云：「葬如字，劉『才郎反』。」《廣韻》唐韻不收此音，是不以之爲正也。然「葬」字先秦兩漢皆與平聲字爲韻，參見067「葬」疏證〔四〕。葬處之「葬」讀去聲，《玉篇·茻部》：「葬，子浪切。藏也。」《廣韻》、《集韻》宕韻「則浪切」。《釋文》所云「如字」之讀及師古所云「葬謂葬處」，皆謂「葬」字去聲之讀。

「藏」本義爲收藏，引申爲隱藏，讀平聲，《説文新附·艸部》：「藏，匿也。臣鉉等按：《漢書》通用『臧』字，从艸後人所加。昨郎切。」《玉篇·艸部》：「藏，慈郎切。藏郎，草名。又隱匿也。又『才浪切』，庫藏。」《廣韻》唐韻「昨郎切」：「藏，隱也，匿也。」《集韻》唐韻「慈郎切」：「藏臧，《説文》：『匿也。』或作『臧』。」寶藏之「藏」讀去聲，《廣韻》宕韻「徂浪切」：「藏，《通俗文》曰：『庫藏曰帑。』」《集韻》宕韻「才浪切」：「藏，物所畜曰藏。」徐邈之音及《釋文》「才浪反」，即謂「藏」字去聲之讀也。孫玉文《漢語變調構詞考辨》以爲，原始詞義爲收藏、貯藏，動詞，昨郎切（平聲），字又作「臧」，又作「葬」；滋生詞義爲倉庫，名詞，徂浪切（去聲），字又作「葬」。詞義構詞，義爲内臟，後起字作「臟」。

要之，徐、陸讀「藏」之去聲「才浪反」（從母），師古讀「葬」之去聲「則浪切」（精母）。按：「藏」、「葬」二字音近義通，徐邈音「葬」爲「藏」，有假「葬」爲「藏」之嫌。徐邈等六朝經師慣以假借字爲音，即使音「葬」爲「藏」純是注音，亦令人疑其欲説假借。然而「杜氏之葬」實是葬處，《正義》云：「此一節明不奪人之恩，兼論夷人冢墓爲寢，欲文過之事。」故曰「亦爲穿鑿」。參見005「夾」疏證〔三〕。

032

【離】《月令》云：「孟春之月，乃命大史守典奉法，司天日月星辰之行。宿離不忒，無失經紀，以初爲常〔一〕。」鄭康成注云：「離，讀如『儷』〔二〕。」按：《易》之《離》卦彖辭曰：「日月麗乎天，百穀草木麗乎土①。」今云「宿離不忒」，宿即星辰，離則日月〔三〕，蓋覆上言星辰日月耳，更無別義，居然可曉。何爲改「離」作「儷」〔四〕？若然者，《離》卦亦可以變爲《麗》卦乎？

〔校勘記〕

①土：何本眉批：「王肅本作『麗乎地』。」吴本吴省蘭腳注：「『麗乎土』，『土』字王肅本作『地』。」阮元《校勘記》曰：「石經、岳本、閩監、毛本同。《釋文》：『乎土，王肅本作地。』」

〔疏證〕

〔一〕見《禮記》。《正義》引鄭玄《目録》云：「名曰《月令》者，以其記十二月政之所行也。本《吕氏春秋》十二月紀之首章也，以禮家好事抄合之，後人因題之名曰《禮記》，言周公所作。」此條引作「宿離不忒，無失經紀」，蓋師古定本也。阮刻《十三經注疏》本《禮記·月令》作「宿離不貸，毋失經紀」。《正義》云：「止宿配偶，相與審候，不得貸變過差。」又云：「『無失經紀』者，經紀謂天文進退度數。」是《正義》本作「宿離不貸，無失經紀」。《釋文》：「貸，吐得反，徐音『二』。」是《釋文》本亦作「貸」。徐音「二」，蓋徐邈之本作「貳」也。

清徐鼒《讀書雜釋》卷六「宿離不忒」條云：「《説文》『貸』、『忒』俱『忕』之借字也。忕，失常也。忒，更也。失常即過差。《張表碑》：『糾剔荷忕。』知忕爲本字。『忒』訓更，更與失常義近，音義俱近，故通用『忒』。『貸』爲偏旁叚借之字，又字從『代』，亦有更義。又省借『貣』，故《洪範》『衍忒』，《史記·衛世家》作『衍貣』也。《禮·緇衣》『其儀不忒』，《釋文》云：『本亦作貳。』疑『貳』即『貣』形近之譌也。」然則作「忒」、「貸」、「貣」者，本字皆爲「忕」，本義爲變更，引申爲過度、差錯等義。

〔二〕離，讀如「儷」：鄭注曰：「離，讀如儷偶之『儷』。宿儷，謂其屬馮相氏、保章氏，掌天文者，相與宿偶，當審候伺，不得過差也。」《釋文》云：「離，依注音『儷』，吕計反，偶也。」《正義》云：「云『離讀爲儷偶之儷』者，按成十一年《左傳》云：『鳥獸猶不失儷。』《禮》有『儷皮』。儷是配偶，故云『讀如儷偶之儷』。」

《周禮·春官宗伯》「馮相氏」鄭注曰：「天文屬大史。」隨引《月令》「乃命大史」之文。《正義》云：「證大史掌天文之事。云『宿離不貸』者，鄭彼注云：『離，耦也。謂其屬馮相氏、保章氏掌天文者也。謂其相與宿耦，當審候伺，不有差忒。』」是康成據《周禮》以釋《月令》，又據《月令》以釋《周禮》也。

〔三〕宿即星辰，離則日月：《吕氏春秋·孟春紀》「迺命太史」句高誘注曰：「忒，差也。星辰宿度，司知其度，以起牽牛之初爲常。」隋杜臺卿《玉燭寶典》卷一引蔡雍（邕）《孟春章句》云：「『宿離不忒』，『宿』者，所在也；『離』者，月所歷也。日日行一度，故稱『宿』；月日行十三度有奇，或歷三宿，故稱『離』，非一處之辭也。」蔡邕謂日爲「宿」、月爲「離」，與師古謂星辰爲「宿」、日月爲「離」者不同。又《月令》《釋文》云：「宿，息六反，徐音『秀』。」徐邈音「宿」爲「秀」，是通此宿離之「宿」爲星宿之「宿」，即《廣韻》宥韻「息救切」者，亦非康成所謂宿耦之「宿」。秦選之《校注》亦曰：「案《史記·天官書》、《漢書·天文志》皆有二十八宿，故云『宿則星辰。』」又本卦象曰：『明兩作離。』虞翻曰：『兩謂日月。』故云『離則日月』。」徐鼒《讀書雜釋》卷六「宿離不忒」

條云：「『宿離』之義，高、蔡優於鄭、孔。又徐司曾云：『宿謂守其次，離謂云其次。』其義亦通。」是則高誘、蔡邕、師古、徐邈、徐司曾、秦選之諸家釋「宿」、「離」之所指雖有小異，然皆不以「宿離」爲「宿儷」也。

《詩・小雅・漸漸之石》「月離于畢」，毛傳曰：「月離陰星則雨。」《大戴禮記・五帝德》曰：「厤離日月星辰。」亦以「離」爲日月星辰所歷。竊以爲高、蔡、顔、徐等説較勝。

〔四〕改「離」作「儷」：惠本眉批：「離，麗也。『離』改爲『麗』亦通。」「麗」从鹿，頭上有兩角對稱，金文作元年師旋𣪘。《説文・鹿部》：「麗，旅行也。」篆文省鹿作説文篆文，古文作説文古文。本義爲成對，字後作「儷」。《説文・人部》：「儷，棽儷也。」段注曰：「《左傳》『伉儷』，杜云：儷，偶也。《士冠禮》、《聘禮》『儷皮』，鄭云：儷猶兩也。古文『儷』爲『離』。《月令》『宿離不貣』，鄭云：離讀爲儷偶之儷。許但取枝條棽儷之訓，不及其他。」引申爲附著。「麗」字段注曰：「网相附則爲麗……网而介其間亦曰『麗』，《離》卦之一陰麗二陽是也。」按：「離」、「儷」音近義通，《離》卦確因附麗而得名。師古舉《離》卦爲譬，嫌於引喻失義。然而文字既已分別，不可因同源而相淆；經典文本傳承，不可因相通而擅改。惠棟謂「離」可改爲「麗」，又似矯枉過正矣。

033【祝】《曾子問》曰：「祝聲三，告曰：『某之子生。敢告。』」〔一〕鄭康成云：「聲噫，歆警神也〔二〕。」此蓋解「聲三」者，謂三稱「噫」，然後言「某之子生」耳。而徐仙之徒並音「祝」爲

「(祝之又反)〔呪〕」①〔三〕，學者相承遵之，並大誤也。

〔校勘記〕

①呪：原作「祝之又反」。張本朱校、明本、沈本、何本、惠本皆作「噫」，盧本原作「噫」，改作「祝」，並增入雙行小字「之又反」。按：《釋文》云：「祝，之六反，徐『之又反』。」若作「音『祝』爲『噫』」，與《釋文》相悖，故盧本改「噫」爲「祝之又反」。然徐邈不合以「祝」音「祝」，秦選之《校注》曰：「案『之又反』爲詛呪之『呪』，《釋文》並列其音，故下句云『學者相承遵之』也。」今改作「呪」。

〔疏證〕

〔一〕見《禮記》。

〔二〕聲噫，歆警神也：鄭注「聲噫歆警神也」，師古釋爲「『聲三』者，謂三稱『噫』」，是謂當於「噫」字下斷句。孔穎達之句讀亦同，《正義》云：「直云祝聲，不知作何聲。按《論語》云：『顏淵死，子曰：噫，天喪予！』《檀弓》云：『公肩假曰：噫！』是古人發聲多云『噫』，故知此聲亦謂噫也。凡祭祀神之所享謂之歆，今作聲欲令神歆享，故云『歆警神』也。」

《儀禮·既夕》「聲三，啓三，命哭」，注曰：「舊説以爲聲，噫興也。」《士虞》「祝升，止哭，聲三，啓户」，注曰：「聲者，噫歆也。將啓户，警覺神也。」是知康成實以「噫興」、「噫歆」爲祝者之聲，當於「歆」字下斷句。顏、孔之句讀，皆非鄭意。顧炎武《日知録》卷五「噫歆」條云：「『噫興』者，嘆息而欲神之興也；『噫歆』者，嘆息而欲神之歆也。」章太炎《新方言》卷一云：「『噫嘻』之轉爲『噫歆』，亦爲『噫興』。」按：太炎之説較長。「興」（曉母蒸部）、「歆」（曉母侵部）一聲之轉，「噫興」即「噫歆」，皆爲警神時所發感歎之聲。

〔三〕音「祝」爲「呪」：「祝」有去、入兩讀，别爲二義：讀入聲時，意爲祭祀時主持祝告之人。《廣韻》屋韻「之六切」：「祝，巫祝。又太祝令，官名。《周禮》曰：『太祝掌六祝之辭以事鬼神，祈福祥，求永貞。』」讀去聲時，意爲祭祀時向鬼神祝禱。《廣韻》宥韻「職救切」：「《説文》曰：祭主贊詞。」又：「呪，呪詛。」（按：《説文・示部》：「祝，祭主贊詞者。」大徐本引《唐韻》音「之六切」。《廣韻》引《説文》，當置於入聲爲是。）孫玉文《漢語變調構詞考辨》以爲，原始詞義爲祭祀時主持祝告之人，名詞，之六切（短入）；滋生詞義爲向鬼神祝禱，動詞，職救切（長入）。《曾子問》《釋文》云：「祝，之六反，徐『之又反』。」徐邈音「祝」爲「呪」，即去聲「之又反」、「職救切」之音。

「祝」之異讀别義，經注辨之甚明。如《儀禮・聘禮》「僕爲祝，祝曰」，《釋文》云：「上『之六反』，下『之又反』。」前「祝」爲名詞，入聲；後「祝」爲動詞，去聲。《士虞禮》「祝祝卒，主人拜如初」，《釋文》云：「劉下『之又反』。」前「祝」爲名詞，不注音；後「祝」爲動詞，去聲。是皆訓祝禱者讀去聲，訓主持祝告之人者讀入聲。師古亦然，如《漢書・外戚傳下》「飲酒酹地，皆祝延之」，注曰：「祝延，祝之使長年也。祝音『之受反』。」

《曾子問》「祝聲三」之「祝」當指人，而非動詞祝禱。三《禮》中有内證，如《儀禮・既夕》：

「商祝免袒，執功布入，升自西階，盡階，不升堂。聲三，啓三，命哭。」《士虞》：「祝升，止哭，聲三，啓户。」「聲三」等一系列動作，皆主持祝告之人所爲。是知「祝聲三」之「祝」當讀入聲「之六反」，不作去聲「之又反」。徐邈等讀爲去聲，蓋因誤解經意所致也。

祝禱之「祝」詞義構詞，特指祈禱鬼神加禍於所恨之人，即動詞詛咒。如《書·無逸》「民否則厥心違怨，否則厥口詛祝」，《釋文》云：「祝，之又反。」《詩·大雅·蕩》「侯作侯祝，靡届靡究」，傳曰：「作、祝，詛也。」箋云：「王與羣臣乖，爭而相疑，日祝詛，求其凶咎無極已。」《釋文》云：「侯祝，周救反。」孫玉文《漢語變調構詞考辨》云：「『祝』的變調構詞當來自上古。『祝』作祝禱講甲骨文已出現。大約六朝後期，『祝』的『向鬼神祝禱』一義開始讀成入聲，這應該是受原始詞的擠壓而致。但是由此義滋生出的『祈禱鬼神加禍於所恨之人』一義，一直到現代漢語中仍很活躍，並發展出『咒駡』一義，仍讀去聲。字作『咒、呪』，一般人很難把它跟『祝』聯繫起來。」

《説文·言部》：「詶，詛也。」段注曰：「《玉篇》云：『《説文》職又切，詛也。』玄應六引曰：祝今作呪……俗用『詶』爲酬應字，市流切，不欲釋以詛，遂改之耳。『詶』訓以言荅之，而詶詛作『呪』，此古今之變也。若經典則通用『祝』，不用『詶』。」孫玉文認爲，至晚漢代已經爲「祝」的滋生詞造了「詶」字，這是長入變去聲以後造的字；「詶」又有「詶荅」一義，讀「時遊切」。「詶」是爲「詛詶」和「詶荅」義的兩個詞分别造的字，造字結果是字形相同。

034 【五方之兵】又云：「如諸侯皆在而日食，則從天子救日，各以其方色與其兵〔一〕。」鄭康成注云：「示奉時事，有所討也〔二〕。方色者：東方衣青，南方衣赤，西方衣白，北方衣黑。其兵未聞。」按：《黄帝素問》及《淮南子》等諸書説五方之兵〔三〕：東方其兵矛，南方其兵弩，中央其兵劍，西方其兵戈，北方其兵鎩。蓋謂隨方色衣其衣、執其兵以救耳〔四〕。

〔疏證〕

〔一〕冒上見《禮記·曾子問》。

〔二〕示奉時事，有所討：秦選之《校注》曰：「《正義》引《隱義》云：『以日食爲陰侵陽，示欲助於天子討陰也。』」

〔三〕諸書説五方之兵：見《黄帝内經素問·金匱真言論》、《淮南子·時則訓》。

〔四〕隨方色衣其衣、執其兵：《周禮·夏官·司兵》「掌五兵、五盾」，注引鄭衆曰：「五兵者，戈、殳、戟、酋矛、夷矛。」此車之五兵。《夏官·司右》「凡國之勇力之士能用五兵者屬焉」，注引《司馬法》曰：「弓矢圍，殳、矛守，戈、戟助。凡五兵，長以衛短，短以救長。」此步卒之五兵。而《禮記·曾子問》注曰「其兵未聞」，不以《周禮》車上、步卒之五兵釋之，是康成以爲救日之兵與軍中之兵不同。《漢書·百官公卿表上》「官教以五兵」，師古注曰：「五兵謂弓矢、殳、矛、戈、戟也。」此與鄭注之步卒五兵同。《嚴朱吾丘主父徐嚴終王賈傳上》「臣聞古者作五兵」，注曰：「五兵謂矛、戟、弓、劍、戈。」此條又云救日之五兵謂矛、弩、劍、戈、鎩，是師古亦不以軍中之五兵爲救日之兵也。

按：軍中之兵立足於戰陣實用，當以攻防配合、殺敵有效爲先，無關方色；救日之兵則爲禮器，當有所象征，容與軍用者不同。然日食之禮，周無成典，衆説紛紜，如《春秋》莊二十五年經「日有食之，鼓，用牲於社」，《左傳》、《穀梁傳》以爲禮當有幣無牲，《公羊傳》則以爲當有牲。《曾子問》「各以其方色與其兵」，方色固如所言，「其兵」則未必爲五，亦未必與五方相配。以五兵配五方之説，蓋隨五行之説而起。今列舉各家舊説如下表：

類屬	相配	出處	説者	引文出處	引文説者	1	2	3	4	5
車之五兵	無	《周禮·夏官·司兵》注	鄭玄		鄭衆	夷矛	酋矛	戟	戈	殳
步卒五兵	無	《周禮·夏官·司右》注	鄭玄			弓矢	矛	戟	戈	殳
救日五兵	無	《穀梁傳》莊二十五年注	范甯			弓矢	矛	戟	鉞	楯
		《穀梁傳》莊二十五年疏	楊士勛		麋信					
	配五方					中央	東	南	西	北
		《穀梁傳》莊二十五年疏	楊士勛		徐邈	弓矢	矛	戟	鉞	楯

續表

類屬	相配	出處	說者	引文出處	引文說者	1	2	3	4	5
救日五兵	配五方	《禮記·曾子問》正義	孔穎達	《禮記隱義》	何胤	鼓	戟	矛	弩	楯
		《匡謬正俗》	顏師古			劍	矛	弩	戈	鎩
五兵	無	《漢書·百官公卿表上》注	顏師古			弓矢	矛	戟	戈	殳
		《漢書·嚴朱吾丘主父徐嚴終王賈傳上》注	顏師古			弓	矛	戟	戈	劍
		《周禮·春官·肆師》疏	賈公彥	《五經異義》	許慎	弓	矛	戟	鼓	劍楯
		《呂氏春秋·季秋》注	高誘			矢	矛	戟	刀	劍
		《淮南子·氾論》注	高誘							
		《國語·齊語》注	韋昭							
		《漢舊儀》	衛宏			弓弩	甲鎧	戟	盾	刀劍
		《漢官儀》	應劭							
						中央	東	南	西	北

續表

類屬	相配	出處	說者	引文出處	引文說者	1	2	3	4	5
五兵	配四夷	《白虎通·禮樂》	班固	《樂元語》	劉德	—	矛	羽	戟	干
		《周禮·春官·鞮鞻氏》		《孝經鉤命訣》		—	矛	鉞	戟	楯
		《通典》卷一四五	杜佑	《五經通義》	劉向	—	矛	鉞	戟	干
	配五方	《管子·幼官》				—	矛	戟	劍	脅盾
		《太平御覽》卷三三九	李昉等	《要覽》	陸機	鼓	弓	矛	戟	劍
	配四時					季夏	春	夏	秋	冬
		《太平御覽》卷三三九	李昉等	《六韜》		—	長矛	大戟	弓弩	刀楯
		《五行大義》四	蕭吉	《周書》		矛	弓	戟	劍	楯
		《淮南子·時則訓》	劉安			劍	矛	戟	戈	鎩
		《六藝流別》	黃佐	《尚書大傳》		—	矛	弓	兵	甲鐵
	配五行·五方·五時					土·中央	木·東·春	火·南·夏	金·西·秋	水·北·冬

續表

類屬	相配	出處	說者	引文出處	引文說者	1	2	3	4	5
五兵	五時	《太玄・玄數》	揚雄			弓矢	矛	刀	鉞	盾

五兵之說，古無定論。今亦無確據，只可見其異同，卒難定其是非。

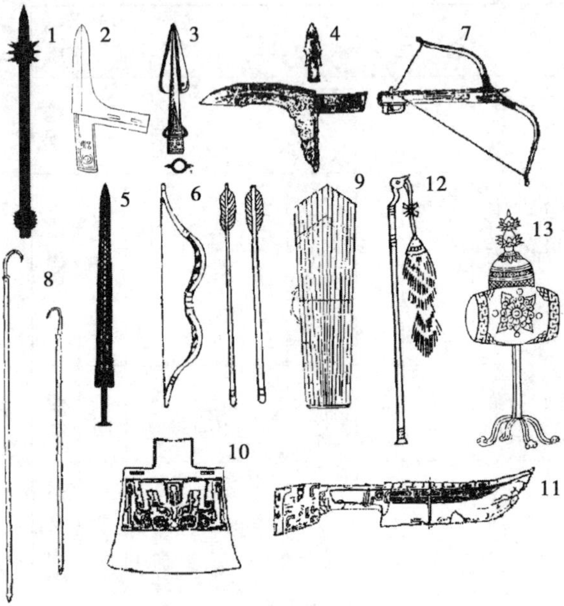

1　殳（湖北隨縣曾侯乙墓出土）
2　戈（《三才圖會》器用六卷）
3　商代青銅矛（安陽小屯出土）
4　戰國戟（山西長治分水嶺一四號墓出土）
5　越王勾踐劍（湖北江陵望山一號楚墓出土）
6　弓矢（《新定三禮圖》卷八）
7　戰國弩復原圖（《中國古代兵器圖册》）
8　夷矛（左）酋矛（右）（《三才圖會》器用六卷）
9　干/楯（《三才圖會》器用六卷）
10　商代後期斧鉞（《中國古代兵器圖册》）
11　商代有扉刀（《中國古代兵器圖册》）
12　羽（《新定三禮圖》卷七）
13　鼓（《新定三禮圖》卷七）

【殺】《郊特牲》云：「大夫而饗君，非禮也。大夫强而君殺之義也。由三桓始也〔一〕。」鄭(元)〔玄〕注云〔二〕：「慶父通於夫人以脅公。季友以君命鴆牙。後慶父殺二君，而又死(又)〔也〕①。」按：「殺」讀爲降殺之「殺」〔三〕，謂衰弱也。此言大夫不當饗君，自三桓已來，大夫强而君弱，是以有就饗于大夫者耳。此一段《禮》文相承躡，惣論響覲之事，故其下惣云：「天子微，諸侯僭。大夫强，諸侯脅。相貴以等，相覿以貨，相賂以利，而天下之禮亂矣。」不言誅戮之事，安取其鴆牙、殺慶父哉！

〔校勘記〕

①也：原作「又」。今據《禮記·郊特牲》注改。

〔疏證〕

〔一〕見《禮記》。

〔二〕鄭玄注云：今本鄭注曰：「慶父與牙通於夫人以脅公，季友以君命鴆牙。後慶父弑二君，又死也。」與師古引文小異，其意則同。阮元《校勘記》云：「『弑二君』，各本同。《釋文》本『弑』作『殺』。」《四部叢刊》單行本《釋文》云：「殺二君，音『試』。」蓋《釋文》原作「殺」，阮刻本改作「弑」。孫玉文《漢語變調構詞考辨》云：「今傳《十三經注疏》本此義（按：指「臣殺君、子殺父母」）的『弑』，絶大多數陸德明所見本都作『殺』，這應該是一種同義换讀。」

〔三〕降殺之「殺」：「殺」有去、入兩讀，别爲二義：讀入聲者意爲殺戮，《廣韻》黠韻「所八切」：「殺，殺命。《説文》:『戮也。』」讀去聲者謂衰弱,《廣韻》怪韻「所拜切」:「殺,殺害。又疾也,猛也。亦降殺。《周禮注》云:『殺,衰小之也。』」孫玉文《漢語變調構詞考辨》以爲,原始詞義爲使人失去生命、殺戮、殺死,動詞,所八切(短入);滋生詞義爲減省、削減,動詞,所拜切(長入變去)。由減省、削減詞義構詞,衰微,形容詞;等差、等級,名詞。

按:鄭注以鴆牙、殺慶父釋之,是康成以爲「殺」訓殺戮,故讀入聲,「義也」上當斷句,謂國君誅殺强臣,乃是合義之事;師古則以爲「殺」訓衰微,故讀去聲,「大夫强而君殺之義也」連讀,謂君就饗于大夫,乃是臣强君弱之證。其扞格之處不在音讀,而在經義。此段經義,關鍵又在「大夫强而君殺之義也」一句。

王引之以爲此句説君殺强臣之事,「由三桓始也」則是衍文,與上下文意不合。《經義述聞》卷一五云:「上文言『庭燎之百,由齊桓公始也。』『大夫之奏《肆夏》也,由趙文子始也。』下文言『公廟之設於私家,由三桓始也。』皆因變古而譏之。若臣强而君殺之,本爲合義之事,則無須著其所始以示譏矣。且慶父、叔牙之死,由於季友之大義滅親,魯君未嘗殺之也。如曰季友以君命酖牙,因以爲君殺之,則當云『大夫强而君殺之,有魯莊公之酖叔牙始也』,文義方明。何得不言殺臣之君,又不言所殺者之名,而但云『由三桓』乎?況季友即三桓之一,而云大夫强而君殺之由三桓始,則是季友亦爲君所殺矣,其可通乎?三復經文,『由三桓始也』句與上文意絶不相因,蓋涉下文『由三桓始也』而衍。『大夫强而君殺之,義也』,乃縱言其理,非必有人以實之也。而唐顔師古《匡謬正俗》乃云『殺讀爲降殺之殺，謂衰弱也。此言大夫不當饗君，自三桓已來，大夫强而君弱，是以有就饗于大夫者耳。』案：如顔説，讀殺爲降殺之『殺』，而以『大夫强而君殺』六字連讀，則『之義也』三字絶不可通，必改『之義』爲『之故』而後可矣。宋陸佃又謂古者殺大夫非義也，後世大夫世執國政，君由是弱矣，有殺之者更以爲義，則若三家者有以啓之也。案此篇凡言『由某始』者，皆直言此事始於此人，今以『大夫强而君殺之，義也』爲若三桓者有以啓之，則是三桓以後乃有君殺强臣而以爲義之事，不得謂之由三桓始矣。蓋皆不知『由三桓始也』之涉下文而衍，故强爲之説而卒不可通。」

俞樾之意則與師古同，以爲此句是説臣强君弱之義。《達齋叢説》「大夫强而君殺之義也由三桓始也説」條云：「《記》文『殺』字非生殺之殺，乃隆殺之殺。『大夫强而君殺之義也』九字作一句，連上文讀之，其文曰：『大夫而饗君，非禮也，大夫强而君殺之義也，由三桓始也。』蓋言大夫與君分不相敵，不得饗君，故既明之曰『非禮』，又申説其義曰『大夫强而君殺之義也』。謂大夫强盛而君微殺，致有大夫饗君之事，其事則由三桓始也。」

按：下文「天子無客禮」句鄭注曰：「明饗君非禮也。」直承「大夫而饗君，非禮也」爲説，可知此段所言即是大夫饗君之事。叔牙、慶父被殺，並非因其違禮饗君；大夫饗君，只可見臣强君弱之義，師古、曲園之説蓋得之矣。王引之謂「由三桓始也」乃衍文，亦有理致，然文獻無徵，姑爲闕疑。

【裼】又：「鄉人裼音「傷」，孔子朝服立于阼階〔一〕。」鄭(元)〔玄〕注云：「裼，强鬼也。謂時儺〔二〕，索室毆疫①，逐强鬼也。裼或爲獻，或爲儺。」而徐仙音「裼」爲「儺」〔三〕，今讀者遂不可言裼②，亦失之也。

〔校勘記〕

①毆：明本、何本、惠本、盧本同，沈本作「毆」。張本黄筆眉批：「『毆』，明刻作『毆』。」按：「毆」，古「驅」字。「毆」、「驅」古通用。《漢書・食貨志上》「今毆民而歸之農」，師古注曰：「毆，亦『驅』字。」

②不可言：明本、何本、惠本、盧本同。沈本無「可」字，張本朱筆圈去「可」字。按：無「可」較長，有亦通。

〔疏證〕

〔一〕冒上見《禮記・郊特牲》。今本無「階」字，此蓋涉《論語・鄉黨》「鄉人儺，朝服而立於阼階」之文而衍。

〔二〕時儺：「儺」本義爲行走有節度，《説文・人部》：「儺，行有節也。」又指驅逐疫鬼的樂舞（此義或云假借，或云引申）。《釋文》云：「難，乃多反，下同。本又作『儺』。」阮元《校勘記》云：「閩監毛本同。岳本同。嘉靖本同。衛氏集説同。《釋文》出『時難』，云『下同。本亦作儺。』」是師古定本與《釋文》之又本同。大徐本引《唐韻》音「諾何切」，古音泥母歌部。《廣韻》歌韻「諾何切」：「儺，驅疫。」《集韻》有歌韻「囊何切」、哿韻「乃可切」二音。

〔三〕音「禓」爲「儺」：「禓」指强鬼，即遭横死之鬼，亦指驅逐强鬼之祭。《玉篇・示部》：「禓，强鬼也。」《釋文》云：「禓音『傷』，鬼名也。」古音書母陽部。又指道上之祭，《説文・示部》：「禓，道上祭。从示昜聲。」大徐本引《唐韻》音「與章切」，古音餘母陽部。《急就篇》卷四：「謁禓塞禱鬼神寵。」師古注曰：「禓，道上之祭也。」《集韻》陽韻有「余章」、「徐羊」、「尸羊」三切，皆屬語音通轉。《周禮・春官・大祝》：「二曰衍祭。」清孫詒讓《正義》云：「蓋祭無主之鬼於道上，是謂祭殤，亦謂之禓。殤、禓古通用。」

《論語・鄉黨》「鄉人儺，朝服而立於阼階」，《釋文》云：「儺，户多反，魯讀爲『獻』。今從古。」「獻」本義爲祭祀宗廟時用作祭品之犬，引申爲進獻、奉獻，慶賀，呈現、顯露，有德才之人、有價值的圖書等義，古音曉母元部。又指古代酒器名，亦作「犧」，古音心母歌部。《廣韻》歌韻「素何切」：「獻，獻罇，見《禮記》。亦作『犧』。」又讀爲「儀」，《周禮・春官・司尊彝》「鬱齊獻酌」，鄭注曰：「鄭司農云：『獻讀爲儀。儀酌，有威儀多也。』玄謂獻讀爲摩莎之莎，齊語聲之誤也。煮鬱和秬鬯以醆酒，摩莎泲之，出其香汁也。」《集韻》支韻「魚羈切」：「獻，儀也。《周禮》『獻酌』鄭司農讀。」或讀爲「娑」，《禮記・明堂位》「周獻豆」鄭注曰：「獻，疏刻之。」正義云：「獻音娑。娑是希疏之義，故爲疏刻之。」心、曉二母可以諧聲通假，「獻」之諸音讀屬於語音通轉。

《魯論》讀「儺」爲「獻」，學者多以通假釋之，如予向云：「獻、儺古同聲，故儺讀爲獻。」按：「獻」之獻祭義當讀曉母元部之音，曉、泥二母可以通假，如「驩」與「暖」、「鄉」與「曩」、「嘵」與「怓」等。然而徐邈音「禓」爲「儺」，不屬語音通轉。段玉裁以爲「禓」字本當作「禓」（透母錫部）、「禓」與「儺」、「獻」音轉相通。《説文・示部》：「禓，道上祭。从示昜聲。」段注曰：「《郊特牲》『鄉人禓，孔子朝服立於阼』，即《論語》『鄉人難，朝服而立於阼階』也。『禓或爲獻，或爲儺』，凡云『或爲』者，必此彼音讀有相通之理。昜聲與『獻』、『儺』音理遠隔，記當本是『禓』字，從示易聲，則與『獻』、『儺』差近。徐仙民音『禓』爲『儺』，當由本是『禓』字，相傳讀『儺』也。」懋堂不惜改字以求音轉，然於文獻無徵。

黄侃又闕其聲紐，《經籍舊音辨證箋釋》云：「讀『户多』則音如『何』，與『獻』、『禓』皆喉音，或可相轉。」按：「禓」之諸音讀皆爲舌音，非喉音也。劉曉東《平議》云：「《説文》：『禓，道上祭。』義當源於道路，《爾雅・釋宫》『廟中路謂之唐』，『禓』與『唐』同源。《釋宫》又言『堂途謂之陳』，是又與『涂』音義相系矣，與喉音之字無涉也。」

書母與泥母可以通假，如「勝」與「嫷」、「埏」與「撚」等。然「禓」與「儺」韻部遠隔，並非語音通轉。康成之意，蓋謂驅逐强鬼之「禓」、祭祀宗廟之「獻」、驅逐疫鬼之「儺」有時異名而同指，析言則異，統言無别。任大椿《弁服釋例》云：「『禓』自爲强鬼之名，『儺』自爲攘祀之名。《郊特牲》言『鄉人禓』，言于儺時驅逐疫鬼，又兼驅逐强鬼，故即以『禓』名祭也。」秦選之《校注》曰：「言鬼則曰禓，言驅逐此鬼則曰儺。」徐邈音「禓」爲「儺」，蓋訓讀也。師古立足當代，堅守正音，故以謬誤視之。參見023「」疏證〔六〕。

037

【羶】又云：「既奠，然後焫蕭合羶薌〔一〕。」此言蕭焫以脂，合黍稷燒之。羶者，脂氣；薌者，黍稷氣，於義自通。而康成乃云「『羶』當爲『馨』，字之誤」〔二〕，亦爲迂曲矣。

〔疏證〕

〔一〕冒上見《禮記·郊特牲》。

〔二〕「羶」當爲「馨」，字之誤：《郊特牲》此句及《祭義》「燔燎羶薌，見以蕭光」，鄭注皆曰：「羶當爲『馨』，聲之誤也。」《詩·大雅·生民》「取蕭祭脂」，毛傳曰：「取蕭合黍稷，臭達牆屋。既奠，而後爇蕭合馨香也。」《正義》云：「皆《郊特牲》文。彼唯『馨』作『羶』，注云：『『羶』當作『馨』，字之誤也。』蓋毛時未誤，故讀彼從此。」

按：康成改字，有云「字之誤」者，有云「聲之誤」者。「聲之誤」謂音近而致誤，如《禮記·喪大記》「加僞荒」，注曰：「『僞』當爲『帷』，或作『于』，聲之誤也。」《正義》云：「『僞』字與『帷』聲相近，又諸本『僞』字作『于』者，『于』、『帷』聲又相近。因聲相近而遂誤作『僞』字，或作『于』字，故云『聲之誤』也。」「字之誤」則無論音、形，但總謂字誤耳，如《詩·周頌·昊天有成命》毛傳「熙，廣。肆，固」，箋云：「『廣』當爲『光』，『固』當爲『故』，字之誤也。」是音近而致誤。《毛詩序》「哀窈窕，思賢才」，箋云：「『哀』蓋字之誤也，當爲『衷』。」《邶風·綠衣·序》箋云：

「緑當爲『禒』。故作『禒』，轉作『緑』，字之誤也。」是形近而致誤。《郊特牲》此句鄭注曰「羶」當作「馨」，當係音近，故云「聲之誤」。《生民》《正義》及師古此條引作「字之誤」者，蓋「字之誤」亦可包含音近致誤也。

「羶」即《説文·羴部》「羴」之或體，義爲羊臭氣。「馨」義爲香氣，《説文·香部》：「馨，香之遠聞者。」「羶」（書母元部）、「馨」（曉母耕部）可相通假。王引之《經義述聞》卷一五「羶薌」條云：「家大人曰：鄭讀是，顔讀非也。『馨』、『羶』聲相近，故或以『羶』爲『馨』。『焫蕭合馨薌』者，謂染蕭以脂合黍稷燒之，使馨香上達於牆屋，故曰『蕭合黍稷，臭陽達於牆屋』也。若脂，則用之以焫蕭耳，非取其臭也，故正文但言蕭，而不言脂。若讀『羶』爲腥羶之羶，而以羶爲脂氣，薌爲黍稷氣，則是脂合黍稷，非蕭合黍稷矣。薦孰之時，合蕭與黍稷燒之者，欲使薌氣上達以歆神耳，無取於羶氣也。且六牲之脂，又未必皆羶也。凡《禮記》『馨薌』字多作『羶』，《祭義》云『燔燎羶薌』，又云『亨孰羶薌』。凡平聲耕清青部中之字，多與寒桓删山仙相通。上去二聲亦然。『亨孰羶薌』之『羶』，《大戴·曾子大孝》篇作『鮮』，『鮮』字亦在仙韻也……師古既不知古聲之相連，又不知古字之相通，膠柱之調，固多拘閡矣。又《小雅·信南山》傳云：『血以告殺，膋以升臭，合之黍稷，實之於蕭，合馨香也。』《大雅·生民》傳云：『既奠，而後爇蕭合馨香也。』毛公兩言『合馨香』，皆用此篇之文，而其字皆作『馨』，則『羶』爲『馨』之借字甚明。乃師古曾不之考，反以鄭爲迂曲，而讀『羶』爲腥羶之『羶』，其失甚矣。」

要之，「羶」字通「馨」，「薌」即「香」字，「馨香」指祭祀饗神之臭陽氣。《漢書・禮樂志》「焫膋蕭，延四方」，師古注曰：「李奇曰：『膋，腸間脂也。蕭，香蒿也。』以蕭焫脂合馨香也。」是其注《漢書》時仍通「羶薌」爲「馨香」，未知晚年何以更生異議。

038

【辟】又云：「祭有祈焉，有報焉，有由辟焉〔一〕。」康成解云：「辟讀爲『弭』〔二〕，謂弭災兵也。」按：「辟」當讀爲辟邪惡之「辟」〔三〕，直云「辟災兵」，義自可曉，無煩假借。

〔疏證〕

〔一〕冒上見《禮記・郊特牲》。

〔二〕辟讀爲「弭」：《郊特牲》鄭注曰：「祈猶求也，謂祈福祥，求永貞也。」「（報）謂若穫禾報社。」「由，用也。辟讀爲『弭』，謂弭災兵，遠罪疾也。」《正義》云：「祭既有祈有報，除祈福之外，唯有攘除兇惡，故解爲『弭災兵，遠罪疾』，取《周禮・小祝》之文也。」

《周禮・春官》「大祝掌六祝之辭，以事鬼神示，祈福祥，求永貞。一曰順祝，二曰年祝，三曰吉祝，四曰化祝，五曰瑞祝，六曰筴祝」，注引鄭司農曰：「順祝，順豐年也。年祝，求永貞也。吉祝，祈福祥也。化祝，弭裁兵也。瑞祝，逆時雨、寧風旱也。筴祝，遠辠疾。」又「小祝掌小祭祀，將事侯禳禱祠之祝號，以祈福祥，順豐年，逆時雨，寧風旱，弭裁兵，遠辠疾」，注曰：「弭讀曰『敉』。敉，安也。」《正義》云：「祈福祥、順豐年、逆時雨，三者皆是侯。寧風旱、弭災兵、遠辠疾，三者即是禳。求福謂之禱，報賽謂之祠。」祈、報、由辟皆指祭祀目的而言，故康成以爲「由辟」亦屬《周禮》「侯」、「禳」、「禱」、「祠」諸事之一端，「辟」、「弭」音近，遂以「弭災兵」當之。「弭」本義爲角弓，《説文·弓部》：「弭，弓無緣可以解轡紛者。」引申爲消除、止息。「辟」義爲法，引伸爲辟除，參見023「闢」疏證〔六〕。「弭」（明母支部）、「辟」（並母錫部）可相通假。《集韻》紙韻「母婢切」：「彌辟，止也。《周禮》『彌災兵』，或作『辟』，通作『弭』。」蓋即本於鄭注。《廣韻》「辟」無此音，則是不以之爲正也。

〔三〕辟邪惡之「辟」：《廣韻》錫韻「必益切」：「辟，《爾雅》：『皇、王、后、辟，君也。』亦除也。」師古讀爲「辟惡邪」之「辟」，即取辟除之義，參見070「辟彊」疏證〔二〕。單就「辟」字而言，於義自足。然康成通「辟」爲「弭」，蓋欲使《周禮》、《禮記》相互貫通，亦且合乎音理，竊以爲長於師古。

039

【温】《内則》云：「問所欲而敬進之，柔色以温之〔一〕。」鄭康成注云：「温藉也〔二〕。承尊長，必和顔色也。」案：直云柔和顔色，以温悦尊者之心，不當改讀爲「藴」也〔三〕。

【疏證】

〔一〕見《禮記》。

〔二〕温藉也：師古既云「不當改讀爲『藴』」，是謂鄭注以「温藉」釋「温」字，讀爲「藴藉」，「温藉也」不斷句。而《正義》云：「藉者，所以承藉於物。言子事父母，當和柔顔色，承藉父母，若藻藉承玉然。」《詩·小雅·小宛》「飲酒温克」，《正義》亦云：「《内則》説子事父母云『柔色以温之』，鄭亦以『温』爲藉義。」是則孔穎達謂鄭注以「藉」釋「温」字，訓爲承藉，「温藉也」當斷作「温，藉也」。按：《禮記·禮器》「故禮有擯詔，樂有相步，温之至也」，鄭注曰：「皆爲温藉重禮也。」《小宛》「飲酒温克」，鄭箋云：「飲酒雖醉，猶能温藉自持以勝。」可知康成實以「温藉」釋「温」，師古之句讀是也。

《漢書·雋疏于薛平彭傳》「爲人温雅有醖藉」，注曰：「醖，言如醖釀也。藉，有所薦藉也。」《匡張孔馬傳贊》「服儒衣冠，傳先王語，其醖藉可也」，注曰：「醖藉，謂如醖釀及薦藉，道其寬博重厚也。」師古分釋「醖藉」二字，「醖」本義爲釀酒，尤指經過多次釀製或窖藏以使酒味醇厚。《説文·酉部》：「醖，釀也。」「藉」本義爲陳放祭品的墊子，《説文·艸部》：「藉，祭藉也。」段注曰：「引伸爲凡承藉、蘊藉之義。」然則「醖藉」意爲「如醖如藉」，乃是「醖」、「藉」兩語素引申義之加合，指博大寬廣、含蓄厚重。《酷吏傳》「治敢往，少温籍」，注曰：「少温藉，言無所含容也。『温』音『於問反』，『籍』音『才夜反』。」師古釋「温籍」爲「含容」，與「醖藉」義近；又音「温」爲於問反，「籍」爲才夜反，與「醖藉」音同，然則「温籍」「醖藉」同詞不同形。

王觀國《學林》卷十「藴」條云：「凡此或用『藴』字，或用『温』字，或用『醖』字，皆讀『於問切』，有含蓄重厚之意。古人多假借用字，故『藴』、『温』、『醖』三字雖不同，其義皆同於『藴』。以此知訓『醖』爲醖釀者，非也。」然則顔氏以爲本字當作「醖」，王氏以爲當作「藴」。按：「藴」本義爲積聚，《説文·艸部》：「藴，積也。」「醖、藴」音同義通，應是同源關係，「含蓄厚重」是其共有義位。

《内則》鄭注以「温藉」釋「温」，是以「温」爲「温藉/温籍/醖藉/薀藉」之省。《釋文》亦云：「温，本又作『薀』，又作『愠』，同『於運反』。」「温藉/温籍/醖藉/薀藉」一詞，現代學者多以聯綿詞（雙音節單純詞）視之。聯綿詞發展演變中，單字可以獲得整個聯綿詞詞義，如「髒」獲得「骯髒」義，「嬰」獲得「嬰兒」義等。師古則直訓「温」爲「温悦」（温暖、取悦，動詞），讀如本字，不視其爲「温籍」之省。又《小宛》《釋文》云：「温，王如字，柔也。鄭『於運反』，藴藉也。」《正義》云：「『藴藉』者，定本及箋作『温』字。舒瑗云：『苞裹曰藴。』謂藴藉自持含容之義。經中作『温』者，蓋古字通用。」要之，王肅、顔師古訓「温」爲温柔、温悦；鄭玄、孔穎達訓「温」爲「温藉/薀（藴）藉」之省。雖對「温」字訓釋不同，然顔、孔二人皆視「温藉/藴藉」爲複合詞。

按：現代學者界定「聯綿詞」爲雙音節單純詞，實與古人所謂「聯綿字」（張有《復古編》、王國維《聯綿字譜》等）、「駢字」（楊慎《古音駢字》、朱謀㙔《駢雅》等）、「連語」（王念孫《讀書雜志·漢書十六》）之意未必相合。師古並無「聯綿詞」觀念，不宜以今律古，斥其分釋二字也。

〔三〕改讀爲「薀」：秦選之《校注》曰：「『温』既訓藉，斯音讀爲『薀』矣。故《釋文》云『温』本又作『薀』字。」

040

【嘯】又：「男子入内，不嘯不指，夜行以燭〔一〕。」鄭康成注云：「嘯讀爲『叱』〔二〕，嫌有隱使也。」案：「嘯」者，謂若有所召命，密相諷誘，若齊莊撫楹而歌耳〔三〕，何爲乃云「叱」乎？《詩》云：「嘯歌傷懷，念（此）〔彼〕碩人①〔四〕。」即其義也。

〔校勘記〕

①彼：原作「此」，今據張本朱校、明本、沈本、何本改。周祖謨《校記》云：「『此』景宋本作『彼』，與《詩·小雅·白華》合。」

〔疏證〕

〔一〕冐上見《禮記·内則》。

〔二〕嘯讀爲「叱」：《釋文》云：「嘯，依注音叱，尺失反。」《正義》云：「嘯是自嘯，叱謂叱人。經言『不嘯』，與『不指』連文，而『指』既指物，明『嘯』是叱人，故以嘯爲『叱』矣。云『嫌有隱使』者，若其常事，以言語處分，是顯使人也；如有奸私，恐人知聞，不以言語，但諷叱而已，是幽隱而使，故云『叱，嫌有隱使也』。」乃就上下文意釋之。「嘯」、「指」連文，動作對象應當俱是他人，故讀自嘯之「嘯」爲叱人之「叱」。

陳喬樅《禮記鄭讀考》卷三申明鄭意，先通「嘯」爲「誚」，又因「誚」、「叱」同義，故得相通。云：「案鄭君讀『嘯』爲『叱』者，蓋以『嘯』爲『誚』字之假借。字之从肅、从肖者，古文多通用，如『簫』或作『箾』，『繡』或作『綃』之類皆是。《說文》：『嘯，吹聲也。歗，籀文嘯字。』《詩·江有汜》『其嘯也歌』箋云：『嘯者，蹙口而出聲。』誚，《說文》以爲古文『譙』字。《廣雅·釋言》：『譙，呵也。』《衆經音義》二十引《蒼頡篇》云：『譙，呵也。』《說文·口部》：『叱，呵。』《衆經音義》引《蒼頡篇》云：『大呵爲叱。』又引《通俗文》云：『迮而吐之曰叱。』此《記》言『男子入内，不嘯不指』，嘯是自嘯，叱是叱人，《正義》以爲『不嘯』與『不指』連文，『指』既指物，明『嘯』是叱人，故以『嘯』爲『叱』矣。」然陳氏並未説明「叱」與「嘯」、「誚」可否語音通轉。

《廣韻》嘯韻「蘇弔切」：「嘯，《説文》：『吹聲也。』」《集韻》作「先弔切」，是其本音本義。《集韻》質韻「尺栗切」：「叱嘯，《説文》：『訶也。』或作嘯。」則是本於鄭注。段玉裁《周禮漢讀考序》云：「『讀爲』、『讀曰』者，易其字也。謂易之以音相近之字。」張翼《古書中的訓讀現象研究》（北京大學二〇一九年博士學位論文）以爲《釋文》音「尺失反」，乃是訓讀「嘯」爲「叱」。然依段説，「讀爲」易字，音須相近，康成以「叱」易「嘯」，二字當可通轉。今試解之如下：「嘯」从口肅聲，「叱」从口七聲，「肅」（心母）、「七」（清母）皆爲齒音，此其可通一也。古音「嘯」在心母幽部，「叱」在昌母質部，質、脂對轉，幽、脂亦常相轉，如《詩·小雅·鹿鳴》「示我周行」，毛傳云：「周，至也。」然則幽、質亦可相轉，此其可通二也。脂質真一類與幽宵侯及其對轉各部之間亦常相轉，如至之與到、臻之與止、「周密」之與「縝密」是也，此其可通三也。漢人多假「桼」爲「七」字，而今吴方言中桼聲之「膝」猶與「嘯」同音，然則七聲之「叱」與「嘯」音亦近，此其可通四也。

師古之外，後人於鄭注此説亦多有疑焉，皆因不知「嘯」、「叱」如何通轉，而「嘯」之本音本義於文意亦頗諧暢，故讀如字。《説文·口部》：「嘯，吹聲也。」朱熹《小學集注》卷二《内篇》云：「嘯謂蹙口出聲，指謂用手指書。」孫希旦《禮記集解》云：「愚謂嘯，蹙口出聲也。」郝懿行

《禮記箋》云：「愚按『嘯』讀如字，吹聲也。至於嘯、指何以被禁，凡有三説：

其一，嘯、指音容反常，使人驚疑。如陳澔《禮記集説》云：「不嘯不指，謂聲容有異，駭人視聽也。舊讀嘯爲『叱』，今詳嘯非家庭所發之聲，宜其不可。叱或有當發者，如見非禮舉動，安得不叱以儆之乎？讀如本字爲是。」孫希旦《禮記集解》云：「不嘯不指，爲其聲容不肅，且惑人也。」郭嵩燾《禮記質疑》云：「《説文》：『嘯，吹聲也。』鄭箋『其嘯也歌』云：『嘯，蹙口而出聲。』《聲類》云：『出氣急曰吹，緩曰噓。』吹者，蹙口出氣，嘯又揚其聲。《詩》多以『嘯歌』連文，歌蓋文之以辭而引使長，蹙口出聲。同按抑之則爲吟，故亦曰『吟嘯』。嘯者，歌與吟聲之急出而無餘者也。《説文》嘯與嘑、啞爲類，云『嘑，唬也』，『啞，音聲啞啞然。』是大聲曰嘑，衆聲曰啞，嘯當爲吹急聲。嘯與指使人驚疑，故非入内所宜。注意蓋訓爲以聲使人，而疑嘯非所以使，故讀爲『叱』。」

其二，嘯、指嫌有隱使，故當避嫌。如江永《禮記訓義擇言》曰：「陳氏謂叱亦有當發者，嘯字讀本字，此説是。然謂嘯、指『聲容有異，駭人視聽』，猶未盡，當兼鄭氏『嫌有隱使』之意。」俞樾《羣經平議》卷二十云：「嘯者，以聲使人也；指者，以手指人也。皆口不明言而微示以意，是爲『隱使』。」師古所謂「有所召命，密相諷誘」，亦即「隱使」之類也。

其三，嘯、指舉止輕佻，引人注意。張翼《古書中的訓讀現象研究》認爲「嘯」謂高聲説話，「指」謂隨意指點，男子入内，須要防止引起女性的注意。

要之，單就「嘯」字而言，如字之音，於義自足。然康成讀「嘯」爲「叱」，音理亦通。

〔三〕齊莊撫楹而歌：《左傳》襄二十五年載，齊莊公與崔杼之妻棠姜私通，崔杼懷恨，設計殺公，於是稱疾不視事。莊公前往探病，趁機欲與棠姜幽會。棠姜與崔杼自側門而出，莊公拊楹而歌。崔杼夥同侍人賈舉閉門射殺莊公。「拊楹而歌」杜預注曰：「歌以命姜。」謂莊公以歌爲訊，誘使棠姜前來私會。

〔四〕見《詩·小雅·白華》。

041

【蝸】又云：「蝸醢而苽食〔一〕。」「蝸」者，蠃之類耳。而徐仙等音「蝸」爲「蠃」〔二〕，亦未爲達。

【疏證】

〔一〕冒上見《禮記·内則》。

〔二〕音「蝸」爲「蠃」：《禮記·内則》「蝸醢而苽食雉羹」，《釋文》云：「蝸，力戈反。」「力戈反」即「蠃」字之音。《説文·虫部》：「蝸，蠃也。」段注謂「蠃」即今「螺」字，今人謂水中可食者爲螺，陸生不可食者曰蝸牛，周、漢則無此分別。《爾雅·釋魚》「蚹蠃，螔蝓」，郭注曰：「即蝸牛也。」《周禮·天官·鼈人》「祭祀共蠯、蠃、蚳，以授醢人」，《醢人》

蚹蠃，螔蝓（《爾雅圖》卷下）

「饋食之豆，其實葵菹蠃醢」，鄭注並曰：「蠃，螔蝓。」《釋文》云：「蠃，力禾反。」《説文・虫部》「蠃」字亦云：「一曰蠃，螔蝓。」《儀禮・士冠》、《士喪》、《既夕》、《特牲饋食》、《少牢饋食》皆有「蠃醢」，鄭注並曰：「今文『蠃』爲『蝸』。」是蝸也、蠃也、螺也、螔蝓也，皆同物而異名。是故《周禮》、《儀禮》「蠃醢」，《內則》作「蝸醢」。

「蝸」古音見母歌部，《廣韻》佳韻「古蛙切」：「蝸，蝸牛，小螺。」麻韻「古華切」同義。折合今音爲 guō，今音實爲 wō。「蠃」古音來母歌部，《廣韻》戈韻「落戈切」：「蠃，同『螺』。」「螺，蚌屬。」今音 luó。又果韻「郎果切」：「蠃，蜾蠃，蒲盧。郭璞云：『細腰蜂也。』」今音 luǒ。「蝸」、「蠃」時音不同，故師古謂「蝸」雖是「蠃」之類，然不當音「蝸」爲「蠃」。《説文》「蝸」字段注曰：「徐仙民以『力戈』切『蝸』，似未得也。『力戈』乃『蠃』字反語耳。」是懋堂亦謂「蝸」不當音「蠃」，而音「古華切，舊音當如『過』」。《儀禮・既夕》《釋文》云：「蝸，力禾反，劉又『古華反』。」《莊子・則陽》「蠻觸氏爭地於蝸角」，《釋文》云：「蝸音『瓜』，郭音『戈』。」《文選・張衡〈東京賦〉》「供蝸蠯與菱芡」，薛綜注曰：「蝸，螺也。」亦音「古華反」。《集韻》戈韻「盧戈切」有「蝸」字，《廣韻》則無，是亦不以之爲正也。

徐仙等音「蝸」爲「蠃」，章太炎有「一字重音」説以釋之。《國故論衡・一字重音説》云：「中華文字率一字一音，亦有一字二音者，此軼出常軌者也。」乃證之以《説文》，謂「𧈢」兼有悉、𧈢二音，「僥」兼有焦、僥二音，「勉」兼有黽、勉二音，「逮」兼有唐、逮二音等。造字之初，有時僅用一個字形表示一個複音詞，後經長期演變，複音節漢字逐漸變爲單音節。「大抵古文以一字兼二音，既非常例，故後人旁附本字，增注借音，久則遂以二字並書。亦猶越稱『於越』，邾稱『邾婁』，在彼以一字讀二音，自魯史書之，則自增注『於』字、『婁』字於其上下也。」然則「蝸」字曾兼「蝸」、「蠃」二音，而後世增注借音字「蠃」。

太炎「一字重音」説頗有爭議，陸宗達、王鳳陽《漢字學》、劉又辛《古代複音詞研究初探》等表示接受，唐蘭《中國文字學》、劉忠華《古有「一字重音」説商榷》等則明確反對。自十九世紀英國漢學家艾約瑟首先提出上古漢語有複輔音聲母以來，高本漢、林語堂、陳獨秀、董同龢、李方桂、周法高、嚴學窘、李格非、潘悟雲、何九盈、孫玉文等大批學者從不同角度對這一問題進行探究，然而迄無定論。支持者以爲，「一字重音」乃是上古漢語複輔音聲母之遺跡，大量異文、通假字、方言、漢藏語言對比等材料可證上古存在複輔音聲母，但在其類型、結構及構擬方面仍有分歧。反對者則認爲，「一字重音」乃是古今方俗音變之層積，上古漢語並無複輔音聲母。

又《周禮·春官·龜人》「東龜曰果屬」，鄭注曰：「杜子春讀『果』爲『蠃』。」《釋文》云：「果，魯火反，注『蠃』同。」《夏官·巾車》注引鄭司農云「謂蠃蘭車以蒲爲蔽」，《釋文》云：「蠃，魯火反，劉又音『果』。」杜子春、劉昌宗音「果」爲「蠃」，亦與徐仙音「蝸」爲「蠃」同理。

【卵】又曰：「濡(香)〔魚〕卵醬實蓼①〔一〕。」鄭康成注云：「卵，讀爲『鯤』也〔二〕。」案：卵者，魚卵，即是魚子，不勞改讀爲「鯤」，魚子也。

〔校勘記〕

①魚：原作「香」，明本、惠本、盧本同。今據張本朱校、沈本、何本改。周祖謨《校記》云：「『香』景宋本作『魚』，與《禮記・内則》合。」秦選之《校注》曰：「案今本《禮記》作『濡魚』。若準上文『濡豚』、『濡雞』，與下文『濡鼈』，似『濡魚』較勝。」

〔疏證〕

〔一〕冒上見《禮記・内則》。

〔二〕卵，讀爲「鯤」：鄭注曰：「卵，讀爲『鯤』。鯤，魚子。或作『攔』也。」《正義》釋記文曰：「卵謂魚子，以魚子爲醬，濡亨其魚，又實之以蓼。」又釋注文曰：「知卵讀爲『鯤』者，以鳥卵非爲醬之物，蚳醢是蚍蜉之子，今『卵醬』承『濡魚』之下，宜是魚之般類，故讀爲『鯤』。鯤是魚子也。」

「卵」金文作次□缶，象魚之卵包，本義爲魚子。王筠《説文釋例》云：「卵即謂魚卵。魚本卵生，顧既生之卵如米，其自腹剖出者，則有膜裹之如袋，而兩袋相比，故作『卵』以象之。外象膜，内象子之圓也。」引申泛指動植物雌性生殖細胞，《説文・卵部》：「卵，凡物無乳者卵生。象形。」魚子義之後起字作「鯤」，《爾雅・釋魚》：「鯤，魚子。」是則「卵」者，總稱禽鳥魚蟲之子；「鯤」者，專指魚子也。《國語・魯語》「魚禁鯤鮞，獸長麑麌，鳥翼鷇卵」，韋昭注曰：「鯤，魚子也。」「生哺曰鷇，未孚曰卵。」魚之「鯤」與鳥之「卵」對文別義。康成讀「卵」爲「鯤」，蓋欲明示「卵醬」並非禽鳥之卵，而是專指魚子。

「卵」與「鯤」可相通轉。王本眉批案古『卵』、『卝』同字，本讀如『管』，與『鯤』音相近。」《説文》「卵」字下段玉裁據《五經文字》、《九經字樣》補曰：「卝，古文『卵』。」段注又曰：「卵之古音讀如『管』。」古音「卵」爲來母元部，「管」爲見母元部，而云同音，或以爲是上古漢語複輔音聲母之遺跡，或以爲是古今方俗音變之層積。「管」、「鯤」（見母文部）近旁轉。鄭注又曰「卵」或作「擱」，「擱」从「關」聲，關从「𢇍」聲，而𢇍又从「卝」也。

要之，「卵」是魚鳥之通名，「鯤」是魚子之專名。鄭注細究經義，亦且合乎音理，竊以爲長於師古。

043

【有】又云：「凡養老，五帝憲，三王有乞言〔一〕。」直謂五帝養之，爲法其德行，而不乞言。三王既憲法，而有乞言之禮。鄭康成乃讀「有」爲「又」〔二〕，蓋亦不勞假借也。

〔疏證〕

〔一〕冒上見《禮記・内則》。

〔二〕讀「有」爲「又」：「有」本義爲有無之「有」，引申爲佔有、葆有、富有、專有等義。甲骨文假借「又」字爲之，金文作殉尊，从肉又聲。「又」象右手之形，甲骨文作合5596，用作左右之「右」、有無之「有」、佑助之「佑」等。《穀梁傳》成七年、昭二十五年皆曰：「又，有繼之辭也。」假「有」爲「又」，乃上古用字慣例，如《甲骨文合集》21586：「丁酉，余卜：今八月又事。」《周易・蠱》「終則有始，天行也」，王弼注曰：「終則復始，若天之行用四時也。」《詩・邶風・終風》

「終風且曀，不日有曀」，鄭箋云：「有，又也。」董仲舒《春秋繁露・天道無二》「故開一塞一，起一廢一，至畢時而止，終有復始于一」，淩曙注曰：「『又』通。」等。

按：師古以爲「有」讀如本字，於義自足。然康成通「有」爲「又」，《記》文下云：「三王亦憲，既養老而後乞言」，《正義》釋之云：「言三王養老，既法德行，又從乞言。」是謂三王除法其德行以外，更有乞言之禮，着重申明其復、更、繼而之意。《詩・大雅・行葦》序「養老乞言」，《正義》引《内則》作「三王又乞言」，是徑從鄭注而改易正文也。汪應辰《書》云：「古文『有』、『又』字通，『三王有乞言』讀『有』爲『又』，似未失也。」

【孽】《玉藻》云：「世子自名，擯者曰『寡君之適』，公子曰『臣孽』〔一〕。」鄭康成云：「『孽』當作『枿』〔二〕，聲之誤也。」按：「孽」者，是庶孽，既非適子，故自云「孽」，不當言「枿」。「枿」者，斷而復生，豈人子之所宜自稱乎？

〔疏證〕

〔一〕見《禮記》。

〔二〕「孽」當作「枿」：「枿」指樹木砍伐後餘下的木樁，亦指餘樁重生的枝條。《説文・木部》：「欁，伐木餘也。」「櫱，『欁』或从木辥聲。」「，古文『欁』，從木無頭。」段注曰：「《商頌》傳曰：『櫱，餘也。』《周南》傳曰：『肄，餘也，斬而復生曰肄。』按：『肄』者，『櫱』之假借字也。韋昭曰：『以株生曰櫱。』《方言》：『烈、枿，餘也。陳鄭之閒曰枿，晉衛之閒曰烈，秦晉之閒曰肄，或

曰烈。』『栟』者，亦『櫱』之異文。」是則「栟」、「㰂」、「櫱」皆同字而異體。如《説文》「㰂」字引《商書·盤庚》「若顛木之有甹㰂」，「甹」字則引作「㽕栟」，云：「古文言『由栟』。」段注曰：「今《書》作『由櫱』……『栟』即『㰂』，『櫱』之異體也。」又如《國語·魯語上》「山不槎櫱，澤不伐夭」，《文選·張衡〈東京賦〉》作「山無槎栟」，薛綜注曰：「斬而復生曰栟。」

《説文·子部》：「孼，庶子也。」俗體作「孽」。段注曰：「《玉藻》：『公子曰臣孼。』鄭注：『孼當作栟，聲之誤也。』玉裁按：此《記》文本作『栟』，注曰『栟當作孼』，後人因注改經，又因經改注，師古《匡謬正俗》未之知也。凡木萌旁出皆曰『櫱』，人之支子曰『孼』，其義略同，故古或通用，固不必指爲聲誤。何注《公羊》曰：『庶孼，衆賤子，猶樹之有櫱生。』得其義矣。」是則懋堂以爲「栟」、「孼」古通用，鄭注不勞改字，而師古失於不知經注互譌。

按：《釋文》云：「孽音『栟』，五葛反，徐『五列反』。」「五列反」（疑母薛韻）即「孽」字之音，與「五葛反」（疑母曷韻）之「栟」音近而別。《正義》云：「公子曰『臣孽』，稱『臣』，謂對己君也。若對它國，當云『外臣』。注從『栟』者，栟是樹生之餘，故《盤庚》云『若顛木之有由孽』是也。」是則《釋文》本、《正義》本、徐邈本、師古定本《記》文皆作「孽」，段玉裁「經注互譌」之説，文獻無徵。

「櫱（㰂、栟）」、「孼」同源通假。伐木餘椿重生新枝，多斜出而叢聚，故有旁支、衍生之意。此外，「薛，艸也」、「㔶，斷也」等亦與之同源。《詩·小雅·白華》序「以孽代宗」，《正義》云：

「孽者，蘖也。樹木斬而復生謂之蘖。以適子比根幹，庶子比支孽，故『孽，支庶也。』」《中候》曰：『無易樹子。』注云：『樹子，適子。』《玉藻》云：『公子曰臣孽。』注云：『孽當爲枿。』《文王》曰：『本支百世。』是適子比樹本，庶子比支孽也。」章太炎《文始》卷一云：「『巘』孳乳爲『孽』，庶子也。木旁生曰『𣎵』，『由𣎵』是也；人旁生曰『孽』，『庶孽』是也。」《小學答問》亦云：「長子謂之『胄』，胄之言『由』也；庶子謂之『孽』，孽之言『櫱』也。」

要之，師古不知「孽」得義於「枿」，是其失也。康成改「孽」爲「枿」，雖可明其語源，然文字既已分化，不可因同源而相淆；經典文本傳承，不可因相通而擅改。劉曉東《平議》云：「師古不考語源，拘於當字取義，而云『枿者斷而復生，豈人子之所宜自稱乎』，固哉。今按鄭君之注，以訓詁言之，固有推因一法，然皆用於就詞爲釋之書，而非用於順文作訓之注。此注文捨其當文之意而推其得義之由，是違淺就深，捨近求遠矣。」

045

【不至】《坊記》云：「昏禮：婿親迎，見於舅姑。舅姑承子以授婿，恐事之違也。以此坊民婦，猶有不至者〔一〕。」鄭康成注云：「不至，不親夫以孝舅姑也〔二〕。《春秋》成公九年：『春二月，伯姬歸于宋。夏，季孫行父如宋致女〔三〕。』是時宋恭公不親迎，恐其違而授之。」

按：「不至」者，謂淫佚之風。女雖未嫁，已從奔誘，及婿親迎，猶在他室而不至焉。按《陳詩·東門之楊》序曰：「昏姻失時，男女多違。親迎，女猶有不至者也。」其詩曰：「東門之楊，其葉牂牂。昏以爲期」，「期而不至」〔四〕，即其事也。康成詩箋云：「親迎之禮以昏時。女留他〔色〕〔邑〕①，不肯時行②，乃至大星煌煌然③。」爲得其義。何爲注《禮》乃更妄生異説〔五〕？豈非矛盾之論哉！

〔校勘記〕

①邑：原作「色」，今據明本、沈本、何本、盧本改。惠本原作「邑」，改作「色」。按：今本鄭箋、《正義》皆作「色」，而不解「他色」何意。此條既云「猶在他室而不至」，疑師古定本當作「邑」。

②不肯時行：張本朱校、沈本作「而不肯行」；明本、何本作「而不肎行」；盧本作「不宜時行」；惠本原作「而不宜行」，改作「不肯時行」。按：今本鄭箋、《正義》作「不肯時行」，師古定本蓋作「而不肯行」。吴本吴志忠眉批：「不必據今《詩箋》改。」

③大：何本同。張本朱校、明本、沈本、盧本作「明」；惠本原作「明」，改作「大」。今本鄭箋作「大」。

〔疏證〕

〔一〕見《禮記》。

〔二〕不親夫以孝舅姑：《説文·見部》：「親，至也。」段注曰：「到其地曰至，情意到曰至。」故鄭玄以「親」釋「至」。「舅姑」指妻之父母，非公婆之稱。鄭注曰：「妻之父爲外舅，妻之母爲外姑。父戒女曰『夙夜無違命』，母戒女曰『毋違宫事』。」依鄭意，「孝舅姑」者，謂女子順從父母之言也。

〔三〕致女：《春秋》成九年：「二月，伯姬歸於宋。夏，季孫行父如宋致女。晉人來媵。」三傳解經，厥意有別。

《穀梁傳》云：「致者，不致者也。婦人在家制於父，既嫁制於夫。如宋致女，是以我盡之也。不正，故不與内稱也。逆者微，故致女詳其事，賢伯姬也。媵，淺事也，不志，此其志何也？以伯姬之不得其所，故盡其事也。」范甯注曰：「致敕戒之言於女。」楊士勛疏引徐邈云：「宋公不親迎，故伯姬未順爲夫婦，故父母使卿致伯姬，使成夫婦之禮，以其責小禮違大節，故《傳》曰『不與内稱』，謂不稱夫人而稱女。」是《穀梁傳》以爲「致女」是父母遣使敕戒已嫁之女，宋公不親迎。

《左傳》云：「夏，季文子如宋致女，復命，公享之。賦《韓奕》之五章。穆姜出於房，再拜，曰：『大夫勤辱，不忘先君以及嗣君，施及未亡人，先君猶有望也。敢拜大夫之重勤。』又賦《綠衣》之卒章而入。」季文子賦《韓奕》之五章，是借韓姞之嫁得其所，以賀伯姬歸宋之樂。伯姬之母穆姜喜而出謝，意爲文子之言「實獲我心」。桓三年杜注曰：「古者女出嫁，又使大夫隨加聘問，存謙敬，序殷勤也。在魯而出，則曰致女；在他國而來，則總曰聘。」成九年注曰：「女嫁三月，又使大夫隨加聘問，謂之致女。所以致成婦禮，篤昏姻之好。」《正義》云：「禮：婦入三月廟見。知致女必以三月，蓋廟見之後，婦禮既成，使大夫聘問，謂之致女。」是《左傳》以爲「致女」是女嫁三月廟見，父母遣使聘問。伯姬在宋安樂，並無宋公不親迎之事。

《公羊傳》云：「未有言致女者，此其言致女何？録伯姬也。媵不書，此何以書？録伯姬也。」何休注曰：「古者婦人三月而後廟見，稱婦，擇日而祭於禰，成婦之義也。父母使大夫操禮而致之。必三月者，取一時足以别貞信，貞信著，然後成婦禮。」兩云「録伯姬」者，伯姬後因守禮而死於火災，賢其人，故詳録其禮。是《公羊傳》亦謂「致女」是女嫁三月廟見，父母遣使聘問，亦無宋公不親迎之事。

劉乾《讀〈匡謬正俗〉札記》（《平原大學學報》一九九五年第四期）云：「魯伯姬，宣公女，成公妹，是聞名諸侯的賢姬。嫁宋恭公，既非淫奔之女，也非不孝之婦。只因伯姬賢而薄命，恭公早逝，未能偕老，故孔子記之特詳，悲其志也。」《穀梁傳》書「逆者微」，又書「不得其所」，致生疑竇。劉向《列女傳·貞順》云：「伯姬者，魯宣公之女，成公之妹也。其母曰穆姜，嫁伯姬於宋恭公。恭公不親迎，伯姬迫於父母之命而行。既入宋，三月廟見，當行夫婦之道。伯姬以恭公不親迎，故不肯聽命。宋人告魯，魯使大夫季文子於宋致命於伯姬。」蓋本《穀梁傳》而敷衍其事。然若宋人違禮，魯不應反命其女順從不正之事，劉向之説，嫌於穿鑿。康成從其説，以爲宋公不親迎，魯恐伯姬「不親夫以孝舅姑」，乃遣使致女，故舉伯姬爲例以釋《坊記》。然劉向以爲三月廟見，而後成婚；康成則以爲當夕成婚，舅姑没者，三月廟見。《禮記·曾子問》《正義》引熊安生云：「如鄭義，則從天子以下至於士，皆當夕成昏。舅姑没者，三月廟見。故成九年季文子如宋致女，鄭云『致之使孝，非是始致於夫婦也。』」是鄭、劉同中有異也。

〔四〕期而不至：此四字乃毛傳之言，非詩句。《東門之楊》首章云：「東門之楊，其葉牂牂。昏以爲期，明星煌煌。」毛傳曰：「期而不至也。」

〔五〕注《禮》乃更妄生異說：師古以爲「不至」謂淫佚之風，是也。然云康成「注《禮》乃更妄生異説」，以爲先箋《詩》而後注《禮》，則非也。《詩·衛風·燕燕》、《小雅·鹿鳴》《正義》皆引《鄭志》答炅模云：「爲《記》注時，就盧君耳，先師亦然。後乃得毛公傳，既古書，義又當然。《記》注已行，不復改之。」是康成注《禮》在先，箋《詩》在後，注《禮》時未見《毛詩》，故《坊記》注「不至」與《詩箋》異也。相較而言，《詩箋》更勝。

《禮記·經解》：「故昏姻之禮廢，則夫婦之道苦，而淫辟之罪多矣。」鄭注曰：「苦，謂不至、不答之屬。」《正義》云：「『不至』者，謂夫親迎而女不至。若《詩·陳風》云『昏以爲期，明星煌煌』，注云『女留他色，不肯時行』，序云『親迎，女猶有不至者』是也。」是沖遠亦引《東門之楊》以解「不至」，與師古正同。汪應辰《書》云：「以《東門之楊》解《坊記》，經意各有所適，不必以爲一義。」婉言以非師古，是其固知康成《禮》注與《詩》箋有異。然汪氏不辨兩解之優劣，似亦未盡也。

046

【素食】《喪服傳》記云，既虞，「飯疏食，水飲」；既練，「食菜果，飯素食」〔一〕。鄭康成注云：「素猶故也，謂〔復〕平生時食也①。」案：「素食」謂但食菜果糗餌之屬，無酒肉也。禮家變節，漸爲降殺〔二〕。始喪，三日不食。卒哭之内，朝夕各一溢米爲粥而已。既虞，疏食水飲。「疏食」謂麤疏之飯②，單率之菜。食不復粥，又非止一溢也。既練，遍食菜果酸鹹，但無酒肉之屬。既除喪，始食乾肉飲酒。然後乃復平生時食耳。此是《禮經》明文，安得始練便復平生故食乎？又班書《霍光傳》載光奏昌邑王過失云：「典喪服斬衰，無悲哀之心。廢禮誼，居道上，不素食。」《王莽傳》云：「每有水旱，莽輒素食。左右以白。太后遣使詔莽曰③：『聞公菜食，憂民深矣。今秋幸孰，公勤於職，幸以時食肉。』」據此益知「素食」是無肉之食〔三〕，非平生食也。今俗謂桑門齋食爲「素食」〔四〕，蓋古之遺語焉。

【校勘記】

①復：原闕，張本朱校、明本、沈本、何本、惠本同。盧本有「復」字，與今本《儀禮・喪服傳》合。今據補。

②麤疏：明本、何本、惠本、盧本同。沈本脱「疏」字。張本朱筆眉批：「下『疏』字無。」是影宋本亦脱。又黄筆眉批：「明刻作『麤糲』。」按：此處張本黄筆校語與沈本不合，未知何故。

③使：盧本同。張本朱校、明本、沈本、何本、惠本「使」下有「者」字。

【疏證】

〔一〕見《儀禮》。

〔二〕禮家變節，漸爲降殺：《禮記・閒傳》：「斬衰三日不食。」「父母之喪，既殯食粥，朝一溢米，莫一溢米。」「既虞卒哭，疏食水飲，不食菜果；期而小祥，食菜果；又期而大祥，有醯醬；中月而禫，禫而飲醴酒。始飲酒者，先飲醴酒；始食肉者，先食乾肉。」是其明文。

〔三〕「素食」是無肉之食：《漢書·霍光金日磾傳》師古注曰：「素食，菜食無肉也。言王在道常肉食，非居喪之制也。而鄭康成解喪服素食云『平常之食』，失之遠矣。『素食』義亦見《王莽傳》。」《王莽傳上》注曰：「素食即菜食也。」可與此條相參。

《喪服傳》鄭注曰：「素猶故也，謂復平生時食也。」賈公彦以爲「食」是專指米飯。疏云：「云『謂復平生時食也』者，此『食』爲『飼』讀之，不得爲『食』讀之。知者，天子已下平常之食，皆有牲牢魚腊。練後始食菜果，未得食肉飲酒，何得平常時食？明專據米飯而言也。以其初據一溢米而言，既虞『飯疏食』，『食』亦米飯也。此既練後『復平生時食』，『食』亦據米飯而言。以其古者名飯爲食，與《公食大夫》者同音也。」

俞樾乃更明言「飯素食」是不再用麤疏之米爲飯。《著書餘料》云：「顔氏引《漢書》以證『素食』爲食無肉，似乎確證，乃以《傳》文求之，則殊不然。上云『食菜果』，則其不肉食已明，何必更言『素食』乎？『素食』自當仍從鄭義。此『食』字乃飯食之食。蓋未虞以前，朝一溢米、夕一溢米，爲粥而已，不飯也。既虞之後，乃用麤疏米爲飯，《傳》所謂『既虞，飯疏食』也。及乎既練之後，乃不復疏食，仍食平時所食之飯，故曰『飯素食』也。蓋上所謂『食菜果』者，謂菜蔬也，所以下飯者也；此所謂『飯素食』者，謂飯也。若從顔説，則『飯素食』三字與上『食菜果』義復，於不肉食之義固已一再言之，而所飯爲何等米，轉不可得而知，於文爲不備矣。」

王先謙則謂「飯素食」是恢復平時飯量。《漢書補注·王莽傳》引沈欽韓曰：「蓋葬前裁令毋絶粒餓死而已；既葬，始惡食不取飽，至練後哀殺，乃復其故量，取飽而止，不飲酒食肉。若侍於尊者，亦食之矣。通計前後，故鄭注『素猶故也，謂復平生時食也』。子夏作《傳》時，安知佛法所謂葷素之食？顔不當以鄙俗習聞輕訾先儒經訓。至此《傳》稱『不素食』，又別一義。《管子·禁藏》篇『果蓏素食當十石』注：『果蓏不以火化而食，故曰素食。』《墨子·辭過》篇『古之民未知爲飲食時，素食而分處。』然則居喪之禮，亦不火食，只以糒糗菜果爲膳，讀如『春秋獻素』之『素』，亦不當以釋氏説爲解。」

要之，賈、俞、王、沈皆以《喪服傳》之「素食」爲平時故食，專指米飯，與《漢書》之「素食」不同。按：「素食」之意有三：

其一，《喪服傳》「飯素食」者，「素食」猶言「故食」。《傳》文以「素食」與「疏食」、「菜果」並列，明其專指米飯。至於是不再用麤疏之米爲飯，還是恢復平時飯量，則各有理致。

其二，《詩·魏風·伐檀》：「彼君子兮，不素食兮！」「素食」與上「素餐」、下「素飧」義同，毛傳曰：「素，空也。」此「素食」猶俗語「吃白飯」，意爲無功受禄。

其三，《管子》、《墨子》之「素食」，意爲不經火烹之果蔬，引申指但有米蔬而無肉之食，即《漢書》所云「素食」是也。此「素食」後又稱「蔬食」，如《南史·齊本紀下》：「明帝之崩，竟不一日蔬食。」佛家齋素之「素食」，蓋取義於此。

以上「素食」之三義，俞曲園《著書餘料》辨之最明：「是故『素食』之義有三：此『飯素食』者，素猶故也；《詩》『不素食兮』，素猶空也；《漢書》兩言『素食』，爲不肉食也。安得執一而論乎？」師古正解《漢書》之「素食」，然據《漢書》以駁《喪服傳》鄭注，則非也。

〔四〕謂桑門齋食爲「素食」：桑門，梵語śramaṇa之音譯，亦作「沙門」、「喪門」等，義近「勤息」，代指佛教僧侣。慧琳《一切經音義》卷一八：「『沙門』，訛也，正音云『室囉末拏』，唐言勤懇也。」《魏書·釋老志》：「諸服其道者，則剃落鬚髮，釋累辭家，結師資，遵律度，相與和居，治心修浄，行乞以自給。謂之『沙門』，或曰『桑門』，亦聲相近，總謂之『僧』，皆胡言也。」師古舉佛家齋素之「素食」爲例，乃謂佛家「素食」之語於古有據，非謂《喪服傳》之「素食」緣於佛教而得名。《漢書補注》斥師古以鄙俗習聞輕訾先儒經訓，實亦未諳顏意也。

匡謬正俗疏證卷第四

【春秋】〔一〕「斿」者，旌旗之斿。字從㫃音「偃」，訓與「旒」同。桓二年，臧哀伯云「鞶厲斿纓」是也〔二〕。學者不尋其本，讀「斿」爲「旒」〔三〕，浪爲假借。徐仙亦作「旒」音〔四〕，況其他乎？

【疏證】

〔一〕春秋：王國維訂正篇題爲「斿」，並於篇題之上加標「春秋」。汪應辰《書》亦云宜改「春秋」爲「游」，且曰：「『春秋』下皆是《左氏傳》事，或詞非解經。小顔既欲立言正俗，必不以《左氏傳》爲《春秋》也。」按：師古固不以《左氏傳》爲《春秋》，然唐時《左氏》學顯，《公》、《穀》式微，以《春秋》代稱《左傳》，似亦未爲不可。

〔二〕鞶厲斿纓：「斿」今本作「游」。杜預注曰：「鞶，紳帶也，一名大帶。厲，大帶之垂者。游，旌旗之游。纓，在馬膺前，如索帬。」《釋文》云：「游音『留』。」《正義》云：「游是旒之垂者，旆之别名。」是《正義》本、《釋文》本皆作「游」。阮元《校勘記》云：「顔師古《匡謬正俗》云：斿，旌旗之斿。字從㫃，訓與『旒』同，《傳》云『鞶厲斿纓』是也。案《周禮·司几筵》《正義》、《文選·東京賦》李善注引並作『斿』，《周易·訟卦》《正義》引作『旒』。惠棟云：《説文》無『斿』字，有『游』字，云『旌旗之游，從㫃汓聲。』汓與泅同，上形下聲。按：『斿』之變爲『游』，省爲『斿』，俗爲『旒』，假借爲『流』，其實一也。」

「斿」、「旒」《説文》皆無。《㫃部》：「旈，旌旗之流也。」「游，旌旗之流也。」段注曰：「旗之游如水之流，故得偁「流」也。」又曰：「此字省作『斿』，俗作『旒』。」《集韻》云：『斿亦作旈。』」是「斿」、「旒」、「旈」、「游」皆與「流」同源。《廣韻》尤韻「斿」、「游」並音「以周切」（以母），「流」、「旒」並音「力求切」（來母），以母、來母可相通轉。如《爾雅·釋蟲》「蜉蝣，渠略」，《釋文》云：「郭音『由』。本又作『蝣』，謝音『流』。」「蜉蝣」，《孟子·滕文公上》趙岐注作「蜉蝤」。《周禮·考工記·匠人》「里爲式」，鄭注曰：「『里』讀爲『已』，聲之誤。」《左傳》定公四年「夷德無厭」，《吴越春秋·闔閭内傳四》「夷」作「戾」。《馬王堆漢墓帛書·五行》：「西下子輕思於翟。」整理者注：「酉、柳音近。西下子疑即柳下惠。」

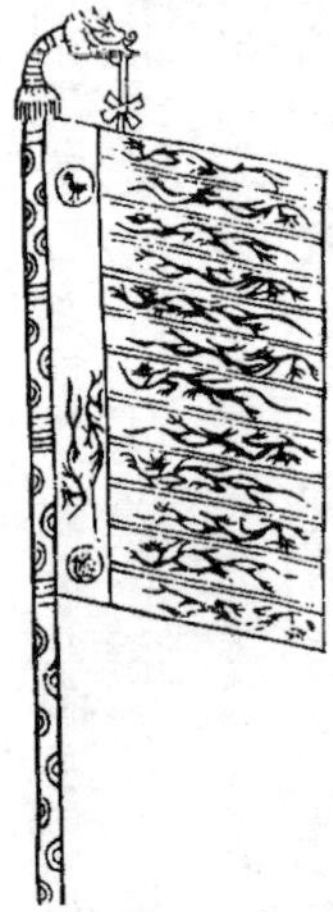
太常十有二斿
（《新定三禮圖》卷九）

師古以爲「斿」、「旒」義同而音異，不當改讀，固爲當時正音；然駮徐邈等學者讀「斿」爲「旒」乃是「不尋其本」，「浪爲假借」，則非也。「斿」、「旒」同源通假，正是其本。

〔三〕讀「斿」爲「旒」：秦選之《校注》曰：「案《周易·訟卦》上九《正義》引作『旒』字，是直以『旒』代『斿』矣。」

〔四〕徐仙亦作「旒」音：《釋文》云：「游音『留』。」與徐音同。

048

【俘】莊六年《經》書：「齊人來歸衛俘。」《傳》言「衛寶」，《公羊》、《穀梁》經並爲「寶」。杜預注云：疑《左氏傳》經誤[一]。案：《爾雅》云：「俘，取也[二]。」《書序》云：「遂伐三朡，俘厥寶玉。」然則所取於衛之寶而來獻之，經、傳相會，義無乖爽。豈必俘即是人[三]？杜氏之説爲不通矣。

〔疏證〕

〔一〕疑《左氏傳》經誤：莊六年《經》杜預注曰：「《公羊》、《穀梁》經、傳皆言『衛寶』，此傳亦言『寶』，唯此經言『俘』，疑經誤。俘，囚也。」《正義》云：「杜既以爲誤，而又解俘爲囚，是其不敢正決，故且從之。」杜預蓋以「俘」者人也，「寶」者物也，三家經傳有六，惟左氏經言是人，故疑其誤也。

左氏經何以獨作「俘」，人言各殊，互相扞格。各家説解可分四種：

其一，齊人所歸者是物，凡戰勝所獲，無論人、物，皆可稱「俘」，言「俘」可以包「寶」。師古此説即是也。《爾雅·釋詁》「俘，取也」，郭璞注引《書》「俘厥寶玉」以釋之。胡安國《春秋傳》、毛奇齡《春秋簡書刊誤》亦持此説，毛氏云：「按《爾雅》：『俘，取也。』其注云：『如《書》言俘厥寶玉。』則囚人曰俘，取寶玉亦曰俘。此正俘寶玉也。其云『《書》言』者，以《書·序》湯既勝夏，遂伐三朡，俘厥寶玉，誼伯、誼仲作《典寶》。則獻俘作書，而反以《典寶》名篇。簡書專言『俘』，與策書專言『寶』，俱可通矣。」毛氏之説，時人詫爲特見，《四庫總目提要》於《匡謬正俗》

下專言提及，感歎「洵後人證據終不及古人有根柢也」。

其二，齊人所歸者是物，言「寶」是也。「寶」與「保」通，而「保」之古文「𠲒」與「俘」形近，左氏經蓋本作「𠲒」，譌作「俘」。《正義》云：「案《説文》：『保』從人，孚省聲，古文『𠲒』不省。然則古字通用『寶』或『𠲒』字，與『俘』相似，故誤作『俘』耳。」李富孫《春秋三傳異文釋》亦持此説，曰：「案《説文》孚，古文作『𤓰』。『保』從人，孚省聲，古文『𠲒』不省。《易》『聖人之大寶曰位』，孟喜本作『大保』。古鐘鼎款識，『永寶』字皆作『保』。《周本紀》『展九鼎保玉』，徐廣曰：『保一作寶。』是『保』與『寶』古通。古文『𠲒』與『俘』字形相似，故左氏經譌作『俘』。三傳並作『寶』，當得其實。顔氏《匡謬正俗》、毛氏奇齡以經傳俱可通，未確。」

其三，齊人所歸者是物，言「寶」是也。「寶」、「俘」音近通假，「寶」是正字，「俘」是假借。《説文·人部》「俘」字段注曰：「俘，孚聲；寶，缶聲。古音同在尤幽部。經用假借字，傳用正字。又如《經》曰：『莒人弑其君密州。』《左氏傳》云：『書曰：莒人弑其君買朱鉏。』『買』即『密』，如濆水即汨水。『朱鉏』即『州』，如『邾婁』即『鄒』。亦是字異實同，不得疑經誤，亦不得謂傳誤。」

其四，齊人所歸者是人，言「俘」是也。「俘」、「寶」同音通假，「俘」是正字，「寶」是假借。俞樾《詁經精舍自課文》「齊人來歸衛俘解」條云：「愚按《公羊傳》曰：『此衛寶也，則齊人曷爲來歸之？衛人歸之也。』《穀梁傳》曰：『齊人來歸衛寶，以齊首之，分惡於齊也。』其文雖是『寶』

字，而其義初未嘗指言寶玉。『俘』、『寶』二字古音相同，得相假借。《公》、《穀》所受之經文是『俘』是『寶』，固不可知。何休作《解詁》，乃曰『寶者，玉物之凡名』，於是始定爲寶玉字矣。夫《春秋》之義，《公羊》所得爲多；漢初傳《公羊》之學者，以董仲舒爲大宗。而《春秋繁露·王道》篇有『恩衛葆』之文，『葆』之與『寶』，固得通用，然『葆』從保聲，『保』從采省，『采』即古文『孚』也。則『葆』之與『俘』，亦得通用。若是衛寶，不得言『恩』，其下又言『以正囹圄之平也』，則其爲俘囚明矣。竊謂此經當從左氏經文作『俘』爲定，《公》、《穀》經傳及《左氏傳》文之作『寶』者，並叚字也。」

諸説各有理致，今無確據，只可見其異同，卒難定其是非。

〔二〕見《爾雅·釋詁》。

〔三〕豈必俘即是人：師古以爲「俘」者不必是人，不應以「囚」釋之。後世諸説，除曲園外，亦皆以爲齊人所歸者是物。秦選之《校注》曰：「案《左》成六年傳『雖不可入，多俘而歸』與『雖多衛俘』句，亦不必即指囚敵言也。」劉曉東《平議》以爲「俘」必非囚，《左傳》莊三十一年云：「『齊侯來獻戎捷』，非禮也。凡諸侯有四夷之功，則獻於王，王以警於夷，中國則否。諸侯不相遺俘。」「諸侯不相遺俘」乃是左氏傳例，若齊人所歸者是囚，《傳》必有言以譏之。可知「衛俘」必非囚也。

049

【肉食】莊十年，曹劌之鄉人謂劌曰：「肉食者謀之〔一〕，又何間焉？」對曰：「肉食者鄙，未能遠謀。」此鄉人見劌欲論軍，所以諫云：「卿大夫自當謀之，非卑淺者所當關預。」劌即荅云：「當今卿大夫識見鄙薄，未能遠謀。我所以須見君論之耳。」而今流俗皆謂凡是食肴炙者，即合志識昏蔽〔二〕，心慮憒濁，不堪謀事，故須蔬食菜羹，襟神明悟爲之也。至乃遞相戲弄，以爲口實，不亦謬乎！

〔疏證〕

〔一〕肉食者：春秋時卿大夫以上官員日常方可食肉，故「肉食」引申代指高官厚禄，亦泛指做官之人。《左傳》莊十年杜注曰：「肉食，在位者。」《正義》云：「《孟子》論庶人云：『五畝之宅，樹之以桑，五十者可以衣帛。雞豚狗彘之畜，無失其時，七十者可以食肉。』是賤人不得食肉，故云『在位者』也。襄二十八年《傳》説子雅、子尾之食云『公膳日雙雞』，昭四年《傳》説頒冰之法云『食肉之禄，冰皆與焉，大夫命婦喪，浴用冰』。蓋位爲大夫，乃得食肉也。」襄二十八年《傳》「公膳日雙雞」，注曰：「卿大夫之膳食。」昭四年《傳》「食肉之禄」，注曰：「食肉之禄，謂在朝廷治其職事，就官食者。」《正義》云：「在官治事，官皆給食。大夫以上，食乃有肉。」此公朝之食也。《玉藻》云「天子日食少牢，諸侯日食特牲，大夫特豕，士特豚」，士亦得食肉者，此蓋在家之禮也。

《説苑·善説》篇云：晉獻公之時，東郭民祖朝上書獻公，願請聞國家之計。公使使出告之曰：「肉食者已慮之矣，藿食者尚何與焉？」祖朝對曰：「設使肉食者一旦失計於廟堂之上，若臣等藿食者，寧得無肝膽塗地於中原之野與？」「肉食者」與「藿食者」對文，其義猶明。唐陳子昂《感遇》詩之二九：「肉食謀何失，藜藿緬縱橫。」取義於此。

〔二〕凡是食肴炙者，即合志識昏蔽：流俗所謂食肉令人昏蔽，其説蓋出於佛教。唐釋道宣《廣弘明集》卷二六録梁武帝《斷酒肉文》云：「菜蔬不冷，能有補益。諸苦行人亦皆菜蔬，多悉患熱，類皆堅强，神明清爽，少於昏疲。凡魚爲性，類皆多冷，血腥爲法，增長百疾。所以食魚肉者，神明理當昏濁，四體法皆沈重。」又曰：「凡食魚肉、嗜飲酒者，善神遠離，内無正氣，如此等人，法多衰惱。」佛教大行，佞佛者衆，乃以佛門戒律解經，故爲師古所譏也。

050

【寺人】寺人者，内小臣在壼闈庭寺之中〔一〕，謂閹人耳，《詩》云「寺人孟子」〔二〕，《左傳》云「寺人披」〔三〕、「寺人貂」〔四〕之類是也。侍人者，謂當時侍衛於君，不限内外，猶言「侍者」耳，《左傳》云「侍人賈舉」〔五〕、「侍人僚柤」〔六〕之類是也。近代學者，不詳其義，皆讀「寺人」同爲「侍人」〔七〕，斯則失矣。至如「仲尼居，曾子侍」〔八〕、「平公飲酒，師曠、李調侍」〔九〕，豈得謂閹豎乎？

【疏證】

〔一〕内小臣：《周禮・天官》：「内小臣，奄上士四人，史二人，徒八人。」其職曰：「掌王后之命，正其服位。」疏云：「用奄者，以其所掌在内故。」《天官》又云：「寺人，王之正内五人。」其職曰：「掌王之内人及女宮之戒令。」疏亦以爲用閹人。《詩・秦風・車鄰》「未見君子，寺人之令」，毛傳曰：「寺人，内小臣也。」《正義》云：「寺人與内小臣別官矣。此云『寺人，内小臣』者，解寺人官之尊卑及所掌之意，言寺人是在内細小之臣，非謂寺人即是内小臣之官也。」師古之意，蓋亦謂寺人乃宮内之小臣，非謂寺人與内小臣同官也。

〔二〕寺人孟子：見《詩·小雅·巷伯》：「寺人孟子，作爲此詩。」

〔三〕寺人披：見《左傳》僖五年：「公使寺人披伐蒲。」僖二十四年：「寺人披請見。」

〔四〕寺人貂：見《左傳》僖二年：「齊寺人貂始漏師於多魚。」

〔五〕侍人賈舉：見《左傳》襄二十五年：「公鞭侍人賈舉而又近之，乃爲崔子間公。」「侍人賈舉止衆從者而入，閉門。」

〔六〕侍人僚柤：見《左傳》昭二十五年：「公果、公賁使侍人僚柤告公。」

〔七〕讀「寺人」同爲「侍人」：「寺」（邪母之部）、「侍」（禪母之部）音近義通，同源通假。如《包山楚簡》2.209：「出内（入）寺王。」《詩·秦風·車鄰》「寺人之令」，《釋文》云：「寺如字，又音『侍』，本亦作『侍』字。」《小雅·巷伯》序「寺人傷於讒」，《釋文》云：「寺如字，又音『侍』。」《左傳》僖二年「寺人貂」，《釋文》云：「寺如字，又音『侍』。」僖二十四年「寺人披」，《釋文》云：「寺，本又作『侍』。」昭二十五年「侍人僚柤」，《釋文》云：「『侍人』本亦作『寺人』。」《漢書·古今人表》即作「寺人僚柤」。昭六年、十年「寺人柳」，《釋文》並云：「寺，本又作『侍』。」然而孰源孰流，説法不一：

一說，「侍人」得義於廷寺。《說文・寸部》：「寺，廷也，有法度者也。」《廴部》：「廷，朝中也。」「寺」即古「持」字，金文作沃伯寺𣪘，从又从之，之亦聲。本義爲持取、操持，引申指官署，即廷寺。《釋名》：「寺，嗣也。治事者相嗣續於其內。」《漢書・元帝紀》「壞敗豲道縣城郭官寺及民室屋」，師古注曰：「凡府庭所在皆謂之寺。」《廣韻》志韻：「寺者，司也。官之所止有九寺。祥吏切。」「侍」从人寺聲，本義爲承奉，《說文・人部》：「侍，承也。」「侍人」即寺中承奉之臣也。

一說，「寺人」得義於侍奉。《周禮・天官》鄭注曰：「寺之言『侍』也。」賈疏曰：「欲取親近侍御之義。」孫詒讓《正義》申說之曰：「『寺』、『侍』聲類同。《廣雅・釋詁》云：『侍，近也。』《詩・大雅・瞻卬》篇『時維婦寺』，毛傳云：『寺，近也。』是『寺』、『侍』並訓近。寺人者，猶言近侍之人也。又《秦風・車鄰》篇『寺人之令』，陸彼《釋文》云『寺』本或作『侍』，是『寺』、『侍』互通。《左》襄二十五年『侍人賈舉』、昭二十五年『侍人僚柤』，《孟子・萬章》篇『侍人脊環』，『侍人』並即『寺人』也。」孫氏知「寺」、「侍」同源，是也；然謂侍人賈舉、僚柤即是寺人，則與師古不同。

師古不知「寺」、「侍」同源，是其失也。然文字既已分化，不可因同源而相淆。後世以「侍人」總稱侍御近臣，「寺人」專指内廷閹臣，「寺人」固亦「侍人」之屬，「侍人」則未必皆是「寺人」也。

〔八〕見《孝經・開宗明義章》。

〔九〕見《禮記・檀弓下》。

051

【鷸】僖二十四年，「鄭子華之弟子臧出奔宋，好聚鷸冠。」杜預注云：「聚鷸羽以爲冠〔一〕，非法之服也。」「鄭伯聞而惡之。」杜預注云：惡其非法之服也①。使盜誘而殺之於陳、宋之間。「君子曰：『服之不衷，身之災也。』《詩》云：『彼己之子，不稱其服〔二〕。』子臧之服，不稱也夫！」按：鷸，水鳥，天將雨即鳴〔三〕，即《戰國策》所稱鷸蚌相謂者也〔四〕。古人以其知天時，乃爲冠象此鳥之形，使掌天文者冠之。故《逸禮記》曰〔五〕：「知天文者冠鷸。」此其證也。「鷸」字音「聿」，亦有「術」音，故《禮》之《衣服圖》及蔡邕《獨斷》謂爲「術氏冠」，亦因「鷸」音轉爲「術」字耳〔六〕，非道術之謂也。蓋子臧是子華之弟，以兄見殺，怨而出奔，有白公之志〔七〕，故與知天文者遊聚，有所圖議。是以鄭伯恐其返國作亂〔八〕，令誘殺之。若直以鷸羽飾冠，自爲不正之服，何須畏惡而遣殺之？若直謂出見殺，又不應云「服之不衷」。且《傳》言楚子「翠被」〔九〕，益知「聚」字非屬冠也。或者自「君子曰」以下非丘明本《傳》〔一〇〕，後人不曉鷸冠之（議）〔義〕②，妄加增之，而杜氏之釋從而僻其義也。

〔校勘記〕

①其非法之服：沈本、何本、盧本同。明本「其」下衍「服」字，惠本「其」上衍「服」字。今本《左傳》杜

注作「其服非法」。

②義：原作「議」，惠本、盧本同。今據明本、沈本、何本改。

【疏證】

〔一〕聚鷸羽以爲冠：《釋文》云：「好，呼報反。鷸，尹橘反，翠鳥也。」《正義》云：「鷸羽可以飾器物，聚此鷸羽以爲冠也。」依杜意，「好聚鷸冠」的語法結構應當分析爲「好｜聚鷸冠」，意爲喜愛「聚鷸冠」這種冠，「聚鷸冠」爲偏正結構，名詞，「聚鷸」乃冠名也。

〔二〕見《詩·曹風·候人》，今本「己」作「其」。鄭箋云：「『不稱』者，言德薄而服尊。」

〔三〕鷸，水鳥，天將雨即鳴：《説文·鳥部》：「鷸，知天將雨鳥也。《禮記》曰：『知天文者冠鷸。』」《漢書·五行志中之上》師古注曰：「鷸，大鳥，即《戰國策》所云啄蚌者也。天之將雨，鷸則知之。翠鳥自有『鷸』名，而此飾冠，非翠鳥也。《逸周書》曰『知天文者冠鷸冠』，蓋以鷸鳥知天時故也。《禮圖》謂之『術氏冠』。」可與此條相參。依顔意，「好聚鷸冠」應當分析爲「好聚｜鷸冠」，意爲喜歡聚集戴鷸冠之人，「聚鷸冠」爲動賓結構，「鷸冠」爲名詞，代指知天文之術士。

《爾雅·釋鳥》：「翠，鷸。」郭注曰：「似燕，紺色，生鬱林。」邢疏引李巡曰：「鷸一名爲翠，其羽

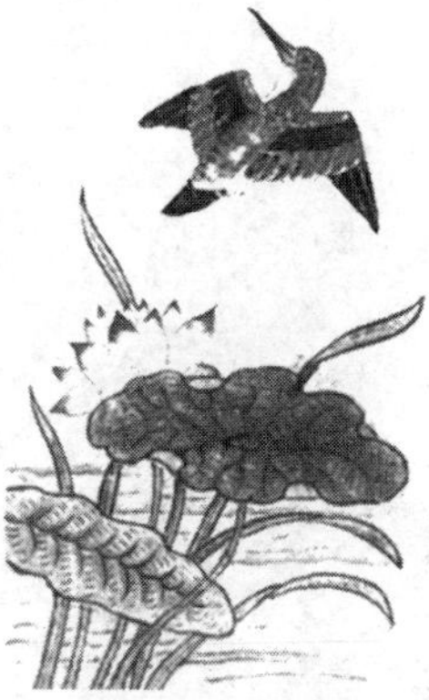

翠(《中華大典·醫藥衛生典·藥學分典·藥物圖録總部》〔彩繪圖卷〕禽鳥部)

可以爲飾。」樊光云：「青羽，出交州。」《漢書・五行志中之上》注引韋昭曰：「鷸，今翠鳥也。」是郭璞、李巡、樊光、韋昭皆以「鷸」、「翠」同爲一種。《説文・羽部》：「翠，青羽雀也。」《鳥部》：「鷸，知天將雨鳥也。」段注曰：「其讀不同，各爲一鳥。」郝懿行《爾雅義疏》亦云：「此『鷸』與『翠』同名而非同物。舊説便相牽混，亦誤。」是段、郝以爲「鷸」、「翠」同名而異實。

按：段、郝之言是。蓋知天將雨之水鳥名「鷸」，青羽雀之翠鳥亦别名「鷸」。李時珍《本草綱目》卷四八禽之二「鷸」條云：「藏器曰：鷸如鶉，色蒼觜長，在泥塗間作鷸鷸聲，村民云田雞所化，亦鵪鶉類也。蘇秦所謂『鷸蚌相持』者即此。時珍曰：《説文》云：鷸知天將雨則鳴，故知天文者冠鷸。今田野間有小鳥，未雨則啼者是矣。與翡翠同名而物異。」是其形貌與翠鳥殊不相類。翠鳥之羽固可以飾器物，如《逸周書・王會》：「翡翠者，所以取羽。」《左傳》僖二十四年《正義》、《釋鳥》疏皆引《漢書》尉佗獻文帝「翠鳥千」。而知天文者飾冠之羽則是鷸羽，非翠羽也。

鷸（互動百科）

師古知「鷸」、「翠」不同，是也；然析「好聚鷸冠」之結構則誤。此冠實名「聚鷸冠」。《禮記・王制》云：「作淫聲、異服、奇技、奇器以疑衆，殺。」鄭注曰：「異服，若聚鷸冠、瓊弁也。」以「聚鷸冠」與「瓊弁」並舉，可知「聚鷸」二字即是冠名。

〔四〕鷸蚌相謂：《戰國策・燕策》蘇代謂燕惠王曰：「今者臣來，過易水，蚌方出曝，而鷸啄其肉，蚌合而鉗其喙。鷸曰：『今日不雨，明日不雨，即有死蚌。』蚌亦謂鷸曰：『今日不出，明日不出，即有死鷸。』」鷸、蚌互答，故曰「相謂」。

〔五〕《逸禮記》：《漢書・藝文志》云「《記》百三十一篇」，今本《禮記》百三十篇無此句，蓋第一百三十一篇之文也。《説文》「鷸」字段注亦曰：「引《禮記》者，漢《志》百三十一篇中語也。」

〔六〕因「鷸」音轉爲「術」字：《漢書・五行志中之上》師古注曰：「『鷸』音『聿』，又音『術』。」古音「鷸」（餘母質部）、「術」（船母物部）聲韻俱近，可相通假。司馬彪《續漢書・輿服志》引《禮記》曰：「知天者冠述，知地者履絇。」《莊子・天地》篇「皮弁鷸冠」，一作「⿺辶鳥」字。然則「述」者，「⿺辶鳥」之省也。《爾雅・釋言》云：「遹，述也。」《説苑・修文》篇云：「知天道者冠鉥，知地道者履蹻。」是又假「鉥」爲「⿺辶鳥」，假「蹻」爲「絇」。

術氏冠

（《新定三禮圖》卷三）

〔七〕白公之志：白，楚邑名。《左傳》哀十六年載，楚太子建見殺於鄭，令尹子西召建之子勝返楚，爲白公。勝欲報父仇，而子西不肯伐鄭，遂作亂，殺子西，劫持楚惠王。「白公之志」即指報仇作亂之心。

〔八〕鄭伯恐其返國作亂：據疏證〔三〕已知此冠實名「聚鷸冠」，然則子臧確因非法佩戴此冠而見殺。

《左傳》哀五年：「鄭駟秦富而侈，嬖大夫也，而常陳卿之車服於其庭。鄭人惡而殺之。」哀十七年，衛渾良夫「紫衣狐裘，袒裘，不釋劍而食」，太子「數之以三罪而殺之」，服非法之服，亦是罪狀之一。是皆因服非法之服而見殺者。

按：子臧服聚鷸冠何以非法，並無確論。段玉裁以爲子臧不知天文，而服聚鷸冠，是服其不當服之服也。《説文》「鷸」字段注曰：「云『不稱』者，正謂子臧不知天文而冠聚鷸也。」《禮記·王制》鄭注言疑衆而當殺之「異服」，即舉「聚鷸冠」爲例，或因「聚鷸冠」乃知天文者專用，常人不可僭用。文獻無徵，姑爲闕疑。

又按：子臧好聚鷸冠而見殺，本與聚集知天文者無關，然後世確有與知天文者聚遊而覬覦君位者。如《漢書·宣元六王傳》「雲又與知災異者高尚等指星宿，言上疾必不愈，雲當得天下」，《後漢書·光武十王傳》「冀天下因羌驚動有變，私迎能爲星者與謀議」，《晉書·習鑿齒傳》「時温有大志，追蜀人知天文者至，夜執手問國家祚運修短」等。此是後世之事，劉曉東《平議》以爲「不可執此以解《傳》也」。

〔九〕翠被：見《左傳》昭十二年：「雨雪，王皮冠，秦複陶，翠被，豹舄，執鞭以出。」師古舉「翠被」爲證，蓋因「翠被」、「鷸冠」結構相同，且二者皆是聚鳥羽以爲飾，既言「翠被」而非「聚翠被」，則「鷸冠」亦不當云「聚鷸冠」。按：劉曉東《平議》云：「當時稱『聚鷸冠』，猶唐人稱『集翠裘』也。」參見《太平廣記·寶六錢·集翠裘》。然則言「聚翠被」亦無不可。構詞方式不同，不宜以此律彼。

〔一〇〕自「君子曰」以下非丘明本《傳》：師古訓「聚鷸冠」爲聚集知天文者，然則與「服之不衷」、「不稱其服」無涉，故疑「君子曰」以下乃後人妄增。秦選之《校注》曰：「朱子有云：《左傳》『君子曰』最無意思。因舉隱公六年傳『君子曰』以下一段云：『是關上文甚事！』余謂該段於陳桓公生而稱謚，益可證爲後人妄加。」然今既知「聚鷸冠」實是冠名，則此說自破矣。

052

【軒】〔一〕僖二十八年，晉師入曹。「數之以其不用僖負羈而乘軒者三百人也。且曰：『獻狀〔二〕。』」杜預注曰：「言其無德居位者多矣，故責其功狀也。」按：昔重耳過曹，曹共公不禮，聞其駢脅〔三〕，薄而觀之〔四〕。晉文懷恥，以爲深怨。今既乘勝，志在報雪，尚託公義，故先責不用負羈而乘軒者衆。因曰：「今我之來，獻駢脅容狀耳。」斯蓋嗤弄之言，猶言若云謂秦拜賜之師也〔五〕，豈責乘軒功狀乎？

〔疏證〕

〔一〕軒：篇題作「軒」，而所説乃獻狀之義。汪應辰《書》、王國維皆無説，秦選之《校注》擬改爲「獻狀二字之義」。

〔二〕獻狀：杜注以爲乃是責令曹共公呈獻乘軒者三百人之功狀。然晉文入曹，實爲報怨泄憤，乘軒者衆只是藉口，何必費此周章。且如杜注，是「數之」而令其獻狀，則無須照録晉文原話，只云「且使獻狀」即可。杜注未允，故後人多有疑焉。今列舉諸説如下：

其一，「獻狀」意爲觀狀，即偷窺晉文裸浴之事，乃晉文宣示曹之罪行。《國語·晉語》云：「文公誅觀狀以伐鄭。」又載叔詹之言云：「天降鄭禍，使淫觀狀，棄禮違親。」韋昭注曰：「昭省内、外《傳》，鄭無觀狀之事，而叔詹云『天禍鄭國，使淫觀狀』，謂淫放於曹，不禮公子，與觀狀之罪同耳。」是其所本。惠棟《春秋左傳補注》云：「案獻狀謂觀狀也。先責其用人之過，然後誅觀狀之罪，以示非報惡也。」洪吉亮《春秋左傳詁》、李富孫《春秋左傳異文釋》卷三、沈欽韓《春秋左氏傳補注》、楊伯峻《春秋左傳注》亦取此説。

其二，「獻狀」意爲自呈其形體，乃晉文嗤弄曹共公之語。除師古之外，日本竹添光鴻《左氏會箋》亦云：「此所云『獻狀』，正對觀狀而言。獻，獻體之獻，裸其體以示之也。言今我之來，獻駢脅容狀耳。先責其用人之過，是正罪也。觀狀在正罪之外，故言『且曰』，以示非報惡也。」惠棟《春秋左傳補注》雖解「獻狀」爲觀狀，而又以爲師古此條之説亦通。

其三，「獻狀」意爲令曹共公供述自身罪狀。何本眉批：「『獻狀』，令曹伯自書其罪狀，猶後世供狀耳。若云來獻其容狀，近乎兒戲矣。」吴省蘭眉批過録何注於吴本天頭處。朱東潤《左傳選》注亦云：「獻狀，檢討罪狀。」

今人周洪《「獻狀」解》（《江西師範大學學報（哲學社會科學版）》一九八六年第一期）又據「獻」、「狀」二字之本義提出兩種新解，聊備一説：

其四，「獻狀」猶言「死狗樣子」，乃晉文辱罵曹共公之語。《説文·犬部》：「獻，宗廟犬名羹獻。犬肥者曰獻。」可知「獻」本義爲供奉祖廟之犬。晉文先「數之」，見曹共公狼狽戰慄之貌，進而辱罵其爲「死狗樣子」。

其五，「獻狀」乃晉文令曹共公肉袒服罪。《左傳》昭二十七年「羞者獻體改服於門外」，杜注曰：「獻體，解衣。」《説文·犬部》：「狀，犬形也。」「獻狀」較之「獻體」更具侮辱意味，猶言「袒露狗形」。

按：以「獻狀」一語罵人，文獻無徵，恐有以今度古之嫌。其餘諸説則各有理致，今無確據，只可見其異同，卒難定其是非。

〔三〕駢脅：杜注曰：「駢脅，合幹。」《正義》云：「脅是腋下之名，其骨謂之肋，幹是肋之别名。駢訓比也，骨相比迫若一骨然。」《説文·骨部》：「骿，骿脅，並榦也。」《肉部》：「脅，膀也。」「肋，脅骨也。」

曹共公觀重耳駢脅之事，《國語·晉語四》云「聞其骿脅，欲觀其狀」，《韓非子·十過》云「袒裼而觀之」，《吕氏春秋·上德》云「視其駢脅，使之袒而捕池魚」，《淮南子·人間訓》同。《説文》「骿」字段注曰：「其字《左傳》、《史記》作『駢』，《國語》、《吴都賦》作『骿』，《論衡》作『仳』。『駢』、『仳』假借字。」作「駢」者，如《史記·商君列傳》「多力而駢脅者爲驂乘」；作「骿」者，如《文選·左思〈吴都賦〉》「猿臂骿脅，狂趭獷猤」；作「仳」者，如《論衡·講瑞》篇「晉文駢脅，張儀亦駢脅」，《相骨》篇作「晉公子重耳仳脅，爲諸侯霸。張儀仳脅，亦相秦魏」。錢大昕《十駕齋養新録》卷一九「仳脅」條云：「仳脅即駢脅也。『仳』、『駢』聲相近。」按：「駢脅」之貌，尚無公論。今列舉諸説如下：

其一，指肋骨長成一整片，屬於骨骼畸形。朱東潤《中國歷代文學作品選》釋爲「腋下肋骨連成一片」，楊伯峻《春秋左傳注》釋爲「肋骨比迫若一骨然」，是皆取自杜注。

其二，指曼碩肥壯，好像肋骨都連成一片，是一種「貴相」。蕭兵《〈左〉疑三則——兼釋〈詩經〉〈楚辭〉有關疑義》（《揚州師院學報（社會科學版）》一九八一年第四期）以《楚辭・天問》「干協時舞，何以懷之？平脅曼膚，何以肥之？」爲證，以爲「駢脅」是形容軀幹肥壯平坦。奚禄詒《楚辭詳解》云：「平脅或是駢脅。」王闓運《楚辭釋》云：「平脅，駢脅。事未詳。」古音「平」（並母耕部）、「駢」（並母元部）一聲之轉。

其三，趙文工《重耳骨相「駢脅」詞義新探》（《内蒙古社會科學》二〇一四年第三期）以爲「駢脅」一詞可能來自狄人語言。蒙古史詩中多以「肋骨無縫，椎骨無節」贊頌英雄人物力量非凡，堅不可摧，重耳有狄人血統，狄語與蒙古語同屬阿爾泰語系，「駢脅」乃是狄人對重耳的文學性描寫。

〔四〕薄而觀之：《左傳》僖二十三年：「及曹，曹共公聞其駢脅，欲觀其祼。浴，薄而觀之。」何本眉批：「『薄而觀之』，疑亦自簾外觀之，不當如舊解作『迫』。」「舊解」者，杜注曰：「薄，迫也。」意爲迫近去看。《釋文》云：「薄如字。《國語》云：『薄，簾也。』」訓簾之「薄」，字後作「箔」。洪亮吉云：「《外傳》：『諜其將浴，設微薄而觀之。』按：『微薄』即『帷薄』也，音義並同。韋昭訓『微』爲『蔽』，訓『薄』爲『迫』，義較迂曲。又按《釋文》引《國語》云：『薄，簾也。』當從賈逵注，《國語》下脱『注』字耳。高誘《淮南王書》注：『曹共公聞重耳駢脅，使袒而捕魚，設薄而觀之』，義亦同。杜注本韋昭説，亦訓爲迫。然究不若簾字解有實據。」沈欽韓亦云：「垂帷薄以微窺，與闞然薄觀者較近人情。《淮南》注與《晉語》足相證明。」竊以爲洪、沈、何説較長。

〔五〕秦拜賜之師：僖三十三年殽之戰，晉獲秦百里孟明視、西乞術、白乙丙。晉襄公從文嬴之請，釋三帥。先軫怒，襄公悔，使陽處父追之，及諸河，已在舟中。孟明稽首曰：「君之惠，不以累臣釁鼓，使歸就戮於秦。寡君之以爲戮，死且不朽。若從君惠而免之，三年將拜君賜。」及文公二年，秦孟明視帥兵伐晉，又敗。晉人遂謂孟明所部爲秦拜賜之師，蓋嗤之也。

053

【王夫】襄五年，楚公子王夫字子辛。今之學者以其字子辛，遂改「王夫」爲「壬夫」〔一〕。同是日辰，名、字相配也〔二〕。按：楚有公子午，字子庚〔三〕。庚是十榦，午是十支，法有相配。或者此人以庚午歲若庚午日生，故名庚、字子午耳。辛、壬同是十榦，若以辛生，則不得名「壬」；若以壬生，則不得字「辛」。此與庚、午不相類，固當依本字讀爲「王夫」〔四〕，不宜穿鑿改易爲「壬」也。譬天王之弟佞夫〔五〕、孔氏之宰渾良夫〔六〕、治區夫之屬〔七〕，各自有義，豈曰配日辰乎？

〔疏證〕

〔一〕改「王夫」爲「壬夫」：今本《春秋左傳正義》經、傳、注、疏皆作「壬夫」。成十六年《傳》「右尹子辛將右」，杜注曰：「公子壬夫。」襄元年《傳》：「秋，楚公子壬夫帥師侵宋。」襄五年經：「楚殺其大夫公子壬夫。」《傳》：「書曰『楚殺其大夫公子壬夫』，貪也。」杜注曰：「殺子反、公子申及壬夫，八年之中，戮殺三卿。」《正義》云：「《釋例》以君子此言，止爲殺公子申與壬夫三人而已。」文十五年《正義》云：「襄五年《傳》曰：『楚殺其大夫公子壬夫，貪也。』君子謂『楚共王於是不刑』。言『貪也』，罪壬夫；『不刑』，責共王，亦是兩舉之文。」

〔二〕名、字相配：襄三十一年《傳》《釋文》云：「士文伯字伯瑕。又春秋時人，名字皆相配。楚令尹陽丐，字子瑕，即與文伯名字正同。又鄭有駟乞，字子瑕。『匄』與『乞』義同。」《説文・亾部》：「匃，气也。」段注曰：「气者，雲气也。用其聲叚借爲气求、气與字……其字俗作『丐』。」「瑕」與「匄」相配者，乃「叚」之假借也。《説文・又部》「叚，借也。」段注曰：「古多借『瑕』爲『叚』。晉士文伯名匄字伯瑕，楚陽匄、鄭駟乞皆字子瑕。古名字相應，則『瑕』即『叚』也。」

〔三〕公子午，字子庚：見襄十二年傳：「楚司馬子庚聘於秦。」杜注曰：「子庚，莊王子午也。」下文云「名庚、字子午」，同一人而名字上下不同，蓋屬藁之際一時之失耳。

〔四〕依本字讀爲「王夫」：《漢書・古今人表》作「公子壬夫」，師古無注，此條云當作「王夫」，蓋其晚年之説也。後人或從或否，各有理致。

李富孫以爲「王」、「壬」字形相近，且漢世實有二字相混者，顔説可信。《春秋三傳異文釋》卷四云：「七年《經》『宋公王臣卒』，《釋文》云：『王臣，本或作壬臣。』《穀梁》作『壬臣』，《釋文》：『本作王臣。』唐石經同。襄元年《經》『楚公子壬夫』，《古今人表》作『壬夫』，《穀梁》《釋文》：『壬，而林反。』《匡謬正俗》當讀爲『王』。定四年《傳》『宋王臣』，《釋文》：『王，本或作壬。』《穀梁》文三年《經》『王子虎卒』，唐石經作『壬子』。案『壬』與『王』字形相似，故二傳互異。漢《魯峻碑陰》『壬端子行』、『壬端子助』，疑並爲『王』字。梁氏曰：周頃王，《本紀》作『壬臣』，杜《世族譜》同，當依《人表》作『王臣』。宋成公之名亦譌『王』爲『壬』。襄五年『楚公子壬夫』，《匡謬正俗》謂宜爲『王夫』，可互證也。」

王引之、阮元則皆不從顔説。王氏着眼於事理，舉春秋時實有名、字以十榦相配者爲例，《經義述聞》卷二三「楚公子壬夫字子辛」條云：「壬，水也，剛日也；辛，金也，柔日也。名壬字辛者，取水生於金，又剛柔相濟也……案：顔説非也。公子午字子庚，自以榦支相配；公子壬夫字子辛，自以十榦相配。二者意義各殊，不得以彼例此也。若謂同是十榦，不宜相配，則何以秦之白丙字乙，鄭之石癸字甲父，衛之夏戊字丁乎？十榦相配，義取五行相生，非謂其以此日生也，又何嫌於名壬字辛乎？古人名字相應，若如顔説作『王』，則與辛不相應，豈古人名字之例乎？」阮氏着眼於文獻，宣公元年《左傳》《校勘記》云：「顔説非也。石經以下皆作『壬』，《漢書·古今人表》亦作『公子壬夫』。陸氏《穀梁音義》：『壬，而林反。』」

按：「王」、「壬」形近，漢碑實有互譌之例，如《孔龢碑》「壬寅」作「王寅」是也。若楚公子之名在漢世已譌，則《釋文》及唐石經亦不足爲證。今無出土文獻可徵，只可見其異同，卒難定其是非。

〔五〕天王之弟佞夫：見襄三十年經：「天王殺其弟佞夫。」《傳》：「儋括欲立王子佞夫。」杜注曰：「佞夫，靈王子，景王弟。」

〔六〕孔氏之宰渾良夫：見哀十五年《傳》：「孔氏之豎渾良夫，長而美。」

〔七〕冶區夫：見昭十三年《傳》：「冶區夫曰：『非也。』」杜注曰：「區夫，魯大夫。」

054 【閈閎】襄三十一年，子産相鄭伯如晉。「子産使盡壞其館之垣而納車馬焉。士文伯讓之曰：『敝邑以政刑之不脩，寇盜充斥，無若諸侯之屬辱在寡君者何，是以令吏人完客所館，高其閈閎，厚其墻垣，以無憂客使。』」杜元凱注云：「閎，門也。」徐仙「閎」音「宏」。「『今吾子壞之，雖從者能戒，其若異客何？』」「對曰：『今銅鞮之宫數里，而諸侯舍于隸人，門不容車，而不可踰越。』」杜元凱注曰：「門庭之内迫迮，又有墻垣之限。」《爾雅》云：「所以止扉謂之閎〔一〕。」郭景純注曰：「門辟旁長橛也。《左傳》曰：『高其閈閎。』」按：若館門實高，而直庭内迫迮者，即當云「庭不容車」，不應云「門」也。又高爲門户，非關止盜之方，文伯〔所稱〕①，不應云「以無憂客使」。若門得車入，則子産止須引車入門，致室屋之下，何勞壞垣，云「不可踰越」？蓋是門既不大，而止扉又高，以牢固扞禦寇賊。子産爲其不容車入，故壞垣耳。尋文究理，郭説得之。但「閎」與「門」二字相似〔二〕，流俗轉寫，致有混謬。杜君不加詳覈，就而通之，未爲允當。

〔校勘記〕

①所稱：原闕，今據張本朱校、明本、沈本、何本、惠本補。盧本「所」字下原脱「稱」字，又圈去「所」字。按：蓋盧本偶脱「稱」字，遂誤以「所」爲衍字，故删之。

〔疏證〕

〔一〕見《爾雅·釋宮》。郭注曰：「門辟旁長橜也。《左傳》曰：『高其閈閎。』閎，長杙，即門橜也。」邢疏云：「案《説文》云：『閈，門也。汝南平輿里門曰閈。』閈既爲門，故郭氏以閎爲長杙，即門橜也。杜預云：『閎，門也。』非郭義也。」《釋宮》又云：「衖門謂之閎。」郭注曰：「《左傳》曰：『盟諸僖閎。』閎，衖頭門。」《釋文》云：「衖，道也。《聲類》猶以爲『巷』字。」《左傳》成十七年「（慶克）與婦人蒙衣乘輦而入于閎」，杜注曰：「閎，巷門。」然則《釋宮》「閎」之義訓有二：「衖門謂之閎」，即巷門；「所以止扉謂之閎」，即門中樹立作爲限隔的短木橛。

〔二〕「閎」與「門」二字相似：襄三十一年《傳》杜注曰：「閎，門也。」《釋文》云：「閎，獲耕反。杜云『門也』，《爾雅》云『衖門謂之閎』是也。《爾雅》又云：『所以止扉謂之閎。』然《爾雅》本止扉之名或作『閣』字，讀者因改《左傳》，皆作『各』音。案：下文云『門不容車』，此云『高其閈閎』，俱謂門耳。於義自通，無爲穿鑿。」《爾雅》止扉之「閎」，《釋文》云：「閎音『宏』。本亦作『閣』，音『各』。郭注本無此字。」《説文・門部》：「閣，所以止扉者。」要之，《爾雅》「閎」字有衖門、所以止扉二訓，而《左傳》「高其閈閎」、《爾雅》「所以止扉謂之閎」，「閎」字皆有異文作「閣」。

據此條可知，師古所見《左傳》及《爾雅》皆作「閎」，所辨問題乃是「高其閈閎」之「閎」，杜注、《釋文》取「衖門」作解，師古則以爲當取「所以止扉」。《急就篇》卷二「閎并訢」，師古注曰：「閎氏之先，本周之閎人。閎，所以止扉，今之門柣是也。職典其事，遂爲姓焉。漢有閎儒。」王應麟《補注》云：「諸本及《廣韻》皆作『閣』……顔注引《爾雅》閎所以止扉，又引漢有閎儒，當爲『閎』無疑。」可與此條相參。然而《急就篇》亦有作「閣」字之異文，張傳官《校理》以爲「似當作『閣』爲是」。二字形近譌混已久，唐代已有異文，孰是孰非，殊難斷定。今列舉諸説如下：

其一，以爲《左傳》、《爾雅》字當作「閎」，而訓衖門。如《釋文》以爲讀者因《爾雅》止扉之名作「閣」，從而改《左傳》「閎」字作「閣」。是則陸德明所見之《左傳》、《爾雅》皆有作「閣」者，然爲其所不取。此條云徐仙民「閎」音「宏」，是徐邈所見《左傳》作「閎」也。《文選・左思〈魏都賦〉》「瑋豐樓之閈閎」，張載注引《左傳》作「高其閈閎」，是左思、張載所見《左傳》亦作「閎」。

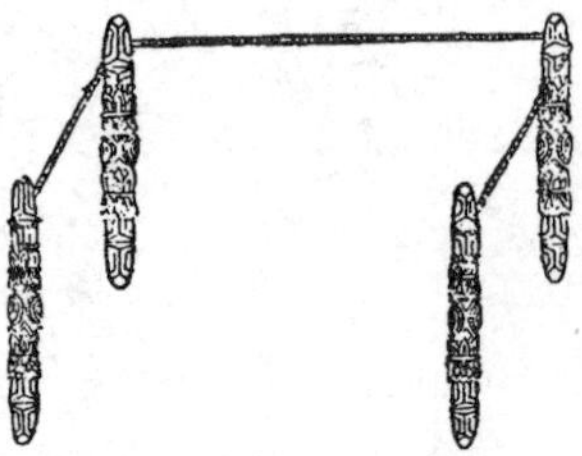

門橛曳綫圖（大正藏 2216 部《大日經疏演奥鈔》卷五九）

王引之讚同杜、陸之字及訓釋，然而誤解此條之意，以爲師古所辨者乃是「閎」當作「閣」而訓止扉。《經義述聞》卷一八「高其閈閎」條徑改此條所引《左傳》、《爾雅》注爲「閣」字，云：「作『閎』者，《左傳》原文也；『閣』者，傳寫之誤也。元凱從作『閎』之本而訓爲門，允矣。郭注《爾雅》引作『閈閣』，則爲東晉時誤本所惑。師古不知正景純之誤，反據其所引以規杜注，非也。」乃列七「不可通」以駁之：其一，門墻俱高，則盜賊不能踰越，不當云「高爲門户，非關止盜之方」。其二，《傳》云「高其閈閎，厚其墻垣」，「閎」與「閈」同義，猶「垣」與「墻」同義。其三，若止扉之閣，卑之不足以爲陋，高之不足以爲美，何所取而必欲高之乎？其四，若謂止扉太高，車不能進，則《傳》當言「門不通車」，不當言「門不容車」。其五，車之容不容，存乎門之大小，不繫乎閣之高卑。其六，郭説止扉曰「門辟旁長橛也」，辟與闢同，開也，蓋止扉之橛，在門内兩旁，門開則插橛於地，以止扉使不動。車由門閒出入，閣在門内兩旁，不當車道，雖高不礙車之出入。其七，閣以止既開之扉，非以固既闔之扉也，何扞禦寇賊之有？故云：「尋文究理，實不當如師古所説……近世通儒，若惠氏定宇、段氏若膺皆舍元朗之正論，而從師古之曲説，竟欲以東晉時傳寫之誤字，改西晉以前不誤之舊本，此不可不辨。」

其二，以爲《左傳》、《爾雅》字當作「閎」，而訓所以止扉。師古此條是也。

其三，以爲《左傳》、《爾雅》字當作「閣」，而訓所以止扉。段玉裁、阮元、盧文弨、惠棟、郝懿行、邵晉涵等皆以爲郭璞所見《爾雅》所以止扉者作「閣」，誤作「閎」；郭所見《左傳》亦作「高其閈閎」，淺人據誤本《爾雅》以改《左傳》爲「閈閎」。亦且誤解師古此條之意，以爲師古所辨者亦是「閎」、「閣」二字之譌。

按：自影宋本以迄雅雨堂本，皆作「『閎』與『門』二字相似」，不作「『閎』與『閣』」，殆非雅雨堂本偶然譌亂。師古所辨，實乃義訓，而非異文也。清人雖誤解顔意，然所舉「閎」當爲「閣」之證，亦足參詳。

《説文》「閣」字段注曰：「今本《釋宫》譌爲『閎』，陸氏《音義》不辯是非，云『本亦作閣，音各，郭注本無此字。』不知郭氏於『衖門謂之閎』下引《左》『盟諸僖閎』，於『所以止扉謂之閣』下引《左》『高其閈閣』，郭作注時，『閣』絶未誤爲『閎』，注亦絶無誤也。顔師古《匡謬正俗》分別『閎』、『閣』二字不同，所引《左傳》作『閈閣』，所引《爾雅》及注皆作『閣』。今雅雨堂刻本譌亂不可讀。《左傳》『高其閈閣』，閈猶門也，高其門，則所以止扉亦必高。蓋晉館門不容車，失於狹小，致子産壞垣，故士文伯飾説門雖小而甚高。此處無取『閈閎』連文。陸氏《音義》亦誤從『閎』，轉云讀者因爾或作『閣』，因改《左傳》作『各』音，與《爾雅》音義皆爲顛倒，見其誤不可不正也。」又曰：「《左傳》『閈閎』杜注：『閎，門也。』此必有誤。杜本乃誤本，郭景純、顔師古所據本不誤。陸之《音義》、孔之《正義》皆據誤本爲之。」並推測《左傳》「閈閣」或猶《禮記》之「扞格」。

阮元《校勘記》云：「惠棟云：《説文》『閣，所以止扉也。』是古本如此。段玉裁云：郭注上文『大者謂之栱，小者謂之閣』云：『别杙所在長短之名。』注此云：『長杙，即門橜也。』前後皆訓爲長杙，則前後皆作『閣』字。其所據《左傳》作『閈閣』，門既高，則門旁杙亦高。『盟諸僖閎』，『閎』訓門；『高其閈閣』，『閣』訓長橜，郭氏分引畫然。《匡謬正俗》引《左傳》『高其閈閣』，引《爾雅》『所以止扉謂之閣』及郭注『高其閈閣』，顔氏所據《左傳》、《爾雅》尚未誤，而俗刻《匡謬正俗》皆改作『閎』矣。《廣韻》十九鐸『閣』字注引《急就章》『閣并訢』，顔師古注云『閣，所以止扉，今之門柣』是也。」

郝懿行《爾雅義疏》云：「閣者，《説文》云：『所以止扉也。』上云『杙長者謂之閣』。此閣以長木爲之，各施於門扇兩旁以止其走扇，故郭云『門辟旁長橛也』。《釋文》『閣』作『閎』，云『本亦作閣』，又云『郭注本無此字』，蓋陸德明據誤本作『閎』，反以作『閣』爲非。郭引襄卅一年《傳》云『高其閈閎』，《釋文》亦據誤本作『閎』，而反議作『閣』者爲穿鑿，此皆謬也。《玉篇》引《爾雅》作『閣』，《廣韻》引作『閎』，與陸本同。」

黄焯《經典釋文彙校》云：「『郭注本無此字』六字係校《釋文》者之辭，謂所見郭注本無『閎』字，但作『閣』字也。盧、阮皆云：此宜作『閣』，作『閎』，非。説詳《考證》及《校勘記》。黄云：案以『閣，長杙』證之，郭自當作『閣』，其所見《左傳》作『閣』，所據舊解亦作『止扉』解。陸氏本以『閎』爲正，而又不見《左傳》作『閣』之本，故有此岐互矣。又云：此緣陸所見郭注係『閎』，校陸者所見郭注作『閣』，遂有此繁繞。」

諸説皆有理致，究其扞格之源，乃因《爾雅》「閎」字有二訓也。今無出土文獻可徵，只可見其異同，卒難定其是非。

055 【草創】襄二十一年①，子羽與裨諶乘以適野②，而謀於野則，於邑則否〔一〕。按：《論語》稱孔子云：「爲命，裨諶草創之，世叔討論之，行人子羽脩飾之，東里子產潤色之〔二〕。」是謂裨諶發慮創始，爲之辭意；世叔尋討而論叙之；子羽、子產脩飾潤色，然後成耳。「草創」者，猶言草昧〔三〕，蓋初始之謂矣。又曰〔四〕：「草」者，藁草〔五〕，亦未成之稱。安在適草野則能，在都邑則不就？若然者，「討論」豈尋干戈乎〔六〕？「潤色」豈〔加〕膏澤乎？③〔七〕此亦是後人所加，非丘明本傳也〔八〕。

【校勘記】

①二：當作「三」，事見《左傳》襄三十一年。

②子羽：當作「子產」。

③加：原闕，盧本同。今據張本朱校、明本、沈本、何本、惠本補。

【疏證】

〔一〕謀於野則獲，於邑則否：見《左傳》襄三十一年：「子產之從政也，擇能而使之。馮簡子能斷大事；子大叔美秀而文；公孫揮能知四國之爲，而辨於其大夫之族姓、班位、貴賤、能否，而又善爲辭令」，裨諶能謀，謀於野則獲，於邑則否。鄭國將有諸侯之事，子産乃問四國之爲於子羽，且使多爲辭令；與裨諶乘以適野，使謀可否；而告馮簡子，使斷之；事成，乃授子大叔使行之，以應對賓客，是以鮮有敗事。」

〔二〕見《論語·憲問》。裨諶，鄭大夫。世叔，鄭大夫游吉，即子大叔。子羽，鄭大夫公孫揮。行人，掌使之官。子産，鄭大夫公孫僑。子産居東里，因以爲號。

〔三〕「草創」者，猶言草昧：《易·屯卦》「天造草昧，宜建侯而不寧」，《正義》云：「草謂草創，昧謂冥昧。」「草謂草創初始之義。」《漢書·郊祀志上》「文帝召公孫臣，拜爲博士，與諸生申明土德，草改曆服色事」，師古注曰：「草謂創造之。」「草」之草創、初始義乃由草本植物義引申而來。

〔四〕又曰：此二字無所承藉，未知就何而發。

〔五〕「草」者，藁草：《史記·屈原傳》「屈平屬草藁」，《索隱》引崔浩注云：「謂發始造端也。」《漢書·淮南衡山濟北王傳》「每爲報書及賜，常召司馬相如等視草乃遣」，師古注曰：「草謂爲文之藁草。」藁草亦其引申義也。

〔六〕「討論」豈尋干戈乎：奉辭伐罪曰「討」，如《書·臯陶謨》：「天討有罪，五刑五用哉。」故曰「豈尋干戈乎」。

〔七〕「潤色」豈加膏澤乎：「潤」有滋潤之意，如《易·説卦》：「風以散之，雨以潤之。」故曰「豈加膏澤乎」。

〔八〕非丘明本《傳》：子産與裨諶乘以適野之事，劉向《説苑·政理》篇云：「裨諶善謀，於野則獲，於邑則否。有事，乃載裨諶與之適野，使謀可否。」《論語·憲問》何晏《集解》引孔安國曰：「謀於野則獲，於國則否。鄭國將有諸侯之辭，則使乘車以適野，而謀作盟會之辭。」是漢世已採《左傳》此文。師古謂「此亦是後人所加，非丘明本《傳》」，似無確據。

按：《左傳》云「適野」，《論語》云「草創」，各有所適，不宜牽合。「適野」自是去往野地，「草創」自是初創草藁，本非一事，非謂「草創」即是於草野中創製。劉曉東《平議》云：「蓋嘗取會一時之應，信以爲必，故適野造謀，以求其獲，此亦常事恒情耳。」《左傳》言此，蓋亦賢其勤勞周慮也，並非杜注所言「才性之敝」。劉寶楠《論語正義》云：「謀於野、謀於邑，謀於野之人、邑之人也。」增字解經，亦未爲達。

056

匡謬正俗疏證卷第五

【史記】〔一〕司馬子長撰《史記》，其《自叙》一卷，惣歷自道作書本意。篇别皆有引辭①，云「爲此事作某本紀」、「爲此事作某年表」、「爲此事作某書」、「爲此事作某世家」、「爲此事作某列傳」。子長此意，蓋欲比擬《尚書叙》耳，即孔安國所云「《書序》，序所以爲作者之意」〔二〕也。揚子雲著《法言》，其本傳亦(傳)〔載〕《法言》之目②，篇篇皆引辭云「撰某篇」，亦其義也。及班孟堅爲《漢書》，亦放其意，於《序傳》内又歷道之，而謙不敢自謂「作者」，避於擬聖，故改「作」爲「述」〔三〕。然叙致之體，與馬、揚不殊。後人不詳，乃謂班書本贊之外，别更爲覆述，重申褒貶，有所歎詠。摯虞撰《流别集》〔四〕，全取孟堅書序爲一卷，謂〔之〕《漢述》③，已失其意。而范蔚宗、沈休文之徒撰史者〔五〕，詳論之外，别爲一首華文麗句，標舉得失，謂之爲「贊」〔六〕，自以取則班、馬，不其惑歟！劉軌思《文心雕龍》(唯)〔雖〕略曉其意④〔七〕，而言之未盡〔八〕。

【校勘記】

①篇别：張本朱校、明本、沈本、惠本、盧本作「篇别别」，何本作「篇篇别」。按：重「篇」字亦通。

②載：原作「傳」，盧本同。今據張本朱校、明本、沈本、何本、惠本改。

③之：原闕，今據張本朱校、明本、沈本、何本、惠本補。盧本原有「之」字，以朱筆圈去。
④雖：原作「唯」，盧本同。今據明本、沈本、何本、惠本改。

〔疏證〕

〔一〕史記：王國維訂正篇題爲「引辭」，並於篇題之上加標「史記」。
〔二〕見《尚書序》。
〔三〕避於擬聖，故改「作」爲「述」：《論語·述而》「子曰：述而不作」，邢疏云：「但述脩先王之道，而不自制作。」《禮記·樂記》：「作者之謂聖，述者之謂明。」《漢書·叙傳下》師古注曰：「自『皇矣漢祖』以下諸叙，皆班固自論撰《漢書》意，此亦依放《史記》之叙目耳。史遷則云爲某事作某本紀、某列傳，班固謙不言，然而改言『述』，蓋避『作者之謂聖』，而取『述者之謂明』也。但後之學者不曉此爲《漢書》叙目，見有『述』字，因謂此文追述《漢書》之事，乃呼爲『漢書述』，失之遠矣。摯虞尚有此惑，其餘曷足怪乎！」可與此條相參。
〔四〕摯虞撰《流别集》：摯虞，字仲洽，京兆長安人，西晉譜學家。《晉書》卷五一《摯虞傳》：「虞撰古文章類聚，區分爲三十卷，名曰《流别》。」
〔五〕范蔚宗、沈休文之徒撰史者：范曄，字蔚宗，著《後漢書》。沈約，字休文，著《宋書》。
〔六〕謂之爲「贊」：《文選》以《漢書》之「贊」與《後漢書》之「論」合爲「史論」，又以《漢書》之「述」與《後漢書》之「贊」合爲「史述贊」，是承《流别集》之稱，亦可見范書之「贊」乃倣班書之「述」而爲之。至此，「述」乃由叙述之意轉爲文體之名。後世史家劉知幾、章學誠等皆從師古之論而申説之。《史通·論贊》云：「馬遷《自序傳》後，歷寫諸篇，各叙其意。既而班固變爲詩體，號之曰『述』。范曄改彼『述』名，呼之以『贊』。然固之總述，合在一篇，使其條貫有序，歷然可閲。蔚宗《後漢》實同班氏，乃各附本事，書於卷末，篇目相離，斷絶失次。而後生作者，不悟其非，如蕭、李南、北《齊史》，大唐新修《晉史》，皆依范書誤本，篇終有贊。夫每卷立論，其煩已多，而嗣論以贊，爲黷彌甚。」《文史通義·詩教下》云：「班固次韻，乃《漢書》之自序也。其云『述高帝紀第一』、『述陳項傳第一』者，所以自序撰書之本意。史遷有『作』於先，故已退居於『述』爾。今於『史論』之外，别出一體爲『史述贊』，則遷書自序所謂『作五帝紀第一』、『作伯夷傳第一』者，又當别出一體爲『史作傳』矣。」

至於蔚宗《後漢書》之論贊原是總别成卷，還是各附其篇，則人言各殊：

一説，論贊原本總别成卷。《隋書·經籍志》於范曄《後漢書》一百二十五卷之外，又著録其《後漢書贊論》四卷。王先謙《後漢書集解·述略》云：「論摩太史，别據見解，往往突過藺臺。贊體用詩以代序述，亦馬、班之遺範。殆自劉昭作注，早合紀傳並行。第范見刑時，書未大成，以贊繼論，原未必范意如此。」自注云：「論贊至隋唐尚有單行本，則初原别行，自屬可信。」

一説，論贊原本各附其篇。趙翼《陔餘叢考》卷五「後漢書二」條云：「史遷於各紀傳後有太史公論斷一段，班書倣之，亦於各紀傳後作贊，是班之『贊』即遷之『論』也。乃范書『論』之後又有『贊』，贊之體，用四字韻語。自謂體大思精，無一字虚設，以示獨闢，實則倣《史記》、《漢書》末卷之叙述，而分散於各紀傳之下，以滅其踵襲之跡耳。」劉曉東《平議》以爲原本附篇之説近是，其證有二：「范書之贊既無序目之辭，又乏叙致之用，蔚宗何必别卷？一也。其單行别録者，隋、唐《志》所云，卷數已異（《隋志》云四卷，新、舊《唐志》言五卷），可知其編次無定，二也。」又云：「竊以爲論贊别出者，蓋宋齊間文士以其傑思華文，而裁出單行，以便誦習耳。唯趙氏之説過刻，蔚宗但有露才揚己之意，未必有踵襲滅跡之心也。」

〔七〕劉軌思《文心雕龍》：何本眉批：「《南史》劉勰字彦和，此云『軌思』，未詳。」按：此蓋師古誤記劉勰之字。葉廷琯《吹網録》卷五云：「劉勰字彦和，後爲僧，名慧地，見《南史》。而顔師古《匡謬正俗》乃有『劉軌思《文心雕龍》』之語，未詳所出。或疑勰先曾以軌思爲字，後改彦和，而文史失記。師古必得先世遺聞，尚稱其舊字。余按劉軌思見《北齊書·儒林傳》，祇稱其善説《詩》，别無著作，《北史》亦同。且軌思是名非字，别是一人。此當由師古誤記而筆之書，非彦和舊字也。」

〔八〕雖略曉其意，而言之未盡：劉勰《文心雕龍·頌讚》云：「及遷史班書，託贊褒貶。約文以總録，頌體以詳辭；又紀傳後評，亦同其名。而仲治《流别》，謬稱爲『述』，失之遠矣。」是彦和已辨《流别集》稱「述」之失，故云「略曉其意」。秦選之《校注》曰：「而於遷「論」、班「贊」，實同一體，未言及之，故師古云『未盡』。」

057

【漢書】〔一〕《高紀》云：「大澤之陂。」按：孔安國《尚書傳》曰：「障水曰陂①〔二〕。」然則「陂」者，本因堤防壅遏〔三〕，故得名耳。「大澤」者，地形之總名。「陂」者，是堤防之指號，蓋謂當時之媪於大澤之内陂塘止息。流俗乃云：（防）〔陂〕是水中②，不得止息，强讀爲「（陂）〔坡〕」③〔四〕，失其意也。

〔校勘記〕

①障水曰陂：張本朱校、沈本作「蓄水曰陂」；明本、惠本「障」字闕，「水」上空一格；何本作「澤障曰陂」，眉批：「孔傳檢之不得。今小顔《漢注》中作『蓄水曰陂』。○在《泰誓》注中。」盧本「障」字原闕，「水」上空一格，補入「障」字。吴本吴省蘭眉批：「《尚書傳·泰誓》作『澤障曰陂』，小顔《漢書注》『蓄水曰陂』。」周祖謨《校記》亦云：「案《書·泰誓上》孔傳云：『澤障曰陂。』《漢書·高帝紀》『嘗息大澤之陂』，師古注曰：『蓄水曰陂』。」按：蓋明、何、惠、盧本「水」上原皆缺字，何本依《尚書》孔傳改爲「澤障」，盧本以己意補入「障」字。影宋本、沈本雖不缺字，但未知是師古原文即作「蓄」，抑或後人依《漢書》顔注而改。

②陂：原作「防」，惠本、盧本同。今據張本朱校、明本、沈本、何本改。周祖謨《校記》云：「『防』景宋本作『陂』，是也。」

③爲坡：原作「爲陂」。張本朱校、何本、惠本、盧本作「爲陂陂」，沈本作「陂爲坡」。張本黄筆眉批：「明刻作『强讀陂爲坡』。」是疑底本及朱校皆誤。按：流俗改讀之字，宜與「陂」形音相近，訓爲障

水堤防，然則「坡」、「阪」皆可。今從沈本作「坡」。

〔疏證〕

〔一〕漢書：汪應辰《書》云宜改「漢書」爲「陂」。王國維訂正篇題爲「陂」，並於篇題之上加標「漢書」。

〔二〕見《尚書·周書·泰誓》「惟宮室、臺榭、陂池、侈服，以殘害於爾萬姓」，孔安國注曰：「澤障曰陂。」

〔三〕堤防壅遏：《焦氏易林·比之大畜》：「壅遏堤防，水不得行。」

〔四〕强讀爲「坡」：「陂」字兼有二義，一訓堤防，一訓水池，音同義異。《説文·𨸏部》：「陂，阪也。一曰沱也。」「沱」即「池」字，《集韻》支韻「陳知切」：「沱池，穿地鐘水……亦作『池』。」段玉裁徑改爲「池」字。《玉篇·阜部》：「陂，彼皮切，澤鄣也，池也。」《廣韻》支韻「彼爲切」：「陂，《書序》云：『澤障曰陂』。」《説文·土部》：「坡，阪也。」《玉篇·土部》：「坡，匹波切，坡坂也。」《廣韻》戈韻「滂禾切」。「陂」（幫母歌部）、「坡」（滂母歌部）音近，與「阪」（並母元部）對轉。《説文·𨸏部》：「阪，坡者曰阪。一曰澤障也。」章太炎《文始》卷二「乀」條云：「『頗』又孳乳爲『坡』、『陂』，皆阪也。對轉寒，變易爲『阪』，坡者曰阪。」張舜徽《説文解字約注》云：「地址傾邪者謂之陂，猶是蹇謂之⿺尢皮，頭偏謂之頗，行不正謂之跛耳。」是則「陂」、「坡」、「阪」、「頗」、「⿺尢皮」、「跛」諸詞同源，皆得義於傾邪。

「陂」之障水、蓄水二義相反相成。《周書·泰誓》《正義》云：「障澤之水使不流溢謂『陂』，停水不流謂之『池』。」《説文》「陂」字段注曰：「『陂』言其外之障，『池』言其中所蓄之水，故曰劉媪『嘗息大澤之陂』，謂大澤之旁也。曰『叔度汪汪若千頃陂』，即謂千頃池也。湖訓大陂，即大池也。《陳風》『彼澤之陂』傳曰：『陂，澤障也。』《月令》注曰：『畜水曰陂。』凡經傳云『陂池』者，兼言其内外，或分析言之，或舉一以互見。」章太炎《小學答問》云：「古無舌上音，『池』讀若『隄』。《説文》但作『隄』。隄，唐也。周帀者謂之『隄』，移以言窊受者；若窊受者謂之『唐』，移以言周帀者矣。俗字作『塘』。陂本阪也，亦爲池，明周帀、窊受得互稱同名。夫尊壺鬴鬲，外金而内空洞，其肉好之處，非有殊號，隄亦準是也。」

二義如何擇取，應視語境而定。《詩·陳風·澤陂》「彼澤之陂」，毛傳曰：「陂，澤障也。」是取其周帀、障水之義。《漢書·翟方進傳》云：「汝南舊有鴻隙大陂，郡以爲饒。成帝時，關東數水，陂溢爲害。」則是取其窊受、蓄水之義。

《高帝紀》劉媪「嘗息大澤之陂」，「陂」當取周帀、障水之義。師古注曰：「蓄水曰陂。蓋於澤陂隄塘之上休息而寢寐也。」是其注《漢書》時亦如「流俗」，取蓄水之義，以「澤陂」釋「陂」，而又增「隄塘之上」爲訓，蓋彼時尚不知「陂」字兼有二義也。故王先謙《漢書補注》引王先慎以難之云：「《詩·陳風》：『彼澤之陂。』《説文》『陂』下云『阪也』，『阪』下云『一曰澤障也』，是『陂』即澤之隄障。顏增字成訓，蓋未明『陂』字之義。」此條則引《尚書》孔傳釋之，以爲陂「是堤防之指號」，是其晚年已改前見，可見師古爲學日新也。

058

【尚】《惠紀》云：「尚公主〔一〕。」《易》曰：「得尚于中行〔二〕。」王弼注云：「尚猶配也〔三〕。」説者云：「尚」者，主也〔四〕。引「尚食」爲類〔五〕。或云：「尚」者，掌也〔六〕，謂守掌之。皆非其義。公主既尊，止得云侍奉〔七〕，不可以主掌爲稱。弼説是也。

〔疏證〕

〔一〕尚公主：《漢書・惠帝紀》但有「尚食」，而無「尚公主」之語。《漢書・王貢兩龔鮑傳》「漢家列侯尚公主」，注引晉灼曰：「娶天子女則曰『尚公主』。」

〔二〕見《易・泰卦》九二爻辭。

〔三〕尚猶配也：《漢書・張耳陳餘傳》「敖已出，尚魯元公主如故」，師古注曰：「尚猶配也。《易・泰卦》九二爻辭曰『得尚于中行』，王弼亦以爲配也。諸言『尚公主』者，其義皆然。而説者乃云尚公主與尚書、尚食同意，訓尚爲主，言主掌之，失其理矣。公主既尊，又非物類，不得以主掌爲辭，《貢禹》又云『諸侯則國人承公主』，益知主不得言主掌也。」可與此條相參。

〔四〕「尚」者，主也：應劭、如淳以「尚」爲主管之義。《漢書・惠帝紀》「宦官尚食比郎中」，注引應劭曰：「尚，主也。舊有五尚，尚冠、尚帳、尚衣、尚席亦是。」如淳曰：「主天子物曰尚。主文書曰尚書，又有尚符璽郎也。」

〔五〕尚食：官名，掌帝王膳食。秦始置。東漢以後，並其職於太官湯官。北齊門下省有尚食局，置典御二人。隋改爲奉御。唐、宋因之，屬殿中省。金元尚食局屬宣徽院。明設尚膳監。

〔六〕「尚」者，掌也：《廣雅·釋詁》：「尚、掌，主也。」主、掌義近，皆謂主管。

〔七〕止得云侍奉：「尚」字本義未詳，或以爲象酒器之形。《説文·八部》：「尚，曾也，庶幾也。」皆後起義。金文多假爲「常」。「尚公主」之「尚」，各家説解大致可分四種：

其一，通「尚」爲「掌」，訓爲主管，應劭、如淳之説是也。

其二，訓爲承奉，晉灼、韋昭、崔浩之説是也。《漢書·王貢兩龔鮑傳》注引晉灼曰：「娶天子女則曰尚公主。國人娶諸侯女曰承翁主。『尚』、『承』皆卑下之名也。」《史記·絳侯周勃世家》「公主者，孝文帝女也，勃太子勝之尚之」，《集解》引韋昭曰：「尚，奉也。不敢言娶。」《張耳陳餘傳》「以尚魯元公主故，封爲宣平侯」，《索隱》引韋昭曰：「尚，奉也。不敢言取。」又引崔浩云：「奉事公主。」《藝文類聚》卷四八引韋昭《辨釋名》云：「尚書，尚猶奉也。百官言事，當省案平處奉之，故曰『尚書』。尚食、尚方亦然。」此義蓋由「尚」之本義引申而來，飲酒必相尊崇，故引申爲誇耀、增加、承奉、佑助等義。

其三，訓「尚」爲匹配，王弼、師古之説是也。師古更推王意，以爲「尚」猶言「高配」，非必要以公主乃得言之。《漢書·司馬相如傳下》「卓王孫喟然而歎，自以得使女尚司馬長卿晚」，注曰：「『尚』猶配也，義與『尚公主』同。今流俗書本此『尚』字作『當』，蓋後人見前云文君恐不得當，故改此文以就之耳。」

王念孫、王引之父子從晉、韋、崔而駁師古。《經義述聞》卷一「得尚于中行」條云：「《爾雅》：『右、助，勴也。』『亮、介、尚，右也。』郭注曰：『紹、介、勸、尚皆相右助。』《廣韻》：『尚，佐也。』佐亦助也。《大雅·抑》篇『肆皇天弗尚』，謂皇天不右助之也。《泰》九二『得尚于中行』，尚者，右也、助也。中行，謂六五。二應于五，五來助二，是得其助于六五，故曰『得尚于中行』也。」乃駁王弼云：「『尚』之爲配，古訓無徵。」又駁師古云：「公主尊，故以奉事爲詞。《王吉傳》云：『漢家列侯尚公主，諸侯則國人承翁主，使男事女，夫詘於婦。』則所謂尚者，乃奉事之稱。『國人承翁主』，承亦奉也，不得以尚爲配。故《索隱》以顔注爲非。」《讀書雜志·漢書第八》「尚魯元公主」條又駁《司馬相如傳》注云：「此『尚』字即『當』字也，與『尚公主』之『尚』不同。古字『當』與『尚』通，故一本作『當』。《廣雅》：『配，當也。』『當』可訓配，『尚』則不可訓配。」按：若依顔意，訓「尚」爲配，則實是「當」之假借，師古乃謂是後人所改，似有自相矛盾之嫌。

其四，通「尚」爲「上」，虞翻之説是也。王引之《經義述聞》「得尚于中行」條云：「虞翻解『得尚』，以『尚』爲『上』，謂二得上居五。如虞説，則是變爲既濟矣，經文無此意也。」劉曉東《平議》云：「以彼爲上，則於己爲奉。復引繹之，以卑下者娶配高貴者則謂之尚（唐世公主嫁亦云降某某，降之語雖承《堯典》，然亦與尚相對應也）。」

要之，師古訓「尚」爲配，而又不肯通「尚」爲「當」，然則「尚」之配義無所從來矣。竊以爲

「尚」訓承奉，於義較長。劉曉東通「尚」爲「上」，其實亦欲由「上」引申爲承奉也。

【赦令】《哀紀》云：「甲子詔書，非赦令〔也〕皆除之①〔一〕。」按：哀帝初用夏賀良言，改年定（歷）〔曆〕②〔二〕，下詔施行其事，并開恩惠，赦宥罪人。後知賀良詭惑〔三〕，收正其事，依舊（歷）〔曆〕，追悔前非〔四〕。但所赦人不可更覆與罪，所以云：甲子詔書，除赦令以外，（歷）〔曆〕及刻漏事一皆除之耳。蓋言甲子詔書，除是赦令，惣遺除之。今書本「（令）〔也〕」字或作「他」③〔五〕，言赦令以外，其他餘事皆改除之。兩讀爲得〔六〕。

〔校勘記〕

①也：原闕。《漢書·哀帝紀》作「非赦令也皆蠲除之」，《眭兩夏侯京翼李傳》同。按：師古所辨，正是「也」、「他」二字之異文，脱「也」字則此條不可解。各本皆失校，今據補。

②曆：原作「歷」，今據明本、沈本、何本、惠本回改。盧本原作「曆」，改作「歷」。張本朱筆眉批：「『歷』，鈔本作本字，今避廟諱。下仝。」下並同。

③也：原作「令」。今據《漢書·哀帝紀》注正。

〔疏證〕

〔一〕非赦令也皆除之：《漢書·哀帝紀》「六月甲子制書，非赦令也皆蠲除之」，師古注曰：「『非赦令也』，猶言自非赦令耳。『也』，語終辭也。而讀者不曉，輒改『也』爲『他』字，失本文也。」《眭兩夏侯京翼李傳》亦載此詔云：「六月甲子詔書，非赦令也皆蠲除之。」注曰：「唯赦令不改，餘皆除之。」

〔二〕改年定曆：《漢書・哀帝紀》建平二年六月詔曰：「大赦天下。以建平二年爲太初元將元年。號曰『陳聖劉太平皇帝』。漏刻以百二十爲度。」

〔三〕賀良詭惑：據《漢書・哀帝紀》、《眭兩夏侯京翼李傳》載，哀帝初立，夏賀良等人待詔黄門，數被召見，陳説漢曆中衰，當更受命，宜急改元易號，乃得延年益壽，皇子生，災異息。哀帝久寢疾，冀其有益，遂從賀良之議。後月餘，哀帝卧病如故。賀良復欲妄改政事，大臣爭以爲不可許。哀帝以其言無驗，遂將賀良等下獄治罪，下詔追悔前非。賀良等皆伏誅。

〔四〕依舊曆，追悔前非：仍爲建平二年，漏刻仍爲百度。

〔五〕「也」字或作「他」：楊樹達《漢書窺管》卷二云：「『也』字即『它』也。古『也』、『它』字同，故『虵』、『蛇』同字，『他』、『佗』亦同字，據顏説本有作『他』者是也。《李尋傳》亦作『也』字，顏注云：『唯赦令不改，餘皆除之。』以『餘』字釋『也』字，是矣。此復歧者，蓋《尋傳》注承舊注耳。」「它」爲「蛇」之本字，甲骨文作合672，象形，後加虫旁作説文或體。「它」字譌變，與「也」混同，故「蛇」之異體作「虵」。「它」、「他」同音，「它」、「也」形近，故「『也』字或作『他』」。

按：《眭兩夏侯京翼李傳》注「餘皆除之」，「餘」字蓋依文意增字爲訓，並非以「餘」訓「也」。若訓「也」爲「餘」，則是師古固知「也」即「他」字，然則《哀帝紀》注又何必特言「也，語終辭也」？是師古注《漢書》時，尚不知「也」、「他」古字相通，猶訓「也」爲語氣詞，而以作「他」之異文爲非。此條則云「兩讀爲得」，是其晚年已改前見也。

〔六〕兩讀爲得：一讀「非赦令也，皆蠲除之」，「也」爲語氣詞；一讀「非赦令，他皆蠲除之」，「他」指其餘諸事。

060

【繦】《食貨志》云「藏繦」，謂繩貫錢〔一〕，故摠謂之「繦」耳。（文）〔又〕云「算緡」①〔二〕，亦云以緡穿錢，故謂貫爲「緡」也。而後之學者謂繦爲錢②，乃改爲「鏹」字〔三〕，無義可據，殊爲穿鑿。按：孔子云：「四方之人，繦負其（于）〔子〕而至③〔四〕。」謂以繩絡而負之，故謂「繦褓」耳，豈復關貨泉耶？

〔校勘記〕

①又：原作「文」，明本、沈本、惠本同。今據何本、盧本改。周祖謨《校記》云：「『文』景宋本作『又』，是也。」

②爲：沈本、惠本、盧本同。張本朱校、明本、何本作「是」。

③子：原作「于」，盧本同。今據明本、沈本、何本、惠本改。

〔疏證〕

〔一〕繩貫錢：《漢書·食貨志下》「臧繦千萬」，注引孟康曰：「繦，錢貫也。」師古曰：「孟説是也。」

〔二〕算緡：《漢書·武帝紀》「初算緡錢」，注引李斐曰：「緡，絲也，以貫錢也。一貫千錢，出算二十也。」師古曰：「謂有儲積錢者，計其緡貫而稅之。李説爲是。」《食貨志下》「異時算軺車賈人之緡錢皆有差」，注曰：「緡謂錢貫也。」

〔三〕改爲「鏹」字：《文選・左思〈蜀都賦〉》「藏鏹巨萬」，劉逵注曰：「鏹，錢貫也。」李善注曰：「藏鏹，《管子》之文也。」《管子・國蓄》云：「使萬室之都必有萬鍾之藏，藏繈千萬；使千室之都必有千鍾之藏，藏繈百萬。」今本作「繈」不作「鏹」。

「繈」本義爲絲節麤長，《説文・糸部》：「繈，觕纇也。」引申指串錢之繩，又由串錢繩代指成貫銅錢，遂別造「鏹」字。顔元孫《干禄字書》云：「鏹、繈，上通下正。」《廣韻》養韻「居兩切」：「繈，絲有纇。又孟康曰：『鏹，錢貫也。』俗作『鏹』。」是「鏹」已爲時俗通用之字。「繈」又引申爲繈褓，遂別造「襁」字。《説文・衣部》：「襁，負兒衣。」段注曰：「古繈褓字从糸不从衣。淺人不得其解，而增『襁』篆於此。」

「緡」本義爲釣絲，《説文・糸部》：「緡，釣魚繁也。」引申指串錢之繩，又代指成串銅錢一千文。《説文・金部》又有「鍲」字，云：「業也。賈人占鍲。」段注亦曰：「此字必後人所增，必當删者。《史》、《漢》『賈人緡錢』字从糸。」朱駿聲《説文通訓定聲》云：「即『緡』之俗字。」段、朱之説是也。「繈」、「緡」二詞同步引申，「緡」之有分別字「鍲」，亦猶「繈」之有分別字「鏹」、「襁」。

「分別字」即詞義引申産生同源詞後，爲之另造不同意符之字以示分別。依據事類增易偏旁，乃文字孳乳之慣例，如《經典釋文·叙録》云：「豈必飛禽即須安『鳥』，水族便應著『魚』，蟲屬要作『虫』旁，草類皆從兩『屮』？」是陸元朗以改换意符所造之分别字爲非。唐李匡義《資暇集》卷下「畢羅」條云：「餛飩以其混沌之形，不可直書『混沌』，從『食』可矣。」則以分别字爲可。師古規範文字，乃以形義相合爲要，參見009「溥」疏證〔三〕。此條不以「鏹」字爲正，是謂「藏繦」、「算緡」之「繦」、「緡」仍是穿錢繩義，借指錢貫並非其自身詞義，且以《論語》「繦」字訓繩爲證。其所非者，看似是分别字，其實乃是詞義引申也。

按：「繦」、「緡」指錢，乃因借代修辭而産生，而經高頻使用，成爲固定引申義。經典故訓，固然時代較早、權威性高，然亦不可執一不放，忽視語言文字在實際使用中的發展變化。王引之《經傳釋詞·自序》云：「自漢以來，説經者宗尚《雅》訓。凡實義所在，既明著之矣，而語詞之例，則略而不究。或即以實義釋之，遂使其文扞格，而意亦不明。」此蓋漢唐經師之通病，師古亦難盡免其俗。王引之云：「揆之本文而協，驗之他卷而通，雖舊説所無，可以心知其意者也。」姑以王氏之針砭，攻師古之微疾可也。

〔四〕見《論語·子路》篇。

061

【逡遁】①〔一〕賈誼《過秦》云：「嘗以十倍之地，百萬之衆，仰關而攻秦。秦人開關延敵，九國之師，逡遁而不敢進。秦無亡矢遺鏃之費，而天下已困矣。」「遁」者，蓋取「盾」之聲以爲「巡」字②，當音「詳遵反」③。此言九國地廣兵强，相率西嚮，仰形勝之地，泝函谷之關，欲攻秦室。秦人恃其險固，無懼敵之心，不加距閉，開關而待。然九國畏愞，自度無功，持疑不進，坐致敗散耳。後之學者，既不知「遁」爲「巡」字④，遂改爲「遁逃」⑤，因就釋云：「九國初見秦閉關，謂其可勝，所以率兵來攻。忽見秦人開關，各懷恐懼，遂即奔走。」故潘安仁《西征賦》云：「或開關而延敵，競遁逃以奔竄。」斯爲誤矣。若見秦開關，遁逃而走，即應大被追躡，覆軍殺將，豈得但言「不敢進」而已乎？且書本好者⑥，今猶爲「逡遁」⑦，不作「遁逃」也⑧。

〔校勘記〕

①逡遁：張本朱校、明本、沈本、何本、惠本、盧本皆作「遁巡」。下「逡遁」並同。雅雨堂本《總目》亦作「遁巡」。周祖謨《校記》云：「『逡遁』景宋本作『遁巡』，今《漢書·陳勝傳》同。沈欽韓《漢書疏證》云：《新書》作『逡遁』是也。案《新書》謂賈誼《新書》。遁、巡、循皆一字，《鄉射禮》『賓少退』，鄭注『少逡遁』。《釋言》『逡，退也』，郭注『逡巡卻去也』。《管子·戒》篇亦作『逡遁』，《晏子·問》篇作『逡循』，《莊子·至樂》篇『蹲循而爭』，無作『遁巡』者。師古所妄改也。」詳見疏證（一）。

②巡：張本朱校、明本、沈本、何本、惠本、盧本皆作「逡」。

③詳遵反：盧本同。張本朱校、明本、沈本、何本、惠本作「七均反」。

④巡：張本朱校、明本、沈本、何本、惠本、盧本皆作「逡」。

⑤改爲遁逃：張本朱校、明本、沈本、何本、惠本、盧本皆作「改巡爲逃」。

⑥好：張本朱筆圈去「好」字，眉批：「無『好』字。」明本、沈本、何本、惠本皆闕；盧本原闕，朱筆補入。吴本原有吴志忠眉批：「『書本』指《過秦論》原文未誤改耳，增一『好』者亦陋。」又劃去。按：066「非一」亦有「書本好者」之語，有「好」字較長。

⑦逡遁：張本朱校、明本、沈本、何本、惠本、盧本皆作「巡字」。

⑧遁：張本朱筆圈去「遁」字，明本、沈本、何本、惠本、盧本皆闕。

〔疏證〕

〔一〕逡遁：吴本吴志忠眉批：「此條經淺人妄改，極謬。」賈誼《過秦論》廣爲徵引，其中「逡遁」一詞，異文寔多，大致可分爲四類：有作「遁巡」者，《漢書·陳勝項籍傳贊》是也；有作「逡遁」者，盧文弨所校《新書》是也；有作「遁逃」者，《史記·陳涉世家》、《文選》是也；有作「逡巡遁逃」者，《史記·始皇本紀》是也。此條雅雨堂以前各本皆作「遁巡」，而雅雨堂本獨作「逡遁」者，蓋校刻者依己意改。然盧本作爲雅雨堂刊刻底本（盧本蔡廷相跋語），亦作「遁巡」，惟「遁」字之音作「詳遵反」耳，召弓並無校改，而其校《新書》事在乾隆四十四年（一七七九），晚於雅雨刻書，卒難確定雅雨堂本最終刊刻時之校改者果係召弓否。今一一辨明四種異文之正誤如下：

其一，《漢書·陳勝項籍傳贊》作「遁巡」。師古注曰：「遁巡，謂疑懼而卻退也。『遁』音『千旬反』。流俗書本『巡』字誤作『逃』，讀者因之而爲遁逃之義。潘岳《西征賦》云『逃遁以奔竄』，斯亦誤矣。」其字作「遁巡」而音「遁」爲「千旬反」，折合今音爲qūn，是謂「遁」乃「逡」之假借，訓爲退卻；而讀者以爲「遁」讀如字，今音dùn，訓爲逃遯，遂改下「巡」字爲「逃」。然則此條當作「取『盾』之聲以爲『逡』字，當音『七均反』」。「千旬」、「七均」二反折合古音皆在清母文部，如此方能不與《漢書注》相牴牾。是師古以爲字當作「遁巡」而「遁」當音「七均/千旬反」也。

趙明誠《金石録》卷一五「漢郎中鄭君碑跋尾」云：「賈誼《過秦論》云：『九國之師，遁巡而不敢進。』顔師古曰：『遁音千旬反。流俗書本巡字誤作逃，讀者因之而爲遁逃之義。潘岳《西征賦》云：逃遁以奔竄。斯亦誤矣。』今此碑有云『推賢達善，逡遁退讓』，詳其文意，亦是逡巡之義，然二字決非一音。蓋古人用字，與後世頗異，又多假借，故時有難曉處。不知顔氏何所據，遂音『遁』爲『逡』乎？」趙氏雖疑師古之音無所依據，然其所見文本實作「遁巡」而音「遁」爲「七均/千旬反」，斯亦明矣。盧文弨改作「逡遁」而音「遁」爲「詳遵反」，似非師古原意。

其二，盧文弨所校《新書》作「逡遁」。校記云：「『遁』與『巡』同，建本尚不誤，潭本則從《始皇本紀》訛本作『逡巡遁逃』。案：《陳涉世家》但作『遁逃』，亦誤。」盧氏《〈新書〉讎校所據舊本》云，建本「是宋時刻本，明毛斧季、吴元恭皆據以改近世之本。宋即有謬誤，亦悉仍之。前失去序文，故不知是何年所梓。唯目録後有『建寧府陳八郎書鋪』印一行，故今稱爲『建本』」，潭本爲「宋淳祐八年長沙刻，即從淳熙八年程漕使本重雕者」，然則宋時《新書》亦有「逡遁」、「遁巡」之異文，而盧以「逡遁」爲正也。

王先謙是盧氏而駁師古，《漢書補注》引沈欽韓云：「《新書》作『逡遁』，是也。『遁』、『巡』、『循』皆一字。《鄉射禮》：『賓少退。』鄭注：『少逡遁。』《釋言》：『逡，退也。』郭注：『逡巡，卻去也。』《管子·戒》篇亦作『逡遁』，《晏子·問》篇作『逡循』，《莊子·至樂》篇：『蹲循而爭。』無作『遁巡』者。師古所妄改也。」按：沈説只能證明「逡巡」可作「逡遁」、「逡循」、「蹲循」，不能證明「遁巡」必誤也。

《周禮·夏官·司士》《釋文》云：「逡遁，七巡反，下音『巡』。」《儀禮·鄉射禮》、《聘禮》《釋文》皆云：「『遁』音『旬』。」「循」、「巡」同音，「遁」（定母文部）、「循」（邪母文部）皆从「盾」聲，故「遁」、「巡」亦得相通。《漢書·雋疏于薛平彭傳贊》「平當逡遁有恥」、《敘傳》「逡遁致仕」，師古皆曰：「『遁』讀與『巡』同。」而清、邪爲旁紐，「遁」、「巡」既通，「遁」、「逡」（清母文部）亦容相通。

要之，師古、召弓皆知此詞本作「逡巡」，訓遲疑退避貌，「逡」、「巡」二字不可分訓。師古引《過秦論》作「遁巡」，音「遁」爲「逡」，音理可通，然文獻無徵。盧文弨以爲當作「逡遁」，音「遁」爲「巡」，音理亦通，且於文獻有徵；惟若《過秦》實作「逡遁」，則「逡」字居「遁」字之上，與「逃」又不形似，後人何以改「逡」爲「逃」，更使「逃」字居「遁」字之下？且據趙明誠之言，可知宋時《漢書》已作「遁巡」而音「遁」爲「千旬反」；據此條張本朱校又知影宋本《匡謬正俗》亦作「遁前矣。

巡」而音「遁」爲「七均反」，二者相會，若必以「逡遁」爲正而「遁巡」爲非，則其誤又遠在宋世以前矣。

按：師古、召弓各有理致，亦互有短長。召弓徑以己意改師古此條原文，似未爲得。吴志忠眉批云「此條經淺人妄改」，「妄改」是實，然譏召弓爲「淺人」，則過矣。

其三，《史記・陳涉世家》及《文選》作「遁逃」。然則「遁」讀如本字，「遁」、「逃」各有實義。此即師古《漢書注》及此條所駁者也。《文選・曹冏〈六代論〉》「蠶食九國」李善注引作「遁逃」，潘岳《西征賦》「競遯逃以奔竄」注引作「遯逃」，「遯」同「遁」。胡克家《文選考異》云：「正文作『遁逃』，注引作『遯逃』，必善讀《漢書・陳涉傳》如此，故載《史記》之異，意謂兩文俱通。考賈子下篇，亦言『百萬之徒，逃北而遂壞』，然則作『遁逃』自無不可，未見潘安仁必誤如《匡謬正俗》所譏也。」

按：「遁逃」誠亦可通，然可通不等於無誤。《過秦論》本取「逡巡」之遲疑退避之義，後人因不知「遁巡」、「逡遁」即「逡巡」也，遂改爲「遁逃」，則變爲奔走潰散之義矣。師古譏其不合情理，極是。梁玉繩《史記志疑》亦云：「其實『逡遁』爲『逡巡』之異文，謂九國遲疑不進耳。若云遁逃而走，即應大被追躡，豈得但言『不敢進』乎？《匡謬正俗》及《金石文字》記辨之詳矣。」

其四，《史記・始皇本紀》作「逡巡遁逃」。按：「遁逃」二字乃衍文。《文選・過秦論》李善注曰：「《史記》曰『逡巡遁逃』。」胡克家《考異》云：「袁本、茶陵本作『遁逃，《史記》作逡巡』。

案：二本是也。『遁逃』複舉正文，『《史記》曰逡巡』五字爲一句。善所見《史記》作『逡巡』，而今本作『逡巡遁逃』，後人妄添二字，尤反依之改，轉誤之甚者也。」蓋《史記·始皇本紀》本作「逡巡」，即「遁巡/逡遁」之異文。尤本《文選》李善注與今本《史記》同者，蓋後人據今本《史記》又誤改《文選注》也。梁玉繩《史記志疑》亦云：「《世家》、《文選》無『逡巡』字，《新書》作『逡巡』，《漢書》作『遁巡』，皆無四字連文者。蓋『遁』即『巡』字，而『遁』之所以爲『巡』者，因『遁』與『循』同也。後人傳寫既誤改『遁』爲『巡』，又移『遁』配『逃』，增于『逡巡』之下，遂致文義重複。」又云：「《隸釋》謂四字當讀如本字，以《鄭固碑》『逡巡退讓』爲用《史記》，則非也。碑文正可證《史記》非四字連文矣。」

綜上，四類異文之中，「遁巡」、「逡遁」乃「逡巡」之異文，音理皆通；「遁逃」乃「遁巡/逡遁」之誤；「逡巡遁逃」則爲誤衍「遁逃」二字也。師古此條原文當作「遁巡」，音「遁」爲「七均反」。

【游衣】《叔孫通傳》曰：「高帝寢衣〔冠〕①，月出游高廟〔一〕。」言高寢之衣冠〔二〕，一月一備法駕，出游於高廟耳。隨越國公楊素《行經漢高陵》詩云〔三〕：「芳春無獻果〔四〕，明月不游衣。」觀其此意，謂月出之夕②，乃游衣冠〔五〕。此大謬。

〔校勘記〕

①冠：原闕，今據《漢書·酈陸朱劉叔孫傳》補。周祖謨《校記》云：「案『衣』下當有『冠』字，下文云『高寢之衣冠』，是其證。」

②月出：明本、何本、惠本、盧本同。張本朱校、沈本「月」上有「待」字。

〔疏證〕

〔一〕見《漢書·酈陸朱劉叔孫傳》。漢惠帝作復道於高帝廟，叔孫通以爲不合宗廟儀法，曰：「陛下何自築復道？高帝寢衣冠，月出游高廟，子孫奈何乘宗廟道上行哉！」惠帝從其言，另立原廟於渭北，衣冠月出游之。

〔二〕高寢：指漢高祖陵寢。

〔三〕隨越國公楊素《行經漢高陵》詩：秦選之《校注》於「隨」字下曰：「『隋』之本字，詳見《廣韻》。故《左》桓六年，漢東之國隨爲大。楊堅當日受封於隨，迨有天下，乃以『隨』字從『辵』，周齊奔走不寧，故始去『辵』爲『隋』。」又曰：「案《新唐書》師古本傳，素於生前，師古尚得及見，此詩想亦師古據所見者引用之耳。」今已不傳。此二句言漢高陵故跡雖在，然漢家帝業已隳，再無子孫獻果、游衣，爲之饗祭，蓋撫今追昔，慨歎興廢無常。

〔四〕獻果：古代的「嘗新」禮俗。以新獲果品進獻天子、宗廟。後亦指向統治者進獻財物。《酈陸朱劉叔孫傳》：「惠帝常出游離宮，通曰：『古者有春嘗果，方今櫻桃孰，可獻，願陛下出，因取櫻桃獻宗廟。』上許之。諸果獻由此興。」

〔五〕月出之夕，乃游衣冠：《漢書·酈陸朱劉叔孫傳》注曰：「服虔曰：『持高廟中衣，月旦以游於衆廟，已而復之。』應劭曰：『月旦出高帝衣冠，備法駕，名曰游衣冠。』如淳曰：『高祖之衣冠藏在宫中之寢，三月出游，其道正值今之所作復道下，故言乘宗廟道上行也。』晉灼曰：『《黄圖》高廟在長安城門街東，寢在桂宫北。服言衣藏於廟中，如言宫中，皆非也。』師古曰：諸家之説皆未允也。謂從高帝陵寢出衣冠，游於高廟，每月一爲之，漢制則然。而後之學者不曉其意，謂以月出之時而夜游衣冠，失之遠也。」可與此條相參。

「月出游高廟」，師古以爲楊素訓「月出」爲月亮升起，主謂結構，故匡之曰：「月」當訓每月，「出」當訓取出，「月出」爲狀中結構。按：師古之訓是也；然謂楊素誤解「月出」之義，似未必然。

《漢書·韋賢傳》云：「又月一游衣冠。」蔡邕《獨斷》云：「居西都時，高帝以下每帝各别立廟，月備法駕，遊衣冠。元帝時，丞相匡衡、御史大夫貢禹乃以經義處正，罷遊衣冠。」《文選·顔延年〈拜陵廟作〉》詩「衣冠終冥漠，陵邑轉葱青」，李善注引《漢書》曰：「自高祖已下，各自君陵傍立廟，月一遊衣冠。」可知「月」確謂每月，而非明月。

服虔、應劭注皆謂「月旦」游衣冠，即每月朔日。服注以「持」字釋「出」，應注「月旦」下又有「出」字，是服、應亦能正解「月」爲每月，不以「月出」連文也。師古云「諸家之説皆未允」，非指訓「月」爲月旦而發，而是指諸家説游衣冠之事不當。服虔以爲高帝衣冠在「高廟」之中，游於「衆廟」；如淳以爲衣冠在「宫中之寢」，「三月出游」，師古皆以爲非，謂衣冠當在高帝「陵寢」之中，游於「高廟」，一月一游。《漢書·韋賢傳》云：「昭靈后、武哀王、昭哀后、孝文太后、孝昭太后、衛思后、戾太子、戾后各有寢園，與諸帝合。」可證「寢」字確謂陵寢，師古之説是也。

劉乾《讀〈匡謬正俗〉札記》以爲師古訓「月出」雖是，然或誤解楊素詩意，云：「《釋名・釋天》：『朔，蘇也。月死復蘇生也。』素詩『芳春』，謂春日芳菲，又是一年了；『明月』謂月魄復明，又是一月了。言非無據，亦與顏注不悖，何誤解爲『月出之夕』耶？」如劉意，則「明月」未必對應「月出之時」、「月出之夕」，但謂歲月更迭耳。

063

【郎署】《馮唐傳》云：文帝輦過郎署，見馮唐而問之〔一〕。「郎」者，當時宿衛之官，非謂(趣)〔趨〕(衣)〔走〕小吏①。「署」者，部署之所，猶言曹局，今之司農、太府諸署是也。「郎署」並是郎官之曹局耳〔二〕，故劉孝標《辨命論》云〔三〕：「馮都尉皓髮於郎署。」而今之學者，不曉其意，但呼令史、府史爲「郎署」〔四〕，自作解釋云：郎吏行署文書者，故曰「郎署」。至乃摛翰屬文，咸作此意〔五〕，失之遠矣。

〔校勘記〕

①趨走：原作「趣衣」，今據張本朱校、明本、沈本、何本改。盧本、惠本作「趨衣」。按：「趣」、「趨」通，「衣」乃「走」之形譌。

〔疏證〕

〔一〕見馮唐而問之：《漢書・張馮汲鄭傳》「唐以孝著，爲郎中署長，事文帝。帝輦過，問唐曰：『父老何自爲郎？家安在？』」師古注曰：「以孝得爲郎中，而爲郎署之長也。」又曰：「言年已老矣，何乃自爲郎也？」可與此條相參。

〔二〕「郎署」並是郎官之曹局：《漢書·百官公卿表》云：「郎掌守門户，出充車騎，有議郎、中郎、侍郎、郎中，皆無員，多至千人。」是知「郎」爲當時宿衛之官。又云：「議郎、中郎秩比六百石，侍郎比四百石，郎中比三百石。中郎有五官、左、右三將，秩皆比二千石。郎中有車、户、騎三將，秩皆比千石。」是知「郎」非趨走小吏也。《文選·張衡〈西京賦〉》「重以虎威章溝，嚴更之署」，薛綜注曰：「署，位也。」是知「署」爲部署之所也。曹局者，官署也，如《南史·陳始興王叔陵傳》：「曹局文案，非呼不得輒白。」顔説甚是。

〔三〕見《文選》卷五四。

〔四〕令史、府史：「令史」本爲漢代蘭臺尚書屬官，居郎之下，掌文書事務，歷代因之。自隋以後，轉成三省六部及御史臺低級文員之通稱，位卑秩下，不參官品。「府史」隸屬九寺五監諸衛府，掌管財貨文書出納。《隋書·百官志》云：「四省三臺皆曰『令史』，九寺五監諸衛府則曰『府史』。」秦選之《校注》曰：「據唐人李肇撰《國史補》載『開元二十四年考功郎中李昂，爲士子所輕詆。天子以郎署權輕，移職禮部』云云。事距貞觀乙巳師古卒時甚近，亦可以見時人輕視之一斑。」

《唐六典·尚書都省》述郎官之流變云：「初，秦置郎中令，其屬官有五官中郎將，左、右中郎將，秩皆比二千石，是爲三署。署中有中郎、侍郎、郎中。郎中秩比三百石，侍郎秩比四百石，中郎秩比六百石。並無員數，多至千人，分隸三署。主執戟宿衛宫殿門，出充車騎。漢因之，故馮唐爲郎中署長，揚雄爲侍郎，並其任也。」可知漢時所稱「郎」者，乃郎中令（漢武帝太初元年更名爲光禄勳）之屬官，主掌宿衛，通稱「三署郎」。

東漢以尚書臺爲行政中樞，初入臺者稱守尚書郎中，滿一年稱尚書郎，三年稱侍郎。魏晉以後尚書各曹有侍郎、郎中等官，綜理職務，通稱「尚書郎」。故魏晉以降所稱「郎」者，乃尚書郎也，與秦漢之「郎」名同實異。尚書郎以下，又有令史。逮至唐時，《唐六典·尚書都省》云：「諸臺省並曰『令史』。其尚書都省令史、書令史並分抄行署文書。」是「郎吏行署文書」之事也。此「署」乃書寫、記録之義，如《漢書·張馮汲鄭傳》「翟公大署其門」，師古注曰：「署謂書之。」《李廣蘇建傳》「法其形貌，署其官爵姓名」，注曰：「署，表也，題也。」

要之，馮唐所在之「郎署」，乃三署郎之官署也，「郎署」爲偏正結構；時俗呼令史爲「郎署」者，乃尚書郎之屬官也，「郎署」爲主謂結構。世人不知漢時「郎署」之意，以今度古，故師古匡而正之。《通典·職官十一》追溯其致誤之由云：「蓋自梁陶藻《職官要録》以漢『三署郎』故事通爲『尚書郎』，循名失實，疑誤後代。」

〔五〕摛翰屬文，咸作此意：秦選之《校注》曰：「如李令伯《陳情表》之『歷職郎署』，陶處士《感士不遇賦》『愍馮叟於郎署』，蓋皆誤以「郎署」爲職官。是此風並不自唐始矣。」

064

【便面】《張敞傳》云：「自以便面拊馬。」按：所謂「便面」者，所執持以屏面〔一〕。或有所避，或自整飾①，藉其隱翳，得之而安，故呼「便面」耳。今人所持縱自蔽者，揔謂之「扇」，蓋轉易之稱乎〔二〕？原夫「扇」者，所用振揚塵氛、來風卻暑〔三〕，鳥羽箑可呼爲「扇」。至如歌者爲容，專用掩口〔四〕；侍從擁執，義在障人〔五〕，並得「扇」名，斯不精矣〔六〕。今之車輿後「提扇」，蓋「便面」之遺事與？按：桑門所持竹扇，形不圜者②，又「便面」之舊制矣。

〔校勘記〕

①飾：明本、何本、惠本、盧本同。沈本作「飭」。按：「飭」較長，「飾」亦通。

②形不圜者：明本、沈本、惠本、盧本同。何本作「形上袤平而下圜者」，與《漢書·趙尹韓張兩王傳》注合，眉批：「『形上袤平而下圜者』作『形不圜者』。」吴本吴省蘭腳注：「『形不圜者』，何本作『形上袤平而下圜者』。」

〔疏證〕

〔一〕「便面」者，所執持以屏面：《漢書·趙尹韓張兩王傳》師古注曰：「便面，所以障面，蓋扇之類也。不欲見人，以此自障面則得其便，故曰『便面』，亦曰『屏面』。今之沙門所持竹扇，上袤平而下圜，即古之『便面』也。」又《王莽傳中》云：「是時有用方技待詔黃門者，或問以莽形貌，待詔曰：『莽所謂鴟目虎

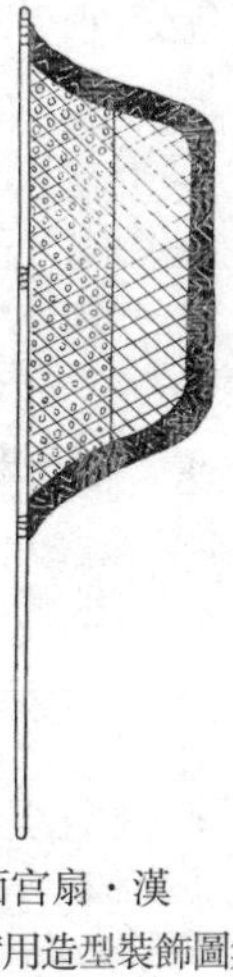

便面宫扇·漢
（《中國古代實用造型裝飾圖集》）

吻、豺狼之聲者也，故能食人，亦當爲人所食。』問者告之，莽誅滅待詔，而封告者。後常翳雲母屏面，非親近莫得見也。」注曰：「『屏面』即『便面』，蓋扇之類也。」王引之《經義述聞》卷三「平章百姓　平秩東作・王道平平」條亦云：「《漢書・張敞傳》『自以便面拊馬』，即《王莽傳》之『屏　』。」古音「屏」（並母耕部）、「便」（並母元部）旁轉，「屏面」、「便面」一也。

〔二〕轉易之稱：「扇」（書母元部）與「便」、「面」（明母元部）聲類遠隔，此「轉易之稱」蓋指概念名稱變化而言，不涉音轉。「便面」之轉易爲「扇」，猶「拂」之轉易爲「連枷」（《漢書・王莽傳中》注），「傳」之轉易爲「驛」，「黑子」轉易爲「黶子」、「志」（《高帝紀》注），「娣姒」轉易爲「先後」（《郊祀志》注），「蟋蟀」轉易爲「促織」（《食貨志》注）等。

〔三〕振揚塵氛、來風卻暑：如蕭綱《賦得白羽扇》詩：「可憐白羽扇，卻暑復來氛。」

〔四〕歌者爲容，專用掩口：如南朝齊丘巨源《詠七寶扇》詩「拂盼迎嬌意，隱映含歌人」，梁何遜《與虞記室諸人詠扇》詩「搖風入素手，占曲掩朱唇」，陳許倪《破扇》詩「不堪郭巧笑，猶足動衣香」，北魏溫子升《安定侯曲》「美人當窗舞，妖姬掩扇歌」等。

〔五〕侍從擁執，義在障人：如《初學記》卷一一引謝承《後漢書》云：「每正朔朝見，（鄭）弘曲躬自卑。帝知，遂置雲母屏風分隔之。」此「雲母屏風」亦即《王莽傳中》之「雲母屏面」。

〔六〕並得「扇」名，斯不精矣：師古之意，蓋以「扇」本謂振揚塵氛、來風卻暑者，便面/屏面等用以自蔽、障人者別是一物，而今並得「扇」名，故曰「斯不精矣」。

「扇」本義爲門扇，《説文・户部》：「扇，扉也。」因形狀相若，故轉指扇子。《竹部》：「箑，扇也。从竹疌聲。篓，箑或从妾。」《艸部》：「萐，萐莆，瑞艸也。堯時生於庖厨，扇暑而涼。」《方言》卷五：「扇，自關而東謂之箑，自關而西謂之扇。」《儀禮・既夕》「燕器：杖、笠、翣」，鄭注曰：「翣，扇。」「翣」亦「篓」字。是則「扇」或以萐莆爲之，或以鳥羽爲之，故其字或从「竹」，或从「羽」。

按：「扇」乃通名，摇動生風者固得稱「扇」，而自蔽、障人者雖有「便面」「屏面」之名，亦屬扇類，並得稱「扇」也。今辨明「扇」類之形用如下：

「扇」本爲出殯禮器，《禮記・禮器》：「天子崩，七月而葬，五翣；諸侯五月而葬，三重六翣；大夫三月而葬，再重四翣。」亦用於朝會儀仗，《新唐書・儀衛志》叙天子駕出之儀曰：「次大繖二，雉尾扇八，夾繖左右横行。次小雉尾扇、朱畫團扇，皆十二，左右横行。」《宋史・儀衛志一》：「古者扇翣，皆編次雉羽或尾爲之，故於文從羽。唐開元改爲孔雀。」後則趨於實用，泛指摇動生風之鳥羽箑。陸機《羽扇賦》云：「大夫宋玉、唐勒侍，皆操白鶴之羽以爲扇。」又云：「其招風也利，其播氣也平。混貴賤而一節，風無往而不清。發芳塵之鬱烈，拂鳴弦之泠泠。斂揮汗之瘁體，灑毒暑之幽情。」

手持之扇，既可生風，又可自蔽。《宋書・明恭王皇后傳》云：「后以扇障面，獨無所言。」《南齊書・劉祥傳》云：「司徒褚淵入朝，以腰扇鄣日。祥從側過，曰：『作如此舉止，羞見人面，扇鄣何益？』」此即「便面」之用。「扇」之大者，可以障人。如《王莽傳》之「屏面」、謝承《後漢書》之「屏風」。

置於車轝後以禦風塵之扇形羽飾，亦可稱「扇」。《周禮・春官・巾車》云：「輂車組輓，有翣，羽蓋。」鄭注曰：「有翣，所以禦風塵。」《初學記》卷二五引崔豹《古今注・輿服》亦云：「輿車有翣，即緝雉羽爲扇翣，以障翳風塵也。」

要之，「扇」乃通名，「便面」亦其中之一種也。

065

【柱】①《西域傳》云：「當爲拄置②，心不便。」按：「拄」者，撐拄之名③，本音「竹羽反」；(柱)〔拄〕物之(本)〔木〕④，因(爲)〔謂〕之「柱」⑤，竹具反〔一〕。《魯靈光殿賦》云：「漂嶢峴而枝柱〔二〕。」此音是也。車後柱木，呼爲「車柱」⑥，其義亦同。「置」者，安設之名。言「拄置」者，謂自安置，支拄他人。今江南俗呼人自高抗矜持爲「自拄置」。今此言車師國見徐普於其側近拄置，恐被侵拒〔三〕，故心內以爲不便耳，安在其取椽柱而置於心腹中乎？義既乖刺，語又析破，失之遠矣。朱雲「連拄五鹿君」〔四〕，豈復齎椽自隨乎⑦？

〔校勘記〕

①柱：明本、沈本、惠本、盧本同。何本作「拄」。周祖謨《校記》云：「案當作『拄』。」

②拄：篇内八「拄」字，明本、沈本皆作「柱」，何本皆作「拄」；盧本原皆作「柱」，而改「連柱五鹿

君」之「柱」字爲「拄」」，惠本原皆作「柱」，皆改爲「拄」。張本朱筆眉批：「『拄』鈔本皆作『柱』。紹仁案：『拄』、『柱』古通。」吴本吴志忠眉批：「兩『柱』皆木旁，字同而義別，故音聲兩出，以分別其義。今改一扌旁，一木旁，謬矣。」又云：「《漢書注》云：『其字從手，讀之者不曉，以爲梁柱之柱。』是當時已誤從木，故顏正之曰『其字從手』。若既作扌旁，毋庸辨矣。」周祖謨《校記》云：「景宋本作『柱者撐柱之柱』，『拄』作『柱』，非。《漢書・西域傳》顏注云：『拄者，支拄也。』又云：『拄音竹羽反，又竹具反。其字從手』，是其證。下文『柱』字亦均當作『拄』。」按：蓋師古所見《漢書》作「柱」，而師古以爲撐拄之字當作「拄」。今《漢書》作「拄」者，後人依顏注而改原文也。何本、惠本、雅雨堂本此條作「拄」，亦依顏説而改。今從其改，以彰顏意。

③名：盧本同。張本朱校、明本、沈本、惠本作「柱」，何本作「拄」。按：上已云「拄者」，無須複舉「拄」字。

④拄物之木：各本原皆作「柱物之本」。何本眉批：「『本』作『木』。」劉曉東《平議》云：「原文『柱物之本因爲之柱』字有訛誤，當作『拄物之木因謂之柱』。」按：「柱」指全木而言，作「木」是也。

⑤謂：各本原皆作「爲」。今據劉曉東《平議》改。

⑥柱：明本、惠本、盧本同。沈本作「注」，何本作「拄」。按：如顏意，其字作「柱」，音則爲「拄」，謂此柱用於撐拄車輛。

⑦齎：明本、沈本、何本、惠本、盧本皆作「賫」。按：賫，俗「齎」字。

〔疏證〕

〔一〕「拄者」句：《漢書·西域傳》「車師後王姑句以道當爲拄置，心不便也」，師古注曰：「『拄』者，支拄也。言有所置立，而支拄於己，故心不便也。『拄』音『竹羽反』，又音『竹具反』。其字從手，而讀之者或不曉，以『拄』爲梁柱之『柱』，及分破其句，言置柱於心，皆失之矣。」可與此條相參。

「柱」、「拄」形近義通，異文實煩。如《爾雅·釋草》「柱夫，摇車」，《釋文》云：「本或作『拄』。」《文選·王逸〈魯殿靈光賦〉》「漂嶢峴而枝柱」，尤本作「拄」，《考異》云：「袁本、茶陵本『拄』作『柱』。案：『柱』字是也。此本注中亦皆作『柱』。」按：「柱」、「拄」同源相通，各家並無異議；然而孰源孰流，讀音區别何在，則莫衷一是。今一一辨明諸説如下：

其一，據此條及《西域傳》注，師古以爲從手之「拄」字有上、去兩讀，皆爲知母。讀上聲「竹羽反」而訓撑拄者，是其本音本義；讀去聲「竹具反」而訓柱木者，音轉字變，乃别造「柱」字。《漢書·楊胡朱梅云傳》「連拄五鹿君」，注曰：「拄，刺也，距也。音『竹庾反』。」《地理志下》「漢中淫失枝柱」，注曰：「『柱』音『竹甫反』。『枝柱』言意相節卻，不順從也。」皆讀上聲，其意亦同。然《天文志》「三淵，蓋五車之三柱也」，注引晉灼曰：「『柱』音注解之『注』。」又讀去聲，與此條「車柱」之音相睽違，未知何故。

其二，《説文》有「柱」無「拄」，《木部》：「柱，楹也。」大徐本引《唐韻》音「直主切」。段注曰：「『柱』引伸爲支柱、柱塞，不計縱横也。凡經注皆用『柱』，俗乃别造從手『拄』字，音『株主切』。」然則許、段以爲楹柱之「柱」是本字，讀濁音澄母；撐拄之「拄」爲後起分别字，讀清音知母，二者皆爲上聲。

「柱」訓楹柱，《玉篇·木部》音「雉僂切」，《廣韻》麌韻「直主切」，《集韻》語韻「重主切」，皆爲濁音上聲。《廣韻》麌韻又音「知庾切」：「柱，柱夫草，一名搖車也。」爲清音上聲，本於《爾雅》。《集韻》遇韻又音「株遇切」：「柱，牚也，刺也。《漢書》：『連柱五鹿君。』」爲清音去聲，是不解顔注之意，妄增異讀。「拄」訓撐拄，《廣韻》麌韻「知庾切」，《集韻》語韻「冢庾切」，皆爲上聲清音。是諸韻書皆以爲「拄」、「柱」乃清、濁之異也。

其三，賈昌朝《羣經音辨》卷六云：「柱，支也，知庾切；謂支木曰『柱』，直主切。」是賈氏以訓支拄而讀上聲者爲本義本音，「拄」、「柱」乃清、濁之異也。

要之，「拄」、「柱」同源，師古以爲「拄」是原始詞，「拄」、「柱」乃上、去之别；《説文》及段注以爲「柱」是原始詞，「拄」、「柱」乃清、濁之異；賈昌朝以爲「拄」是原始詞，「拄」、「柱」乃清、濁之異。按：「拄」、「柱」之源流關係有三種可能：其一，「拄」爲語源，如顔、賈之説；其二，「柱」爲語源，如許、段之説；其三，「拄」、「柱」皆以「主」爲語源，一加木部，一加手部。今一般認爲先有「柱」字，本義爲柱子，引申爲支撐，字後作「拄」。至於清濁、上去，卒難定其是非也。

〔二〕漂嶢峴而枝柱：如顔意，其字作「柱」，音則爲「拄」。《文選》李善注音「誅僂切」，與師古同。

〔三〕見徐普於其側近拄置，恐被侵拒：《西域傳》云：「元始中，車師後王國有新道，出五船北，通玉門關，往來差近。戊己校尉徐普欲開以省道里半，避白龍堆之阸。車師後王姑句以道當爲拄置，心不便也。地又頗與匈奴南將軍地接，普欲分明其界然後奏之，召姑句使證之，不肯，繫之。」視上下文所論地勢軍情，蓋徐普欲開辟新道，直貫車師國，車師國王姑句心懷不滿。師古釋「拄置」爲徐普藉此道自安置而支拄扞格他國，意頗迂曲，故後人實多不從。《資治通鑒》卷三五云：「車師後國王姑句以道當供給使者，心不便也。」解「拄置」爲「供給」，是司馬温公以「拄置」爲「儲偫」之假借。「儲偫」意爲儲備、積儲。《漢書·平帝紀》「天下吏民，亡得置什器儲偫」，師古注曰：「儲，積也。偫，具也。」

王先謙《漢書補注》引徐松《漢書西域傳補注》云：「《釋言》：『搘，拄也。』《説文》作『榰柱』。『拄置』即『搘柱』，『置』爲『搘』之假借字耳。」「搘」乃後起字，與「支」音義並同。《洪武正韻》支韻：「搘，搘捂。」《正字通·手部》：「搘，同『支』。」如唐李賀《春晝》：「越婦搘機，吴蠶作繭。」「搘柱」亦作「搘拄」，意爲支撑、支持。如《明史·李賢吕原等傳贊》：「李賢以一身搘拄其間，沛然若有餘。」又爲抵牾，如《明史·周士樸傳》：「士樸性剛果，不能委蛇隨俗，尤好與中官相搘拄，深爲魏忠賢所惡。」

按：《地理志下》「漢中淫失枝柱」，師古注曰：「『枝柱』言意相節卻，不順從也。」「枝柱」亦爲支撐、抵牾之義，然則徐、王之説較勝。「枝柱」、「揁柱」逆序音變，即爲「拄置」，「枝」、「揁」、「置」本字皆爲「支」也。師古直訓「置」爲安置，似未洽。

〔四〕朱雲「連拄五鹿君」：《漢書·楊胡朱梅云傳》載，元帝時，少府五鹿充宗貴幸，爲《梁丘易》。元帝好之，欲考其異同，令充宗與諸《易》家論。充宗乘貴辯口，諸儒莫能與抗，皆稱疾不敢會。朱雲經人推薦，召入，攝齋登堂，抗首而請，音動左右。既論難，連拄五鹿君。諸儒爲之語曰：「五鹿嶽嶽，朱雲折其角。」師古曰：「拄，刺也，距也。」

066

【非一】揚雄叙甘泉宮云〔一〕：「遊觀屈奇瓌瑋，非木摩而不雕①，墻塗而不畫。」此言既甚屈奇瓌瑋，不合於上古之世摩而不雕，塗而不畫，采椽茅茨，儉約之制耳，今之書本好者猶然。而後人輒於「非」字下加「一」字，讀云「瓌瑋非一」〔二〕，竟不尋下句直云「木摩而不雕」，是何言歟！

〔校勘記〕

①雕：何本同。張本朱校、明本、沈本、惠本、盧本作「彫」。吴本吴志忠眉批：「『彫』從彡，見下七卷之『彡彭』條。」下同。

〔疏證〕

〔一〕揚雄叙甘泉宮：此句非《甘泉賦》之文，乃《漢書·揚雄傳上》正文中插叙甘泉宮歷史沿革，云：「甘泉本因秦離宮，既奢泰，而武帝復增通天、高光、迎風。宮外近則洪厓、旁皇、儲胥、弩陸，遠則石闕、封巒、枝鵲、露寒、棠梨、師得，遊觀屈奇瑰瑋，非木摩而不彫，牆塗而不畫，周宣所考，般庚所遷，夏卑宮室，唐虞棌椽三等之制也。」《文選·甘泉賦》各本亦無此句。故周祖謨《景宋本〈匡謬正俗〉校記·序》云：「至若所引揚雄《甘泉宮》數語，不見於《漢書》、《文選》。」而師古言「揚雄叙甘泉宮」，有三種可能：一是師古誤記此句出處；二是此句實出揚雄，是其自述《甘泉賦》創作緣起，而爲《漢書》本傳所採；三是「雄」下脱「傳」字。

〔二〕瓌瑋非一：「非」字總領下文「木摩而不彫，牆塗而不畫，周宣所考，般庚所遷，夏卑宮室，唐虞棌椽三等之制」。「木摩」以下，皆是三代儉樸之制，上著一「非」字，頗類後世詞牌之「一字逗」，謂甘泉宮之奢泰正與此等儉樸之制相悖。秦選之《校注》曰：「案《甘泉賦》云：『翠玉樹之青葱兮，璧馬犀之瞵𤥃。』夫豈木摩不彫，牆塗不畫者哉！」

067 【葬】《酷吏傳》長安中歌云〔一〕：「安所求子死？桓東少年場。生時諒不謹，枯骨復何葬①。」荀卿《禮賦》云：「非絲非帛，文理成章。非日非月，爲天下明。生者以壽，死者以葬。城郭已固，三軍已强〔二〕。」《説苑》云：「吾嘗見稠林之無木，平原之爲谷，君子無侍僕②。江河（干）〔乾〕爲阬③，正冬采榆桑，仲夏雨雪霜。千乘之君，萬乘之王，死而不葬〔三〕。」據韻而言，則「葬」字有「臧」音矣〔四〕。

〔校勘記〕

①復：《漢書·酷吏傳》作「後」，兩通。

②無侍僕：明本、何本、惠本、盧本同。沈本作「爲御僕」，與今本《説苑》合。

③乾爲阬：原作「干爲阬」，今據明本、何本、惠本、盧本改。沈本作「乾爲坑」，與今本《説苑》合。按：「阬」與「坑」同，乾濕字當作「乾」。

〔疏證〕

〔一〕《酷吏傳》長安中歌：《漢書·酷吏傳》載，永治、元延間，上怠於政，長安中姦滑浸多，閭里少年羣輩殺吏，受賕報仇。城中剽劫行者，死傷横道，枹鼓不絶。尹賞爲長安令，收捕羣盜，投入獄中「虎穴」，覆以大石。瘞尸於寺門桓東，百日後乃令死者家各自發取其尸。親屬號哭，道路皆歔欷。長安中歌之曰：「安所求子死？桓東少年場。生時諒不謹，枯骨後何葬？」賞視事數月，盜賊止。

〔二〕見《荀子·賦》篇。

〔三〕見《説苑·敬慎》篇。

〔四〕「葬」字有「臧」音：《酷吏傳》師古注曰：「『葬』字合韻音『子郎反』。」「子郎反」即「臧」音。此條何本眉批：「據韻『葬』字有『臧』音。前《禮記》中一則辨《檀弓》『葬』讀爲『藏』爲穿鑿，疑《檀弓》亦有所本。俟改。」吴志忠過録何本眉批於吴本天頭處。

「葬」有平、去兩讀：埋葬義讀平聲，《集韻》唐韻「慈郎切」；葬處義讀去聲，《玉篇·茻部》「子浪切」，《廣韻》宕韻「則浪切」，《集韻》宕韻同。參見031「葬」疏證〔二〕。先秦兩漢時，

「葬」字皆與平聲字爲韻。如《莊子·山木》云：「其民愚而樸，少私而寡欲，知作而不知藏。與而不求其報，不知義之所適，不知禮之所將。猖狂妄行，乃蹈乎大方。其生可樂，其死可葬。吾願君去國捐俗，與道相輔而行。」「葬」與「藏」、「將」、「方」、「行」韻；《楚辭·東方朔〈七諫·沈江〉》：「浮雲陳而蔽晦兮，使日月乎無光。忠臣貞而欲諫兮，讒諛毁而在旁。秋草榮其將實兮，微霜下而夜降。商風肅而害生兮，百草育而不長。衆並諧以妒賢兮，孤聖特而易傷。懷計謀而不見用兮，巖穴處而隱藏。成功隳而不卒兮，子胥死而不葬。」「葬」與「光」、「旁」、「降」、「長」、「傷」、「藏」韻。魏晉以降，「葬」字始與去聲字爲韻，如潘岳《夏侯常侍誄》：「誰能拔俗，生盡其養。孰是養生，而薄其葬。淵哉若人，從心調暢。傑操明達，困而彌亮。」「葬」與「養」、「暢」、「亮」韻。《廣韻》唐韻不收平聲之音，是不以之爲正也。

師古排比韻腳字以考古音，是其固知音有古今之變。黄焯《文字聲韻訓詁筆記》録黄侃之説云：「推求古本音之法，最初爲比對韻文。陳（第）、顧（炎武）、江（有誥）之言韻，不過擠韻腳之法。」師古實已導夫先路。然平聲之讀自是「葬」之本音，而云「合韻音『子郎反』」，是以今韻讀古音也。

068 **【阡】**《原涉傳》〔一〕云：涉父爲南陽太守，死，涉讓還南陽賻送〔二〕，由是顯名。涉自以爲身得其名，而先令墳墓儉約①，非孝也，乃大起冢舍，周閣重門。初，武帝時，京兆曹氏葬茂陵，曹氏謂其道「阡」②。涉慕之，乃買地開〔道〕立表③，署曰「南陽阡」〔三〕。

〔校勘記〕

①先令：明本、沈本、惠本、盧本同。何本作「令先人」，與《漢書·游俠傳》合，眉批：「『令先人』作『先令』。」秦選之《校注》曰：「依《漢書·游俠傳·原涉》本傳，當作『而令先人墳墓儉約』。」按：「先令」不通，張本朱筆無校，是影宋本已自譌亂，何本蓋依《漢書》以改。

②曹氏謂其道阡：明本、沈本、惠本、盧本同。何本作「民謂其道爲京兆阡」，與《游俠傳》合。

③道：原闕，盧本同。今據明本、沈本、何本、惠本、《游俠傳》補。

〔疏證〕

〔一〕見《漢書·游俠傳》。

〔二〕讓還南陽賻送：賻，送給喪家的財物。《漢書·蓋諸葛劉鄭孫毋將何傳》「吾生素餐日久，死雖當得法賻，勿受」，師古注曰：「贈終者布帛曰賻。」《游俠傳》載，其時天下富足，大郡太守死於任上，所收助喪財物皆千萬以上，妻子通共受之，以定産業。及原涉父死，原涉乃全數退還南陽郡人所贈之助喪財物。

〔三〕署曰「南陽阡」：惠本腳注：「以下當有缺文，蓋未成書也。」汪應辰《書》亦云：「『阡』字下引《漢書·原涉傳》，别無訓説，疑必有闕文。」劉曉東《平議》亦謂「此條不僅論説之語闕，文中亦有捝。按《漢書·游俠傳·原涉》：『初，武帝時，京兆尹曹氏葬茂陵，民謂其道爲京兆仟。涉慕之，乃買地開道，立表署曰南陽仟。人不肯從，謂之原氏仟。』推師古意，蓋謂『阡』本阡陌之名，不合稱冢墓前道也。」

《漢書・成帝紀》「出入阡陌，致勞來之」，注曰：「阡陌，田間道也。南北曰阡，東西曰陌。蓋秦時商鞅所開也。」《説文新附・𨸏部》：「路東西爲陌，南北爲阡。」「阡陌」亦作「仟佰」，《食貨志》「衆庶街巷有馬，仟佰之間成羣」，師古注曰：「謂田中之阡陌也。」《地理志下》「孝公用商君，制轅田，開仟佰」，注曰：「南北曰『仟』，東西曰『佰』，皆謂開田之疆畝也。」是「阡/仟」者，田間南北之道；「陌/佰」者，田間東西之道，引申泛指田間小路，不拘方向。後又泛指道路，或泛指田野。

「阡」又引申特指墓道，《游俠傳》之「京兆仟」、「南陽仟」、「原氏仟」皆是也。又由墓道借指墳墓，如杜甫《秋日夔府詠懷一百韻》「共誰論昔事，幾處有新阡」，仇兆鰲注引《風俗通》曰：「阡謂之冢。」此乃因借代修辭而發生詞義引申。參見060「繦」疏證（三）。「阡」既指墓，故墓表又稱「阡表」。墓表猶墓碑，豎於墓前或墓道内以表彰死者。明徐師曾《文體明辨序説・墓表》云：「墓表自東漢始，安帝元初元年立《謁者景君墓表》，厥後因之。其文體與碑碣同，有官無官皆可用，非若碑碣之有等級限制也。」如宋曾敏行《獨醒雜志》卷二：「後公罷政出守青社，自爲阡表，刻碑以歸。」歐陽修《瀧岡阡表》：「惟我皇考崇公，卜吉于瀧崗之六十年，其子修，始克表於其阡。」羅大經《鶴林玉露》卷一：「歐陽公居永豐縣之沙溪，其考崇公葬焉，所謂『瀧岡阡』是也。厥後奉母鄭夫人之喪歸合葬，載青州石鐫阡表。」等。

秦選之《校注》則以爲不闕，曰：「案『阡』字於古，人多用爲阡陌之義。《史記・秦本紀》：『開阡陌。』應劭《風俗通》曰：『南北曰阡，東西曰陌。河東以東西爲阡，南北爲陌。』陸機《答張士然》詩：『迴渠繞曲陌，通波扶直阡。』又或借爲『芊』，謝朓《和王著八公山》詩：『阡眠起雜樹。』《游東田》詩：『遠樹曖阡阡。』其『阡眠』二字，蓋本《楚辭・九懷》『遠望兮阡眠』，注：『遥視也。一説密茂貌。』故除涉傳而外，少用爲道阡者。師古援引涉傳，意在發明此義。若更證以次條，則連類而及，其意益顯，有何可疑？」

069

【桓】如淳《漢書音義》曰〔一〕：「舊亭傳於四角面百步築土，上有屋①。屋上有柱出，高丈餘。有大板貫柱四出②，名曰『桓表』③。縣所都夾兩邊各一桓④。陳留之俗⑤，言『桓』聲如『和』〔二〕，今猶謂之『和表』也。」《説文》云：「桓是亭郵表也。」《東京賦》云：「迄於上林，結徒爲營。叙和樹表，司鐸授鉦。」叙，比也。軍之正門爲「和」〔三〕，樹表設牙形以表之〔四〕。

〔校勘記〕

①上有屋：明本、沈本、惠本、盧本同。何本「上」字上有「四方」，與《漢書・酷吏傳》合。

②四：何本同，眉批：「『貫柱四出』作『貫柱而出』。」張本朱校、明本、沈本、盧本作「而」，與《酷吏傳》合；惠本原作「而」，改作「四」。

③表：張本朱校、明本、沈本、惠本、盧本作「郡」，何本作「表郡」。按：此條蓋本作「郡」，何本依《酷

吏傳》改作「表」，而漏删「郡」字。

④所都：秦選之《校注》曰：「案傳注及他處所引，『所都』二字作『所治』。」

⑤陳留：何本眉批：「『陳留』，《漢書注》作『陳宋』。」秦選之《校注》曰：「蓋陳留舊屬河南開封，而《漢書・地理志》臣瓚注云：『宋亦有留，留屬陳，故稱陳留。』惟《史記・孝文紀》『誹謗之木』注，《索隱》引崔浩説作『陳楚』。」

【疏證】

〔一〕如淳《漢書音義》：《漢書・酷吏傳》「便輿出，瘞寺門桓東」，注引如淳曰：「舊亭傳於四角面百步築土四方，上有屋，屋上有柱出，高丈餘，有大板貫柱四出，名曰『桓表』。縣所治夾兩邊各一桓。陳宋之俗言『桓』聲如『和』，今猶謂之『和表』。」師古注曰：「即華表也。」

〔二〕言「桓」聲如「和」：桓，表柱。原指古時郵亭旁用作表識的柱子，後泛指寺、墓、橋、城門等處用作表識或其他用途的柱子。《説文・木部》：「桓，亭郵表也。」段注曰：「一柱上四出亦謂之桓。」《禮記・檀弓》「三家視桓楹」，鄭注曰：「四植謂之『桓』。」《正義》云：「案《説文》：『桓，亭郵表也。』謂亭郵之所而立表木謂之『桓』。桓，即今之橋旁表柱也。」《周禮・春官・大宗伯》「公執桓圭」，鄭注曰：「雙植謂之『桓』。」

按：「桓」（匣母元部）、「和」（匣母歌部）、「華」

華表（天安門）

(匣母魚部)皆一聲之轉,桓表、華表、和表一也。《史記·孝文本紀》「誹謗之木」,《索隱》云:「鄭玄注《禮》云:『一縱一横爲午。謂以木貫表柱四出,即今之華表。』崔浩以爲木貫表柱四出名『桓』,陳楚俗『桓』聲近『和』,又云『和表』。則『華』與『和』又相訛耳。」《水經注·桓水》引鄭玄《書·禹貢》注曰:「『和』讀若『桓』。」秦選之《校注》曰:「俗『桓』聲近『和』,又『和表』亦作『華表』。『華』於古時本入歌韻,晉索靖《草書狀》以『華』與『波』、『陁』相叶,可以作證。」

〔三〕軍之正門爲「和」:《文選·張衡〈東京賦〉》「次和樹表,司鐸授鉦」,薛綜注曰:「和,軍之正門爲『和』也。表,門表也。」李善注曰:「大閲,虞人爲表,以旌爲左右和門。」《周禮·夏官·大司馬》「以旌爲左右和之門」,鄭注曰:「軍門曰『和』。今謂之壘門,立兩旌以爲之。叙和出,用次第出和門也。」《文選·潘岳〈西征賦〉》「距華蓋於壘和」,李善注曰:「和,軍營之正門也。」

軍之正門何以名「和」,章太炎《新方言》卷五云:「《夏官》『以旌爲左右和之門』注:『軍門曰和。』《吴語》『還軍接龢』,亦此字也。今淮南吴越謂醮祭以竿、張布爲左右門曰『和門』,『和』音如『歡』。元寒、歌戈對轉也。」隨引師古此條云:「據此,『和』爲假借,『桓』爲正字。今謂『和門』爲『歡門』,是合於本音也。」是以「和」、「龢」爲「桓」之假借。

《小學答問》云:「問曰:《説文》:『和,相應也。』古謂軍門曰『和』,《夏官》『以旌爲左右和之門』。《吴語》『還軍接龢』,又以『龢』爲之。其本字云何?答曰:當爲『戲』。《説文》:『戲,三軍之偏也。』『戲』、『和』同在歌部,古音『戲』如『亏』,與『和』又同位,故得相耤。《漢書·高帝紀》「諸侯罷戲下」，師古曰：『戲，謂軍之旌麾也。亦讀曰麾。』《竇田灌韓傳》『至戲下』，師古曰：『戲，大將之旗也。讀與麾同。』『麾』字《説文》作『摩』，云：『旌旗所以指摩也。』蓋舉其旌言曰『麾』，就其門言曰『戲』，字從聲相爲『和』。」是則以「和」、「龢」爲「戲」、「摩/麾」之假借。

又《文始》卷一云：「桓于軍門音轉如『和』，孳乳爲『戲』，三軍之偏也。又孳乳爲『摩』，旌旗所以指摩也。」是又以「和」、「戲」、「摩」爲「桓」之音轉。

〔四〕樹表設牙形以表之：古時駐軍，主帥或主將帳前樹牙旗以爲軍門，稱「牙門」。如《國語·齊語》「執枹鼓立於軍門」，韋昭注曰：「軍門，立旍爲軍門，若今牙門矣。」《後漢書·袁紹傳》「遂到瓚營，拔其牙門」，李賢注曰：「《真人水鏡經》：『凡軍始出，立牙竿必令完堅。若有折，將軍不利。』牙門旗竿，軍之精也。即《周禮·司常》職云軍旅會同置旌門是也。」《周禮·司常》「會同賓客亦如之，置旌門」，鄭注曰：「賓客、朝覲、宗遇，王乘金路；巡守兵車之會，王乘戎路。皆建其大常。」

按：「牙旗」之稱，始見於漢。《文選·張衡〈東京賦〉》「戈矛若林，牙旗繽紛」，薛綜注曰：「牙旗者，將軍之旌。謂古者天子出，建大牙旗，竿上以象牙飾之，故云『牙旗』。」

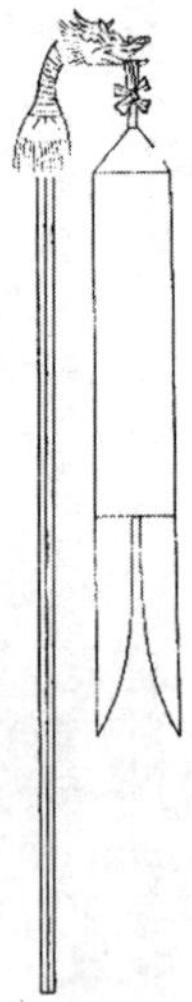

旜

（《新定三禮圖》卷九）

揚之水《幡與牙旗》(《中國歷史文物》二〇〇二年第一期)詳論其起源、變遷及名實之異，認爲以魏晉南北朝時的牙幢及旗幅飾牙之旓例之，牙旗之「牙」，並非竿上以象牙飾之，而是旗幟胡部飾牙，即鋸齒。旌旗飾牙原是象征軍事，《周禮·春官·典瑞》鄭注「牙齒，兵象」是也。唐代從牙旗中又分出門旗：門旗做成兩面，左右分列；牙旗則獨樹一幟，格外高大。又有另一種正幅作成鋸齒狀的五采牙旗，是將軍帳下各個軍事組織的標幟，與作爲「將軍之旌」的牙旗形製和意義均不相同。

070

【辟彊】《外戚傳》「留侯子張辟彊」〔一〕，前賢亦無釋。而學者相承，讀「辟」音如珪璧之「璧」，「彊」爲彊(禦)〔梁〕之「彊」①〔二〕，作意解云：能弭辟彊(禦)〔梁〕，猶言辟惡邪②、辟兵之類是也。東齊僕射陽休之爲兒制名〔三〕，亦取此。按：賈誼《新書》云〔四〕：「昔者衞侯朝于周，周行人問其名。曰：『衞侯辟疆③。』周行人還之曰：『啓疆、辟疆，天子之號也，諸侯弗得用。』衞侯更其名曰『燬』，然後受之。」若如賈生此説，「辟」當音爲開闢之「闢」，「彊」當音爲疆(場)〔埸〕之「疆」④。楚有薳啓疆〔五〕，亦其例也。古單用字多有假借，不足爲疑。又漢濟南王名辟光〔六〕，世人亦讀爲「璧」，復解釋云：辟，君也〔七〕。恐此亦當取開闢之義爲勝。

〔校勘記〕

①梁：原作「禦」，明本、沈本、惠本、盧本同。何本作「梁」，眉批：「兩『梁』字俱作『禦』。」下「禦」字同。《漢書·文帝紀》注曰：「辟彊，言辟禦彊梁者。」今從何本。

②猶言辟惡邪：明本、沈本、惠本、盧本同。何本作「猶有辟惡非」，眉批：「猶言辟惡邪、辟兵之類是也。」按：《文帝紀》注曰：「亦猶辟兵、辟非耳。」何本蓋涉注而亂。

③疆：篇内六「疆」字，明本、沈本、何本、惠本、盧本同。張本朱校改第一、二、三、六字作「彊」。周祖謨《校記》云：「『疆』景宋本作『彊』，是也。」按：此條辨「彊」之强梁、疆場二義，則六「疆」字皆當作「彊」。作「疆」者，蓋依顔意而改原文也。

④場：原作「場」，明本、沈本、何本、惠本、盧本同。今據張本朱校改。

〔疏證〕

〔一〕留侯子張辟彊：《漢書·外戚傳》載，留侯子張辟彊爲侍中，年十五，爲丞相陳平獻策，拜諸吕爲官，以安吕后之心。秦選之《校注》曰：「案《孝文紀》，趙幽王子亦名辟彊，文帝封之爲河間王。」

〔二〕「辟」音如珪璧之「璧」，「彊」爲彊梁之「彊」：「辟」本義爲行刑，引申爲法、罪、君王、治理、剷除等義。參見023「闢」疏證〔六〕。《廣韻》錫韻「房益切」（並母）：「辟，便辟，又法也。」「闢，啓也，開也。」又「必益切」（幫母）：「辟，《爾雅》：『皇、王、后、辟，君也。』亦除也。」「璧，《白虎通》曰：『璧者，外圜象天，内方象地。』《爾雅》曰：『肉倍好謂之璧。』」然則讀「辟」音如「璧」者，乃訓辟除，讀爲「闢」者，乃訓開闢。

《説文・弓部》：「彊，弓有力也。」「彊」本義爲强弓，引申爲强壯、强盛、堅强等，假借「強」字爲之。「強」一作「强」，本義爲米中小黑蟲，《虫部》：「強，蚚也。」《畕部》：「畺，界也。」田界之義，本字作「畕」，从二田會意。後有兩種寫法：一是二田之間有羨畫，作毛伯簋，即「畺」字；一是二田旁加「弓」，表示用工具丈量田地，作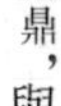大盂鼎，與訓「弓有力」之「彊」字同形；後又加意符「土」，作秦公簋，即「疆」字。引申爲國界、邊界、疆土等。《廣韻》陽韻「巨良切」（羣母）：「強，健也，暴也。《説文》曰：『蚚也。』」「彊，與『強』通用，《説文》曰：『弓有力也。』」又「居良切」（見母）：「疆，同『畺』。」《集韻》「居良切」：「畺疆疅壃彊，《説文》：『界也。』」然則讀「彊」爲彊梁之「彊」，乃訓强盛；讀爲疆場之「疆」，乃訓疆土。

要之，「辟彊」可有二音二義：讀如「辟強」，義爲辟禦彊梁；讀爲「闢疆」，義爲開闢疆土。《漢書・文帝紀》「遂弟辟彊」，師古注曰：「辟彊，言辟禦彊梁者，亦猶辟兵、辟非耳。『辟』音『必亦反』，『彊』音『其良反』。一説『辟』讀曰『闢』，『彊』讀曰『疆』。闢疆，言開土地也。賈誼書曰：『衛侯朝於周，周行人問其名，衛侯曰辟彊。行人還之曰：啓彊、辟彊，天子之號也，諸侯弗得用。更其名曰燬。』則其義兩説並通。他皆類此。」《景帝紀》「濟南王辟光」，注曰：「『辟』音『壁』，又音『闢』，其義兩通。」是則師古注《漢書》時，尚謂「辟彊」音義可以兩通，逮晚年著此條時，則專取開闢疆土之意。

「彊」、「強」、「疆」三字，故籍中實多相亂，如《世説新語·簡傲》王獻之「聞顧辟疆有名園」，《藝文類聚》卷六五引作「顧辟強」；《文選·謝朓〈和伏武昌登孫權故城〉》「帷帟盡謀選」，李善注引《左傳》作「蔿啓疆」，任昉《啓蕭太傅固辭奪禮》「悼心失圖」，注引《左傳》又作「薳啓彊」等。後世人名，亦不乏慕古人而借其名者，其命名之理，實難尋繹。

此條何本眉批云：「自有兩義。留侯之子則爲強梁之『强』也，可以理斷，與齊君楚臣僭擬妄作區以别矣。宋有王辟强，字弱翁。」吴省蘭過録何本眉批於吴本天頭處，其中「王辟强」之「强」作「彊」，「弱翁」作「弱侯」。按：何焯之言甚是。「彊」與「強」、「疆」皆可相通，未必人人同取一義。王辟彊既以「弱翁」爲字，顯係通「彊」爲「強」。師古以衛侯之名類比留侯子之名，似未必然。

〔三〕陽休之爲兒制名：陽休之，字子烈，右北平無終人。《北齊書·陽休之傳》：「子辟彊，武平末尚書水部郎中。」除陽休之外，《晉書·習鑿齒傳》、《宋書·顔峻傳》二人之子亦名辟強。

〔四〕賈誼《新書》：《韓非子·外儲説》亦載其事云：「衛君入朝於周，周行人問其號，對曰：『諸侯辟疆。』周行人卻之曰：『諸侯不得與天子同號。』衛君乃自更曰：『諸侯燬。』而後内之。」章學誠《乙卯札記》云：「今考此事，見《韓非子·儲説》，《國策》載之，其文大同小異。引書當徵其最先出者，不應據賈誼爲主。此亦顔氏之失。」

師古訓衛侯之名「辟疆」爲開闢疆土，曾無疑義。章太炎《春秋左傳讀》僖二十五年云：「衛侯本名辟彊，『彊』即『疆』。《管子》衛公子開方，蓋與辟彊爲兄弟。『辟』、『開』同義，疆土、方域亦同。」「辟疆」與「開方」對舉，其義尤顯。

〔五〕 薳啓疆：今本《左傳》襄二十四年「楚子使薳啓彊如齊聘」，《釋文》云：「彊，其良反，又『居良反』。」是《釋文》本、《正義》本作「彊」，與影宋本同。

〔六〕 漢濟南王名辟光：見《漢書・景帝紀》。

〔七〕 辟，君也：見《爾雅・釋訓》：「林、烝、天、帝、皇、王、後、辟、公、侯，君也。」邢疏云：「辟者，法也。爲下所法則也。」君王義乃刑法義之引申。

071

【閼氏】習鑿齒《與謝安石書》〔一〕云：「匈奴名妾作『閼氏』，言可愛如烟支也。『閼』字『於言反』，想足下先作此讀書也。」按：《史記》及《漢書》謂單于正妻曰「閼氏」〔二〕，猶中國言「皇后」爾。舊讀音「焉（氏）〔支〕」①〔三〕。此蓋北翟之言②，自有意義〔四〕，未可得而詳也。若謂色象烟支，便以立稱者，則單于之女謂之「居次」〔五〕，復比何物？且「閼氏」妻號，非妾之名〔六〕，未知習生何所憑據，自（謂）〔爲〕解釋③。

〔校勘記〕

①焉支：原作「焉氏」。明本闕「支」字，「焉」下空一格；沈本作「焉攴」；何本作「焉支」；盧本原闕「支」字，「焉」下空一格，補入「氐」；惠本作「焉氏」。按：「支」、「氐」音同，與「氏」音異。既爲

「閼氏」注音，不應仍作「氏」字。蓋惠本、盧本各以己意補闕也。今據何本改。

②翟：張本朱校、明本、沈本、何本、惠本作「狄」；盧本原作「狄」，改作「翟」。按：北狄字當作「狄」，亦通「翟」。

③爲：原作「謂」，明本、何本、惠本、盧本同。今據張本朱校、沈本改。周祖謨《校記》云：「『謂』景宋本作『爲』，是也。」

【疏證】

〔一〕《與謝安石書》：《史記·匈奴列傳》「後有所愛閼氏」，《索隱》引習鑿齒《與燕王書》曰：「山下有紅藍，足下先知不？北方人探取其花染緋黄，挼取其上英鮮者作煙肢，婦人將用爲顔色。吾少時再三過見煙肢，今日始視紅藍，後當爲足下致其種。匈奴名妻作『閼支』，言其可愛如煙肢也。『閼』音『煙』。想足下先亦不作此讀《漢書》也。」宋羅願《爾雅翼》卷三「燕支」條亦引習説，云「習鑿齒《與謝侍中書》」。按：謝安字安石，《晉書·謝安傳》云：「復加侍中，都督揚、豫、徐、兖、青州五州、幽州之燕國諸軍事，假節。」此條作「謝安石」者，稱其名字；《索隱》作「燕王」、《爾雅翼》作「謝侍中」者，稱其職官。其實一也。

〔二〕《史記》及《漢書》：《史記·陳丞相世家》「使單于閼氏」，《集解》引蘇林曰：「『閼氏』音『焉支』，如漢皇后。」《韓王信傳》「上乃使人厚遺閼氏」，《正義》云：「閼，於連反，又音『燕』。『氏』音『支』。單于嫡妻號，若皇后。」《匈奴列傳》「後有所愛閼氏」，《索隱》云：「舊音『於連』、『於曷』反二音。匈奴皇后號也。」

《漢書·宣帝紀》「單于閼氏」，注引服虔曰：「『閼氏』音『焉支』。」《元帝紀》「賜單于待詔掖庭王檣爲閼氏」，注引蘇林曰：「『閼氏』音『焉支』，如漢皇后也。」《魏豹田儋韓王信傳》「上乃使人厚遺閼氏」，注曰：「閼氏，匈奴單于之妻也。『閼』音『於連反』，『氏』音『支』。」《匈奴傳》「後有愛閼氏，生少子」，注曰：「閼氏，匈奴皇后號也。『閼』音『於連反』，『氏』音『支』。」

〔三〕焉支：如《史記·陳丞相世家》《集解》引蘇林曰「『閼氏』音『焉支』」，《漢書·宣帝紀》注引服虔曰「『閼氏』音『焉支』」，等。

《史記·匈奴列傳》《索隱》引習書作「『閼』音『煙』」，此條引作「『閼』字『於言反』」，蓋師古自易直音爲反切也。《廣韻》先韻「烏前切」：「閼，閼氏，單于適妻也。『氏』音『支』。」即「煙」音。又仙韻「於乾切」：「閼，閼氏，單于妻。」即「焉」音。此條音「於言反」，當在元韻，《廣韻》實無此音。「烏前」、「於乾」、「於言」三反音近，師古之駁習氏，非關音讀，而因習氏以爲「閼氏」之稱源於「烟支」花名，師古則謂「閼氏」但記狄語讀音，非烟支之義也。

「閼氏」又作「焉提」。《論衡·亂龍》「休屠王焉提」，劉盼遂《集解》云：「『焉提』即《史》、《漢》中之『閼氏』。閼、焉，氏、提，皆聲韻之轉。」又引錢大昕曰：「『焉提』即『閼氏』。古書『氏』、『是』通用，『提』從『是』，亦與『氏』通。」古無舌上音，「氏」、「支」（章母支部）與「提」（定母支部）古音相近。

〔四〕北翟之言，自有意義：師古以爲「閼氏」但記狄語讀音，不取「烟支」花名之義。

崔豹《古今注·草木》云：「燕支，葉似薊，花似蒲公，出西方。土人以染，名爲『燕支』，中國人謂之『紅藍』，以染粉爲面色，謂爲燕支粉。」羅願《爾雅翼》卷三「燕支」條云：「燕支本非中國所有，蓋出西方。染粉爲婦人色，謂爲燕支粉。習鑿齒《與謝侍中書》曰：此有紅藍，北人採取其花作烟支。婦人妝時作頰色，用如豆許，按令偏頰，殊覺鮮明。匈奴名妻閼氏，言可愛如燕支也。故匈奴有烟支山。《西河舊事》歌曰：『失我祁連山，使我六畜不繁息；失我閼氏山，使我婦女無顔色。』今中國謂之『紅藍』，或只謂之『紅花』。」是則「燕支」、「烟支」皆爲花名之音譯，意譯則爲「紅藍」、「紅花」。

按：音譯詞所用漢字只記音，不表意，師古以爲「北翟之言，自有意義」，本不爲誤。然花名「烟支」亦是音譯，則狄語中花名、山名、人稱未必不同源。師古蓋因習焉不察，誤以爲花、粉「烟支」之名本即中國語詞，故云不得用華語之花名以解狄語之人稱。劉曉東《平議》云：「山産此物，故爲山名；人似此花，復爲人稱……師

紅花
（《植物名實圖考》卷十四）

古蓋因『烟支』可解，而誤以爲華夏之語，故以『閼氏』翟語自有意義不得相涉也。」

〔五〕居次：《漢書・匈奴傳》「復株絫單于復妻王昭君，生二女，長女云爲須卜居次，小女爲當于居次」，注引李奇曰：「『居次』者，女之號，若漢言公主也。」

〔六〕「閼氏」妻號，非妾之名：《史記・匈奴列傳》《索隱》及《爾雅翼》引習書皆作「匈奴名妻作『閼支』」，不作「妾」字，疑師古所據之本誤也。

072

【隄】凡言「提封」者，謂提舉封疆大數，以爲率耳〔一〕。後之學者不曉，輒讀「提」爲「隄」〔二〕。著述文章者，徑變爲「隄」字〔三〕，云：惣其隄防封界，故曰「隄封」。按：封籍之體〔四〕，止舉大數，定其綱陌。其言「封」者，譬言堰埒〔五〕，以知頃畝，何待堰堤，然始立畔乎？正當依其本字讀之，不宜曲生異說也。又隄防之「隄」字①，並音「丁奚反」〔六〕。江南末俗，往往讀爲「大奚反」〔七〕，以爲風流，恥作「低」音，不知何所憑據。轉相放習，此弊漸行於關中〔八〕。其「提封」本取提挈之義，(例)〔何〕作「低」音②？而呼「隄防」之字，即爲「蹄」音：兩失其義〔九〕，良可歎息。《傳》曰：「君子於其所不知，蓋闕如也〔一〇〕。」苟不明練，豈宜臆說③，以誤將來。

〔校勘記〕

①隄字：明本、沈本、何本、惠本、盧本皆作「字隄」。按：若作「字隄」，則連下句斷爲「隄防之字，

「隄」並音「丁奚反」」，亦通。

②何：原作「例」，明本、沈本、惠本、盧本同。今據何本改。按：「何」表反問。

③豈宜：張本朱校、明本、沈本、何本、惠本作「則不宜」；盧本原作「則宜」，改作「豈宜」。按：蓋盧本偶脱「不」字，遂據文意改「則」爲「豈」也。

〔疏證〕

〔一〕提舉封疆大數，以爲率耳：《漢書·刑法志》「一同百里，提封萬井」，注引蘇林曰：「『提』音『秪』。陳留人謂舉田爲秪。」李奇曰：「提，舉也，舉四封之内也。」師古曰：「李説是也。『提』讀如本字，蘇音非也。説者或以爲積土而封謂之『隄封』，既改文字，又失義也。」《地理志》「提封田一萬萬四千五百一十三萬六千四百五頃」，注曰：「提封者，大舉其封疆也。」《東方朔傳》「提封頃畝，及其賈直」，注曰：「提封，亦謂提舉四封之内，總計其數也。」《匡張孔馬傳》「鄉本田隄封三千一百頃」，注曰：「提封，舉其封界内之總數。」是師古從李奇之説，以爲字作「提封」，訓爲提舉封疆總數。「率耳」蓋即「率爾」，隨意之義也。

〔二〕讀「提」爲「隄」：《文選·張衡〈西都賦〉》「提封五萬，疆埸綺分」，李善注引韋昭曰：「積土爲封限也。」《説文·𨸏部》：「隄，唐也。」是蘇林、韋昭皆通「提」爲「隄」也。

〔三〕徑變爲「隄」字：五臣本《文選》、《後漢書·班固傳》録《西都賦》皆作「隄封五萬」。李賢注曰：「《前書》曰：天子畿方千里，隄封百萬井。《音義》曰：『隄謂積土爲封限也。』音丁奚反。」是章懷所見《漢書·刑法志》亦作「隄」也。《廣雅·釋訓》：「堤封，都凡也。」字又作「堤」。

〔四〕封籍：謂將疆界登記入册。「籍」字張本朱校、沈本作「藉」，周祖謨《校記》云：「『籍』景宋本作『藉』，是也。」按：「封藉」一詞，文獻無徵，周校非也。

〔五〕堰埒：堰，壘築。埒，田間土埂，一説矮墻。《急就篇》卷三「頃町界畝畦埒封」，師古注曰：「『埒』謂田間埒道也，一説謂庳垣也。今之圃或爲短牆，蓋埒之謂也。」

〔六〕丁奚反：端母齊韻，即「隄」、「低」之音。

〔七〕大奚反：定母齊韻，即「蹄」音。江南末俗讀「隄」爲「大奚反」者，如《左傳》襄二十六年「棄諸堤下」，《釋文》云：「堤，沈『直兮反』。」「直兮」、「大奚」二反同。又李肇《國史補》卷下云：「今荆襄人呼『提』爲『堤』，皆訛謬所習，亦曰坊中語也。」

〔八〕關中：秦選之《校注》曰：「案師古本瑯琊臨沂人，後隨其祖顔之推自高齊入周，終隋黄門郎，遂居關中，故其書一再引之。」

〔九〕兩失其義：師古謂「隄」、「堤」正音爲「丁奚反」之「低」，訓爲隄防；「提」之正音爲「大奚反」之「蹄」，訓爲提挈，二者不容淆亂。而當時有讀「提」爲「低」、讀「隄」爲「蹄」者，故云「兩失其義」也。

按：「提封」一詞，其字有作「提」、「隄」、「堤」者；其音除「丁奚反」、「大奚反」外，又《漢書·刑法志》注引蘇林曰：「『提』音『秖』。」是讀端母脂韻。師古以作「提」爲是，然古之通假，不可以後世之定音律之。《廣雅・釋詁》王念孫疏證云：「『提封』爲『都凡』之轉，『提』字又通作『隄』、『堤』，則『提』字亦可讀爲『低』音。凡假借之字，依聲託事，本無定體，古今異讀，未可執一。師古以蘇孝友音『秖』爲非，又謂『提』字不當作『隄』，皆執一之論也。」《讀書雜志・漢書十六》「連語」條云：「《廣雅》曰：『堤封，都凡也。』『都凡』者，猶今人言大凡、諸凡也。『堤』與『提』古字通。『都凡』與『提封』一聲之轉，皆是大數之名。『提封萬井』，猶言通共萬井耳……李善本《文選・西都賦》『提封萬井』，五臣本及《後漢書・班固傳》並作『隄封』。『提封』爲都凡之轉，其字又通作『堤』、『隄』，則亦可讀爲『都奚反』。」

〔一〇〕見《論語・子路》篇。秦選之《校注》云：「《論語》爲門弟子追記孔子言行，故稱『《傳》曰』。」

【陂池】〔一〕《東觀漢記》述光武初作壽陵云：「今所制地，不過二三頃，爲山陵陂池，裁令流水而已〔二〕。」按：「陂池」讀如《弔二世賦》「登陂陁之長坂」〔三〕。凡「陂陁」者，猶言「靡（陁）〔迤〕」耳①〔四〕。光武言不須如前世諸帝〔高〕作山陵②，但令小隆起陂陁然，裁得流泄水潦，不墊壞耳。今之讀者謂爲陂池，令得流水〔五〕，此讀非也。

〔校勘記〕

①迤：原作「陁」，明本、何本、惠本、盧本同。今據張本朱校、沈本改。《玉篇・阜部》：「陂，陂陀，靡迆也。」惠棟《後漢書補注》引師古說亦作「迤」。

②高：原闕，今據明本、沈本、何本、惠本、盧本補。

〔疏證〕

〔一〕陂池：王國維於篇題之上加標「東觀漢記」。《東觀漢記》，紀傳體斷代史，上起光武，下迄靈帝。由班固等草創，劉珍、崔寔等續撰，蔡邕等補修。范曄《後漢書》問世前，《漢記》與《史記》、《漢書》並稱「三史」，人多誦習。范書大行之後乃浸微。《隋書・經籍志》著録爲一百四十三卷，《舊唐書・經籍志》著録爲一百二十七卷，《宋史・藝文志》著録爲八卷，至元代完全散佚。清代姚之駰、四庫館臣、今人吴樹平有輯本。

〔二〕爲山陵陂池，裁令流水而已：《太平御覽》卷九十引《東觀漢記》云：「無爲山陵陂池裁令流水而已。」《後漢書・光武紀下》亦云：「今所制地，不過二三頃，無爲山陵陂池裁令流水而已。」李賢注曰：「言不起山陵，裁令封土陂池，不停水而已。『陂』音『普何反』，『池』音『徒何反』。」較之此條所引，兩文皆衍一「無」字。然依章懷注，當斷句爲「無爲山陵，陂池裁令流水而已」，文意與師古同。

〔三〕「陂池」讀如……「陂陁」：《漢書・司馬相如傳》録《哀二世賦》「登陂陁之長阪兮」，師古注曰：「『陂』音『普何反』，『陁』音『徒何反』。」《文選・司馬相如〈上林賦〉》「陂池貏豸」，郭璞注曰：「陂池，旁穨貌也。『陂』音『皮』。」《漢書・司馬相如傳上》師古先引郭説，又曰：「『陂』又音『彼奇反』。」《文選・子虛賦》「罷池陂陀」，郭璞注曰：「言旁穨也。『罷』音『疲』，『陂』音『婆』，『陀』音『駞』。」是則郭璞以「罷」爲「陂」之假借，「池」讀如字，故不出音。《漢書・司馬相如傳上》作「罷池陂陁」，是「陂陁」亦作「陂陀」也。師古亦引郭説，又曰：「『陂』音『普河反』。」要之，郭、顔皆訓「陂池」爲旁積貌，即傾斜不平。然郭璞讀「陂池」爲 pí chí，讀「陂陁」爲 pō tuó，以爲二詞不同；師古則皆讀爲 pō tuó，以爲「陂池」即「陂陁」也。

郭璞不以「陂池」、「陂陁」爲一者，蓋因「罷池陂陁」連文，不宜同音複舉。而師古必謂「陂池」即「陂陁」者，蓋因障水、蓄水曰「陂」，停水曰「池」（參見057「漢書」疏證〔四〕），而文帝陵既「裁令流水」，則「陂池」必不謂水池，而是形容山陵。秦選之《校注》曰：「至『池』字，《説文》本作『沱』字，古人多讀『駝』音。如《詩・東門》首章叶『歌』，《無羊》二章叶『阿』、『訛』，《皇矣》六章叶『阿』。其例正多。」故「池」有「徒何反」之音。

師古之讀，後人實多不從。如《集韻》支韻「蒲麋切」：「陂，陂池，旁積皃。」《類篇・阜部》：「陂，班麋切，《説文》：『阪也。』一曰池也，一曰澤障。又『蒲麋切』，陂池，旁積皃。又『彼爲切』，傾也。《易》：『無平不陂。』」皆從郭音。按：郭、顔之音各有理致，然「陂池」訓旁積貌，曾無異議。即從郭讀，「陂池」亦不訓爲堤防水池也。

〔四〕凡「陂陁」者，猶言「靡迆」：《玉篇・阜部》：「陂陀，靡迆也。」《文苑英華》卷四八唐李華《含元殿賦》：「靡迆秦山，陂陀漢陵。」「陂陀」與「靡迆」對文，明其同義。

〔五〕謂爲陂池，令得流水：王先謙《後漢書集解》引惠棟説云：「顔師古《刊謬正俗》云：『陂池』當讀如『坡陀』，猶言『靡迆』耳。言不須高作山陵，但令小隆起坡陁然，裁得流泄水潦耳。今讀者謂爲陂池，令得流水，非也。案潘岳《關中記》曰：『霸陵，文帝陵也。上有池，有四出道以流水。』則陂池之説，不爲無據。」是潘岳解「陂池」爲水池也。按：《太平御覽》引《東觀漢記》、《後漢書·光武紀》皆作「無爲山陵陂池裁令流水而已」，是霸陵無水池明矣。此條所引作「爲山陵陂池裁令流水而已」，若「陂池」是水池，則「裁」字又無着落。潘、惠之説，似不可從。

074

【楊豫】〔一〕謝承《後漢書·楊豫傳》云：「豫祖父惲，封平通侯。惲子會宗，坐與臺閣交通，有罪國除，家屬皆徙酒泉郡。」又載豫上書乞還本土，其辭云：「臣祖父惲，念安社稷，忠不避難，指刺奸臣。實心爲國，遂致死徙。」按班書《楊敞傳》〔二〕，其載惲與太僕戴長樂相失①，惲與長樂皆免爲庶人。惲既失爵位，家居營産業，起室宅，以財自娱。其友人安定太守西河孫會宗與書諫戒之。惲内懷不伏②，報會宗書，辭語不遜。宣帝見而惡之。惲坐腰斬，妻子徙酒泉郡。此惲先失爵位，然(後)〔始〕被誅③，妻子被徙。據敞《傳》及豫上書，(數)〔叙〕説皆同④，更無所異。安得有子名會宗襲爵，國除被徙事乎？謝氏既不詳其本，稱引會宗〔三〕，失於故實。又自載豫上書，與叙〔事〕相背⑤，交爲矛盾，二三詭錯。

〔校勘記〕

①其：明本、沈本、惠本、盧本同。何本作「具」。按：「具」較長，「其」亦通。

②伏：明本、沈本、惠本、盧本同。何本作「服」，與《漢書·公孫劉田王楊蔡陳鄭傳》合，眉批：「『服』

作『伏』。」

③然始：原作「然後」，今據明本、何本改。沈本作「後始」；惠本、盧本原作「然始」，改作「然後」。吴本吴志忠眉批：「『然始』已見前條，不得改『然後』。」按：072「隄」有「何待堰堤然始立畔乎」之語，吴説是也。

④叙：原作「數」，今據張本朱校、沈本、何本改。明本作「叙」；惠本、盧本原作「叔」，改作「數」。按：蓋「叙」字漫漶，惠本、盧本誤作「叔」，又以己意改作「數」。

⑤事：原闕，「叙」下空一格。今據明本、沈本、何本、惠本、盧本補。

【疏證】

〔一〕楊豫：王國維於篇題之上加標「謝承後漢書」。謝承，字偉平，會稽山陰人。東漢尚書郎謝煚之子，吴主孫權謝夫人之弟。《三國志·吴志·妃嬪傳》載，謝夫人卒後，其弟承拜五官郎中，稍遷長沙東部都尉、武陵太守，撰《後漢書》百餘卷。《隋書·經籍志》云：「《後漢書》一百三十卷，無帝紀，吴武陵太守謝承撰。」其書以東吴爲正統，劉勰譏其「疏謬少信」。今已佚，有魯迅、周天游輯本。

〔二〕班書《楊敞傳》：《漢書·公孫劉田王楊蔡陳鄭傳》載，楊敞之子楊惲爲平通侯、光禄勛，太僕戴長樂獲罪，疑是楊惲教人告發，遂反告惲誹謗朝廷。宣帝皆免惲、長樂爲庶人。惲既失爵位，家居治産業，起室宅，以財自娱。歲餘，其友人安定太守西河孫會宗與惲書諫戒之，言大臣廢退，當闔門惶懼，爲可憐之意，不當治産業，通賓客，有稱譽。惲内懷不服，報會宗書，有「夫人情所不能止者，聖人弗禁，故君父至尊親，送其終也，有時而既。臣之得罪，已三年矣。田家作苦，歲時伏臘，亨羊炰羔，斗酒自勞……拂衣而喜，奮褎低卬，頓足起舞，誠淫荒無度，不知其不可也」云云。會有日食變，騶馬猥佐成上書告惲「驕奢不悔過，日食之咎，此人所致」。宣帝見其予會宗書而惡之。廷尉當惲大逆無道，腰斬。妻子徙酒泉郡。《漢書·宣帝紀》五鳳二年云：「十二月，平通侯楊惲坐前爲光禄勳有罪，免爲庶人。不悔過，怨望，大逆不道，要斬。」《資治通鑑考異》卷一「楊惲戴長樂皆免爲庶人」條據《公孫劉田王楊蔡陳鄭傳》、《蕭望之傳》及《百官表》辨明楊惲以五鳳二年十二月免爲庶人，至四年乃死，甚是。

〔三〕稱引會宗：謝承《後漢書·楊豫傳》之文，今不可考。其云「惲子會宗」者，蓋因《漢書·公孫劉田王楊蔡陳鄭傳》有「諸在位與惲厚善者，未央衛尉韋玄成、京兆尹張敞及孫會宗等，皆免官」之語，乃誤解「孫會宗」爲楊敞之孫名曰會宗。然上文明言「其友人安定太守西河孫會宗」，未知謝氏何以疏忽至此，抑或别有所據。今無文獻可徵，卒難定其是非。

075 【計偕】〔一〕凡舉事立稱，當依義理，若遵古昔，須得其衷。班書武帝元光五年〔二〕，「徵吏民有明當世之務、習先聖之術者，縣次續食，令與計偕」。此言所徵之人，縣别給食，令上計之使俱詣京師耳〔三〕。而晉朝謂計簿爲「計階簿」，意欲酌於故實，乃所以彰其謬陋。變「偕」爲「階」，了無義旨。

〔疏證〕

〔一〕計偕：王國維於篇題之上加標「晉書」。《晉書·杜預傳》云：「在官一年以後，每歲言優者一人爲上第，劣者一人爲下第，因計偕以名聞。」是《晉書》中有用「計偕」之處也。

〔二〕見《漢書·武帝紀》。師古注曰：「『計』者，上計簿使也，郡國每歲遣詣京師上之。『偕』者，俱也。令所徵之人與上計者俱來，而縣次給之食。後世訛誤，因承此語，遂總謂上計爲『計偕』。闞駰不詳，妄爲解説，云秦漢謂諸侯朝使曰計偕。偕，次也。晉代有計偕簿，又改『偕』爲『階』，失之彌遠，致誤後學。」可與此條相參。

闞駰之説，見其所著《十三州志》。闞駰，字玄陰，敦煌人，《魏書》有傳。《十三州志》原書十卷，北宋以後散佚。清張澍輯本云：「秦漢謂諸侯朝使曰『計偕』。偕，次也。晉代有計偕簿。」即本於《漢書注》，並加案語云：「玄陰本文作『計階』也。」《北堂書鈔》卷七九「上計」條引闞駰《十三州土地志》曰：「計偕，次第歲入貢於天子國簿，代郡封瑞山川草木，萬物有無，不得隱飾，先君榮主，應問無有疑滯也。」又云：「上計，古之諸侯之奏使也。漢因之，號曰『計偕』。」然則闞駰以「計偕」爲一詞。

〔三〕上計之使：「計」本義爲結算，引申特指登記户口、賦税、錢糧等的文書，即「計簿」。「上計」指歲末郡國遣使赴京呈送計簿，《周禮·天官·小宰》「贊冢宰受歲會，歲終，則令羣吏致事」，鄭注曰：「使齎歲盡文書來至，若今『上計』。」賈疏云：「漢之朝集使，謂之『上計吏』，謂上一年計會文書及功狀也。」《漢書・武帝紀》「受計于甘泉」，師古注曰：「受郡國所上計簿也。若今之諸州計帳。」上計之使，即「計吏」、「上計吏」，亦可簡稱爲「計」。「令與計偕」者，使其與計吏同行也。《史記・儒林傳》「郡國縣道邑有好文學、敬長上、肅政教、順鄉里、出入不悖所聞者，令相長丞上屬所二千石，二千石謹察可者，當與計偕，詣太常，得受業如弟子」，《索隱》云：「計，計吏也。偕，俱也。謂令與計吏俱詣太常也。」

要之，「計簿」爲偏正結構，「上計」爲動賓結構，而「計偕」爲跨層結構，本不成詞。師古之説是也。後人乃合「計偕」爲一詞，且有多種用法：

其一，稱考核官吏爲「計偕」。如《晉書・杜預傳》「因計偕以名聞」是也。

其二，稱「計簿」爲「計偕簿」。如《通典・職官》「郡太守」條云：「漢制：歲盡，上計掾史各一人，條上郡内衆事，謂之『計偕簿』。」

其三，稱舉人赴京會試亦爲「計偕」。如唐柳宗元《宜城縣開國伯柳公行狀》：「開元中，舉汝州進士，計偕百數，公爲之冠。」

董秀芳《詞彙化：漢語雙音詞的衍生和發展》認爲，跨層結構的詞彙化是從非語言單位變爲語言單位的變化，分爲兩種情況：一是語言自然演變中出現的跨層結構詞彙化，如「否則」、「關於」、「莫非」等；二是修辭中產生的跨層粘合，如以「友于」、「孔懷」代指兄弟，以「于飛」代指夫婦，以「貽厥」代指子孫，以「而立」指三十歲等。陳望道《修辭學發凡》稱之爲「藏詞」。前者須要高頻使用，而後者是出於修辭目的。合「計偕」爲一詞，師古以爲乃因「意欲酌於故實」，蓋即修辭中的跨層結構詞彙化。

六朝文風靡麗，藏詞之法風靡一時。始則避熟就生，出於新奇；久則詞語共用，轉成風雅。孫德謙《六朝麗指》卷六十云：「蓋斷章取義，古人有焉。而課虛成實，則始於魏晉。六朝人觸類引申之。然讀其文者，必達此意。苟未明乎運用之故，語將有不可通者矣。」「藏詞」出於語言使用者的有意創造，既無義旨可解，亦乏規律可循。故顏之推不以爲然，《顏氏家訓・文章》云：「詩云：『孔懷兄弟。』孔，甚也。懷，思也。言甚可思也。陸機《與長沙顧母書》述從祖弟士璜死，乃言：『痛心拔腦，有如孔懷。』心既痛矣，即爲甚思，何故方言『有如』也？觀其此意，當謂親兄弟爲『孔懷』。詩云：『父母孔邇。』而呼二親爲『孔邇』，於義通乎？」王利器《集解》引孫能傳《剡溪漫筆》亦曰：「詩文用歇後語，亦是一疵」，「絕不可以爲法」。師古承其家學，明辨語義，寔爲嚴謹；然跨層結構既已詞彙化，則從其約定俗成可也。

076 **【戎昭果毅】**〔一〕《左氏傳》曰：「戎，昭果毅……克敵爲果，致果爲毅〔二〕。」此言理戎之禮，須明果毅。而江南陳國制立官名，有「戎昭將軍」、「果毅將軍」〔三〕，此亦不經之甚。譬《易》稱「師出以律」〔四〕，豈可便置「師出將軍」乎？

〔疏證〕

〔一〕戎昭果毅：王國維於篇題之上加標「陳書」，眉批：「此條當在卷末《南齊書》二條之後。」

〔二〕見《左傳》宣二年：「戎，昭果毅以聽之之謂禮。殺敵爲果，致果爲毅。易之，戮也。」《正義》云：「昭，明也。兵戎之事，明此果毅以聽之之謂禮。能殺敵人，是名爲『果』，言能果敢以除賊；致此果敢，乃名爲『毅』，言能彊毅以立功。」是沖遠之意與師古同。惠棟《左傳補注》云：「《大戴禮》論四代之政刑云：『祭祀昭有神明，燕食昭有慈愛，宗廟之事昭有義，率禮朝廷昭有五官。無廢甲冑之戒，當作「戎」。昭果毅以聽。』然則『戎』字爲句，『昭果毅以聽』，古語也。下四字乃左氏益之耳。」可爲顔、孔之旁證也。「戎昭果毅」爲主謂賓結構，非以「戎昭」與「果毅」並列。

〔三〕「戎昭將軍」、「果毅將軍」：何本眉批：「『果毅』猶可，『戎昭』謬矣。」「果毅」意爲果敢强毅，可作將軍之號；「戎昭」則爲跨層結構，不成詞矣。

南朝陳有「戎昭將軍」，如《陳書·宣帝紀》「戎昭將軍徐敬辯克海安城」，《吴明徹傳》「令其世子戎昭將軍、員外散騎侍郎惠覺攝行州事」，《周炅傳》「都督江、定二州諸軍事、戎昭將軍、江州刺史」，《蔡景歷傳》「遷戎昭將軍」，《虞寄傳》「加戎昭將軍」，《蕭引傳》「加戎昭將軍」，《孫瑒傳》「表薦爲戎昭將軍、宜都太守」，《姚察傳》「俄起爲戎昭將軍」，《司馬申傳》「出爲戎昭將軍」，《蔡徵傳》「授戎昭將軍、鎮右新安王諮議參軍」，《孝行傳·殷不佞》「起爲戎昭將軍」，《儒林傳·沈洙》「遷戎昭將軍」，《儒林傳·沈不害》「尋爲戎昭將軍」，《文學傳·褚玠》「乃除戎昭將軍」，《文學傳·留異》「戎昭將軍、湘東公世子徐敬成」等。又《徐陵傳》云「父摛，梁戎昭將軍」，是則梁亦有之。

《隋書・煬帝紀上》大業九年正月「辛卯，置折衝、果毅、武勇、雄武等郎將官，以領驍果」，是則「果毅將軍」蓋隋煬帝所置也。

又《新唐書・方鎮表》：「天祐二年，賜昭信軍節度，號戎昭將軍節度。」《舊唐書・哀帝紀》：「天祐二年十月，金州馮行襲奏昭信軍額内一字與元帥全忠諱字同，乃賜號戎昭軍。」蓋全忠之祖諱信，故易「昭信軍」爲「戎昭軍」耳。此唐哀帝時事，是師古身後仍有相沿以「戎昭」爲官名者。雖出於避諱之例，亦可見流俗仍未察知「戎昭」之結構也。

〔四〕見《易・師》卦：「初六：師出以律，否臧凶。」《正義》云：「使師出之時，當須以其法制整齊之。」

077

【宋書】〔一〕宋高祖弟道（鄰）〔隣〕①、道規二人〔二〕，同以「道」爲名，而「（鄰）〔隣〕」、「規」各有別理〔三〕。史牒誤爲「憐」字，讀者就而呼之，莫有知其本實。余家嘗得《宋高祖集》十卷，是宋元嘉時秘閣官書。所載「道（鄰）〔隣〕」字，始知「憐」者是錯。原其立名，既有「道規」，即應頗存義訓②，不應苟取憐愛而已。

〔校勘記〕

①隣：原作「鄰」，今據明本、沈本、何本、惠本改。盧本原作「隣」，皆改作「鄰」。按：「隣」、「鄰」同，與「憐」形近者當作「隣」。下並同。

②應：明本、沈本、何本、惠本、盧本同。張本朱校作「當」。按：「即當」與「不應」對文，不宜同字，「當」較長，「應」亦通。

【疏證】

〔一〕宋書：王國維訂正篇題爲「道憐」，並於篇題之上加標「宋書」。

〔二〕宋高祖弟道隣、道規：《宋書·后妃傳》載，孝懿蕭皇后生長沙景王道憐、臨川烈武王道規。道憐爲宋高祖中弟，道規爲少弟。沈約《宋書》卷五一、李延壽《南史》卷一三本傳皆作「道憐」。中華書局一九七五年點校本《南史·列傳第三》《校勘記》云：「嚴可均輯《全宋文》載《宋故散騎常侍護軍將軍臨澧侯劉使君墓誌》『道憐』作『道鄰』；唐顏師古《匡謬正俗》據其家藏宋高祖集亦作『道鄰』，謂『史牒誤爲「憐」字，莫有知其本實』。按誌、集是。」此墓誌今見明陶宗儀《古刻叢鈔》，其文云：「曾祖宋孝皇帝。祖諱道鄰，字道鄰，侍中、太傅、長沙景王。」可證師古之説是也。

「隣」（來母真部，開三）、「憐」（來母真部，開四）古音相近，字形相似，故而時相訛舛。《史記·高祖功臣侯者年表》柏至「以駢憐從起昌邑」，《集解》云：「《漢表》師古曰：『二馬曰駢憐，謂駢兩騎爲軍翼也。』」《索隱》云：「姚氏『憐』、『鄰』聲相近。『駢鄰』猶『比鄰』也。」《漢書·高惠高后文功臣表》即作「駢隣」。

〔三〕「隣」、「規」各有別理：《宋書·宗室傳》云道規字道則，而不録道憐之字。據《墓誌》，道鄰之字亦爲道鄰。以名爲字之事，清顧炎武《日知録》卷二三「字同其名」條、陸以湉《冷廬雜識》卷三「字」條、俞樾《茶香室續鈔》卷七「以名爲字」條等皆專論及之。

師古以爲「憐」當作「隣」，理據有二：其一，家藏《宋高祖集》作「道隣」；其二，「隣」、「規」意義相關。《説文·夫部》：「規，有灋度也。」秦選之《校注》曰：「案『隣』有左右輔弼之義，與『規』義訓頗近。《尚書·益稷》『臣哉鄰哉』注：『謂臣以人言，隣以職言。』據知『隣』字爲勝，惜乎師古未曾發此旨耳。」

【熹】熹，熾盛也，音與「僖」同。故後漢趙熹字伯陽〔一〕，取此義耳。末世傳字①，誤爲「喜」字②。讀者不（救）〔究〕③，因呼爲「憙」④。宋高祖婦之兄弟臧熹昆季二人〔二〕，名從火、喜，亦音「僖」〔三〕。今人又謬爲「憙」字，而讀之爲「喜」，皆失其意。沈約撰《宋書》，乃更爲熹制字〔四〕，以配欣喜之名，是穿鑿也。余家所得《宋高祖集》作「臧熹」字，此明驗也。且「喜」下施「心」，是好憙之「（意）〔憙〕」⑤，音「虚記反」⑥〔五〕，不謂之「（熹）〔喜〕」也⑦。

〔校勘記〕

①字：明本、何本、惠本、盧本同。沈本作「寫」。按：「寫」較長，「字」亦通。

②喜：張本朱校、明本、沈本、惠本作「熹」；何本作「憙」；盧本原作「熹」，改作「憙」。周祖謨《校記》云：「『喜』景宋本作『熹』，誤。」按：既云「誤爲」，不得仍作「熹」字，或誤爲「憙」而呼爲「喜」，或誤爲「喜」而呼爲「憙」，兩通。何本取前者，雅雨堂本取後者。

③究：原作「救」，今據張本朱校、明本、沈本、何本、惠本、盧本改。周祖謨《校記》云：「『救』景宋本作『究』，是也。」

④憙：張本朱校、明本、沈本、惠本、盧本作「熹」，何本作「喜」。周祖謨《校記》云：「『憙』景宋本作『熹』，誤。」按：何本亦通。

⑤好憙之「憙」：原作「好憙之意」，盧本同。沈本作「好喜之憙」。今據張本朱校、明本、何本、惠本改。周祖謨《校記》云：「『意』景宋本作『憙』，是也。」

⑥虚記反：張本朱校圈去「虚記」二字，改作「吏」；明本「虚記」二字闕，「反」上空兩格；沈本、何本、惠本作「吏　反」；盧本原作「吏　反」，改作「虚記反」；惠本腳注：「原缺字。」按：「憙」不得以「吏」爲反切上字，今從盧改。

⑦喜：原作「熹」。張本朱筆於「熹」下補入「虚記反」三字小注；明本、沈本、惠本作「憙虚記反」；何本作「喜虚記反」；盧本原作「憙虚記反」，改作「熹」。按：上文辨趙熹、臧熹不當作「憙」、「喜」既畢，更言讀「憙」爲「喜」亦誤。今正。

〔疏證〕

〔一〕後漢趙熹字伯陽：趙熹，字伯陽，南陽宛人。初隨更始，後歸光武，屢建功勛，官拜太尉，賜爵關内侯。范曄《後漢書》本傳作「趙憙」。《藝文類聚》卷五十、《北堂書鈔》卷五三、《太平御覽》卷四七引《東觀漢記》作「趙喜」，《初學記》卷一二、《太平御覽》卷三五八引司馬彪《續漢書》亦作

「趙喜」。《顏氏家訓・名實》「趙熹之降城」，王利器《集解》云：「羅本、傅本、顏本、程本、胡本、何本、文津本、別解『熹』作『喜』。沈揆曰：《後漢・趙熹傳》：『舞陰大姓李氏擁城不下，更始遣柱天將軍李寶降之，不肯，云：「聞宛之趙氏有孤孫熹，信義著名，願得降之。」使詣舞陰，而李氏遂降。』諸本誤作『趙喜』。」是諸史書有作「喜」者，有作「憙」者，而沈揆、師古皆以作「熹」爲正。

周天游《八家後漢書輯注》《校勘記》云：「《東觀記》、袁《紀》均作『喜』，而范書作『憙』，故四庫館臣改《東觀記》『喜』作『憙』。然《書鈔》引《續志》作『熹』。惠棟曰：『喜與熹古字通。小顏《匡謬正俗》曰：熹，熾盛也，音與僖同。故趙熹字伯陽，取此義耳。末世傳寫誤爲喜字。』天游按：徐灝《說文段注箋》曰：『憙、喜古今字。』又黄侃《說文同文》曰：『喜同台、僖、憙。』據此則喜、憙、熹三字皆可通，作『喜』非誤。然其既以『伯陽』爲字，當以『熹』爲本字。下同。」

據此條可知，師古所見諸史書亦作「喜」、「憙」，無作「熹」者。必以作「熹」爲正者，乃因其人字伯陽也。「熹」本義爲燒烤，引申爲熾熱、熾盛、光明等義；「喜」爲喜悅；「憙」爲喜好。「熹」字之義與「陽」相應，故知本名是「熹」。此理校之法也。

〔三〕臧熹昆季二人：宋高祖武敬臧皇后，名愛親。其兄名臧燾，弟名臧熹。《宋書・臧質傳》：「臧質，字含文，東莞莒人。父熹，字義和，武敬皇后弟也，與兄燾並好經籍。」《南史・臧燾傳》：「臧燾，字德仁，東莞莒人，宋武敬皇后兄也。」附《臧熹傳》：「熹字義和，燾之弟也，與燾並好經學。」遽此條可知，師古所見本《宋書》作「憙」，而師古以作「熹」爲正。理據有二：其一，「燾」、「熹」二字皆从火。《説文·火部》：「燾，溥覆照也。」其二，家藏《宋高祖集》作「熹」。而今本《宋書》及《南史》皆作「臧熹」，反與《宋高祖集》相合，蓋後世校書者改正也。

〔三〕音「僖」：《廣韻》之韻「許其切」：「僖，樂也。」「熹，盛也，博也，熱也，熾也。或作『熺』。」二字音同，平聲。

〔四〕更爲熹制字：師古以爲臧熹之字本非「義和」，乃沈約妄造「義和」之字以配「憙」名。秦選之《校注》曰：「與《晉書·李憙傳》憙字季和相似。」又曰：「古人名『熹』，而配以欣喜之字者，則嵇康之兄，亦其一也。《文選·嵇叔夜〈贈秀才入軍〉》詩題注：『兄秀才公穆入軍，贈詩。』劉義慶《集林》曰：『嵇熹，字公穆，舉秀才。』案《詩·大雅》『穆如清風』，箋：『穆，和也。』此非與『義和』配『熹』，同一失乎？」

〔五〕好憙之「憙」，音「虚記反」：依顏意，不但改「熹」爲「憙」誤，而且讀「憙」爲「喜」亦誤。《説文·喜部》：「喜，樂也。」「憙，説也。」段注曰：「『説』者，今『悦』字。樂者，無所箸之詞；悦者，有所箸之詞。《口部》『嗜』下曰：『憙欲之也。』然則『憙』與『嗜』義同，與喜樂義異。淺人不能分別，認爲一字，『喜』行而『憙』廢矣。」「喜」从壴从口，會聞鼓樂而歡喜之意，本義爲喜悦；引申爲喜愛、愛好，字後作「憙」。孫玉文《漢語變調構詞考辨》以爲原始詞義爲喜悦，虚里切（上聲）；滋生詞義爲喜愛，香忌切（去聲）。《廣韻》止韻「虚里切」：「喜，喜樂……又『香忌切』。」「憙，悦也。」志韻「許紀切」：「憙，好也。」孫氏認爲「喜」的變調構詞至晚南北朝後期開始消失，因此《廣韻》「憙」字上去兼收，上聲「虛里切」是「憙」的後起讀音。

按：師古以爲「喜」、「憙」、「熹」音義有別，甚是；然此條謂三字不可混用，《説文》「憙」字段注亦曰「喜」、「憙」二字「淺人不能分別」，則似太拘。「憙」字本即「喜」之後起分別字，而喜好之「憙」自可上去兩讀之後，更與「喜」字無別。「喜」、「憙」與「熹」，古亦通用。秦選之《校注》曰：「古人誤『熹』爲『喜』或『憙』者多矣，如漢《靈臺碑》『神龍所熹』，又或爲『喜』；《劉寬碑》『河東聞熹』，《韓仁銘》作『聞憙長喜』。」

又及，《漢書·郊祀志》「其所言，世俗之所知也，無絶殊者，而天子心獨憙」，師古注曰：「憙，讀曰『喜』。」喜，好也，音『許吏反』。」《賈誼傳》「遇之有禮，故羣臣自憙」，注曰：「憙，讀曰『喜』，音『許吏反』。憙，好也，好爲志氣也。」訓「喜」爲喜好之「好」，與此條「喜」、「憙」判別之説自相矛盾。孫玉文以爲師古以「喜」爲正字，乃是從俗從衆，反映了音讀變化帶來的用字變化；王念孫《讀書雜志·漢書第五》「憙」條則謂《漢書》正文本當作「喜」，師古注文本當作「喜，讀曰『憙』，憙，好也」。其言曰：「景祐本『憙』作『喜』，是也……今本既改正文作『憙』，又互改注内『喜』、『憙』二字，而其義遂不可通。《太平御覽·神鬼部》一引《漢書》正作『喜』，《史記》同。」按：師古析音辨義，誠爲精審，且其著述向以「依古不從流俗」（《急就篇注·叙》）爲原則，「從俗從衆」之説，似未爲達。王氏之説，既合師古「匡謬正俗」之意，又有景祐本《漢書》及《御覽》引文爲證，竊以爲可從。

079

【錫趺】〔一〕蕭子顯《齊書》云〔二〕：「太祖在淮（修）〔陰〕理城①，得一錫趺②，大數尺。趺下有篆文，莫能識者。紀僧真曰：『何須辨此文字？此自久遠之物，九錫之徵。』太祖曰：『卿勿妄言。』」而顧野王撰《符瑞圖》，據子顯《齊書》録此一條，「錫趺」謂「錫玦」，亦具寫子顯書語，但易「趺」字爲「玦」字，乃畫作玦形。按：此「趺」者，謂若簨簴之趺〔三〕，今之鐘鼓格下並有之耳，故其大數尺而有篆文。安有論玦大小，直云「數尺」，爲道廣狹，爲舉麤細乎？又玦之體狀若半環〔四〕，以何爲上，以何爲下，而云「下有篆字」？此之疎謬，不近人情。野王之於子顯，年載近接，非爲遼敻〔五〕，且又趺之與玦，形用不同。若別據他書，容有異説，蕭氏乖戾，則失不在顧矣〔六〕，豈書本乎！

〔校勘記〕

①陰：原作「修」，盧本同。明本、惠本作「脩」。今據沈本、何本改。《南齊書》作「上在淮陰治城」。
按：「理」、「治」一也，作「陰」是。

②一：明本、沈本、惠本、盧本同。何本作「古」，眉批：「『古』作『一』。事在《僧真傳》。」按：據中華書局點校本《校勘記》，南監本、毛本、局本、殿本皆作「古」，所見本異也。

【疏證】

〔一〕錫趺：王國維於篇題之上加標「齊書」。

〔二〕見《南齊書・倖臣傳》。中華書局一九七二年點校本《校勘記》云：「《御覽》六百九十二《章服部・玦門》引又作『玦』。」隨引師古此條，云：「據顔氏此説，則《南齊書》唐初寫本，字本作『趺』。《御覽》繫之《玦門》，蓋宋初寫本已有據顧野王《符瑞圖》改作『玦』者。今據南監本、《南史》及顔師古説改正。又案南監本同《南史》作『九枚』，下云『九錫之徵也』，《南史》又云『錫而有九，九錫之徵也』，則作『九枚』是。」然則齊高帝所得乃錫趺九枚也。

「九錫」本爲天子賜予諸侯、大臣的九種器物，以示最高禮遇。《公羊傳》莊公元年「錫者何？賜也；命者何？加我服也」，何休注曰：「禮有九錫：一曰車馬，二曰衣服，三曰樂則，四曰朱户，五曰納陛，六曰虎賁，七曰弓矢，八曰鈇鉞，九曰秬鬯。」魏晉六朝，掌政大臣奪權建立新朝，皆襲王莽篡漢先邀九錫故事，後遂以「九錫」爲權臣篡位之先聲。紀僧真以錫趺九枚附會「九錫」，暗示齊高帝將會位極人臣，進而取代劉宋。時齊高帝尚未稱公，故誡之曰「卿勿妄言」。

「趺」同「跗」，本義爲腳背，《玉篇・足部》：「跗，

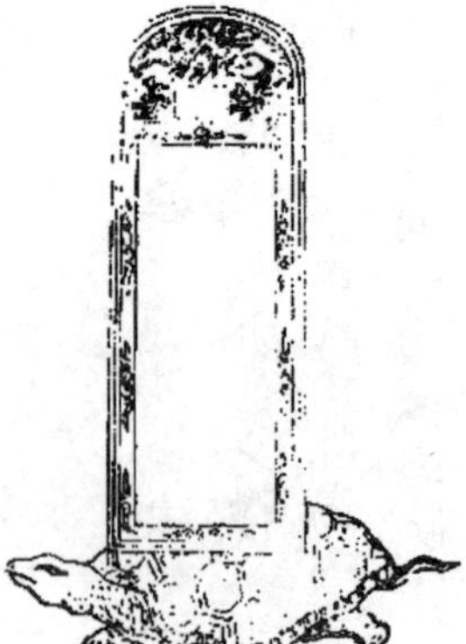

龜趺之碑

（《三才圖會》器用卷十二）

《儀禮》:『綦結於跗。』跗,足上也。」「趺,同上。」引申爲足,《集韻》虞韻「風無切」:「跗趺,足也。或作『趺』。」泛指碑刻等器物的底座。馬衡《凡將齋金石叢稿·中國金石學概要下》第四章云:「(碑)首謂之額,座謂之趺。」唐封演《封氏聞見記·碑碣》云:「隋氏制,五品以上立碑,螭首龜趺,趺上不得過四尺。」《説文·木部》「柎」字段注曰:「『柎』、『跗』正俗字也。凡器之足皆曰『柎』。」《急就篇》「鍜鑄鉛錫鐙錠鐎」,師古注曰:「有柎者曰鐙,無柎者曰錠。柎謂下施足也。」

〔三〕⿱竹奠簨:「簨」指懸掛鐘磬架子的横木。《集韻》準韻:「簨⿱竹奠,所以縣鐘磬,横曰簨,植曰虡。或作⿱竹奠。」「⿱竹奠」、「簨」同字連文,不合文理。明本、何本、惠本作「筍」;沈本作「笱」,盧本原作「筍」,改作「⿱竹奠」,亦皆非是,姑爲闕疑。

〔四〕玦之體狀若半環:玦,環形而有缺口的玉佩。《説文·玉部》:「玦,玉佩也。」段注引韋昭曰:「玦如環而缺。」《廣韻》屑韻「古穴切」:「玦,珮如環而有缺。逐臣賜玦,義取與之訣别也。」

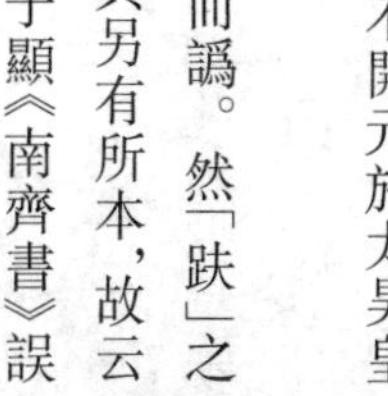

玦(《中國古代玉器圖譜·西周玉器》)

〔五〕敻:久遠。如班固《典引》:「厥有氏號,紹天闡繹,莫不開元於太昊皇初之首,上哉敻乎,其書猶得而修也。」

〔六〕蕭氏乖戾,則失不在顧:「趺」誤爲「玦」者,蓋因形近而譌。然「趺」之與「玦」,形用迥異,師古以爲野王不應疎謬至此,疑其另有所本,故云「若别據他書,容有異説」。倘若野王果有確據,則是子顯《南齊書》誤也，故云「蕭氏乖戾，則失不在顧」。劉曉東《平議》以爲「蕭」、「顧」二字當互易，似未必然。

080

【蒿艾】《齊書》又云：「紀僧真夢蒿艾生滿江，驚而白之。太祖曰：『詩人采蕭，蕭即艾也。蕭生斷流，卿勿廣言。』〔一〕」按：《爾雅》云蕭一名萩〔二〕，此蕭自是香蒿〔三〕，古之祭禮（祈）〔所〕用①，合脂爇之以饗神者。艾一名冰臺〔四〕，此則今之用灸病者。二草名既不同，稱類區別，本非一物〔五〕，較然易了。設使齊高謬談，取會一時之應〔六〕，子顯不當著於史籍，以誤將來學者。《詩》云：「彼采葛兮，一日不見，如三月兮。彼采蕭兮，一日不見，如三秋兮。彼采艾兮，一日不見，如三歲兮〔七〕。」此之三章，蓋詩人歷言葛也、蕭也、艾也，以爲興喻。故毛傳云：「葛，所以爲絺綌。蕭，所以供祭祀。艾，所以療疾。」豈得又言葛與蕭、艾惣爲一物乎？未聞以艾饗神、用蕭灸病，斷可知矣。

〔校勘記〕

①所：原作「祈」，今據張本朱校、明本、沈本、何本、惠本改。盧本原作「所」，改作「祈」。

〔疏證〕

〔一〕冒上見《南齊書·倖臣傳》。

〔二〕蕭一名萩：《爾雅·釋草》：「蕭，萩。」

〔三〕此蕭自是香蒿：《周禮·天官·甸師》「祭禮，共蕭茅」，鄭注曰：「蕭，香蒿也。玄謂《詩》所云

『取蕭祭脂』，《郊特牲》云『蕭合黍稷，臭陽達於牆屋，故既薦，然後焫蕭合馨香』。合馨香者，是蕭之謂也。」是知香蒿乃「古之祭禮所用，合脂爇之以饗神者」也。

〔四〕艾一名冰臺：《爾雅·釋草》：「艾，冰臺。」《孟子·離婁上》「今之欲王者，猶七年之病求三年之艾也」，趙岐注曰：「艾可以爲灸人病，乾久益善，故以爲喻志仁者亦久行之。」《急就篇》「半夏皁莢艾橐吾」，師古注曰：「艾一名冰臺，一名醫草。」半夏、皁莢、橐吾皆爲藥草，艾亦側其間，是知艾乃「今之用灸病者」也。

〔五〕本非一物：《周禮·春官·鬱人》「和鬱鬯」，賈疏云：「《王度記》云：『天子以鬯，諸侯以薰，大夫以蘭芝，士以蕭，庶人以艾。』此等皆以和酒。」是知蕭、艾非一物也。

按：「蒿」者，類屬之總稱也。《爾雅·釋草》「蘩之醜，秋爲蒿」，郭注曰：「醜，類也。春時各有種名，至秋老成，通皆呼爲『蒿』。」分類學上，蒿是菊科（Asteraceae）春黃菊族（trib. Anthemideae）蒿屬（Artemisia）全員的統稱；中醫學上，蒿屬多入隰草部。蒿屬之草，山野常見，古有蒿、艾、菣、蘋、蕭、蕕、萩、蘩、蔏、蔞、蔚等名。今試舉諸書故訓，辨明蒿屬之草如下：

其一，蒿、菣，是葉上白色絨毛較少的種類，即所謂「青蒿」。《釋草》「蒿，菣」，郭注曰：「今人呼青蒿香中炙啖者爲菣。」《詩·小雅·鹿鳴》「食野之蒿」，毛傳曰：「蒿，菣也。」《正義》引孫炎曰：「荆楚之間謂蒿爲菣。」陸機云：「蒿，青蒿也。荆、豫之間，汝南、汝陰皆云菣也。」其中典型物種爲黃花蒿（Artemisia annua），即青蒿素之來源。

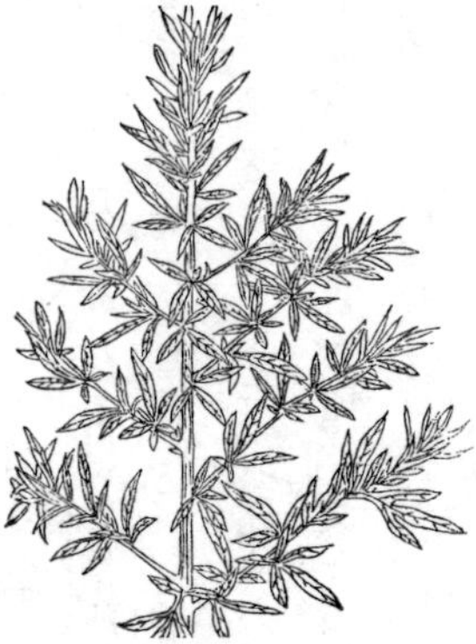
牛尾蒿

青蒿

黄花蒿

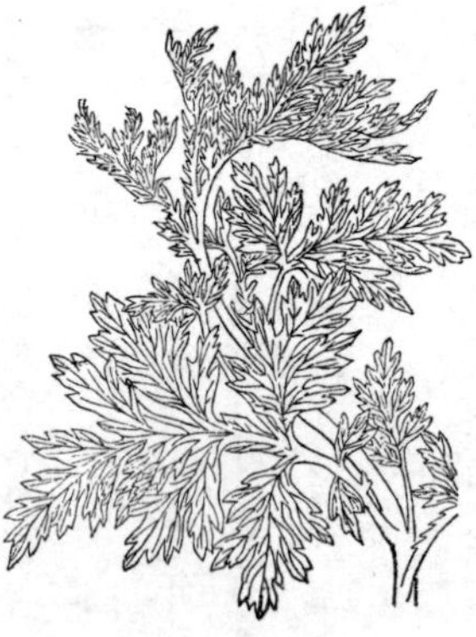
白蒿

艾

蔞蒿

（《植物名實圖考》卷十一、十二）

其二，苹、蕭、藾、萩、蘩，是葉上白色絨毛較多的種類，即所謂「白蒿」。《爾雅·釋草》「苹，藾蕭」，注曰：「今藾蒿也。初生亦可食。」疏云：「《詩·小雅》云：『呦呦鹿鳴，食野之苹。』陸璣云：『葉青白色，莖似箸而輕脆。始生香，可生食，又可烝食』是也。」此其一種，可食用。

《釋草》「蕭，萩」，注曰：「即蒿。」疏云：「李巡云：『萩一名蕭。』陸璣云：『今人所謂萩蒿者是也，或云牛尾蒿。似白蒿，白葉，莖粗，科生多者數十莖，可作燭，有香氣，故祭祀以脂爇之爲香。許慎以爲艾蒿，非也。《郊特牲》云既奠然後爇蕭合馨香，是也。』」《説文·艸部》：「蕭，艾蒿也。」段注曰：「陸語非是，此物蒿類而似艾，一名艾蒿，許非謂艾爲蕭也。齊高帝云『蕭即艾也』，乃爲誤耳。」清吴其濬《植物名實圖考》卷一二「牛尾蒿」云：「蓋牛尾蒿初生時，與蔞蒿同，唯一莖旁生橫枝。秋時枝上發短葉，橫斜欹舞，如短尾隨風，故俗呼以狀名之。」此其一種，用於饗神。

牡蒿
（《植物名實圖考》卷十四）

《釋草》「蘩，皤蒿」，注曰：「白蒿。」《詩·召南·采蘩》「于以采蘩，于沼于沚」，毛傳曰：「蘩，皤蒿也。」「公侯夫人執蘩菜以助祭。」《正義》引孫炎曰：「白蒿也。」《詩·豳風·七月》「春日遲遲，采蘩祁祁」，毛傳曰：「蘩，白蒿也，所以生蠶。」《左傳》隱三年「蘋蘩薀藻之菜」，杜注曰：「蘩，皤蒿。」《正義》引陸機《疏》云：「凡艾白色爲皤蒿，今白蒿。春始生，及秋香美。可生食，又可烝。一名游胡，北海人謂之旁勃。故《大戴禮・夏小正》傳曰：『蘩，游胡。』游胡，旁勃也。」此其一種，用以生蠶、助祭。

其中典型物種是艾（A. argyi）。《釋草》「艾，冰臺」，注曰：「今艾蒿。」《楚辭・離騷》「户服艾以盈要兮」，王逸注曰：「艾，白蒿也。」洪興祖《補注》曰：「或言艾非芳草也。一名冰臺。」此其一種，用以灸病。

其三，蔏、蔞，是蔞蒿（A. selengensis）。《爾雅・釋草》「購，蔏蔞」，注曰：「蔏蔞，蔞蒿也。生下田，初出可啖，江東用羹魚。」《詩・周南・漢廣》「翹翹錯薪，言刈其蔞」，毛傳曰：「蔞，草中之翹翹然。」《釋文》云：「馬云：『蔞，蒿也。』郭云：『似艾。』」《正義》引陸璣《疏》云：「其葉似艾，白色，長數寸，高丈餘。好生水邊及澤中，正月根牙生，旁莖正白，生食之，香而脆美。其葉又可蒸爲茹。」口語中又譌爲「蘆蒿」、「藜蒿」等，「蔞」、「蘆」、「藜」一聲之轉。

其四，蔚，是牡蒿（A. japonica）。《爾雅・釋草》：「蔚，牡菣。」《詩・小雅・蓼莪》：「蓼蓼者莪，匪莪伊蔚」，毛傳曰：「蔚，牡菣也。」《正義》云：「某氏曰：『江河間曰菣。』陸機疏云：『牡蒿也，三月始生。七月華，華似胡麻華而紫赤。八月爲角，角似小豆角，鋭而長，一名馬薪蒿。』」「蔞」和「蔚」中可能亦含多種。

除「蒿」、「艾」、「蔞」外，古書中其他蒿屬之名今已不用。「蒿」爲蒿屬植物之通稱，「艾」爲一種之專稱，「蔞」則僅用於複合詞「蔞蒿」。蒿屬亦不止以上數種，黃河長江流域常見者，還有野艾蒿、南艾蒿、蒙古蒿、紅足蒿、五月艾、魁蒿等，一般統稱爲「艾蒿」或「野艾蒿」。《現代漢語詞典》「蒿子」一詞云：「通常指花小、葉子作羽狀分裂、有某種特殊氣味的草本植物。」反映了蒿屬最爲重要的三大特徵。

要之，蕭、艾皆屬白蒿，析言有異，統言不别。師古云「本非一物」，饗神者是萩蕭，炙病者是艾，是也；齊高帝云「蕭即艾也」，亦不爲誤。然此條云「《爾雅》云蕭一名萩，此蕭自是香蒿」，似未確。師古既欲分别各種，則「萩蕭」自是苹，「香蒿」自是萩，雖亦皆屬白蒿，然非一種也。

〔六〕取會一時之應：齊高帝蕭道成以「蕭」爲己姓，「流」諧音「劉」，附會「蕭生斷流」爲蕭氏取代劉宋之意。劉曉東《平議》云：「此齊高之言，子顯直録之，乃史家之職也，何必代爲諱飾哉。」

〔七〕見《詩·王風·采葛》。

匡謬正俗疏證卷第六

081

【拆】或問曰：俗呼檢察探試謂之「覆拆」，「拆」者何也？荅曰：當爲「覆逴」〔一〕，音「敕角反」，俗語音訛，故變爲「拆」耳。按：《晉令》成帝元年四月十七日甲寅詔書云〔二〕：「《火節度七條》云〔三〕：『火發之日，詣火所赴救。御史、蘭臺令史覆逴，有不以法，隨事録坐。』又云：『交互逴覆，有犯禁者，依制罰之。』」「逴」者，謂超踰不依次第。（令）〔今〕所云「覆拆」①，亦謂乍檢乍否，不依次歷履行之，以出其不意耳。今謂董卓爲「董磔」〔四〕，故呼「逴」亦爲「拆」〔五〕，是其例也。

〔校勘記〕

①今：原作「令」，沈本、惠本、盧本同。今據張本朱校、明本、何本改。周祖謨《校記》云：「『令』景宋本作『今』，是也。」

〔疏證〕

〔一〕覆逴：秦選之《校注》曰：「猶抽查也。」逴音chuō。

〔二〕《晉令》：《隋書·經籍志》史部刑法類有《晉令》四十卷。今已佚。

〔三〕火節度：「節度」意爲調度、指揮。秦選之《校注》曰：「猶言管理火也。」

〔四〕謂董卓爲「董磔」：秦選之《校注》曰：「案『磔』音『摘』，《後漢書》卓傳，伍孚謀罵卓曰：『恨不磔裂姦賊！』而『磔』、『卓』聲近，容易變轉，則伍語或爲呼卓訛『磔』所本。」

〔五〕 呼「逴」亦爲「坼」：「卓」變爲「磔」、「逴」變爲「坼」，皆聲紐不變，藥、鐸旁轉。師古比類互見，正得其宜。「卓」古音端母藥部，《廣韻》覺韻「竹角切」（知母）：「高也。」「磔」古音端母鐸部，《廣韻》陌韻「陟格切」（知母）：「張也，開也。」「逴」古音透母藥部，《廣韻》覺韻「敕角切」（徹母）：「遠也，一曰驚走。」「坼」亦作「㘿」，古音透母鐸部，《廣韻》陌韻「丑格切」（徹母）：「裂也。」

「卓」、「逴」聲近韻同。《史記·衛將軍驃騎列傳》「逴行殊遠而糧不絶」，《索隱》云：「音與『卓』同。卓，遠也。」《文選·班固〈西都賦〉》「逴躒諸夏」，李善注曰：「逴躒，猶超絶也。『逴』音『卓』。」《集韻》「逴」、「卓」同音「竹角切」，乃存録故訓，非正音也。

師古以古語釋今言，意在説明當時方俗言語，乃遥承前世雅言故訓而來。章太炎《訄書·訂文》附《正名襍義》云：「夫廢棄之語，固有施於文辭，則爲間見，行於繇諺，反爲達稱者矣。顔籀作《匡謬正俗》，嘗舉數條：若《釋故》云『略，利也』，而唐人謂厲刃爲『略刃』；《釋故》云『洋，多也』，而山東謂衆爲『洋』；《釋言》云『恫，痛也』，而大原謂痛而呻吟爲『通喚』；顔云：通，即恫。《晉令》有『覆逴』，而唐人謂檢查探試爲『覆坼』。此並曠絶千年，或數百稔，不見於文辭久矣！然耕夫販婦，尚人人能言之。至於今日，斯例猶多。」然則《新方言》之作，師古亦有以啓之。

082

【副】「副貳」之字，「副」字本爲「福」字〔一〕，從衣畐聲。今俗呼一襲爲一福衣，蓋取其充備之意，非以覆蔽形體爲名也〔二〕。然而書史假借〔三〕，遂以「副」字代之。「副」本音「普力反」〔四〕，義訓剖劈，字或作「疈」。《詩》云「不坼不副」〔五〕，《周禮》有「疈辜」〔六〕，並其正義也。後之學者，不知有「福」字〔七〕，翻以「副貳」爲正體，「副坼」爲假借。讀《詩》「不坼不副」，乃以朱點發「副」字，已乖本音。又張平子《西京賦》云「仰福帝居」，《東京賦》云「順時服而設(福)〔副〕①」，並爲副貳〔八〕。傳寫訛舛，「衣」轉爲「示」〔九〕，讀者便呼爲福禄之「福」，失之遠矣。

〔校勘記〕

①副：原作「福」，今據明本、沈本、何本、惠本改。盧本原作「副」，改作「福」。按：若作「福」字，則顔意爲《東京賦》「福」字亦轉爲「福」，然《文選》各本皆作「副」，無作「福」者。今不從盧改。

〔疏證〕

〔一〕福：何本眉批：「《廣韻・四十九宥》收『福』字，注云『衣一福。今作副。』」吳省蘭過録何注於吳本天頭處，其中「廣韻」作「唐韻」。按：《唐韻》殘卷發現於清光緒三十四年（一九〇八），何焯未及見之，吳省蘭誤録耳。見《廣韻》宥韻「敷救切」。

「福」字《説文》無。《廣雅・釋詁》「貳、福、簉、倅、憒，盈也」，王念孫《疏證》云：「『福』各本譌作『福』……今據顔説訂正。《史記・龜策傳》『邦福重寶』，徐廣注云：『福音副，藏也。』藏即充備之義。字當從衣，今本從示，亦傳寫誤也。《漢尹宙碑》『位不福德』、《魏上尊號奏》『以福海内欣戴之望』，字並從衣，不從示。」《廣韻》宥韻「福」、「副」並音「敷救切」，折合今音爲fù，故徐廣音「福」爲「副」。「福」在屋韻「方六切」，與「福」、「副」音異，可知徐廣所見《史記》之本作「福」不作「福」。《漢尹宙碑》今見《金石萃編》卷一七，《魏上尊號奏》今見卷二三，字皆作「福」。桂馥《説文義證》卷二五亦云：「《漢尹宙碑》『位不福德』，《魏上尊號碑》『以福海内欣戴之望』，《隸釋》誤作『福』。《中鑒·政體》篇『好惡、毁譽、賞罰，參相福也』，亦誤作『福』。」荀悦《申鑒·政體》：「夫心與言、言與事，參相應也；好惡、毁譽、賞罰，參相福也。」「福」與「應」對文，明其訓爲相符，非福祐之意。王、桂之説是也。

〔二〕非以覆蔽形體爲名：《周禮·天官·追師》「掌王后之首服，爲副、編、次」，注引鄭司農云：「副者，婦人之首服。」鄭玄曰：「玄謂『副』之言『覆』，所以覆首爲之飾，其遺象若今步繇矣。服之以從王祭祀。」是康成以爲首飾衣服之稱「一副」，乃取覆蓋之義。師古則以爲本字當作「福」，取充備之義。《漢書·叔孫通傳》「乃賜通帛二十疋，衣一襲」，注曰：「一襲，上下皆具也。今人呼爲『一副』也。」師古注《漢書》時用「副」不用「福」，蓋其晚年乃思得此條也。

〔三〕書史假借：師古以爲副貳、充備義之「副」字，乃「福」之假借。其見於經者，如《周禮·天官·追師》及《詩·鄘風·君子偕老》「副笄六珈」，毛傳云：「副者，後夫人之首飾，編髮爲之。」見於史者，如《史記·太史公自序》「藏之名山，副在京師」，《漢書·司馬遷傳》師古注曰：「其副貳本乃留京師也。」《漢書・高惠高后文功臣表》「臧諸宗廟，副在有司」，注曰：「副，貳也。其列侯功籍已藏於宗廟，副貳之本又在有司。」等。

〔四〕副：《周禮・春官・大宗伯》「以疈辜祭四方百物」，鄭注曰：「疈，疈牲胷也。疈而磔之，謂磔攘及蜡祭。」《釋文》云：「疈，孚逼反，一音『方麥反』。」《詩・大雅・生民》「不坼不副」，《釋文》云：「副，孚逼反。《說文》云：『分也。』《字林》云：『判也。』匹亦反。」元朗音「疈」、「副」爲「孚逼反」，折合今音爲 pì，與「普力反」音同。

「副」籀文作疈古文四聲韻，《說文・刀部》：「副，判也。从刀畐聲。《周禮》曰：『副辜祭。』疈，籀文『副』。」段注曰：「許所據作『副』，蓋『副』者，古文、小篆所同也。鄭所據用籀文。」陸宗達《說文解字通論》云：「『疈』即『副』之籀文。副訓爲判，實即今『剖』字（副、剖古同音）。《禮記・曲禮》『爲天子削瓜者副之。』今言『剖瓜』。『辜』與『刳』同音義，刳是用刀挖出。《周禮》的『副辜』就是先剖牲畜之胸，又刳出牲畜的內臟，作爲攘除災蠱的祭祀儀式（《山海經》說『副辜』用羊，秦漢皆用狗）。」是則「疈」、「副」本義爲剖劈。

〔五〕見《詩・大雅・生民》。

〔六〕見《周禮・春官・大宗伯》。陸宗達《說文解字通論》引章太炎《新方言》云，《周禮》之副辜祀即古時農村之伏祀，即今「三伏」之語源。今湖北蘄春一帶謂宰殺牲畜曰「伏」，如「伏豬」、「伏雞」，亦「副」之假借。「伏」、「臘」之得名，「伏」是用磔狗儀式祭神，禳除災蠱；「臘」是冬天用臘肉祭神。

〔七〕不知有「福」字：師古以爲副貳之義，「福」是本字，「副」是假借字，音「敷救切」；剖劈之義，「副」、「疈」是本字，音「普力反」。而流俗以爲副貳義的本字是「副」，假借爲剖劈義，故匡之也。師古此説，後人實多不從。

《説文》「副」字段注曰：「顔説未盡然也。副之則一物成二，因仍謂之『副』。因之，凡分而合者皆謂之『副』，訓詁中如此者致多。流俗語音如『付』，由一部入三部，故韻書在宥韻，俗語又轉入遇韻也。沿襲既久，其義其音遂皆忘其本始。『福』字雖見於《龜策傳》、《東京賦》，然恐此字因『副』而製耳。」是則懋堂以爲「副」本義爲剖判，引申爲副貳，「福」乃後起分別字。

朱駿聲《説文通訓定聲》「副」字下云：「按『福』者，『幅』之或體，假借爲『副』。顔説非也。」是則朱氏以爲「福」乃「副」之假借。

黄侃《手批説文解字》「複」字下云：「『複』由畐來，別作『福』。《西京賦》『仰福帝居』。」又《文選平點》卷二《西京賦》云：「『仰福帝居』句，『福』改『福』，《匡謬正俗》云如此。然《説文》無『福』，蓋『幅』之別字，而借爲副貳之字耳。○《説文》『副』亦無貳義，其本字當作『陪』。○『福』字見《史記》及漢碑。○今案『福』乃『複』之別字。」是則季剛以爲「副」本義爲剖判，假借爲「陪」，遂有副貳之義，「幅」、「複」、「福」乃「副」之假借。

按：諸説各有理致，竊以爲段、黄之説較長。分之與合，本爲一體兩面，觀其分則爲「副」、

「剖」，視其合則爲「福」、「陪」。「福」乃專爲副貳義所造之後起分別字也。

〔八〕並爲副貳：《文選·張衡〈西京賦〉》「仰福（按：依顏意當作「福」，注同。）帝居，陽曜陰藏」，薛綜注曰：「福，猶同也。」《東京賦》「順時服而設副」，薛綜注曰：「五時之服，各隨其車，車各一色，以爲副貳。」是「福」、「副」皆訓副貳。

〔九〕「衣」轉爲「示」：何本眉批：「薛綜注云：『福猶同也。』從示不復可通矣。《史記·龜策列傳》：『邦福重寶，聞於旁鄉。』徐廣音『副』，藏也，亦當从衣。○後人多不讀此書，《宋》、《齊》二書《樂志》中承用平子『仰福』之語，皆誤刊从『示』。郭茂倩《樂府》亦然。」吴省蘭過録何注於吴本天頭處，其中「音」誤作「引」。

徐鍇《説文繫傳》「福」字下云：「『仰福帝居』，『福』從衣，非此字。」胡克家《文選考異》亦云：「何校『福』改『福』，云：顏氏《匡謬正俗》云：副貳之字本爲『福』，從衣畐聲。《西京賦》『仰福帝居』傳寫譌舛，轉衣爲示，讀者便呼爲福禄之『福』，失之遠矣。今案：所校是也，凡從衣之字，每與從示混，各本傳寫之誤，與顏云云正同。善自作『福』，不作『福』也。」是徐、胡皆從師古之説。

083

【䵷】淫䵷，亂樂〔一〕。按：「䵷」者，非法之曲、不正之音爾，非謂水中䵷黽之聲也〔二〕。又張平子《東京賦》云：「咸池不齊度於䵷咬①〔三〕，而衆聽或疑②。」豈謂䵷黽之聲乃與咸池相似乎？是知淫樂之聲矣。

〔校勘記〕

①度：張本朱筆眉批：「鈔本無『度』字。」明本、沈本、何本闕；惠本、盧本原闕，後補入。

②衆聽或疑：張本朱校、明本、沈本、何本作「衆聽者疑惑」；惠本、盧本原作「衆聽者疑惑」，改作「衆聽或疑」。胡克家《文選考異》云：「袁本、茶陵本『聽』下有『者』字。案：此無可考。」所見本異也。

〔疏證〕

〔一〕淫䵷，亂樂：䵷音wā，指淫邪不正的音樂。《文選·張衡〈東京賦〉》「咸池不齊度於䵷咬，而衆聽或疑」，薛綜注曰：「䵷咬，淫聲也。」李善注曰：「《賓戲》曰：『淫䵷不可聽者，非寵宴之樂也。』李奇曰：『淫䵷，不正也。』」《漢書·王莽傳贊》「紫色䵷聲，餘分閏位」，注引應劭曰：「紫，間色。䵷，邪音也。」師古曰：「䵷者，樂之淫聲，非正曲也。」《叙傳上》録《答賓戲》「淫䵷而不可聽者，非韶夏之樂也」，注引李奇曰：「䵷，不正之音也。」師古曰：「淫䵷，非正之聲也，不謂䵷黽之鳴也。」可與此條相參。

〔二〕非謂水中䵷黽之聲：「䵷」本義爲蛙科動物，《説文·黽部》：「鼃，蝦蟇也。从黽圭聲。」段注曰：「字亦作『䵷』、作『蛙』。」「黽」音měng，蛙的一種。《説文·黽部》：「黽，鼃黽也。」段注曰：「絫評曰鼃黽、耿黽，單評曰黽。《爾雅》：『鼃䵹，蟾蠩。在水者黽。』是則詹諸之類，而以在水中爲別也。」

時人以爲「淫䵷」是指音樂聲如蛙鳴。劉曉東《平議》云：「若以䵷爲水中䵷黽之聲，殆以韋弘嗣爲始。《漢書・叙傳上》之文殿本附録蕭該《音義》云：『韋昭曰：若鼃黽之聲也。』」其實淫鼃之「鼃」乃是「哇」之假借，故師古匡之也。其説本於其祖顏之推。《顏氏家訓・勉學》云：「《漢書・王莽贊》云：『紫色鼃聲，餘分閏位。』謂以僞亂真耳。昔吾嘗共人談書，言及王莽形狀，有一俊士，自許史學，名價甚高，乃云：『王莽非直鴟目虎吻，亦紫色蛙聲。』」又《書證》云：「《漢書・王莽贊》云：『紫色鼃聲，餘分閏位。』蓋謂非玄黄之色，不中律吕之音也。近有學士，名問甚高，遂云：『王莽非直鳶髆虎視，而復紫色鼃聲。』亦爲誤矣。」

《説文・口部》：「哇，諂聲也。」段注曰：「淫哇也。《王莽傳》又假『鼃』爲『哇』。」「紫色鼃聲」，非指王莽膚色紫黑、聲如蛙鳴，而是指其復古改制所作之服色皆爲間色，禮樂皆非正音也。師古注曰：「近之學者，便謂鼃之鳴，已失其義。」又欲改此《贊》「鼃聲」爲「蠅聲」，引《詩》「匪雞則鳴，蒼蠅之聲」，尤穿鑿矣。」

誤解「鼃」字之義，不但由來已久，亦且愈演愈烈，乃至又與《詩・齊風・雞鳴》「蒼蠅之聲」之「蠅」字相糾葛。雖然顏氏祖孫再三辨明「鼃聲」之義，然後世謬論，終難禁絶。明焦竑復訓「鼃」爲蛙，翻以《雞鳴》之「蠅」爲「鼃」字之誤。清黄生《義府》卷上「蒼蠅之聲」條云：「焦澹園謂『蠅』字乃『鼃』之誤，誠然。按：顏之推《家訓》云：《王莽傳》『紫色鼃聲，餘分閏位』，謂以僞亂真爾。閲此益知班氏用事，出《毛詩》無疑。予因悟《小雅・青蠅》亦當爲『鼃』字之誤，其云『止棘』、『止樊』、『止榛』，正合鼃所止之處。若以爲『蠅』，殊乖物理。」焦、黄無視《漢書》、《文選》之注，顛倒糾纏，實不足取。

清錢熙祚所刊《指海》第二集收入《義府》，其跋曰：「其考古處，有過於求新而失之者……焦澹園謂《雞鳴》之『蠅』乃『䗅』字，荒經蔑古，明人惡習。黄氏反引《王莽傳》『紫色䗅聲』以證之，並欲改《青蠅》之『蠅』。『䗅』非上樹之物，而云『止棘』、『止樊』、『止榛』，豈非笑柄？」顔氏祖孫於一千二百年前申明之意，乃始復見回響。

〔三〕䗅咬：師古未單訓「咬」字。「咬」本義爲象聲詞，象鳥鳴聲。《文選·禰衡〈鸚鵡賦〉》：「采采麗容，咬咬好音。」李善注引《韻略》曰：「咬咬，鳥鳴也。」《樂府詩集·相和歌辭·古辭》：「黄鳥飛相追，咬咬弄音聲。」後世常用之牙齒交合義，乃是「齩」之假借。《玉篇·口部》：「咬，鳥聲。俗爲齩字。」然則師古視「䗅咬」爲複合詞，乃「哇」、「咬」兩語素義之加合，指不正之音。

「䗅咬」又作「哇咬」，亦可倒文作「咬哇」。《文選·潘岳〈笙賦〉》「哇咬嘲喈，一何察惠」，李善注曰：「《舞賦》曰：『吐哇咬則發皓齒。』《説文》曰：『哇，諂聲也。』咬，淫聲也。」張衡《東京賦》「咸池不齊度於䗅咬」，李善注曰：「傅毅《琴賦》曰：『絶激哇之淫。』《法言》曰：『哇則鄭。』李軌曰：『哇，邪也。』《舞賦》曰：『吐哇咬則發皓齒。』然『哇』與『䗅』同。『咬』亦不正之聲也。『咬』或作『蛟』，非也。」「咬」誤作「蛟」者，蓋因既誤解「䗅」爲「蛙」義，遂又改「咬」爲「蛟」以相配，謬矣。

後世通人碩儒，亦能明辨「䗅咬」之義。如柳宗元《吊屈原文》「哇咬環觀兮，蒙耳大吕」，注曰：「哇咬，淫聲也。《梁元帝纂要》：『淫歌曰哇歌。』」《答問》「黄鐘、元間之登清廟也，鏗天地，動神祇，而嗚嗚咬哇，不入里耳」，注曰：「咬哇，邪聲。」歐陽修《讀梅氏詩有感示徐生》詩：「哇咬聾兩耳，死不享《韶》《咸》。」用之皆得其正。

084

【恫】今太原俗呼痛而呻吟謂之「通喚」，何①？答曰：《爾雅》云：「恫，痛也〔一〕。」郭景純音〔二〕：「呻（哃）〔恫〕②，音『通』，亦音『（恫）〔痛〕』③，字或作『侗』④。」《周書》云：「恫瘝乃身⑤〔三〕。」並是其義。今痛而呻者，江南俗謂之「呻喚」，關中俗謂之「呻恫」，音「同」〔四〕，鄙俗言失。「恫」者⑥，呻聲之急耳。太原俗謂恫喚云「通」，此亦以痛而呻吟，其義一也。郭景純既有「呻恫」之音，蓋舊語耳。

〔校勘記〕

①今太原俗呼痛而呻吟謂之通喚何：周祖謨《校記》云：「案『今』上當有『問曰』二字，『何』下當有『也』字。」

②恫：原作「哃」，惠本、盧本同。今據明本、沈本、何本改。按：此引郭璞《爾雅音》之文有譌誤。《爾雅》無「哃」字，景純必不爲其注音。下云「郭景純既有『呻恫』之音」，又《山海經·東山經》有獸名「狪狪」，郭注曰：「音如吟恫之『恫』。」郝懿行《義疏》云：「疑『吟』當爲『呻』字之譌。」是知本作「恫」也。

③痛：原作「恫」，明本、沈本、何本、惠本、盧本同。何本眉批：「『亦音恫』疑作『亦音痛』。」按：

《書·周書·康誥》「恫瘝乃身」，《釋文》云：「恫音『通』，又『勑動反』。」《商書·盤庚上》「乃奉其恫」，《釋文》云：「恫，勑動反，又音『通』。痛也。」「勑動反」即「痛」音，今從何校。

④侗：明本、沈本、何本、惠本、盧本同。何本眉批：「『或作侗』疑作『或作痌』。」按：《説文·人部》「侗」字引《詩·大雅·思齊》作「神罔時侗」，是「恫」或作「侗」。又《廣韻》東韻「他紅切」：「恫，痛也。」「痌，上同。」何説亦不誤。

⑤恫：明本、沈本、何本作「痌」；惠本、盧本原作「痌」，改作「恫」，與《康誥》合。

⑥恫：張本朱校、明本、沈本、何本作「痌」；惠本、盧本原作「痌」，改作「恫」。

〔疏證〕

〔一〕見《爾雅·釋言》。

〔二〕郭景純音：《隋書·經籍志》五經總義類有「梁有《爾雅音》二卷，孫炎、郭璞撰」，《舊唐書·經籍志》甲部小學類有「《爾雅音義》一卷，郭璞注」。今已佚。

〔三〕見《書·周書·康誥》。

〔四〕音「同」：師古以爲太原俗語「通喚」之「通」，本字爲「恫」。「恫」訓痛苦、悲痛，正音爲「通」，變音爲「痛」，音「同」者乃「鄙俗言失」也。

「恫」音「通」者，如《書·周書·康誥》「恫瘝乃身」，孔傳曰：「恫，痛。」《釋文》云：「恫，音『通』，又『勑動反』。」《詩·大雅·思齊》「神罔時恫」毛傳「恫，痛也」，《爾雅·釋言》「恫，痛也」，《釋文》並云：「恫，音『通』。」《文選·張衡·〈思玄賦〉》「恫後辰而無及」，舊注曰：「恫，痛也。」「恫，他公切。」《後漢書·張衡傳》録《思玄賦》，李賢注曰：「音『通』。」《廣雅·釋詁》「恫，痛也」，曹憲音「勑公切」。《廣韻》東韻「他紅切」：「通，達也。」「恫，痛也。」「恫」音「痛」者，如《商書·盤庚上》「乃奉其恫」毛傳「恫，痛也」，《釋文》云：「恫，勑動反，又音『通』。痛也。」「敕動反」即「痛」音。是則「恫」之平、去二音厥義無別，古音皆在透母東部，蓋方俗音變耳。又由痛苦、悲痛引申爲恐懼，《廣韻》送韻「徒弄切」：「恫，惚恫，不得志。」其使動用法表示恐嚇。

關中俗謂「呻恫」音「同」，古音定母東部，《廣韻》東韻「徒紅切」，《集韻》東韻「徒東切」。聲有清濁之異，故師古以爲「鄙俗言失」。

「恫」與「痛」、「疼」同源，音近義通，「恫喚」即因痛苦而呻吟。明方以智《通雅》卷四九《諺原》云：「『通喚』、『呻喚』轉爲『生含』。○小顔《正俗匡謬》曰：『太原俗呼痛而呻吟爲通喚，《周書》恫瘝是其義。江南謂呻喚，關中謂呻恫。』今江北謂痛楚作聲爲『生含』。」按：「呻」（書母真韻）與「生」（生母庚韻）、「喚」（曉母換韻）與「含」（匣母覃韻）聲韻俱近，可相通轉。

085 **【洋】**①問曰：今山東俗謂衆爲「洋」，何也？荅曰：按：《爾雅》云：「洋、觀、裒、衆、那，多也〔一〕。」

〔校勘記〕

①洋：張本朱校、沈本、何本篇題「洋」字下有雙行小注「一本洋作詳」；明本、惠本作「一本羊作詳」；盧本原有雙行小注「一本洋作詳」，又以朱筆圈去。

〔疏證〕

〔一〕見《爾雅·釋詁》。郭注曰：「洋，溢，亦多貌。」郝懿行《義疏》云：「以『洋』爲多，古今通語，故《詩·閟宫》傳：『洋洋，衆多也。』《碩人》傳：『洋洋，盛大也。』《衡門》傳：『洋洋，廣大也。』《大明》傳：『洋洋，廣也。』廣、盛、大俱與多義近。通作『穰』。《執競》傳：『穰穰，衆也。』《文選·東京賦》注：『穰穰，衆多也。』『穰』聲同『壤』。《史記·滑稽傳》云『穰穰滿家』，《貨殖傳》云『天下壤壤，皆爲利往』，『壤壤』即『穰穰』也。聲轉爲『蠅蠅』。《尚書大傳》云『禾黍蠅蠅』，『蠅蠅』亦『洋洋』也。《方言》云：『蠅，東齊謂之羊。』郭注：『此亦語轉耳。今江東人呼羊聲如蠅。』然則『蠅蠅』即『洋洋』矣。又轉爲『油』。《文選·思舊賦》注引《大傳》作『禾黍油油』，《詩》『河水洋洋』，《楚辭·九歎》注引作『河水油油』。又轉爲『繩繩』。《漢書·伍被傳》張晏注作『黍苗之繩繩』，『繩繩』亦『蠅蠅』也。」

按：郝氏謂「洋」、「穰」、「壤」、「蠅」、「油」、「繩」皆得音轉，極是；然所舉之例皆疊音詞，其實「洋」訓多貌，單用亦可。如揚雄《長楊賦》云「英華沈浮，洋溢八區」，張衡《東京賦》云「聲教布濩，盈溢天區」，「盈」、「洋」亦一聲之轉。《漢書·司馬相如傳下》録《難蜀父老》「德洋恩普」，師古注曰：「洋，多也。」章太炎《新方言》卷二云：「今淮南吴越偉大其物則曰『洋』。」是皆訓「洋」爲多。今謂海之極大者爲洋，亦取此義也。

此條雖不涉「洋」之音讀，然《釋詁》《釋文》云：「洋，音『羊』。洋，溢，衆多貌。讀『羊』者，或爲『詳』，非也。」郝氏《義疏》云：「古讀『洋』、『詳』同音，故《穆天子傳》云：『庚辰濟于洋水』，郭注：『洋音詳。』《海内西經》注亦云：『洋音翔。』洋讀爲『詳』，則知『繩繩』亦『洋洋』之聲轉。《爾雅》《釋文》以讀『洋』爲『詳』者非，蓋未通於郭音矣。」按：《説文・水部》：「洋，水。出齊臨朐高山，東北入鉅定。」《廣韻》陽韻「與章切」：「洋，水流皃，又海名。又音『祥』。」「似羊切」：「洋，水名。」水名讀「詳」，衆多義乃讀「羊」，郭璞之音，正得其宜。郝氏據此以爲「洋」（餘母陽部）、「詳」（邪母陽部）古同音，似未爲達。「洋」訓爲多，蓋本無其字之假借也。

086

【略刃】問曰：俗於礪山出刀子刃，謂之「略刃」，有舊義否？荅曰：按：《爾雅》云：「剡、略，利也〔一〕。」張（楫）〔揖〕《古今字詁》云①〔二〕：「古作『⿱㓞各』，一本作『⿱㓞召』，未知孰是。」此則礪刃使利②，故稱「略刃」耳。

〔校勘記〕

①揖：原作「楫」，明本、惠本、盧本同。今據沈本、何本改。周祖謨《校記》云：「案『楫』當作『揖』。張揖字稚讓，魏人。」下並同。

②刃：盧本同。明本、沈本、何本、惠本作「刀」。按：「刃」、「刀」兩通。

〔疏證〕

〔一〕見《爾雅・釋詁》。今本「略」作「䂮」。《釋文》云：「䂮，力約反。《詩》本作『畧』。」是則《釋文》本作「䂮」。《詩・周頌・載芟》「有略其耜」，毛傳曰：「略，利也。」《正義》云：「《釋詁》文。」是則《正義》本作「略」，與師古所見本同。

「略」本義爲劃定疆界，引申爲謀略、掠奪，又指梗概、概要，引申爲簡略、忽略等。《說文・田部》：「略，經略土地也。」「略」訓鋒利，段玉裁以爲是「㓷」之假借。《玉篇・刀部》：「䂮，力灼切。今作『略』。」《說文・刀部》：「㓷，刀劍刃也。䂮，籀文㓷。」段注曰：「『䂮』者古字，『㓷』者今字。『㓷』者正字，『略』者假借字。」「㓷（⿰⿱罒亏刂）」即「鍔」字，由刀劍刃引申爲鋒利。

《廣韻》「䂮」之音義有二：鐸韻「逆各切」：「㓷䂮，《說文》：『刀劍刃也。』」藥韻「離灼切」：「䂮，《爾雅》云：『利也。』」「䂨，上同。」又「略，簡略，謀略。又求也，法也，要也。」《集韻》藥韻「力灼切」：「略，《說文》：『經略土地也。』一曰智也，行也，要也，取也，利也。」「䂨，磨刃。」「䂮，《爾雅》：『㓷、䂮，利也。』」如段意，則是「䂮」訓刀劍刃時，讀「逆各切」（疑母鐸韻），訓鋒利時，讀「力灼切」（來母藥韻），後起字作「䂨」。經略之「略」先與鋒利之「䂮」同音假借，然後鋒利之「䂮」乃可寫作「略」也。

郝懿行《爾雅義疏》云：「『䂮』者，《說文》作『㓷』，籀文作『䂮』……通作『略』……『䂮』、『利』一聲之轉。《淮南・脩務篇》云：『誦詩者期於通。』道略、物略當訓利，高誘注：『略，達也。』通達與利義亦近。」「利」甲骨文作合29687，从禾从勿（「刎」之初文）；或作合2988，从禾从刀，本義即爲鋒利。《説文·刀部》：「利，銛也。」引申爲吉利、順利，又引申爲利益、利潤等。《廣韻》至韻「力至切」：「吉也。《説文》：『銛也。』」如郝意，則是鋒利之「䂮」既假「略」字爲之矣，然後又與鋒利之「利」音近義通。

〔三〕張揖《古今字詁》：《漢書·叙傳》師古注曰：「張揖，字稚讓，清河人，一云河間人，魏太和中爲博士。」《魏書·術藝傳·江式》録江氏進表論書云：「魏初博士清河張揖著《埤蒼》、《廣雅》、《古今字詁》。究諸《埤》、《廣》，綴拾遺漏，增長事類，抑亦於文爲益者。然其《字詁》方之許篇，古今體用，或得或失。」《北史·江式傳》同。《廣雅》流傳至今，《埤蒼》、《古今字詁》，唐玄應《一切經音義》每有引用，宋以後亡佚。清龍璋《小學蒐佚》中輯録最爲詳備。

087

【⿰骨昜】問曰：俗言濕爲「⿰土屖」，「⿰土屖」豈濕意乎？何以呼之？荅曰：按：《説文解字》云：「⿰骨昜，骨間黄汁也〔一〕。」《字林》音「丑戹反」〔二〕。然則「⿰骨昜」是骨間汁，故呼濕爲「⿰骨昜」耳，不當爲⿰土屖裂之字。

〔疏證〕

〔一〕見《説文·骨部》。⿰骨昜音tì，即黄骨髓。慧琳《一切經音義》卷七五：「⿰骨昜，《韻詮》云：『⿰骨昜者骨間黄汁也。』言人臨死之時，髓變爲⿰骨昜，黄汁流出。」

〔二〕丑戹反：師古以爲訓爲濕者，其字本當作「⿰骨昜」。流俗誤以爲其字作「⿰土屖」，然「⿰土屖」字無濕義，故有疑焉。《廣韻》陌韻「丑格切」（徹母）：「坼，裂也。」《集韻》陌韻「坼」、「⿰骨易」並音「恥格切」（徹母），麥韻「⿰骨易」又有「陟革」（知母）、「丑戹」（徹母）、「治革」（澄母）三切。「坼」、「⿰骨易」聲韻俱近，故而誤「⿰骨易」爲「坼」也。

劉曉東《平議》云：「『⿰骨易』訓『骨間黃汁』，與濕義殊爲紆遠。竊以爲其本字當爲『⿰氵晢』。」「⿰氵晢」今音zhí，《説文·水部》：「⿰氵晢，土得水沮也。」即水稍滲入土。《廣韻》陌韻「場伯切」（澄母），《集韻》麥韻與「⿰骨易」並音「治革切」。劉説亦有理致，然顏説未可輕駁也。

088

【寀】或曰：寀，寮也。別有異意乎？荅曰：按：《爾雅》云：「寀、寮，官也[一]。」郭景純注云：「官地爲寀，同官爲寮。」此則謂卿大夫因官而得食地，故謂之「采地」耳[二]。但古之經史，「采」、「菜」相通[三]，菜蔬字頗亦爲「采」，文采之字多或作「寀」，非獨地也。今之學者見謂之「采地」，字上或加草，便爲給地以種菜[四]，更朋於俳説焉。

【疏證】

[一]見《爾雅·釋詁》。《文選·張華〈答何劭〉》詩「自昔同寮寀」，李善注引《爾雅》曰：「采、寮，官也。」然則李善所見《爾雅》之本作「采」不作「寀」。依顏意，此條所引亦當作「采」，然各本皆作「寀」。《釋詁》邢疏云：「寀，采也，采取賦税以供己有。」蓋宋以前《爾雅》已作「寀」，遂依《爾雅》以改此條。

「寀」見《説文新附·宀部》：「同地爲寀。」鄭珍《説文新附考》云：「諸經子史『采地』字止作『采』，唯《爾雅・釋詁》『采、寮，官也』作『寀』……知古本原是『采』字，後人涉『寮』加宀，已後字書遂本之。」

〔二〕采地：古代卿大夫的封地。《漢書・刑法志》「此卿大夫采地之大者也」，師古注曰：「采，官也。因官食地，故曰『采地』。《爾雅》曰：『采、寮，官也。』説者不曉『采地』之義，因謂『菜地』，云以種菜，非也。」《揚雄傳上》「以支庶初食采於晉之揚」，注曰：「采，官也。以官受地，謂之『采地』。」可與此條相參。

「采」甲骨文作合11726，會採摘果實樹葉之意，本義爲摘取。《説文・木部》：「采，捋取也。」引申爲搜集、選取，採納、取得，政事、幣帛、官職等義，如《尚書・虞書・堯典》「疇咨若予采」，孔安國注曰：「采，事也。」《釋文》云：「官也。」古代卿大夫因官受封土地，故曰「采地」。《爾雅・釋詁》「尸，寀也」，郭注曰：「謂寀地。」郝懿行《義疏》云：「『寀』者，當爲『采』。下文云：『采，事也。』能其事者食其地，亦謂之『采』。《禮運》：『大夫有采，以處其子孫。』《韓詩外傳》：『古者天子爲諸侯受封，謂之采地。』」

《説文》「采」字，大徐本引《唐韻》音「倉宰切」。《玉篇・木部》：「采，且在切。色也，事也，又取也。」《土部》：「埰，且載切。《方言》曰：『塚或謂之埰。』郭璞曰：『古者卿大夫有埰，死葬之，因名之。』」《廣韻》海韻「倉宰切」：「采，事業，又取也。」「採，取也。俗。」代韻「倉代切」：「埰，古代卿大夫食採地。」《集韻》：「埰采，臣食邑謂之埰，或省。」是則「采」訓選取、採納、官職時讀上聲；訓采地時讀去聲，後起字作「埰」、「寀」。而《説文新附》音「寀」爲「倉宰切」，《集韻》海韻「此載切」：「寀，《爾雅》：『寀、寮，官也。』一曰：同地爲寀。」「埰，《博雅》：『冢也。』」是則采地之「采」後可上去兩讀。

〔三〕「采」、「菜」相通：《周禮·春官·大胥》「春入學，舍采合舞」，注引鄭司農云：「見於師，以菜爲摯。『菜』直謂疏食菜羹之菜。」鄭玄曰：「『采』讀爲『菜』。始入學必釋菜，禮先師也。菜，蘋蘩之屬。」《禮記·月令》「上丁，命樂正習舞，釋菜」，《正義》云：「此仲春習舞，則《大胥》『春，入學，舍采合舞』一也。」「舍采」即「釋菜」，是則通「采」爲「菜」也。《大學》「百乘之家」，注曰：「有采地者也。」《釋文》云：「采，七代反，本亦作『菜』。」《隸釋》卷五《梁相孔耽神祠碑》「躬菜菱藕」，是則通「菜」爲「采」也。

《説文·艸部》：「菜，艸之可食者。」大徐本引《唐韻》音「倉代切」，《廣韻》、《集韻》同。段注曰：「古多以『采』爲『菜』。」孫玉文《漢語變調構詞考辨》認爲「采：菜」亦是變調構詞，極是。

〔四〕給地以種菜：兩晉南朝曾按品級分給官吏公田收入以充俸禄，史稱「禄田」或「職田」，《通志》稱爲「采田」。此「采田」不屬官吏私有，與古之「采地」不同。《晉書·職官志》載，諸公及開府位從公者，「元康元年，給菜田十頃，田騶十人，立夏後不及田者，食奉一年」；特進、光禄大夫與卿同秩中二千石、三品將軍秩中二千石者、尚書令、太子太傅、少傅等亦給菜田、田騶，各有等差。此「菜田」即禄田也，「田騶」爲專事農業之役隸。《通志》卷五七《職官七》云：「晉公卿猶各有采田及田騶多少之級。」「禄田」、「職田」亦有「采」名，誤解「采地」爲給地以種菜，蓋與禄田制度有關。

089 【什器】或問曰：生生之具〔一〕，謂之「什器」。「什」是何物？荅曰：此名原起軍戎，遂（謂）〔爲〕天下通稱①。軍法：五人爲伍，二五爲什。一什之内，共有器物若干，皆是人之所須，不可造次而廢者，或稱「什物」②〔二〕。猶今軍行戍役工匠之屬，十人爲火〔三〕，一火内共畜器物，謂之〔火〕幕調度耳③〔四〕。

〔校勘記〕

①爲：原作「謂」，今據張本朱校、明本、沈本、何本、惠本、盧本改。周祖謨《校記》云：「『謂』景宋本作『爲』，是也。」

②或：沈本、惠本、盧本同。明本、何本作「故」。按：作「故」較長，「或」亦通。

③火：原闕，惠本、盧本同。今據張本朱校、明本、沈本、何本補。周祖謨《校記》云：「『幕』上景宋本有『火』字，當據補。」

〔疏證〕

〔一〕生生之具：秦選之《校注》曰：「猶言生人生活之具。」

〔二〕什物：《漢書·平帝紀》「天下吏民亡得置什器儲偫」，師古注曰：「軍法，五人爲伍，二伍爲什，則共其器物，故通謂生生之具爲『什器』。亦猶今之從軍及作役者十人爲火，共畜調度也。」可與此條相參。《後漢書・宣秉傳》「即賜布帛帳帷什物」，李賢注曰：「軍法：五人爲伍，二五爲什，則共其器物，故通謂生生之具爲『什物』。」即從師古之說。

按：「什器」得名之由，說法不一：

一說，「什器」本指軍用物品，引申泛指一般生產生活物品。古代兵制，五人爲伍，十人爲什，百人爲伯，因以「什伍」、「什伯」泛指軍隊基層隊伍。《禮記・祭義》「軍旅什伍」，鄭注曰：「什伍，士卒部曲也。」《史記・秦始皇本紀論》「躡足行伍之閒，而倔起什伯之中」，《集解》引如淳云：「時皆辟屈在十百之中。」《老子》：「小國寡民。使民有什伯之器而不用。」此「什伯之器」即指兵器。《顔氏家訓・風操》云：「若尋常墳典，爲生什物，安可悉廢之乎？」此「什物」即指生活用品。

一說，「什」可用作「十」，引申爲多、雜之義，生活用品多而雜樣，故曰「什器」。如《史記・五帝本紀》「（舜）作什器於壽丘」，《索隱》云：「什器，什，數也。蓋人家常用之器非一，故以十爲數，猶今云『什物』也。」玄應《一切經音義》卷二：「什物，《三蒼》：什，十也。什，聚也，雜也。亦會數之名也，又謂資生之物也。今人言家產器物猶云『什物』，物即器也。江南名『什物』，北土名『五行』。」慧琳《一切經音義》卷四七略同。今語有家什、什錦等。

「火」亦由軍隊組織引申泛指普通人羣，師古舉此同步引申爲旁證，竊以爲前說爲勝。

〔三〕十人爲火：「火」本是古代兵制單位，十人爲一火，參見顧炎武《日知録》卷二四「火長」條。《新唐書・兵志》云，一火之內共用「烏布幕、鐵馬盂、布槽、鍤、钁、鑿、碓、筐、斧、鉗、鋸皆一，甲牀二，鎌二」。唐代工匠組織亦名爲「火」，《新唐書・百官志一》：「凡工匠，以州縣爲團，五人爲火，五火置長一人。」後由軍隊、工匠等特定組織，引申泛指一般人羣，如「火伴」即指普通同伴。後加意符作「伙」，或假「夥」字爲之。《說文・多部》：「夥，齊謂多也。」如司馬相如《上林賦》云：「魚鼈讙聲，萬物衆夥。」

〔四〕火幕調度：秦選之《校注》曰：「謂軍營中安排措置之物也。」

090

【猱】或問曰：今之戎獸，皮可爲褥者，古號何獸？何以謂之「戎」？荅曰：按：許氏《說文解字》曰：「夒，貪獸也〔一〕。」李登《聲類》音「人周反」，字或作「猱」。《詩》云：「無教猱升木〔二〕。」毛傳云：「猱屬也。」箋云：「猱之性善登木。」《爾雅》云：「猱猨善援。」郭景純注曰：「便攀援也。」《爾雅》又云：「蒙頌，猱狀〔三〕。」郭注云：「即『蒙貴』也。狀似蜼而小，紫黑色。猱亦獼猴類耳。」按郭此說，蓋「蒙頌」爲獸，狀似猱。又《上林賦》云：「蜼玃飛蠝，蛭蜩玃猱〔四〕。」左思《吴都賦》云：「射猱狿。」劉逵注云：「猱似猴而長尾。」尋據諸說，驗其形狀，「戎」即「猱」也。此字既有「柔」音，俗語變訛，謂之「戎」耳〔五〕，猶今之香菜謂之「香戎」〔六〕。今（謂）〔爲〕猱別造「狨」字①〔七〕，蓋穿鑿不經，于義無取。

〔校勘記〕

①爲：原作「謂」，今正。

〔疏證〕

〔一〕見《説文・文部》。

〔二〕見《詩・小雅・角弓》。

〔三〕俱見《爾雅・釋獸》。

〔四〕蜼玃飛猵，蛭蜩玃猱：「蜼玃飛猵」，蜼音 wèi，長尾猿。玃音 jué，大獮猴。「猵」一作「蝙」、「鸓」、「蠝」，音 lěi，飛鼠。《文選》李善注引張揖曰：「蜼，似母猴，卬鼻而長尾。玃，似獮猴而大。飛蠝，鼠也，其狀如兔而鼠首，以其髯飛。」郭璞曰：「鼯鼠也。毛紫赤色，飛且生，一名飛生。」《史記索隱》云：「蜼似猴，尾端爲兩岐，天雨便以尾窒鼻兩孔。郭璞云：『玃色蒼黑，能攫搏人，故云玃也。』」

「蛭蜩玃猱」，蛭音 zhì，蜩音 tiáo，二獸名。一説「蜩」是蟬。「玃」一作「蠼」；又一作「蠗」，音 zhuó。「猱」一作「蝚」，亦皆獸名，猿類。《文選》李善注引司馬彪曰：「《山海經》曰：『不咸之山，飛蛭四翼。』蜩，蟬也。玃猱，獮猴也。」郭璞曰：「蛭蜩，未聞。」《史記集解》引郭璞曰：「蠗蝚，似獮猴而黃。蜩未聞。」《索隱》云：「上已有『蜼玃』，此不應重見。又《神異經》云：『西方深山有獸，毛色如猴，能緣高木，其名曰蜩。』《字林》『蠗』音『狄』，『蛭』音『質』，『蛭』、『蜩』

二獸名。」

《説文・夊部》：「夒，貪獸也。一曰母猴，似人。」段注曰：「『母猴』與『沐猴』、『獼猴』一語之轉。『母』非父母字。《詩・小雅》作『猱』，毛曰：『猱，猨屬。』《樂記》作『獶』，隸之變。鄭曰：『獶，獼猴也。』」《集韻》豪韻「奴刀切」：「夒獶獿猱蝚，《説文》：『貪獸也。一曰母猴，似人。』」是則「夒」、「猱」、「蝚」、「獶」一也。《漢書・司馬相如傳》師古注曰：「『蝚』音『乃高反』，又音『柔』，即今所謂『戎』，皮爲鞍褥者也。『戎』音『柔』，聲之轉耳，非獼猴也。」可與此條相參。

〔五〕戎：「猱」（泥母幽部）字从「柔」（日母幽部）得聲，故云「此字既有『柔』音」。又「戎」（日母冬部）、「柔」對轉，故云「俗語變訛，謂之『戎』」。」劉曉東《平議》多舉幽、冬對轉之例云：「『戎』之與『猱』，亦猶『峱』之與『嶩』（《詩・齊風・還》「遭我乎峱之閒兮」，《釋文》云崔靈恩《集注》本作『嶩』。）『步摇』之與『慕容』（見《晉書・慕容廆載記》）『踏摇娘』之與『談容娘』（見《隋唐嘉話》）也。」

〔六〕香葇：一年生或多年生芳香草本植物，莖葉可提取芳香油，全草入藥。一名「香薷」、「蘿葇」，音轉爲「香茸」、「香戎」。宋趙叔向《肯綮録・香薷》：「藥有所謂香薷者，『薷』字不見于《篇韻》，獨《本艸》音『柔』，今人多不識此字，

狨（《中華大典・醫藥衛生典・藥學分典・藥物圖録總部〔彩繪圖卷〕》獸部・寓分部）

北人呼爲香茸，南人呼香蕕，其實皆音謁耳。」《廣雅・釋草》「公蕡、葇、蕭、⿱艹害、荏，蘇也」，王念孫《疏證》云：「《方言》云：『蘇，荏也……其小者謂之⿱艹釀葇。』郭注云：『……⿱艹釀葇，薰葇也。亦蘇之種類，因名云。』案：⿱艹釀葇即香葇也。郭注云『薰葇』，薰亦香耳……香葇、香茸，聲之轉。孟詵《食療本草》謂之『香戎』，『戎』與『茸』同聲。顏師古《匡謬正俗》云：『戎即猱也。俗語變訛，謂之戎耳，猶今之香葇謂之香戎也。』」李時珍《本草綱目・草三・香薷》：「薷，本作『葇』。《玉篇》云：『葇，菜蘇之類。』是也。其氣香，其葉柔，故以名之。」

香薷
（《植物名實圖考》卷二五）

〔七〕別造「狨」字：「猱」音轉爲「戎」，遂別造「狨」字以配音讀。《集韻》東韻「而融切」：「狨，獸名，禺屬，其毛柔長可藉。通作『戎』。」《埤雅・釋獸》：「狨，蓋猿狖之屬，輕捷善緣木，大小類猿，長尾，尾作金色，今俗謂之『金綫狨』者是也。生川峽深山中，人以藥矢射殺之，取其尾爲臥褥、鞍被、坐毯。」按：「狨」即今金絲猴，其皮可以爲褥，故又引申指狨皮墊鞍。如宋蔡絛《鐵圍山叢談》卷二：「國朝之制，侍制中書舍人以上，皆坐狨。」劉曉東《平議》又云，《說文》「⿰犭農」、「茸」、「髶」、「⿰革茸」、「⿰毛隹」諸字皆濃盛貌，蓋「夒」、「猱」亦因其毛盛多而得名。

《顏氏家訓・書證》篇云：「吳人呼『祠祀』爲『鴟祀』，故以『祠』代『鴟』；呼『紺』爲『禁』，故以系旁作禁代『紺』字；呼『盞』爲『竹簡反』，故以木傍作展以代『盞』字；呼『鑊』字爲『霍』

字，故以金傍作霍代『鑊』字；又金傍作患爲『鐶』字，木傍作鬼爲『槐』字，火傍作庶爲『炙』字，既下作毛爲『氈』字，金花則金傍作華，窗扇則木傍作扇；諸如此類，專輒不少。」是則之推以爲因方音轉變而隨俗造字，皆專輒無據，不足爲訓。師古此云「穿鑿不經，于義無取」，其意同也。

091

【綯】或問曰：蒲州盛酒堈謂「蒲綯」，何也？荅曰：此堈既從遠來，運致非易，恐其破損，故以蒲索纏之。按：《爾雅》云：「綯，絞也〔一〕。」《詩》云：「宵爾索綯〔二〕。」即是其義。此堈爲加蒲索，故謂之「蒲綯」爾〔三〕。

〔疏證〕

〔一〕見《爾雅·釋言》。

〔二〕見《詩·豳風·七月》。

〔三〕蒲綯：時人蓋以「蒲綯」之「蒲」當蒲州之「蒲」，而不解「綯」是何物，故有疑焉。師古以爲「蒲」是蒲草，「綯」是繩索，此堈乃因外纏蒲繩而得名，而非因其産自蒲州。

《說文·艸部》：「蒲，水艸也，或以作席。」《廣韻》模韻「薄胡切」：「蒲，草名。似藺，可以爲席。亦州名。」「蒲」一訓蒲草，一訓蒲州，然既修飾「綯」字，則取蒲草義較勝。《爾雅·釋言》郭注曰：「糾絞繩索。」疏云：「謂糾繩索也。李巡曰：『綯，繩之絞也。』」然則「蒲綯」者，謂以蒲草絞成繩索，用以加固酒堈也。

蒲州出産美酒，名曰「桑落」。《水經・河水四》「又南過蒲阪縣西」，酈道元注曰：「《地理志》曰：『縣故蒲也，王莽更名蒲城。』……民有姓劉名墮者，宿擅工釀，采挹河流，醖成芳酎，懸食同枯枝之年，排於桑落之辰，故酒得其名矣。然香醑之色，清白若滫漿焉。别調氛氳，不與佗同。蘭薰麝越，自成馨逸。方土之貢選，最佳酌矣。」後遂以「桑落」代指美酒，如南北朝庾信有《衛王贈桑落酒奉答詩》，唐杜甫《九日楊奉先會白水崔明府》詩「坐開桑落酒，來把菊花枝」，白居易《劉蘇州寄釀酒糯米李浙東寄楊柳枝舞衫偶因嘗酒試衫輒成長句寄謝之》「柳枝謾蹋試雙袖，桑落初香嘗一杯」，劉禹錫《秋日書懷寄河南王尹》「不知桑落酒，今歲與誰傾」等。又唐嚴維《九日登高》云：「木奴向熟懸金實，桑落新開瀉玉堈。」是知桑落美酒確係以堈盛之，可爲此條資一旁證。

092

【貤】或問曰：今俗重沓布物一兩次，謂之「一曳」、「兩曳」，何也？荅曰：許氏《説文解字》云：「貤，重次第物也〔一〕。」《字林》音「弋豉反」。此則與今所道相當。又《詩》云「葛之覃兮，施於中谷」〔二〕，「莫莫葛藟，施於條枚」〔三〕，義兼訓移，音亦爲「貤」，蓋爲延福其上，亦重次第之意焉，蓋假借「施」字爲之耳。司馬相如《上林賦》曰：「貤丘陵〔四〕。」亦其義也。俗音訛舛，故轉爲「曳」，亦猶輕易之「易」〔五〕，鄙俗或爲「曳」音。究其根本，當言「一貤」、「兩貤」。今語亦有此作俗音者①。

〔校勘記〕

①此作：秦選之《校注》曰：「當爲『作此』。」

〔疏證〕

〔一〕見《説文・貝部》。秦選之《校注》曰：「謂既次第之，又因而重之也。」

〔二〕見《詩・周南・葛覃》。毛傳曰：「施，移也。」鄭箋云：「葛延蔓於谷中。」《釋文》云：「施，毛『以豉反』，鄭如字。」

〔三〕見《詩・大雅・旱麓》。毛傳曰：「莫莫，施貌。」鄭箋云：「葛也藟也，延蔓於木之枚本而茂盛。」《釋文》云：「施，以豉反。」

〔四〕貤丘陵：《史記・司馬相如列傳》引作「貤丘陵」，《集解》引郭璞曰：「貤猶延也。音『施』。」《文選》李善注引司馬彪曰：「貤，延也。羊氏切。」《漢書・司馬相如傳》作「貤丘陵」，師古注曰：「貤猶延也，一曰次第而重也。貤音『弋豉反』。」按：「貤」、「貤」同，《正字通・貝部》：「貤，同『貤』。」

〔五〕易：「易」之音義有二：動詞義讀入聲，《廣韻》昔韻「羊益切」：「易，變易。又始也，改也，奪也，轉也。」形容詞義讀去聲，寘韻「以豉切」：「易，難易也，簡易也。又《禮》云：『易墓非古也。』易謂芟除草木。」秦選之《校注》曰：「『易』之本音爲『羊益切』，音『亦』。鄙俗始分狀詞及動詞兩讀。」如《詩・大雅・文王》「宜鑑於殷，駿命不易」，箋云：「天之大命，不可改易。」《釋文》云：

「不易，毛『以豉反』，不易言不甚難也。鄭音『亦』，言不可改易也。」「以豉」、「弋豉」二反同，輕易之「易」轉爲「曳」音，亦猶「貤」轉爲「曳」。

按：「貤」古音餘母歌部，中古則有支、紙、寘、至諸韻之音，義訓皆同：

讀支韻者，《史記·司馬相如列傳》《集解》引郭璞音「施」是也。「施」《廣韻》支韻「式支切」。

讀紙韻者，《文選》李善注引司馬彪音「羊氏切」是也。又《廣雅·釋詁》「拸，加也」，曹憲音「『與紙』、『與支』二音」，王念孫《疏證》云：「拸之言『移』也，移加之也……《玉篇》拸音『與紙』、『與支』二切。」然則「拸」、「貤」同音通假。

讀寘韻者，此條引《字林》音「弋豉反」是也。《廣韻》寘韻「以豉切」：「貤，物之重次也。」依此條之意，《葛覃》、《旱麓》之「施」，亦「貤」之假借也。又《廣雅·釋詁》「⿰糸多，重也」，曹憲音「⿰糸多，以豉」。然則「⿰糸多」亦與「貤」同音通假。

讀至韻者，《廣韻》至韻「羊至切」：「貤，重物次第。」又「神至切」：「貤，重物次第。」是也。

師古以「弋豉反」（以母寘韻）爲「貤」之正音。《漢書·武帝紀》「無所流貤」，注曰：「許慎《説文解字》云：『貤，物之重次第也。』此詔言欲移賣爵者，無有差次，不得流行，故爲置官級也。貤音『弋賜反』。今俗猶謂凡物一重爲一貤也。」可與此條相參，「弋賜」、「弋豉」二反同。師古以爲「一曳」、「兩曳」之「曳」，字當作「貤」，音變爲「曳」。《廣韻》祭韻「餘制切」（以母）：「曳，牽也，引也。」與「貤」一聲之轉。

【趺】或問曰：今山東俗謂伏地爲「趺」，何也？荅曰：趺者，俯也〔一〕。按：張揖《古今字詁》云：「頫府①，今俯俛也。」許氏《説文解字》曰：「頫，低頭也。太史卜書『頫仰』字如此〔二〕。」斯則呼「俯」音訛，故爲「趺」耳。

〔校勘記〕

①府：明本、何本、惠本、盧本同。沈本作「俯」。章太炎《新方言》以爲「府」字不誤。

〔疏證〕

〔一〕趺者，俯也：「趺」同「跗」，本義爲腳背，引申爲足，泛指碑刻等器物的底座。參見079「錫趺」疏證〔二〕。《廣韻》虞韻「甫無切」：「跗，足趾也。」「趺，上同。」麌韻「方矩切」：「頫，《説文》：『低頭也。《太史公書》頫仰字如此。』」「俯，上同。《漢書》又作『俛』，今音『免』。」俗呼伏地爲「趺」，師古以爲乃是「俯」之音變，字當作「俯」，故曰「音訛」。按：顔説可通，然「趺」亦可直接引申出伏地之義也。

〔二〕見《説文·頁部》：「頫，低頭也。从頁，逃省。《太史卜書》『頫仰』字如此。楊雄曰：『人面頫。』俛，『頫』或从人免。」然則「頫」異體作「俛」，本義爲低頭。「俯」本義亦爲低頭，《玉篇·人部》：「俯，下頭也。」在低頭、俯身義上，「頫」、「俛」與「俯」構成同義詞。

李登《聲類》以爲「頫」即古「俯」字。《文選·司馬相如〈上林賦〉》「頫杳眇而無見」，李善注引《聲類》曰：「頫，古文『俯』字。」張衡《西京賦》「伏櫺檻而頫聽」，李善注亦曰：「頫，古

「俯」字，音『府』。」師古亦謂「俛」即「俯」字，「頫」爲古「俯」字，如《漢書·陳勝項籍傳贊》引賈誼《過秦論》「百粵之君，頫首係頸」、《貨殖傳》「頫有拾，卬有取」、《司馬相如傳》録《上林賦》，師古皆曰：「頫，古『俯』字也。」《韓彭英盧吴傳》「俛出跨下」、《爰盎鼂錯傳》「在俛卬之間耳」、《公孫劉田王楊蔡陳鄭傳》「行步俛僂」、《眭兩夏侯京翼李傳》「其取青紫如俛拾地芥耳」，注皆曰：「『俛』亦『俯』字」、「『俛』即『俯』字也」。《東方朔傳》「鶴俛啄也」，注曰：「『俛』即『俯』字也。俯，低也。『俛』又音『免』。」顏元孫《干禄字書》上聲：「俯俛，竝俯仰字。俗以俛音『免』，非也。」宋郭忠恕《汗簡》卷三：「，俯，並史書。」卷四：「，俯，見史書。」「，俯，並出《碧落文》。」其中「」形近「俛」，「、」形近「頫」，郭忠恕以爲三者皆爲「俯」字。

按：「頫」从頁从逃省會意，「俛」从人从免，免亦聲，古音當在明母元部；「俯」从人府聲，古音幫母侯部。「頫」、「俛」音「俯」，乃是訓讀爲「俯」。《説文》「頫」字段注曰：「《匡謬正俗》引張揖《古今字詁》云：『頫，今之俯俛也。』蓋『俛』字本从免，『俯』則由音誤而製。用『府』爲聲，字之俗而謬者，故許書不録。『俛』舊音『無辨切』，『頫』《玉篇》音『靡卷切』，正是一字一音。」又曰：「《過秦論》『俛起阡陌之中』，李善引《漢書音義》音『免』。《史記·倉公傳》『不可俛仰』，音『免』。《龜策列傳》『首俛』，《索隱》、《正義》皆音『免』。玄應書兩云『俛仰，無辨切。」《廣韻》：『俛，亡辨切。俯俛也。』《玉篇·人部》：『俛，無辨切。俯俛也。』此皆『俛』之正音。而《表記》『俛焉日有孳孳』，《釋文》音『勉』。《毛詩》『黽勉』，李善引皆作『僶俛』。『俛』

與『勉』同音，故古假爲『勉』字。古無讀『俛』如『府』者也，『頫』音同『俛』。」朱駿聲《説文通訓定聲》亦云：「『頫』、『俛』二字古皆讀如『勉』，無『府』音也。」章太炎《新方言》卷二云：「《説文》：『頫，低頭也。俛，頫或从人免。』今音『俛』皆『方矩切』。《表記》『俛焉日有孳孳』，《釋文》：『俛音勉。』是俛本從免聲。其作『方矩切』者，自是『俯』字。《古今字詁》曰：『頫府，今俯俛也。』《匡謬正俗》引。此則古『府』今『俯』，古『頫』今『俛』。『俯』、『俛』本非一字，依《説文》正作『㽷』，云『俛病也』。世人皆誤以『俯』音『俛』，據《文選·上林賦》注，則《聲類》已以『頫』爲古文『俯』字。尚賴《表記》《釋文》存其本音。今吴越語低頭曰『俛倒首』，『俛』音如『悶』，正是古音。此猶『免』之音『問』，元、諄相轉。」錢大昕《十駕齋養新録》卷二「勉即俛字」條論「俛」、「勉」音義並同，甚爲詳明。

黄生則謂「頫」、「俛」、「俯」三字本皆同義不同音。《字詁》「頫」條云：「『頫』、『俯』二字同義不同音，『俯』自音『府』，『頫』自音『眺』。後人以其義同，遂誤呼『頫』爲『俯』。諸家韻書不辨其誤，乃於嘯、麌二韻兩收之，不知『頫』字從兆聲，無『斐古切』之理。又『俛』字《説文》訓俯，當亦同義不同音。今字書亦收銑、麌二韻，並誤。」黄生以爲「頫」、「俛」亦非同字，若然，則讀「俛」爲「俯」、讀「頫」爲「俯」皆是訓讀。然因「頫」字構形不明，姑從許慎之説，仍視「頫」、「俛」爲異體字。

師古視訓讀爲謬誤，然竟自訓讀「頫」、「俛」爲「俯」者，蓋因誤以「頫」、「俛」與「俯」爲古今字，而不知其爲訓讀也。

094

【俾】問曰：俗謂聽之使去爲「不使」，何也？荅曰：按：《爾雅》云：「俾，使也〔一〕。」《書》云「有能俾乂」〔二〕、《詩》云「俾爾戩穀」之類是也〔三〕。故俗云「俾使」〔四〕，疾之（□）〔曰〕音訛①，若云「不使」爾。

〔校勘記〕

①曰：原作「□」，今據張本朱校、沈本改。明本此字作一墨丁，何本、惠本闕，空一格，盧本原闕，空一格，補入「□」。按：「疾之曰音訛」意亦未洽，然無他據，姑從之。

〔疏證〕

〔一〕見《爾雅·釋詁》。

〔二〕《尚書·虞書·堯典》。孔傳曰：「俾，使。乂，治也。」

〔三〕見《詩·小雅·天保》。上章「俾爾單厚，何福不除」，毛傳曰：「俾，使。」

〔四〕俾使：「俾」、「不」古音皆在幫母支部，「俾」爲上聲，「不」爲入聲。入聲短促，故師古謂「俾」變爲「不」乃因「疾之曰音訛」。按：顔説似未必然。「俾」雖訓「使」，然舊籍中未見將「俾使」當作一個複合詞使用之例。劉曉東《平議》亦云：「今檢唐人著述，尚未見『不使』此義。」其實「不使」即「使」也，「不」蓋語助詞，無實義。《爾雅·釋丘》「夷上灑下，不漘」，郭注曰：「不，發聲。」王引之《經傳釋詞》卷十「不丕否」

條云：「《玉篇》曰：『不，詞也。』經傳所用，或作『丕』，或作『否』，其實一也。有發聲者，有承上文者。」乃遍舉經傳以證：「不」作發語詞者，如《書・西伯戡黎》曰：「我生不有命在天！」「不有，有也。《逸周書・大匡》曰：「二三子不尚助不穀。」孔晁注云：「不尚，尚也。」《詩・車攻》曰：「徒御不警，大庖不盈。」傳云：「不警，警也。不盈，盈也。」《文王》曰：「有周不顯，帝命不時。」傳云：「不顯，顯也。不時，時也。」《禮記・射義》曰：「好學不倦，好禮不變，旄期稱道不亂者，不在此位也。」不在，在也。襄二十九年《左傳》曰：「先君若有知也，不尚取之。」《正義》引服虔云：「不尚，尚也。」《晉語》曰：「夫晉公子在此，君之匹也，君不亦禮焉。」不亦，亦也。《爾雅・釋魚》曰：「龜左倪不類，右倪不若。」邢疏曰：「不，發聲也。」《孟子・公孫丑》篇曰：「雖褐寬博，吾不惴焉。」不惴，惴也。《楚辭・招魂》曰：「被文服纖，麗而不奇些。」王注云：「不奇，奇也。不顯，顯也。」《秦策》曰：「楚國不尚全事。」高注曰：「不尚，尚也。」皆是。俞樾《古書疑義舉例》卷四「助詞用『不』字例」云：「古人有用『不』字作語詞者，不善讀之，則以正言爲反言，而於作者之旨大謬矣。斯例也，詩人之詞尤多。」又云：「王氏引之作《經傳釋詞》，始一一辨正之，真空前絶後之學。」是則上古有用「不」作語助詞者也。

蔣禮鴻《敦煌變文字義通釋・釋虚詞》云：「不，語助詞，沒有實在意義。」如《李陵變文》「不怕死」即怕死，「當不信」即總會相信；《廬山遠公話》「要念即不可」即「要念即可」等。又云：「這些『不』字，和元人小説『打甚麽不緊？』的『不』字相同，都没有意義。」可見隋唐以降，「不」作語助詞仍有使用。俗語「不使」之「不」蓋亦爲語助詞，無實義，非「俾」之音轉也。

095

【底】問曰：俗謂何物爲「底」丁兒反〔一〕，「底」義何訓？荅曰：此本言「何等物」〔二〕，其後遂省，但言直云「等物」耳①〔三〕。「等」字本音「都在反」〔四〕，又轉音「丁兒反」〔五〕。左太沖《吴都賦》云：「畛畷無數，膏腴兼倍。原隰殊品，窊隆異等。」蓋其證也。今吴越之人呼齊等皆爲「丁兒反」。應（瑗）〔璩〕詩云②：「文章不經國，筐篚無尺書。用等稱才學，往往見歎譽。」此言譏其用何等才學，見歎譽而爲官乎？以是知去「何」而直言「等」，其言已舊。今人不詳其本③，乃作「底」字，非也。

〔校勘記〕

①但言：明本、惠本、盧本同。沈本作「何言」，何本作「何但」。秦選之《校注》曰：「案『但』、『何』形近，『言』、『字』義近，根據下文『以是知去何而直言等』句，則知『但言』二字爲『何字』二字之訛。」按：若作「何言」、「何但」、「何字」，「何」當上屬。「但言」亦通。

②璩：原作「瑗」，明本、沈本、惠本、盧本同。今據何本改。《文選·百一詩》題作「璩」。

③其：明本作「楊」；沈本、何本作「根」；惠本、盧本原作「楊」，改作「其」。按：「其」、「根」兩通，「楊」蓋「根」之誤。

〔疏證〕

〔一〕底：什麽。如《樂府詩集・清商曲辭一・子夜四時歌・秋歌十三》：「寒衣尚未了，郎喚儂底爲？」《北史・藝術傳・徐之才》：「之才謂坐者曰：『箇人諱底？』」杜牧《春末題池州弄水亭》詩：「爲吏非循吏，論書讀底書？」《南唐書・馮延巳傳》：「元宗嘗戲延巳曰：『吹皺一池春水，干卿底事？』」等。清趙翼《陔餘叢考》「底」條云：「江南俗語，問何物爲『底物』，何事爲『底事』。唐以來已入詩詞中。」是此語後世仍沿用之。

〔二〕何等物：何等，什麽樣的，表疑問或感歎。《顔氏家訓・書證》：「《東宫舊事》『六色罽緅』，是何等物？」王利器《集解》云：「何等，漢、魏、六朝人習用語，猶今言『什麽』。《史記・三王世家》：『王夫人曰：陛下在，妾又何等可言。』《後漢書・東平憲王蒼傳》：『日者問東平王：處家何等最樂？』《孟子・公孫丑》篇『敢問夫子惡乎長？』趙岐注：『丑問孟子才志所長何等？』《吕氏春秋・愛類》篇『其故何也？』高誘注：『爲何等故也。』《藝文類聚》八五引《笑林》：『問人可與何等物？』左延年《從軍行》：『從軍何等樂？』俱其例證。」又如《漢書・薛宣朱博傳》：「是何等創也？」《外戚傳上》淳于衍曰：「夫人所言，何等不可者！」《外戚傳下》：「丞知是何等兒也！」荀悦《漢紀・成帝紀三》：「或問温室中樹皆何等木？」《後漢書・宦者傳・孫程》：「景曰：『何等詔！』」等。

〔三〕等物：單言「等」字，亦訓「什麽樣的」，與「何等」同義。如《後漢書・禰衡傳》：「衡更熟視曰：

「死公云等道。』」蘇軾《和子由除夜元日省宿致齋》之一：「等是新年未相見，此身應坐不歸田。」等。

〔四〕都在反：何本眉批：「《玉篇》『等』字下『都肯』、『都怠』二切。」秦選之《校注》曰：「案『都』、『丁』同屬端母，爲舌頭音。又『兒』隸齊韻，『在』隸賄韻，古韻齊、佳、灰通，故云『音轉』。」

《廣韻》海韻「多改切」：「等，齊也。」等韻「多肯切」：「等，齊也，類也，比也，輩也。」《説文·竹部》「等」字段注曰：「古在一部止韻，音變入海韻，音轉入等韻。」此條引左思《吴都賦》，「等」與「倍」韻，「倍」《廣韻》海韻「薄亥切」。他例如《管子·侈靡》篇「視其不可使，因以爲民等。擇其好名，因使長民；好而不已，是以爲國紀」，「等」與「紀」韻；《韓非子·愛臣》篇「愛臣太親，必危其身；人臣太貴，必易主位；主妾無等，必危嫡子；兄弟不服，必危社稷」，「等」與「子」韻；賈誼《新書·胎教》篇「兩者不等，各由其母」，「等」與「母」韻；張衡《東京賦》「次席紛純，左右玉几，穆穆而南面以聽矣。然後百辟乃入，司儀辨等」，「等」與「几」、「矣」韻；何晏《景福殿賦》「落帶金釭，此焉二等。明珠翠羽，往往而在」，「等」與「在」韻；《全梁文》卷五二王僧孺《從子永寧令謙誄》「悠悠越障，泱泱閩海。薄言銅墨，蒲蜜斯在。孰云識吏，政均舊宰。循猛是兼，弦緯無怠。補袍方服，治情莫改。增貲匪課，歸民自倍。十郡爲則，百城斯采。化日未逢，政稱異等。」「等」與「海」、「在」、「宰」、「怠」、「改」、「倍」、「采」韻。可知《玉篇》「都怠切」、《廣韻》「多改切」，此條所云「都在反」者，是其本音也。

顧炎武《唐韻正》卷九云：「唐時此音未泯，故韓愈《許國公神道碑銘》有曰：『上之宅憂，公讓太宰。養安蒲阪，萬邦絶等。』李庾《西都賦》：『乃防漢酺，發周賚，謐萬類，渟四海。遂開國以報功，差子男之五等。』此正《唐韻》十五海之音，當時功令，許人兼用者也。而後人不知，以爲叶韻，尤爲不學之甚。或疑『寺』聲與『多改』稍遠，不知『待』字亦『寺』聲也。古人讀『宰』爲『滓』、『改』爲『已』，『等』亦當如『底』耳。」江永《古韻標準・上聲第二部》亦從顧説。「底」《廣韻》薺韻「都禮切」，古音端母脂部，與之部「等」旁轉。「等」有等待之義，《字彙・竹部》：「等，候待也。」「等」、「待」一也，今有複音詞「等待」。

要之，「等」字古音本在之部，中古爲海韻；對轉入蒸部，中古爲等韻；旁轉入脂部，中古爲薺韻。

〔五〕丁兒反：此音當在齊韻，與薺韻之「底」有平上之別。劉曉東《平議》云：「此音諸韻書不載……而唐人詩中凡以『底』作『何』義者皆作仄聲用，是知『丁兒反』之音誠爲方俗訛變之音也。」章太炎《新方言》卷一云：「等，何也。《後漢書・禰衡傳》曰『死公云等道』。音轉如『底』，今常州謂何爲『底』，讀『丁買切』。」「丁買切」當在蟹韻，與「底」亦有小別，蓋亦方俗音變也。

096 【剛扛】或問曰：吴楚之俗，謂相對舉物爲「剛」，有舊語否？荅曰：扛，舉也〔一〕。音「江」，字或作「舡」〔二〕。《史記》云項羽「力能扛鼎」〔三〕，張平子《西京賦》云「烏扛鼎」，並是也。彼俗音訛，故謂「扛」爲「剛」耳〔四〕。既不知其義，乃有造「掆」字者〔五〕，固爲穿鑿也。

〔疏證〕

〔一〕扛，舉也：《説文・手部》：「扛，横關對舉也。」段注曰：「凡大物而兩手對舉之曰扛。」《康熙字典》云：「或作『抗』，又與『摃』同。《韻會》通作『㧏』。」

〔二〕音「江」，字或作「舡」：《漢書・陳勝項籍傳》「籍長八尺二寸，力扛鼎」，《武五子傳》「好倡樂逸游，力扛鼎」，師古注曰：「扛，舉也，音『江』。」《説文・角部》：「舩，舉角也。」段注曰：「假借爲『扛』字，《魏大饗碑》『上索蹹高，舩鼎緣橦』，《西京賦》『烏獲舡鼎』是也。『舡』亦『舩』字。」《廣韻》江韻「古雙切」：「江，江海。」「扛，舉鼎。」「舡，舉角。」《集韻》江韻「古雙切」：「舩舡，《説文》：『舉角也。』或从工。」

《魏大饗碑》見《隸釋》卷一九。《文選・張衡〈西京賦〉》「烏獲扛鼎，都盧尋橦」，李善注曰：「《説文》曰：『扛，横關對舉也。』『扛』與『舡』同，古龙切。」胡克家《考異》云：「案：『扛』當作『舡』。善注云『扛』與『舡』同，謂引《説文》之『扛』與正文之『舡』同也。蓋善『舡』、五臣『扛』，而各本亂之。」

要之，「扛」、「舩」同源通假，「舡」乃「舩」之異體。

〔三〕見《史記・項羽本紀》。《索隱》云：「《説文》云：『横關對舉也。』韋昭云：『扛，舉也。』音『江』。」

〔四〕謂「扛」爲「剛」：古音「扛」在見母東部，「剛」在見母陽部，東轉入陽，故云「音訛」。《廣韻》唐韻「古郎切」：「剛，強也。」

顧炎武《唐韻正》卷一云：「『江』古音『工』……自《宋書·符瑞志》沈演之《嘉禾頌》『白鹿踰海，素鳥越江』，始與『攘』、『彰』、『廂』、『陽』爲韻。李因篤曰：張説《岳州餞廣州蕭都督得冬字》詩云：『孤城抱大江，節使往朝宗。果是臺中舊，依然水上逢。京華遥比日，疲老颯如冬。竊羡能言鳥，銜恩向九重。』則律詩中亦借用之矣。首句雖出韻，然亦以『江』有『工』音，故可用。更考二銘及《李華集》，可見唐開元、大歷時，『江』字尚讀爲『工』也。《説文》『鴻』從鳥江聲。楊慎曰：『今滇人語謂江爲工。』」又云：「江韻與東、冬、鍾同用，南北朝猶然，唐以下始雜入陽韻。宋吴棫因之有『通陽』之説，元周德清《中原音韻》乃以江、陽合韻，《洪武正韻》遂並江入陽。」

〔五〕掆：《廣韻》唐韻「古郎切」：「掆，舉也。」與「剛」同音。「扛」、「舩」、「舡」音變爲「剛」，遂別造「掆」字以配音讀。

「掆」字始見於晉吕忱《字林》，《集韻》宕韻「掆」字及《説文》「扛」字段注皆引《字林》曰：「捎，掆，舁也。」字又作「棡」，玄應《一切經音義》卷一一引梁阮孝緒《文字集略》云：「相對舉物曰棡」，慧琳《一切經音義》卷五二則引作「掆」。《文選·潘岳〈閑居賦〉》「太夫人乃御版輿，升輕軒」，李善注引周遷《輿服雜事記》曰：「步輿方四尺，素木爲之，以皮爲襻，掆之，自天子至庶人通得乘之。」《宋書·武三王傳·江夏王義恭》「轝不得重棡」，《南史·宋宗室及諸王傳上》作「輿不得重擱」。是則「擱」、「櫊」蓋起於魏晉以降也。

097

【欠】問曰：今人謂物少不充爲「欠」〔一〕，義何所取？荅曰：許氏《説文解字》云：「欿，食不滿也〔二〕。」李登《聲類》、吕忱《字林》並音「口感反」〔三〕。今爲「欠」者，本爲「欿」耳。

〔疏證〕

〔一〕欠：「欠」甲骨文作合7235，象人張口出氣之形，本義爲打呵欠。《説文·欠部》：「欠，張口气悟也。」段注曰：「欠者，气不足也，故引伸爲欠少字。」以欠少義爲本義之引申。《廣韻》梵韻「去劒切」：「欠，欠伸。《説文》曰：『張口氣悟也。』今借爲欠少字。」是則以「欠」表欠少爲假借，但未言其本字爲何。

朱駿聲《説文通訓定聲》云：「『欠』假借爲『歉』。按：今虧欠字蓋即『歉』字之轉注。」朱氏所言「轉注」，實即詞義之引申。《説文·欠部》：「歉，歉食不滿也。」是則朱氏以爲欠少義之本字乃是「歉」也。《廣韻》忝韻「苦簟切」：「歉，食不飽。」豏韻「苦減切」：「歉，食不飽。」陷韻「口陷切」：「歉，歉象。」孫玉文《漢語變調構詞考辨》以爲「歉」是原始詞，義爲食不足，引申指年歲歉收，形容詞，讀上聲；滋生詞義爲缺少、不足，引申爲虧欠，動詞，讀去聲。虧欠義産生於中古，其字則假借「欠」字爲之。

章太炎以爲「凵」、「欠」、「陷」、「歉」、「欿」、「謙」諸詞皆同源。《文始》卷九云：「凵，張口也。變易爲『欠』，張口氣悟也。在本部則變易又爲『陷』，高下也。『陷』引伸爲諸不足之義，孳乳爲『歉』，歉食不滿也。『歉』旁轉侵變易爲『歁』，食不滿也，讀若『坎』。『歉』又孳乳爲『謙』，敬也。」按：「凵」、「欠」、「歉」、「歁」、「謙」（溪母談部）、「陷」（匣母談部）聲母皆爲喉音，韻部相同。太炎謂諸詞同源，深有理致；惟其滋生次第，未必盡如所説也。

「歉」又分化爲「嗛」、「鎌」，《廣雅·釋詁》「歉，少也」，王念孫《疏證》云：「襄四十二年《穀梁傳》『一穀不升謂之嗛』，《韓詩外傳》作『鎌』，《廣雅·釋天》作『歉』，竝字異而義同。」「謙」本義爲謙虚、謙讓，《説文·言部》：「謙，敬也。」楊樹達《積微居小學述林》云：「『謙』蓋謂言之不自足者也。知者，『兼』聲之字，多漢薄小不足之義。」《字彙》：「謙，不自滿也。」《説文新附·人部》：「傔，從也。」孫玉文以爲「傔」是「謙」變調構詞後的分化字。又《廣雅·釋詁》「歁，貪也」，王念孫《疏證》云：「『歁』與下『欿』字通。《方言》：『南楚江湘之閒謂貪曰歁。』郭璞注云：『言歁琳難猒也。』《説文》：『歁，食不滿也。』『欿，欲得也。』」又云：「『䐶，食肉不猒也。』並聲近而義同。」然則「欿」、「䐶」亦與「凵」、「欠」、「陷」、「歉」、「歁」、「謙」諸詞同源。

〔二〕見《説文·欠部》。

〔三〕口感反：《廣韻》感韻「苦感切」：「歁，食未飽也。」與「欠」有上、去之別。

098

【木鍾】或問曰：今所謂「木鍾」者，（於）〔「鍾」〕義何取①？字當云何？荅曰：本呼「木章」，音訛遂爲「鍾」耳〔一〕。古謂大木爲「章」〔二〕，故《漢書·（云）貨殖傳》云「千章之（荻）〔萩〕」②〔三〕，謂（荻）〔萩〕木千枚也。其將作屬官有「主章」③〔四〕，署掌材木④。又古謂舅姑爲「姑章」〔五〕，今俗亦呼爲「姑鍾」，益知「章」音皆轉爲「鍾」。

〔校勘記〕

①鍾：原作「於」，惠本、盧本同。今據張本朱校、明本、沈本、何本改。吳本吳志忠眉批：「問意在『鍾』，故出『鍾』字耳，『木』不煩釋字義矣。」

②漢書貨殖傳云千章之萩：「漢書」下各本皆衍「云」字。周祖謨《校記》云：「案『漢書』下『云』字衍文，當删。」「萩」，原作「荻」，明本、惠本、盧本同。今據沈本、何本改。下同。秦選之《校注》曰：「案『荻』字，《漢書・貨殖傳》作『萩』，師古注：『即楸字。』《東方朔傳》同。《史記・貨殖傳》亦有『河濟之間千樹萩』句，惟《史記・建元以來侯者年表》『荻苴』，《索隱》音『狄』。而湖本《史記・朝鮮傳》作『萩苴』。又《班馬異同》引《史表》亦作『萩苴』，舉《東方朔》及《漢書・貨殖傳》以爲即『楸』之證。此外如《爾雅・釋草》『蕭，荻』，《釋文》：『荻亦作萩，音秋。』殆亦形近致訛。如衛殤公《史記年表》則名『狄』字，而《衛世家》乃名『秋』乎？」《史記・貨殖列傳》作「材」，《集解》云：「徐廣曰：『一作楸。』駰案：韋昭曰：『楸木所以爲轅，音秋。』」

③主：何本同，與《漢書・百官公卿表上》合。張本朱校、沈本作「典」，明本作「與」，盧本原作「典」，改作「主」，惠本原作「與」，改作「主」。按：「典」、「主」兩通，「與」乃「典」之譌。

④材木：張本朱筆眉批：「『木』字鈔本空格。」又黄筆眉批：「明刻『掌』字下空十二格。」明本「木」字闕，空一格，沈本「材木」二字皆闕，「掌」字至「又」之間空十二格，何本作「大材」，惠本、盧本

「木」字原闕，空一格，補入「木」字。吴本吴志忠眉批：「據《漢志》注，應是『吏』字，舊『□』。」按：《漢書・百官公卿表上》注引如淳曰：「舊將作大匠主材吏名章曹掾。」師古曰：「東園主章掌大材。」蓋何本從顔注，吴本從如淳，盧本、惠本則以己意改也。三者並通。

【疏證】

〔一〕音訛遂爲「鍾」：《漢書・百官公卿表上》師古注曰：「今所謂『木鍾』者，蓋『章』聲之轉耳。」可與此條相參。古音「章」在章母陽部，「鍾」在章母東部，時人呼「章」爲「鍾」，陽轉入東，故曰「音訛」。《尚書・虞書・皋陶謨》「天秩有禮，自我五禮，有庸哉！同寅協恭，和衷哉！天命有德，五服五章哉！天討有罪，五刑五用哉」，「章」與「庸」、「衷」、「用」韻；陸雲《晉故散騎常侍陸府君誄》「篤生常侍，固天所隆。祚爾靈粹，陶以惠風。道協體稟，德與性鍾。叡心遠暢，淵思遐通。瞻言潛覽，克哲克聰。躭精遐奥，肆志篇章。仰咨遺訓，思齊曩蹤」，「章」與「隆」、「風」、「鍾」、「通」、「聰」、「蹤」韻。江永《古韻標準・平聲第一部》云：「字固有定音，而方音脣吻稍轉，不無微異，古今皆然。」又云：「凡東、冬、鐘韻入陽、唐者，皆非正音。」

〔二〕大木爲「章」：《史記・貨殖列傳》「山居千章之材」，《索隱》引服虔云：「章，方也。」如淳云：「言任方章者千枚，謂章，大材也。」《漢書・貨殖傳》「山居千章之萩」，師古注曰：「大材曰章。」《漢書・百官公卿表上》注引如淳曰：「『章』謂大材也。舊將作大匠主材吏名『章曹掾』。」按：此義後引申爲計量大樹的量詞，如《新唐書・隱逸傳》：「大松百餘章，俗傳東晉時所植。」明宋濂《雙桂軒記》：「有桂一章，雙榦直上，始合於一，又復歧而旁達。」

〔三〕萩：「萩」者，蒿屬植物，參見080「蒿艾」疏證〔五〕。《漢書・貨殖傳》師古注曰：「『萩』即楸樹字也。」是謂「萩」乃「楸」之假借。「楸」者，落葉喬木，葉三角狀卵形或長橢圓形，花冠白色，有紫斑。木質細密，可供建築、造船等用。《左傳》襄十八年「十二月戊戌，及秦周，伐雍門之萩」，阮元《校勘記》云：「『萩』者，『楸』之假借字。」

梓，楸

（《植物名實圖考》卷二三）

〔四〕主章：官名，意爲掌管材木，隸屬於「將作大匠」。《漢書・百官公卿表上》：「將作少府，秦官，掌治宮室，有兩丞、左右中候。景帝中六年更名『將作大匠』。屬官有石庫、東園主章、左右前後中校七令丞，又主章長丞。武帝太初元年更名東園主章爲『木工』。」師古注曰：「東園主章掌大材，以供東園大匠也。」

〔五〕姑章：《漢書・景十三王傳》「背尊章，嫖以忽」，師古注曰：「尊章猶言舅姑也。今關中俗婦呼舅爲『鍾』。『鍾』者，『章』聲之轉也。」可與此條相參。《釋名・釋親屬》云：「夫之兄曰『公』……俗間曰『兄章』……又曰『兄伀』。」又云：「俗或謂舅曰『章』，又曰『伀』。」畢沅《疏證》：「今本『伀』作『忪』，據《一切經音義》引改正。《爾雅》曰：『夫之兄爲兄公。』郭注云：

『今俗呼兄鐘，語之轉。』『伀』與『鐘』同音。又『伀』本一作『妐』。」是則「章」音轉爲「鍾」，字又作「伀」、「妐」也。

然「章」音並非皆轉爲「鍾」，其仍在陽部者，又别造「嫜」字以示分别，如陳琳《飲馬長城窟行》「善事新姑嫜，時時念我故夫子」，杜甫《新婚别》「妾身未分明，何以拜姑嫜」等。是則「章」轉爲「鍾」，蓋亦方俗音變，未可一概而論。

099

【若柯】問曰：俗謂如許物爲「若柯」，何也？荅曰：若干，謂且數也〔一〕。《禮》云：「始服衣若干尺矣〔二〕。」班書云：「百加若干〔三〕。」並是其義。「干」音訛變〔四〕，故云「若柯」也。

【疏證】

〔一〕若干，謂且數也：《漢書·食貨志下》「或用錢輕，百加若干」，師古注曰：「若干，且設數之言也。『干』猶『箇』也，謂當如此箇數耳。而胡廣云：『若，順也。干，求也。當順所求而與之矣。』」可與此條相參。

《禮記·曲禮下》：「問天子之年，對曰：『聞之，始服衣若干尺矣。』」《正義》云：「若，如也。干，求也。言事本不定，常如此求之也，故云『若干』也。」然則沖遠之意與胡廣同。又《儀禮·鄉射禮》「以純數告。若有奇者，亦曰奇」，鄭注曰：「告曰：『右賢於左，若干純、若干奇。』」賈疏云：「『若干』者，數不定之辭。凡數法，一二已上得稱『若干』，奇則一也，一外無『若干』。」然則公彦之意與師古同。

〔二〕見《禮記・曲禮下》。

〔三〕見《漢書・食貨志下》。

〔四〕「干」音訛變：「干」（見母元部）、「柯」（見母歌部）對轉，故「若干」得轉爲「若柯」。069「桓」論「桓表」即「華表」、「和表」，亦歌、元對轉之例，詳見彼條疏證〔二〕。又秦選之《校注》曰：「『柯』古音同『榦』，故《廣韻》於『古我切』外，又有『公旱』一切，致『若干』易變爲『若柯』耳。蓋『干』爲平聲，讀去聲時爲『榦』，益以語分輕重，地異南北，焉能避免訛變乎？」

按：師古以爲「干」音譌變爲「柯」，是也；謂「若干」乃「且設數之言」，表數目不定，亦是。又謂「『干』猶『箇』也」，則是又以「若干」爲「若箇」之轉音。《説文・竹部》：「箇，竹枚也。从竹固聲。个，箇或作个，半竹也。」「箇」（見母歌部）又作「个」，又作「個」，《集韻》箇韻：「箇，或作『个』，通作『個』。」段注曰：「經傳多言『个』，《大射》、《士虞禮》、《特牲饋食禮》注皆云：『个猶枚也。今俗或名枚曰個，音相近。』又云：『今俗言物數有云若干個者，此讀。』」然則漢世言「若干」，不言「若箇」。隋唐以降云「若箇」者，意爲哪个、何處，並非數目不定之義，如王績《在京思故園見鄉人問》「衰宗多弟姪，若箇賞池臺」，王維《愚公谷三首・其二》「不知吾與子，若箇是愚公」，東方虬《春雪》詩「不知園裏樹，若箇是真梅」，盧照鄰《雜曲歌辭・行路難》「若箇遊人不競攀，若箇娼家不來折」等。師古以爲「『干』猶『箇』也」，音理可通而文獻無徵。

章太炎《新方言》卷一云：「唐人猶有『若柯』、『若爲』等語，今語亦作『那』。『若』作『諾』音，故轉如『那』。不知其人，則問曰『那箇』；不知其事……吴越問曰『若介』。『若』音如『捺』；『介』者，『干』之聲轉。然『干』字本當作『鰥』，《説文》：『昆干，不可知也。』古渾切。『干』、『柯』皆借字。」按：太炎謂「若」轉爲「那」，「干」轉爲「介」，極是。經傳「个」多與「介」通用，《説文》「箇」字段注曰：「介者，分也。分則有閒，閒一而已，故以爲一枚之偁。」其實「个」即「介」之形變。「介」字構形不明，或云象人衣甲之形，或云象癬疥之形，本義爲介畫，引申爲間隔、阻礙、畔側、介紹等義。懋堂釋之以事理，太炎證之以音理。又謂「干」字本當作「鰥」，「干」、「鰥」（見母文部）旁轉，音理可通，然文獻亦無徵也。

要之，顔、章二説皆有理致，今無確據，只可見其異同，卒難定其是非。

100

【楊】問曰：俗呼姓楊者往往爲「盈」音，有何依據？荅曰：按：晉灼《漢書音義》反楊惲爲「由嬰」①〔一〕，如此則知楊姓舊有「盈」音〔二〕。蓋是當時方俗，未可非也。

〔校勘記〕

①由嬰：「嬰」下張本朱校、明本、沈本、何本、惠本皆衍「反」字。盧本原亦衍「反」字，又圈去。周祖謨《校記》云：「『嬰』下景宋本有『反』字，非。」按：言「反某字爲某某」即可，無須更加「反」字。

〔疏證〕

〔一〕反楊惲爲「由嬰」：秦選之《校注》曰：「謂反『楊』爲『由嬰』合音。」「由嬰」切餘母清韻，音與「盈」同。「楊」之正音在餘母陽韻，《廣韻》「與章切」。

〔二〕楊姓舊有「盈」音：《隋書・五行志》云「時人呼楊姓多爲『嬴』音」，可與此條相參。揚雄《甘泉賦》「回猋肆其碭駭兮，翍桂椒而鬱栘楊。香芬茀以穹隆兮，擊薄櫨而將榮」，「楊」與「榮」韻；《後漢書・馬融傳》録《廣成頌》「珍林嘉樹，建木叢生，椿梧栝柏，櫃柳楓楊」，李賢注曰：「『楊』叶韻『以征反』。」《文選・王僧達〈祭顔光禄文〉》「德以道樹，禮以仁清。惟君之懿，早歲飛聲。義窮機象，文蔽班楊。性婞剛潔，志度淵英」，「楊」與「清」、「聲」、「英」韻。李善注曰：「郭璞《三倉解詁》曰：『楊音盈。』協韻。」秦選之校注曰：「『楊』有『盈』音，自古已然，不自晉灼始也。」

古之陽部字，中古或存乎本音，或旁轉入耕部，如「棖」、「更」、「衡」、「珩」、「横」、「京」、「竟」、「坑」等。「楊」字本屬存乎本音者，如《隋書・五行志》云：「楊英反爲『嬴殃』。」此雙反也，既反「英楊」爲「殃」，則「楊」字仍讀陽韻。《廣韻》以來諸韻書中，「楊」字僅收陽韻，無清韻之音。然而方俗音變，容或有轉入耕部者，但非正音耳。劉曉東《平議》云：「《廣韻・陽》有『鸉』字作『與章切』，此正音也，然《集韻・清》『鸉』字又與『盈』音同『怡成切』，云『江東語』，則知江東讀入清矣。亦可證『楊』之音『盈』，亦方俗之訛變，雖非正音，然實有此讀，崇賢、章懷以爲『叶韻』，則非也。」

101 【椎】問曰：關中俗謂髮落頭禿爲「椎」，何也？荅曰：按：許氏《説文解字》云：「鬌，髮墮也〔一〕。」呂氏《字林》、《玉篇》〔二〕、《（唐）〔切〕韻》並「直垂反」①。今俗呼「鬌」音訛，故爲

「椎」耳〔三〕。

〔校勘記〕

①切韻：原作「唐韻」。何本眉批：「云『唐韻』，疑非出於師古。」吴省蘭過録於吴本地腳處。按：孫愐《唐韻》編定於唐開元間，師古所不及見。《説文》「鬌」字大徐本引《唐韻》音「直追切」，段注曰：「《匡謬正俗》引吕氏《字林》、《玉篇》、《切韻》並『直垂反』。」日本國立國會圖書館藏雅雨堂本《匡謬正俗》亦作「切韻」，蓋雅雨堂本印次非一，但不知係何人所改。今據正。

〔疏證〕

〔一〕見《説文·髟部》。

〔二〕見《玉篇·髟部》：「鬌，『都果』、『徒果』二切。小兒翦髮爲鬌。又『直垂切』。」

〔三〕呼「鬌」音訛，故爲「椎」：鬌音duǒ。《方言》卷一二「鬌，盡也」，郭注曰：「鬌，毛物漸落去之名。除爲反。」「除爲」、「直垂」（澄母支韻）二反同，古音定母歌部。《説文》「鬌」字大徐本引《唐韻》音「直追切」（澄母脂韻）。椎音chuí，《廣韻》脂韻「直追切」，支、脂旁轉，故云「呼『鬌』音訛，故爲『椎』」也。

《儀禮·既夕》「兒生三月，鬋髮爲鬌」，《釋文》云：「丁果反，劉『徒禍反』。」《禮記·内則》「三月之末，擇日翦髮爲鬌」，鄭注曰：「鬌，所遺髮也。」《釋文》云：「鬌，丁果反，徐『大果反』。」要之，「鬌」古音在歌部，中古當爲果韻；旁轉爲支韻，遂有「直垂反」之音；又轉爲脂韻，而有

「直追切」之「椎」音也。

「鬌」字段注曰：「《方言》、《廣雅》有『毻』字，《江賦》注所引字書有『㲊』字，皆謂落毛，與『鬌』義相近。」《廣雅·釋詁一》「蜕、毻，解也」，王念孫《疏證》云：「『蜕』之言『脱』也。《説文》：『蜕，蛇蟬所解皮也。』《莊子·寓言》篇云：『予蜩甲也，蛇蜕也。』今俗語猶謂蟲解皮爲蜕皮矣……『毻』亦『蜕』也，《方言》：『毻，易也。』郭璞注云：『謂解毻也。』《廣韻》：『毻，鳥易毛也。』郭璞《江賦》：『産毻積羽。』李善注云：『字書曰：「㲊，落毛也。」㲊與毻同。』《管子·輕重》篇云：『請文皮㲊毛而以爲幣。』今俗語猶謂鳥獸解毛爲㲊毛。『毻』、『㲊』、『蜕』並同義。」《方言》卷一二：「楕，脱也。」戴震《疏證》改「楕」爲「墯」，王念孫《廣雅疏證》引作「撱」，錢繹《箋疏》作「撱」。孫詒讓《札迻》卷二云：「『楕』與『橢』同，『楕』、『鬌』字亦通，皆毛物挩落之名。」吴予天《方言注商》云：「《説文》云：『橢，車笭中橢橢器也。從木隋聲。』《急就篇》省改爲『楕』……朱駿聲曰：『按凡狹長之器，皆得曰橢，聲義取于山之墮也。』是『楕』之訓『脱』，實係『墮』之假音，非本義也。《説文》：『隓，敗城𨸏曰隓。从𨸏𡍮聲。』或體作『墯』。古人謂隓敗城𨸏曰『隓』，意轉而謂列肉曰『隋』，髮隓則謂之『鬌』，無袂之衣則謂之『𧝎』，魚子已生則謂之『鰖』。是『隋』、『鬌』、『𧝎』、『鰖』，其語根同爲『隓』，故皆含脱落之義。」華學誠《校釋匯證》以爲作「撱」是也，云：「『撱』與『墮』通，孫詒讓、吴予天推闡同源之字及語源義，得之。」《説文·𨸏部》「隓」字段注曰：「小篆『隓』作『墯』，隸變作『墮』，俗作『隳』。」又《方言》卷一二云：「鬌，

102

盡也。」戴震《疏證》改作「髻」，是也。錢繹《箋疏》云：「『髻爲落之盡也。上文云：『墒，脱也。』下卷云：『毻，易也。』注云：『謂解毻也。』音『他臥反』。『髻』、『墒』、『毻』聲同，義並相近。」

要之，「毻」、「毤」、「蜕」、『脱』、「⿰扌遀/擶」、「⿰木遀/橢」、「隋」、「髻」、「褙」、「鰖」、「墮」、「⿺辶⿰阝差/墒」諸詞並皆同源，取義於墜落。

又朱駿聲《説文通訓定聲》「椎」字下云：「叚借爲『穨』。《匡謬正俗》俗謂髮落頭禿爲椎。」是以「椎」爲「穨」之假借。《説文・禿部》：「穨，禿皃。」王力《同源字典》以爲「墮」、「髻」、「墜」、「隤（穨）」亦皆同源。劉曉東《平議》云：「是椎禿之義，其本字亦不必定於一也。」

【鐓】問曰：今官曹文案於紙縫上署記，謂之「款縫」者，何也？荅曰：此語言元出魏晉律令〔一〕，《字林》本作「鐓，刻也。」古未有紙之時，所有簿領，皆用簡牘。其編連之處，恐有改動，故於縫上刻記之。承前已來，呼爲「鐓縫」〔二〕。今於紙縫上署名，猶取舊語，呼爲「鐓縫」耳。此義與「款」不同〔三〕，不當單作「款」字耳。

〔疏證〕

〔一〕魏晉律令：《隋書・經籍志》史部刑法篇云：「漢初，蕭何定律九章。其後漸更增益，令甲已下，盈溢架藏。晉初，賈充、杜預删而定之，有律、有令、有故事。梁時，又取故事之宜於時者爲《梁科》。後齊武成帝時，又於麟趾殿删正刑典，謂之《麟趾格》。後周太祖又命蘇綽撰《大統式》。隋則律、令、格、式並行。」其見於《隋志》者，如杜預《律本》、蔡法度《晉宋齊梁律》，《晉令》、《梁令》等。

〔二〕鏉縫：鏉縫之制，蓋源於古之券、契、傳別、判書等。魏晉以降，謂之「印縫」、「押縫」。今謂蓋章於兩紙交接或訂合處的中縫爲「騎縫」，亦古之遺跡也。

古時刻木爲契，上書文字，分爲左右兩半，雙方各執其一，用時將兩半合對，以爲徵信。《説文·刀部》：「券，契也。券別之書，以刀判梨其旁，故曰契。」《尚書序》「造書契」，《釋文》引鄭玄云：「以書書木邊，言其事，刻其木，謂之書契也。」《正義》亦引鄭玄云：「書之於木，刻其側爲契，各持其一，後以相考合。」又名「莂」、「傳別」，《釋名·釋書契》云：「莂，別也。大書中央，中破別之也。」《周禮·天官·小宰》「四曰聽稱責以傅別」，注引鄭司農云：「傅別，謂券書也。聽訟責者，以券書決之。傅，傅著約束於文書。別，別爲兩，兩家各得一也。」鄭玄曰：「傅別，謂爲大手書於一札，中字別之。」又名「判書」，《文心雕龍·書記》云：「券者，束也。明白約束，以備情僞，字形半分，故周稱判書。」

魏晉以降，署名於法書兩紙首尾縫間，稱爲「押縫」，用印則稱「印縫」。宋黄伯思《東觀餘論·記與劉無言論書》云：「魏晉以來灋書，至梁御府藏之，皆是朱异、唐懷充、沈熾文、姚懷珍等題名於首尾紙縫閒，故或謂之『押縫』，或謂之『押尾』，秪是謂書名耳。」《法書要録》卷三徐浩《古蹟記》云：「貞觀十三年十二月裝成部秩，以貞觀字印印縫。」此條云「其編連之處，恐有改動，故於縫上刻記之」，即券、契、押縫之類也。

〔三〕款：《説文·欠部》：「款，意有所欲也。从欠，㲻省聲。款，款或从柰。」段注曰：「古『款』與『窾』通用。窾者，空也。款亦訓空。空中則有所欲也。」徐灝《説文解字注箋》云：「『款』當從祟聲，讀『苦外切』，故字又作『款』……『㲻』乃誠款本字，其義爲空虛，故从宀。相承省作『歀』耳。」然則「款」本義爲空虛，引申爲誠實、親愛、緩慢、臣服、融洽等。「契」（溪母脂部）、「款」（溪母元部）一聲之轉，音「款」而訓刻者，乃是「契」之假借，後遂别造「⿰金款」字以配音讀。師古以爲既有「⿰金款」字矣，即當用此正字，故云「不當單作『款』字耳」。秦選之《校注》曰：「案『單』爲『複』之對文，謂當作『⿰金款』字，不應當作單簡之形爲『款』字也。」

103

【埒】問曰：今俗監檢田畝，知其所?，惣計大數，謂之「埒田」。而官文書乃作「耒」字，其義定何訓解？答曰：此謂程試頃畝束數，以知斛斗多少，舉其大①，故謂之「率」〔一〕。而「率」字有「律」音〔二〕，俗語訛替，因謂之「埒」耳〔三〕。字當作「率」，音宜爲「律」力筆反。今人不詳本意，爲其語涉田農，故用耒耜之字〔四〕，非也。

〔校勘記〕

①舉其大：周祖謨《校記》云：「案『大』下蓋脱『數』字。」按：無「數」字亦通。

〔疏證〕

〔一〕舉其大，故謂之「率」：「率」有計算之義。《漢書·高帝紀下》「令諸侯王、通侯常以十月朝獻，及郡各以其口數率，人歲六十三錢，以給獻費」，師古注曰：「率，計也。」《宣帝紀》「率常在下杜」，注曰：「率者，總計之言也。」《外戚傳下》「事率衆多，不可勝以文陳」，注曰：「率猶計也，類也。」

〔二〕「率」字有「律」音：《左傳》桓二年「藻率鞞鞛」，《釋文》云：「『率』音『律』。」《史記·孝武本紀》「後率二十歲」，《正義》云：「『率』音『律』，又音『類』，又『所律反』，三音並通。」《顏氏家訓·書證》亦云：「『率』字自有『律』音。」王利器《集解》云：「《御覽》十六引《春秋元命苞》：『律之爲言率也，所以率氣令達也。』又引蔡邕《月令章句》曰：『律，率也。』」《廣雅·釋言》：『律，率也。』」

「率」甲骨文作合248，象絞麻爲索之形，本義當爲大索（《説文》云「捕鳥畢」），是「𦃃」、「繂」之初文。《廣韻》至韻「所類切」：「率，鳥網也。」引申爲率領、遵循等義，《廣韻》質韻「所律切」：「率，循也，領也，將也，用也，行也。《説文》曰：『捕鳥畢也。』」古音山母物部。又通「律」，指標準、法度，《集韻》術韻「劣戌切」：「律，《説文》：『均布也。』一曰法也，述也。陽管謂之律。」「率，約數也。」古音來母物部。

〔三〕埒：「埒」本義爲矮墻，《説文·土部》：「埒，卑垣也。」《廣韻》薛韻「力輟切」：「埒，馬埒。亦庢也，還也，堤也。《爾雅》：『山上有水，埒。』」古音來母月部。「力輟切」又有「耒，耒禾麥，知多少。」即此條所云「監檢田畝，知其所獲，惣計大數」之義。「耒」本義爲翻土農具，金文作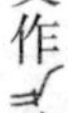耒父己尊，象木叉之形，或加意符「又」作集成6437，會手持耒耜之意。其字《廣韻》作「耒」，《集韻》則

作「末」，音義並同，「禾」乃「末」之形譌。師古以爲俗語「埒田」、文書「末田」，本字皆當作「率」，物、月旁轉而音「埒」、「末」。又秦選之《校注》曰：「其實『埒』、『率』聲同，案《說文》：『鍰，鋝也。』鋝從寽聲，《書·呂刑》作『罰鍰』，《史記·周本紀》作『其罰百率』。以此言之，反較直接。」

104 【聆】問曰：今俗買瓦器，以枚敲之①，知其全破善惡，謂之爲「聆」。此義何也？荅曰：案：《說文解字》云：「聆，聽也〔一〕。」《聲類》音「力丁反」。班孟堅《幽通賦》云「姚聆呱而刻石」〔二〕，左太沖《魏都賦》云「二嬴之所曾聆」是也〔三〕。瓦破壞者，聲嘶惡〔四〕，須一一擊而聽之，故呼「聆瓦」耳，字當作「聆」也。

〔校勘記〕

①枚：明本、何本、惠本、盧本同。張本朱校、沈本作「杖」。按：用以敲擊瓦器者，作「杖」較勝，「枚」亦通。

〔疏證〕

〔一〕見《說文·耳部》。段注曰：「聆者，聽之知微者也。」又「聽，聆也」，段注曰：「凡目所及者云『視』，如視朝、視事是也；凡目不能偏而耳所及者云『聽』，如聽天下、聽事是也。」瓦器有罅，視之而不易察，聽之則可發覺，是即「目不能偏而耳所及者」也。

〔二〕姚聆呱而刻石：《左傳》昭二十八年載，叔向娶於申公巫臣氏，生伯石。伯石始生，姑視之，及堂，聞其聲而還，曰：「是豺狼之聲也，狼子野心。非是莫喪羊舌氏。」遂弗視。後伯石果因牽涉祁氏之亂而身死族滅。杜預注曰：「姑，叔向之母也。」

《漢書·叙傳上》録班固《幽通賦》，師古注引應劭曰：「姒，叔向之母也。石，叔向之子也。聽其聲，刻知其後必滅羊舌氏。」《文選》「刻」作「劾」，李善注亦引應劭曰：「刻其必滅羊舌氏。本或爲『劾』。」項岱曰：「『舉罪曰劾。』」六臣本吕延濟曰：「聆，聽。劾，刻也。叔向生子石伯，其母聞石伯啼聲，劾之曰：『滅羊舌氏者，必此子也。』」胡克家《考異》以爲善本當作「刻」。按：下云「許相理而鞫條」，鞫，告也。然則「刻」亦爲動詞，師古釋爲「刻知」，意似未洽。善本雖作「刻」，然其意亦以「刻」爲「劾」之假借。「劾」意爲定罪、判決。

〔三〕二嬴之所曾聆：形容樂曲美妙絶倫，恍如二嬴聆聽過的仙樂。二嬴，指秦穆公、趙簡子。

〔四〕瓦破壞者，聲嘶惡：《漢書·王莽傳中》「露眼赤精，大聲而嘶」，師古注曰：「嘶，聲破也。」聲破、沙啞義之字，《説文》作「𤺋」，《疒部》：「𤺋，散聲。从疒斯聲。」異體作「謕」，俗作「嘶」。「斯」聲之字多有撕裂義，《説文·斤部》：「斯，析也。」字後作「撕」。《方言》卷六：「𤺋、披，散也。東齊聲散曰『𤺋』，器破曰『披』；秦晉聲變曰『𤺋』，器破而不殊其音亦謂之『𤺋』，器破而未離謂之『璺』。」錢繹《箋疏》云：「『𤺋』、『㽄』、『斯』、『澌』聲同，音並相近。是凡言『𤺋』者，皆破散之意也。」《廣雅·釋詁三》「𤺋，散也」，王念孫《疏證》亦謂「廝」、「𤺋」、「嘶」、「㽄」、「斯」、「澌」並通。

【誼議】或問：「誼」、「議」二字，今人讀爲「宜」音，得通否？荅曰：《書》云：「無偏無陂，遵王之誼。無偏無黨，王道蕩蕩〔一〕。」《詩》云：「或湛樂飲酒，或慘慘畏咎。或出入諷議，或靡事不爲〔二〕。」故知並有「宜」音〔三〕。

〔疏證〕

〔一〕見《尚書·周書·洪範》。《文選·劉楨〈贈徐幹〉》「物類無頗偏」，李善注引《尚書》與此條同。今本《洪範》作「無偏無陂，遵王之義」，《釋文》云：「『陂』音『秘』，舊本作『頗』，音『普多反』。」是有「陂」「頗」、「誼」「義」之異文也。

「陂」、「頗」異文者，古文《尚書》本作「頗」，唐玄宗詔改爲「陂」。《新唐書·藝文志·甲部》有《今文尚書》十三卷，云：「開元十四年，玄宗以《洪範》『無偏無頗』聲不協，詔改爲『無偏無陂』。」秦選之《校注》亦曰：「據宋吴棫《韻補》，古文《尚書·洪範》本作『無偏無頗，遵王之義』。」《吕氏春秋·貴公》、《史記·宋微子世家》引《書》及宋薛季宣《書古文訓》並皆作「頗」。此作「陂」者，段玉裁《古文尚書撰異》云：「師古在唐初，此書顔揚庭上於永徽二年，不應已作『陂』字，此開元十四年後淺人所改也。《文選》卷二三注引《尚書》『無偏無陂』亦同此。」又云：「顔所説者今音，非古音也。似顔所據《尚書》作『陂』，音『彼爲切』，李善所據同。玄宗未見此本，自矜創解也。」竊以懋堂前説爲得。

「誼」、「義」異文者，師古、崇賢引《書》及《書古文訓》作「誼」，《吕氏春秋·貴公》、《史記・宋微子世家》引作「義」。《說文・言部》「誼」字段注曰：「《周禮・肆師》注『故書儀爲義』，鄭司農云：『「義」讀爲「儀」。古者書「儀」但爲「義」，今時所謂「義」爲「誼」。』按：此『誼』、『義』古今字，周時作『誼』，漢時作『義』，皆今之仁義字也。其威儀字，則周時作『義』，漢時作『儀』。」然則「誼」、「義」古通用，近代乃始分化，「誼」偏重情誼，「義」偏重道義。此作「誼」者，蓋師古定本也。

〔二〕見《詩・小雅・北山》，今本「諷」作「風」。鄭箋云：「風猶放也。」《釋文》云：「『風』音『諷』。『議』如字，協句音『宜』。」《正義》云：「『或出入風議』，謂閒暇無事，出入放恣，議量時政者。定本、《集注》並作『議』，俗本作『儀』者，誤也。」不言「風」有異文。此作「諷」者，可作兩種理解：其一，「風議」之「風」義爲諷諫，當讀去聲，詳見003「風」疏證〔三〕。師古定本或即改作「諷」字。其二，或爲此書傳寫之誤。文獻無徵，姑爲闕疑可也。

〔三〕並有「宜」音：《廣韻》之韻「魚羈切」：「宜，《說文》本作『宐』，所安也。俗作『宜』。」寘韻「宜寄切」：「議，謀也，擇也，評也，語也。」「誼，人所宜也。又善也。」因《洪範》中「誼」與「陂/頗」韻，《北山》中「議」與「爲」韻，故師古以爲「誼」、「議」皆可讀「宜」。此即協韻之說，與《北山》《釋文》「『議』如字，協句音『宜』」同，亦即師古所謂「合韻」也。師古知音有古今之變，極是；然音「誼」、「議」爲「宜」，是以今韻讀古音也。

按：「頗」、「誼」、「議」、「爲」古音皆在歌部，固可相韻。師古此說，後人多辨其非。如段玉裁《古文尚書撰異》云：「玄宗不知『義』、『誼』古音本『魚何切』，而改『普多切』之『頗』爲『彼義切』之『陂』，以韻『宜寄切』之『義』；又不知『陂』之古音亦『普多切』，與『頗』同。古凡皮聲之字皆在第十七歌戈部也。」又云：「唐時《尚書》『義』多作『誼』，《釋文》《吕刑》、《文侯之命》、僞《太甲》可證。『宜』、『誼』古音同『魚何切』，與『頗』無不叶也。」錢大昕《十駕齋養新録》卷一「遵王之誼」條云：「開元詔書以『頗』與『誼』不協，改經文爲『陂』，曾不知『誼』从『宜』得聲，『宜』本作『㝖』，又从『多』聲，以『誼』韻『頗』，正合古音。即使依今文作『義』，而『義』亦从『我』得聲，與『頗』初無不叶也。蓋小學之不講，唐人已然。」

秦選之《校注》遍舉經傳以證，曰：「原來『義』音於古讀『俄』，《詩·小雅》『蓼莪』，《漢京兆尹衡方碑》作『蓼義』，《後漢司隸校尉魯峻碑》同。《易·鼎·象傳》叶『何』，《禮運》叶『地』，讀『沱』，《吕覽·振亂》叶『過』，《淮南·俶真》叶『和』。『頗』、『陂』皆以『皮』字爲聲，《左宣二年傳》文『皮』叶『多』、『那』及『何』，《陳風》以『頗』叶『荷』，即不啻以『頗』、『荷』爲韻，亦足證明『義』與『頗』叶。『誼』、『義』本古今字，『誼』爲『宜』聲，《詩·鄘風》中『宜』與『珈』、『佗』、『河』、『何』叶，《小雅·夗央》首章與『羅』叶，《大雅·棫樸》與『峩』叶，《商頌·玄鳥》與『何』叶，皆無讀如後人所謂『魚羈反』者。至於『議』、『爲』二字，『議』從『義』聲，《史記述贊·鄭世家》叶『禾』；『爲』字《王風·兔爰》首章叶『羅』、『罹』、『吪』，《大雅·抑》詩叶『磨』，《莊子·庚桑楚》叶『波』，《淮南·兵略》叶『波』、叶『陀』。觀乎以上諸例，可以恍然。顧自元宗改『頗』爲『陂』之後，據《困學紀聞》云：『宋宣和六年，詔《洪範》復舊文，監本未嘗復舊。』則是太和石經，恪尊開元之詔；而紹興石經，不無違命之嫌。抑『宜』切『魚羈』，本是今韻，師古謂『誼』、『議』並有『宜』音，誠不免如《四庫提要》所謂『誤以今韻讀古音』矣。」

要之，「誼」與「頗」、「議」與「爲」韻，乃因古音本即同部，而非二字古有「宜」音也。師古考求「古音」，尚未脱出叶音藩籬。

106 【名字】或問曰：今人或稱字而不稱名，其故何也？荅曰：名以正體，字以表德〔一〕。《禮》云：子生三月，父始孩而名之〔二〕。「男子二十，冠而字〔三〕。」故知先名而後字也。又云：「父前子名，君前臣名。子於父母則自名〔四〕。」據此益知常所稱者是名，非舉字也。孔子大聖，言必稱名：「丘聞有國有家者」〔五〕、「丘亦恥之」〔六〕、「丘未達」〔七〕、「不如丘之好學也」〔八〕，此蓋與弟子等言，未有稱「仲尼」者。其七十弟子及春秋卿大夫固並稱名〔九〕，亦不可勝載。至如漢高祖之濳豐沛，人皆謂之「劉季」〔一〇〕；項羽之都彭城，舉俗呼爲「項羽」〔一一〕。若其自稱，則云「今邦之業所就孰與仲多」〔一二〕、「皆將相諸君與籍力也」〔一三〕。爰種説其季父盎云「絲能日飲」〔一四〕，霍顯令淳于衍殺許后云「我亦欲報少君」〔一五〕：此皆舉字以相崇尚，名則其自稱也。歷觀古人通人高士，言辭著於篇籍，筆跡存乎紙素，在身自述，必皆稱名；他人褒美，則相呼字〔一六〕。《傳》曰：「周人以諱事神，名終將諱之〔一七〕。」不言諱字也。

王父字或以爲族〔一八〕，不得用名也。考諸典故，稱名爲是。

〔疏證〕

〔一〕名以正體，字以表德：正體，表明身份。表德，顯揚德行。秦選之《校注》曰：「《禮・文王世子》『登餕受爵，以上嗣祖之道也』，疏：『適子是先祖之正體。』『表德』如《漢書・公孫弘傳》所謂『表德彰義，以率世厲俗』者也。」《顔氏家訓・風操》云：「古者，名以正體，字以表德。名終則諱之，字乃可以爲孫氏。孔子弟子記事者，皆稱『仲尼』；呂后微時，嘗字高祖爲『季』；至漢爰種字其叔父曰『絲』；王丹與侯霸子語，字霸爲『君房』。江南至今不諱字也。河北士人全不辨之，名亦呼爲字，字固呼爲字。尚書王元景兄弟，皆號名人，其父名雲，字羅漢，一皆諱之，其餘不足怪也。」師古此條及下條，皆承其祖之説而衍之也。

〔二〕子生三月，父始孩而名之：見《禮記・内則》：「三月之末……妻以子見於父……父執子之右手，孩而名之。」

〔三〕見《禮記・曲禮上》。

〔四〕冒上見《禮記・曲禮》。鄭注曰：「對至尊，無大小皆相名。」

〔五〕見《論語・季氏》。

〔六〕見《論語・公冶長》。

〔七〕見《論語・鄉黨》。

〔八〕見《論語·公冶長》。

〔九〕七十弟子及春秋卿大夫固並稱名：七十弟子自稱名者，如《論語·雍也》「非公事未嘗至於偃之室也」，《顏淵》「回雖不敏」，《公冶長》「賜也何敢望回」等。春秋卿大夫自稱名者，如《左傳》僖九年「小白余敢貪天子之命無下拜」，成二年「燮何力之有焉」，成三年「以賜君之外臣首」等。

〔一〇〕劉季：《史記·高祖本紀》謂高祖「姓劉氏，字季」，《漢書·高帝紀》謂「名邦，字季」。《索隱》云：「漢高祖長兄名『伯』，次名『仲』，不見別名，則『季』亦是名也。故項岱云：『高祖小字季，即位易名邦，後因諱邦不諱季。』」《高祖本紀》云：「（高祖）隱於芒、碭山澤岩石之間。呂后與人俱求，常得之。高祖怪問之。呂后曰：『季所居上常有雲氣，故從往常得季。』」是面稱高祖之字也。

〔一一〕項羽：項籍字羽，《史記·項羽本紀》云：「陳餘陰使張同、夏説説齊王田榮曰：『項羽爲天下宰，不平。』」是對他人稱項籍之字。又云：「（項王）爲高俎，置太公其上，告漢王曰：『今不急下，吾烹太公。』漢王曰：『吾與項羽俱北面受命懷王，曰：「約爲兄弟」，吾翁即若翁，必欲烹而翁，則幸分我一桮羹。』」是面稱項籍之字也。

〔一二〕見《史記·高祖本紀》、《漢書·高帝紀》。今本「邦」皆作「某」。

〔一三〕見《史記·項羽本紀》。

〔一四〕見《漢書·爰盎鼂錯傳》。盎字絲，徙爲吴相。其兄子種謂絲曰：「吴王驕日久，國多姦。今絲欲刻治，彼不上書告君，則利劍刺君矣。南方卑溼，絲能日飲，亡何，説王毋反而已。如此幸得脱。」注引如淳曰：「種稱叔父字曰絲。」宋袁文《甕牖閑評》卷二云：「《漢書·爰盎本傳》字絲，而《叙傳》乃云『子絲慷慨』，疑本傳脱『子』字。」

〔一五〕見《漢書·外戚傳》。霍顯，霍光夫人。淳于衍，女醫。衍爲夫求官，霍顯欲殺許皇后而立己女成君，因謂衍曰：「少夫幸報我以事，我亦欲報少夫，可乎？」注引如淳曰：「稱衍字曰少夫，親之也。」

〔一六〕在身自述，必皆稱名；他人褒美，則相呼字：師古所言，自是正律；然亦有不循此例而自稱己字者，未可一概而論。

陸游《老學庵筆記》卷二云：「字所以表其人之德，故儒者謂夫子曰『仲尼』，非嫚也。先左丞每言及荆公，只曰『介甫』；蘇季明書張横渠事，亦只曰『子厚』。」《太平御覽》卷三六引《秦記》云：「邵弘言於父曰：君之於臣，先生之於門人，名之可也。至於同官之於僚黨，同姓之於昆弟，同門之於朋友，可以稱其字而不可斥其名。故《公羊傳》曰『名不如字』者，非謂其人之名不如其字尊，乃謂爲人所字，則近乎見尊；爲人所名，則近乎見卑也。」又曰：「名者，己之所以事尊，尊者之所以命己；字則己之所以接卑，卑者之所以稱己。」是自名以卑己，稱字以尊人也。

然而自稱己字者，亦非鮮見。宋袁文《甕牖閑評》卷五云：「王逸少《敬謝帖》云『王逸少白』，盧循《與廬山遠公書》云『范陽盧子先叩頭』。此數人者，皆以表德代名，則知古有此體。」

顧炎武《日知録》卷二三「自稱字」條云：「柳少師《與弟帖》云『誠懸呈』，今按唐權德輿《答楊湖南書》稱『載之再拜』，柳冕《答鄭衢州書》稱『敬叔頓首』，白居易《與元九書》稱『樂天再拜』，宋陳摶《謁高公詩》稱『道門弟子圖南上』。」是皆書信中自稱字者。又云：「唐張謂《長沙風土碑銘》『有唐八葉，元聖六載，正言待理湘東』，張洗《濟瀆廟祭器幣物銘》『濯纓不才，謬領茲邑』，元稹作《白氏長慶集序》，自書曰『微之序』。」是皆作文時自稱字者。俞樾《日知録小箋》云：「《後漢書·鄭康成傳》云：『汝南應劭自贊曰：故泰山太守應仲遠北面稱弟子』，此漢人自稱字之始。」《晉書·載記·苻堅上》王猛陣於渭原而誓衆曰：「王景略受國厚恩，任兼内外。」是皆面談時自稱字者。蓋屬文設辭，多有變通，未必自稱己字者悉皆自大無禮也。

〔一七〕見《左傳》桓六年。

〔一八〕王父字或以爲族：《左傳》隱八年，公問族於衆仲，對曰：「諸侯以字，爲謚，因以爲族。」杜預注曰：「諸侯位卑，不得賜姓，故其臣因氏其王父字，或便即先人之謚稱以爲族。」

107 【複名】問曰：人或有複名單稱者，於理云何？答曰：複名單稱，乃是流俗之事，苟逐便易，不思立名本旨。且依《禮》文「二名不偏諱」〔一〕，今若偏舉，安得不諱乎？若嫌二名煩多，則舉俗皆須爲單名矣。至若伯陵稱「陵」〔二〕、季鼒稱「鼒」〔三〕，雖少一字，義或可通。又如長壽稱「壽」〔四〕、延年稱「年」〔五〕，求其本義，已有所失。乃有無恤稱「恤」〔六〕、不違稱「違」〔七〕、去病稱「病」〔八〕、棄疾稱「疾」〔九〕，白黑相反，更相戲弄。隋大業中，出敕斷單稱複名〔一〕，深得物理。而委巷之徒，不曉其意，便謂朝廷禁止單名。其幼少已來不爲複名者，輒更加增，以爲順旨，曾莫之悟。

【疏證】

〔一〕見《禮記·曲禮》。「二名不偏諱」究爲何意，衆説紛紜。

首先，何謂「二名」，即有兩説：其一，《公羊傳》以爲「二名」謂二字作名。定六年傳文云：「譏二名。二名，非禮也。」何休注曰：「爲其難諱也。一字爲名，令難言而易諱，所以長臣子之敬，不逼下也。《春秋》定、哀之間，文致大平，欲見王者治定，無所復爲譏，唯有二名，故譏之。」其二，《左傳》以爲「二名」謂一人有兩名。《曲禮》《正義》引《異義》云：「《公羊》説譏二名，謂二字作名，若魏曼多也。《左氏》説二名者，楚公子棄疾弑其君，即位之後，改爲熊居，是爲二名。許慎謹案云：文、武賢臣有散宜生、蘇忿生，則《公羊》之説非也，從《左氏》義也。」

其次，何謂「不偏諱」，又有兩説：其一，《曲禮》鄭注曰：「偏，謂二名不一一諱也。孔子之母名『徵在』，言『在』不稱『徵』，言『徵』不稱『在』。」故宋毛居正《禮記正誤》、岳氏《九經三傳沿革例》、清何焯《義門讀書記》卷三七、浦鏜《十三經注疏正字》卷四四、段玉裁《二名不偏諱説》、王念孫《讀書雜志》卷七、朱大韶《實事求是齋經義》卷二等皆謂「偏」當作「徧」，「不徧諱」意爲名中二字不必皆諱。其二，盧文弨《鐘山札記》卷三、顧千里《撫本〈禮記〉鄭注考異》卷一、沈濤《銅熨斗齋隨筆》卷二、俞樾《羣經平議》卷一九等皆以「偏」爲偏舉，「偏諱」意爲單舉名中一字則無須避諱。

此事聚訟千年，迄無定論。此條駁複名單稱之事，以「偏舉」釋「偏諱」之「偏」，可知師古以「二名」爲二字作名，「不偏諱」爲單舉名中一字則無須避諱也。「今若偏舉，安得不諱」者，蓋謂單舉二名中之一字本可不諱，然今複名單稱，是以一字代全名也，則不得不諱此字，是則與《禮》文相悖。

〔二〕伯陵：見《左傳》昭二十年。晏子對齊景公曰：「有逢伯陵因之。」杜注曰：「逢伯陵，殷諸侯，姜姓。」

〔三〕季萴：見《左傳》昭二十年。晏子曰：「季萴因之。」杜注曰：「季萴，虞夏諸侯，代爽鳩氏者。」

〔四〕長壽：唐初有范長壽，師法張僧繇，善畫風俗田家景候人物之狀。《新唐書·藝文志三》雜藝術類有「范長壽畫《風俗圖》、《醉道士圖》」。事見《太平廣記》卷二一三（出《畫斷》）、《京洛寺塔記》、《歷代名畫記》、《唐朝名畫録》、《宣和畫譜》等。

〔五〕延年：《急就篇》「宋延年」，師古注曰：「微子，紂之庶兄。周武王克商，封之於宋，其後或以國爲姓，遂有宋氏。『延年』之義，取於壽考無疆也。漢有李延年、杜延年、田延年。」

〔六〕無恤：見《左傳》哀二十年。杜注曰：「趙孟，襄子無恤，時有父簡子之喪。」

〔七〕不違：蓋即秦相呂不韋。秦選之《校注》曰：「（違）同『韋』。」

〔八〕去病：漢霍去病。

〔九〕棄疾：楚公子棄疾。見《春秋》昭十三年經。

〔一〇〕出敕斷單稱複名：何本眉批云：「唐初多複名而單字，當是緣此，反以幼名爲字。」疑師古之名字相混亦緣此。

古者固有二名單稱之事。顧炎武《日知録》卷二三「古人二名止用一字」條云：「晉侯重耳之名見於經，而定四年祝佗述踐土之盟，其載書止曰『晉重』，豈古人二名可但稱其一與？昭二年，『莒展輿出奔吴』，《傳》曰『莒展之不立』；《晉語》曹僖負羈稱叔振鐸爲『先君叔振』：亦二名而稱其一也。昭二十一年，『蔡侯朱出奔楚』，《穀梁傳》作『蔡侯東出奔楚』，乃爲之説曰：『東者，東國也。何爲謂之東也？王父誘而殺焉，父執而用焉，奔而又奔之。曰東，惡之而貶之也。』然則以削其一名爲貶也……此體後漢人已開之矣。」楊樹達《古書疑義舉例續補》「二字之名省稱一字例」先引顧説，又云：「蓋古人記述二名，本有省稱一字之例。《穀梁傳》削名爲貶之説，不足據依。」乃舉《史記》之例以證，云：「《景帝紀》『以御史大夫開封侯陶青爲丞相』，『陶青』《漢書·景帝紀》及荀悦《漢紀》皆作『陶青翟』；又《史記》劉郢，《漢紀》作『劉郢客』：皆他書不省，而《史記》省去之例。顔師古注《漢書·景帝紀》，謂『後人傳習不曉，妄增翟字』，不知此處乃史公省而班增之。顔氏之言，爲不達古書之義例矣。」

又六朝之文，多有裁截三字人名爲雙音詞者，詳見004「架」疏證〔三〕。乃至複姓亦有單稱者，如司馬遷稱「馬遷」、諸葛亮稱「葛亮」是也。按：命名之旨，重在寄寓情意，展現願景；爲文之法，首推切合音律，新人耳目，故有截詞或省稱者也。《韓昌黎集》卷二七《清河郡公房公碑》「觀察使虐使將國良往戍界」，朱熹《原本韓集考異》云：「國良，王國良也……國良只稱『良』，猶南霽雲只稱『雲』，李光顔只稱『顔』也……但國良初見，當全書二名，其後乃可單出。如霽雲、光顔，亦先全書，後乃單出也。」南霽雲者，卷一三《張中丞傳後》先稱「南霽雲」，再稱「霽雲」，繼而單稱「雲」；李光顔者，卷三十《平淮西碑》先稱「光顔」，繼而單稱「顔」。竊以爲複名單稱，但使指稱明白，不爲戲弄即可，不必一概非之。

【⿰羊巽】或問曰：今（爲）〔謂〕小羊未成爲「旋音「祥戀反」。子」①，何也？荅曰：按：吕氏《字林》云：「『⿰羊巽』音『選』〔一〕，未晬羊也。」今言「旋」者，蓋語訛耳，當言「⿰羊巽子」也。

〔校勘記〕

①謂：原作「爲」，明本、何本、惠本、盧本同。今據張本朱校、沈本改。周祖謨《校記》云：「『爲』景宋本作『謂』，是也。」

〔疏證〕

〔一〕「⿰羊巽」音「選」：「⿰羊巽」字《説文》無。《廣雅·釋嘼》「⿰羊巽，羔也」，王念孫《疏證》引師古此條云：「晬，《玉篇》音『子對切』，周年也。《説文》云『羊未卒歲曰⿰兆羊』是也。『⿰羊巽』之言『⿰月旋』，《方言》：『⿰月旋，短也。』郭璞注云：『便旋，庳小貌也。』」然則「⿰羊巽」取義於「⿰月旋」。

「選」、「旋」、「⿰羊巽」各有二音，《廣韻》平聲「似宣切」（邪母仙韻）：「旋，還也，疾也。」上聲

「思兗切」（心母獮韻）：「選，擇也。」去聲「辝戀切」（邪母線韻）：「旋，遶也。」「䍲，羊也。」即此條「祥戀反」之音。又「息絹切」（心母線韻）：「選。」「䍲，羊也。」

《廣雅》「䍲」曹憲音「辛兗」（心母獮韻），則《字林》云「『䍲』音『選』」者，當取「選」之「思兗切」音。《集韻》獮韻「須兗切」：「選，《說文》：『遣也。从辵巽。巽，遣也。一曰擇也。』」「䍲，《字林》：『未晬羊。』」即此音也。然則「䍲」、「旋」既有清濁之異，復有上去之別，故師古云「語訛」也。古音則「䍲」（心母元部）、「旋」（邪母元部）同部，聲母皆爲齒音，可相通轉。

109 【草馬】問曰：牝馬謂之「草馬」，何也？答曰：本以牡馬壯健，堪駕乘及軍戎者，皆伏皁櫪，（芻）〔秣〕而養之①。其牝馬唯充蕃字〔一〕，不暇服役，常牧于草，故稱「草馬」耳。《淮南子》曰：「夫馬之爲草駒之時，跳躍揚蹏，翹足而走，人不能制〔二〕。」高誘曰：「五尺已下爲駒②。放在草中，故曰『草駒』。」是知「草」之得名，主於草澤矣〔三〕。

〔校勘記〕

①秣：原作「芻」，今據張本朱校、明本、沈本改。何本、惠本原闕，空一格；盧本原闕，空一格，補入「芻」字。吴本吴志忠眉批：「草食曰芻。今既別于草馬，不得更云『芻』。舊□，仍之。」

②已：周祖謨《校記》云：「案『已』當作『以』，見《淮南子·修務》篇注。」

〔疏證〕

〔一〕唯充蕃字：只承擔繁殖生育的功能。充，充任，充當。蕃，生息，繁殖。字，懷孕，生育。按：

《禮記·月令》「（季春）乃合累牛騰馬，遊牝于牧。犧牲駒犢，舉書其數」，鄭注曰：「是月所合牛馬，謂繫在廄者，其牝欲遊，則就牧之牡而合之。」《正義》云：「遊此繫牧之牝于牧田之中，就牡而合之。其在廄牝馬，須擬乘用者，則不放之。」然則牝馬之用於繁殖者乃牧于草，不服勞役，其餘牝馬亦須服役，《文獻通考》卷一五九《兵考·馬政》論之甚詳。師古蓋欲有所誇張，以見牝、牡之别耳。

〔二〕見《淮南子·修務訓》。今本「翹足」作「翹尾」。

〔三〕「草」之得名，主於草澤：母馬之稱「草馬」，得名之由凡有六説：

其一，「草」取義於牧草。師古以爲牝馬牧於草中，故稱「草馬」，以馬駒之稱「草駒」爲證。洪邁《容齋隨筆》卷六「草駒聾蟲」條亦曰：「今人謂野牧馬爲『草馬』。《淮南子·修務訓》曰：『馬之爲草駒之時，跳躍揚蹄，翹尾而走，人不能制。』注云：『馬五尺以下爲駒，放在草中，故曰草駒。』蓋今之所稱者是也。」今人方一新《中古近代漢語詞彙學》、解永俊《「草雞」源流考》讚同。凌雲《「草馬」得名於「遊牝于牧」》（《漢字文化》二〇一六年第四期）更以歷代馬政文獻爲證，證明「草馬」與「遊牝」蕃息有關。

其二，「草」取義於槽。曾良《「草馬」探源》（《中國語文》二〇〇一年第三期）以爲，「草」爲古「皁」字，而「皁」、「槽」音義相通，雌性生殖器官形似槽，故以「草」指牝。

其三，源於雌性動物鋪草做窠的習性。汪化雲、張志華《「草」的詞源和俗詞源》（《漢字文化》二〇〇二年第四期）以爲「草」表雌性是因爲雌性動物臨産前，銜草做窠以備幼畜出生。牛尚鵬《「草馬」探源》（《山西大同大學學報》二〇一四年第二期）以爲雌性動物乃至古代婦女分娩時身下鋪草，而發情、交配、分娩密切相關，故「草」類語素和「窩」類語素皆有雌性義。

其四，源於「草」之詞義引申。張志華、劉紅星《也説「草馬」之源》（《韓山師範學院學報》二〇〇三年第一期）認爲「草」之弱小、順從、微賤與雌性之性質特征相似。朱城《「草馬」之「草」的語義來源》（《語文研究》二〇〇五年第四期）以爲主要源於古人對雌性動物的輕賤評價。楊林《「草」之雌性義考源》（《燕趙學術》二〇一四年第二期）以爲「草」有「小」義，雌性動物一般都較矮小，故名。

其五，源於「創造」之義，即懷孕、生育。王彦坤、李香平《也説「草馬」的「草」》（《漢語史研究集刊》第十二輯）以《廣雅・釋言》「草，造也」爲證，認爲「草」之語源義爲創造。

其六，源於「木」、「根」之雌性義的詞義感染。鄧春琴《「草」源考》（《語言科學》二〇一〇年第六期）以爲「木」、「根」具有雌性之義，「草」因其感染而亦有雌性之義。

《淮南子》之「草駒」，不限公母。漢代多稱母馬爲「牝馬」、「馬母」或「字馬」，如《史記・平準書》「於是誅北地太守以下，而令民得畜牧邊縣，官假馬母，三歲而歸，及息什一」，《漢書・食貨志下》「令封君以下至三百石吏以上差出牝馬天下亭，亭有畜字馬，歲課息」。「草馬」一詞最早見於《三國志・魏志・杜畿傳》：「漸課民畜牸牛、草馬，下逮雞豚犬豕，皆有章程。」魏晉時乃始稱母馬爲「草馬」。《爾雅・釋畜》「牡曰騭，牝曰騇」，郭注曰：「今江東呼駁馬爲騭。騇，草馬名。」《釋文》云：「草馬，本亦作『騲』。」邢疏云：「別馬牝牡之異名也。」《説文・馬部》：「騭，牡馬也。」而無「騲」字。然則牡馬又名「騭」、「駁」，牝馬又名「騇」、「草」，「騲」乃專爲草馬所造之後起分別字，《玉篇・馬部》：「騲，牝馬也。」《顔氏家訓・書證》云：「《詩》云：『駉駉牡馬。』江南書皆作牝牡之『牡』，河北本悉爲放牧之『牧』。鄴下博士見難云：『《駉頌》既美僖公牧于坰野之事，何限騲、騭乎？』」「騲」、「騭」對舉，其義猶顯。

按：師古之説，未可輕駁；其餘諸説，既多意必之辭，亦且相互攻扞。槽、創造、詞義感染三説，僻謬尤甚。相較而言，「草馬」之「草」，仍以取義於牧草爲宜。由「草馬」類推，「草/騲」可泛指部分母畜，《正字通・馬部》云：「騲，牝畜之通稱。」如「草驢」、「草騾」，北魏賈思勰《齊民要術・養牛馬驢騾》：「常以馬覆驢，所生騾者，形容壯大，彌復勝馬。然必選七八歲草驢，骨目正大者：母長則受駒，父大則子壯。草騾不産，産無不死。」「草雞」，元關漢卿《魯齋郎》第三折：「魯齋郎，你奪了我的渾家，草雞也不曾與我一個。」「草豬」，章太炎《新方言》卷十云：「《爾雅》『牝曰騇』，郭璞曰『草馬』。今北方通謂牝馬曰『草馬』，牝驢爲『草驢』。湖北移以言豬，謂牝豬爲『草豬』。」驢、騾、雞、豬等動物共性顯著，皆爲定點散養，遊牧繁殖。

又「走草」一詞，本義爲獸奔走于草中。《後漢書・馬融傳》「獸不得猭，禽不得瞥」，李賢注曰：「猭，走也。」《廣韻》線韻「丑戀切」：「猭，獸走草。」近現代漢語方言中，「走草」引申爲母畜發情，如清桂馥《札樸・鄉里舊聞》：「犬求子曰走草。」《醒世姻緣傳》第七三回：「遇廟燒香，逢寺拜佛，合煽了一羣淫婦，就如走草的母狗一般。」由此益知「草」之雌性義主於草澤。

雖然，詞義引申及鋪草做窠兩説，亦非無理。竊以爲「草」之雌性義由牧草而起，又因與蔑視女性之社會文化心理以及分娩時鋪草做窠之習俗暗合，故得相沿習用，乃至引申泛化。

顧炎武《日知録》卷三二「草馬」條云：「《爾雅》：『馬屬，牡曰騭，牝曰騇。』郭璞注以牡爲騭馬，牝爲草馬。《魏志・杜畿傳》『爲河東太守，課民畜牸牛草馬』，《晉書・涼武昭王傳》『家有騧草馬生白額駒』，《魏書・蠕蠕傳》『賜阿那環父草馬五百匹』，《吐谷渾傳》『吐谷渾嘗得波斯草馬，放入海，因生驄駒』，《隋書・許善心傳》『賜草馬二十匹』。《廣韻》：『牝馬曰騲。』《顔氏家訓》有云『草騭』。今人則以牡爲『兒馬』，牝爲『騍馬』，而唯驢乃言『草驢』。」然則牝馬又稱「騍馬」，而未釋其得名之由。清趙翼《陔餘叢考》卷四三云：「俗以牝馬爲『騍馬』，《輟耕録》謂『課馬』之誤。《唐六典》凡牝四遊五課，羊則當年而課之。『課』者，歲課駒犢也。是『騍馬』應作『課馬』也。按：顔師古《匡謬正俗》云：俗呼牝馬爲草馬，以牝少用，常放草中，不飼以芻豆，故云。然則唐以前本呼牝馬爲草馬，及牧監設課後，遂呼課馬，後人又易以馬旁而爲騍馬耳。」母畜之稱「字/牸」、「課/騍」，亦皆源於繁殖，蓋因生育乃雌性特征中之最爲顯著者。此亦可爲「草/騲」資一旁證。

匡謬正俗疏證卷第七

110

【反】扶萬反。張衡《西京賦》云：「長廊廣廡，連閣雲蔓。閈庭詭異，門千户萬。重闈幽闥，轉相踰延。望叫窱以徑廷①，眇不知其所反②。」是「反」有「扶萬」音矣〔一〕。今關中俗呼回還之「反」亦有此音。

〔校勘記〕

①叫：明本、沈本、惠本、盧本同。何本作「窌」。《文選·西京賦》敦煌吐魯番本、五臣本作「叫」，李善本、六臣本作「窌」。按：「窌」同「窈」，較長。

②反：《文選》各本皆作「返」，所見本異也。

〔疏證〕

〔一〕「反」有「扶萬」音：《説文·又部》：「反，覆也。」大徐本引《唐韻》音「府遠切」。《辵部》：「返，還也……彶，《春秋傳》『返』从彳。」《唐韻》音「扶版切」。「反」本義爲翻轉，引申爲回還，「返」蓋回還義之後起分別字。《玉篇·又部》：「反，非遠切。反覆也。」《辵部》：「返，甫晚切。還也，復也。」《廣韻》元韻「孚袁切」：「反，斷獄平反。」阮韻「府遠切」：「反，反覆，又不順也。」「返，還也。」《集韻》阮韻「甫遠切」：「反，《説文》：『覆也。』」「返彶，行還也。」又去聲願韻「方願切」：「彶，返也。」然則「反」之回還義，諸韻書皆收於上聲。而「返」之異體「彶」字，《集韻》

上去兼收。

《文選・張衡〈西京賦〉》李善注曰：「返，方萬切。」是讀非母去聲。此條「扶萬」音爲奉母去聲。《詩・衛風・氓》第六章「及爾偕老，老使我怨。淇則有岸，隰則有泮。總角之宴，言笑晏晏。信誓旦旦，不思其反」，「反」與「怨」、「岸」、「泮」、「宴」、「晏」、「旦」韻；《齊風・猗嗟》第三章「舞則選兮，射則貫兮。四矢反兮，以禦亂兮」，「反」與「選」、「貫」、「亂」韻，是皆回還之「反/返」與去聲字爲韻也。

回還之「反/返」讀去聲，江永以爲乃是叶音之讀。《古韻標準・上聲第五部・二十阮》云：「《詩》用『反』字皆上聲，『不思其反』、『四矢反兮』，皆上去爲韻，不必叶『孚絢反』；『翩其反矣』與『遠』韻，猶逸詩『偏其反而』與『遠』韻。《楚辭》用『反』字亦多韻『遠』字，皆不必叶『分邅反』。雖《漢書》平反之『反』讀平聲，他書亦有『翩其翻而』之語，然《詩》與《論語》皆作『反』。又『威儀反反』一見《賓之初筵》，一見《執競》。《執競》與『簡』韻，可知是上聲；《賓之初筵》與『幡幡』、『遷遷』平上爲韻耳。舊叶『分邅反』，與『幡』同音。夫『反反』者，威儀之善；『幡幡』者，威儀之不善。若同音，何以別義乎？」是則江氏以爲「反」字可與平、去爲韻，然其本音自是上聲。秦選之《校注》亦曰：「初無作『扶萬反』者，師古不知古人四聲通叶，故有此誤。」孫玉文《漢語變調構詞考辨》則以爲「返」讀去聲乃是「反」之變調構詞，原始詞義爲翻轉，動詞，府遠切（上聲）；滋生詞義爲回還，動詞，字作「返」，方萬切（去聲）。

按：此條既云「今關中俗呼回還之『反』亦有此音」，則是當時方言實有去聲之讀，固與叶音不同，竊以爲孫説較長。然「扶萬切」（奉母願韻）與「方萬切」有聲母清濁之異，蓋方俗音變耳，回還之「反（返）」仍以讀上聲爲常。《漢書・陳勝項藉傳》「使者五反」，師古注曰：「『反』謂回還也。」不言讀去聲。《氓》、《猗嗟》詩中，「反」雖與去聲字爲韻，然《釋文》皆不注音，蓋元朗亦讀上聲也。

一一一

【禠】張衡《東京賦》云：「祈禠禳災。」蓋謂求福而除禍耳。案：《説文解字》曰：「禠，福也〔一〕。」《字林》音「弋尒反」〔二〕。字本作「禠」，從示從虒，音「斯」〔三〕。從虎者①，故作「⿰示虎」耳②〔四〕。今之讀者，不識「禠」字義訓，乃呼爲神祇之「祇」〔五〕，云：求神而卻災。或改「禠」字爲「禘」③〔六〕。「禘」者，祭名，又失之也④。

〔校勘記〕

①虎：盧本同。明本、沈本、何本、惠本作「虒」。

②⿰示虎：盧本同。明本、沈本、何本、惠本作「禠」。

③禠：明本、沈本、何本、惠本同。盧本作「⿰示虎」。按：「禠」、「⿰示虎」意皆未洽，姑爲闕疑。詳見疏證〔四〕、〔六〕。

④又：沈本、惠本、盧本同。張本朱校、明本、何本作「皆」。何焯眉批：「『皆』作『又』。」按：「又」、「皆」兩通。

〔疏證〕

〔一〕見《說文·示部》。《爾雅·釋詁》亦云：「禠，福也。」《文選·張衡〈東京賦〉》李善注曰：「祈，求福也。禳，除也。災，禍也。謂求祈福而除災害也。《爾雅》曰：『禠，福也。』」

〔二〕弋尒反：此音當在以母紙韻。《集韻》紙韻「演爾切」：「褫，福也。」「褫」蓋「禠」字之譌。

〔三〕斯：何本眉批：「李善讀爲『絲』。」吴本吴省蘭腳注：「禠，李善讀爲『斯』。」《文選·東京賦》李善實音「絲」，「斯」在支韻，「絲」在之韻。《爾雅》《釋文》云：「禠音『斯』。」《說文》大徐本引《唐韻》音「息移切」，《廣韻》支韻同，《集韻》支韻「相支切」。諸音皆在心母支韻，當作「斯」是。《爾雅》《釋文》又云：「郭『常支』、『巨移』二反。」《集韻》支韻「常支切」（禪母）：「禠，《爾雅》：『福也。』」又「尒支切」（日母）：「禠，福也。」又「翹移切」（羣母）：「禠，《爾雅》：『福也。』」即「巨移反」之音。此三音連同紙韻「演爾切」之音，音讀雖異，厥義無別。《廣韻》皆不收，蓋非正音也。「禠」從「虒」聲，《說文·虎部》「虒」字从虎厂聲，大徐本引《唐韻》音「息移切」，然則「禠」之正音當讀「斯」也。

〔四〕從虎者，故作「⿰礻虎」耳：此句有作「虒」、「禠」之異文，見校勘記①、②。按：上文已有「字本作『禠』，從示從虒」，此句似當作「虎」、「⿰礻虎」。然則師古之意可作兩種理解：其一，從虎之「⿰礻虎」乃是從虒之「禠」的異體。正如奪衣之「褫」，俗作「⿰衤虎」也。然而文獻無徵，且「⿰礻虎」之音義與「禠」皆不相同。「⿰礻虎」字始見於《改併四聲篇海》卷一二《禪母·示部》：「⿰礻虎，丑禮、丑弟二切。」折合今音爲chǐ。卷一三《曉母・虎部》：「⿰示虎，音『持』。」《海篇・示部》：「⿰示虎，禘也。」未見唐以前之用例。其二，從虎之「⿰示虎」別是一字，與「禠」不同。然而師古又未闡明「⿰示虎」之音義，未知究爲何意。劉曉東《平議》亦云：「師古此條蓋文有訛誤，如『從虎者故作⿰示虎耳』云云，與上下文殊不叶，字書亦無『⿰示虎』字。莫可是正，闕疑可也。」

〔五〕祇：《廣韻》支韻「巨支切」：「祇，地祇。神也。」即《釋文》所云郭璞「巨移反」之音，今音qí。時人讀「禠」爲「祇」而訓爲神，是以假借字爲音也。按：「禠」之本義於文意頗爲諧暢，不必視作「祇」之假借。且郭注《爾雅》曰「禠，書傳不見，其義未詳」，亦未明訓「禠」爲神祇。景純又音「常支切」，豈又假「禠」爲「褆」耶？故爲師古所不取。

〔六〕或改「禠」字爲「禘」：「禘」者，大祭之總名也，凡祀天、宗廟大祭與宗廟時祭皆是。《廣韻》霽韻「特計切」（定母）：「禘，大祭。五年一禘。」此句「禠」字亦有作「⿰示虎」之異文，見校勘記③。

按：若作「改『禠』字爲『禘』」，則是由於從「虒」之字或可從「帝」，如「嗁」一作「啼」，「蹏」一作「蹄」。《説文・口部》：「嗁，號也。」段注曰：「嗁，俗作『啼』。」《正字通・口部》：「嗁，『啼』本字。」《説文・足部》：「蹏，足也。」段注曰：「俗作『蹄』。」師古所匡者，乃是「禠」、「禘」二字各有音義，並非同字異體，不得肆意類推。然而若作「禠」字，則上文「⿰示虎」字再未言及，無所着落，是則明於字理而昧於文理也。

若作「改『⿰示虎』字爲『禘』」，則是師古以爲「⿰示虎」乃「禠」之異體，不可與「禘」相混，正承上文

「⿰礻虎」、「禠」之辨而來。然而字書之中，「⿰礻虎」即禘祭之義，若依顏說，則其音義皆謬也。然而「⿰礻虎」字明以前字書不載，無由尋繹其譌變之跡，是則洽於文理而違於字理也。

要之，作「禠」、作「⿰礻虎」，意皆未洽。「虎」、「虒」形近，且異體衆多，更兼「示」部與「衣」，時相譌亂。師古本意云何，只可以理推演，卒難定其是非。

112

【怠】「怠」有「苔」音。又云：「堅冰作於履霜，尋木起於蘖栽。昧旦丕顯，後世猶怠。況初制於甚泰，服者焉能改裁[一]。」漢帝《柏梁詩》云[二]：「日月星辰和四時。」梁王云：「驂駕四馬從梁來。」自斯已下，同用一韻。而執金吾云：「徼道宮中禁墮怠[三]。」又曹朔作後漢《敬隱后頌》[四]，述宋氏之先云：「實先契而佐唐，湯受命而創基。二宗儼以久饗，盤庚儉而弗怠。」是怠懈之字通有「苔」音矣①[五]。

〔校勘記〕

①是：明本、沈本、盧本同。何本、惠本「是」下衍「則」字。按：有無「則」字兩通。

〔疏證〕

[一] 冒上見張衡《東京賦》。

[二]《柏梁詩》：漢武帝作柏梁臺，詔羣臣聯句，其事見《三輔黃圖·臺榭》、《太平御覽》卷三五二引《東方朔傳》等，其詩見《三秦記》、《古文苑》卷八、《藝文類聚》卷五六等。《三秦記》云：「漢武帝元封三年，武帝作柏梁臺，嘗置酒其上，詔羣臣二千石有能爲七言詩，乃得上坐。」《柏梁臺

詩》既是七言古詩之源，亦是聯句詩體鼻祖，後世即稱聯句爲「柏梁體」。然自顧炎武始，多疑此詩爲僞託。《日知録》卷二一「柏梁臺詩」條云：「漢武《柏梁臺詩》本出《三秦記》，云是元封三年作，而考之於史，則多不符……蓋是後人擬作，剽取武帝以來官名及《梁孝王世家》乘輿駟馬之事以合之，而不悟時代之乖舛也。」丁福保、陳直、余冠英、逯欽立等則認爲不僞。

〔三〕徼道宫中禁墮怠：《三秦記》、《古文苑》卷八、《藝文類聚》卷五六皆作「徼道宫下隨討治」。蓋師古所見本異。

〔四〕《敬隱后頌》：此文嚴可均《全後漢文》失收。《後漢書·文苑傳》云：「又有曹朔，不知何許人，作《漢頌》四篇。」此篇蓋其中之一。

〔五〕怠懈之字通有「苔」音：《廣韻》海韻「徒亥切」：「怠，懈怠。」咍韻「徒哀切」：「苔，同『菭』。又蘇也。」師古以上聲爲「怠」之正音，又以其與平聲字爲韻，故謂「怠」有「苔」音。劉曉東《平議》云：「師古以漢代詩文説『怠有苔音』自不誤，不得叶韻之説非之也。」《集韻》咍韻「湯來切」：「怠，懈也。」蓋因有此一讀，故存録之。

佚名《勘正》云：「『怠』字固有『苔』音，但所舉證者非。《易》曰：『萃聚而升不來也，謙輕而豫怠也。』當以此爲證。」按：《易·雜卦》「謙輕而豫怠也」，《釋文》云：「怠，京作『治』，虞作『怡』。」然則佚名以爲「怠」有平聲之音，乃是「怡」之假借。又如《管子·侈靡》「此百姓之怠生，百振而食，非獨自爲也」，郭沫若等《集校》云：「『怠』與『怡』古本一字。此『怠生』當讀爲

『怡生』，謂安居樂業也。」《集韻》之韻「盈之切」：「怠，懈也。」即「怡」音也。

《易·雜卦》「大畜，時也。無妄，災也。萃聚而升不來也，謙輕而豫怠也」，「怠」與「時」、「災」、「來」韻；《國語·越語》「得時無怠，時不再來。天予不取，反爲之災」，「怠」與「時」、「災」、「來」韻；《荀子·堯問》「執一無失，行微無怠，忠信無倦，而天下自來」，「怠」亦與「來」韻；《楚辭·王褒〈九懷·思忠〉》「覽杳杳兮世惟，余惆悵兮何歸？傷時俗兮溷亂，將奮翼兮高飛。駕八龍兮連蜷，建虹旌兮威夷。觀中宇兮浩浩，紛翼翼兮上躋。浮溺水兮舒光，淹低佪兮京沶。屯余車兮索友，覩皇公兮問師。道莫貴兮歸真，羨余術兮可夷。吾乃逝兮南娭，道幽路兮九疑。越炎火兮萬里，過萬首兮嶷嶷。濟江海兮蟬蜕，絶北梁兮永辭。浮雲鬱兮晝昏，霾土忽兮塺塺。息陽城兮廣夏，衰色罔兮中怠。意曉陽兮燎寤，乃自詠兮在茲。思堯舜兮襲興，幸咎繇兮獲謀。悲九州兮靡君，撫軾歎兮作詩」，通篇押之部平聲韻。是皆「怠」與平聲字爲韻也。

江永《古韻標準》將「怠」歸入上聲第二部，云：「本證：『無俾大怠』，韻『否』、『史』、『恥』；旁證：《左傳》《讒鼎銘》：『昧旦丕顯，後世猶怠。況曰不悛，其能久乎？』『久』音『幾』。按：《易》『謙輕而豫怠也』，上韻『來』，下韻『食』、『色』、『伏』、『飭』，蓋平、上、入爲韻。」段玉裁《六書音均表》則以「怠」爲平聲，然其《詩經韻分十七部表》又以《賓之初筵》第五章「否」、「史」、「恥」、「怠」爲上聲。

要之，江永、佚名以爲「怠」字本音上聲，其與平聲字爲韻者，江以爲是平上通押，佚名以爲是「怡」之假借；師古、懋堂則以爲「怠」字古有平聲之音。按：「怠」字金文作（中山王嚳壺），从尸从心，目聲，本義爲鬆懈、懶惰，與「惰」同源，竊以古讀上聲爲是。魏晉以降，亦以讀上聲爲常，如《魏書・程駿傳》録其《慶國頌》「上天無親，唯德是在。思樂盛明，雖疲勿怠。差之毫釐，千里之倍。願言勞謙，求仁不悔」，「怠」與「在」、「倍」、「悔」韻；唐天然《驪龍珠吟》「自迷失，珠元在，此个驪龍終不改。雖然埋在五陰山，自是時人生懈怠」，「怠」與「在」、「改」韻；韓愈《嘲鼾睡・其一》通篇押上聲韻，其中「太陽不忍明，飛御皆惰怠」，「怠」與「猥」、「磊」、「倍」、「罪」、「待」、「癗」、「腿」、「宰」、「海」、「醢」、「餒」、「改」、「在」、「採」韻，等。《廣韻》「怠」無平聲之音，是亦以上聲爲正音也。

【免】《左傳》説晉討趙同、趙括〔一〕，而武從姬氏畜于公宮，以其田與祁奚。故韓厥言于晉侯曰：「成季之勳，宣孟之忠，而無後，爲善者其懼矣。三代之令王，皆數百年保天之禄。夫豈無僻王？賴先哲以免也。」蓋言三代亦（無）〔有〕邪僻之君①，但賴其先人，以免禍難，故得不危亡而歷祚長久，今何得不思趙衰、趙盾之功德而立後乎？故晉侯立趙氏而反其田爾。潘安仁《西征賦》云：「平失道而東遷，繄二國而是祐。豈時王之無僻，賴先哲以長懋。」「懋」訓勉勵之「勉」〔二〕，既改《左傳》本文，於義未爲允愜。

〔校勘記〕

①有：原作「無」，盧本同。今據張本朱校、明本、沈本、何本、惠本改。周祖謨《校記》云：「『無』景宋本作『有』，是也。」

〔疏證〕

〔一〕見《左傳》成八年。趙莊姬譖於晉侯，言趙同、趙括將爲亂，於是晉討之，以趙氏之田與祁奚。韓厥諫之，乃立趙武爲趙氏之後，而反其田焉。杜預注曰：「趙武，莊姬之子。莊姬，晉成公女。成季，趙衰。宣孟，趙盾。」「僻」，《釋文》本、《文選·潘岳〈西征賦〉》李善注引《左傳》同；《正義》本、《文選·干寶〈晉紀總論〉》李善注引《左傳》作「辟」。「先哲」，《釋文》本、《西征賦》李善注作「前喆」；《正義》本、《晉紀總論》李善注作「前哲」。劉曉東《平議》云：「師古所據者，或其定本如是也。」

〔二〕「懋」訓勉勵之「勉」：此條辨「懋」當訓「勉」而不訓「免」。師古以爲「賴先哲以長懋」對應「賴先哲以免」，安仁以「免」釋「懋」，故匡之也。按：安仁固用《左傳》之典，然未必直用《左傳》原文。汪應辰《書》曰：「潘岳賦『賴前哲以長懋』，岳必不以『免』爲『勉』，但拘於聲韻，易左氏語以牽合懋盛之意。若以爲勉勵，非唯不合左氏，亦復不成賦語。此則文人相輕，或損其真矣。」《說文·心部》：「懋，勉也。」段注曰：「古多叚『茂』字爲之。」《艸部》：「茂，艸豐盛。」《文選·西征賦》李善注曰：「言周末之王，豈無邪僻之行？但賴前聖之德，所以長茂也。《左傳》

韓厥曰：『三代之令王，皆數百年保天之禄，夫豈無僻王？賴前哲以免也。』」《漢書》策詔曰：『大禹能亡失德，夏以長懋。』《説文》曰：『懋，盛也。』」《漢書・爰盎鼂錯傳》「夏以長楙」，師古注曰：「楙，美也。」「楙」从林矛聲，本義爲草木茂盛，與「茂」音義並同。善注又引《説文》「懋，盛也」，則是通「懋」爲「茂」也。又《爾雅・釋訓》云：「懋懋，勉也。」《釋詁》云：「茂，勉也。」郭注曰：「《書》曰：『茂哉茂哉。』」邢疏云：「《皋陶謨》文也。《書》作『懋』。『茂』、『懋』古今字也。」《國語・周語上》「先王之于民也，懋正其德而厚其性」，韋昭注曰：「懋，勉也。」然則「懋」本訓勉勵，又通「茂」、「楙」，故有美盛之義。

「免」字《説文》無，金文作免簋，从宀从人，郭沫若以爲是「冕」之初文，象人着冠冕之形，多用作脱落、釋放、逃避、罷黜之義。《左傳》杜注曰：「言三代亦有邪辟之君，但賴其先人以免禍耳。」《説文・力部》：「勉，彊也。」本義爲努力、盡力，引申爲鼓勵、勸勉、勉强等義。「免」、「勉」同音通假，如《漢書・谷永杜鄴傳》「閔免遁樂，晝夜在路」，師古注曰：「『閔免』猶『黽勉』也。」佚名《勘正》亦云：「『免』字不惟《漢書》『黽勉』作『閔免』，而晉人用『免』乃有作『勉』字者，足見其通用也。」

按：《左傳》「賴先哲以免」，「免」自訓避免（禍亂）；釋「懋」之「勉」，自訓勉勵。師古以爲免禍之「免」不可通「勉」，不誤；然而禍難既免，即可「長懋」，「長懋」與「免」文意相承，非謂「懋」、「免」同義也。《文選・干寶〈晉紀總論〉》云：「夫豈無僻主？賴道德典刑以維持之也。」

是亦用《左傳》之意而變言者也。汪應辰所言甚是。

王引之《經義述聞》卷一八又據師古此條，謂安仁所見《左傳》蓋作「勉」，云：「《秦策》『免於國患，當作「免國於患」。大利也』，鮑彪曰：『免元作勉。』《大戴禮・曾子立事》篇曰：『雖有微過，亦可以勉矣。』又曰：『亦殆勉於罪矣。』《晉語》曰：『彼若不敢而遠逃，乃厚其外交而勉之。』韋注以爲勸勉，失之。辯見《國語》。皆借『勉』爲『免』也。古本《左傳》亦借『勉』爲『免』，故安仁誤解爲懋耳。義雖未愜，然《左傳》本文作『勉』，於此可見。不然，則『免』之與『勉』，意義絶殊，《傳》如作『免』，安仁何肯訓爲『勉』乎？」按：「免」、「勉」固可相通，然安仁不用《左傳》原文，談何借「勉」爲「免」、誤解爲懋乎？

114

【黄巷】《西征賦》又云：「發閿鄉而警策，愬黄巷以濟潼〔一〕。」黄巷者〔二〕，蓋謂潼關之外深道如巷，以其土色正黄，故謂之「黄巷」爾。過此長巷，即至潼關。此巷是古昔以來東西大道，年代經久，車徒輻湊，飛塵飄散，所以極深。隋帝惡其濬險〔三〕，恐有變故，始移大道，去巷逐高，更開平路耳，今其故跡猶存。而説者不曉「巷」之意，不知其處安在，乃曰：「巷」當爲「卷」，音「去權反」，解云：今閿鄉西黄天原是〔四〕。按：郭緣生《述征記》曰〔五〕：「皇天塢在閿鄉東南。或云：衛太子始奔，揮涕仰呼皇天。百姓憐之，因以名塢。」又戴延之《西征記》曰〔六〕：「皇天固去九泉十五里①。」據此而言，黄天原本以塢、固得名，自有解釋，又在舊閿鄉。潘生自（秦之）東〔之西〕②，不得先發閿鄉，始泝「黄巷」也〔七〕。且閿鄉之側，行道乃在乎平川，非遡原也。此爲穿鑿，妄生意見③。且賦本千萬，有作「卷」字者乎？後生好奇，乃輙改書本，以「卷」易「巷」〔八〕，斯可正矣。

〔校勘記〕

①九泉：明本、惠本、盧本同。何本原作「九泉澗」，改作「泉鳩澗」，眉批：「『九泉』疑作『泉鳩』。『澗』字無。」按：《漢書・武五子傳》「太子之亡也，東至湖，臧匿泉鳩里」，師古注曰：「泉鳩水今在閿鄉縣東南十五里，見有戾太子冢，冢在澗東也。」《元和郡縣圖志・河南道二・虢州》閿鄉縣云：「全鳩水，一名『全節水』，漢戾太子亡匿之處。」然則「泉鳩」是也。

②自東之西：原作「自秦之東」。張本朱筆眉批：「鈔本無『秦』字。」又黄筆眉批：「明刻作『自東之西』。」明本、惠本作「自之東」，沈本、何本作「自東之西」，盧本原作「自之東」，改作「自秦之東」。吴本吴志忠眉批：「舊本無『秦』字，增者謬。據文意，閿鄉在東，黄巷在其西，今潘子西征，應自東徂西，故云『不得』。」周祖譔《校記》云：「案明刻作『潘生自東之西』，是也。晉元康二年潘安仁西之長安，因作《西征賦》以述所經人物山水也。」按：《文選・西征賦》云：「潘子憑軾西征，自京徂秦。」然則「自東之西」是也。今正。

③意：明本、何本、惠本、盧本同。張本朱校作「異」。按：「異」較長，「意」亦通。

〔疏證〕

〔一〕《文選・潘岳〈西征賦〉》此句李善注曰：「《獻帝春秋》曰：『興平二年十一月丙寅，車駕東行，到黄巷亭。庚午，到弘農。』《述征記》曰：『河自關北東流，水側有坂，謂之黄巷坂。』」

〔二〕黄巷：即黄巷阪，潼關之東沿河險路也。酈道元《水經注・河水四》云：「河水自潼關北東流，水側有長阪，謂之『黄巷阪』，傍絶澗。涉此阪以升潼關，所謂『泝黄巷以濟潼』矣。歷北出東崤，通謂之函谷關也。邃岸天高，空谷幽深，澗道之陜，車不方軌，號曰天險。」李吉甫《元和郡縣圖志・河南道二・虢州》閿鄉縣云：「黄巷阪，在縣西北三十五里，即潼關路也。《水經注》曰：『河水自潼關東北流，側有長阪，謂之黄巷阪。歷北出東崤，通謂之函谷關，岸高道狹，車不得方軌。魏武征韓遂、馬超，連兵此地。』又潘岳《西征賦》曰『泝黄巷以濟潼』，亦謂此也。」

〔三〕隋帝：指隋煬帝。《通典・州郡三・華陰郡・華陰縣》云：「隋大業七年，移於南北鎮城間坑獸檻谷置，去舊關四里餘。」即此條所云「去巷逐高，更開平路」之事。

〔四〕黄天原：一作「皇天原」，在閿鄉之東，其地有漢武帝思子宫、思子臺。《水經注・河水四》云：「河水又東北，玉澗水注之。水南出玉溪，北流逕皇天原西。周固記開山東首，上平博，方可里餘，三面壁立，高千許仞，漢世祭天於其上，名之爲『皇天原』，上有漢武帝思子臺。」《漢書・武五子傳》「上憐太子無辜，乃作思子宫，爲歸來望思之臺於湖」，師古注曰：「其臺在今湖城縣之西，閿鄉之東，基趾猶存。」《元和郡縣圖志・河南道二・虢州》閿鄉縣亦云：「思子宫故城，在縣東北二十五里。漢武帝爲戾太子所築也。」

〔五〕郭緣生《述征記》：《隋書・經籍志・史部》地理類有「《述征記》二卷，郭緣生撰」。雜傳類又有「《武昌先賢志》二卷，宋天門太守郭緣生撰」，蓋亦其人所作，皆已佚。

〔六〕戴延之《西征記》：《隋書・經籍志・史部》地理類有「《西征記》二卷，戴延之撰」。戴祚，字延之，江東人，晉、宋間小説家。曾隨劉裕西征姚秦，後任西戎主簿，著《西征記》，今已佚。又著《甄異傳》三卷，亦已佚，魯迅《古小説鉤沉》有輯本。

〔七〕自東之西，不得先發閿鄉，始泝「黄巷」：假使黄巷果爲黄天原，則無法先發閿鄉，再經黄巷。考諸經史，黄巷阪在潼關之東，閿鄉之西，即潘賦所云「黄巷」也；黄天原則在閿鄉之東，湖城之西。其間地理大致如下圖所示：

〔八〕以「卷」易「巷」：「巷」、「卷」字形相近，《藝文類聚・人部十一・行旅》、《通典・州郡三・華陰郡・華陰縣》、《州郡七・弘農郡・弘農縣》、《北堂書鈔・地部一・阪》，《太平御覽・地部十八・阪》引《述征記》皆作「卷」，即師古所云當正之者也。按：當時説者云「『巷』當爲『卷』，音『去權反』」，解云：今閿鄉西黄天原是」，其誤有三：誤改「巷」字爲「卷」，一也；誤認「黄

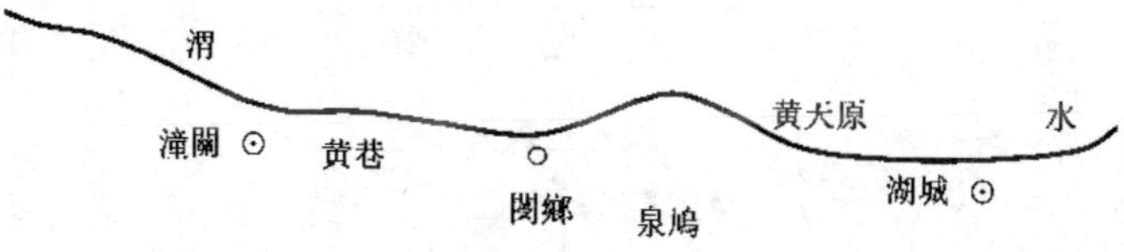

閿鄉附近地形示意圖

卷」即黃天原，二也；誤以爲黃天原在閿鄉西，三也。今一一辨明如下：

其一，改「巷」爲「卷」，誤。《金石萃編》卷一〇三《唐李元諒頌》云：「北連絳臺，南拞黃巷」，又引畢沅《關中金石記》云：「《水經注》曰：『河水自潼關北東流，水側有長阪，謂之黃巷坂。』潘岳《西征賦》：『溯黃巷以濟潼。』今二書皆作『巷』，此云『北連絳臺，南抵黃巷』，可以證其誤矣。」畢說與師古正同。

其二，以「黃卷」爲黃天原，又誤。《集韻》僊韻「驅圓切」：「卷，縣名，在河南。」即「去權反」之音。《史記·秦本紀》「三十三年，客卿胡攻魏卷、蔡陽、長社，取之」，《集解》云：「《地理志》河南有卷縣。」《正義》云：「『卷』音『丘袁反』。《括地志》云：『故卷城在鄭州原武縣西北七里，即衡雍也。』」然則卷縣自是卷縣，黃天原自是黃天原，殊非一地。時人讀「卷」爲「去權反」，蓋因既改「巷」爲「卷」，又欲牽合「卷」（溪母僊韻）、「原」（疑母元韻）二音也。然而「黃巷阪」、「黃天原」各有得名之義，改字易音，誤上加誤。

其三，謂黃天原在閿鄉西，亦誤。據此條引《述征記》、《西征記》及《水經注》、《元和郡縣圖志》等，黃天原當在閿鄉之東。說者有此三誤，故師古斥其妄也。

115 **【隸齒】**又云〔一〕：「懷夫蕭曹邴魏之相，辛李衛霍之將〔二〕。」自此已下，歷道漢之名臣，至於「終童山東之英妙，賈生洛陽之才子」〔三〕，皆美其立功于朝，著名當時。「音鳳恭顯之任勢也〔四〕，〔乃〕薰灼四方①，震耀都鄙。而死之日，曾不得與夫十餘〔公〕之徒隸齒②。」此言王音、王鳳、(宏)〔弘〕恭③、石顯之徒，無德而禄，有穢彝倫。身没之後，考其名行，乃不得與蕭、曹、終、賈之卒徒奴隸齒〔五〕。潘生所以深鄙賤其人，示貶抑之甚也。後之讀者不詳其意，但言不得與十餘之屬爲齒，乃謂「隸齒」爲齊等之義〔六〕。謝朓《宣城郡》詩曰：「羣龍難隸齒。」豈非僻謬？按：若但言音、鳳、恭、顯不如蕭、曹、邴、魏，安足以明激勸乎？且「隸齒」之言，未爲典故，安所取詳④？

〔校勘記〕

①乃：原闕，盧本同。今據張本朱校、明本、何本、惠本補。

②公：原闕，盧本同。今據張本朱校、明本、何本、惠本補。

③弘：原作「宏」，今據明本、何本、惠本回改。盧本原作「弘」，改作「宏」。書内並同，下徑改不出校。

④詳：明本、沈本、惠本、盧本同。何本作「諸」，較長。

〔疏證〕

〔一〕冒上見潘岳《西征賦》。

〔二〕蕭曹邴魏之相，辛李衛霍之將：蕭，蕭何。曹，曹參。邴，邴吉。魏，魏相。皆漢之名相。辛，辛慶忌。李，李廣。衛，衛青。霍，霍去病。皆漢之名將。

〔三〕終童、賈生：終童，終軍。賈生，賈誼。皆年少有爲。

〔四〕音鳳恭顯：王鳳，漢元帝王皇后之兄，爲大司馬大將軍。王音，鳳之從弟，爲司馬車騎將軍。弘恭、石顯，皆漢元帝時佞臣。

〔五〕不得與蕭、曹、終、賈之卒徒奴隸齒：師古以「徒隸」合爲一詞，並列結構，意爲卒徒奴隸，名詞；「齒」單爲一詞，意爲並列，動詞。按：顔説是也。徒隸位卑職賤，本已爲人鄙薄，而云音鳳恭顯竟不能與蕭曹終賈之徒隸比肩，是所以深鄙之也，猶俗語云「給某某提鞋都不配」。《顔氏家訓・勉學》贊北齊宦者田鵬鸞捨生取義，遠勝於屈膝降周之將相，云：「齊之將相，比敬宣之奴不若也。」《北史・唐邕傳》：「文宣或切責侍臣云：『觀卿等不中與唐邕作奴。』」《隋書・孝義傳序》：「雖或位登台輔，爵列王侯，禄積萬鍾，馬踰千駟，死之日，曾不得與斯人之徒隸齒。」《新唐書・李訓傳》贊引李德裕云：「訓曾不得齒徒隸，尚才之云！」語意皆與潘賦相似，可資旁證。

〔六〕謂「隸齒」爲齊等之義：「後之讀者」蓋以「徒」字上屬，意爲儔類，「十餘公之徒」指蕭、曹、終、賈等人；而將「隸齒」合爲一詞，意爲平等、同列，並列結構。按：「隸」本義爲奴僕，引申爲差役、附屬等，並無齊等之義。謝朓詩云「羣龍難隸齒」，明黎民表《予告出京師貽同好諸子四首・其一》「並轡參羣龍，衰賤難隸齒」，又化用謝詩之語，並誤。

《文選・西征賦》李善注曰：「十餘公之徒，謂蕭、曹之屬也。張湛《列子注》曰：『隸，猶羣輩也。』一云：徒隸，賤人也。《漢書》賈誼曰：『握重權大官，而有徒隸無恥之心乎？』高誘《吕氏春秋注》曰：『齒，列也。』」善注雖未明言「隸齒」爲齊等之義，然斷「十餘公之徒」爲句，釋

「隸」爲羣輩，斯亦誤矣。

116 【尸韓】又云〔一〕：「感市閭之菆井，〔類〕〔歎〕尸韓之舊處①。丞屬號而守闕②，人百身以納贖。豈生命之易投，誠惠愛之洽著③。」按：班書《趙廣漢傳》云〔二〕：廣漢下廷尉獄，「吏民守闕號泣者數萬人。或言：『臣生無益于縣官，願代趙京兆死，使得牧養小民。』廣漢竟坐腰斬。」而《韓延壽傳》云：「延壽棄市，吏民數千人送至渭城，老小扶持車轂，爭奏酒炙。延壽不忍拒逆，人人爲飲，〔計飲〕酒石餘④。使掾吏分謝送者：『遠苦吏民，延壽死無所恨。』百姓莫不流涕〔三〕。」安仁諭延壽之死所，舉廣漢之請代〔四〕，則用事之不審，蓋亦爲文之瑕纇焉〔五〕。

〔校勘記〕

①歎：原作「類」，明本、何本、惠本、盧本同。今據沈本、《文選・西征賦》各本改。按：與「感」對舉，作「歎」是也。

②丞屬：張本朱校、明本、沈本、何本作「蒸屬」；惠本、盧本原作「蒸屬」，改作「丞屬」。周祖謨《校記》云：「『丞』景宋本作『蒸』，非。」《文選》李善本作「丞」，六臣本作「蒸」。

③洽：張本朱校、明本、沈本、何本作「浹」；惠本、盧本原作「浹」，改作「洽」。《文選》各本作「洽」。按：「浹」、「洽」皆訓遍及，兩通。

④計飲：原闕，今據張本朱校、明本、沈本、何本、惠本《漢書·趙尹韓張兩王傳》補。

〔疏證〕

〔一〕冒上見潘岳《西征賦》。

〔二〕《漢書·趙尹韓張兩王傳》載，趙廣漢爲京兆尹，廉潔清明，威制豪彊，小民得職。後因脅迫丞相、坐賊殺不辜等罪下獄。吏民守闕號泣者數萬人，有言願代趙京兆死者。廣漢腰斬，百姓追思，歌之至今。

〔三〕《漢書·趙尹韓張兩王傳》載，韓延壽爲東郡太守，令行禁止，爲天下最。代蕭望之爲左馮翊，望之令御史查問延壽在東郡時放散官錢之事，延壽亦案劾望之在馮翊時放散官錢。上令窮竟所考，望之卒無事實，於是劾奏延壽上僭不道。天子惡之，延壽竟坐棄市。吏民數千人送至渭城，百姓莫不流涕。

〔四〕諭延壽之死所，舉廣漢之請代：此二句對偶成文。「市閭之葴井」李善注曰：「《説文》曰：『葴，麻蒸也。』阻留切。然『葴井』即渭城賣蒸之市也。」然則「葴井」即渭城中延壽陳尸之處，亦即「延壽之死所」，「所」訓處所。秦選之《校注》、劉曉東《平議》皆以「所」字屬下句，斷爲「諭延壽之死，所舉廣漢之請代」，以「所」爲結構助詞，其實「葴井」、「舊處」正是延壽之「死所」，而非其人之「死」也。且「諭」與「舉」、「延壽」與「廣漢」、「死所」與「請代」屬對甚工，當以「所」字上屬較勝。

師古以爲安仁用典不審，《文選・西征賦》李善注曰：「延壽被誅，丞屬無守闕者，而趙廣漢就戮則有之。恐潘誤。」是崇賢之意亦同師古。然而古有二事同類並舉之法，未可輕非也。顧炎武《日知録》卷二五「名以同事而章」條云：「《孟子》：『禹、稷當平世，三過其門而不入。』考之《書》曰：『啓呱呱而泣，予弗子。』此禹事也，而稷亦因之以受名。『華周、杞梁之妻，善哭其夫而變國俗。』考之《列女傳》曰：『哭於城下七日，而城爲之崩。』此杞梁妻事也，而華周妻亦因之以受名。」是即因禹事而及稷，因杞梁妻而及華周妻也。揚雄《甘泉賦序》云：「上方郊祀甘泉泰畤、汾陰后土，以求繼嗣。」甘泉泰畤在秦，汾陰后土在晉，皆武帝所立祠壇。揚雄乃隨成帝往祀甘泉，爲趙飛燕求子，遂作此賦，非往汾陰，而言及汾陰，斯亦同類並舉，以足語勢耳。

又宋王楙《野客叢書》卷一九「顛倒用事」條云：「李湜撰《東林寺舍利塔碑》曰：『龐統以才高位下，遂滯題輿；陳蕃以德峻名沉，初膺展驥。』按：『展驥』是龐統事，『題輿』是陳蕃事，而倒用如此，得非誤乎？」然俞樾《茶香室四鈔》卷一二「顛倒用事」條卻謂「此或有意錯綜其辭」也。展驥、題輿皆爲熟典，李湜蓋以二人之事相互比附，並非張冠李戴。然則潘賦因延壽而及廣漢，同是惠愛洽著之人，比類合誼，似亦未爲不可。

〔五〕瑕纇：瑕，玉上的斑點；纇，絲上的疙瘩。比喻事物的缺點、毛病。如唐柳宗元《與吕道州温論〈非國語〉書》：「思欲盡其瑕纇，以別白中正。」

117

【彡髟】潘安仁《秋興賦》云：「班鬢髟以承弁①，素髮颯以垂領。」讀者皆以「髟」爲「杉」音。按：許氏《説文解字》云：「彡，毛飾畫之文也。象形〔一〕。」《字林》音「山廉反」。此字既訓形飾，所以「形」及「彫」字並從「彡」。《説文解字》解「髟」字云：「長髮（焱焱）〔猋猋〕也②。從彡〔二〕。」《字林》音「方周反」。此字既指訓髮貌〔三〕，所以鬢髮之屬字皆從「髟」字。安仁之辭，正合義訓。今讀《秋興賦》，當音「方周反」，不得謂之「彡」也〔三〕。

〔校勘記〕

①班鬢髟以承弁：周祖謨《校記》云：「案『弁』下《文選》有『兮』字。」

②猋猋：各本原皆作「焱焱」。今據《説文》改。按：「髟」、「猋」疊韻，「焱」乃火焰字。

〔疏證〕

〔一〕見《説文·彡部》。

〔二〕見《説文·髟部》。

〔三〕當音「方周反」，不得謂之「彡」：何本眉批：「初檢徐氏所定《説文解字》『髟』下音『必凋切，又所銜切』，疑『周』字爲誤。後檢《廣韻》，則四宵、二十幽、二十七銜並收此字。从『方周切』，當讀若『彪』也。」

「髟」音「必凋切，又所銜切」者，大徐本引《唐韻》也。以《廣韻》格之，「必凋切」當在蕭韻，《廣韻》實無此音。「髟」《廣韻》有三音：宵韻「甫遥切」：「髟，髮長皃。」幽韻「甫烋切」：「髟，髮垂皃。」銜韻「所銜切」：「髟，屋翼也，又長髮皃。」此條引《字林》音「方周反」者，以《廣韻》格之，當在尤韻，《廣韻》亦無此音。《後漢書・馬融傳》録《廣成頌》「羽毛紛其髟鼬」，李賢注音「必由反」，即「方周反」之音也，是唐時實有此讀。又《集韻》笑韻「匹妙切」：「髟，長髭。」《文選・馬融〈長笛賦〉》「特麚昏髟」，李善注音「方妙切」。潘岳《秋興賦》「斑鬢髟以承弁兮」，注音「方料切」。此音當在嘯韻。

然則「髟」之音讀可以分爲兩組：其一，聲母爲脣音幫、滂、並、非，韻爲蕭、宵、幽、尤、笑、嘯等，古音在幽、宵部，屬於語音通轉；其二，「所銜切」單爲一組，生母銜韻，與前一組聲韻俱遠。「髟」之所以有「所銜切」一讀，師古及段玉裁皆以爲是訓讀爲「彡」。《説文》「髟」字段注曰：「《五經文字》『必由反』，在古音三部。《桼部》『髤』从此爲聲，可得此字之正音矣。音轉乃爲『必凋切』、『匹妙切』。其云『所銜切』者，大謬，誤認爲『彡』聲也。」

「彡」是毛髮、花紋、垂穗、光影等細軟、搖曳之物的象征符號，《説文・彡部》：「彡，毛飾畫文也。象形。」大徐本引《唐韻》音「所銜切」。《廣韻》有二音：鹽韻「息廉切」：「彡，毛飾。」銜韻「所銜切」：「彡，毛長。」此引《字林》音「山廉反」者，以《廣韻》格之，當在鹽韻，《廣韻》實無此音。然則「彡」之音讀聲韻俱近，聲爲齒音生、心，韻爲鹽、銜，古音在侵、談部，屬於語音通轉。此條云「以『髟』爲『杉』音」者，《廣韻》咸韻「所咸切」：「杉，同『檆』，木名，似松。」古音生母侵部，亦屬「彡」之語轉。

按：《説文・彡部》：「髟，長髮猋猋也。从長从彡。」段注曰：「『猋』與『髟』疊韻。」張舜徽《約注》云：「太古披髮而行，無結束之法，故髮長則散亂飄蕩，『髟』字實言其狀。髮長謂之『髟』，猶旗旒飛揚謂之『旚』，雨雪謂之『瀌』耳。」「髟」字从長从彡，會長髮飄垂之意，在此義上，「彡」、「髟」構成同義詞。然而「髟」字不从「彡」聲，本不當有「所銜切」、「杉」諸音。音「髟」爲「杉」，乃是訓讀爲「彡」。蓋因「髟」字主作意符，「彡」則常作聲符，故誤以「髟」从「彡」聲也。

此音唐時常用，如皮日休《寄題鏡岩周尊師所居》詩，「髟」與「岩」、「函」、「杉」、「帆」韻；陸龜蒙《和襲美江南書情二十韻寄秘閣韋校書貽之商洛宋先輩垂文二同年次韻》詩，「髟」與「銜」、「巖」、「讒」、「緘」、「獑」、「咸」、「瑊」、「毚」、「芟」、「巉」、「杴」、「監」、「嚴」、「帆」、「衫」、「函」、「鹹」、「杉」、「諴」韻。後又爲此訓讀之音專造「鬖」字，《廣韻》鹽韻「息廉切」：「鬖，髮也。」與「彡」音同。

〔三〕指訓髮貌：《文選・秋興賦》李善注引服虔《通俗文》曰「髮垂而髟」，與《説文》「長髮猋猋」之義合。善注又引《説文》曰：「白黑髮雜而髟。」《説文》實無此語，段玉裁補入「一曰：白黑髮襍而髟」，注曰：「依李善《秋興賦》注補此八字。」按：善注「髟」訓髮雜，似有可疑。潘賦「斑鬢」之「斑」，即是駁雜之義，若「髟」亦訓雜，則嫌於重複。善注引《説文》，不引「長髮猋猋」，而引「白黑髮雜」，不知何所依據。錢大昕《十駕齋養新録》卷四「唐人引《説文》不皆可信」條云：《魏都賦》注引《説文》「濤，大波也」，今《説文》無「濤」字；《長笛賦》注引《説文》「簉倅字如此」，今《説文》無「篚」字。《秋興賦》李善注所引，蓋又一例也。

【奚斯】《詩・魯頌》云：「新廟奕奕，奚斯所作〔一〕。」蓋言奚斯置造此廟〔二〕。而王延壽《靈光殿賦》云：「詩人之賦①，感物而作。故奚斯頌僖，歌其露寢。」陳思王《承露盤銘序》云：「奚斯頌魯。」謂此詩爲奚斯所作〔三〕，既無所據，與本義乖矣。

〔校勘記〕

①賦：盧本同。明本、沈本、何本、惠本作「興」，與《文選・王延壽〈魯靈光殿賦〉》各本合。

〔疏證〕

〔一〕見《詩・魯頌・閟宮》。

〔二〕奚斯置造此廟：毛傳曰：「新廟，閔公廟也。有大夫公子奚斯者，作是廟也。」鄭箋以新廟爲姜嫄之廟，奚斯作廟之事則與毛同。

〔三〕此詩爲奚斯所作：云奚斯作廟者，據《毛詩》而言；云奚斯作詩者，據三家《詩》而言也。師古謂奚斯作詩之説「無所據」，似未必然。

汪應辰《書》云：「以余考之，其失自揚子雲始。子雲曰：『正考甫常晞尹吉甫矣，公子奚斯常晞正考甫矣。』正考甫得商頌于太師，非作也。奚斯作新廟，非作詩也，而以與尹吉甫並言之，非其實也。班固《兩都賦序》云：『奚斯頌魯。』此又承子雲之失矣。至於王延壽、曹子建用之，不爲無所自也。」此條何本眉批：「此皆誤於楊子雲『奚斯嘗晞正考父』之語。」是汪、何亦以奚斯作詩爲誤，而又溯至揚雄。《法言·學行》云「公子奚斯嘗晞正考甫矣」，李軌注曰：「奚斯，魯僖公之臣也。慕正考甫作《魯頌》。」秦選之《校注》曰：「凡毛傳作詩之人，皆見於序，《節南山》以下四句，正其例也。而《閟宫》之序，第言頌僖公能復周公之宇，不言作詩之人，安能引證？況毛傳、鄭箋，以及孔氏《正義》，均主奚斯作廟乎？」

佚名《勘正》云：「『奚斯頌魯』，以爲始於王延壽《靈光賦》誤，亦非。蓋班孟堅《西京賦序》已用之矣。然班孟堅所用，又祖于楊子雲所謂『正考父晞尹吉甫，公子奚斯晞正考父』。蓋漢《詩》有四家，其説各異。李善注《文選》，以此迺薛君《韓詩章句》。師古不譏孟堅，而譏延壽，亦可見其爲孟堅忠臣也。古者作器能銘，可以爲大夫，安知奚斯不作廟而又作頌邪？」汪應辰《書》上何本眉批又云：「桉李善《文選》注引《韓詩薛君章句》云：『言其新廟奕奕然盛。是詩公子奚斯所作也。』子雲之語，蓋亦各有家法。」是佚名及何焯已知作詩、作廟，各有所依也。

《文選·魯靈光殿賦》李善注曰：「《韓詩》曰：『新廟奕奕，奚斯所作。』薛君曰：『奚斯，魯公子也。言其新廟奕奕然盛。是詩公子奚斯所作也。』」班固《兩都賦序》「奚斯頌魯」注同。是《韓詩》以爲奚斯所作者乃詩也。毛傳曰：「有大夫公子奚斯者，作是廟也。」則《毛詩》以爲奚斯所作者乃廟也。

皮錫瑞《經學通論·詩經》有「論魯頌爲奚斯作商頌爲正考父作當從三家不當從毛」條，詳論三家《詩》謂《魯頌》爲公子奚斯作，《商頌》爲正考父作，皆與《毛詩》駮異。如《揚子法言》、

《後漢書·曹褒傳》、班固《兩都賦序》、王延壽《魯靈光賦》、曹植《承露盤銘序》及漢碑《蕩陰令張君表頌》、《梁相費汎碑》、《太尉楊震碑》、《沛相楊統碑》、《郃陽令曹全碑》、《巴納太守張納碑》、《荆州刺史度尚碑》、《綏民校尉熊君碑》等皆是。故皮氏云：「奚斯作《魯頌》，考父作《商頌》，義出《韓詩》。而《史記》用《魯詩》，班固用《齊詩》，三家義同。烏得偏據《毛詩》以駮之乎？」

漢人解《詩》，多依三家爲説。又《抱朴子·鈞世》云：「奚斯露寢之頌，何如王生之賦靈光乎？」清杭世駿《訂訛類編》卷二「奚斯作閟宫之廟無作頌事」條又引鮑照《河清頌》「藻被歌頌，則奚斯之徒」，是魏晉六朝仍有從三家奚斯作頌之説者。然後《毛詩》大行，三家浸微，故漢以後人多從毛説。各家説解相互攻扞，大致可分四種：

其一，不知毛與三家不同，逕以三家説奚斯作詩爲正。揚雄、班固、王延壽、曹植、諸漢碑及葛洪、鮑照等皆是也。

其二，不知毛與三家不同，逕以毛説奚斯作廟爲正。如師古此條及汪應辰《書》、何焯批語、秦選之《校注》是也。洪邁《容齋隨筆》卷一、王觀國《學林》卷一、王楙《野客叢書》卷一四、袁文《甕牖閑評》卷一等書皆有專條，以班、揚等爲誤；洪适《隸釋》、武億《羣經義證》、王昶《金石萃編》亦皆以漢碑用事爲誤。

其三，固知毛與三家不同，而以三家説奚斯作詩爲正。其中又分兩類：

一說，段玉裁《毛詩故訓傳定本》以爲毛與三家本無異同，毛傳「作是廟也」之「廟」乃「詩」字之誤，遂逕改作「詩」，云：「『詩』舊作『廟』，誤。『奚斯所作』句不上屬，與《節南山》、《巷伯》、《崧高》、《烝民》末章文法皆同。毛與《韓詩》說同，至鄭箋乃爲異說。」陳奂《毛詩傳箋通釋》亦從段說。

一說，孔廣森《詩聲類》以爲「此與吉甫作《頌》『其詩孔碩』文義正同，毛傳謂奚斯作廟，則『孔碩』、『且碩』，意窘複矣」。皮錫瑞《經學通論》以爲《魯頌》乃奚斯作於僖公生前，非如毛鄭所說爲史克作於僖公薨後，云「漢人引《詩》各處相合，以爲誤，必無各處皆誤之理。若毛、鄭之說則誠誤，不必爲之曲諱」，又責段氏改《毛詩》字，乃「童牛角馬，不今不古」者。是皆知毛與三家不同而從三家之說者，但段、陳改字以合三家，孔、皮則直指毛傳誤也。

其四，固知毛與三家不同，而以二說各有家法，不必定其是非。如佚名《勘正》及汪應辰《書》上何焯批語是也。清胡紹煐《文選箋證》持論最平，云：「如段說『廟』爲『詩』字之誤，毛與韓不異，善注何不引《毛詩》而引《韓詩》？蓋毛自作廟，韓自作詩，不妨存異同耳。而漢世文人，多從《韓詩》說，時《毛詩》未行故也。」

要之，作詩、作廟，毛與三家其說各通。今無確證，只可見其異同，未足定其是非也。

119 【假】《楚詞》云：「聊假日以媮樂〔一〕。」此言遭遇幽厄，中心愁悶，假延日月，苟爲娛耳。今俗猶言「假日度時」，故王粲云：「登茲樓以四望，聊假日以消憂〔二〕。」取此義也。今之讀者不尋根本，改「假」爲「暇」〔三〕，失其意矣。原其辭理，豈閑暇之意乎？

〔疏證〕

〔一〕見《楚辭·離騷》。

〔二〕見王粲《登樓賦》。

〔三〕改「假」爲「暇」：《楚辭·離騷》「聊假日以媮樂」，王逸《章句》云：「不遇其時，故假日游戲媮樂而已。假，一作『暇』。」洪興祖《補注》引師古此條，曰：「李善注仲宣賦，引《荀子》『多暇日』，亦承誤也。」又《九章·思美人》「聊假日以須旹」、《九懷·危俊》「聊假日兮相佯」，《補注》云：「假日，見《離騷》。」《文選·王粲〈登樓賦〉》李善本、六臣本作「聊暇日以銷憂」，李善注曰：「《孫卿子》曰：『多暇日者，其出入不遠也。』賈逵《國語注》曰：『暇，閑也。』暇或爲『假』。《楚辭》曰：『遷逡次而勿驅，聊假日以消時。』」五臣本作「聊假日以銷憂」，李周翰注曰：「時天下喪亂，逼迫無暇，故假借此日，登樓四望也。」然則王逸、興祖、周翰與師古皆訓「假」爲借，而李善則訓「暇」爲閑。

劉曉東《平議》云：「今按以《楚辭》及仲宣賦言之，師古此説是也。『聊』者，且略之辭。若以『假』爲閑暇義，則句不能通矣（於『聊假日以須旹』句最爲明顯）。」洪興祖《補注》曰：「須，待也。旹，古『時』字。」設使固有「暇日」，何須更云待時？然後世作詩屬文，多取閑暇之義而作「暇」字。如袁宏《後漢紀序》「聊以暇日，撰集爲《後漢紀》」，盧諶《贈崔温詩》「逍遥步城隅，暇日聊游豫」，劉禹錫《送分司陳郎中衹召直史館重修三聖實録》「常時載筆窺金匱，暇日登樓到石渠」，張九齡《登荊州城樓》「暇日時登眺，荒郊臨故都」，李嶠《樓》「銷憂聊暇日，誰識仲宣才」，李羣玉《長沙陪裴大夫登北樓》「登臨多暇日，非爲賦消憂」，孟浩然《登安陽城樓》「才子乘春來騁望，羣公暇日坐銷憂」等。既習用矣，而又遂改《楚辭》、王賦之「假」爲「暇」也。

《説文·日部》：「暇，閒也。」段注曰：「古多借『假』爲『暇』。《周書·多方》：『天惟須夏之子孫。』鄭云：『夏之言假。』《大雅·皇矣》、《周頌·武》二箋皆作『須假』，而孔本作『暇』。《孫卿子》：『其爲人也多假日，其出人不遠也。』賈逵《國語注》：『假，閒也。』《登樓賦》：『聊假日以銷憂。』李善云『假或爲暇』，引《楚辭》『聊暇日以消時』。可見古『假』、『暇』通用。『假』訓大，故包閒暇之義，《匡謬正俗》似未識此意。」既云古多借「假」爲「暇」，是言假借；更云「假」包閑暇之義，又似言引申。段氏雖知假借、引申之别，如《系部》「緹」字注曰「凡古語詞皆取諸字音，不取字本義，皆假借之法也」，《斤部》「所」字注曰「於本義無涉，是真叚借矣」，然其釋假借義時，亦有與引申相混者。「假」、「暇」古可相通，是也；然《楚辭》、王賦之中，「假」字於義自足，並非「暇」之假借，懋堂之駁師古，似未爲達。

【歌】左貴嬪《晉元后誄》云①〔一〕：「内敷陰教，外毗陽化。綢繆庶政，密勿夙夜。恩從風翔，澤隨雨播。中外禔福，遐邇詠歌。」皆云「古賀反」〔二〕。斯古之遺言也。

〔校勘記〕

①貴：沈本、何本同。明本、惠本作「元」；盧本原作「元」，改作「貴」。按：「貴嬪」與《晉書·后妃傳》合，「元嬪」未詳，蓋從晉元帝之謚。

〔疏證〕

〔一〕見《晉書·后妃傳上》。左貴嬪，名芬，左思之妹。少好學，善綴文。後爲貴嬪，姿陋無寵，以才德見禮。

〔二〕古賀反：《廣韻》歌韻「歌」音「古俄切」，古今並讀平聲。「古賀反」之音，以《廣韻》格之，當在去聲箇韻，諸書皆無此音。《廣韻》禡韻「呼霸切」：「化，德化，變化。」「羊謝切」：「夜，舍也，暮也。」過韻「補過切」：「播，揚也，放也，弃也。《説文》曰：『擅也。一曰布也。』」三字古音皆在歌部，時音皆讀去聲，故師古亦讀「歌」爲去聲，是叶音改讀也。秦選之《校注》曰：「案『歌』字古音，本不作『古賀反』。其通於箇韻者，如《召南·江有汜》三章，叶『過』、『過』、『沱』；通於禡韻者，如《易·中孚·六三》叶『罷』；又《離騷》『離』與『化』叶，『他』與『化』叶，其例正多。安得謂『古賀反』爲古音？」

又惠本眉批：「『播』讀『婆』，與『歌』叶。」「播」字確有平聲之音，然非傳播之義，《集韻》戈韻「逋禾切」：「播，水名。」且左貴嬪此誄並無兩句換韻者，惠氏謂「夜」與「化」、「播」與「歌」各自爲韻，似未爲達。傳播之「播」亦有與平聲字爲韻者，如劉琨《答盧諶詩》「咨余軟弱，弗克負荷。愆疊仍彰，榮寵屢加。威之不建，禍延凶播。忠隕于國，孝愆于家。斯罪之積，如彼山河。斯疊之深，終莫能磨」，「播」與「荷」、「加」、「家」、「河」、「磨」韻。此蓋異調通押，抑或方俗音變耳。

左貴嬪以「歌」與「化」、「夜」、「播」韻，可作兩種理解：

其一，異調通押。參見009「溥」疏證（四）。「歌」與上、去聲字爲韻者，如《周易·中孚·六三》「得敵，或鼓或罷，或泣或歌」，「歌」與「罷」韻；《楚辭·天問》「啓棘賓商，《九辯》《九歌》。何勤子屠母，而死分竟地？」「歌」與「地」韻；《管子·形勢》「鴻鵠鏘鏘，唯民歌之；濟濟多士，殷民化之」，「歌」與「化」韻等。

其二，「化」、「夜」、「播」亦讀平聲。顧炎武《唐韻正》卷一一擬「地」古音「沱」，卷一二擬「化」古音「毀禾反」。考左貴嬪他文，「歌」多與平聲字爲韻，如《藝文類聚》卷一六録其《萬年公主誄》「一日不見，採蕭作歌。況我公主，形滅體訛。精靈遷逝，幽此中阿。言思言念，涕淚滂沱」，「歌」與「訛」、「阿」、「沱」韻；卷三六《巢父惠施贊》「泱泱長流，洒洒清波。思文巢惠，載詠載歌。垂綸一壑，萬象匪多。神乎暢矣，緬同基阿」，「歌」與「波」、「多」、「阿」韻。然則此文或以「化」、「夜」、「播」皆讀平聲而與「歌」韻也。

要之，「化」、「夜」、「播」、「歌」或爲異調通押，或者皆讀平聲。師古音「歌」爲「古賀反」，是以今韻讀古音，非「古之遺言」也。

121

【渚】《爾雅》云：「小洲曰渚，小渚曰沚〔一〕。」此蓋水中之高處可居者耳。《詩》云：「鴻飛遵渚〔二〕。」言傍洲渚之間。而劉孝標《辨命論》云〔三〕：「三閭沈骸湘渚①。」按：屈原赴汨羅而死，謂深水處，非洲渚也〔四〕。

【校勘記】

①沈骸：周祖謨《校記》云：「案『骸』下《梁書·劉峻傳》及《文選》均有『於』字。」

【疏證】

〔一〕見《爾雅·釋水》：「水中可居者曰洲，小洲曰陼，小陼曰沚。」「陼」即「渚」字。《釋文》云：「陼，字又作『渚』。」《漢書·司馬相如傳上》録《子虛賦》「且齊東陼鉅海，南有琅琊」，師古注曰：「字與『渚』同也。」

〔二〕見《詩·豳風·九罭》。

〔三〕劉孝標：劉峻，字孝標，平原人。南朝梁目録學家、文學家。《隋書·經籍志》録其撰《梁文德殿四部目録》四卷、《類苑》一百二十卷，注《漢書》一百四十卷、《世説新語》十卷，著《劉孝標集》六卷。明張溥輯有《劉户曹集》，收入《漢魏六朝百三家集》。其《山棲志》、《辯命論》、《廣絶交論》等文，爲世所推重。

〔四〕謂深水處，非洲渚：「渚」本義爲水中高地，引申指水濱、水涯。如《楚辭·九歌·湘君》「鼂騁鶩兮江皋，夕弭節兮北渚」，王逸注曰：「渚，水涯也。」《國語·越語下》「故濱於東海之陂，黿鼉魚鼈之與處，而黿鼉之與同陼」，韋昭注曰：「水邊亦曰陼。」又引申借指水中，如《文選·張衡〈西京賦〉》「海若游於玄渚」，李善注引《楚辭》曰：「臨沅、湘之玄淵。」然則「玄渚」即「玄淵」也。呂延濟注亦曰：「海若，海神。玄渚，池之深也。言神游深渚。」《東京賦》「昆明靈沼，黑水玄阯」，「玄阯」亦「玄渚」之類。然則「渚」之近義詞「沚」亦可由水中高地引申借指水中，這一同步引申可資旁證。

屈原沉江，確爲深水之處，故賈誼《弔屈原賦》云「襲九淵之神龍兮，沕深潛以自珍」。劉孝標云「沈骸湘渚」，是用「渚」之引申義也。劉曉東《平議》云：「然時有古今，義有轉移，綴文者但循詞義演變之理，從約定成規之習可矣，又何必一一契合《蒼》、《雅》乎？」參見060「繩」疏證〔三〕。

122 【河】《辨命論》又云：「楚師屠漢卒，睢河鯁其流。」按：《史記》〔一〕、班書〔二〕，楚敗漢軍於睢上，多殺士卒，睢水爲之不流。本非河上，去河遠矣〔三〕。

【疏證】

〔一〕見《史記·項羽本紀》、《高祖本紀》。

〔二〕見《漢書·高帝紀》、《陳勝項籍傳》。

〔三〕本非河上，去河遠矣：佚名《勘正》云：「『河』字以爲睢去河遠，亦非。『睢河』只謂睢水耳。北人水無小大，皆曰『河』；南人水無小大，皆曰『江』。」

「河」本專指黄河，如《尚書・夏書・禹貢》：「島夷皮服，夾右碣石入于河。」後引申爲水之通稱，如《莊子・外物》「自制河以東，蒼梧以北，莫不厭若魚者」，《釋文》云：「河亦江也。北人名水皆曰河。」《漢書・司馬相如傳上》録《子虚賦》「罷池陂陁，下屬江河」，師古注引文穎曰：「南方無河也。冀州凡水大小皆謂之河，詩賦通方言耳。」《後漢書・酈炎傳》録其詩云「陳平敖里社，韓信釣河曲」，李賢注曰：「『河』者，水之總名也。」宋祁《宋景文公筆記・釋俗》云：「南方之人謂水皆曰『江』，北方之人謂水皆曰『河』，隨方言之便……事已相亂，後人宜不能分别言之也。」

又「江」本專指長江，如《禹貢》「江、漢朝宗于海」，《孟子・滕文公上》「決汝、漢，排淮、泗，而注之江」。後亦引申爲水之通稱，如《禹貢》「九江孔殷」，《正義》云：「江以南水無大小，俗人皆呼爲『江』。」然則「江」、「河」皆由專名轉爲通稱，且可加於專名之後，如淮河、睢河、珠江、漢江等。《辨命論》所云「睢河」即睢水也，非謂睢水及黄河。

師古於《司馬相如傳》注駁文穎曰：「『下屬江河』者，總言山之廣大，所連者遠耳，於文無妨。」以爲「河」者仍指黄河，只是誇張修辭，「所連者遠」耳，於此條又駁孝標。按：以特定借代普通而發生詞義引申，師古有時可以認同，如089「什器」。然而否認「河」之引申，蓋因《爾雅》《説文》所釋、《尚書》等早期經典所用，皆其本義也，罔顧後世詩文、史傳之中詞義已變。可見師古在判斷自然語言中的詞義引申時頗有見地，而一遇經典故訓，則易爲其所困，忽視實際使用中的發展變化。

123【穰】傅毅《郊祀頌》云〔一〕：「飛紫煙以奕奕，紛扶摇乎太清。既歆祀而欣德，降靈福之穰穰。」又張昶作《華山堂闕碑銘》云〔二〕：「經之營之，不日而成①。匪奢匪儉，惟德是呈。匪豐匪約，惟禮是榮②。虔恭禋祀，黍稷惟馨。神具萃止③，降福穰穰。」然則「穰」字亦當音「而成反」〔三〕。今關内閭里呼禾黍穰穰音猶然。

〔校勘記〕

①不日而成：張本朱校、明本、沈本、何本、惠本作「不日成之」，盧本原作「不日成之」，墨筆改作「不日而成」，與《古文苑》卷一八張昶《西嶽華山堂闕碑銘》合。周祖謨《校記》云：「『而成』景宋本作『成之』，失韻。」按：此銘文首二句蓋捏合《詩·大雅·靈台》首章「經始靈台，經之營之。庶民攻之，不日成之」，周氏以爲失韻，非也。

②榮：張本朱校、明本、沈本、何本、惠本作「營」；盧本原作「營」，墨筆改作「榮」，與《古文苑》合。周祖謨《校記》云：「『榮』景宋本作『營』，非。」按：上文已出「營」字，此當作「榮」。

③具：張本朱校、明本、沈本、何本、惠本作「其」；盧本原作「其」，墨筆改作「具」，與《古文苑》合。周祖謨《校記》云：「『具』景宋本作『其』，非。《毛詩》云：『神具醉止，降福穰穰。』」

〔疏證〕

〔一〕傅毅《郊祀頌》：傅毅，字武仲，扶風茂陵人，東漢辭賦家。事見《後漢書·文苑列傳》，其詩文見存於嚴可均輯《全上古三代秦漢三國六朝文》卷四三、逯欽立輯《先秦漢魏晉南北朝詩》卷五。《郊祀頌》二書皆失輯。

〔二〕張昶作《華山堂闕碑銘》：張昶，字文舒，敦煌淵泉人。張奂之子，張芝之弟，東漢書法家。事見《後漢書·張奂傳》、張懷瓘《書斷》。

《水經注·渭水下》載：華山漢文帝廟「有石闕數碑，一碑是建安中立，漢鎮遠將軍段煨更修祠堂。碑文，漢給事黄門侍郎張昶造，昶自書之，魏文帝又刊其碑陰二十餘字。二書有重名於海内。」《藝文類聚》卷七、《初學記》卷五僅録小半序文，未録銘文。《古文苑》卷一八著録《西嶽華山堂闕碑銘》全文，注云「一作『張旭』」，其辭曰：「於穆堂闕，堂闕昭明。經之營之，不日而成。匪奢匪儉，惟德是程。匪豐匪約，惟禮是榮。虔恭禋祀，黍稷芬馨。神具醉止，降福穰穰。」與此條所引實多異文，疑師古别有所據。此碑今不存，未知孰是。

〔三〕而成反：「穰」《廣韻》有二音：陽韻「汝陽切」：「穰，禾莖也。又姓。」養韻「如兩切」：「穰，豐穰。」「而成反」之音以《廣韻》格之，當在清韻，《廣韻》實無此音，而《集韻》清韻「人成切」：「穰，蹂禾黍之餘。」即「而成反」之音。師古云「關内閭里呼禾黍穰穰音猶然」，是當時實有此音。劉曉東《平議》云：「此蓋以方音入韻，未可以叶音説非之。」

《詩·周頌·執競》「降福穰穰」，毛傳曰：「穰穰，衆也。」《釋文》云：「穰，如羊反。」《商頌·烈祖》「豐年穰穰」、《爾雅·釋訓》「穰穰，福也」，《釋文》並同。《漢書·禮樂志》引《詩》

「降福穰穰」，師古注曰：「穰穰，多也。『穰』音『人羊反。』」《地理志上》「穰，莽曰農穰」、《楚元王傳》引《詩》「降福穰穰」注音同。《食貨志上》「世之有飢穰，天之行也」，注曰：「穰，豐也，音『人常反』。」《食貨志下》引管仲曰「歲有凶穰」注音同。是皆讀陽韻也。又《趙尹韓張兩王傳》「長安中浩穰」，師古注曰：「穰，盛也，言人衆之多也。『穰』音『人掌反』。」《循吏傳》「穰歲餘粱肉」，注曰：「穰歲，豐穰之歲。『穰』音『攘』。」《王莽傳中》「歲豐穰則充其禮」，注曰：「『穰』音『人掌反』。」是皆讀養韻也。然則「穰」訓豐饒盛多之義，讀陽、養二韻皆可。

陽、養二韻古音當在陽部，清韻在耕部，耕、陽可相旁轉。傅頌、張銘中「清」、「成」、「呈/程」、「榮/營」、「馨」等皆耕部字，然則方音中「穰」字或有轉入耕部者也。

124

【上】今俗呼上下之「上」音「盛」〔一〕。按：郭景純《江賦》云：「黿布餘糧，星離沙鏡。青綸競糺，縟組爭映。紫菜熒曄以叢被①，緑苔鬖髿乎研上。石帆蒙蘢以蓋嶼，萍實時出而漂泳。」此則「上」有「盛」音也。

〔校勘記〕

①菜：張本朱校、明本、沈本、何本作「萸」；惠本、盧本原作「萸」，改作「菜」。何本眉批：「《文選》李善注『紫菜』，『菜，或爲萸』。」所見本異也。

〔疏證〕

〔一〕「上」音「盛」：「上」古音禪母陽部，《廣韻》養韻「時掌切」：「上，登也，升也。」又漾韻「時亮切」：「上，君也，猶天子也。」「盛」古音禪母耕部，《廣韻》清韻「是征切」：「盛，盛受也，黍稷在器也。」又勁韻「承正切」：「盛，多也，長也。」此云「『上』有『盛』音」，謂勁韻之音也。王本腳注云：「案：此由『鏡』、『映』、『泳』三字與『上』字同在陽部，非古『上』字有『盛』音也。」

按：「鏡」、「映」、「上」、「泳」古音皆在陽部。顧炎武《唐韻正》卷一二擬「映」古音「於漾反」，「鏡」古音「居漾反」，「泳」古音「羊向反」。除郭賦爲證外，《説文》「映」字從「央」得聲，鮑照《園葵賦》「通畦修直，膏畝夷敞。白莖紫蔕，豚耳鴨掌。溝東陌西，行三畦兩。既區既鉏，乃露乃映。勾萌欲伸，叢芽將放」，「映」與「敞」、「掌」、「兩」、「放」韻；《莊子·天下》篇「其靜若鏡，其應若響」，《道藏歌》「風雲隱宛微，講論五嶽匠。硨磲精琉璃，琥珀金剛鏡」，「鏡」與「響」、「匠」韻；《詩·周南·漢廣》「漢之廣矣，不可泳思。江之永矣，不可方思」，「泳」與「廣」、「永」、「方」韻。可知「鏡」、「映」、「泳」古亦陽部字也。

漢以後「上」字仍在陽部，「鏡」、「映」、「泳」則轉入耕部。《廣韻》映韻「居慶切」：「鏡，《拾遺録》曰：『穆王時渠國貢火齊鏡……』」「於敬切」：「映，明也，陽也。」「爲命切」：「泳，潛行水中。」郭賦仍以「鏡」、「映」、「上」、「泳」爲韻，可作兩種理解：其一，方音中有「鏡」、「映」、「泳」尚未轉入耕部者。其二，「鏡」、「映」、「泳」已在耕部，而方音中有「上」亦轉入耕部者。考郭璞他文，「上」與耕、陽部字通押者皆有，如《山海經圖贊·不死國》「有人爰處，員丘之上。赤泉駐年，神水養命。稟此遐齡，悠悠無竟」，《遊仙詩》「翹首望太清，朝雲無增景。雖欲思陵化，龍津未易上」，「命」古音即在耕部，「竟」、「景」則亦古陽部字轉入耕部者。

師古既云「俗呼上下之『上』音『盛』」，是當時實有此讀，蓋方音中「上」字或有轉入耕部者也。劉曉東《平議》云：「此『上』字乃於方俗中不爲大齊所限，而爲『鏡』、『映』等入庚者所挾，出主流而入岐派者也。」

125 【激】今俗呼激水箭音爲「吉躍反」[一]。按：張平子《西京賦》云：「翔鶤仰而弗逮，況青鳥與黃雀。伏櫺檻而頫聽①，聞雷霆之相激。」郭景純《江賦》云：「虎牙嵥豎以屹崒，荆門闕竦而磐礴②。圓淵九迴以懸騰，湓流雷呴而電激。駭浪暴灑，驚波飛薄。」此則「激」字有「吉躍」音也。

〔校勘記〕

①頫：張本朱校、明本、沈本、何本作「俯」；惠本、盧本原作「俯」，改作「頫」。吳本吳志忠眉批：「《文選》善注：『頫，古音府。』頫、俯音同，未可輕改。」李善本、六臣本作「頫」，善注曰：「頫，古字，音『府』。」胡克家《考異》云「古」下脱「俯」字，是也。五臣本作「俯」，注曰：「俯，下也。」

②闕竦而磐礴：「闕」，何本同，與《文選》李善本、六臣本合。張本朱校、明本、沈本作「閟」，與《文選》五臣本合；惠本、盧本原作「閟」，改作「闕」。按：「闕」、「閟」兩通。善注曰：「闕竦，如闕之竦也。」張銑曰：「兩山夾岸相對而江流於中。」「磐」，張本朱校、明本、沈本、何本作「盤」；惠本、盧本原作「盤」，改作「磐」。《文選》李善本、六臣本作「磐」，五臣本作「盤」。

〔疏證〕

〔一〕吉躍反：「激」古音見母藥部，《廣韻》有二音：錫韻「古歷切」：「激，疾波。」嘯韻「古弔切」：「激，水急。」在錫韻者，蓋由藥、錫旁轉而來；在嘯韻者，則由宵、藥對轉而來。「吉躍反」之音以《廣韻》格之，當在藥韻，《廣韻》實無此音，蓋亦遥承古音而來。師古云當時實有此音，則非叶韻，蓋方俗音變耳。

《文選·張衡〈西京賦〉》云：「通天訬以竦峙，徑百常而莖擢。上辯華以交紛，下刻陗其若削。翔鶤仰而不逮，況青鳥與黄雀。伏櫺檻而頫聽，聞雷霆之相激。」「激」與「擢」、「削」、「雀」韻，古音皆在藥部。師古讀「激」爲「吉躍反」，是讀入聲也。江永《古韻標準·入聲第四部》以爲「激」音「訖約切」，「削」音「息約切」，「雀」音「即畧切」，與師古之意同。顧炎武《唐韻正》卷一六以爲「激」音「古吊反」，「擢」音「掉」，「削」音「肖」，「雀」音「子料反」，則是讀去聲。

郭璞《江賦》「激」與「礴」、「薄」韻，「礴」、「薄」古音亦在藥部，《廣韻》鐸韻「傍各切」：「薄，厚薄。《説文》曰：『林薄也。』」「礴，盤礴。」蓋由藥、鐸旁轉而來。

126 【中】《古艷歌》曰〔一〕：「蘭草自生香①，生于大道傍。十月鉤簾起②，并在(束)〔東〕薪中③。」中，之當反，音「張」〔二〕，謂中央也，猶呼音入耳④〔三〕。今山東俗猶有此言，蓋所由來遠矣。

〔校勘記〕

①生：明本、惠本、盧本同。張本朱校、沈本、何本作「言」。《升庵詩話》卷十、《古詩紀》卷二十引皆作「然」。按：下有「生」字，「言」字不通，作「然」較長。

②鉤簾：明本、沈本、惠本、盧本同。何本作「腰簾」，眉批：「『腰』作『鉤』。『簾』疑作『鐮』。」按：《升庵詩話》卷十、《古詩紀》卷二十引皆作「腰鐮」，較長。

③束：原作「東」，明本、何本、惠本同。今據沈本、盧本改。

④呼：明本、何本、惠本、盧本同。沈本作「叫」。按：此句疑有脱譌。

〔疏證〕

〔一〕《古艷歌》：明楊慎《升庵詩話》卷十「蘭草」條云：「古樂府：『蘭草自然香，生於大道傍。腰鐮八九月，俱在束薪中。』」馮惟訥《古詩紀》卷二十引同。《太平御覽》卷一四「霜」條引《古豔歌辭》曰：「秋霜白露下，桑葉鬱爲黄。」蓋其詩非止四句。

〔二〕中，之當反，音「張」：古音「中」在冬部，「香」、「傍」、「黄」皆在陽部。東、陽旁轉，參見096「剛扛」疏證〔四〕、098「木鍾」疏證〔一〕。謂「扛」爲「剛」，是東轉入陽；「章」譌爲「鍾」，是陽轉入東。《古艷歌》「中」與「香」、「傍」、「黄」韻，《三國志·吴志·胡綜傳》録《黄龍大牙賦》「四靈既布，黄龍處中。周制日月，實曰太常。桀然特立，六軍所望。仙人在上，鑒觀四方。神實使之，爲國休祥」，「中」與「常」、「望」、「方」、「祥」韻，亦陽轉入東也。師古既云當時山東俗猶有此言，則非叶韻，蓋方俗音變耳。

「張」古音端母陽部，《廣韻》陽韻「陟良切」（知母陽韻）：「張，張施也。」與「之當反」（章母唐韻）音實小異。故章太炎《文始》卷七以爲「當云『知當反』」。然「知當反」仍未與「張」全同，此其顔、章之百密一疏歟？

〔三〕猶呼音入耳：此句殊不可解，疑有脱譌。就現有文句而言，可作三種理解，然細究情理，皆不可通。今一一辨明如下：

其一，「中」讀爲「張」，猶「呼/叫」讀爲「入」。然古音「呼」（曉母魚部）、「叫」（見母宵部）與「入」（日母緝部）聲韻俱遠，無由相通。

其二，秦選之《校注》以爲「中」又有「得」音，作入聲字讀者，如《周禮・地官・師氏》「掌國中失之事」注「故書『中』爲『得』」，陸德明云：「中，杜音『得』。」按：鄭注曰：「中，中禮者也。失，失禮者也。故書『中』爲『得』，杜子春云：『當爲「得」』。記君得失，若《春秋》是也。』」《釋文》云：「中，鄭『丁仲反』，注『中』、『中禮者』同。杜音『得』。」賈疏云：「『中』與『得』俱合於義，故兩從之。」然則杜、鄭所辨者乃是書本異文，《釋文》云「杜音『得』」者，蓋杜氏所見本作「得」，非謂「中」字有「得」音也。

其三，此句與「中」之音讀無涉，乃釋「中央」之義。然「呼音入」又不成語。遍求無解，姑爲闕疑。

127

【兔】張正見《韓信詩》曰〔一〕：「所悲雲夢澤，偏傷狡兔情。」按：淮陰侯被執，歎云：「狡兔死，良犬烹〔二〕。」今云「傷狡兔情」，斯不當矣。

【疏證】

〔一〕張正見《韓信詩》：張正見，字見賾，清河東武城人。善五言詩，事見《陳書・文學傳・張正見》。《韓信詩》今已不傳。

〔二〕狡兔死，良犬烹：《史記・淮陰侯列傳》載，韓信被縛，曰：「果若人言：『狡兔死，良狗亨；高鳥盡，良弓藏；敵國破，謀臣亡。』天下已定，我固當亨！」《漢書・韓彭英盧吳傳》略同。然則韓信實以良犬自喻。師古以爲張詩乃以狡兔喻信，故云「不當」。按：張詩「狡兔」之義，可作兩種理解：

其一，「傷狡兔情」或謂詩人想見韓信作兔死狗烹之歎時，其事其情，令人傷懷。

其二，此條何本眉批云：「張詩之意，傷其不養寇以自安，乃忠而被謗也。」然則此詩之「狡兔」並非「兔死狗烹」之兔，而是「狡兔三窟」之兔。狡兔三窟喻藏身處多，便於避禍，語出《戰國策・齊策四》，馮諼獻計於孟嘗君曰：「狡兔有三窟，僅得免其死耳。今君有一窟，未得高枕而臥也。請爲君復鑿二窟。」何焯以爲「傷狡兔情」者，感傷韓信竟無門客如馮諼者能爲其設計避禍，足見其並無反心，而乃見疑被誅，良可欷歔。

以韓信事而言，「狡兔三窟」之典與其並無直接關聯，竊以爲前說較長。

【雌】①郭璞《山海〔經〕圖讚》曰②〔一〕：「寓屬之才〔二〕，莫過於雌〔三〕。雨則自懸，塞鼻以尾。厥形雖陋，列象宗彝〔四〕。」此則「彝」有上聲音也〔五〕。

〔校勘記〕

①雌：明本、惠本、盧本同。沈本、何本作「彝」。按：此條論「彝」有上聲音，篇題似當作「彝」。然此書篇題多有與内容不合者，且所引郭贊題名爲「雌」，疑沈、何亦爲理校。

②山海經：明本、沈本、何本、惠本、盧本原脱「經」字，張本朱校作「山經」。周祖謨《校記》云：「案當作『山海經圖讚』。」今據正。

〔疏證〕

〔一〕《山海經圖讚》：此條及以下兩條引郭璞《山海經圖贊》。郭璞撰《山海經圖贊》二卷，《隋書·經籍志》、舊、新《唐書·藝文志》、《宋史·藝文志》並同。《玉海》引《中興書目》云：「《山海經》十八卷，郭璞傳，凡二十三篇，每篇有贊。」今世所見，惟《道藏》本卷一至卷一三有贊，與經文次第不盡合。卷一四《大荒經》以下贊亡，散見於《北堂書鈔》、《初學記》、《藝文類聚》、《太平御覽》等書中。

現存多種輯本：一、明張溥輯《漢魏六朝百三名家集》卷五七《郭璞集二》收《山海經圖贊》二百七十三首（簡稱「張本」）；二、清嚴可均輯本共二百六十六首，光緒乙未年（一八九五）由葉德輝郋園刊行（簡稱「嚴本」）；三、清郝懿行輯本共二百六十五首，附見其所著《山海經箋疏》（簡稱「錢本」）；四、清錢熙祚輯本共二百七十二首，收入《指海》第十八集（簡稱「錢本」）；五、今人張宗祥《足本山海經圖贊》據元曹仲良《寫本〈山海經〉附全贊》校録（簡稱「足本」），共二百〇三首，云：「寫本凡三百三贊，嚴本二百六十五贊，增者四十八，缺者十。東晉張駿亦有圖讚，則此十贊與郝本所增之《飛蛇贊》，或張讚羼入者歟？……嚴、郝兩本，俱出明《道藏》本，而嚴本次第依經文排比，雖與寫本不合，而要爲有序……《崍山贊》『殷』字缺末筆，知曹氏所書據宋本，不然，則書於宋世而後入元。首葉題署爲『《山海經》有贊，元曹仲良手抄。明姚公綬、王元美、陳眉公家藏。崇禎乙亥六月董其昌書。』流傳至清，遂入内府。畢弇山、郝蘭皋、嚴鐵橋皆不得見。是書原藏故宮博物院，乙亥歲，得以借鈔。經文校通行嚴、郝刊本異同頗少，獨贊語相去徑庭。因録後又爲勘定如下。」

師古所引，與諸家輯本及散見逸文多有異同，各具短長。此贊見《中山經》「蜼」條，錢本「雨」作「兩」，顯誤。張本、嚴本、郝本「陋」作「隨」，亦誤。足本「兩」、「隨」二字皆誤。

蜼，印鼻而長尾
（《爾雅圖》卷下）

〔二〕寓屬：《爾雅·釋獸》「寓屬」邢疏云：「寓，寄也。言此上獸屬多寄寓木上。」

〔三〕蜼：音 wěi，一種長尾猿。《山海經·海外南經》「狄山，帝堯葬于陽，帝嚳葬于陰。爰有熊、羆、文虎、蜼、豹、離朱、視肉」，郭注曰：「蜼，獮猴類。」《爾雅・釋獸》「蜼，卬鼻而長尾」，郭注曰：「蜼，似獮猴而大。黄黑色，尾長數尺，似獺，尾末有岐。鼻露向上，雨即自縣於樹，以尾塞鼻，或以兩指。江東人亦取養之。爲物健捷。」

〔四〕列象宗彝：《周禮・春官・冪人》「祭祀，以疏布巾冪八尊，以畫布巾冪六彝」，鄭注曰：「宗廟可以文。」邢疏云：「『六彝』者，雞彝、鳥彝、斝彝、黄彝、虎彝、蜼彝。」是蜼列象宗彝之事。

〔五〕「彝」有上聲音：「彝」古音脂部平聲，《廣韻》脂韻「以脂切」：「彝，常也，法也。亦酒樽也。」「蜼」古音微部平聲，《廣韻》有三音：旨韻「力軌切」：「蜼，似猴，仰鼻而尾長，尾端有岐。」至韻「以醉切」：「蜼，《爾雅》曰：『蜼，仰鼻而長尾，雄似獮猴，鼻露向上，尾長數尺，末有岐。雨即自縣於樹，以尾塞鼻。』」宥韻「余救切」：「蜼，似獮猴，鼻露向上，尾長四五尺，有歧。雨則自縣於樹，以尾塞鼻。」義訓皆同。「尾」古音微部上聲，《廣韻》尾韻「無匪切」：「尾，首尾也。」脂、微可相旁轉。秦選之《校注》曰：「此條支微平仄通叶。」劉曉東《平議》亦云：「『彝』作上聲讀，諸韻書皆不載，師古亦未有方音例，則景純實乃異調通押。」然則師古叶音改讀，是以今韻讀古音矣。

129

【暴】又云〔一〕：「騰虵配龍，因霧而躍。雖欲登天，雲罷陸暴。枝非所體①，難以久託。」此則暴曬之「暴」有「薄」音矣〔二〕。

〔校勘記〕

①枝非所體：《藝文類聚》卷九六、《山海經圖贊》張本、錢本作「材非所任」，較勝。

〔疏證〕

〔一〕見《中山經》「飛蛇」條。《藝文類聚》卷九六《鱗介部上》「虵」條引郭璞《騰虵贊》、《山海經圖贊》張本「暴」作「莫」，誤。郝本「暴」作「略」，「枝」作「仗」（原注：「仗」字疑誤），「所」作「啓」，「久」作「云」，皆誤。秦選之《校注》云「暴」一作「略」，「枝」一作「仗」，「所」一作「啓」，「久」一作「云」，「疑皆誤」，可知秦氏所參校者乃郝本也。

螣，螣蛇（《爾雅圖》卷下）

嚴可均《山海經圖贊叙》云：「藏本《中山經》有『太室山』、『騰蛇』二贊，武進王小仲謂是《爾雅贊》錯入，覆審良然……今輯羣書所引，除『太室山』、『騰蛇』二贊迻入《爾雅》外，得六十七首，益以藏本，共得二百六十六首。」故嚴本不收此贊。足本正文亦無此贊，而據郝本過録於《元寫本〈山海經圖贊〉校勘記》中。錢熙祚《山海經贊跋》則云：「近人丁小山又謂《中山經》之『太室』、『騰蛇』二贊係《爾雅贊》誤入，尋文繹義，無以見其必然。」據師古此條，是唐初《山海經圖贊》有「騰蛇」贊也。倘係《爾雅圖贊》誤入，則其誤又在唐以前矣。

〔二〕「暴」有「薄」音：「暴」古音在藥部，其暴曬義在《廣韻》屋韻「蒲木切」：「暴，日乾也」。「躍」古音亦在藥部，《廣韻》藥韻「以灼切」：「躍，跳躍也，上也，進也。」「託」古音在鐸部，《廣韻》鐸韻「他各切」。「薄」《廣韻》鐸韻「傍各切」：「託，寄也。」以隋唐正音而言，藥、鐸音近，屋韻稍遠。

師古因郭璞以「暴」與「躍」、「託」韻，故謂其有鐸韻之「薄」音也。

按：「暴」與「躍」、「託」古音實近，方俗音變，或有轉入鐸韻而不入屋韻者。《漢書・宣帝紀》「既壯，爲取暴室嗇夫許廣漢女」，師古注曰：「暴室者，掖庭主織作染練之署，故謂之『暴室』，取暴曬爲名耳。或云『薄室』者，『薄』亦『暴』也。今俗語亦云『薄曬』。」是則俗語中暴曬之「暴」實有「薄」音，可與此條相參。又《周禮・天官・染人》「春暴練」，賈疏云：「以春陽時陽氣燥達，故暴曬其練。」此「暴」正暴曬之義，《釋文》云：「暴，步卜反，劉『步落反』。」「步卜反」即屋韻之音，而「步落反」即鐸韻「傍各切」之「薄」音。然則劉昌宗亦有此讀，但非正音耳。

130

【上】又云〔一〕：「畢方赤（丈）〔文〕①，離精是炳。旱則高翔，鼓翼陽景。集乃災流，火不炎上。」斯則「上」有「市郢反」音矣〔二〕。

〔校勘記〕

①文：原作「丈」，明本、惠本、盧本同。今據沈本、何本及《山海經圖贊》張本、嚴本、郝本、錢本、足本改。

〔疏證〕

〔一〕見《中山經》「畢方」條。畢方，鳥名，現則常有火災。《山海經・西山經》：「（章莪之山）有鳥焉，其狀如鶴，一足，赤文青質而白喙，名曰畢方。其鳴自叫也，見則其邑有譌火。」「災流」，《山海經圖贊》張

畢方（蔣應鎬《山海經》）

本、嚴本、錢本、足本作「流災」。「上」，錢本同，錢熙祚注云：「原作『正』，係不知古韻者所改。今依《匡謬正俗》七改。」張本、嚴本、郝本、足本作「正」，郝懿行注曰：「案『正』字誤。《匡謬正俗》引作『上』，『上』與『炳』、『景』韻是也。」

〔二〕市郢反：佚名《勘正》云：「『上』字既以爲有『盛』音，又以爲有『市郢反』，只當從一。古人之音緩，不必韻韻皆叶也。此孔穎達《詩説》。（按：「古人韻緩，不煩改字」實出陸德明《經典釋文・毛詩音義・柏舟》，非孔穎達之説。）」124「上」云「上」有「盛」音，「盛」（禪母勁韻）與「市郢反」（禪母靜韻）音近而别，古音皆在耕部。靜韻實無禪母，此切語蓋師古自擬耳。

「炳」、「景」、「上」古音皆在陽部。魏晉以降，「炳」、「景」轉入耕部，《廣韻》梗韻「兵永切」：「炳，煥明也。」「居影切」：「景，大也，明也，像也，光也，炤也。」「上」則仍在陽部，其上升義在《廣韻》養韻「時掌切」：「上，登也，升也。」郭璞仍以「上」與「炳」、「景」韻者，可作兩種理解：其一，方音中有「炳」、「景」尚未轉入耕部者。如揚雄《太玄經》「彪如在上，天文炳也。鴻文無範，恣意往也」，「炳」與陽部「往」字韻。宋吴棫《韻補》卷三音「景」爲「舉兩切」、「炳」爲「彼兩切」，顧炎武《唐韻正》卷九音「炳」爲「補往反」，江永《古韻標準・上聲第八部》音「炳」爲「比郎切」，亦引郭璞此贊爲證。其二，「炳」、「景」已在耕部，而方音中有「上」亦轉入耕部者。考郭璞他文，「上」與耕、陽部字通押者皆有，蓋方俗音變耳。參見124「上」疏證〔二〕。

131【斡筦】斡，蠡柄也〔一〕，義亦訓轉。《聲類》及《字林》並音「管」。賈誼《鵩鳥賦》云「斡流而遷」〔二〕，張華《勵志詩》云「大儀斡運」〔三〕，皆〔爲〕轉也①。《楚詞》云：「筦維焉繫？天極焉加〔四〕？」此亦義與「斡」同，字則爲「筦」，故知「斡」、「（管）〔筦〕」二音不殊②〔五〕。而近代流俗輒改爲「捾」，「捾」音「烏活反」〔六〕，實爲（腐）〔螢〕陋③。按：陸士衡《愍思賦》云〔七〕：「悲夫天地之驟邁，運二儀以相斡。遺朱光於濬谷，靡傾蓋於歧坂④。時方至其倏忽，歲既去而晼晚。」以此驗之，非「捾」明矣。

〔校勘記〕

①爲：原闕，盧本同。今據張本朱校、明本、沈本、何本、惠本補。

②筦：原作「管」，惠本、盧本同。今據明本、沈本、何本改。

③螢：原作「腐」，今據明本、沈本、惠本改。張本朱筆眉批：「『腐』，鈔本『螢』。」何本作「熒」，眉批：「『熒』作『螢』。」盧本原作「螢」，改作「腐」。按：「螢陋」喻學識淺陋如螢火微光，盧校非也。

④歧：何本同。張本朱校、明本、沈本、惠本、盧本作「岐」。周祖謨《校記》云：「案『岐』蓋『峻』字之誤。《漢書·爰盎傳》云：『上從霸陵，上欲西馳下峻陂。』『峻』者高峭之稱。陸氏此文與上句『遺朱光於濬谷』爲對文。濬谷者，深谷也。」

〔疏證〕

〔一〕斡，盝柄也：《說文·斗部》：「斡，蠡柄也。」按：「盝」者，竹箱或小匣。《集韻》屋韻「盧谷切」：「簏，《說文》：『竹高篋也。』通作『盝』。」《正字通·皿部》：「盝，今人以櫝匣小者爲盝。」

「蠡」者，瓠瓢。疑此「盉」字當作「蠡」。段注曰：「判瓠爲瓢以爲勺，必執其柄而後可以挹物。執其柄則運旋在我，故謂之『斡』。引申之，凡執柄樞轉運皆謂之『斡』。」

〔二〕斡流而遷：《史記·屈原賈生列傳》《索隱》云：「『斡』音『烏活反』。斡，轉也。」《漢書·賈誼傳》師古注曰：「『斡』音『管』。斡，轉也。」

〔三〕大儀斡運：《文選·張華〈勵志詩〉》李善注曰：「斡，轉也。」

〔四〕見《楚辭·天問》，今本「筦」作「斡」。王逸《章句》云：「斡，轉也。『斡』一作『筦』。」聞一多《疏證》云：「《太平御覽》二、《事類賦注》一、《簡齋詩集箋注》二三、《別伯共》注引並作『筦』，《玉篇·系部》引作『韓』，此蓋均假爲『斡』。」然則師古所見本作「筦」。

〔五〕「斡」、「筦」二音不殊：依顏意，「斡」、「筦」二字同音「管」，故《愍思賦》中「斡」與「坂」、「晚」韻。

《漢書·禮樂志》「詩歌詠言，鐘石筦弦」、《地理志》「有筦叔邑」、《藝文志》「《筦子》八十六篇」、《楚元王傳》「周大夫尹氏筦朝事」、《賈誼傳》誼上疏陳政事引《筦子》、《爰盎鼂錯傳》「齊桓得筦子而爲五伯長」、《董仲舒傳》「鐘鼓筦絃之聲未衰」，師古注皆曰：「『筦』與『管』同。」《東方朔傳》「以筦闚天，以蠡測海」，注引服虔曰：「『筦』音『管』。」師古曰：「筦，古『管』字。」是則「筦」即「管」字也。

又《百官公卿表》「斡官、鐵市兩長丞」，注引如淳曰：「『斡』音『筦』，或作『幹』。斡，主也，主均輸之事，所謂斡鹽鐵而榷酒酤也。」師古曰：「如説近是也。縱作『幹』讀，當以幹持財貨之事耳。」《食貨志》「浮食奇民欲擅斡山海之貨」，注曰：「斡謂主領也，讀與『管』同。」《賈誼傳》録其《弔屈原賦》「斡棄周鼎」，注曰：「斡，轉也，音『管』。」是則「斡」與「管」、「筦」音同，其主領之義乃「管」之假借。

〔六〕「捾」音「烏活反」：《史記・屈原賈生列傳》録其《弔屈原賦》「斡棄周鼎兮寶康瓠」、《鵩鳥賦》「斡流而遷兮」，《索隱》皆云：「斡，轉也，烏活反。」《廣雅・釋詁》「斡，轉也」，曹憲音「意括」。《廣韻》末韻「烏括切」：「斡，轉也。」「捾，捾取也。」「烏活」、「意括」、「烏括」音同，古音影母月部。

《廣韻》緩韻「古滿切」：「管，樂器也。主當也。」「筦，上同。」古音見母元部。「斡」字本音「管」、「筦」，見、影皆爲喉音，元、月對轉，則爲「烏活反」。《説文》「斡」字段注曰：「《匡謬正俗》云：『斡』音『筦』，不音『烏活反』，引陸士衡《愍思賦》爲證。按其字㫃聲，則顔説是也。然俗音轉爲『烏括切』，又作『捾』、作『斛』，亦於六書音義無甚害也。」師古謂「斡」本音「管」、「筦」，是也；然音「烏活反」亦屬語音通轉，至隋唐時已爲正音。惟改字爲「捾」，於義未允。「捾」訓挖取、掏取，《説文・手部》：「捾，搯捾也。从手官聲。一曰援也。」「捾流而遷」實爲不辭。然「捾」从官聲而音「烏括切」，又如《説文・頁部》「頞」或作「齃」，《周禮・考工記》「刮摩之工五」，鄭注曰：「故書『刮』作『捖』。」又引鄭司農云：「『捖』讀爲『刮』。」是皆月、元對轉之例也。

〔七〕陸士衡《愍思賦》：見《陸士衡文集》卷二、《藝文類聚》卷三四，然皆無「時方至其倏忽，歲既去而晼晚」以上四句。今人劉運好《陸士衡文集校注》亦失輯。

132

【貰】「貰」字訓貸，《聲類》及《字林》並音「勢」〔一〕，古讀皆然。而近代學者用劉昌宗《周禮音》〔二〕，輒讀「貰」字爲「時夜反」，不知昌宗何以憑據。其鄙俚之俗，又讀爲「賒」，皆非正也。案：《説文解字》云〔三〕：「賒，鬻。」「(賣)〔貰〕①，貸也。」此則二字本來不同，斷可知矣。又陸士衡《大暮賦》云〔四〕：「撫崇塗而難停，視危軌而將逝。年彌去而漸遒，知茲辟之無貰。競貞暉以鼓缶，愍他人而自勵。」以此言之，故知「貰」字爲「勢」音矣〔五〕。詁訓小學及前賢文章，皆相附會，可以無惑。説者又云：《漢書》射陽侯劉纏，《功臣》謂爲貰陽侯〔六〕，所以爲「貰」、「射」同音耳。余難之曰：縣邑地名，或有時代訛轉，或有方俗語異，何得一之，令其別字同讀？譬猶御宿之苑〔七〕，《百官公卿表》作「御羞」字，《揚雄傳》作「籞宿」字②。解「御羞」者，即云：御膳珍羞所出；釋「籞宿」者，則曰：池籞止宿之所。此非《漢書》乎？何以乖別如此？今豈得便謂「御」、「籞」同音，「羞」、「宿」一讀？斯不然矣。

〔校勘記〕

①貰：原作「賣」，明本、沈本、惠本、盧本同。今據何本改。《説文·貝部》：「貰，貸也。」

②籞：篇內四「籞」字，張本朱校第三字作「篽」，餘作「蓹」，朱筆眉批：「紹仁案：『蓹』、『篽』同『籞』。」明本、沈本、惠本皆作「蓹」；何本第三字作「蓹」，餘作「篽」；盧本原皆作「蓹」，改作「籞」。今本《漢書·揚雄傳》作「御」。

〔疏證〕

〔一〕埶：「埶」古同「勢」。《説文·丮部》「埶」字段注曰：「説文無『勢』字，蓋古用『埶』爲之，如《禮運》『在埶者去』是也。」《荀子·解蔽》「申子蔽於埶而不知知」，楊倞注曰：「其説但賢得權埶，以刑法馭下。」

〔二〕劉昌宗《周禮音》：《周禮·地官·司市》「以泉府同貨而斂賒」，《釋文》云：「貰，音『世』，貸也。劉『傷夜反』，一『時夜反』。」是劉昌宗讀「貰」爲「時夜反」也。

〔三〕見《説文·貝部》。今本作「賒，貰買也」，異體作「賖」，本義爲買方延期交款。大徐本引《唐韻》音「式車切」（書母麻韻）。又「貰，貸也」，本義爲賣方延期收款。大徐本引《唐韻》音「神夜切」（船母禡韻）。

「賒」爲賒入，「貰」爲賒出，二者施受有別。《説文》「賒」字段注曰：「在彼爲貰，在我則爲賒也。」朱駿聲《通訓定聲》云：「受者曰賒，予者曰貰。」賒入、賒出本是同一過程的兩個方向，因此「賒」、「貰」皆可發生詞義的反向引申，「賒」由賒入引申爲賒出，「貰」由賒出引申爲賒入。如《周禮·地官·泉府》「凡賒者，祭祀無過旬日」，注引鄭司農云：「賒，貰也。」孫詒讓《正義》

云：「賒者，先貰物而後償直。」此「賒」爲賒入。《地官・司市》「以泉府同貨而斂賒」，鄭注曰：「民無貨，則賒貰而予之。」此「賒」爲賒出。漢桓寬《鹽鐵論・水旱》：「民相與市買，得以財貨五穀新幣易貨，或時貰民，不棄作業。」此「貰」爲賒出。《漢書・張馮汲鄭傳》「縣官亡錢，從民貰馬」，師古曰：「貰，賒買也。」此「貰」爲賒入。是則「賒」、「貰」在賒入義和賒出義上皆可構成同義詞。

王力《同源字典》以爲「賒」、「貰」同源，云：「『賒』是賒入，『貰』是賒出（使賒）。這種關係，跟『買、賣』，『糴、糶』的關係是一致的。」孫玉文《漢語變調構詞考辨》以爲原始詞義爲賒欠，動詞，式車切（平聲）；滋生詞義爲使賒欠，賒出，動詞，字作「貰」，式夜切（去聲，《集韻》）。「神夜切」則是濁聲母，可能是「賒：貰」在方言中構詞時聲調、聲母都發生了改變。「貰」字之所以有禡韻之音，師古以爲乃是訓讀爲「賒」。參見023「閞」疏證〔六〕。

〔四〕《大暮賦》：「暮」，《陸士衡文集》卷三、《藝文類聚》卷三四同，《北堂書鈔》卷九二、《初學記》卷一四、《太平御覽》卷五五一作「墓」。「暮」、「墓」同音通假。此條所引六句，《文集》無，嚴可均《全晉文》據《北堂書鈔》卷九二補入「撫崇塗而難親，停危軌之將遊。雖萬乘與洪聖，赴此塗而俱稅」四句。劉運好《陸士衡文集校注》云：「靈魂行於險途而世人難以親近，停着的靈車也將遠逝。」「雖是國君聖人，一赴黃泉，萬事皆休。」

〔五〕「貰」字爲「勢」音：師古以爲「貰」當音「勢」（書母祭韻），其餘「時夜反」（禪母禡韻）、「賒」（原始詞書母麻韻，滋生詞書母禡韻或船母禡韻）、「射」（船母禡韻）諸音者「皆非正也」。《漢書·高帝紀》「常從王媪、武負貰酒」，師古注曰：「貰，賒也。李登、吕忱並音『式制反』，而今之讀者謂與『射』同，乃引地名射陽其字作『貰』以爲證驗，此説非也。假令地名爲『射』，自是假借，亦猶鮦陽音『紂』，蓮勺音『酌』，當時所呼，别有意義，豈得即定其字以爲正音乎？」《食貨志下》：「諸賈人末作貰貸賣買，居邑貯積諸物。」注曰：「貰，賒也……貰音式制反。」可與此條相參。

諸書所録「貰」之音讀有四：

其一，書母祭韻，音「勢」。如此條所云《聲類》、《字林》並音「埶」，《高帝紀》注引作「式制反」。《廣韻》祭韻「舒制切」：「貰，賒也，貸也。又『時夜反』。」《集韻》作「始制切」。《史記·高祖本紀》《索隱》云：「鄒誕生『貰』音『世』，與《字林》、《聲韻》並同。」《詩·小雅·甫田》鄭箋「民得賒貰取食之」，《周禮·地官·司市》「以泉府同貨而斂賒」，《釋文》皆云：「貰，音『世』。」《廣雅·釋言》「賒，貰也」，曹憲音「世」。

其二，書母禡韻。如《周禮·地官·司市》《釋文》引劉昌宗「傷夜反」。《集韻》禡韻「式夜切」：「貰，貸也。」

其三，禪母禡韻。如劉昌宗一音「時夜反」。《史記·高祖功臣侯者年表》「貰陽侯劉纏」，《索隱》云：「一音『時夜反』。」《廣雅·釋言》曹憲又音「常夜」。

其四，船母禡韻，音「射」。如《廣韻》禡韻「神夜切」：「貰，賒也，貸也。」《集韻》作「艸夜切」，「艸」蓋「神」之譌。《詩·小雅·甫田》《釋文》云：「又『食夜反』。」《文選·班叔皮〈王命論〉》李善注曰：「貰，食夜切。」

按：結合疏證〔三〕，「貰」之四音可分爲兩組：在祭韻者爲一組，乃「貰」字本音。「貰」从世聲，當在祭韻，古音書母月部。在禡韻者爲另一組，聲母書、船、禪蓋爲方音差異。《顔氏家訓·音辭》篇云，南人「以『石』爲『射』，以『是』爲『舐』」，王利器《集解》引周祖謨云：「石，《切韻》常尺反，射，食亦反，同在昔韻；而『石』屬禪母，『射』屬床母三等。是，《切韻》承紙反，舐，食氏反，同在紙韻；而『是』屬禪母，『食』屬床母三等。南人誤『石』爲『射』，讀『是』爲『舐』，是床母三等與禪母無分也。」是則當時南方方言船、禪二母不別。祭韻、禡韻相去甚遠，不屬語音通轉。

孫玉文《漢語變調構詞考辨》認爲，「時夜反」當是直接從「賒」的「式車切」改變聲母和聲調滋生而來。之所以用「貰」字來記録「賒」讀式夜切的滋生詞，原因有二：一是能更好地在字形上把「賒欠」和「使賒欠，賒出」這兩個詞義區别開來；二是「『貰』本來的詞義就是『使賒欠，賒出』的意思，語音上跟式夜切也有關係，正好可以用同義詞『貰』來記録式夜切的『賒』，更何況舒制切的『貰』在口語中逐漸讓位於式夜切的『貰』了。這樣，『貰』這個字形就記録了兩個讀音頗遠的『貰』了，『貰』讀式夜切是一種訓讀……用『貰』來記録『賒』讀式夜切和神夜切的兩個滋生詞，可能出自六朝。在此之前，『貰』只記録舒制切的『貰』，『賒』作『賒出』講讀式夜切和神夜切，可能仍然寫作『賒』。」隨引師古此條爲證。其説有理。

後世學者有以「射」爲「貰」之古本音者，如吴承仕《經籍舊音辨證》引章太炎曰：「『貰』本訓賒，字從世聲。《聲類》音『勢』，《地理志》鉅鹿郡『貰』，師古亦音『式制反』，而劉昌宗讀『時夜反』，《唐韻》則『神夜反』。《史記・高祖本紀》《索隱》引《漢書・功臣表》『貰陽侯劉纏』，而《史記》作『射陽』，讀『貰』爲『射』。此則古之音『貰』正如今呼也。」吴承仕曰：「『貰』本古歌麻部字，李登、吕忱、劉昌宗等讀『貰』、『勢』、『賒』三字音略同。後別出祭泰部者，疑其斂不如今之歌，侈不及今之麻耳。『貰』字古讀侈，如今呼『賒』時夜反；隋唐時稍斂，如今呼『勢』式制反。而地名音讀十口相傳，不隨時世爲轉變，故『貰陽』亦作『射陽』。師古誤説爲別有意義，不爲正音者《漢書・高帝紀》師古注，正足證明舊來『貰』、『射』同讀，至德明、師古時，則『貰』字已無『時夜』之音矣《廣韻・禡部》所收『貰』字，則據舊讀録之。其謂『鄙俚之俗又讀爲「賒」』者，正舊音之幸存於方語中者也。《釋文》以『世』爲首音，以『傷夜』、『時夜』爲次音，蓋亦仞昌宗之音爲非，其意與師古同。」按：「貰」从世聲，其諧聲系列古音皆在月部，章、吴之説非也。

「貰」作地名時，讀祭韻、禡韻者皆有，如《左傳》僖二年經「齊侯、宋公、江人、黄人盟於貫」杜注「『貫』與『貰』字相似」，《釋文》云：「貰，市夜反，又音『世』。」《漢書・地理志》「貰，鄡，莽曰秦聚」，注曰：「音『式制反』。」《後漢書・光武紀》「貰陽」，李賢注曰：「音『時夜反』。」師古以爲地名或有「時代訛轉」、「方俗語異」，不可據此以爲「貰」有禡韻之音也。

〔六〕《功臣》：指《高惠高后文功臣表》。

〔七〕御宿之苑：御宿，漢宮苑名。《漢書·揚雄傳上》「武帝廣開上林，南至宜春、鼎胡、御宿、昆吾」，師古曰：「御宿在樊川西也。」《元后傳》「夏遊篽宿、鄠、杜之間」，注曰：「篽宿苑在長安城南，今之御宿川是也。」字又作「御羞、籞宿」等。師古以爲地名用字但借音近之字以記音讀，不可當作此字之本音也。

解「御羞」爲「御膳珍羞所出」者，如《百官公卿表》水衡都尉「屬官有上林、均輸、御羞、禁圃、輯濯、鍾官、技巧、六廄、辯銅九官令丞」，注引如淳曰：「御羞，地名也，在藍田。其土肥沃，多出御物可進者。《揚雄傳》謂之『御宿』。」師古曰：「御宿，則今長安城南御宿川也，不在藍田。『羞』、『宿』聲相近，故或云『御羞』，或云『御宿』耳。『羞』者，珍羞所出；『宿』者，止宿之義。」釋「籞宿」爲「池籞止宿之所」者，如《漢書·宣帝紀》「詔池籞未御幸者假與貧民」，師古注曰：「蘇林曰：『折竹以繩緜連禁籞，使人不得往來，律名爲籞。』應劭曰：『池者，陂池也。籞者，禁苑也。』」《三輔黄圖·苑囿》：「御宿苑在長安城南御宿川中，漢武帝爲離宫别館，禁禦人不得入。往來遊觀，止宿其中，故名。」

按：「御宿」、「御羞」、「籞宿」所指相同，然「御」與「籞」、「羞」與「宿」並非同音。《廣韻》御韻「牛倨切」（疑母）：「御，理也，侍也，進也，使也。」語韻「魚巨切」（疑母）：「篽，《説文》曰：『禁苑也。』」「籞，上同。又池水中編竹籬養魚。」尤韻「息流切」（心母）：「羞，恥也，進也。

又致滋味爲羞。」屋韻「息逐切」（心母）：「宿，素也，大也，舍也。《説文》作『宿』，止也。」是則「御」「籞」、「羞」「宿」皆音近而別。

133 【振】許慎《説文解字》曰：「振，舉救也〔一〕。」諸史籍所云「振給」、「振貸」，其義皆同，盡當爲「振」字。今人之作文書者，以其事涉貨財，輒改「振」爲「賑」。按：《説文解字》云：「富也①〔二〕。」左思《魏都賦》云：「白藏之藏，富有無隄。同賑大内，控引世資。」此則訓不相干〔三〕，何得輒相混雜？言「振給」、「振貸」者，並以其（飢）〔饑〕饉窮厄②，將就困斃，故舉救之，使得存云耳，寧有富事乎？

〔校勘記〕

①富：周祖謨《校記》云：「案『富』上宜有『賑』字。」

②饑：原作「飢」，惠本、盧本同。今據明本、沈本、何本改。按：饑饉字當作「饑」。

〔疏證〕

〔一〕見《説文・手部》。

〔二〕見《説文・貝部》。

〔三〕訓不相干：《漢書・文帝紀》「其議所以振貸之」，師古注曰：「振，起也，爲給貸之，令其存立也。諸『振救』、『振贍』，其義皆同。今流俗作字從貝者非也，自別有訓。」可與此條相參。師古以爲「振」訓舉救，「賑」訓富，不得輒相混雜，後人實多從之。如宋吴曾《能改齋漫録》

卷七「賑濟振濟」條云：「予以顏説甚當，但未有據。按：《春秋傳》文公十六年：『楚人出師，自廬以往，振廩同食。』注云：『廬，今襄陽中盧縣也。振，發廩倉也。同食，上下無異饌也。』然則『振濟』當以左氏爲據。今字書止云『賑』，言其富，蓋言於利能不失時，則可致富矣。《漢·汲黯傳》『發河内倉粟，以振災民』，亦作此『振』字。」《説文》「振」字段注亦曰：「凡振濟當作此字。俗作『賑』，非也，《匡謬正俗》言之詳矣。」

按：顏、吴、段以爲「振」、「賑」訓不相干，非也。使貧窮者富裕，亦即振濟之義。慧琳《一切經音義》卷五二云：「振給，古文『㫳』、『振』二形同，諸胤反。《説文》：『振，舉也。』《小爾雅》：『振，救也，亦振發也。』經文作『賑』，諸忍反。《爾雅》：『賑，富也。』謂隱賑富有也。『賑』亦兩通。」孫玉文《漢語變調構詞考辨》以爲原始詞義爲舉救，振救，動詞，後作「賑」，章忍切（上聲）。寫作「振」時，可上可去，而以讀去聲爲多；寫作「賑」時，保存上聲舊讀。滋生詞義爲振動，摇動，動詞，職鄰切（平聲），中古則以讀去聲爲常。

《抱朴子·君道》云「緩賑濟而急聚斂」，《鹽鐵論·力耕》云「倉廩之積，戰士以俸，饑民以賑」，「賑」皆舉救之義。同在《漢書》，《張馮汲鄭傳》有「持節發河内倉粟以振貧民」，《王莽傳下》又有「開東方諸倉，賑貸窮乏」。「賑」蓋專爲舉救義所造之後起分别字。錢大昕《十駕齋養新録》卷四「説文本字俗借爲他用」條云：「《説文》本有之字，世俗借爲他用者，如……『賑，富也』，今借爲振給字。」竹汀以爲「振」、「賑」通假，就既有「賑」字之後而言，其説亦不誤。

又按：吴曾所云《左傳》「振廪」之「振」，乃發動之義，非舉救也。吴氏欲以之證「振濟」當用「振」字，似未必然。

134

【池氈】或問云：今之臥氈著裹施緣者，何以呼爲「池氈」？荅曰：《禮》云：「魚躍拂池〔一〕。」「池」者，緣飾之名，謂其形象水池也〔二〕。左太沖《嬌女詩》云：「衣被皆重池。」即其證也。今人被頭别施帛爲緣者，猶謂之「被池」。此氈亦有緣，故得「池」名耳。俗間不知根本，競爲異説，或作「(褫)〔褫〕」①、「持」字〔三〕，皆非也。

〔校勘記〕

①褫：各本原皆作「褫」。按：《説文·衣部》：「褫，奪衣也。从衣虒聲，讀若『池』。」《廣韻》支韻「直離切」：「褫，蓐衣也。又曰褫氈也。」即師古所云或作「褫」者也。今正。

〔疏證〕

〔一〕見《禮記·喪大記》。

〔二〕其形象水池：池，以竹編成的棺飾。棺之有池，猶屋之有霤（屋檐下的承水溝槽）。《禮記·檀弓上》「池視重霤」，《正義》云：「池者，柳車之池也……生時既屋有重霤以行水，死時柳車亦象宫室，而在車覆鼈甲之下，牆帷之上，織竹爲之，形如籠，衣以青布，以承鼈甲，名之爲『池』。」《喪大記》「魚躍拂池」，鄭注曰：「池，以竹爲之，如小車笭，衣以青布，柳象宫室，縣池於荒之爪端，若承霤然云。君、大夫以銅爲魚，縣於池下。」《正義》云：「『魚躍拂池』者，凡池必有魚，故此車池縣絞雉，又縣銅魚於池下。若車行則魚跳躍上拂池也。」

《説文》無「池」字，段玉裁依徐堅《初學記》、應劭《風俗通》等補曰：「池，陂也。」「池」本爲蓄水之處，引申指承霤、棺飾，又引申爲衣、被之邊緣鑲飾。宋趙令畤《侯鯖録》卷二「被池」條引師古此説，云：「當時已少有知者，況比來士大夫耶？獨宋子京博學，嘗作詩云：『曉日侵簾壓，春寒到被池。』余得一古被，是唐物，四幅紅錦，外緣以青花錦，與此説正合。」是唐時衣、被有「池」之證。

柳車（《新定三禮圖》卷十九）

章太炎《小學答問》云：「緣邊周幣者亦曰『池』。《記》言『魚躍拂池』，顔師古引左思詩曰『衣被皆重池』，唐時臥氈施緣者曰『池氈』，唯本誼爲水有匡隄防，故緣飾邊幅者依以爲名。斯則本字爲『隄』，籀字爲『沱』，『沱』變作『池』。」是則太炎以爲本字爲「隄」也。按：古無舌上音，「池」（定母歌部）、「隄」（端母支部）音近相通。參見057「漢書」疏證（四）。

秦選之《校注》則曰：「『池』蓋『沱』之變體，假借爲『袉』，實是『拖』字，《論語·鄉黨》『東首加朝服拖紳』是也。」是則秦氏以爲本字當爲「拖」也。按：「拖」（透母歌部）、「池」音亦相近，《説文・衣部》「袉」字下引《論語》作「朝服袉紳」，邢疏云：「拖，加也……加朝服於身，又加大帶於上，是禮也。」劉寶楠《正義》云：「拖紳，謂引紳於心下垂之。」章、秦二説皆有理致。

〔三〕褫、持：《廣韻》支韻「直離切」（澄母）：「池，停水曰池。」「褫，蓐衣也。又曰褫氈也。《説文》曰：『奪衣也。』」「褫氈」即師古所云「或作『褫』」者也。之韻「直之切」（澄母）：「持，執持。」「褫」、「持」本義皆與緣飾無關，故師古以爲非也。

135

【渴罩】問曰：太原俗謂事不妥帖，有可驚嗟爲「渴罩」，何也？答曰：《禮・三年問》曰：「至於燕爵，猶有噍啁之類焉〔一〕。」徐仙「啁」音「張流反」，「噍」音「子由反」。此言燕雀見其儔類死亡，悲痛驚愕，相聚集吟噪也。彼處士俗謂羣雀聚噪爲「雀啁」，音「竹孝反」〔二〕，此亦古之遺言，故呼可驚之事爲「罩」〔三〕爾。

【疏證】

〔一〕見《禮記・三年問》。今本作「至於燕雀，猶有啁噍之頃焉」。《釋文》云：「雀，本又作『爵』。啁，張留反。噍，子流反。啁噍，聲。頃，苦穎反。」是《正義》本、《釋文》本皆作「燕雀」、「啁噍之頃」。「張流」、「張留」二反同（知母尤韻），「子由」、「子流」亦同（精母尤韻），是元朗之音與徐音同也。「啁噍」今音 zhōu jiū，象鳥鳴聲。「噍」亦作「啾」，《集韻》尤韻「將由切」：「噍，燕雀聲。《禮》：『啁噍之頃。』通作『啾』。」

〔二〕竹孝反：知母效韻，與「張流反」有平、去之異。

〔三〕罩：《廣韻》效韻：「罩，竹籠，取魚具也。都教切。」即「竹孝反」之音。師古謂時人不知「啁」之音義，遂以「罩」字記音。《集韻》效韻「陟教切」：「啅，啅啅，鳥聲。」與「罩」同音。蓋即專爲此音所造之後起分別字。

「渴罩」一詞，文獻無徵。師古以爲「罩」（端母藥部）由羣鳥聚噪之「啁」（端母幽部）音變而來。又《方言》卷二：「逴、獡、透，驚也。自關而西秦晉之間凡蹇者或謂之『逴』，體而偏長短亦謂之『逴』。宋衛南楚凡相驚曰『獡』，或曰『透』。」郭璞音「逴，勑略反；獡，音『鑠』；透，式六反」。華學誠《校釋匯證》疑其原爲兩條，傳鈔誤混，一條爲「逴，蹇也。自關而西秦晉之間凡蹇者或謂之『逴』，體而偏長短亦謂之『逴』」，另一條爲「獡、透，驚也。宋衛南楚凡相驚曰『獡』，或曰『透』」。錢繹《箋疏》云：「『透』與『獡』古同聲……『倏』、『儵』與『透』聲義並同。」「獡」（書母藥部）、「透」（書母覺部）與「罩」古音亦近，端、書同爲舌音，藥、覺旁轉，然則「罩」也可能由相驚之「獡」、「透」音變而來。

師古未釋「渴」（溪母月部）字，尋繹文意，似謂乃由「雀」（精母藥部）字音變而來。然而「渴」、「雀」聲韻俱遠，無由音轉。劉曉東《平議》引馬叙倫《讀書續記》卷一云：「今北方謂事不妥帖驚歎曰『嘀嘈』，亦曰『嘈嘀』，此本古語。顔秘監《匡俗正謬》（按馬氏稱此書名誤）云：『太原俗謂事不妥帖有可驚歎爲渴罩，特音微轉而字異耳。』按馬氏所云『嘈嘀』，通作『糟糕』耳。」果如馬、劉之説，則此語至今猶存也。文獻無徵，姑爲闕疑。

136

【幾頭】問曰：山東俗謂新沐浴飲酒，謂之「幾頭」，此義何也？荅曰：字當作「機」〔一〕，音「譏」。「機」謂福祥也。按：《禮》云：「沐稷而靧粱，髮希用象櫛①。進機進羞，工乃升歌〔二〕。」鄭康成注云：「沐靧必進機作樂，盈氣也。」此謂新靧沐體虛，故更進食飲，而又加樂，以自輔助，致福祥也〔三〕。此蓋古之遺法也。

【校勘記】

①希：明本、沈本、惠本、盧本同。何本作「晞」，與今本《禮記・玉藻》合。《正義》云：「晞，乾燥也。」

【疏證】

〔一〕機：祭鬼神以求福祥。《列子・説符》「楚人鬼而越人機」，張湛注曰：「機，祥也。信鬼神與機祥。」《史記・五宗世家》「彭祖不好治宮室、機祥」，《集解》引服虔曰：「求福也。」《天官書》「其文圖籍機祥不法」，《正義》引顧野王曰：「機祥，吉凶之先見也。」

「機」與《説文》「鬾」同。《鬼部》：「鬾，鬼俗也。从鬼幾聲。《淮南傳》曰：吴人鬼，越人鬾。」段注曰：「謂好事鬼成俗也……《景十三王傳》：『治宮室機祥。』伏虔曰：『機祥，求福也。』《史記正義》引顧野王云：『機祥，吉凶之先見也。』按：伏讀『機』同『祈』，顧讀爲知幾其神之『幾』，皆好事鬼之意耳。」

〔二〕見《禮記・玉藻》。《正義》云：「機，謂酒也。故《少儀》注云『沐而飲酒曰機』，是沐畢必進機酒。」是沐後所飲之酒曰「機」。《禮記・少儀》「飲酒者、機者、醮者，有折俎不坐」，鄭注曰：「已沐，飲曰機。」是沐後飲酒亦曰「禨」。後起分別字作「⿰酉幾」，《集韻》「其既切」：「⿰酉幾，沐酒也，謂既沐飲酒。《禮》有『進⿰酉幾』，通作『禨』。」

〔三〕致福祥：沐後飲酒謂之「幾頭」，師古以爲本字作「禨」，義爲福祥，並引《玉藻》爲證。宋趙令時《侯鯖録》卷三「幾頭酒」條云：「山東風俗，新沐訖飲酒，謂之『幾頭』。」即引此條爲説。《古文苑》卷十晉明帝啓元帝云：「臣紹言：伏蒙吉日沐頭，老壽多宜，謹拜表賀。」表畣云：「春正月沐頭，至今大垢臭，故乃沐爾。得啓，知汝孝愛，當如今言，父子享禄長生也。」又啓云：「沐久勞極，不審尊體何如？」畣云：「去垢甚佳，身不極勞也。」是知沐頭爲福祥之事，而新沐又易體虚，可咨旁證。

段玉裁則以爲本字當作「既」或「嘰」，義爲小食，《玉藻》、《少儀》之「禨」亦「既」、「嘰」之假借字。《説文》「饑」字段注曰：「《玉藻》、《少儀》二篇『機』字乃『既』、『嘰』之假借，小食也。各書从示作『禨』，同。」《口部》「嘰」、《皀部》「既」説解皆曰：「小食也。」「既」又引申爲盡也、已也。「小食」作動詞時，指稍微吃一點兒，如《史記·司馬相如列傳》録其《大人賦》「呼吸沆瀣兮餐朝霞，噍咀芝英兮嘰瓊華」，《集解》引徐廣曰：「嘰，小食也。」作名詞時，原指早餐，後泛指點心、零食。《稗海》本晉幹寶《搜神記》卷一：「（管）輅曰：『……吾卯日小食時必至君家。』」宋吴曾《能改齋漫録·事始二》：「世俗例以早晨小食爲點心，自唐已有此語。」

按：《玉藻》「進禨進羞」，《釋文》音「禨，其既反」（羣母未韻）；《少儀》「飲酒者、禨者、醮者」，《釋文》音「機，其記反」（羣母志韻）。《廣韻》未韻「其既切」：「幾，未已。」「居家切」（見母）：「既，已也，盡也。」「禨，福祥。」《集韻》作「居氣切」：「禨，祆祥也。」「嘰，少食。」是「幾」讀去聲時，與「既」、「禨」、「嘰」皆音近。又《廣韻》微韻「居依切」（見母）：「嘰，口醜。《説文》云：『小食也。』」「禨，祥也。」「幾，庶幾。」是「幾」讀平聲時，與「禨」、「嘰」亦音近。然則顔、段二説皆有理致。沐後小食，身心安泰，是一件事全過程的兩個方面，小食是方式，福祥是結果。蓋師古着眼於結果，故通「幾」爲「禨」；懋堂着眼於方式，故通「幾」爲「既」、「嘰」。「幾頭」一詞，文獻鮮少用例，姑存其説可也。

137

【怒】音「弩」①。「怒」字古讀有二音。《詩》云：「君子如怒，亂庶遄沮。君子如祉，亂庶遄已〔一〕。」「憂心殷殷，念我土宇。我生不辰，逢天僤怒〔二〕。」《離騷》云：「忽奔走以先後，及先王之踵武。荃不察余之中情，反信讒而齊怒②。」此則讀爲上聲也。《詩》云：「亦有兄弟，不可以據。薄言往愬③，逢彼之怒〔三〕。」「念彼共人，睠睠懷顧。豈不懷歸，畏此譴怒〔四〕。」此則讀爲去聲也。略舉數條，其例非一。今山東、河北人讀書，但知「怒」有去聲，不言本有二讀〔五〕，曾不尋究，失其真矣。

〔校勘記〕

①弩：沈本同。明本、何本作「努」；盧本原作「怒」，改作「弩」；惠本作「怒」。按：爲「怒」注音，不

當仍作「怒」字。「砮」、「努」音同，兩通。

②齊：明本、沈本、惠本、盧本作「辱」，何本作「齌」。按：《楚辭・離騷》王逸注曰：「齌，疾也。齌，一作『齊』。」洪興祖《補注》：「《釋文》：『齊，或作齌，並相西切。』五臣云：『齊，同也。』」作「齊」、作「齌」，所見本異。「辱」蓋形譌也。

③愬：盧本同，與今本《詩・邶風・柏舟》合。張本朱校、明本、沈本、何本、惠本作「遡」。張本朱筆眉批：「『遡』、『愬』通。」

〔疏證〕

〔一〕見《詩・小雅・巧言》。

〔二〕見《詩・大雅・桑柔》。

〔三〕見《詩・邶風・柏舟》。

〔四〕見《詩・小雅・小明》。

〔五〕本有二讀：師古因「怒」可分別與上、去聲字爲韻，故云「怒」有兩讀也。《説文・心部》：「怒，恚也。从心奴聲。」大徐本引《唐韻》音「乃故切」。《廣韻》「怒」有二音：暮韻「乃故切」：「怒，恚也。又音『努』。」姥韻「奴古切」：「怒，恚也。又『奴故切』。」二音厥義無別。

至於上、去二讀何爲本音，諸説不同：

其一，上、去二讀皆爲本音。師古之説是也。

其二，以上聲爲本音。《詩・小雅・巧言》二章，「怒」與「沮」韻；《衛風・谷風》二章，與「雨」韻；《大雅・桑柔》四章，與「宇」、「處」、「圉」韻；《大雅・常武》四章，與「武」、「虎」、「虜」韻，《釋文》皆不出音。而《邶風・柏舟》二章，與「茹」、「據」、「愬」韻；《小雅・小明》二章，與「除」、「莫」、「庶」、「暇」、「顧」韻；《大雅・雲漢》六章，與「去」、「故」、「莫」、「虞」韻，《釋文》皆云：「怒，協韻『乃路反』。」是則元朗以上聲爲「怒」之正音，去聲爲叶韻之音。

陳第《毛詩古音考》卷一歸「怒」爲上聲，且駁師古之説云：「愚謂顔氏之言固善，然四聲之説，起於後世，古人之詩，取其可歌可詠，豈屑屑毫釐若經生爲耶？且上、去二音，亦輕重之間耳。」《説文》「怒」字段注曰：「古無『努』字，衹用『怒』。」《六書音均表》亦歸「怒」爲上聲。段氏持「古無去聲」説，王力《古無去聲例證》以爲凡字有上去兩讀者，古皆讀上聲。是陸、陳、段、王皆以上聲爲「怒」之本音也。

其三，以去聲爲本音。江永《古韻標準・去聲第三部》云：「怒，乃故切。有與上聲韻者，不必叶『暖五反』。」雖然，《上聲第三部》又云：「怒，奴古切。上、去兩存。」是則江氏以爲「怒」有上、去二讀，而以去聲爲本音也。

按：四聲之説，起於後世；然四聲之實，古已有之。「怒」蓋古讀上聲，而隋唐時有上、去兩讀。師古以爲本有兩讀，是以今韻讀古音也。《詩》之用韻，多有異調通押者，故「怒」可並與上、去聲字爲韻。參見009「溥」疏證〔四〕。

【殿研】問曰：今俗謂人强忍堅抗爲「殿研」，上「丁見反」，下「五見反」。其義何也？荅曰：「殿」者，猶《春秋》「殿師」之意〔一〕，言其無所畏懼，不退縮耳。「研」者，研摩抗拒，與前人爲敵。（或）〔故〕總言「殿研」①〔二〕。

【校勘記】

①故：原作「或」，惠本、盧本同。今據張本朱校、明本、沈本、何本改。

【疏證】

〔一〕殿師：爲全軍殿後。「殿」从殳屍聲，初文爲「屍（臀）」，本義蓋指臀部（《說文·殳部》：「殿，擊聲也。」文獻未見用例。今從《字源》張標說）。引申爲殿後，如《左傳》宣十二年晉、楚邲之戰，晉師戰敗，上軍將隨季「殿其卒而退」，上軍不敗。杜預注曰：「以其所將卒爲軍後殿。」

〔二〕殿研：師古以爲「殿」訓殿後，「研」訓研摩，「殿研」意爲「如殿如研」，然則師古視「殿研」爲複合詞，乃「殿」、「研」兩語素引申義之加合，指剛强堅忍、無所無畏。除顔說外，後人另有三種訓釋：

其一，汪應辰《書》云：「『殿研』二釋，頗爲穿鑿。按：《晉書》沮渠蒙遜謂劉祥曰：『汝敢研研然也？』『研研』即倔强之貌，恐語音變而爲『殿研』。夫『殿』乃殿師，『研』乃研摩，有何交涉而合爲一語乎？從而求其義，則過矣。」是則汪氏以爲「殿研」乃疊音詞「研研」之音變。按：研研，揚揚自得貌。《晉書·沮渠蒙遜載記》：「蒙遜聞劉裕滅姚泓，怒甚。門下校郎劉祥言事于蒙遜，蒙遜曰：『汝聞劉裕入關，敢研研然也？』遂殺之。」《魏書・胡沮渠蒙遜傳》作「妍妍」。《説文・言部》：「訮，諍語訮訮也。」段注曰：「劉祥言事，蒙遜曰：『汝聞劉裕入關，敢研研然也？』斬之。《魏書》作『妍妍』，皆『訮訮』之同音也。《匡謬正俗》所謂『殿研』即此。」是則懋堂以爲本字當作「訮訮」。

其二，此條王本眉批云：「按：『殿研』雙聲疊韻字。凡雙聲疊韻字自以相連爲義，不可分别説之。」是則觀堂以爲「殿研」應作整體釋義。按：「殿」（端母文部）、「研」（疑母元部）旁轉，屬於廣義疊韻。又王國維眉批汪應辰《書》云：「『殿、研』同爲舌音字，故漢人呼『研部』亦爲『殿部』。汪説非也。」觀堂以爲「殿研」雙聲，蓋據其自身古音學爲説，與今人認識不同。

其三，徐復以爲「殿研」乃「蹎䟰」之假借。蔣禮鴻《敦煌變文字義通釋・釋情貌》云：「典硯，行爲不檢，不好惹的意思。《齖䶗書》：『齖䶗新婦甚典硯，直得親情不許見。』徐復説：『典硯』是『蹎䟰』的假借。《廣韻》上聲二十七銑韻：『蹎，他典切，行迹。』又去聲三十二霰韻：『䟰，吾甸切，行不正也。』禮鴻按：《集韻》上聲二十七銑韻：『猠，徒典切，猠𤢽，劣皃。』又二十八獮韻：『𤢽，力展切，猠𤢽，劣皃。』音義與『蹎䟰』相近。」按：「典硯」、「殿研」音義相近，蓋爲同詞異形。「蹎」訓「行迹」、「䟰」訓「行不正」，始見於《廣韻》，「猠、𤢽」二字始見於《集韻》，遠晚於「殿研/典硯」。「蹎」在明代詩文中始有獨用例，如明瞿汝稷《指月録》：「有什麼蹎跣處？有什麼擬議處？」清錢謙益輯《列朝詩集》明盧柟《贈故大同府節判魏張公祝入祠七十韻》：「虬須多灕洒，虎步遺芳⿰𧾷典。」「⿰𧾷見」、「⿰犭典」、「⿰犭韋」三字在文獻中均無獨用例。「⿰𧾷典⿰𧾷見」、「⿰犭典⿰犭韋」蓋皆專爲「殿研／典硯」一詞所造之後起分別字。徐復以「⿰𧾷典⿰𧾷見」爲本字，似未必然。

要之，師古釋「殿研」爲複合詞，後人實多不從，而以聯綿詞（雙音節單純詞）視之。然而「殿研」一詞，文獻鮮少用例，其音義如何演變，未可確知，姑爲闕疑。

139

【差】或問曰：今官曹文書科發士馬，謂之爲「差」，「差」者何也？荅曰：《詩》云：「既差我馬〔一〕。」毛傳云：「差，擇也。」蓋謂揀擇取强壯者。今云「差科」〔二〕，取此義，亦言揀擇取應行役者爾。

〔疏證〕

〔一〕見《詩·小雅·吉日》。

〔二〕差科：師古以爲「差」之差役義乃其擇取義之引申，別無本字。「差」字本義尚不明確，一説爲用手搓麥，一説爲佐助。《説文·左部》：「差，貳也，差不相值也。」副貳蓋其引申義。段注曰：「《吉日》毛傳曰：『差，擇也。』其引伸之義也。」「不相值」即不相等，故引申爲區別、錯誤，又引申爲選擇。《詩·陳風·東門之枌》「穀旦於差」鄭箋、《小雅·吉日》「既差我馬」毛傳並云：「差，擇也。」《爾雅·釋詁》：「流、差、柬，擇也。」郭注曰：「皆選擇。」由選擇義又引申爲差遣、差役，意即選取可以派遣役使之人，如《三國志·吴志·陸遜傳》：「前乞精兵三萬，而至者循常，未肯差赴。」

「差科」一詞有二義：其一，指按照一定等級來征税，如《三國志・吴志・三嗣主傳》：「今欲廣開田業，輕其賦税，差科彊羸，課其田畝，務令優均，官私得所。」「差科」與「廣開」對文，當爲偏正結構，「差」取區别義，「科」意爲課税、征税，如曹操《加棗祇子處中封爵並祀祇令》：「科取官牛，爲官田計。」其二，指差役和賦税，如《唐律疏議》卷一三云：「諸差科賦役違法及不均平，杖六十。」「差科」爲並列結構，「差」取差役義，「科」爲征税。此義直到唐代乃始大量使用，如杜甫《遭田父泥飲美嚴中丞》詩：「差科死則已，誓不舉家走。」其同素逆序詞作「科差」，詞義不變，如唐吴兢《貞觀政要・政體》貞觀八年太宗曰：「自朕有天下已來，存心撫養，無有所科差，人人皆得營生，守其資財。」可知並列結構之「差科」，唐代仍未完全凝固爲複合詞。

140

【兩量】或問曰：今人呼履舄屐屩之屬，一具爲「一量」，於義何耶？荅曰：字當作「兩」。《詩》云「葛屨五兩」者〔一〕，相偶之名。屨之屬，二乃成具，故謂之「兩」。「兩」音轉變，故爲「量」耳〔二〕。古者謂車一乘亦曰「一（量）〔兩〕①」，《詩》云「百兩御之」是也〔三〕。今俗音訛，往往呼爲車若干量。

〔校勘記〕

①兩：原作「量」，明本、沈本、盧本同。何本作「兩」；惠本原作「量」，改作「兩」。按：既云音訛而呼爲「量」，則是古曰「兩」也，且引《詩》亦云「百兩御之」，作「兩」是也。日本國立國會圖書館藏雅雨堂本《匡謬正俗》作「兩」，蓋雅雨堂本印次非一，但不知係何人所改。

〔疏證〕

〔一〕見《詩·齊風·南山》。

〔二〕「兩」音轉變，故爲「量」：師古以爲相偶之義本字爲「兩」，音變而爲「量」也。《説文·㒳部》：「㒳，再也。」大徐本引《唐韻》音「良獎切」。段注曰：「凡物有二，其字作『㒳』不作『兩』。『兩』者，二十四銖之偁也。今字『兩』行而『㒳』廢矣。」按：「兩」金文作盠駒尊，會兩物並列之意，春秋以降漸變爲「兩」。本義爲成雙的兩個，引申爲量詞，用以計量成雙之物。「兩」變調構詞，施諸屨舄，別作「緉」字；施諸車乘，別作「輛」字。

屨稱「兩」者，乃因屨有兩隻。孫玉文《漢語變調構詞考辨》以爲，原始詞義爲數目，凡兩物配對者叫作兩，數詞，良獎切（上聲）；滋生詞義爲屨一雙叫作一緉，名詞，字作「緉」，力讓切（去聲）。《詩·齊風·南山》「葛屨五兩，冠緌雙止」，《釋文》云：「兩，王肅如字，沈音『亮』。」隋杜臺卿《玉燭寶典》卷一一云：「案《詩·齊風》云『葛屨五兩』，《字訓》云：『世人屨及屨屬皆云一量。』余謂應爲『兩』，義同車轂。」説與師古正同。後起字作「緉」，《説文·糸部》：「緉，履兩枚也。」曹植《冬至獻履襪頌表》：「拜表奉賀，並獻文履七緉，襪百副。」唐陸龜蒙《和醉中即席贈潤卿博士韻》：「登山凡著幾緉屐，破浪欲乘千里船。」又假借「量」字爲之，如曹操《與楊彪書》：「並遺足下貴室錯彩羅縠裘一領，織成靴一量。」《世説新語·雅量》云：「阮遥集好屐……或有詣阮，見自吹火蠟屐，因歎曰：『未知一生當著幾量屐！』神色閑暢。」又假借「輛」

字爲之，如宋周密《浩然齋視聽鈔》用阮語之意，云：「平生能著幾輛屐，長日惟消一局棋。」清褚人穫《堅瓠九集·鞋襪稱兩》云：「無名氏《踏莎行》詞末云：『夜深着輛小鞋兒，靠着屏風立地。』『輛』、『緉』、『兩』，古今字也。」

「兩」、「緉」上古皆已出現，然而直到魏晉，仍用「量」字記録其滋生詞，是知當時口語中滋生詞實讀去聲。師古以爲「音訛」，非也。六朝以降，滋生詞亦可讀原始詞之音，故《玉篇·糸部》「緉」字只注上聲「力掌切」，《廣韻》上聲「良獎切」、去聲「力讓切」兼收「緉」字，《集韻》亦然。而《中原音韻·江陽部》「緉」字只收去聲，可知直至近代，「緉」字仍讀去聲。

車稱「兩」者，乃因車有兩輪。孫玉文《漢語變調構詞考辨》以爲原始詞義爲數目，凡兩物配對者叫作兩，數詞，良獎切（上聲）；滋生詞義爲車一乘叫作一兩，名詞，力讓切（去聲）。《尚書·周書·牧誓》「武王戎車三百兩」，《正義》云：「數車之法，一車謂之一兩。《詩》云『百兩迓之』，是車稱『兩』也。《風俗通》説車有兩輪，故稱爲『兩』，猶屨有兩隻，亦稱爲『兩』。」《漢書·食貨志下》「於是漢發車三萬兩迎之」，師古注曰：「一兩，一乘。」《後漢書·吴祐傳》「此書若成，則載之兼兩」，李賢注曰：「車有兩輪，故稱『兩』也。」《文心雕龍·指瑕》云：「原夫古之正名，車兩而馬疋。疋兩稱目，以並耦爲用。蓋車貳佐乘，馬儷驂服，服乘不隻，故名號必雙。名號一正，則雖單爲匹矣。」劉勰以爲乃因車有佐乘，亦可備一説。

車輛之「兩」，《經典釋文》不出音，《廣韻》、《集韻》只收去聲，是唐宋時滋生詞「兩」只讀去聲也。南宋時，車輛之「兩」可以兼讀上聲，故《詩·召南·鵲巢》「之子于歸，百兩御之」，朱熹《詩集傳》注曰：「兩，如字，又音『亮』。」後起分別字作「輛」，《説文》無，字書中最早見於《字彙·車部》：「輛，車輛。」

「兩」之變調構詞還有第三個滋生詞，孫玉文《漢語變調構詞考辨》云：「布帛一匹叫作一兩，因爲布帛以二丈雙行，名詞，力讓切（去聲）。」《詩·召南·行露》傳「昏禮，純帛不過五兩」，《釋文》云：「兩，音『諒』。」

〔三〕見《詩·召南·鵲巢》。

141

【章估】或問曰：今市井之人，謂算科量度爲「章估」，有何義①？荅曰：《周書·費誓》云：「我商賚汝。」孔安國注云：「我則商度汝功，賜與汝也。」徐仙音商「章」②〔一〕，然則「商」字舊有「章」音〔二〕。所云「章估」者，即「商估」也，謂度其貴賤，當其大小所堪爾。

【校勘記】

①有何義：周祖謨《校記》云：「案『義』下蓋脱『訓』字，卷八『砢磨』『有何義訓』，與此文例正同。」

②徐仙音商章：周祖謨《校記》云：「案此文『商』下當有『爲』字。卷一『賚』下云『徐仙音賚爲來』，卷二『夾』下云『徐仙音夾爲協』，是其例。今本《尚書》《釋文》云：『商徐音章。』」

【疏證】

〔一〕徐仙音商「章」：《釋文》云：「商如字，徐音『章』。」

〔二〕「商」字舊有「章」音：師古以爲「章估」即「商估」也，「商」爲度量，「估」爲估價。何本眉批：「周官保民九數有『商助』。」何焯之意頗爲費解，或謂稅法之夏貢、商助、周徹也。《孟子・滕文公上》云：「夏后氏五十而貢，殷人七十而助，周人百畝而徹，其實皆什一也……雖周亦助也。」《詩・小雅・甫田》「倬彼甫田，歲取十千」，《正義》云：「周制，畿内用夏之貢法，稅夫無公田；邦國用殷之助法，制公田不稅夫。」何氏蓋以「章估」爲「商助」之音轉，「章」（章母陽部）與「商」（書母陽部）、「估」（見母魚部）與「助」（崇母魚部）古皆同部，可備一說。

「章」字構形不明，或謂本義爲雕治玉璧花紋，即「璋」或「彰」之初文。引申爲名詞文采、篇章、規則、印記、章服、功業，動詞彰顯、區分等義，古音章母陽部。「商」字構形亦不明，甲骨文作合 20651，用作地名及人名。《説文・㕯部》：「商，從外知内也。从㕯，章省聲。」引申爲度量、討論、買賣等，古音書母陽部。段注曰：「漢《律曆志》云：『商之爲言章也。物成孰可章度也。』《白虎通・説商賈》云：『商之爲言章也。章其遠近，度其有亡，通四方之物，故謂之商也。』按：『粊誓我、商賚女』，徐仙民音『章』，此古音也。從外知内，了了章箸曰商。」《荀子・王制》「脩憲命，審詩商，禁淫聲」，王先謙《集解》引王引之曰：「『商』讀爲『章』。『章』與『商』古字通。」《水經・河水五》「商河出焉」，酈道元注曰：「亦曰小漳河。『商』、『漳』聲相近，故字與讀移耳。」《廣雅・釋詁》：「商，度也。」然則「章」訓度量，乃「商」之假借也。

「估」字《説文》無。「估」可指物價，如《抱朴子・審舉》：「中正、吏部並爲魁儈，各責其估，清貧之士，何理有望哉！」韓愈《曹成王碑》：「恒平物估，賤斂貴出。」又指估算物價，《玉篇・人部》：「估，估價也。」《舊唐書・憲宗紀下》：「出内庫羅綺，犀玉、金帶之具，送度支估計供軍。」

《説文・女部》：「嫴，保任也。」段注曰：「《急就篇》：『疻痏保辜謕呼號。』師古曰：『保辜者，各隨其輕重，令毆者以日數保之，限内致死則坐重辜也。』按：保辜，唐律、今律皆有之。『辜』者，『嫴』之省。『嫴』與『保』同義疊字，師古以坐重辜解之，誤矣……原許君之義，實不專謂罪人保嫴，謂凡事之估計豫圖耳。」馬叙倫《説文解字六書疏證》云：「保辜蓋令毆者自保傷害輕重以定其辜。」按：「保辜」者，古代刑律規定，凡打人致傷，官府視情節立下期限，責令被告爲傷者治療。若傷者在期限内因傷致死，以死罪論；不死，以傷人論。師古訓保辜之「辜」爲罪，懋堂則以爲是「嫴」之假借字，竊以段説爲是。

《廣雅・釋言》：「嫴，榷也。」清黄生《義府》卷下「辜較」條云：「《孝經》『蓋天子之孝』、『蓋諸侯之孝』，注：『蓋猶略也。』疏云：『辜較之辭。』因悟前後《漢書》諸所謂『辜較』、『估較』、『辜榷』、『酤榷』皆即此義，蓋估計較量之謂。商賈值貨，必估計較量而後買賣，諸事嫴榷，皆謂勢家貴戚漁獵百姓，奪商賈之利耳。」章太炎《新方言》卷二云：「《廣雅》：『嫴榷，都凡也。』《孝經》孔傳『蓋者，辜較之辭』，劉炫《述義》曰：『辜較，猶梗概也。』字亦作『沽』，《檀弓》『以爲沽也』，注：『沽猶略也。』今人謂略揣梗概曰『嫴』，俗變作『估』。」然則本字當作「嫴」，意爲保任，引申爲綜計之義，其字又作「辜」、「沽」、「估」也。

師古此説深有理致，惟「章估」一詞，文獻鮮少用例，姑存其説可矣。

匡謬正俗疏證卷第八

【受授】〔一〕或問曰：年壽之字，北人讀作「受」音，南人則作「授」音，何者爲是？荅曰：兩音並通〔二〕。按：《詩》云：「南山有栲，北山有杻。樂只君子，遐不眉壽〔三〕。」此即音「受」。嵇康詩云：「頤神養壽，散髮巖岫〔四〕。」此即音「授」也①。

〔校勘記〕

①授也：陳第《毛詩古音考》卷三「壽」字下引此條，「授也」下衍「今或皆讀如授則失之矣」十字，顧炎武《唐韻正》卷十上聲四十四有「壽」字下引同，未知所本。

〔疏證〕

〔一〕受授：汪應辰《書》謂宜改篇題爲「壽」，云：「『受授』字下乃是謂『壽』有兩音，宜改『受授』爲『壽』，益知非當時定本。」

〔二〕兩音並通：《廣韻》「壽」有二音，厥義無别：上聲有韻「殖酉切」：「壽，壽考。又州名。」與「受」同音；去聲宥韻「承呪切」：「壽，壽考。」與「授」同音。依師古此説，乃南北方音異讀也。

考諸《釋文》，《左傳》僖三十二年「中壽，爾墓之木拱矣」，襄八年子駟引逸《詩》「俟河之清，人壽幾何」，《釋文》皆云：「壽音『授』，又如字。」哀二十五年「公宴於五梧，武伯爲祝」杜注

「祝，上壽酒」，《釋文》云：「壽音『授』，又音『受』。」文十一年「齊王子成父獲其弟榮如」杜注「傳言既長且壽，有異於人」，《釋文》云：「且壽，如字，一音『授』。」是則隋唐時固有上、去兩讀，而元朗以上聲爲正音也。

至於上、去二讀何爲本音，師古以爲古皆有之，後人實多不從。陳第《毛詩古音考》卷三駁師古曰：「愚按：嵇康詩亦有以『壽』爲『受』者録之……嵇康《贈秀才入軍》：『人生壽促，天長地久。百年之期，孰云其壽。』」顧炎武《唐韻正》卷十「壽」字歸入上聲四十四有，亦引陳第之説以駁師古。江永《古韻標準·上聲第十一部》云：「壽，今韻有、宥兩收，古音上聲。」段玉裁《六書音均表》「壽」亦歸入上聲。王力《古無去聲例證》以爲凡字有上去兩讀者，古皆讀上聲。然則陳、顧、江、段、王等皆以爲「壽」字古讀上聲。

按：「壽」蓋古讀上聲，而隋唐時有上、去兩讀。師古以爲本有兩讀，是以今韻讀古音也。其與去聲字爲韻者，蓋異調通押耳。

〔三〕見《詩·小雅·南山有臺》。

〔四〕見《文選·嵇康〈幽憤詩〉》。原詩作「采薇山阿，散髮巖岫。永嘯長吟，頤性養壽」。

143 【西】今俗呼東西之「西」音或爲「先」。按：王延壽《靈光殿賦》云：「朱（柱）〔桂〕黝儵于南北①，蘭芝婀娜于東西②。祥風翕習以颯灑，激芳香而常芬。神靈扶其棟宇，歷千載而彌堅。」晉灼《漢書音義》反「西」爲「灑」③〔一〕。是知「西」有「先」音也〔二〕。

〔校勘記〕

①柱：各本原皆作「柱」。今據《文選》改。

②芝：沈本同，與《文選》合。張本朱校、明本、何本作「枝」，惠本、盧本原作「枝」，改作「芝」。

③灑：周祖謨《校記》云：「案『灑』字下蓋脱一『落』字。」按：周校亦未洽，今姑不改，以存其舊。

〔疏證〕

〔一〕反「西」爲「灑」：反切須有上下二字乃可，此句疑有脱文。《廣韻》「先」音「蘇前切」（心母先韻），古音心母文部。而「灑」之灑水、灑掃義，雖有「砂下」（生母馬韻）、「所蟹」（生母蟹韻）、「所寄」（生母寘韻）、「所綺」（生母紙韻）諸音切，古音則皆屬山母支部，與「先」聲韻俱遠。「灑」又有心母元部之音，與「先」聲同韻近。《國語·晉語一》「而玦之以金銑者」，韋昭注曰：「銑猶『灑』。灑，寒也。」《集韻》霰韻「先見切」：「洒，灑也。或作『洒』。」師古引晉灼音切，欲證「西」有「先」音，若取「灑」爲反切上字，則是「灑」下脱一字，然而「灑」之心母音並非常用音義，嫌於迂曲；若取「灑」爲反切下字，則是「灑」上脱一字，然而「灑」之霰韻音與「先」又有平去之别。未知師古本意云何，姑爲闕疑。

〔二〕「西」有「先」音：佚名《勘正》曰：「『西』有『先』音，是也。然『西』本爲『先』音，後廼有『西』音耳。漢以前多只爲『先』音，未有『西』音也。」其説甚是。

「西」字古爲陽聲韻，學者或歸真部，或歸文部。「卂」古音真部，而从「西」、从「卂」聲之字古可通用，如《説文・言部》：「訊，問也。从言卂聲。𧦝，古文訊从卤。」「卤」即古文「西」字。

顧炎武《唐韻正》卷二云：「西，古音『先』。」乃遍舉先秦至六朝韻文以證，如《詩・小明》首章「明明上天，照臨下土。我征徂西，至於艽野」，「天」與「西」韻；《漢書・禮樂志》《郊祀歌・象載瑜》篇、《易林》、班固《西都賦》、馬融《廣成頌》、趙壹《窮鳥賦》、王延壽《魯靈光殿賦》、《樂府・烏生》篇、《鴈門大守行》；魏文帝《燕歌行》、明帝《步出夏門行》、陳思王《吁嗟篇》、左延年《從軍行》、嵇康《琴賦》；晉左思《蜀都賦》、束皙《貧家賦》、孫綽《望海賦》、《後漢書・竇融傳贊》；宋袁淑《白馬篇》、謝靈運《山居賦》；梁江淹《寄丘三公》詩等。又有異文及諧聲字爲證，如《文選・陳思王〈美女篇〉》「美女妖且閑，采桑岐路間」，五臣本作「岐路西」；《文選・枚乘〈七發〉》「西施徵舒」，李善本作「先施」，注曰：「先施即西施也。」《説文》「茜」從艸西聲，《考工記・鮑人》注「線讀爲緬」等。又云：「『西』字自漢王逸《九思》『螻蛄兮鳴東，蟊蠽兮號西』始與『璣』、『低』、『霏』、『悽』、『棲』、『徵』、『依』、『懷』、『悲』、『摧』爲韻。」

江永《古韻標準・平聲第四部》音「先」爲「蘇鄰切」，云：「『西』本與『先』同音，故史傳『先零羌』亦作『西零』，『先』、『西』皆『蘇鄰切』。漢以後先韻與真、文至仙十四韻相通用，『西』字皆與此十四韻相協，至六朝此音猶存。方音轉爲『先稽切』，此字遂入十二齊，不可復反矣。」

自漢以降，「西」音漸變入齊韻，至隋唐時，齊韻之音已爲正讀。《漢書・禮樂志》《郊祀歌・象載瑜》「象載瑜，白集西」，師古注曰：「西，合韻音『先』。」《史記・趙世家》「反巠分、先俞於趙」，《正義》云：「郭注云：『西喻即雁門山也。』按：『西』、『先』聲相近。」《文選・袁淑《效曹子建樂府白馬篇》》「留宴汾陰西」，李善注曰：「西音『先』，協韻也。」《後漢書・趙壹傳》録其《窮鳥賦》「今振我西」，李賢注曰：「西，協韻音『先』。」既云「合韻」、「相近」、「協韻」，則非當時正音，是以古音讀今韻也。

144 【番】或問曰：今之宿衛人及于官曹上直〔一〕，皆呼爲「番」，音「翻」〔二〕，于義何取？荅曰：按：陳思王表云：「宿衛之人，番休遞上〔三〕。」此言以番次而歸休，以番次而遞上。字本爲「幡」〔四〕，文案從省，故〔作〕「番」耳①。

〔校勘記〕

①作：原闕，明本、惠本、盧本同。沈本作「作」，何本作「爲」。周祖謨《校記》云：「案『故』下蓋脱『爲』字。」按：「作」、「爲」兩通，今從較早之本。

〔疏證〕

〔一〕上直：上班，當值。唐人呼輪替值勤爲「上番」。如《漢書・蓋諸葛劉鄭孫毋將何傳》「衛卒數千人皆叩頭自請，願復留共更一年」，師古注曰：「『更』猶今言『上番』也。」唐吴兢《貞觀政要・慎終》云：「雜匠之徒，下日悉留和雇；正兵之輩，上番多别驅使。」

〔二〕音「翻」：時人不知音「翻」者當爲何字，故師古謂其字作「番」，意爲輪番更代。如《列子・湯問》：「乃命禺彊使巨鼇十五舉首而戴之，迭爲三番，六萬歲一交焉。」殷敬順《釋文》云：「番，音『翻』，更代也。」《廣韻》元韻「孚袁切」：「飜，覆也，飛也。」「翻，上同。」「番，數也，遞也。」

輪替值勤之「上番」有一同形詞，義爲初番、頭回，多指植物初生。其中「番」字讀去聲。如唐杜甫《三絶句》之三：「無數春笋滿林生，柴門密掩斷人行。會須上番看成竹，客至從嗔不出迎。」仇兆鼇注曰：「《杜臆》：『種竹家初番出者壯大，養以成竹，後出漸小，則取食之。』趙注：上番，乃川語。」《九家集注杜詩》趙彦材云：「蜀人於竹言上番則成竹。」是以「上番」爲蜀方言也。清黄生亦以爲是唐代方言，《字詁》「緆墢倚番」條云：「獨孤及『近日霜毛一番新』，陸龜蒙『又見靈苗一番齊』，皆讀『番』去聲，可爲杜詩『會須上番看成竹』之證。其義即更番之『番』，但唐時方言作去聲讀。」依詩律而言，杜、陸、獨孤詩中「番」字處皆當用仄聲字。《集韻》願韻「孚萬切」：「番，更次也。或作黇、庋。」即此音也。

孫玉文以爲此乃「番」之變調構詞，《漢語變調構詞考辨》云，原始詞義爲更代、輪番，動詞，孚元切（平聲）；滋生詞義爲次、回，動量詞，孚萬切（去聲）。「番」作「次、回」講，讀去聲，至晚出現於唐宋。杜詩「會須上番看成竹」，《全唐詩》卷二二七原注云：「番，去聲。」元稹《賦得春雪映早梅》「飛舞先春雪，因依上番梅」，陸龜蒙《奉和襲美題達上人藥圃二首》之二「從今直到清秋日，又有香苗幾番齊」，李幼卿《前年春與獨孤常州兄花時爲别……聊以奉寄》「近日霜毛一番新，别時芳草兩回春」，「番」皆必爲仄聲。竊以爲孫説長於趙、黄。

〔三〕見《文選·曹植〈求通親親表〉》。原文作「羣后百僚，番休遞上」。

〔四〕字本爲「幡」：「番」本義爲獸足，後起字作「蹯」，非輪番之義。《説文・釆部》：「番，獸足謂之番。从釆，田象其掌。」故師古以爲「番」之動詞義更代、輪番，本字當爲「幡」。《説文・巾部》：「幡，書兒拭觚布也。」段注曰：「拭觚之布謂之『幡』，亦謂之『帑』，反覆可用之意。」然則段從顔説，以爲「幡」是學童擦拭木簡的抹布，以其用於反復書寫，故引申爲輪番之義，又假借「番」字爲之。

朱駿聲則以爲輪番之義本字當爲「反」或「嬗」，《説文通訓定聲》寒部第十四「番」字下説其假借云：「又爲『反』，《列子・湯問》『迭爲三番』，《釋文》：『更代也。』或曰借爲『嬗』，亦通。」然則「番」之更代、輪番義乃由翻轉、返復引申而來，往返一次即爲一「番」。劉曉東《平議》云：「視師古説爲允。」

【句鉤】或問曰：今之官書文按，檢覆得失，謂之爲「句」，音「（褠）〔搆〕」①，何也？荅曰：字當作「鉤」。今從徑易，故省「金」耳。簿領之法，恐其事有枉曲，月日稽延，故別置主簿〔一〕、録事〔二〕，專知覆檢。其訖了者，即以朱筆鉤之。「鉤」字去聲，故爲「（褠）〔搆〕」音爾②〔三〕。原其根本，以「鉤」音也。

〔校勘記〕

①搆：原作「褠」。沈本作「構」；何本原作「褠」，改作「搆」；盧本作「褠」。按：《廣韻》「構」、「搆」同音「古候切」，去聲；「褠」音「古侯切」，平聲。師古以爲本字作「鉤」而讀去聲，故當音「構」或

「搆」。作「溝」者，蓋又誤「扌」爲「氵」也。今正。

②搆：原作「溝」，今據明本、沈本、何本、惠本、盧本改。

〔疏證〕

〔一〕主簿：官名。漢代中央及郡縣官署多置之，負責主管文書，辦理事務。至魏晉時漸爲將帥重臣的主要僚屬，參與機要，總領府事。此後各中央官署及州縣雖仍置主簿，但任職漸輕。唐宋時皆以主簿爲初事之官。

〔二〕録事：官名。晉公府置録事參軍，掌總録衆官署文簿，舉彈善惡。後代刺史領軍而開府者亦置之，省稱「録事」。隋初以爲郡官，相當於漢時州郡主簿。唐宋因之，京府中則改稱司録參軍。

〔三〕「鉤」字去聲，故爲「搆」音：唐時檢查、核對謂之「句」，俗字作「勾」，如《唐六典》卷一「尚書都省」云：「凡文案既成，勾司行朱訖，皆書其上端，記年、月、日，納諸庫。」《說文·句部》：「句，曲也。」「鉤，曲鉤也。」「句」字段注曰：「凡章句之『句』亦取稽留可鉤乙之意。古音總如『鉤』，後人句曲音『鉤』，章句音『屨』。又改句曲字爲『勾』，此淺俗分別，不可與道古也。」然則「句」訓彎曲之形，「鉤」訓彎曲之物，師古以爲檢查鉤畫之字本作「鉤」也。

「鉤」讀平聲，《廣韻》侯韻「古侯切」：「鉤，曲也，又劍屬。」《漢書·公孫劉田王楊蔡陳鄭傳》「少府多寶物，屬官咸皆鉤校，發其姦臧」，師古注曰：「鉤音『工侯反』。」「句」則平、去兩讀，《廣韻》侯韻「古侯切」：「句，《說文》：『曲也。』」候韻「古候切」：「句當。又姓。」《資治通鑒・唐紀四十二・德宗建中元年》「句檢簿書、出納錢穀，事雖至細，必委之士類」，胡三省注曰：「句，古侯翻。」是讀平聲也。《唐律疏議》卷五「同職犯公坐」條云：「檢、勾之官，同下從之罪。」疏云：「議曰：檢者，謂發辰檢稽失，諸司録事之類。勾者，署名勾訖，録事參軍之類。」孫奭《音義》云：「檢句，古豆切，又『古侯切』。本作『勾』，俗。」是則以去聲爲正讀，而以平聲爲變音。時人不知音「搆」者當爲何字，故師古答以「『鉤』字去聲，故爲『搆』音」也。

146

【斃】「斃」者〔一〕，(僕)〔仆〕也①，音與「弊」同。「𣩼𣩵」者〔二〕，屈伸欲死之貌，音「𣨿錫」②。字義既别，音亦不同。今關中俗呼「斃」皆作「𣨿」音③〔三〕，遂無爲「弊」讀者④，相與不悟。

〔校勘記〕

①仆：原作「僕」，惠本、盧本同。今據明本、沈本、何本改。

②錫：張本朱校、明本、沈本、何本、惠本作「𡓩」；盧本原作「𡓩」，改作「錫」。周祖謨《校記》云：「『錫』景宋本作『𡓩』，蓋誤。『𣩵』從析不從折也。」

③𣨿：惠本、盧本同。張本朱校、明本、沈本、何本作「𣦸」。周祖謨《校記》云：「『𣨿』景宋本作『𣦸』，是也。」按：「𣨿」、「𣦸」兩通。

④遂無爲弊讀者：明本、何本、惠本、盧本同。沈本「無」作「因」，誤。周祖謨《校記》云：「案宜作『遂無讀爲弊者相與不悟』。」

〔疏證〕

〔一〕獘：《禮記・檀弓下》「射之，獘一人」，鄭注曰：「獘，仆也。」《釋文》云：「獘，本亦作『斃』。」《說文・犬部》：「獘，頓仆也。從犬敝聲。斃，獘或從死。」段注曰：「『獘』本因犬仆制字，叚借爲凡仆之偁。俗又引伸爲利弊字，遂改其字作『弊』」，訓困也、惡也。」《廣韻》祭韻「毗祭切」（並母）：「獘，困也，惡也。《說文》曰：『頓仆也。』俗作『弊』。」「斃，死也。《說文》同上。」師古云「斃」音與「弊」同，其實「獘」、「斃」、「弊」同字異體，「獘」正、「斃」通、「弊」俗耳。

〔二〕⿰歹辟⿰歹析：《玉篇・歺部》：「⿰歹辟，蒲狄切。⿰歹辟⿰歹析，欲死貌。」「⿰歹析，先狄切。」《廣韻》錫韻「扶歷切」（並母）：「⿰歹辟，⿰歹辟⿰歹析，欲死之皃。」「先擊切」（心母）：「⿰歹析，⿰歹辟⿰歹析，欲死之皃。」《廣雅・釋詁三》：「⿰歹壁⿰歹析，歺也。」曹憲音「甓析」，王念孫《疏證》訂正「⿰歹壁」爲「⿰歹辟」，皆與師古「甓錫」之音同。

〔三〕呼「斃」皆作「甓」音：「斃」、「⿰歹辟」聲同而韻有去、入之別。關中俗呼「斃」爲「⿰歹辟」，是去聲變入。陸法言《切韻序》云：「秦隴則去聲爲入。」洪誠云：「這是陸法言等人根據聽覺分析的結果：秦隴地方的去聲，類似他們音系中的入聲調值。」此蓋其一例也。

147【逢】逢姓者，蓋出于逢蒙之後〔一〕，讀當如其本字，更無別音。今之爲此姓者，自稱乃與「龐」同音〔二〕。按：德公〔三〕、士元〔四〕，所祖自別，殊非伯陵〔五〕、(尹)〔丑〕父之裔①〔六〕，不應弃其本姓，混茲音讀。乃猥云〔七〕：逢姓之「(逢)〔逄〕」②，與逢遇字別，妄爲釋訓，何(取)〔所〕據乎⑤？

〔校勘記〕

①丑：原作「尹」，明本、沈本、惠本、盧本同。今據何本改。按：齊人逢丑父，見《左傳》成二年。

②逢：原作「逢」，沈本同。今據張本朱校、明本、何本、惠本改。盧本原作「逢」，改作「逢」。按：篇内「逢」、「逢」二字，各本多有異文，雅雨堂本皆可從。惟此「逢」字乃指當時逢姓而言，不當作「逢」。

③所：原作「取」，明本、盧本同。今據沈本、何本、惠本改。

〔疏證〕

〔一〕逢蒙：夏人，學射於羿。思天下唯羿勝己，於是殺羿。事見《荀子・正論》、《孟子・離婁下》等。

〔二〕與「龐」同音：《廣韻》江韻「薄江切」：「龐，姓也，出南安、南陽二望。本周文王字畢公高後，封於龐，因氏焉。魏有龐涓。」「逢，姓也，出北海。《左傳》齊有逢丑父。」《孟子・離婁下》「逢蒙學射於羿」，孫奭《音義》云：「逢蒙，丁、張並音『薄江切』，從夆。夆，下江切。」《後漢書・劉玄劉盆子傳》「崇同郡人逢安」，李賢注曰：「逢，音『龐』。」《列子・周穆王》「秦人逢氏有子」，殷敬順《釋文》云：「逢，音『龐』。」宋袁文《甕牖閑評》卷一云：「《左氏傳》載逢丑父，『逢』字陸德明無音。《千姓編》乃歸在『逢』字門下，與『逢蒙』同。如此當讀如『龐』字，陸德明失音也。而《孟子》『逢蒙』，『逢』字亦與《左氏傳》同。《孟子音》又云『逢從夆，下江切』，以此知不獨德明失音，而二經皆當從夆，而誤從夅矣。」是皆以爲「逄」、「逢」二字形音有别。故師古正之曰：「逄」即「逢」字，當讀其本音，不當音「龐」也。

「逢」古音並母東部，《廣韻》鍾韻「符容切」（奉母）：「逢，值也，迎也。」又《集韻》東韻「蒲蒙切」（並母）：「逢逢，鼓聲。或作『韸』、『韼』、『鞶』。」魏晉以降，逢姓之「逢」轉入江韻，與「龐」同音，乃别造「逄」字。師古謂「逄」即「逢」字，是也；然謂「逄」字不得有「龐」音，是以古音讀今韻矣。

《説文》、《玉篇》皆有「逢」無「逄」。顔元孫《干禄字書·東》云：「逄，俗『逢』字。」逢蒙，《荀子·王伯》篇、《史記·龜策列傳》作「蠭門」，《吕氏春秋·具備》篇作「蠭蒙」。宋洪适《隸釋》卷十《童子逢盛碑》案語云：「司馬相如云『烏獲逢蒙之技』，王褒『逢門子彎烏號』，《藝文志》亦作『逢門』，即『逢蒙』也。《古今人表》有逢於何數人，陽朔中有太僕逢信，《左傳》有逢伯陵、逢丑父，東漢有逢萌，《編古命氏》『逢絲爲趙王傅』，《莊子》『羿逢蒙不能睥睨』，《淮南子》『重以逢蒙門子之巧』，皆作逢迎之『逢』。《龜策傳》『羿名善射，不如雄渠、蠭門』，注引《七略》有《蠭門射法》，則劉褚又借『蠭』爲『逢』也。至《孟子》則云『逢蒙學射於羿』，《楊子》『羿逢蒙分其弓』，後之言姓者始皆作『逢』。石刻有《漢故博士趙傅逢府君神道》、《逢童之碑》，其篆文皆从夆。魏《元丕碑》有『逢牧』，《孔宙碑》陰有『逢祈』，此有『逢信』，亦不書作『逄』。予謂漢儒尚借『蠭』爲『逢』，則恐諸『逢』當讀爲『鼉鼓逢逢』之『逢』耳。」是皆可證「逄」乃專爲「逢」作人姓所造之後起字也。

師古之説，清人實多從之，並詳論其致變之由，惟「逄」字何時始造，説法不一。梁玉繩《漢書人表考》卷八云：「案『逢』字有『符容』、『蒲蒙』二音，即通借『蓬』、『蠭』可見，又協音『房』。唐以後始分別逄姓從夅，音『薄江切』。」以爲始於唐以後。錢大昕《十駕齋養新録》卷五云：「後世聲韻之學，妄行分別，以鼓逢逢讀重脣，入東韻；相逢字讀輕脣，入鍾韻；又別造一『逄』字，轉『薄紅切』，訓人姓，改逢蒙、逢丑父之『逢』爲『逄』以實之，則真大謬矣。漢魏以前，未有『逄』字，其爲六朝人妄造無疑。」以爲始於六朝。阮元《左傳》成二年「逢丑父」《校勘記》曰：「閩本『逢』作『逄』，非也。段玉裁云：『字從夆，逢丑父、逢伯陵、逢蒙皆薄紅反。東轉爲江，乃薄江反。宋人《廣韻》改字從夅，薄江切，殊謬，不可不正。』」《孟子正義》「逢蒙」《校勘記》説同。是則段、阮皆謂宋人始改。俞樾《俞樓雜纂》三十云：「古有『逢』字，無『逄』字。《玉篇》猶然，《廣韻》乃始於三鍾收『逢』字，四江收『逄』字，云『姓也，出北海。《左傳》齊有逄醜父』。此《千姓編》之所本也。今按逢蒙事見他書者，《史記·龜策傳》云『羿名善射，不如雄渠、蠭門』，《荀子·王霸》篇曰『羿、蠭門者，善服射者也』，《吕氏春秋·具備》篇云『今有羿、蠭蒙繁弱於此，而無弦則必不能中也』，是逢蒙之『逢』，古書往往作『蠭』，則其字當作『逢』而不當作『逄』可知矣。《漢書·藝文志》『《逢門射法》二篇』，師古曰『即逢蒙』，蓋自古相承如此，凡逢蒙、逢丑父以及逢伯陵、逢公皆如此作。自孫奭作《孟子音義》誤作『逄』，朱文公《集注》從之，遂不可復正矣。」亦謂始於宋人孫奭也。

要之，「逢」字古音重脣並母東部，即《集韻》東韻「蒲蒙切」之音；《廣韻》鍾韻「符容切」讀輕脣奉母，是其隋唐正音，與古音聲韻已別。魏晉以降，江韻由東轉入陽部，「龐」字即作此變；而逢姓之「逄」亦從之，故得轉入江韻而與「龐」音同，遂別造「逄」字以示分別。參見096「剛扛」疏證〔四〕。《廣韻》江韻「薄江切」又有「韸，鼓聲」，此即「鼉鼓逢逢」之「逢」音變而别造之字。劉曉東《平議》云：「鼓聲之『逢』變作『韸』，猶逢姓之『逢』變作『逄』耳。」

音轉字變，無可厚非，然以後起之「逄」篡改古書中逢姓之「逢」，又謂「逄」、「龐」同姓，則惑矣。師古及梁、錢、阮、段、俞等之説皆由此發。《康熙字典·辵部》「逄」字云：「从夅者，音『龐』。从夆者，音『蓬』。《顏氏家訓》：『逄、逢之別，豈可雷同。』」按：《家訓》未見此語，疑《字典》誤記也。倘顏之推亦不知「逄」即「逢」字，則師古非特承其家學，亦且青出於藍。

〔三〕德公：龐德公，襄陽人，東漢末襄陽士人領袖。事見《三國志·蜀志·龐統傳》裴松之注引《襄陽記》、《水經注·沔水》、《藝文類聚》卷六三引《襄陽耆舊記》等。

〔四〕士元：龐統，字士元，襄陽人，龐德公從子。事見《三國志·蜀志·龐統傳》、《江表傳》、《九州春秋》等。

〔五〕伯陵：逢伯陵，商諸侯。《國語·周語下》「則我皇妣大姜之侄伯陵之後，逢公之所憑神也」，韋昭注曰：「伯陵，大姜之祖有逢伯陵也。逢公，伯陵之後，大姜之侄，殷之諸侯，封於齊地。」《左傳》昭二十年晏子對齊景公曰「有逢伯陵因之」，杜預注曰：「逢伯陵，殷諸侯，姜姓。」

〔六〕丑父：逢丑父，齊人，齊晉鞌之戰中爲齊侯車右。齊師敗績，爲晉軍所逐，丑父與齊侯易位，代齊侯被俘。事見《左傳》成二年。

〔七〕猥：錯誤地。如《晉書·劉聰載記》：「陛下不垂三察，猥加誅戮。」

148 【縣寰】字縣〔一〕、州縣字本作「寰」，後借「縣」字爲之，所以謂其字者①，義訓繫著。故許氏《説文》解「縣」字從県〔二〕，音「（廟諱）〔玄〕」②，亦或作「炫」。《西京賦》云：「後宫不移，樂不徙縣③……恣意所幸，下輦成晏④。」既與「寰」同，故有假借。末代以「縣」代「寰」〔三〕，遂更造「懸」字，下輒加「心」，以爲分別。按：《禮記》云「縣奔父」、「縣子瑣」〔四〕，二人姓氏，音皆爲「（廟諱）〔玄〕」。又「天子宫縣」、「諸侯軒縣」〔五〕，諸如此類「樂縣」之字，豈有「心」乎？斯可明矣。左太沖《魏都賦》云：「殷殷寰内。」此即言字寰耳。讀者不曉，因爲別説，讀之爲「環」〔六〕，則妄引環繞之義，斯不當矣。

〔校勘記〕

①謂：周祖謨《校記》云：「案『謂』蓋『爲』之譌。」

②玄：原作雙行小字「廟諱」。盧本原作「玄」，改作「元」。今據明本、沈本、何本、惠本回改。下同。

③縣：明本、沈本、何本同。盧本原作「懸」，改作「縣」；惠本作「懸」。按：《文選》各本作「懸」。師

古所見之本蓋作「縣」。

④晏：張本朱校、明本、沈本、何本、惠本作「宴」；盧本原作「宴」，改作「晏」。《文選》各本作「燕」。

按：「晏」、「燕」通「宴」，安也。

〔疏證〕

〔一〕宇縣：猶言天下。《史記・始皇本紀》「大矣哉！宇縣之中，承順聖意」，《集解》云：「宇，宇宙。縣，赤縣。」

〔二〕見《説文・県部》：「縣，繫也。从系持県。」大徐本引《唐韻》音「胡涓切」。

〔三〕以「縣」代「寰」，遂更造「懸」字：「寰」（匣母元部）、「縣」（匣母元部）古音相近，師古謂州縣之義本字爲「寰」，假借「縣」字爲之；「縣」之本義爲懸繫，後别造「懸」字爲之。《漢書・高帝紀下》「帶河阻山，縣隔千里」，師古注曰：「此本古之『懸』字耳，後人轉用爲州縣字，乃更加『心』以别之，非當借音。」《元帝紀》「縣蠻夷邸門」，注曰：「縣，古『懸』字也。」可與此條相參。

「懸」爲「縣」之後起分别字，殆無異議。秦選之《校注》曰：「『縣』、『懸』乃古今字，引伸之，則爲所系之稱……古無二音二形。」然而州縣之義本字爲何，則諸説不一：

其一，師古謂本字爲「寰」，假借「縣」字爲之。「寰」、「懸」《説文》皆無。《玉篇・県部》：「縣，今俗作『懸』。」《穀梁傳》隱元年「寰内諸侯，非有天子之命，不得出會諸侯」，《釋文》云：「寰，音『縣』，古『縣』字。」「縣」《廣韻》有二音：先韻「胡涓切」：「縣，《説文》云：『繫也。』相承借爲州縣字。」「懸，俗，今通用。」霰韻「黄練切」：「縣，郡縣也。《釋名》曰：『縣，懸也。懸於郡也。』古作『寰』。」「寰，古文。」是則野王、元朗、《廣韻》等皆與師古之意同。

其二，謂本字即爲「縣」，「寰」爲後起字。《釋名·釋州國》：「縣，懸也。懸系於郡也。」是則「縣」即郡縣之本字。宋王觀國《學林》卷九云：「文士多用『寰』字，『寰』雖亦音『環』，而究其義，則當『縣』字。蓋王者封畿内縣，則讀『寰』字爲『縣』字，宜矣。」《説文》「縣」字段注曰：「古懸挂字皆如此作，引伸之則爲所系之偁。《周禮》：『縣系於遂。』《邑部》曰：『周制：天子地方千里，分爲百縣，則系於國。秦漢縣系於郡。』《釋名》曰：『縣，縣也。縣係於郡也。』自專以縣爲州縣字，乃别製从心之懸挂，别其音，『縣』去『懸』平。古無二形二音也。顔師古云古縣邑字作『寰』，亦爲臆説。」清鄭珍《説文新附考》卷三「寰」字下云：「古王畿名『縣』，後世不封諸侯，并兼天下，遂統九州之地，謂之『宇縣』，見謝元暉《和伏武昌登孫權故城》詩，義尤後出。漢時字乃别作『寰』，亦謂之『宇寰』，見王嘉《拾遺記》。佗書又多言『寰宇』，六朝以來習用之，罕知『縣』爲『寰』本字者矣。『寰』訓爲王者封畿内縣，又依『縣』之後一義，知同。謹按：王畿謂之『縣』者，縣，古『懸』字，取四垂周繞之義，與邊垂同意。《穀梁傳》疏云：『王都在中，諸侯四面繞之，故曰寰内。』此依『環』字解之，不知古作『縣』不作『環』也。」又駁師古此説云：「顔氏此説駁環繞之義，是也；認『寰』作古字、『縣』作假借，與《釋文》同顛倒不可從。且州縣字與宇寰雖共出一原，其字從未見有作『寰』者。」章太炎《文始》卷二「□」條亦云：「其於國邑，

『口』次對轉寒，爲『寰』。《説文》不録，古通亦『縣』爲之。」是則王、段、鄭、章等據《説文》有「縣」無「寰」，故以「縣」爲本字，「寰」爲後起字也。

劉曉東《平議》云：「《説文》未録之字，亦未可遽以爲後起者。孫詒讓《名原・説文補缺》云：『許書九千字，爲字書鼻祖，小學家奉爲職志。凡經典文字《説文》所無者，概斥爲俗書。自金文發見，古文緐出，如「寰」（原注：「寰」同，見寰盤）之類，皆相承習見之字，而《説文》咸未甄録。然三代彝器，固塙有其文，則非後世增益造作，較然可知。』以此而言，『寰』字之見不僅《穀梁》孤證，而亦未必即在『縣』字之後，師古之説未可非也。」是則師古「寰」爲本字、「縣」爲假借之説可從。

〔四〕縣奔父、縣子瑣：《禮記・檀弓》「魯莊公及宋人戰於乘丘，縣賁父御」，《釋文》云：「縣音『玄』。賁父，上音『奔』，下音『甫』」，人名。」又「縣子瑣曰：『吾聞之，古者不降，上下各以其親』」，《正義》云：「瑣，縣子名。」

〔五〕天子宫縣、諸侯軒縣：縣，懸掛的鐘磬類樂器。《周禮・春官・小胥》「正樂縣之位，王宫縣，諸侯軒縣，卿大夫判縣，士特縣」，鄭注曰：「樂縣，謂鍾磬之屬縣於筍虡者。鄭司農云：『宫縣四面縣，

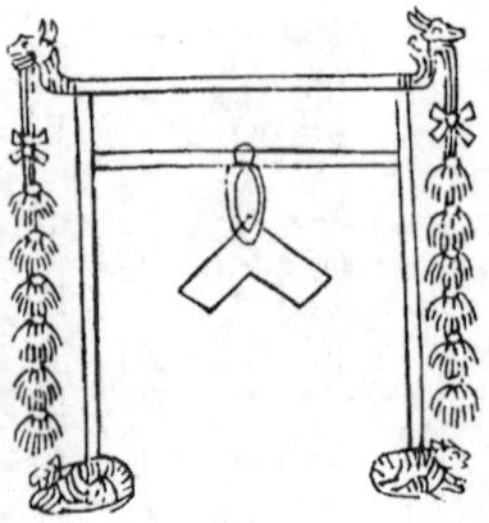
特縣磬

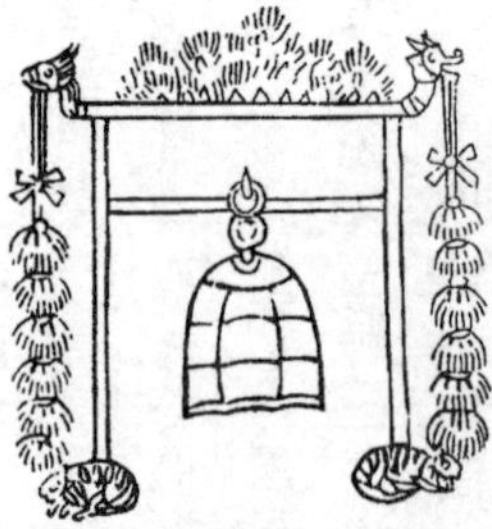
特縣鐘

（《新定三禮圖》卷五）

軒縣去其一面，判縣又去其一面，特縣又去其一面。四面象宮室四面有牆，故謂之宮縣。軒縣三面，其形曲，故《春秋傳》曰「請曲縣繁纓以朝」，諸侯禮也。故曰：惟器與名不可以假人。』玄謂軒縣去南面，辟王也。判縣左右之合，又空北面。特縣縣於東方，或於階間而已。」

〔六〕讀之爲「環」：《穀梁傳》隱元年《釋文》云：「寰一音『環』，又音『患』。」《廣韻》「寰」有二音：平聲刪韻「户關切」：「寰，王者封畿内縣。」即「環」音也；去聲霰韻「黄練切」：「縣，郡縣也。」「寰，古文。」即「縣」音也。師古以爲「寰」訓寰宇，與環繞之義無涉，當音「縣」不音「環」。鄭珍《説文新附考》亦然。

「寰」之語源，諸説不一：其一，《穀梁傳》隱元年楊士勛疏云：「『寰内』者，王都在中，諸侯四面繞之，故曰『寰内』也。」是謂「寰」取義於環繞也。其二，《水經·河水二》「又東過隴西河關縣北」，酈道元注引應劭《風俗通》曰：「縣，玄也，首也。從系倒𥄉，舉首易偏矣。言當玄靜，平徭役也。」是謂「寰」取義於玄靜也。其三，《水經注·河水二》又引黄義仲《十三州記》曰：「縣，弦也。弦以貞直，言下體之居，鄰民之位。不輕其誓，施繩用法，不曲如弦。『弦』聲近『縣』，故以取名，今系字在半也。」是謂「寰」取義於如弦貞直也。

按：相較而言，楊説近是。劉曉東《平議》云：「古者羣聚而居，居處則有周界圍埒。寰之爲環，猶郡之爲羣、州之爲周也。」師古謂「縣」爲「寰」之假借，與其本義懸繫無涉，深有理致；然謂「寰」與環繞義無關，似未必然也。

【苟】「苟」者，媮合之稱〔一〕。所以行無廉隅，不存德義，謂之「苟且」〔二〕。而今之流俗，便謂無恥之人行類豬狗，每爲方幅〔三〕，則呼「苟」爲犬〔四〕，且更以戲弄爾。

〔疏證〕

〔一〕「苟」者，媮合之稱：「苟」用作虚詞，表苟且、隨便。如《晏子春秋·雜上》篇「行廉不爲苟得，道義不爲苟合。」《廣雅·釋詁》：「婞、媮、聊、苟，且也。」王念孫《疏證》云：「『媮』通作『偷』」，《表記》『安嗣日偷』，鄭注云：『偷，苟且也。』」《漢書·元帝紀》「媮合苟從，未肯極言，朕甚閔焉」，師古注曰：「媮，與『偷』同。」「媮（偷）合」亦即苟且迎合之義，如賈誼《惜誓》：「或偷合而苟進兮，或隱居而深藏。」

〔二〕苟且：隨便，不循禮法。如荀悦《漢紀·武帝紀二》：「夫秦滅先聖之道，爲苟且之治，故立十四年而亡。」

〔三〕方幅：方形箋册。古代典誥、詔命、表奏等皆用方形箋册，故以「方幅」代指文書，又泛指文章。如梁沈約《修定樂書疏》：「《檀弓》殘雜，又非方幅典誥之書也。」《陳書·姚察傳》：「宫内所須方幅手筆，皆付察立草。」

〔四〕呼「苟」爲犬：《爾雅·釋畜》「未成豪，狗」，郝懿行《義疏》云：「狗，犬通名，若對文則大者名『犬』，小者名『狗』。」是狗爲小犬也。《廣韻》厚韻「古厚切」：「苟，苟且。又姓。」「狗，狗犬。」《左傳》襄十五年「鄭人奪堵狗之妻」，《釋文》云：「狗，本或作『苟』。」《顔氏家訓·風操》

「王脩名狗子」，王利器《集解》引李慈銘曰：「《晉書》：『王脩，字敬仁，小名苟子，太原晉陽人。』顔氏所稱『狗子』，即其人也。六朝人往往以『苟』、『狗』通用，如張敬兒本名『苟兒』，其弟名『豬兒』，及敬兒貴後，齊武帝爲名，傍加『攵』字作『敬』。梁世何敬容自書名，往往大作『苟』、小作『攵』，大作『父』、小作『口』，人嘲之曰：『公家狗既奇大，父亦不小。』是皆以『苟』爲『狗』之證。」李詳曰：「《世説新語・文學》篇『許掾年少時，人以比王苟子』，劉孝標注：『苟子，王脩小字。』南朝俗字，有假『苟』爲『狗』者。何敬容曾爲人所戲，『苟子』即『狗子』。」是六朝時「苟」、「狗」通用也。王脩事見《晉書・外戚傳》，張敬兒事見《南史・張敬兒傳》，何敬容事見《南史・何敬容傳》，是皆「呼『苟』爲『狗』，且更以戲弄」之事也。唐封演《封氏聞見記》卷十「避忌」條云：「兼御史大夫韋倫，奉使吐蕃，以御史苟曾爲判官，行有日矣。或謂倫曰：『吐蕃諱狗，大夫將一苟判官，何以求好？』倫遽奏其事，今上令改『苟』爲『苟』，而其人不易。及使還，曾遂姓苟，不歸舊姓。」是即諱「狗」而及諱「苟」之事也。

顔之推斥此等名字「上有連及，理未爲通，古之所行，今之所笑」，而王利器《集解》引宋俞成《螢雪叢説》一曰：「古者命名，多自貶損，或曰愚曰魯，或曰拙曰賤，皆取謙抑之義也。如司馬氏幼字『犬子』，至有慕名野狗，何嘗擇稱呼之美哉？嘗觀進士同年録，江南人習尚機巧，故其小名多是好字，足見自高之心；江北人大體任真，故其小名，多非佳字，足見自貶之意。」今北方地區取小兒乳名，仍喜用「狗剩」、「狗蛋」等賤名，取好養活、經摔打之義，此風至今猶存也。

【鄙人】或問曰：愚陋之人，謂之「鄙人」，何也？荅曰：本字作「否」。「否」者，蔽固不通之稱爾〔一〕，音與「鄙」同。《詩》云：「嗚呼小子，未知臧否……匪面命之，言提其耳〔二〕。」臧者，善也；否者，惡也，故以相對。《書》云：「否德忝帝位〔三〕。」而司馬子長撰《史記》，改「否」爲「鄙」〔四〕，以其言同，故用「鄙」字。自爾已來，因曰「鄙人」。又問曰：「鄙」非邊鄙之謂邪〔五〕？美好者謂之「都」，言習京華之典則；醜陋者謂之「鄙」，謂守下邑之愚蔽，不其然歟？荅曰：非也。「都」者，自是閑美之稱〔六〕。《詩》曰：「不見子都，乃見狂且〔七〕。」又云：「洵美且都〔八〕。」《楚辭》云：「此德好閑習以都〔九〕。」皆非上京之謂也。曹劌云：「肉食者鄙〔一〇〕。」孔子曰：「鄙夫可以事君也與哉〔一一〕！」「出辭氣，斯遠鄙倍矣〔一二〕。」漢武帝詔賢良曰：「性命之情，或夭或壽，或仁或鄙〔一三〕。」董仲舒對策曰：「堯、舜行德，則民仁壽。桀、紂行暴，則民鄙夭〔一四〕。」楊惲云：「昆戎舊壤，子弟貪鄙〔一五〕。」班孟堅云：「周勃爲布衣時，鄙朴庸人〔一六〕。」曹大家《女誡序》云〔一七〕：「鄙人愚闇，受性不敏。」皆非田野之謂也。至如《詩》有《都人士》篇者〔一八〕，此自別指都邑爾。後文士論叙觀遊，皆云「都人士女」，直述其殷盛，亦無繫于賢愚也。蹈道則爲君子，違義則爲小人，豈必都邑之人皆能賢智，邊鄙之士悉皆頑劣？詳而言之，則不通矣〔一九〕。

〔疏證〕

〔一〕「否」者，蔽固不通之稱：《周易·否》「否之匪人」，《釋文》云：「否，閉也，塞也。」是「否」有閉塞不通之義。
〔二〕見《詩·大雅·抑》。《釋文》云：「否，音『鄙』。」
〔三〕見《書·虞書·堯典》。
〔四〕改「否」爲「鄙」：《史記·五帝本紀》引作「鄙悳忝帝位」。
〔五〕邊鄙之謂：《釋名·釋州國》：「鄙，否也。小邑不能遠通也。」
〔六〕閑美：「洵美且都」毛傳曰：「都，閑也。」《正義》云：「『都』者，美好閑習之言，故爲閑也。」「不見子都」毛傳曰：「子都，世之美好者也。」《正義》云：「『都』謂美好而閑習於禮法。」
〔七〕見《詩·鄭風·山有扶蘇》。
〔八〕見《詩·鄭風·有女同車》。
〔九〕見《楚辭·大招》。
〔一〇〕見《左傳》莊十年。
〔一一〕見《論語·陽貨》。
〔一二〕見《論語·泰伯》。
〔一三〕見《漢書·董仲舒傳》。
〔一四〕同上。

〔一五〕見《漢書·公孫劉田王楊蔡陳鄭傳》録楊惲報孫會宗書。

〔一六〕見《漢書·張陳王周傳贊》。

〔一七〕曹大家：大家，古時對女子的尊稱。《正字通·宀部》：「家讀『姑』，與『姑』同。大家，女之尊稱。」曹大家，班昭也，班彪之女，班固之妹，扶風曹世叔之妻。事見《後漢書·列女傳》。

〔一八〕《都人士》：見《詩·小雅》。

〔一九〕則不通矣：師古以爲鄙人之「鄙」乃是「否」之假借，取鄙固不通之義，與邊鄙無涉；都人之「都」取閑習美好之義，亦與都邑無關。《漢書·司馬相如傳上》「相如時從車騎，雍容閒雅，甚都」，注引張揖曰：「甚得都士之節也。」韋昭曰：「都邑之容也。」師古曰：「都，閒美之稱也。張說近之。《詩·鄭風·有女同車》之篇曰『洵美且都』，《山有扶蘇》之篇又云『不見子都』，則知『都』者，美也。韋言都邑，失之遠矣。」可與此條相參。其說非也。

「都」本指有先君宗廟的城邑，引申泛指大城市。「鄙」之初文作「啚」，从口从亩，小篆加意符「邑」，本義指城外的糧倉或農田，引申泛指邊遠之地。《說文·邑部》：「鄙，五酇爲鄙。」段注曰：「《春秋》經傳『鄙』字多訓爲邊者，蓋周禮都鄙距國五百里，在王畿之邊，故『鄙』可釋爲邊。又引伸爲輕薄之偁。」如《戰國策·趙策三》鄭同曰：「臣，南方草鄙之人也。」《韓詩外傳》卷一子貢曰：「吾，北鄙之人也。」婦人對曰：「吾，野鄙之人也。」《史記·貨殖列傳》「夫倮，鄙人牧長；清，窮鄉寡婦，禮抗萬乘，名顯天下」，「鄙人」與「窮鄉」對文，其義尤顯。《荀子·非相》「楚之孫叔敖，期思之鄙人也」，楊倞注引杜預曰：「鄙人，郊野之人也。」《吕氏春秋·愛類》「臣，北方之鄙人也」、《淮南子·修務》「鄙人有得玉璞者」，高誘注皆曰：「小人也。」故「鄙人」又可作自謙之稱。

都邑之人禮容美好，邊鄙之人質樸少文，故「都」引申爲美、盛，「鄙」引申爲樸、陋。「都」、「鄙」對文，比比皆是。《左傳》襄三十年「子産使都鄙有章，上下有服」，杜注曰：「國都及邊鄙車服尊卑，各有分部。」此本義之對舉也。馬融《長笛賦》「尊卑都鄙，賢愚勇懼」，此引申義之對舉也。可見賢愚、尊卑、勇懼之義與邊鄙、都邑密切相關。

「否」本義表否定，《説文·不部》：「否，不然也。从口不，不亦聲。」引申爲困窮、不順，閉塞、不通。段注曰：「『否』字引申之義訓爲不通，如《易》之『泰否』、《堯典》之『否德』、《小雅》之『否難知也』、《論語》之『子所否者』，皆殊其音，讀『符鄙切』。」

「鄙」（幫母之部）、「否」（並母之部）音近通假，如《釋名·釋州國》：「鄙，否也。小邑不能遠通也。」《釋言語》：「否，鄙也，鄙劣不能有所堪成也。」畢沅《疏證》曰：「『否』與『鄙』音義同。」《周易·師》「否臧凶」，《釋文》云：「否音『鄙』，惡也。」《書·堯典》「否德忝帝位」，《釋文》云：「否，又音『鄙』。」《詩·大雅·抑》「未知臧否」《釋文》云：「否，音『鄙』。」《莊子·大宗師》「善妖善老」，郭象注曰：「不善少而否老。」《釋文》云：「否音『鄙』，本亦作『鄙』。」然而「鄙人」之「鄙」，當非「否」之假借也。原因有二：其一，「否人」之語，文獻無徵；其二，「否」表否定，須得相對見義，其反義詞爲「臧」、「泰」，然文獻中亦無「臧人」、「泰人」之語，亦可旁證「否人」之説爲不辭也。

師古以爲「都」之閑美義是其固有詞義，「鄙」之愚陋義是「否」之假借，蓋因「都」訓閑美出自《詩》之毛傳，「否」、「鄙」通假見於《尚書》、《史記》，遂視其爲不刊之論。殊不知毛傳所釋亦是「都」之引申義，「否」、「鄙」亦非處處相通。清趙翼《陔餘叢考》卷二二「都鄙」條云：「其實『都』、『鄙』二字，蓋即本周制。『都』乃天子諸侯所居之地，聲名文物之所聚，故其士女容止可觀。『鄙』則郊遂以外，必多樸僿也。猶今人言『京樣』『京款』、『村氣』『鄉氣』也。」楊樹達《漢書窺管》卷六亦駁顔注云：「本書『都』固訓美，韋云『都邑之容』者，乃探語源爲説，以都邑之容無不美也。顔不知其意而斥之，妄矣。」

又《四庫全書總目》云：「戒山堂《讀史漫筆》解『都』、『鄙』二字，詫爲獨解，不知爲此書所已駁……洵後人證據，終不及古人有根柢也。」館臣乃以師古之説爲是，亦非也。《讀史漫筆》一卷，明陳懿典撰。懿典雖能正解「都」、「鄙」之義，然師古此條既因人之問而發，可見「鄙人」取義於邊鄙之説由來已久，固非懿典之獨解也。

151 【被庫】或問曰：今俗人云「高被」者，何以謂下爲「被」〔一〕？有訓義不？荅曰：《左傳》曰：「宮室卑庳〔二〕。」音「婢」。《易》曰：「智崇禮卑。崇效天，卑法地〔三〕。」音亦爲「婢」。今呼「被」者，此蓋「庳」聲之轉爾〔四〕。

〔疏證〕

〔一〕謂下爲「被」：秦選之《校注》曰：「因『高被』二字連文，則『高』之反面必爲下也。」是知謂下爲「被」。

〔二〕見《左傳》襄三十一年。子産答士文伯曰：「僑聞文公之爲盟主也，宫室卑庳，無觀臺榭。」《釋文》云：「庳，音『婢』。」

〔三〕見《周易·繫辭上》。《釋文》云：「卑，徐音『婢』。」

〔四〕「庳」聲之轉：《説文·衣部》：「被，寢衣。」引申爲表面、覆蓋之義，與下義無涉，故師古以爲本字作「庳」也。《广部》：「庳，中伏舍。一曰屋卑。」段注曰：「引伸之，凡卑皆曰『庳』。」《周禮·地官·大司徒》「其民豐肉而庳」，鄭注曰：「庳，猶短也。」短與下義近。《吕氏春秋·召類》「西家高，吾宫庳」，楊樹達《積微居讀書記·讀〈吕氏春秋〉札記》云：「吕文『庳』字正是『屋卑』之義。」宋司馬光《〈迂書〉序》云：「古之人惟其道閎大而不能狹也，其志邃奥而不能邇也，其言崇高而不能庳也。」皆以「高」、「庳」對文，其義尤顯。師古之説深有理致，惟「高被」一詞，文獻鮮少用例，姑存其説可也。

《廣韻》紙韻「皮彼切」：「被，寢衣也。」「便俾切」：「婢，女之下也。」「庳，下也。或作『婢』，又音『卑』。」「皮彼」、「便俾」二切皆爲並母紙韻，然既云「『庳』聲之轉」，則是二音不同。此即所謂「重紐」是也。《韻鏡》、《七音略》列「被」爲三等，「婢」爲四等。自清人發現重紐至今，衆多學者反復研討，逐漸達成共識：重紐讀音有別，在於介音不同。惟就重紐與同韻舌齒音之關係，仍有分歧。

《顔氏家訓·音辭》篇云：「岐山當音爲『奇』，江南皆呼爲神祇之『祇』。江陵陷没，此音被於關中。」王利器《集解》引周祖謨曰：「《切韻》奇，渠羈反；祇，巨支反。二字同在支韻，皆羣母字，而等第有差。『奇』三等，『祇』四等。」「岐」、「奇」爲重紐三等字，「祇」爲重紐四等字，之推可以分別。以此條觀之，師古亦承其家學也。

152

【摹姑】或問曰：小兒羸病謂之「摹姑」，何也？荅曰：此謂巫蠱爾〔一〕，轉爲「摹姑」。此病未即隕斃，而惙惙不除〔二〕，有似巫祝厭蠱之狀，故祭（酬）〔酹〕出之①。或云：漢武帝末年，多所禁忌，巫蠱之罪，遂及貴戚〔三〕。故其遺言徧于三輔〔四〕，至今以爲口實也。

〔校勘記〕

①酹：原作「酬」，今據張本朱校、沈本改。何本原作「酧」，改作「酹」；明本、惠本、盧本作「酧」。周祖謨《校記》云：「『酬』景宋本作『酹』，是也。」按：「酹」譌作「酧」，「酧」同「酬」，故誤也。

〔疏證〕

〔一〕巫蠱：師古以爲「摹姑」乃是複合詞「巫蠱」之音轉，本指巫師以邪術加害於人，引申爲小兒羸病。《集韻》模韻「攻乎切」：「⿰身古，嬰兒病鬼爲『巫⿰身古』。」「⿰身古」即專爲「小兒羸病」義所造之分別字。

劉曉東《平議》則云：「『摹姑』乃疊韻連語，以聲爲義，或即『怐愗』、『𣪠瞀』之倒言音變耳。」「怐愗」、「𣪠瞀」即「區霿」，音kòu wù，義爲昏昧無知。《漢書・五行志下之上》：「貌言視聽，以心爲主，四者皆失，則區霿無識。」師古曰：「區音口豆反。霿音莫豆反。」《集韻》候韻「丘候切」：「𣪠𣪘區怐，𣪠霿，鄙吝，心不明也。或作『𣪘、區、怐』。」「莫候切」：「霿愗𢠳𠋫𢥞，𣪠霿，鄙文也。或作『愗、𢠳、𠋫、𢥞』。」《宋書・五行志五》：「是時曹爽區瞀自專，驕僭過度，天戒數見，終不改革。」《楚辭・九辯》：「然潢洋而不遇兮，直怐愗而自苦。」音變作「溝瞀」，《荀子・儒效》「甚愚陋溝瞀而冀人之以己爲知也，是衆人也」，楊倞注曰：「溝，音『寇』，愚也。溝瞀，無知也。」

按：古音「摹」、「巫」同在明母魚部，「姑」、「蠱」同在見母魚部，確可音轉。然而「摹姑」與「怐愗/𣪠瞀/區霿」音義更近：意義上，巫蠱引申爲小兒羸病，似嫌迂曲，「怐愗/𣪠瞀/區霿」則亦爲形容詞，義似稍近。語音上，此詞後世音轉字變，宋元時寫作「慕古」，如董解元《西廂記諸宮調》卷一：「四季相續，光陰暗把流年度。休慕古，人生百歲如朝露！」卷四：「暢忒昏沉、忒慕古、忒猖狂，不問是誰，便待窩穰。」關漢卿《蝴蝶夢》第二折：「包龍圖往常斷事曾着數，今日爲官忒慕古。」是皆糊塗、昏昧之義，二字不可分訓。元李治《敬齋古今黈》卷五云：「今人以不達權變爲『慕古』，蓋謂古而不今也。」斯則望文生義矣。又作「墓庫」，此條何本眉批云：「今吴俗小兒羸及不慧者謂之『交墓庫運』，此又因『摹姑』而訛也。」「交運」即走運，「交墓庫運」義近糊塗、倒楣。今南京方言謂糊塗、無知曰「木估」，又曰「木里十估」。南昌方言曰「木各」，又有「木頭木腦」、「發木」等語。「木」與「摹」、「墓」、「霧」、「慕」等皆一聲之轉。是以劉曉東以聯綿詞視之也。

〔二〕惙惙：憂傷貌。《詩·召南·草蟲》「未見君子，憂心惙惙」，毛傳曰：「惙惙，憂也。」又表衰疲貌，如沈括《夢溪筆談·技藝》：「其子疾亟，瞑而不食，惙惙欲死逾宿矣。」後一義近是。

〔三〕巫蠱之罪，遂及貴戚：漢武帝征和二年，丞相公孫賀之子公孫敬聲被告爲巫蠱咒武帝，公孫賀父子下獄死，諸邑公主、陽石公主、衛青之子長平侯衛伉皆坐誅。武帝寵臣江充奉命查巫蠱案，以酷刑栽贓迫人認罪，牽連數萬。充與太子劉據有隙，趁機構陷太子。衛皇后子夫、太子劉據起兵反抗不果，相繼自殺。壺關三老、田千秋等上書訟太子冤，武帝醒悟，夷江充三族。建思子宮、歸來望思之臺，以志哀思。史稱「巫蠱之禍」。

〔四〕三輔：漢初京畿官左、右内史與主爵中尉合稱「三輔」，亦指其所轄地區。後泛指京城附近地區。

153 **【砢磨】**或問曰：俗謂輕忽其事、不甚精明爲「砢磨」，上「力可反」，下「莫可反」。有何義訓？荅曰：《莊子》云：「長梧封人曰：『昔余爲禾而鹵莽之，莽音「莫古反」。則其實亦鹵莽而報予；芸而滅裂之，則其實亦滅裂而報予〔一〕。』」郭象注曰：「鹵莽、滅裂，輕脱不盡其分也。」今人所云「鹵莽」，或云「滅裂」者，義出於此。但流（浴）〔俗〕訛①，故爲「砢磨」耳〔二〕。

〔校勘記〕

①俗：原作「浴」，盧本同。今據明本、沈本、惠本改。周祖謨《校記》云：「案『浴』當作『俗』。」何本於「俗」下補入「語」字。秦選之《校注》於「訛」字下曰：「恐脱『轉』字。」

〔疏證〕

〔一〕見《莊子・則陽》。成玄英疏曰：「鹵莽，不用心也。滅裂，輕薄也。」「耕地不深，鉏治不熟，至秋收時，嘉實不多，皆由疏略，故致斯報也。」《釋文》云：「郭云：『鹵莽滅裂，輕脱末略，不盡其分也。』司馬云：『鹵莽，猶麤粗也，謂淺耕稀種也；滅裂，斷其草也。』」師古以爲「鹵莽」本指荒地野草，《漢書・揚雄傳下》引《長楊賦》「夷阬谷，拔鹵莽，刊山石」，師古注曰：「鹵莽，淺草之地也……莽音莫户反。」然則「鹵莽」乃是偏正式複合詞，引申爲粗疏、苟且、大略。「滅裂」意爲粗疏草率，《釋文》以「斷其草」釋之，蓋以之爲聯合式複合詞也。

現代學者劉曉東、謝紀鋒等則多視「鹵莽」、「滅裂」爲聯綿詞（雙音節單純詞）。古音「鹵」（來母魚部）、「莽」（明母陽部）對轉，「滅」（明母月部）、「裂」（來母月部）疊韻。《集韻》姥韻「滿捕切」：「⿰忄莽，⿰忄莽⿰忄鹵，心惑。」「⿰言莽，⿰言莽⿰言鹵，言不定。」「籠五切」：「⿰忄鹵⿰忄虜，⿰忄莽⿰忄鹵，心惑。或从虜。」「⿰言鹵，⿰言莽⿰言鹵，言不定。」「鹵莽」倒文，施諸心意，則爲「⿰忄莽⿰忄鹵」，施諸言語，則爲「⿰言莽⿰言鹵」，皆後起分别之字也。

《廣雅・釋訓》「無慮，都凡也」，王念孫《疏證》云：「無慮，亦大數之名……疊韻字也……

師古以無慮爲大計，是也；而又云『大率無小計慮』，則鑿矣……『無慮』之轉爲『孟浪』，《莊子·齊物論》篇『夫子以爲孟浪之言，而我以爲妙道之行也』，李頤云：『孟浪，猶較略也。』崔譔云：『不精要之貌。』左思《吴都賦》『若吾之所傳，孟浪之遺言，略舉其梗概，而未得其要妙也』，劉逵注云：『孟浪，猶莫絡，不委細之意。』『莫絡』、『孟浪』、『無慮』皆一聲之轉。總計物數，謂之『無慮』；總度事情，亦謂之『無慮』，皆都凡之意也……今江淮閒人謂揣度事宜曰『母量』，即『無慮』之轉……大氐雙聲疊韻之字，其義即存乎聲。求諸其聲則得，求諸其文則惑矣。」章太炎《新方言》卷二又云：「驗今南北皆謂大數爲『大母子』，又謂粗率⿰女享量爲『毛⿰女享』，約舉大數曰『約莫』。蓋『無慮』疾呼成『無』，『無』古音『模』，『母』、『毛』、『莫』皆『無』之聲轉。」劉曉東《平議》謂「鹵莽」實與「無慮」、「孟浪」、「莫絡」、「母量」等皆一聲之轉，皆心不精明，輕忽不委細之義也。

〔三〕砢麽：師古以爲「砢麽」乃是「鹵莽」、「滅裂」之音轉。依注「砢」音「力可反」（來母哿韻），「麽」音「莫可反」（明母哿韻），古音皆在歌部，與月部「滅裂」爲對轉，與魚部「鹵」爲旁轉，與陽部「莽」爲次對轉。蔣禮鴻《敦煌變文字義通釋·釋情貌》云：「砢麽，馬虎，不精明。《鷰子賦》：『朕是百鳥主，法令不阿磨。』按：『阿』當作『砢』，今改正。」即引師古此條爲證。「磨」、「麽」同音通用，「阿」爲「砢」之形譌。

【骨鹿】問曰：俗謂鶻爲「骨鹿」，此語有何典故？荅曰：《爾雅》云：「鶻，鶌鳩〔一〕。」然則鶬一名「鴰」。今人云「骨鹿」者，是「鴰鹿」耳。以「鹿」配「鴰」者，蓋象其鳴聲以呼之，亦由子規〔二〕、蛁蟟、鵞、鴨、鳩、鴿之類也〔三〕。今山東俗謂之「鴰」，此亦象其鳴聲。固知字並爲「鴰」，不得呼爲「骨」。傍輒加「鳥」者，此字乃是鶻鵰〔四〕，不關鶬事也。

〔疏證〕

〔一〕見《爾雅·釋鳥》。郭注曰：「今呼『鶬鴰』。」

〔二〕由：秦選之校注曰：「與『猶』通。」如同，好像。如《墨子·兼愛下》「爲彼者由爲己也」，畢沅注曰：「由，同『猶』。」

〔三〕子規、蛁蟟、鵞、鴨、鳩、鴿：子規，杜鵑。蛁蟟，音 diāo liáo，蟬的一種。明李時珍《本草綱目·蟲三·蚱蟬》引陶弘景曰：「寒螿九月、十月中鳴，聲甚淒急。七八月鳴而色青者，名蛁蟟。」鵞，家禽。《爾雅·釋鳥》：「舒鴈，鵞。」鴨，亦家禽。《釋鳥》「舒鳧，鶩」，郭注曰：「鴨也。」鳩，鳥名，鳩類的通稱。《說文·鳥部》：「鳩，鶻鵃也。」段注以爲有奪譌，鳩當爲五鳩之總名。鴿，鳥名。《說文》：「鴿，鳩屬也。」以上鳥、蟲皆因其鳴聲而得名，或爲比喻，或爲象聲。師古以爲鴰之鳴聲如鹿，故稱「鴰鹿」也。

〔四〕鶻鵰：音 gǔ diāo。師古以爲「骨鹿」自是鶬鴰，「鶻鵰」自是鶻鳩，其說甚是。「骨」（見母物部）、「鴰」（見母月部）聲同韻近，故「鴰鹿」得轉爲「骨鹿」也。《漢書·司馬相如傳》録《子虛賦》「雙鶬下，玄鶴加」，師古注曰：「鶬鴰也。今關西呼爲『鴰鹿』，山東通謂之『鶬』，鄙俗名爲

『錯落』。『錯』者，亦言鶬聲之急耳。又謂『鴰捋』，『捋』音『來奪反』。鴰鹿、鴰捋，皆象其鳴聲也。」《急就篇》「鷹鷂鴇鴰翳雕尾」，注曰：「鴰者，鶬也。關西謂之『鴰鹿』，山東謂之『鴰捋』，皆象其鳴聲也。又呼爲『錯落』，亦鶬聲之轉也。」皆可與此條相參。《爾雅・釋鳥》「鶬，麋鴰」，郭注曰：「今呼『鶬鴰』。」郝懿行《義疏》云：「今萊陽人謂之老鶬，南方人謂之鶬雞。」《史記・司馬相如列傳》録《子虛賦》，《正義》引司馬彪云：「鶬似雁而黑，亦呼爲『鶬括』。」《楚辭・招魂》「鵠酸臇鳧，煎鴻鶬些」，洪興祖《補注》曰：「鶬，音『倉』，麋鴰也。」李時珍《本草綱目・禽一・鶬雞》：「鶬，水鳥也。食於田澤洲渚之間。大如鶴，青蒼色，亦有灰色者，長頸高脚，羣飛。」此則「鶬」之爲形也。

《釋鳥》又云：「鶌鳩，鶻鵃也。」郭注曰：「似山鵲而小，短尾，青黑色，多聲。今江東亦呼爲鶻鵃。」郝懿行《義疏》云：「《左・昭十七年》疏引舍人曰：『鶌鳩，一名鶻鵃。』今之班鳩也。」此則「鶻鵃」之爲形也。「鵃」（幽母端部）、「鵰」（幽母端部）音近相通。《詩・小雅・小宛》「宛彼鳴鳩」，毛傳曰：「鳴鳩，鶻鵰。」《正義》云：「定本及集本皆云『鳴鳩，鶻鵰也』。」師古此云「鶻鵰」，蓋據其定本也。

鶌鳩，鶻鵃（《爾雅圖》卷下）

「鶬鴰」、「鶻鵃」本爲二鳥，然鶬鴰既有「鴰鹿」之名，音轉爲「骨鹿」，則嫌與鶻鵃相混，故師古辨之也。

155【歷底】問曰：諺云：「賊無歷底中道回〔一〕。」謂内應導引爲「歷底」，何也？荅曰：按：《周禮》有狄鞮氏〔二〕，掌譯蠻夷之言。《禮》云：「五方之民，言語不通，嗜欲不同①。達其志，道其欲，東方曰寄，南方曰象，西方曰狄鞮，北方曰譯〔三〕。」此蓋謂譯導相因耳。今言外人未相練悉，不能來爲賊盜，因（籍）〔藉〕當家有人導引②，依其衝要孤虛，故謂之「狄鞮」也。俗語音訛，變言「歷底」耳〔四〕。

〔校勘記〕

①欲：明本、沈本、惠本、盧本同。何本作「慾」。按：《禮記·王制》作「欲」，《周禮·大行人》「七歲屬象胥」注引《王制》作「慾」，《釋文》云：「慾，音『欲』，本多作『欲』。」

②藉：原作「籍」，明本、惠本、盧本同。今據沈本、何本改。

〔疏證〕

〔一〕賊無歷底中道回：出處未詳。《新唐書·東夷傳·高麗》載，高宗問軍中云何，侍御史賈言忠對曰：「必克。昔先帝問罪，所以不得志者，虜未有釁也。諺曰：『軍無媒，中道回。』今男生兄弟鬩很，爲我鄉導，虜之情僞，我盡知之，將忠士力，臣故曰必克。」與此諺義近。蓋「歷底」與「媒」一也，皆指嚮導。如唐崔曙《送薛據之宋州》詩：「無媒嗟失路，有道亦乘流。」

〔二〕狄鞮氏：《周禮·象胥》鄭注曰：「通夷狄之言者曰象。胥，其有才知者也。此類之本名，東方曰寄，南方曰象，西方曰狄鞮，北方曰譯。」其職曰：「掌蠻、夷、閩、貉、戎、狄之國使，掌傳王之言而論説焉，以和親之。」

〔三〕見《禮記·王制》。鄭注曰：「『鞮』之言『知』也。今冀部有言『狄鞮』者。」《正義》云：「其通傳東方之語官謂之曰『寄』，言傳寄外内言語。通傳南方語官謂之曰『象』者，言放象外内之言。其通傳西方語官謂之『狄鞮』者，鞮，知也，謂通傳夷狄之語，與中國相知。其通傳北方語官謂之曰『譯』者，譯，陳也，謂陳説外内之言。」

〔四〕變言「歷底」：師古以爲「歷底」乃「狄鞮」之音轉，謂翻譯鄉導之人。佚名《勘正》駁之曰：「『歷底』之説既迂，且其音亦非。歷，經歷也；底，居也，猶《律》所謂『經歷亭藏』是也。若如此釋，則於下文『中道廻』之意甚明白。」然則《勘正》以爲「歷底」意爲經歷隱藏，指久居對方内部、熟知内情之人。

按：二説各有理致：如顏説，「歷」（來母錫韻）、「狄」（定母錫韻）韻同，聲母同位；「底」（端母薺韻）、「鞮」（端母齊韻）聲同韻近，可相通轉。如《勘正》説，《説文·止部》：「歷，過也，傳也。」《广部》：「底，山居也。一曰下也。」（「底」之本義，一説爲山腳之屋；一説爲「底」之分化字，假借爲「至」。引申指物體下部。）引申爲隱藏。如漢王褒《四子講德論》：「夫雷霆必發，而潛底震動；枹鼓鏗鏘，而介士奮發。」馬融《廣成頌》：「疏越蘊慉，駭恫底伏。」王引之《經義述聞·〈春秋左傳〉下》「物乃坻伏」條云：「潛底，猶潛隱也。底伏，猶隱伏也。」然則「歷」訓經歷，「底」訓隱藏，代指内應之人，於義自足，無須牽合「狄鞮」爲釋。劉曉東《平議》亦云：「竊以爲『歷底』者，當即歷察底細之義，就字作解即得矣，今猶稱内應導引者謂之『臥底』，蓋即『歷底』之變稱耳。」訓「底」爲底細，亦「底」之引申義，與《勘正》之説義近而别。

「歷底」一詞，文獻鮮少用例，今諸説並存可也。

156

【門限】問曰：俗謂門限爲「門蒨」，何也？荅曰：按：《爾雅》曰：「柣謂之閾〔一〕。」郭景純注曰：「門限也。音『切』。」今言「門蒨」，是「柣」聲之轉耳〔二〕。字宜爲「柣」，而作「切」音。

〔疏證〕

〔一〕見《爾雅·釋宮》。邢疏云：「『柣』者，孫炎云：『門限也。』經傳諸注皆以『閾』爲門限，謂門下橫木爲内外之限也。俗謂之『地柣』，一名『閾』。」古之「門限」，蓋即後之門檻。

〔二〕「柣」聲之轉：《釋文》云：「柣，郭『千結反』，顧『丈乙反』，吕伯雍『大一反』。《廣雅》云：『砌也。』」「千結反」即「切」音。《廣韻》霰韻「倉甸切」（清母）：「蒨，草盛。」屑韻「千結切」（清母）：「切，割也，刻也，近也，迫也，義也。《説文》：『折也。』」「柣，《爾雅》曰：『柣謂之閾。』」「柣」、「蒨」聲同韻近，故得相轉。郝懿行《義疏》云：「『閾』者，《説文》云『門梱也』，『梱，限也。』經典『梱』通作『柣』。《詩·豐》《正義》引孫炎曰：『柣，門限也。』……古謂門限爲『切』，故《考工記·輪人》鄭衆注：『眼，讀如限切之限。』『限切』即門限也。《漢書·外戚傳》云『切皆銅沓黄金塗』，集注以『切』爲門限。『切』通作『砌』。《廣雅》云：『柣，砌也。』」又引師古此條，云：「然則『柣』、『切』聲同，『切』、『蒨』聲轉。今登萊人亦有『門蒨』之言矣。」

然則門限之本字作「榍」，異體作「柣」，假借「切」字爲之，又通作「砌」。《後漢書・班固傳》録《西都賦》「玄墀釦切」，《文選》各本作「玄墀釦砌」。《文選・張衡〈西京賦〉》「設切厓隒」，李善注曰：「『切』與『砌』古字通。」《廣雅・釋宫》：「柣、戺、橉，砌也。」是故門限又稱「門切」，如《淮南子・説山訓》「牛羊絶轔」、《説林訓》「不發户轔」，高誘注皆曰：「楚人謂門切爲『轔』。」又稱「限切」，如《周禮・考工記・輪人》「望其轂，欲其眼也」，注引鄭司農曰：「眼，讀如限切之『限』。」「榍」（心母質部）、「柣」、「切」、「砌」（清母質部）對轉入耕，即爲「蒨」音。

章太炎《新方言》卷五云：「《爾雅》『柣謂之閾』，郭璞曰：『謂門限也。柣音切。』故《漢書・外戚傳》曰『切皆銅沓黄金塗』，以『切』爲柣也。音轉如『蒨』，《匡謬正俗》言之。今人言門柣猶作『門蒨』，俗人不達，乃以『檻』字爲之。合口呼『檻』，易與『蒨』溷，開口呼者則愈遠矣。『檻』爲闌楯之類，何關於門限也？」按：《説文・木部》：「檻，櫳也。」本義爲關押猛獸、囚禁罪人之檻車，引申爲闌檻。《廣韻》檻韻「胡黤切」：「檻，闌也。《説文》曰：『櫳也。一曰圈。』」今音 jiàn。「檻」今又有 kǎn 音，依太炎之説，是誤以「檻」字記「蒨」音也。

《爾雅・釋宫》《釋文》「柣」除郭音「千結反」外，又載顧音「丈乙反」，吕音「大一反」。《廣雅・釋宫》曹憲音柣爲「帙」，《玉篇・木部》「馳栗切」，《廣韻》質韻「直一切」。此數音皆在定母質部。師古但取郭音者，蓋因「柣」之音轉通假也。

157【替】問曰：新故交代，謂之爲「替」，何也？荅曰：按：《爾雅》云：「替，廢也〔一〕。」《詩》稱「勿替引之」〔二〕，《傳》云「無替舊職」，皆謂不廢墜耳。前人既廢，後人代之，故惣謂代爲「替」〔三〕。近者俗人作鬄髮字，訛舛妄改作「（頣）〔頍〕」①〔四〕，人因以爲替代之字，相承行之。尋問根源，莫能解説。武德中，余忝中書舍人，專掌綸誥。于時中書令密國公平原封德彝亦性愛《蒼》、《雅》〔五〕，留心文字，詔勑宣行，務合訓典。舉余釐正，大改違失，因爾始爲替代之字。自茲已後，莫不化焉，「（頣）〔頍〕」字絶矣。又韡履之「屜」説計反②〔六〕，自有正文，鞍下屜脊，義亦無異。今既見替代字如此，遂作「替脊」，失其義旨。此「屜」非謂交代以替脊背，較然可知矣。

〔**校勘記**〕

①頍：各本原皆作「頣」。按：「頣」字最早見於宋跋本王仁昫《刊謬補缺切韻》真韻「武巾切」：「頣，強也。」《廣韻》真韻同。音義與鬄髮之「鬄」、替代之「替」皆無涉。秦選之《校注》、劉曉東《平議》、周祖謨《校記》皆無説，真大成以爲「頣」乃「頍」之形近譌字，極是。蔣斧藏本《唐韻》霽韻「他計反」：「替，廢也，代也，俗以相代作『頍』字，古無。」《可洪音義》卷三《新集月藏經》「悉鬢」條：「他計反，孫愐韻作『頍』，俗以爲替代之『替』也。」《龍龕手鏡・髟部》：「鬀，正；頍，俗。」然則「頍」又作「鬢」，即俗「鬀」字。今據正。下同。

②説：周祖謨《校記》云：「案『説』字誤。」按：疑當作「脱」。

【疏證】

〔一〕見《爾雅·釋言》。

〔二〕見《詩·小雅·楚茨》。毛傳曰：「替，廢。」鄭箋云：「願子孫勿廢而長行之。」佚名《勘正》云：「『替』字先見於《書》，《詩》『勿替引之』在其後也。」按：《尚書·大誥》「予惟小子，不敢替上帝命」，孔安國注曰：「不敢廢天命。」《勘正》所言是也。然師古所舉，但爲「替」訓爲廢之例，未必是其首見之例也。

〔三〕謂代爲「替」：師古謂「替」之替代義乃由其本義廢棄引申而來，其説甚是。

「替」之字形多有譌變，甲骨文作合32898，金文作中山王礜鼎，本从二「立」，或變爲二「欠」、二「先」、二「夫」，或加「口」、「甘」、「曰」、「白」等分化符號，作「暜」、「普」、「朁」、「替」等。本義爲廢棄，《説文·竝部》：「暜，廢也。」其替代義所從何來，其説大致有四：

其一，師古以爲有廢即有興，故「替」之廢棄義引申爲替代義。

其二，明葉秉敬《字孿》卷二云：「『替』是俗書，鉉等曰非。以愚觀之，亦或可依二夫爲伴並行之義。有伴可託，故爲代替。」斯則不諳字形演變，殊不可從。

其三，章太炎《新方言》卷二云：「《説文》：『迭，更迭也。』今謂新故更代爲『替』，實即『迭』字，入轉爲去耳。《匡謬正俗》引《爾雅》『替，廢也』，謂前人既廢，後人代之。説雖可通，然非其本。《方言》『庸、恣、比、侹、更、佚，代也』，郭璞曰：『佚音蹉跌。』『跌』即『迭』字也。」黄侃《説文段注小箋》卷一一「暜」字下亦云：「替代借爲『迭』。」然則章、黄皆謂「替」之替代義乃是「迭」之假借。

其四，蔣禮鴻《讀〈説文〉記》「遞」字下云：「此替代本字。《楚辭·招魂》：『二八侍宿，射遞代些。』遞代即替代矣。《匡謬正俗》以《爾雅》『替，廢也』，前人既廢、後人代之爲解，非是。」然則蔣氏以爲「替」之替代義乃是「遞」之假借。

按：一物廢棄，他物代之，乃以原因指代結果而發生詞義引申。《説文·辵部》：「迭，更迭也。」「遞，更易也。」「迭」（定母質部）、「遞」（定母支部）音近義通，王力《同源字典》以爲同源。「替」（透母質部）與「迭」、「遞」雖亦音近，然其替代義晚出，不宜視爲「迭」、「遞」之假借。相較而言，顔説爲勝。章、黄、蔣拘於音轉同源之説，反不如師古通達。

「替」之替代義起於何時，説亦不一。真大成《論常用詞「替」之替代義的産生時代及其唐代用字——以《匡謬正俗》卷八「替」條爲中心》（《古漢語研究》二〇一四年第二期）一文詳考語料，以爲「替」之替代義最早且確實的用例見於南北朝史書，如《宋書·武三王傳·廬陵孝獻王義真》「高祖遣將軍朱齡石替義真鎮關中，使義真輕兵疾歸」，《南史·宋宗室及諸王上·廬陵孝獻王義真傳》「替」字作「代」。南北朝時，此義鮮少用例，隋至初唐，行用漸廣。宋跋本王仁昫《刊謬補缺切韻》霽韻「他計反」下有「替，廢」。「替」之替代義又引申爲輪換、替補、卸任、繼任，用作名詞，指替代品、繼任者等。替代義之「替」與「代」平行發展，但並未將「代」徹底替換。

〔四〕頣：師古謂唐初鬄髮之「鬄」俗字作「頣」，假借爲替代之「替」。後經師古釐定，「頣」字廢止，替代義專以「替」字爲之。

《説文·髟部》：「鬄，鬀髮也。」「鬀，鬄髮也。大人曰髡，小兒曰鬀，盡及身毛曰鬄。」析言則異，統言無别。「鬄」俗省作「剔」；「鬄」字本訓假髮，後與「鬄」混用，「鬄」字段注言之甚詳；又大徐本「鬀」字下徐鉉按曰「今俗别作『剃』」，然則「鬄」、「鬀」、「剔」、「鬄」、「剃」皆剃髮之義。「頣」又作「鬢」，即俗「鬀」字，詳見校勘記①。

師古云「近者俗人作鬄髮字，訛舛妄改作『頣』」，「相承行之」，則此字初唐時行用已廣，蓋起於唐以前。「鬄」、「替」音同，「替」之替代義新興於南北朝，始用於口語，故時人以俗字「頣」表示。師古則謂替代之「替」自有本字，故釐正之。

徵之文獻，替代義實多作「替」；然師古云「『頣』字絶矣」，似未必然。孫愐《唐韻》成書於開元二十年（七三二），而蔣斧藏本《唐韻》霽韻云「俗以相代作『頣』字」；《可洪音義》著於五代後晉，而卷三云「孫愐韻作『頣』，俗以爲替代之『替』」，可見師古身後，以「頣」爲「替」，仍未禁絶。

〔五〕封德彝亦性愛《蒼》、《雅》：封倫，字德彝，觀州蓨縣人。唐高祖時官至中書令，封密國公。事見《舊唐書》卷六三、《新唐書》卷一百。

《蒼》，三蒼，代指古代字書。漢初，合李斯《倉頡篇》、趙高《爰曆篇》、胡毋敬《博學篇》爲一書，稱爲「三倉」。魏晉時，又以李斯《倉頡篇》爲上卷、揚雄《訓纂篇》爲中卷、賈魴《滂喜篇》爲下卷，合爲一部，亦稱「三倉」。參見《漢書・藝文志》、《隋書・經籍志一》。《雅》，《爾雅》，亦代指古代訓詁著作。

〔六〕屜：時俗又假「替」爲「屜」，從而誤釋「屜脊」爲交代以替脊背，如《可洪音義》卷一六《根本毗奈耶雜事》「替脊」條云：「上『他帝反』，代也。」

《説文・尸部》：「屟，履中荐也。」段注曰：「即今婦女鞵下所施高底。其字本音『他頰切』，轉爲『他計切』。今籢匱有抽屜，本即『屟』字。」《集韻》霽韻：「屟屜屧，履中薦。或作『屜』、『屧』。」然則「屜」本義爲鞋墊，引申指物體上的片狀附件，如窗屜、鞍墊、椅屜等。「屜脊」正是鋪在馬背上、馬鞍下的墊子，清劉獻廷《廣陽雜記》卷一「屜，馬背之藉韂者」是也。然則此「屜」並非「替」之假借，是以師古匡而正之。

158

【樂石】或問曰：秦始皇《嶧山刻石文》云：「刻茲樂石〔一〕。」「樂石」何也？荅曰：許慎《説文解字》曰：「磬，樂石也〔二〕。」樂石即磬也。《禹貢》稱徐州「嶧陽孤桐，泗濱浮磬」〔三〕，言泗水之濱有石，可以爲磬。蓋秦之所刻即是磬石，近泗濱，故謂之「樂石」爾。所以獨嶧山之文以稱之，他刻石文則無此語也。而近代文士，遂惣用碑碣之事〔四〕，蓋失之矣。

【疏證】

〔一〕見《古文苑》卷一，其中「茲」作「此」。章樵注曰：「石之精堅堪爲樂器者，如『泗濱浮磬』之類。」然則「樂石」指用於製作樂器的石料。

〔二〕見《説文·石部》。段注以爲當作「石樂也」，曰：「《匡謬正俗》所引已作『樂石』，其誤已久。或疑『樂石』字見秦繹山刻石，不知與此無涉也。彼謂可樂之石，此謂製石之樂。」

〔三〕見《尚書·夏書·禹貢》。《正義》云：「泗水旁山而過，石爲泗水之涯，石在水旁，水中見石，似若水中浮然。此石可以爲磬，故謂之『浮磬』也。」《漢書·地理志上》引《禹貢》，師古注曰：「泗水之涯，浮出好石，可爲磬也。」可與此條相參。

何本眉批：「《山海經》『小華之山，其陰多磬石』，郭氏傳：『可以爲樂石。』《禹貢》梁州之貢亦有砮磬，不獨泗濱也。嶧山刻石適用磬材，但亦不可施之凡石耳。《山海經》『高山，涇水出焉，其中多磬石』，郭氏傳：『《書》曰「泗濱浮磬」是也。』又鳥危之山，其陽多磬石。」何焯雖云磬石不獨出自泗濱，然謂凡石不得有磬石之名，則與師古同也。

〔四〕惣用碑碣之事：《嶧山刻石文》刻以「樂石」，後遂引申泛指碑石或碑碣，如唐柳宗元《故殿中侍御史柳公墓表》：「刊樂石，篆遺德，延休烈，垂憲則。」高適《同觀陳十六史興碑》詩序云：「未藏名山，刊在樂石。」「樂石」與「名山」對文，知是碑石之美稱。

師古則謂「樂石」專指泗水之濱可以製磬之石，不可泛指凡石。後人多從其説，如唐封演《封氏聞見記》卷八「繹山」條云：「其文曰『刻此樂石』，學者不曉『樂石』之意，顔師古云謂以泗濱磬石作此碑。始皇於瑯琊、會稽諸山刻石，皆無此語，惟繹山碑有之，故知然也。」清趙翼

《陔餘叢考》卷三二「樂石」條云：「世俗誌銘之文，每云『刻之樂石』，蓋本《嶧山碑文》有『刻之樂石』之語而襲用之，不知引用誤也。《禹貢》『嶧陽孤桐，泗濱浮磬』，言泗水之濱，有石可爲磬。始皇嶧山所刻，即用此磬石，故謂之『樂石』，以磬乃作樂之具。他處刻石文不云『樂石』也。文士通用之於碑碣，誤矣。說見顔師古《匡謬正俗》。」

按：師古否認「樂石」之詞義引申，蓋因《尚書》所用乃專指泗濱磬石之義。然而語言不斷發展變化，詞彙系統因與社會文化生活緊密關聯，變化尤爲活躍迅速，專有名詞亦莫能外。倘詞義不可引申，則古今之名繁，詞彙之數冗，而文章之技窮矣。即如趙翼明知「樂石」之義，其《奉和相公經略來滇》詩之二亦有「相公自來功自速，好磨樂石待韓碑」之語，所磨者又豈必是泗濱磬石耶？亦但謂美石而已。師古考釋名物，誠爲精審，然囿於經典故訓，忽視語言實際使用中的發展變化，是其失也。

159 **【享】**或問曰：俗呼某人處爲某「享」火剛反，其義何也？荅曰：此是「鄉」聲之轉耳〔一〕。鄉者，居也。州鄉之鄉〔二〕，取此爲義，故子産有云「毁於西鄉」〔三〕。又向對之「向」，古文典籍，卒無「向」字。尋其旨趣，本因「鄉」字始有「向」音〔四〕。今之「向」字若於六書，自是北牖耳，《詩》云「塞向墐户」是也〔五〕。

〔疏證〕

〔一〕「鄉」聲之轉：「鄉」即《說文》「𨞰」字，大徐本引《唐韻》音「許良切」（曉母陽韻）。「享」即《說文》「亯」字，音「許㒳切」（曉母養韻）。此音「火剛反」，以《廣韻》格之，當爲曉母唐韻。陽、唐韻近，故師古謂「享」乃「鄉」之音轉也。章太炎《新方言》卷一云：「鄉，所也。《左傳》曰『毁於而鄉』，《匡謬正俗》曰：俗呼某人處爲某享，是『鄉』聲之轉。今紹興稱在此處曰『在享』，許庚切。蘇州謂内曰『裏享』，音如『向』，本『鄉』字也。」是此語近世猶存也。

王本眉批云：「某享，宋以後語轉，謂之『某行』。《清真詞》『最苦夢魂，今宵不到伊行』，又『低聲問，向誰行宿』是也。」是則觀堂又謂「享」轉爲「行」，其説亦是。「行」表處所，習見於宋以後口語中。張相《詩詞曲語辭匯釋》卷六「行」條云：「行，用於自稱、人稱各辭之後，約相當於我這邊、你那邊之『這邊』、『那邊』，或我這裏、你那裏之『這裏』、『那裏』。」宋許及之《諸暨道中早行》「何處吹烟濕，誰行馬跡輕」，「誰行」與「何處」對文，其義尤顯。

「行」字古音匣母陽部，後有耕部之音，《廣韻》庚韻「户庚切」：「行，行步也，適也，往也，去也。」唐韻「胡郎切」：「行，伍也，列也。」而處所義之「行」與陽部字爲韻，故知乃「享」、「鄉」之音轉也。如《西廂記》一之二「你在我行，口强，硬抵着頭皮撞」；宋周邦彦《風流子》「遥知新妝了，開朱户，應自待月西廂。最苦夢魂，今宵不到伊行」，趙善括《虞美人·無題》「問伊今夜在誰行？遺恨落花流水、誤劉郎」；金元好問《朝中措》「夾衣晨起怯新霜，歸路楚山長。只道佳期相誤，夢魂夜夜誰行」；明夏言《少年游·壬寅端午柬李蒲汀二闋·其二》「無奈感時添客慮，欲語向誰行。入閤平明，揮毫盡日，心口自思量」，符錫《玉蝴蝶·懷友》：「黯相望。山花山鳥，分付誰行」；清李雯《風流子・送春》：「留下長楊紫陌，付與誰行？想折柳聲中，吹來不盡；落花影裏，舞去還香。難把一樽輕送，多少暄涼」，徐石麒《漢宮春・樓上美人》：「知他恣情指點，意在誰行。徐聽小語，又風箏、攙響簷廊。安得似，歸飛燕子，隨風挨入雕梁」等。又如《水滸傳》第五一回：「那婆娘要逞好手，又去知縣行説了，定要把雷横號令在勾欄門首。」清楊潮觀《荀灌娘圍城救父》：「我只得屈身軀代親哀告，難道是我爹行錯認賢豪？」

劉曉東《平議》又謂六朝以降「享」音在陽、庚之間，或與麻相轉，故「鄉」音得轉爲「下」，「下」亦處所之義。按：其説是也，而似未盡。「下」表處所，古已有之，如《史記・樂毅列傳》「齊田單後與騎劫戰，果設詐誑燕軍，遂破騎劫於即墨下」，「即墨下」即即墨之處也。「下」古音匣母魚部，與「鄉」聲近而韻部對轉，殆非六朝以後始由「享」字音轉而來。元李治《敬齋古今黈》卷四云：「洛言『洛下』，稷言『稷下』，相言『相下』，敖倉言『敖下』，吴郡言『吴下』，又今人言都下、縣下。言稱『下』者，猶言在此處耳。」「洛下」、「稷下」等亦皆古語也。

〔二〕州鄉：周制，一萬二千五百家爲鄉。《周禮・地官・大司徒》「令五家爲比，使之相保；五比爲閭，使之相受；四閭爲族，使之相葬；五族爲黨，使之相救；五黨爲州，使之相賙；五州爲鄉，使之相賓」，鄭注曰：「鄉萬二千五百家。」

〔三〕見《左傳》昭十八年，今本「西」作「而」。杜預注曰：「而，女也。毀女所鄉。」

〔四〕本因「鄉」字始有「向」音：《説文・宀部》：「向，北出牖也。」段注曰：「引伸爲向背字。經傳皆假『鄉』爲之。」如《儀禮・士虞禮》『祝啓牖鄉』，注曰：「鄉、牖一名。」《禮記・明堂位》『達鄉』，注曰：「鄉，牖屬。」《左傳》昭十八年「毀於而鄉」，《釋文》云：「鄉，許亮反，本又作『向』。」「向」从宀从口，象形。師古之意，蓋謂向對之「向」乃是「鄉」之假借，其説適相顛倒也。

〔五〕見《詩・豳風・七月》。

【迥】迥遠之「迥」，今俗讀之音「户鎣反」〔一〕。按：潘岳《西征賦》云：「覽亡王之驕淫，竄南巢以投命。坐積薪以待然，方指日而比盛。人度量之乖舛，何相越之遼迥。」以韻而言，或有此音矣。

〔疏證〕

〔一〕户鎣反：《爾雅・釋詁》「迥，遠也」，《釋文》音「户頂反」，《廣韻》迥韻同。「迥」讀上聲，是其正音。潘賦中「迥」與去聲「命」、「盛」爲韻，《文選・西征賦》李善注曰：「《爾雅》曰：『迥，遠也。』今協韻爲『呼瞑切』。」「瞑」有去聲之音，《廣韻》徑韻「莫定切」：「瞑，夕也。」是李善以「迥」之去聲爲協韻之音，非正讀也。師古既云「今俗讀之音『户鎣反』」，是當時實有此音，則非叶音，蓋方俗音變耳。《集韻》徑韻「胡鎣切」：「迥，遠也。」即此音也。

按：「迥」之古音蓋爲匣母耕部上聲，六朝以降詩文辭賦，亦多與上聲字爲韻。如謝朓《酬德賦》「忽攜手以上征，躋中皇之修迥。巾帝車之廣軾，棹河舟之輕艇。歷星術之熠耀，浮天潢之瀯溟。機九轉於玉漿，練七明於神鼎。吹萬化而不喧，度千春之可並。齊天地於倏忽，安事人間之紆婞哉」，「迥」與「艇」、「溟」、「鼎」、「並」、「婞」韻；《廣弘明集》卷二九録北魏高允《鹿苑賦》「於是命匠選工，刊兹西嶺。注誠端思，仰模神影。庶真容之髣髴，燿金暉之焕炳。即靈崖以構宇，竦百尋而直上。絙飛梁於浮柱，列荷華於綺井。圖之以萬形，綴之以清永。若祇洹之瞪對，孰道場之塗迥」，「迥」與「嶺」、「影」、「炳」、「上」、「井」、「永」韻；唐蕭祜《遊石堂觀》詩「南風吹我到林嶺，故國不見秦天迥。山花名藥撲地香，月色泉聲洞心冷」，「迥」與「嶺」、「冷」韻。杜甫《渼陂西南臺》詩：「高臺面蒼陂，六月風日冷。蒹葭離披去，天水相與永。懷新目似擊，接要心已領。仿像識鮫人，空蒙辨魚艇。錯磨終南翠，顛倒白閣影。崷崒增光輝，乘陵惜俄頃。勞生媿嚴鄭，外物慕張邴。世復輕驊騮，吾甘雜鼃黽。知歸俗可忽，取適事莫竝。身退豈待官，老來苦便靜。況資菱芡足，庶結茅茨迥。從此具扁舟，彌年逐清景。」通篇用上聲韻。

「迥」字亦有與去聲字爲韻者，除潘賦外，又如何遜《暮秋答朱記室》詩：「游揚日色淺，騷屑風音勁。寒潭見底清，風色極天淨。寸陰坐銷鑠，千里長遼迥。桃李爾繁華，松柏余本性。故心不存此，高文徒可詠。」「迥」與「勁」、「淨」、「性」、「詠」韻。秦選之《校注》則謂「此處文字，上、去通叶」。然則此蓋異調通押，抑或方俗音變耳。

161 【上下】荀爽《與李膺書》云〔一〕：「舍館上下，福祚日新。」此蓋古來人士致書相問之常辭耳。凡言「上下」者，猶稱尊卑惣論也，此類非一。是以王逸少父子與人書〔二〕，每云「上下數動靜」、「上下咸宜」。「上」者屬於尊親，「下」者明謂子弟。爲論及彼之尊上，所以「上」

字皆爲縣闕〔三〕。而江南士俗近相承①，與人言議及書翰往復，皆指父母爲「上下」〔四〕，深不達其意耳。

【校勘記】

①俗：惠本、盧本同。張本朱校、明本、沈本、何本作「族」。按：「族」較長，「俗」亦通。

【疏證】

〔一〕荀爽《與李膺書》：《後漢書·李膺傳》録荀爽與李膺書無此句，嚴可均輯《全後漢文》於荀爽文亦失輯。

〔二〕王逸少父子與人書：王羲之，字逸少，琅琊人，東晉著名書法家，有「書聖」之譽。子獻之亦善書，與其父並稱「二王」。事見《晉書·王羲之傳》。

《法書要録》卷三褚遂良《右軍書目》有「羲之自想上下悉佳」、「上下如常不」，卷十《右軍書語》有「想上下無恙」、「上下安也」、「伯熊上下安和，爲慰」、「上下可耳」、「兄弟上下遠至此，慰不可言」、「上下近問，慰馳情」、「上下皆佳」等。《淳化閣帖》卷九王獻之一有「原餘餘上下安和」，卷十王獻之二有「上下知彼駱驛」、「海鹽諸舍上下動静」等。是王氏父子書中習用「上下」也。

又《右軍書目》有「想大小悉佳」，《右軍書語》有「想大小皆佳」、「大小問多患，懸心」、「大小宜盤桓」、「君大小佳不」「卿大小佳」等，辭意皆與用「上下」處相近。「大小」明謂闔家長幼，則知「上下」亦爲尊卑惣論，非特父母之稱也。師古所言甚是。

〔三〕 縣闕：何本眉批：「『縣闕』謂行中空一字。」秦選之《校注》曰：「猶今俗所謂『軟抬』也。」

〔四〕 指父母爲「上下」：「上下」後轉爲父母之專稱。周一良《魏晉南北朝史札記·〈宋書〉札記》「上下、尊、老子」條詳論六朝時用「上下」之事，云：「卷九一《孝義傳》中，郭平原、何子平兩傳皆稱他人之母曰『尊上』。《南史》七三《何子平傳》亦作『尊上』，而《郭平原傳》作『又以此奉尊上下耳』。疑稱父母爲『上下』，加『尊』字以示敬。王羲之於父母墓前自誓曰『敢告二尊之靈』（《晉書》八十本傳），疑即『尊上下』之義。《南齊書》三九《劉瓛傳》載其與張融王思遠書云：『上下年尊，益不願居官次，廢晨昏也。』據傳上文明言『後以母老缺養，重拜彭城郡丞』，是亦單稱母爲『上下』。徐陵與王僧辯書（《文苑英華》六八七）言，『自忝膺嘉聘，仍屬亂離，上下年尊，偏嬰此酷』。徐陵之父徐摛於梁簡文帝被侯景幽閉後，『感氣疾而卒』（《梁書》三十本傳），時陵已出使北方，此又稱父爲『上下』也。《陳書》五《宣帝紀》太建四年詔書：『且衆將部下，多寄上下，軍民雜俗，極爲蠹耗』……似指軍士攜帶家屬，軍民相雜，則『上下』又兼指家人而言。王廙書有『阿母蒙恩，上下悉佳』語（《淳化閣帖》二），以母與『上下』並言，知非指母；言『悉佳』，則非一人。王岷書言『上下何如』、『僕上下大都蒙恩』（《淳化閣帖》二）。陸雲答車茂安書『上下悉勞，舉家慘戚』。黄伯思《東觀餘論》上『陸柬之帖云「近得告爲慰，上下無恙」……殊不類唐人語，當是臨晉宋人帖。』『上下』似皆指家屬而言。」

周氏以爲「上下」先爲父母合稱，再爲父、母單稱，然後始爲闔家之稱，引申過程適與師古所説相反。按：荀爽、王氏父子時代在前，師古所説引申過程當與語言事實相合。王逸少自誓「敢告二尊之靈」，但呼父母爲「尊」，不得即以後世「尊上下」當之，亦不可據此以證「上下」即指父母。師古以爲「上下」先爲闔家總稱，後則專指父母，甚是；然其雖知「上下」詞義有變，而以謬誤視之。其實詞義引申無法以正誤論，引申義但經高頻使用，即可成爲固定意義。師古忽視語言實際使用中的發展變化，是其失也。

162

【孟仲叔季】元者，始也〔一〕。孟者，長也〔二〕。伯、仲、叔、季〔三〕，亦以次序相承。是以古人立名字，多依此爲義理，元將、仲將〔四〕，元方、季方〔五〕，孟丙、仲壬〔六〕，孟堅、仲（叔）〔升〕①〔七〕，伯符、仲謀之類是也〔八〕。今流俗君子，不思其義②，或兄弟四五，同稱一「仲」〔九〕；昆季十數，但連一「叔」〔一〇〕，失之遠矣。

〔校勘記〕

①升：各本原皆作「叔」。秦選之校注曰：「『仲叔』恐爲『仲升』之訛。《玉篇》『叔』之俗體作『尗』，形與近。仲升，固弟班超字也。」今正。

②義：盧本同。張本朱校、明本、沈本、何本作「意」；惠本原作「義」，改作「意」。按：「義」、「意」兩通。

〔疏證〕

〔一〕元者，始也：見《爾雅·釋詁》。

〔二〕孟者，長也：《説文・子部》：「孟，長也。」《白虎通・姓名》：「適長稱伯，庶長稱孟。」「孟」與「兄」同源。

〔三〕伯、仲、叔、季：《儀禮・士冠禮》「曰伯某甫。仲、叔、季，唯其所當」，鄭注曰：「伯、仲、叔、季，長幼之稱。」《左傳》隱公前傳「惠公元妃孟子」，《正義》云：「孟、仲、叔、季，兄弟姊妹長幼之别字也。孟、伯俱長也。《禮緯》云『庶長稱孟』，然則適妻之子長者稱『伯』，妾子長於妻子，則稱爲『孟』，所以别適庶也。」此命字之正禮也。

《説文・人部》：「伯，長也。」「仲，中也。」《又部》：「叔，拾也。」段注曰：「按《釋名》：『仲父之弟曰叔父。』叔，少也，於其雙聲疊韻假借之。假借既久，而『叔』之本義鮮知之者，惟見於《毛詩》而已。」《子部》：「季，少偁也。」

〔四〕元將、仲將：韋康字元將，弟韋誕字仲將。《三國志・魏志・劉劭傳》「光禄大夫京兆韋誕」，裴松之注引《文章叙録》曰：「誕字仲將，太僕端之子。有文才，善屬辭章。」《書斷》、《法書要録》載，誕諸書並善，尤精題署。漢魏宫館寶器，皆誕手寫。兄康，字元將，亦工書。《魏志・荀彧傳》裴注引趙岐《三輔決録》載孔融與康父端書，贊元將「淵才亮茂，雅度弘毅，偉世之器也」，仲將「懿性貞實，文敏篤誠，保家之主也」。

〔五〕元方、季方：陳紀字元方，弟陳諶字季方，潁川許人，陳寔之子。俱以至德稱，兄弟孝養，閨門雍和，父子兄弟並稱「三君」。事見《世説新語》、邯鄲淳《後漢鴻臚陳君碑》等。

〔六〕孟丙、仲壬：《左傳》昭四年載，穆子適齊，娶於國氏，生孟丙、仲壬。

〔七〕孟堅、仲升：班固字孟堅，事見《後漢書·班彪列傳》附《班固傳》。弟班超字仲升，事見《後漢書》本傳。

〔八〕伯符、仲謀：孫策字伯符，事見《三國志·吴志·孫討逆傳》。弟孫權字仲謀，事見《吴主傳》。

〔九〕兄弟四五，同稱一「仲」：兄弟同稱一「仲」之例未詳。同名「伯」者，如陳世祖十三男：廢帝伯宗、伯茂、伯山、伯恭，伯固、伯信、伯仁、伯義、伯禮、伯智、伯謀，二男早卒無名。見《陳書·世祖九王傳》。

〔一〇〕昆季十數，但連一「叔」：《陳書·高宗二十九王傳》載，高宗四十二男：後主叔寶、叔陵、叔英、叔堅、叔明、叔卿、叔獻、叔齊、叔文、叔達、叔坦、叔彪、叔雄、叔重、叔儼、叔慎、叔虞、叔平、叔敖、叔興、叔宣、叔穆、叔儉、叔澄、叔韶、叔匡、叔純、叔謨、叔顯、叔隆、叔榮。叔叡、叔忠、叔弘、叔毅、叔訓、叔武、叔處、叔封等八人，並未及封。三子早卒無名。

劉曉東《平議》云：「六朝以降，古義浸失……既無關長幼之序，復不分嫡庶之别，宜致師古之正也。」

163 【扃】「鉉」者，鼎之耳，《易》稱「金鉉」、「玉鉉」是也〔一〕。「扃」者，關也〔二〕。《禮》云：「入户奉扃〔三〕。」今之宫中，猶呼門户短關以關（鈒）〔鈕〕者爲「門扃」①。又《左傳》云：「楚人惎之脱扃〔四〕。」莊周云：「唯恐緘縢扃鐍之不固〔五〕。」皆謂（鈒）〔鈕〕屈之内小關者爾②。而禮器有「鼎扃」者〔六〕，字或亦作「(鼎)〔鼏〕」③，謂横關之物以扛舉之耳，所以貫鉉，非即鉉也。而先儒説者讀「扃」爲「鉉」〔七〕，合作一物，失之遠矣。若謂「鉉」非鼎耳者，《易辭》不應云「黄耳金鉉」〔八〕。據此而言，非(鼎)〔鼏〕明矣④〔九〕。

〔校勘記〕

①鈕：原作「釼」，沈本同。今據張本朱校、明本、何本、惠本、盧本改。周祖謨《校記》云：「『釼』景宋本作『鈕』，是也。」按：「釼」同「劍」，與「鈕」形近而譌。

②鈕：原作「釼」，明本、沈本、惠本、盧本同。何本作「劍」，眉批：「『劍』作『釼』。」今正。

③鼏：各本原皆作「鼎」。王本眉批：「『鼎』當作『鼏』，字之誤也。下『鼎』字同。」周祖謨《校記》云：「案『鼎』當作『鼏』。」按：王、周謂此「鼎」字誤，是也；然謂字當作「鼏」，似未必然。《説文・鼎部》：「鼏，以木横貫鼎耳而舉之。从鼎冂聲。《周禮》『廟門容大鼏七箇』。」今本《周禮・考工記・匠人》作「大扃七箇」。段玉裁以爲《説文》誤合「鼏」、「鼏」二字爲一，曰：「《廣韻》、《集韻》、《禮部韻略》、《玉篇》、《類篇》皆佚此字（按：指「鼏」字）……惟《匡謬正俗》及毛晃《禮部韻略增字》獨不誤。」段氏所見《匡謬正俗》即雅雨堂本，字固作「鼎」，乃云「不誤」，蓋據文意推知師古本謂「扃」字或作「鼏」也。今從段説，詳見疏證〔九〕。

④鼏：各本原皆作「鼎」。周祖謨《校記》云：「案『鼎』當作『鼏』。」今從段玉裁説改。

〔疏證〕

〔一〕見《周易·鼎卦》：「六五：鼎黄耳金鉉，利貞。」「上九：鼎玉鉉，大吉，無不利。」

〔二〕「扃」者，關也；扃音jiōng，指從外關門的門閂。《説文·户部》：「扃，外閉之關也。」大徐本引《唐韻》音「古熒切」。《廣韻》青韻「古螢切」：「扃，户外閉關。」如《漢書·外戚傳下》録班婕妤《自傷賦》：「應門閉兮禁闥扃。」師古注曰：「扃，短關也。音『工熒反』。」

〔三〕見《禮記·曲禮上》。

〔四〕見《左傳》宣十二年。晉、楚邲之戰，晉師潰敗，晉人廣隊不能進，「楚人惎之脱扃」。杜預注曰：「惎，教也。扃，車上兵闌。」《正義》云：「《禮》扛鼎之木，其名曰扃，則扃是横木之名。」是則「扃」亦可指車上插旗或兵器的横木。

〔五〕見《莊子·胠篋》篇。

〔六〕「鼎扃」者，字或亦作「鼏」：《禮記·曲禮上》：「入户奉扃。」《正義》云：「今謂《禮》有『鼎扃』，所以關鼎。今關户之木，與關鼎相似，亦得稱『扃』。」「鼎扃」即舉鼎所用的横木，本字作「鼏」，假借「扃」字爲之。《説文》「扃」字段注曰：「户扃，蓋以木横着於户爲之機，令外可閉者。鼎關字正作『鼏』，《禮》古文叚『扃』爲之。車上所以止旗者亦曰扃。」《鼎部》：

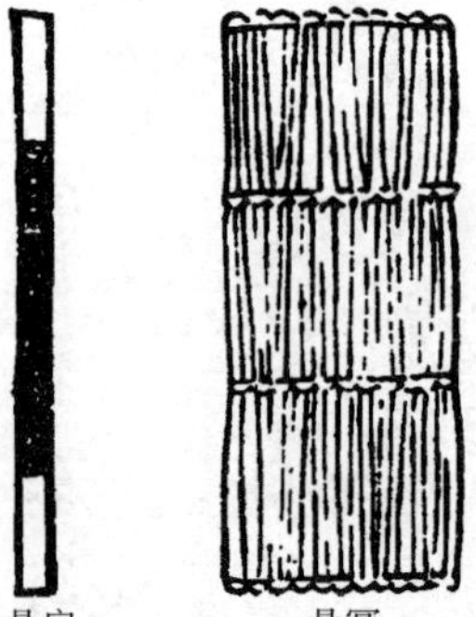

鼎鼏　鼎扃

（《新定三禮圖》卷十三）

「鼏，以木橫貫鼎耳而舉之。从鼎冂聲。《周禮》『廟門容大鼏七箇』，即《易》『玉鉉大吉』也。」段玉裁以爲大、小徐本篆文皆作「鼏」，解作冂聲，莫狄切，是誤合「鼏」、「鼏」二字爲一也。「鼏」是舉鼎之木，音jiōng，而「鼏」則是鼎蓋，音mì。乃校改許書爲兩條：其一，「鼏，目木橫貫鼎耳而舉之。从鼎H聲。《周禮》：『廟門容大鼏七箇。』即《易》『玉鉉大吉』也。」音「古熒切」。其二，「鼏，鼎覆也。从鼎冖，冖亦聲。」音「莫狄切」。

按：「H」音jiōng，象門扃之形，作「冂」或「H」均可。楊樹達《積微居小學述林》卷二「釋H」條云：「『H』乃『扃』之初文也……『H』爲象形字，『扃』則形聲字也。」《集韻》青韻「涓熒切」。以此觀之，段校是也。「鼏」、「扃」與「H」同源，故「扃」可假借爲「鼏」字。

〔七〕讀「扃」爲「鉉」：《説文·金部》：「鉉，舉鼎也。《易》謂之『鉉』，《禮》謂之『鼏』。从金玄聲。」大徐本引《唐韻》音「胡犬切」。按：師古云「先儒説者讀『扃』爲『鉉』」，似當云「讀『鉉』爲『扃』」。「鉉」《集韻》有五音：删韻「姑還切」：「鉉，所以舉鼎也。」山韻「居閑切」：「鉉，所以縣鼎。」僊韻「圭玄切」：「鉉鼏（按：當作「鼏」，下同），舉鼎也。或作鼏。」青韻「涓熒切」：「鉉，舉鼎也。」銑韻「胡犬切」：「鉉，《説文》：『舉鼎也。』《易》謂之鉉，《禮》謂之鼏。」可分爲兩組：其一，聲母爲喉音見、匣，古音在真、元部，屬於語音通轉。其二，青韻之音單爲一組，古音見母耕部。「扃」《集韻》有四音：青韻「涓熒切」：「扃扃閫，《説文》：『外户閉之關也。』一曰鼎扃。」迥韻「犬迥切」：「扃，扃扃，明察也。」迥韻「畎迥切」：「扃，扃扃，明察也。」隥韻「扃定切」：「扃扃，明察也。」青韻爲本音，後三音是疊音詞義，亦屬語音通轉。是則「鉉」有「扃」音，而「扃」無「鉉」音也。

「鉉」之所以有青韻一讀，師古及段玉裁皆以爲是訓讀爲「扃」。《周易・鼎卦》「黄耳金鉉」，《釋文》云：「玄典反，徐又『古玄反』，又『古冥反』，一音『古螢反』。」「古冥」、「古螢」（見母青韻）二反即「扃」字之音。《説文》「鼏」字段注曰：「『扃』者，叚借字；『鼏』者，正字；『鉉』者，音近義同字也。」又曰：「『鼏』、『鉉』異字同義。或讀『鉉』古冥反，則非矣。」

「鉉」與「鼏」、「扃」皆訓舉鼎，故可形成異文。《儀禮・士冠禮》、《公食大夫禮》、《士虞禮》「設扃鼏」，《士喪禮》「抽扃予左手」，鄭注皆曰：「今文『扃』爲『鉉』，古文『鼏』爲『密』。」然「鉉」之青韻音並非「鼏」、「扃」音轉而來。「扃」从「冋」聲，「鉉」从「玄」聲，分屬不同諧聲系列。「鉉」通「弦」，如《戰國策・齊策五》：「矛戟折，鐶鉉絶。」吴師道《補注》曰：「鉉，姚本作『弦』。」知其本音在真部。「鼏」除本義舉鼎横木外，並無詞義引申。「鉉」則引申喻指三公等重臣，如南朝梁江淹《爲蕭驃騎讓封第二表》：「且麟閣之臣，尚有位不及鉉；全器之侯，猶或任不並台。」《文選・任昉〈啓〉》：「皇朝軫慟，儲鉉傷情。」吕延濟注曰：「鉉……謂三公也。」《晉書・劉坤祖逖傳論》：「勵其貞操，契寒松而立節，咸能自致三鉉，成名一時。」等。此比喻義無作「鼏」、「扃」者。可知「鼏」、「扃」與「鉉」並非一詞。

〔八〕見《周易・鼎卦》六五。

〔九〕非鼏明矣。王本眉批云：「《易》稱『黄耳』，黄金鉉耳，與『鉉』自是二物。顔合爲一，失之。」

按：「鉉」訓舉鼎，然其究爲何物，其説有四：

其一，「鉉」爲鼎之耳，師古此説是也。《玉篇・金部》：「鉉，胡犬切。鼎耳也。」《廣韻》銑韻「胡畎切」：「鉉，鼎耳。」《爾雅・釋器》「附耳外謂之釴」，邵晉涵《正義》云：「鼎之附耳於外者名釴，即《易》所謂鉉也……案：鉉爲鼎耳，故可飾以金玉，耳附於鼎外，故《説文》以鉉爲扛鼎之具。『鉉』聲轉作『扃』，又通作『鼏（按：當作鼏）』……《易》所謂『金鉉』、『玉鉉』，專指鼎耳而言也。」皆與顔説同。

其二，「鉉」與「鼏」、「扃」同爲舉鼎所用的横木。《易・鼎》「黄耳金鉉」，《釋文》引馬融云：「鉉，扛鼎而舉之也。」李鼎祚《集解》引虞翻曰：「鉉謂三，貫鼎兩耳。」干寶曰：「凡舉鼎者鉉也。」《説文》「鉉」字段注曰：「古説皆云鉉貫於耳，顔師古獨云鉉者鼎耳，非鼎扃也，其説甚誤。《易》言『黄耳金鉉』，則耳與鉉非一物明矣。」《周禮・考工記・匠人》「大扃七箇」，孫詒讓《正義》云：「扃，天子以玉飾，即《易・鼎》上九所謂『玉鉉』也。諸侯以金飾，即《鼎》六五所謂『金鉉』也。」此條觀堂眉批之意亦同。然則段、孫、王皆謂「鼏」、「扃」、「鉉」同物，「鼏」爲本字，見於許慎所見《周禮》；「扃」爲假借字，見於《儀禮》古文；

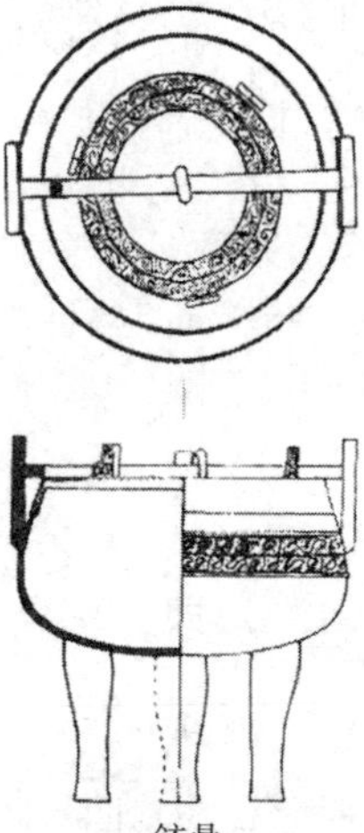

鉉鼎

（《鉉鼏解》配圖）

字又作「鉉」，見於《周易》及《儀禮》今文。

其三，「鉉」爲外閉關鼎之具，即門子。殷滌非《鉉鼏解》（《江漢考古》一九八三年第四期）以一九五九年安徽舒城所出「鉉鼎」爲證，謂「鉉」即是「扃」，乃外閉關鼎之具，即門子，亦即關鍵。因鼎蓋上有一根可以抽插、横穿蓋紐以貫鼎耳的扁圓形長銅棍，棍長恰與鼎之兩耳外緣間距相等，然則鉉既非鼎耳，又無伸出執握之處，故亦非舉鼎之具。

二、三兩説皆謂「鉉」可横貫鼎耳，區别在於二説以爲鉉用於舉鼎，三説以爲用於門鼎。按：張光裕《曾侯乙墓出土鼎鈎的啓示》（《江漢考古》一九八五年第三期）已駁殷説。湖北隨縣曾侯乙墓所出鑊鼎、升鼎、帶蓋鼎，有扃伴出，其中升鼎和帶蓋鼎無法用扃門閉，而諸鼎皆有鼎鈎伴出，因此扃只能是作舉鼎之用。

其四，「鉉」爲鼏之鍵，即加在鼏之兩端的金屬插栓。清黄生《字詁》「冂鼏鉉」條云：「『轄』訓鍵也。『鍵』訓鉉也，一曰車轄。『鉉』訓舉鼎也，《易》謂之『鉉』，《禮》謂之『鼏』。詳轄、鍵、鉉三字互訓，疑『鼏』爲舉鼎之物，『鉉』特其鍵耳。用横鼏貫鼎耳，加鉉以塞鼏端之空，使不脱出，如車軸之有轄，門户之有鍵，其用一也，故字從金。若與鼏爲一物，則不宜从金矣。」按：黄生亦謂《説文》「鼏」字正當作「鼏」，諧冂聲，後人誤傳寫從冖而加以「莫狄

曾侯乙帶蓋鼎及鼎鈎
（湖北省博物館藏）

切」，説與段玉裁同，極是。然謂「鉉」爲鼏之鍵，似無確據，蓋因誤解《説文》「鍵」字義訓所致。《金部》：「鍵，鉉也……一曰車轄。」段注曰：「謂鼎扃也。以木横關鼎耳而舉之。非是則既炊之鼎不可舉也，故謂之關鍵。引申之爲門户之鍵閉。《門部》曰：『關，以木横持門户也。』門之關猶鼎之鉉也……此以木爲而字从金者，系於鼎而言之也。抑《易》言『金鉉』，則鍵有金飾之者矣。」然則「鍵」即是「鼏」，「車轄」是其引申義，並無「鼏」上再加「鍵」之事。

要之，三、四兩説證據不足，綜合一、二兩説，竊疑「鉉」本指鼎耳，以横木貫鼎耳而舉之亦謂之「鉉」，鼎耳是本義，舉鼎横木是引申義。因此，在舉鼎横木義上，「鉉」與「鼏」、「扃」構成同義詞。

又及，段玉裁校改校《説文》「鼏」、「鼏」爲二字，甚是；然「鼏」字、「鉉」字注皆曰「許所見《禮經》『扃』作『鼏』」，似未爲達。許書引《周禮》作「鼏」，不得類推《禮經》古文。且《儀禮》鄭注明言「今文『扃』爲『鉉』」，是《禮經》古文自作「扃」也。段云「許所據作『鼏』，用此知《禮經》古文本亦作『鼏』。古文以『鼏密』連文，今文以『鉉密（按：「密」當作「鼏」）』連文。鄭上字從古文，下字從今文，遂『鼏鼏』連文。轉寫恐其易混，則上字易爲『扃』耳」，嫌於穿鑿。王引之《經義述聞》卷十「扃鼏」條駁之云：「若《儀禮》古文果作『鼏』，鄭安得輒改爲『扃』乎？《易》作『鉉』，《周禮》作『鼏』，皆正字，故許君引之；若《儀禮》古文作『扃』，乃『鼏』之借字，已言《周禮》謂之『鼏』，不須更引《儀禮》矣。」其説甚是。

164 【示】許氏《説文解字》解「示」字云：「天垂象，見吉凶，所以示人。從〔二〕；三垂①，日月星也。蓋觀乎天文，以察時變，示神事也〔一〕。」所以「禍福」、「禨祥」、「神祇」之字皆從於「示」。而《周官》古文所論神祇，皆以爲「示」字〔二〕，蓋古從省借耳。今之學者，不知「示」字本義，便同「福」、「祥」之屬，字皆從「示」，乃云「祇」旁立字〔三〕。此不究其源也。

〔校勘記〕

①二三：原脱「二」字。張本朱校、明本、沈本、何本作「上」；惠本、盧本原作「上」，改作「三」。周祖謨《校記》云：「案《説文》云：『從二，二，古文上字；三垂，日月星也。』」按：影宋本、明本、沈本、何本改「二」爲「上」，而脱「三」字；盧本、惠本補入「三」，又脱「二」字。今正。

〔疏證〕

〔一〕見《説文·示部》。

〔二〕以爲「示」字：《周禮》假「示」爲神祇之「祇」。《春官·大宗伯》「掌建邦之天神、人鬼、地示之禮，以佐王建保邦國」，鄭注曰：「立天神地祇人鬼之禮者，謂祀之，祭之，享之。」《釋文》云：「示，音『祇』，本或作『祇』。」孫詒讓《周禮正義》云：「案《説文·示部》云：『示，天垂象，見吉凶，所以示人也。』『祇，地祇，提出萬物者也。』此經例用古字，通借『示』爲『祇』，注例則用今字作『祇』。陸所載或本與全經字例不合，非也。」與師古意同。

〔三〕《廣韻》「示」有二音：至韻「神至切」：「示，垂示。」此其正音正義也。支韻「巨支切」：

「祇，地祇，神也。」「示，上同，見《周禮》。本又『時至切』。」蓋存録舊音耳。音「示」爲「祇」，是以假借字爲音也。

〔三〕「祇」旁立字：蓋時人有謂「福」、「祥」等字從「祇」省而不從「示」者，故師古正之也。

165 【仇】怨偶曰「仇」〔一〕，義與「讎」同〔二〕；嘗試之字，義與「曾」同〔三〕；邀迎之字，義與「要」同〔四〕，而音讀各異，不相假借〔五〕。今之流俗，徑讀「仇」爲「讎」，讀「嘗」爲「曾」，讀「邀」爲「要」，殊爲爽失。若然者，「初」字訓始〔六〕，「(宏)〔弘〕」字訓大〔七〕，「淑」字訓善〔八〕，亦可讀「初」爲「始」，讀「宏」爲「大」，讀「淑」爲「善」邪？

〔疏證〕

〔一〕怨偶曰「仇」：「仇」从人九聲，本義爲配偶。《説文・人部》：「仇，讎也。」大徐本引《唐韻》音「巨鳩切」。後偏指怨偶，如《左傳》桓二年師服曰：「嘉偶曰妃，怨偶曰仇。」引申爲仇敵，如《詩・秦風・無衣》：「修我戈矛，與子同仇。」又引申爲仇恨，如《尚書・夏書・五子之歌》：「萬姓仇予。」

〔二〕義與「讎」同：「讎」从言从雔（二鳥相對），雔亦聲，本義爲應對。《説文・言部》：「讎，猶應也。」大徐本引《唐韻》音「市流切」。引申爲相當、匹配，亦引申爲仇敵，如《書・微子》：「小民方興，相爲敵讎。」又引申爲讎怨，如《楚辭・九章・惜誦》：「專惟君而無它兮，又衆兆之所讎。」在仇敵、仇恨義上，「仇」、「讎」構成同義詞。

〔三〕嘗試之字，義與「曾」同：「曾」甲骨文作合1012，象蒸煮食物的器皿，即「甑」之初文。假借爲加强語氣的副詞，《説文・八部》：「曾，詈之舒也。」大徐本引《唐韻》音「昨稜切」，古音精母蒸部。又假借表示曾經，古音從母蒸部。段注曰：「蓋『曾』字古訓乃，子登切。後世用爲曾經之義，讀『才登切』。」《玉篇・八部》：「曾，子登切，則也。又才登切，經也。」《廣韻》有二音：登韻「作滕切」：「曾，則也。」「昨棱切」：「曾，經也。」

「嘗」本義爲辨别滋味。《説文・旨部》：「嘗，口味之也。」大徐本引《唐韻》音「市羊切」，古音禪母陽部。引申爲經歷、經受，用作副詞，表示曾經。段注曰：「引伸凡經過者爲嘗，未經過爲未嘗。」《廣韻》陽韻「市羊切」：「甞，試也，曾也。《説文》本作『嘗，口味之也。』」是則在曾經義上，「嘗」、「曾」同義，如《論語・爲政》「曾是以爲孝乎」，皇侃《義疏》云：「『曾』猶『嘗』也。」盧以緯《語助》云：「未嘗，俗語『未曾』之意。『嘗』即是『曾』，喻如曾經口食之而知其味也。」按：蒸、陽二部旁轉，從、禪二母可以諧聲通假，讀「嘗」爲「曾」，屬於語音通轉。

〔四〕邀迎之字，義與「要」同：《説文》無「邀」字，慧琳《一切經音義》卷七《大般若波羅蜜多經》卷五六二云：「邀，伊澆反。或從彳作『徼』。」《説文・彳部》：「徼，循也。」大徐本引《唐韻》音「古堯切」。本義爲巡查，引申爲邊境、小路、終極等義，或用作「邀」。「邀」本義爲半路阻攔，《玉篇・辵部》：「邀，於堯切，遮也。」引申指迎候，又引申爲招請、邀約。《廣韻》「邀」有二音：蕭韻「古堯切」：「邀，遮也。」宵韻「於宵切」：「邀，邀遮。」「徼」亦有二音：蕭韻「古堯切」：「徼，求也，抄也。」嘯韻「古弔切」：「徼，循也，小道也。」「古堯切」折合古音見母宵部，「於宵切」折合古音影母宵部。

「要」爲「腰」之初文，本指腰部。《説文·臼部》：「𡠎，身中也。象人要自臼之形。」大徐本引《唐韻》音「於消切」。因腰在身中，故引申指半路阻攔，又引申爲邀請、邀約；或引申指綱領、關鍵，又引申爲簡約。段注曰：「今人變爲『要』，以爲要約、簡要字。」《玉篇·臼部》：「要，於宵切。《説文》曰：『身中也。象人要自臼之形。』今爲要約字。」《廣韻》有二音：宵韻「於霄切」：「要，俗言要勒。《説文》曰：『身中也。象人要自由之形。』今作『腰』。」笑韻「於笑切」：「要，約也。」古音影母宵部。是則在邀約義上，「邀」、「要」同義，如《莊子·寓言》「老聃西遊於秦，邀於郊，至於梁而遇老子」，《釋文》云：「邀，要也。」按：「邀」之所以有邀約義，正是假借的結果。邀約本是「要」之引申義，假借「徼」字表示，字後作「邀」。見、影皆爲喉音，可以諧聲通假。讀「徼（邀）」爲「要」，屬於語音通轉。

〔五〕音讀各異，不相假借：讀「嘗」爲「曾」、讀「邀」爲「要」，實是假借，師古以爲「不相假借」，非也。讀「仇」爲「讎」，郝懿行、朱駿聲以爲亦是假借。《爾雅·釋詁》「仇、讎，匹也」，郝懿行《義疏》云：「『讎』與『仇』通。」朱駿聲《説文通訓定聲》云：「讎，假借又爲『仇』、爲『咎』。」師古則謂「仇」、「讎」義同而音異，不相假借。然則讀「仇」爲「讎」，乃訓讀也。

孫玉文《訓讀舉例》（《文獻語言學》第一輯，中華書局二〇一五年）力證「仇」、「讎」語音絕不相通：「仇」从九聲，諧聲系列多爲牙喉音之字；「讎」从雔聲，諧聲系列皆爲昌禪母字。「仇」與「逑」同源，是按牙喉音造成同源詞；「儔、疇、雔、讎、讐」同源，是按舌音造成同源詞。「仇讎」同義連用，先秦已大量出現。「仇」、「讎」義皆訓匹，有以「仇」釋「讎」者，亦有以「讎」釋「仇」者。古書「讎」通「酬」（禪母幽部）、通「稠」（定母幽部）；而「仇」通「斞」（見母幽部）。是知中古以前「仇」、「讎」聲母遠隔。

儘管初唐流俗之人讀「仇」爲「讎」，然就正音而言，二者依然有別。《廣韻》、《集韻》及其後之字書、韻書，皆不收「仇」之訓讀音。十九世紀威妥瑪《語言自邇集》所附《北京音節表》，「仇」讀爲「讎」仍被視作異讀。而今惟有仇姓之「仇」仍讀 qiú，他「仇」字則皆讀 chóu。此乃訓讀影響語音之例。

要之，讀「仇」爲「讎」屬於訓讀，讀「嘗」爲「曾」、讀「邀」爲「要」屬於假借。訓讀字與被注字讀音差別較大，不屬於語音通轉；假借字與本字讀音差別較小，屬於語音通轉。然依顏意，差別雖小，亦非正音，故師古謂三者皆「殊爲爽失」也。

〔六〕「初」字訓始：《說文·刀部》：「初，始也。」

〔七〕「弘」字訓大：《爾雅·釋詁》「弘，大也」，邢疏曰：「『弘』者，含容之大也。」

〔八〕「淑」字訓善：《爾雅·釋詁》「淑，善也」，疏曰：「『淑』者，有德之善也。」

【愈】愈，勝也〔一〕，故病差者言「愈」〔二〕。《詩》云：「政事愈蹙〔三〕。」《楚辭》云：「不侵兮愈疏①〔四〕。」此「愈」並言漸就耳。文史用之者，皆取此意，與病愈義同。而江南近俗，讀「愈」皆變爲「踰」〔五〕，關内學者，遞相放習，亦爲難解。

【校勘記】

①侵：惠本、盧本同。明本、沈本、何本作「浸」。今本《楚辭·九歌·大司命》作「寖」，下有「近」字，王逸注曰：「寖，一作『侵』，一作『浸』。」所見本異也。

【疏證】

〔一〕愈，勝也：《玉篇·心部》：「愈，差也。又勝也，孔子謂子貢曰：『汝與回孰愈？』」《左傳》襄十三年「不猶愈乎」，《正義》引鄭玄《論語》注云：「愈猶勝也。」《漢書·地理志下》「然其好學猶愈於它俗」，師古注曰：「愈，勝也。」

〔二〕病差者言「愈」：「差」義爲病好，《廣韻》卦韻「楚懈切」：「差，病除也。」折合今音爲 chài，如晉王羲之《十七帖》：「冀病患差，末秋初冬，必思與諸君一佳集。」《方言》卷三：「差，愈也。南楚病愈者謂之差。」

「愈」又作「瘉」，本義爲病好，引申爲勝過、越發等義。《説文·疒部》：「瘉，病瘳也。」段注曰：「凡訓勝、訓賢之『愈』，皆引伸於『瘉』，『愈』即『瘉』字也。」《左傳》昭二十年「相從爲愈」，杜預注曰：「愈，差也。」《正義》云：「病差謂之愈。」襄十三年「不猶愈乎」，《正義》云：「《方言》云：『病差謂之愈。』……服虔云：『愈猶病瘉。』是愈爲差之義也。」《漢書・高帝紀上》「漢王疾瘉」，師古注曰：「『瘉』與『愈』同。愈，差也。」

〔三〕見《詩・小雅・小明》。鄭箋云：「愈，猶益也。」

〔四〕見《楚辭・九歌・大司命》，今本作「不寖近兮愈疏」。王逸注曰：「愈，一作『踰』。」

〔五〕讀「愈」皆變爲「踰」：《説文・足部》：「踰，越也。」然則「愈」訓勝過，側重好惡對比；「踰」訓超越，側重更勝一籌，是二詞義近而小別。《廣韻》麌韻「以主切」：「愈，差也，賢也，勝也。」虞韻「羊朱切」：「逾，越也。」「踰，上同。」是二字有平、上之異。《釋文》「愈」字注音多爲「羊主反」，是元朗亦以上聲爲正音也。然《老子》「動而愈出」，《釋文》云：「愈，羊主反，又『羊朱反』。」是實有讀「愈」爲「踰」者，是以師古匡而正之。

167

【舍】「舍」字訓止〔一〕、訓息〔二〕也，人舍屋及星辰次舍①，其義皆同。《論語》云：「逝者如斯夫！不舍晝夜〔三〕。」謂曉夕不止息耳。莊周云：「百舍重趼〔四〕。」謂在道多止息耳。今人皆不言「舍」，盡改音「捨」〔五〕，違義借讀，於理僻謬。

〔校勘記〕

①人舍屋：明本、沈本、何本、惠本、盧本同。張本黄筆眉批：「明刻作『人之舍屋』。」按：此處張本黄筆校語與沈本不合，未知何故。《楚辭・離騷》「忍而不能舍也」，洪興祖《補注》引師古此説亦作「人之舍屋」，疑各本脱「之」字。

〔疏證〕

〔一〕訓止：《禮記·月令》「耕者少舍」，鄭注曰：「舍，猶止也。」《管子·四稱》篇「良臣不使，讒賊是舍」，尹知章注曰：「舍，止也。謂止讒賊於其旁，與之近也。」

〔二〕訓息：《詩·小雅·何人斯》「爾之安行，亦不遑舍」，鄭箋云：「女可安行乎，則何不暇舍息乎？」《漢書·高祖紀》「欲止宫休舍」，師古注曰：「舍，息也。於殿中休息也。」

〔三〕見《論語·子罕》。邢疏云：「不以晝夜而有舍止也。」

〔四〕見《莊子·天道》。郭象注曰：「舍，逆旅也……慕義遠來，百經旅舍，一不敢息。」郭云「不敢息」，顔云「多止息」，然「舍」訓止息，殆無異議。

〔五〕改音「捨」：許慎以「舍」爲屋舍義之本字，《説文·亼部》：「舍，市居曰舍。」段注曰：「舍可止，引伸之爲凡止之偁……凡止於是曰舍，止而不爲亦曰舍，其義異而同也。」「止於是」，即止息、放置；「止而不爲」，即捨棄、放棄。中古以「舍」之本義屋舍、引申義止息讀去聲，此其正音正義也；放棄義讀上聲，是其變音别義也，與「捨」音義並同。故師古謂止息之義當讀如字，不當讀上聲。

《經典釋文》亦以去聲爲如字，上聲爲破讀。如《禮記·學記》「語之而不知，雖舍之可也」，《釋文》云：「舍，音『捨』，又如字。」《左傳》僖十五年「服而舍之」，《釋文》云：「舍如字，又音『捨』。」定四年「舍舟於淮汭」，《釋文》云：「舍音『赦』，置也。又音『捨』，棄也。」《周易·屯》

六三「君子幾，不如舍」，《釋文》云：「舍，式夜反，止也。徐音『捨』。」《楚辭·離騷》「忍而不能舍也」，王逸注曰：「舍，止也。」洪興祖《補注》引師古此説，曰：「顔師古云：舍，尸夜切，訓止息。」宋賈昌朝《羣經音辨》卷二：「舍，居也，始夜切。舍，放也，音『捨』。」王觀國《學林》卷九「舍」條云：「『舍』字與『赦』同音者，其義則止息也；與『捨』同音者，其義則釋去也。『子在川上曰：逝者如斯夫！不舍晝夜。』此言川流無止息，逝者已往，愈遠而不可追，猶川流之無止息，孔子所以興歎也。『舍』當讀音『赦』。」《爾雅·釋詁》「廢、税、赦，舍也」，郝懿行《義疏》云：「『舍』有二義，亦有二音。『詩夜切』者……是皆以止息爲義也。其音『書冶切』者，『舍』即『捨』之假借……是皆以舍釋爲義也。」陸、洪、賈、王、郝或用直音，或作反切，其意皆同師古，謂止息義爲「舍」之本義，當讀去聲，放棄義當讀上聲。《廣韻》「舍」有二音：去聲禡韻「始夜切」：「舍，屋也。」上聲馬韻「書冶切」：「舍，止息。亦同『捨』。」嫌於音義相混。

孫玉文《漢語變調構詞考辨》則以爲，原始詞義爲捨棄、放棄，動詞，上聲，後起字作「捨」；滋生詞義爲放置、安置，動詞，去聲；詞義構詞，義爲客舍，名詞，引申爲小屋、止息之處。因爲由捨棄之義發展出舍止之義的例子很多，但尚未找到由舍止義發展出捨棄義的例子；由舍止義發展出屋舍義的例子很多，但很難找到屋舍義發展出舍止義的例子。故孫書將上聲捨棄義視爲原始詞，去聲舍止義視爲滋生詞，與《説文》及中古注家不同。

按：「舍」字从口余聲，本義爲口頭發佈。西周善夫克鼎：「王令善夫克舍令于成周遹正八師之年」，「舍命」即發佈命令。引申爲發出、釋放、給予，又引申爲離開、停止、放棄。由停止義引申爲止息、安置，又引申爲住所、客舍。《説文》解「舍」之本義爲屋舍，乃以小篆字形爲據也。竊以爲孫説較長。

「舍」古音書母魚部，江永《古韻標準·上聲第三部》音「商羽切」，顧炎武《唐韻正》卷九音「書冶切」，皆歸上聲。先秦韻文中，「舍」與上聲字爲韻者，如《易·井》「《象》曰：『井泥不食』，下也；『舊井無禽』，時舍也」，《文言》「『潛龍勿用』，下也；『見龍在田』，時舍也」，「舍」皆與「下」韻。「舍」與去聲字爲韻者，如《楚辭·離騷》「余固知謇謇之爲患兮，忍而不能舍也。指九天以爲正兮，夫唯靈脩之故也」，「舍」與「故」韻，義爲放置；《禮記·曲禮上》「將適舍，求毋固」，「舍」與「故」韻，義爲屋舍。又《詩·小雅·何人斯》「爾之安行，亦不遑舍。爾之亟行，遑脂爾車。壹者之來，云何其盱」，「舍」與「車」、「盱」韻，蓋平上通押耳。《説文》「舍」字段注曰：「以今俗音讀之，上、去無二理也。古音不分上、去，『舍』、『捨』二字義相同。」似未爲達。

168

【飭】「飭」者，謹也，敬也〔一〕。音與「敕」同〔二〕，字從食、從力。其修飾之字從巾〔三〕。《書》云：「飭天之命〔四〕。」《月令》云：「飭喪紀〔五〕。」《考（功）〔工〕記》曰①：「飭力以長地財〔六〕。」謹按：吕后詔稱「高皇帝匡飭天下」〔七〕，武帝詔稱「飭躬（齊）〔齋〕精」②〔八〕，並是謹敬之義。諸如此類，文籍有用「飭」者，其意皆同。曲學之士，不能詳別，遂使書寫訛謬。「飾」、「飭」兩字，混而爲一〔九〕，並「食」傍作「芳」〔一〇〕。縱或知有「敕」音，止謂借「飾」爲

「飭」耳。全不辨者③，惣讀爲「飾」，蓋大失之矣。

〔校勘記〕

①工：各本原皆作「功」。周祖謨《校記》云：「按『功』當作『工』。」今正。

②齋：原作「齊」，今據張本朱校、明本、沈本、何本、惠本改。盧本原作「齋」，改作「齊」。吴本吴志忠眉批：「今《漢書》『飭躬齋戒』，不當改『齊』。」周祖謨《校記》云：「又『精』《漢書·武帝紀》元鼎五年詔書作『戒』。」

③全：明本、何本、惠本、盧本同。張本朱校、沈本「全」上有「其」字。周祖謨《校記》云：「當據補。」

〔疏證〕

〔一〕「飭」者，謹也，敬也：《玉篇·食部》：「飭，恥力切。謹皃。」《漢書·禮樂志》「敕身齊戒」，師古注引應劭曰：「敕，謹敬之貌。」「敕」即「飭」之假借。《説文·力部》「飭」字段注曰：「『飭』與『敕』義略相近。敕，誡也。」

〔二〕音與「敕」同：《説文·力部》：「飭，致臤也。从人力，食聲，讀若『敕』。」《廣韻》職韻「恥力切」：「敕，誡也，正也，固也，勞也，理也，書也，急也。今相承用『勅』。」「飭，牢密。又整備也。」師古《漢書注》「飭」字皆曰「讀與『敕』同」，如《宣帝紀》地節元年冬十月詔曰「今復飭兵重屯」，注曰：「『飭』讀與『敕』同。飭，整也。」《楚元王傳》「以行修飭擢爲諫大夫」，注曰：「飭，整也，讀與『敕』同，其字從力。」《趙充國辛慶忌傳》「飭鬬具」，注曰：「飭，整也，其字從力。」等。

〔三〕修飾之字：《説文・巾部》：「飾，㕞也。从巾从人，从𠊊聲，讀若『式』。一曰襐飾。」本義爲刷拭，引申爲修飾之義。

〔四〕見《尚書・虞書・益稷》，今本「飭」作「勑」。孔安國注曰：「勑，正也。」

〔五〕見《禮記・月令》。鄭注曰：「順時飭正之也。」

〔六〕見《周禮・考工記》。《釋文》云：「飭，音『敕』。」

〔七〕見《漢書・高后紀》二年春詔。師古注曰：「匡，正也。飭，整也。『飭』讀與『勑』同，其字從力。」

〔八〕見《漢書・武帝紀》元鼎五年冬十一月詔，今本作「精」作「戒」。注曰：「飭，整也，讀與『敕』同。」

〔九〕「飾」、「飭」兩字，混而爲一：《廣韻》職韻「賞職切」（書母）：「飾，裝飾。」與「恥力切」（徹母）之「飭」韻同而聲異。二字形近，經傳多所混淆，故師古正之也。

《周易・雜卦》「蠱，則飭也」，《釋文》云：「飭，鄭本、王肅作『飾』。」《禮記・樂記》「合情飭貌者」，《釋文》云：「飭，音『勑』。本又作『飾』，音『式』。」《月令》仲夏之月「飭鍾磬柷敔」，《玉燭寶典》卷五引作「飾」；孟冬之月「飭喪紀」，《玉燭寶典》卷十亦引作「飾」。是皆「飾」、「飭」相混之例。故《説文》「飭」字段注曰：「其字形與『飾』相似，故古書多有互譌者。『飾』在外，『飭』在内，其義不同。」説與師古正同。

〔一〇〕「食」傍作「芳」：《玉篇·食部》：「飾，修飾也。」「餝，同上，俗。」「餝」爲六朝時「飾」之俗字，如《周易·坤》「六五：黄裳元吉」王弼注「裳，下之飾也」，《釋文》云：「飾，本或作『餝』，俗字。」《禮記·月令》季秋之月「天子乃厲飾」，《正義》云：「厲飾，謂嚴厲武猛容飾。定本『飾』，謂容儀也。俗本作『餝』，非也。」又因「飾」、「飭」相混，遂誤以「餝」爲「飭」字。《詩·小雅·六月》「戎車既飭」，《釋文》云：「飭，音『勑』，依字從力。脩飾之字從巾，不同也。今人『食』邊作『芳』，以爲修飾之字借作『勑』音，非。」是元朗亦謂「飾」、「飭」各有音義，不得相混而並作「餝」也。

169

【陵遲】〔一〕蔡南問：「《乾鑿度》云：『王道陵遲。』何謂陵遲？」董勛荅曰〔二〕：「舒疾有節。《禮》云：『喪事雖遽，不陵節〔三〕。』是王道越於遲節，言教不行也。」按：「陵」爲陵阜之陵，而「遲」者，遲遲，微細削小之義。今俗語猶然。又「遲」即「夷」也，古者「遲」、「夷」通用〔四〕。《書》稱「遲任有言曰」〔五〕，「遲」字音「夷」，亦音「遲」。《淮南》説「馮夷河伯」〔六〕，乃爲「遲」字。史籍或言「陵遲」，或言「陵夷」〔七〕，其義一也。夷者，平也，言陵阜漸平〔八〕，喻王道弛替耳。「越於遲節」，曲而未允。

〔疏證〕

〔一〕陵遲：王本眉批云：「以下五條乃正董勛《問禮俗》者，又正《風俗通》二條，正《陳留風俗傳》一條，正《本草集注》五條，共十三條，疑皆卷五末脱簡錯入此卷末者。若移入卷五，則全書體例畫一矣。」

〔二〕董勛：生平不詳，《太平御覽》卷二九「元日」條有「魏時人問議郎董勛」、「晉海西令又問董勛」云云，蓋魏晉之間人，官至議郎。《隋書·經籍志·經部》有「《問禮俗》十卷，董勛撰」，新、舊《唐書·藝文志》甲部禮類同，今已佚。清馬國翰有輯本一卷，收入《玉函山房輯佚書》經編通禮類，輯出此及以下共五條。清王謨《漢魏叢書》亦有輯本，輯佚來源亦有《匡謬正俗》，然僅輯出「陵遲」一條所引，以下四條則失輯，未知何故。

〔三〕見《禮記·檀弓》。鄭注曰：「陵，躐也。」即踐踏，逾越。

〔四〕古者「遲」、「夷」通用：「遲」（定母脂部）、「夷」（餘母脂部）古音相近，同源通用。如《詩·小雅·四牡》「周道倭遲」，《釋文》云：「遲，《韓詩》作『倭夷』。」又佚名《勘正》云：「『遲』字可爲『夷』音，然古『夷』字作『𡰥』，或後誤增作『遲』，亦不可知也。」按：「遲」之或體即從「夷」之古文得聲，《玉篇·尸部》：「𡰥，古文『夷』字。」《説文·辵部》：「遟，遲或从𡰥。」然則「陵遲」、「陵夷」同詞異形。萬羣《「陵遲」考辨》（《文獻語言學》第六輯，中華書局二〇一八年）認爲，「陵遲」始見於戰國文獻，如《荀子·宥坐》：「數仞之墻而民不踰也，百仞之山而豎子馮而游焉，陵遲故也。今世之陵遲亦久矣，而能使民勿踰乎？」前者指空間上的平緩延伸，後者指時間上的式微衰頽，是因比喻而發生詞義引申。「陵夷」始見於西漢文獻，如《淮南子》、《史記》及漢賦等，主要指時間上的式微衰頽。

〔五〕見《尚書・商書・盤庚》。

〔六〕馮夷河伯：今本《淮南子・原道訓》「昔者馮夷、大丙之御也」，《齊俗訓》「昔者馮夷得道，以潛大川」，作「夷」不作「遲」。惠棟眉批云：「許慎本作『馮遲』，高誘本仍作『馮夷』。」蓋師古所見乃許慎本也。

〔七〕或言「陵遲」，或言「陵夷」：言「陵遲」者，如《何武王嘉師丹傳》「自是以後，縱心恣欲，法度陵遲」，師古注曰：「『陵遲』即『陵夷』也，言漸頽替也。」言「陵夷」者，如《竇田灌韓傳贊》「陵夷以憂死」，注曰：「『陵夷』即『陵遲』也，言漸卑替也。」

〔八〕陵阜漸平：《漢書・成帝紀》「帝王之道日以陵夷」，師古注曰：「陵，丘陵也。夷，平也。言其頽替若丘陵之漸平也。」又曰：「『陵遲』亦言如丘陵之逶遲，稍卑下也。」《諸侯王表》：「自幽、平之後，日以陵夷。」注曰：「陵夷，言如山陵之漸平。夷謂頽替也。」然則「陵遲/陵夷」之義，師古之説有二：其一，謂「若丘陵之漸平」、「如丘陵之逶遲」，然則「陵遲」爲狀中結構的偏正式複合詞，類似於「雲集響應、土崩瓦解」。其二，謂「陵阜漸平」，「陵」訓丘陵，「夷」、「遲」訓平、微細削小，然則「陵遲」爲主謂式複合詞。二説詞義大致無別，而内部結構不同。

顔氏以外，又有二説：其三，董勛謂「陵」訓超越，「遲」訓稽延，然則「陵遲」爲聯合式複合詞。《説文・𨸏部》：「陵，大𨸏也。」段注曰：「引申之爲乘也、上也、躐也、侵陵也、陵夷也，皆

『夌』字之叚借也。」《夂部》：「夌，越也，高大也。」其四，《詩·王風·大車》序「禮義陵遲」，《正義》云：「陵遲猶陂阤，言禮義廢壞之意也。」孔疏以「陂阤」釋「陵遲」，然則「陵遲」應作整體釋義。

「陵遲/陵夷」之内部結構，王念孫、段玉裁、王筠等皆有説。《讀書雜志·〈漢書〉第十六》「連語」條云：「凡連語之字，皆上下同義，不可分訓……師古以『陵』爲邱陵，非也。『陵』與『夷』皆平也。《文選·長楊賦》注引薛君《韓詩章句》曰：『四平曰陵。』是陵邱之『陵』本取陵夷之義，非陵夷之取義於邱陵也……『陵夷』之爲『陵遲』，猶『逶夷』之爲『逶遲』。故王肅《家語》注曰：『陵遲猶陂阤也。』……又案《説文》：『夌，夌徲也。』其字作『夌』不作『陵』，則非邱陵之『陵』益明矣。」王氏之「連語」究竟是指雙音節單純詞還是同義平列的聯合式複合詞，學界尚有爭議，然云「『陵』與『夷』皆平也」，可知其視「陵遲/陵夷」爲聯合式複合詞。又《説文·夂部》：「夌，一曰夌徲也。」段注曰：「凡言『陵遲』、『陵夷』當作『夌徲』。」隨引師古此説，云：「玉裁謂許書作『夌』，則知説『陵』爲陵阜，非也。『夌徲』爲『邌』之反語，古『遲』、『邌』通用，『夌徲』言時久則弛替。『遲』古讀如『夷』，『夌』、『夷』疊韻字耳。」段氏謂「陵遲/陵夷」本字爲「夌徲」，「夌」有遲義，是亦視「陵遲/陵夷」爲聯合式複合詞。王筠《説文釋例》云：「『夌徲』乃連語，非以『徲』釋『夌』也。《玉篇》第云『遲也』，蓋誤。『夌徲』即『陵遲』，又曰『陵夷』，豈可訓『陵』爲『遲』，爲『夷』？」王筠之「連語」，近於現代所謂聯綿詞（雙音節單純詞）。

萬羣《「陵遲」考辨》一文詳論「陵遲」之結構類型及源流發展，認定「陵遲」爲聯綿詞。師古則視「陵遲/陵夷」爲偏正式或主謂式複合詞，乃「陵」與「遲、夷」兩語素義之加合，指式微衰頹也。

170

【獻左氏傳】蔡南問：「北平侯始獻《左氏傳》〔一〕，北平侯從誰得之？」董勛荅曰：「諸奇書《左傳》、《周禮》之屬，悉從河間王所得也〔二〕。」按：許氏《説文解字序》云：「北平侯張蒼獻《左氏春秋傳》書①。」張蒼本以客從高祖〔三〕，歷位諸侯相、御史大夫。蒼凡好書，無所不觀，無所不通。孝文四年爲丞相，百餘歲，孝景五年薨。而河間獻王〔四〕，景帝之子。校其年月，不相及（殆）〔逮〕②，非獻王所得明矣。

〔校勘記〕

①傳書：明本、沈本、惠本、盧本同。何本「傳」下衍「漢」字。吴本吴志忠眉批：「『書』字連上句讀，不可增『漢』字。」按：大、小徐本《説文叙》皆無「書」字，疑當刪。

②逮：原作「殆」，今據張本朱校、明本、沈本、何本、惠本改。盧本原作「逮」，改作「殆」。按：「逮」字上屬，「及」、「逮」皆及義也。盧校非也。

〔疏證〕

〔一〕北平侯始獻《左氏傳》：《説文叙》云：「北平侯張蒼獻《春秋左氏傳》。」《漢書·儒林傳》：「漢興，北平侯張蒼及梁太傅賈誼、京兆尹張敞、太中大夫劉公子皆修《春秋左氏傳》。誼爲《左氏傳》訓故，授趙人貫公，爲河間獻王博士。」然則《春秋左氏傳》獻自北平侯張蒼，修於賈誼、張敞、劉公子，河間獻王乃立貫公爲博士也。

〔二〕河間王所得：《漢書·景十三王傳》：「獻王所得書皆古文先秦舊書，《周官》、《尚書》、《禮》、《禮記》、《孟子》、《老子》之屬，皆經傳説記，七十子之徒所論。其學舉六藝，立《毛氏詩》、《左氏春秋》博士。」又《説文叙》段注曰：「漢之獻書，張蒼最先。漢之得書，首《春秋左傳》，而平帝時乃立博士，何也？秦禁挾書，而蒼身爲秦柱下御史，遂臧《左氏》，至漢弛禁而獻之，亦可以知秦法之不行矣。」然則河間獻王立《左傳》博士，非得《左傳》之書也。

〔三〕張蒼：陽武人，好書律曆。秦時爲御史，主柱下方書，有罪亡歸。及沛公略地過陽武，蒼以客從攻南陽。歷任常山守、代相、趙相，封北平侯，居相府，領主郡國上計者。又爲淮南王相、御史大夫。事見《史記·張丞相列傳》、《漢書·張周趙任申屠傳》等。

〔四〕河間獻王：名德，景帝之子，栗姬所生。修學好古，實事求是。山東諸儒多從而游，故得書多，與漢朝等。事見《漢書·景十三王傳》等。

按：漢初《春秋左氏傳》所出，共有兩途：其一，張蒼獻之，賈誼等修之，至獻王時立爲博士。董勛乃云張蒼從獻王處得之，謬矣。其二，《漢書·楚元王傳》云：「及歆校秘書，見古文《春秋左氏傳》，歆大好之。」又録劉歆《移讓太常博士書》曰：「及魯恭王壞孔子宅，欲以爲宫，而得古文於壞壁之中，逸《禮》有三十九，《書》十六篇。天漢之後，孔安國獻之，遭巫蠱倉卒之難，未及施行。及《春秋左氏》丘明所修，皆古文舊書，多者二十餘通，臧於祕府，伏而未發。孝成皇帝閔學殘文缺，稍離其真，乃陳發祕臧，校理舊文，得此三事，以考學官所傳，經或脱簡，傳或間編。傳問民間，則有魯國桓公、趙國貫公、膠東庸生之遺學與此同，抑而未施。」又王充《論衡・案書》篇云：「《春秋左氏傳》者，蓋出孔子壁中。孝武皇帝時，魯恭王壞孔子宅教授堂以爲宮，得《佚春秋》三十篇，《左氏傳》也。」然則《春秋左傳》又有出自孔壁，藏於秘府，劉歆習之，而欲立於學官者也。貫公既爲獻王博士，可知孔壁所出與張蒼所獻，乃一本也。

二説不同，故學者有疑焉。何去何從，諸説不一：

一説，張蒼所獻，有經有傳；孔壁所出，有經無傳。《説文叙》「魯恭王壞孔子宅，而得《禮》、《記》、《尚書》、《春秋》、《論語》、《孝經》」，段注曰：「《春秋》，蓋謂《春秋經》也……許下云『北平侯張蒼獻《春秋左氏傳》』，意經、傳皆其所獻。古經與傳別，然則班云『《春秋》古經十二篇，《左氏傳》三十卷』，皆謂蒼所獻也。而許以經系之孔壁，以傳系之北平侯，恐非事實。或曰『春秋』二字衍文。」又注「北平侯張蒼獻《春秋左氏傳》」曰：「此亦壁中諸經之類也，故類記之。《論衡》説《左傳》卅篇出恭王壁中，恐非事實。」是懋堂以爲《左氏》經傳皆張蒼所獻，孔壁所出但有《春秋》經，又疑連經亦無。

一説，張蒼所獻，有傳無經；孔壁所出，有經無傳。王國維《觀堂集林》卷七《漢時古文本諸經傳考》云：「《論衡・案書》篇：『《春秋左氏傳》者，蓋出孔子壁中。孝武皇帝時，魯共王壞孔子教授堂以爲宫，得佚《春秋》三十篇，《左氏傳》也。』然《説文序》則云『北平侯張蒼獻《春秋左氏傳》』，而叙孔壁中書，但有《春秋經》，無《左氏傳》。《漢志》亦然。疑王仲任所云出孔壁中者，涉《春秋經》而誤也。」黄暉《論衡校釋》卷二九亦云：「蓋《春秋》古文經出壁中，古文傳出張蒼所獻……張蒼有傳無經，即有經，亦以孔壁古文該之可耳。《論衡》説《左氏傳》出共王壁中，正見經出孔壁，即傳亦誤歸之矣。」

一説，張蒼所獻，有經有傳；孔壁所出，有傳無經。楊伯峻《春秋左傳注·前言》引日本島田翰《古文舊書考·春秋經傳集解》云：「蓋張蒼所獻，有經有傳；而孔壁所得，有傳無經也……《春秋經》之出，必在恭王壞孔壁前矣。張蒼生於先秦……其所藏《左氏傳》，即先秦舊書，當與孔壁所得無異也。」

一説，張蒼所獻及孔壁所出，皆有經有傳。章太炎《國故論衡》卷中《明解故下》云：「《左氏》爲張蒼所獻，而壁中亦有之。」劉曉東《平議》亦云：「若一處所出有經無傳，一處所出有傳無經，子駿以中秘之本博問趙國貫公遺學，何能校而知其同？……一經之得，詎必一處？漢人所述，或歸之甲，或歸之乙，何足怪也？貌似違異，實則皆是。」

此事除漢人記述外，别無他據，是以曉音瘏口，聚訟紛紜。竊以爲張蒼所獻蓋其私藏，其事在先，而傳習於民間，獻王立爲博士；孔壁所出，其事在後，經今古文之爭乃得立於學官。今無確證，只可見其異同，卒難定其是非。

171

【禽】或問：《易》云：「失前禽〔一〕。」唯謂鳥耶？及其獸耶？董勛荅曰：「凡鳥未孕者爲禽〔二〕。鳥、獸通耳。」按：言「通」，是也；「未孕」，非也。「禽」者，取禽制於人〔三〕，不別孕與未孕。《禮》云：「猩猩能言，不離禽獸〔四〕。」《傳》曰：「男贄，大者玉帛，小者禽（獸）〔鳥〕①〔五〕。」豈論孕不孕乎？又《傳》稱「收禽挾囚」〔六〕，漢高祖云「此其所以爲我禽」〔七〕，諸如此類，皆屬於人，亦取禽制之義，豈又辨孕育哉？《爾雅》云：「二足而羽謂之禽，四足而毛謂之獸〔八〕。」自是惣別飛走大名，與禽制之義不相妨也。

〔校勘記〕

①鳥：原作「獸」，惠本、盧本同。今據張本朱校、明本、沈本、何本改。何本眉批：「『鳥』作『獸』。」按：贄禮：卿執羔，大夫執雁，士執雉。若作「禽獸」，則羔與雁、雉各有所屬，更無疑惑；惟作「禽鳥」，乃可因羔亦稱「禽」而證「禽」爲鳥獸總名。今本《左傳》亦作「鳥」。今正。

〔疏證〕

〔一〕見《周易·比》九五。

〔二〕凡鳥未孕者爲禽：《周禮·天官·庖人》「掌共六畜、六獸、六禽，辨其名物」，鄭注曰：「凡鳥獸未孕曰禽。」董勛之説，蓋本乎此。

〔三〕取禽制於人：《白虎通·田獵》云：「禽者，鳥獸之總名。明爲人所擒制也。」「禽」即古「擒」字，馬叙倫《六書疏證》曰：「禽，實『擒』之初文，禽獸皆取獲動物之義。」《正字通·内部》：「戰勝執獲曰『禽』，俗作『擒』。」又《説文・金部》：「鈙，持也。」《手部》：「捦，急持衣裣也。」段注曰：「此篆古叚借作『禽』，俗作『擒』、作『捦』。走獸總名曰禽者，以其爲人所捦也。」慧琳《一切經音義》卷三一：「捦，獲。又作『鈙』、『㯲』……《三蒼》：『捦，手捉物也。』《埤蒼》：『捦，捉也。』今皆作『擒』也。」

「禽」與「捦」、「鈙」同源，本義爲捕獲，後起字作「擒」。又指田獵，如《書・五子之歌》「内作色荒，外作禽荒」。由捕獲而引申爲獵物、戰勝等義，再由獵物引申爲鳥獸總名，如《周禮・春官・大宗伯》「以禽作六摯，卿羔，大夫雁」，《論衡・譏日》篇「子之禽鼠，卯之獸兔」，羔、鼠亦得稱「禽」；華佗所創「五禽戲」，「五禽」即指虎、鹿、熊、猿、鳥也。「禽」又特指走獸或飛鳥，後乃專稱飛鳥。然則「禽」爲鳥獸通稱，取義於擒獲，師古言之是也。然而「禽」特指走獸飛鳥時有無限制條件，諸説不一。今一一辨明如下：

其一，以爲「禽」本指全部走獸，後轉指全部飛鳥。《説文・内部》：「禽，走獸總名。」段注曰：「《釋鳥》曰：『二足而羽謂之禽，四足而毛謂之獸。』許不同者，其字从厹。厹爲獸迹，鳥迹不云厹也。然則倉頡造字之本意，謂四足而走者明矣。以名毛屬者名羽屬，此乃偁謂之轉移叚借。及其久也，遂爲羽屬之定名矣。《爾雅》自其轉移者言之，許指造字之本言之。凡經典『禽』字，有謂毛屬者，有謂羽屬者，有兼舉者。」然則許、段就字形而言，謂「禽」字乃由走獸轉指飛鳥，總稱一切鳥獸。

按：甲、金文字既出，固知許説非也。甲骨文「禽」字作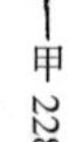甲2285，象捕獸網，即「畢」之初文，用作持網捕捉之義。馬叙倫《六書疏證》云：「『禽』字金文……皆從本書『田網也』之『畢』，今聲。『畢』所以捕取動物。」西周金文添加聲符「今」，作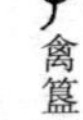禽簋。

其二，以爲「禽」指全部飛鳥，兼指部分走獸。至於何種走獸，又有二説：

一説，以孕與未孕別之，未孕之獸稱「禽」，即鄭玄之説也。《周禮・庖人》賈疏云：「鄭言此者，見《爾雅》『四足而毛曰獸，兩足而羽曰禽』，是對文例，若散文則通。其獸未孕時，雖曰四足，亦曰禽，是以名爲『禽獻』，其中亦有羔、豚、犢、麛。又云以禽作六摯，禽中亦有羔，是其未孕者也。」

一説，以大小別之，小獸稱「禽」，大則否。《禮記・曲禮上》「鸚鵡能言，不離飛鳥。猩猩能言，不離禽獸」，《正義》云：「凡語有通別，別而言之，羽則曰禽，毛則曰獸。所以然者，『禽』者，擒也，言鳥力小，可擒捉而取之；『獸』者，守也，言其力多，不易可擒，先須圍守，然後乃獲，故曰獸也。通而爲説，鳥不可曰獸，獸亦可曰禽，故鸚鵡不曰獸，而猩猩通曰禽也。故《易》云：『王用三驅，失前禽。』則驅走者亦曰禽也。又《周禮・司馬職》云：『大獸公之，小禽私之。』以此而言，則禽未必皆鳥也……『禽』名通獸者，以其小獸可擒，故得通名『禽』也。」

按：「禽」既得名於捕獲，則大獸不宜稱之，沖遠之説是也。鄭、賈言「未孕」，意在强調小獸尚未性成熟，與沖遠之説，其實一也。然鄭既不直言幼小，又以「鳥獸」連言，致生疑竇。董勛之說，蓋即誤解鄭意而來，故師古譏之也。顔説雖是，然亦未解康成何以有此一說。

孫詒讓《禮記正義》云：「『未孕曰禽』，專據獸言之，鄭兼云『鳥』者，牽連及之耳……水蟲亦得稱『禽』，故後經『禽獻』又有鱐、鱻。鄭云『未孕曰禽』，亦偏舉一義，其實鳥獸不論已孕未孕，通得『禽』稱矣。引《司馬職》曰『大獸公之，小禽私之』者，以彼文『小禽』與『大獸』對舉，明以大小異名，故引以證『鳥獸未孕曰禽』之義。」孫氏以爲鳥之全部及獸、魚之小者，不論已孕未孕，皆得稱「禽」，蓋最得之。

〔四〕見《禮記·曲禮上》。

〔五〕見《左傳》莊二十四年。

〔六〕見《左傳》襄二十四年。杜預注曰：「禽，獲也。」

〔七〕見《史記·高祖本紀》。

〔八〕見《爾雅·釋鳥》。

172

【關雎】蔡南問：「《詩》『關雎』〔一〕、『尸鳩』〔二〕，於今何鳥？」董勛荅曰：「舊説云：關雎，白鷢。尸鳩，鵩鴔。未之審。」按：關關，和聲。雎鳩，王雎〔三〕。《詩序》惣撮句内二字以爲篇名耳〔四〕，不得即呼雎鳩爲「關雎」也。譬猶「交交桑扈」〔五〕，豈可便謂桑扈爲「交桑」乎？「于嗟乎騶虞」〔六〕，豈可謂「于騶」耶？問者混糅〔七〕，荅又不析〔八〕，俱失之矣。

〔疏證〕

〔一〕關雎：《詩・周南》篇名。

〔二〕尸鳩：《鳲鳩》，《詩・曹風》篇名。《釋文》云：「鳲音『尸』，本亦作『尸』。」

〔三〕關關，和聲。雎鳩，王雎：見《詩・周南・關雎》「關關雎鳩」毛傳。

〔四〕惣撮句内二字以爲篇名：「周南關雎詁訓傳第一」《正義》云：「《關雎》者，詩篇之名……名篇之例，義無定準，多不過五，少才取一。或偏舉兩字，或全取一句。偏舉則或上或下，全取則或盡或餘。亦有舍其篇首，撮章中之一言；或復都遺見文，假外理以定稱……以作非一人，故名無定目。」

〔五〕見《詩・小雅・桑扈》。

〔六〕見《詩・召南・騶虞》。

〔七〕問者混糅：《關雎》、《鳲鳩》，皆《詩》之篇名，然名篇之例則異。「鳲鳩」固爲鳥名，「關雎」則非鳥名也。蔡南以爲皆是鳥名，而問「於今何鳥」，故曰「問者混糅」。

〔八〕荅又不析：董勛之荅，其失有二：因蔡南之問而即以「關雎」爲鳥名作荅，一失也；雎鳩並非白鷹，釋尸鳩爲鶻鵃亦不確，二失

鸉，白鷹

（《爾雅圖》卷下）

雎鳩

（《詩經名物圖解》）

也。故曰「荅又不析」。

《爾雅・釋鳥》「鵙鳩，王鵙」，郭注曰：「雕類。今江東呼之爲鶚，好在江渚山邊，食魚。」「關關雎鳩」毛傳曰：「雎鳩，王雎也，鳥摯而有別。」《正義》先引郭説，又云：「『雎鳩，大小如鴟，深目，目上骨露，幽州人謂之鷲。』而揚雄、許慎皆曰白鷢，似鷹，尾上白。」朱熹《詩集傳》曰：「雎鳩，水鳥，一名王雎，狀類鳧鷖。今江淮間有之。」是孔、朱皆取郭説，不從揚、許釋爲白鷢也。《爾雅・釋鳥》云：「鵙鳩，王鵙。」「鸉，白鷢。」明爲二鳥也。郝懿行《義疏》曰：「白鷢，即今白鷂子，似雀鷹而大，尾上一點白，因名焉。」雎鳩則上體暗褐，下體白色，趾具鋭爪，適於捕魚。董勛釋雎鳩爲白鷢，誤矣。

《正義》所謂揚雄之説，不見於今本《方言》，未知其所本。所謂許慎之説，《説文・鳥部》云：「鷢，白鷢，王雎也。」段注曰：「《釋鳥》云『雎鳩，王雎』，與『鸉，白鷢』劃分二鳥。許乃一之，恐係轉寫譌誤，非許書本然也。當爲正之曰『鷢者，白鷢，楊也』，『鵙者，鵙鳩，王鵙也』，乃合。」懋堂以爲轉寫譌誤，然《正義》既引許説如此，蓋許

鵖鴔，戴鵀

鳲鳩，鴶鵴

（《爾雅圖》卷下）

說自誤，無須諱言。

尸鳩者，《曹風・鳲鳩》「鳲鳩在桑」，毛傳曰：「鳲鳩，秸鞠也。」《釋鳥》「鳲鳩，鴶鵴」，郭注曰：「今之布穀也。」「秸鞠」即「鴶鵴」也。邢疏云：「《埤倉》云『鴶鵴』，《方言》云『戴勝』，謝氏云『布穀類也』。陸機云：『今梁宋之間謂布穀爲鴶鵴，一名擊穀，一名桑鳩。』案：戴勝自生穴中，不巢生。而《方言》云『戴勝』，非也。」

鵩鵀者，《爾雅・釋鳥》「鵖鴔，戴鵀」，郭注曰：「鵀即頭上勝，今亦呼爲『戴勝』。『鵖鴔』猶『鶝鶝』，語聲轉耳。」邢疏引《方言》云：「燕之東北朝鮮洌水之間謂之鶝鵄。自關而東謂之戴鵀，或謂之戴鳻，或謂之戴勝。東齊吴揚之間謂之鵀。自關而西謂之服鶝，或謂之鶝鶝。」其狀似雀，頭有冠，五色如方勝，故稱。「鵩鵀」、「鵖鴔」、「鶝鶝」、「鶝鵄」皆一聲之轉。

《禮記・月令》季春之月云：「鳴鳩拂其羽，戴勝降于桑。」「鳴鳩」與「戴勝」對舉，知非一鳥也。《廣雅・釋鳥》「戴鳻、戴紝、鶝鵄、澤虞、鷑鷎、尸鳩，戴勝也」，王念孫《疏證》曰：「《爾雅》之鳲鳩、鴶鵴、鵀、澤虞，《方言》皆誤以爲戴勝矣。此云『澤虞、尸鳩，戴勝也』，亦沿《方言》之誤。」董勛釋尸鳩爲鵩鵀，亦誤矣。

173【殊死】或問曰：每見赦書或云「殊死以下」，或云「死罪以下」，爲有異否？何謂「殊死」？董勛荅曰：「殊，異也。死有異死者，大逆族誅，梟首、斬腰，《易》有『焚如』之刑也〔一〕。漢高帝初興之際，死罪已下①〔二〕，是爲異死者不赦也②。世祖始起，赦殊死以下〔三〕，是謂異死者皆赦也。」按：稱「殊死」、「絶死」，謂斬刑也〔四〕。《春秋傳》曰：「斷其木而不殊③〔五〕。」班書《韓延壽傳》云：「門下掾自剄，人救，不殊〔六〕。」「殊」者訓絶，而死有斬、絞，故或云「殊死」，或云「死」。但云「死」者，絞縊刑也；「殊死」者，身首分離，死内之重也，非取殊異爲名〔七〕。又漢高帝五年，赦天下殊死已下〔八〕，何言「不赦」乎？《漢令》云〔九〕：「蠻夷有罪，當殊之。」而應劭釋云：「『殊之』者，死也。義與『誅』同〔一〇〕。」此説亦未盡〔理〕④。

〔校勘記〕

①已：周祖謨《校記》云：「案依上文『已』當作『以』。」

②爲：明本、何本、惠本、盧本同。沈本作「謂」。按：「爲」、「謂」兩通，下云「是謂異死者皆赦」，此亦作「謂」較長。

③斷其木而不殊：「斷」，張本朱校、明本、沈本、何本、惠本作「斫」。盧本原作「斫」，改作「斷」。按：《左傳》昭二十三年作「斷其後之木而弗殊」。然既云「不殊」，則是未斷，作「斫」較長。

④理：原闕，盧本同。今據張本朱校、明本、沈本、何本、惠本補。

〔疏證〕

〔一〕《易》有焚如之刑：《周易·離》九四「突如其來如，焚如，死如，棄如」，《正義》云：「逼近至尊，履非其位，欲進其盛，以焚炎其上，故云『焚如』也。」「焚如」本謂火焰熾盛，亦指火災或戰事。如晉陶潛《怨詩楚調示龐主簿鄧治中》詩：「炎火屢焚如，螟蜮恣中田。」王莽以此命名把人燒死的酷刑。《漢書·匈奴傳下》「莽作焚如之刑，燒殺陳良等」，注引如淳曰：「焚如、死如、棄如者，謂不孝子也。不畜於父母，不容於朋友，故燒殺棄之，莽依此作刑名也。」

〔二〕死罪已下：《漢書·高帝紀上》載，漢興，高祖初入關，約法三章曰：「殺人者死，傷人及盜抵罪。」是謂凡死罪皆不赦，董勛之説誤。

〔三〕赦殊死以下：《後漢書·光武帝紀》建武五月丙子詔曰：「罪非犯殊死一切勿案，見徒免爲庶人。」是謂他死罪亦皆可免，惟不赦殊死者耳，董説又誤。

〔四〕斬刑：劉曉東《平議》詳述自漢至唐死刑之流變云：漢初多行腰斬，後漸以斬首與腰斬並行，統稱「殊死」。魏晉以降，腰斬之法浸廢，而以斬首、絞頸爲死罪之正法。斬刑殊身首，絞刑死而不殊。此後隋、唐死刑皆分斬、絞。師古云「殊死」、「絶死」謂斬刑，「身首分離，死内之重」，蓋據當時斬首、絞頸並行而言。若依漢法，則斬首身首分離，腰斬手足異處，皆得稱爲「殊死」也。

〔五〕見《左傳》昭二十三年。今本作「斷其後之木而弗殊」。

〔六〕見《漢書·趙尹韓張兩王傳》。師古注曰：「殊，絶也。以人救之，故身首不相絶也。」

〔七〕非取殊異爲名：此條辨「殊」字之義。董勛以爲「殊死」之「殊」當訓殊異，師古以爲當訓斷絶。《漢書·高帝紀下》「其赦天下殊死以下」，注引韋昭曰：「殊死，斬刑也。」師古曰：「殊，絶也，異也。言其身首離絶而異處也。」可與此條相參。

按：據文獻所載唐代死刑制度，顔説是也。《隋書·刑法志》載，北齊河清三年，尚書令趙郡王睿等奏上《新令》四十卷，「大抵採魏、晉故事。其制，刑名五：一曰死，重者轘之；其次梟首，並陳屍三日，無市者，列於鄉亭顯處；其次斬刑，殊身首；其次絞刑，死而不殊。凡四等。」死罪由重到輕分爲車裂、梟首、斬刑、絞刑四等，斬刑「殊身首」，絞刑「不殊」，可知「殊」爲動詞；梟首與斬刑異等，可知「殊死」但謂斬刑，不含梟首。董勛以爲「殊」訓殊異，「殊死」包括族誅、梟首、斬腰、焚如之刑，誤矣。《唐律・名例》「死刑二：絞、斬」，孫奭《音義》曰：「絞，絞殺之，不殊身首。斬，殺而殊其身首。」與師古之意同。

然而董氏誤訓「殊死」之「殊」爲異，並非空穴來風，師古但斥其非，未究其源也。「殊」本義爲斷絶，身首斷絶則死，故「殊」又有死義。《説文・歺部》：「殊，死也。」段玉裁依《左傳》《釋文》補「一曰斷也」四字，曰：「斷與死本無二義，許以字從歺，故以死爲正義，凡物之斷爲別一義。」然則「殊死」連言，本即死亡之義，漢以後乃用作斬刑之稱。如《莊子・在宥》「今世殊死者相枕也，桁楊者相推也，刑戮者相望也」，《淮南子・覽冥訓》「欲倍偏枯之藥，而欲以生殊死之人，亦可謂失論矣」，《主術訓》「夫臣主之相與也，非有父子之厚，骨肉之親也，而竭力殊死，不辭其軀」，此皆但謂死亡，未必受斬刑也。而殊異之義乃是斷絶義之引申。由斷絶引申爲差異、區別，又引申爲特殊、特別。虛化爲副詞，表示程度深，相當於甚、極。

副詞義之「殊」與「死戰」一詞結合，構成「殊死戰」，廣泛使用於中古文獻。如《史記・淮陰侯列傳》「韓信、張耳已入水上軍，軍皆殊死戰」；《後漢書・隗囂傳》「元等決圍，殊死戰，遂得入城」，《岑彭傳》「奇等乘勢殊死戰」，《耿弇傳》「光武乘勝戰順水上，虜危急，殊死戰」；《晉書・庾亮傳》「亮激厲將士，並殊死戰」，《劉毅傳》「與毅等分爲數隊，進突謙陣，皆殊死戰，無不一當百」，《李特傳》「徵衆來相救，蕩軍皆殊死戰，徵軍遂潰」；《宋書・武帝紀上》「高祖躬先士卒以奔之，將士皆殊死戰，無不一當百，呼聲動天地」、「循兵雖殊死戰，弗能禁」，《朱齡石傳》「率厲將士，皆殊死戰，殺數百人，賊乃退」，《胡籓傳》「既得登岸，殊死戰，賊不能當」等。

「死戰」意爲拚死戰鬭，成詞甚早，如《六韜・略地》：「陰爲約誓，相與密謀，夜出窮寇死戰。」「殊-死戰」之「殊」用作副詞，修飾「死戰」。然而「殊死」作爲死亡、斬刑之稱既已成詞，人或將「殊死戰」之「殊死」亦誤認爲一詞，從而重新分析爲「殊死-戰」，以「殊死」修飾「戰」，進而構成「殊死拒戰」、「殊死大戰」、「殊死決戰」、「殊死力戰」、「殊死鬭」等多種詞組。如《後漢書・張奂傳》「晏等勸激兵士，殊死大戰，遂破之」，《南齊書・戴僧靜傳》「軍主王天生殊死拒戰，故得相持」，《周書・李賢列傳》「賢復率鄉人殊死拒戰，道洛乃退走」，《舊唐書・輔公祏列傳》「公祏所遣千人皆殊死決戰」，《隋書・李景傳》「景且戰且築，士卒皆殊死鬭，屢挫賊鋒」，唐孫樵《書田將軍邊事》「邊卒將怨望之不暇，又安能殊死而力戰乎」，《新唐書・宗室列傳》「吐谷渾拒險殊死鬭，道宗陰引千騎超山乘其後，賊驚，遂大潰」等。「殊死」虛化爲複音副詞，意猶拚死、拼命。此語至今猶存。

要之，「殊」之本義爲死、斷，「殊死」爲並列結構，取其死義；漢以後用作斬刑之稱，取其斷義，爲複音名詞。「殊」之死、斷義引申爲殊異、殊絶，修飾「死戰」一詞，構成「殊死戰」。其後「殊死」轉成複音副詞，意爲拚死、拼命。董勛之誤，在於不知刑名「殊死」之「殊」乃取本義斷絶，而非引申義殊異也。

〔八〕赦天下殊死已下：《漢書·高帝紀下》五年春下令曰：「今天下事畢，其赦天下殊死以下。」

〔九〕見《説文·歺部》：「殊，死也。《漢令》曰：『蠻夷長有罪，當殊之。』」

〔一〇〕見《史記·蘇秦列傳》「使人刺蘇秦，不死，殊而走」，《集解》云：「《風俗通義》稱《漢令》『蠻夷戎狄有罪，當殊』。『殊』者，死也，與『誅』同指。」按：師古云「亦未盡理」，蓋因應劭但言誅殺，而未明言施以斬刑也。又《説文》「殊」字段注曰：「按『殊之』者，絶之也，所謂別異蠻夷。此舉《漢令》證斷義。而裴駰以來皆謂『殊之』爲誅死。夫蠻夷有罪，非能必執而殺之也，而顧箸爲令哉。」以爲「殊之」當訓斷絶關係，亦可備一説。

【抉目】〔一〕應劭《風俗通義》云：「吴王夫差大敗齊於艾陵，還，誅子胥。取其身流之江，抉其目東門①，曰：『使汝視越之入吴也。』」按：《史記·(吴)〔伍〕子胥傳》②、《吴世家》及《越絶》等諸書，子胥本諫夫差伐齊，稱：「越之在吴，心腹之疾。越不爲沼，吴其泯矣。齊之於我，疥癬耳。」夫差不聽。子胥曰：「嗟乎！吴朝必生荆棘，麋鹿遊于姑蘇之臺。」夫差既敗齊師而還，賜子胥劒以死。子胥曰：「抉吾目，著于東門，以視越之入吴。」此是子胥知越必滅吴，怨其言之不用耳。夫差以不信其言，故殺之。寧有夫差肯自云越當入吴，而令子胥目視？此語謬矣〔二〕。

〔校勘記〕

①東門：周祖謨《校記》云：「案『東門』上當有脱文。」

②伍：原作「吴」，明本、何本、惠本、盧本同。今據沈本改。

〔疏證〕

〔一〕抉目：王本眉批云：「此下二條正應劭《風俗通義》。」《風俗通義》，漢代民俗著作，東漢應劭著。《隋書·經籍志》子部雜家類云「三十卷，録一卷」，北宋時散佚已多，元豐年間，蘇頌取官私藏本互校，考其篇目，寫定爲十卷。現存最早刊本《大德新刊校正風俗通義》十卷，乃元大德中，劉世常重刊南宋丁黼本。清盧文弨、錢大昕、孫志祖、張澍、繆荃孫、孫詒讓、王仁俊等輯有佚文。嚴可均輯有《風俗通義》佚文六卷，收入《全後漢文》。朱筠有《風俗通義校正》。今人吴樹平有《風俗通義校釋》，王利器有《風俗通義校注》。此條諸家歸入《輯事》篇。

〔二〕此語謬矣：子胥抉目之事，史籍所載頗多異同。其説大致有四：

其一，並無抉目之事。《左傳》哀十一年云：「將死，曰：『樹吾墓檟，檟可材也，吴其亡乎！三年，其始弱矣。盈必毁，天之道也。』」是子胥令於墓上樹檟。又《越絶書·德序外傳記》云：「子胥將自殺，與馮同言曰：『高置吾頭，必見越人入吴也，吾王親爲禽哉！』而王使人捐於大江口。」是子胥令高置其頭也，不言抉目之事。

其二，子胥遺言令人抉其目，而夫差實未從之。《國語·吴語》云：「將死，曰：『以懸吾目於東門，以見越之入，吴國之亡也。』王愠曰：『孤不使大夫得有見也。』乃使取申胥之尸，盛以鴟鵜，而投之於江。」《史記·伍子胥列傳》云：「乃告其舍人曰：『必樹吾墓上以梓，令可以爲器；而抉吾眼縣吴東門之上，以觀越寇之入滅吴也。』乃自剄死。吴王聞之大怒，乃取子胥尸盛以鴟夷革，浮之江中。」《吴太伯世家》、劉向《説苑·正諫》亦同。

其三，實有抉目之事，而不言何人抉之。《莊子·盜跖》云：「比干剖心，子胥抉眼，忠之禍也。」賈誼《新書·耳痺》云：「伍子胥見事之不可爲也，何籠而自投水，目抉而望東門，身鴟夷而浮江。」劉向《九歎·惜賢》云：「吴申胥之抉眼兮，王子比干之横廢。」《韓詩外傳》卷七云：「子以義爲聽乎？則伍子胥何爲抉目而懸吴東門？」以子胥抉目與比干剖心並舉，蓋謂其事皆昏君所爲，惟未明言耳。又《史記·吴太伯世家》《索隱》云：「此《國語》文。彼以『抉』爲『辟』，又云『以手抉之』。」云「以手抉之」，似謂子胥臨死而自抉其目。然《國語》實無此語，未知小司馬何所依據。

其四，明言子胥死後，夫差抉其目。《吕氏春秋·知化》云：「子胥將死，曰：『與！吾安得一目以視越人之入吴也？』乃自殺。夫差乃取其身而流之江，抉其目，著之東門，曰：『女胡視越人之入我也？』」應劭之説，蓋本乎此。

要之，書傳録子胥遺言，初無抉目之語，樹檟、置頭、抉目，其事雖異，其實皆爲預言吴必速亡。子胥孤臣孽子，倒行逆施，更兼吴市吹簫之風神、掘墓鞭尸之義烈、霸吴覆楚之功勛、死化靈濤之遺愛，足令後世慕其人而神其事，以致異説滋蔓，飾僞萌生。

師古以爲子胥但有抉目之言，而夫差實無抉目之事。梁玉繩《史記志疑》卷一七亦云：「此是一時忿詞，而《吕氏春秋·知化》篇、《韓詩外傳》七言夫差抉子胥之目著於門，《莊子·盜跖》篇、劉向《九歎》並又『子胥抉眼』之語，殆未可信。《匡謬正俗》引《風俗通》辨其非矣。」其實抉目之語，亦未必屬實，然與其人平生意氣適相吻合，故相傳爲信耳。應劭之説，固然無可稽考；然師古之駁應氏，僅憑文法、語氣以及人情事理，似亦未盡。

按：《吕氏春秋》所載夫差之言爲反問語氣，而應劭易之爲「使汝視越之入吴也」。師古讀此句爲肯定語氣，以爲夫差必不肯自云越當入吴，故斥應劭之説爲謬。其實此句末「也」字可讀平聲，同「邪」，全句解爲「（老子打敗齊國都回來了！）叫你看越之入吴呀？」亦未嘗不可通。然則夫差此言爲反諷語氣，言下之意仍是不信子胥之言。文獻辭句，以理推之則往往有諸多可能，故當慎用。

175 **【無恙】**〔一〕又釋「無恙」云：「上古之時，草居露宿。恙，噬人蟲也，善食人心，人每患苦之。凡相問，曰：『無恙乎？』非謂疾也。」按：《爾雅》云：「恙，憂心也〔二〕。」《楚辭·九辨》云：「還及君之無恙。」此言「及君之無憂」〔三〕，豈謂不被蟲噬乎？漢元帝詔貢禹曰：「今生有疾，何恙不已，乃上疏乞骸骨〔四〕。」此言病何憂不差，而乞骸骨，豈又被蟲食心耶？凡言「無恙」，謂無憂耳，安得食人之蟲惣名「恙」乎〔五〕？

【疏證】

〔一〕無恙：《風俗通義》此條又見《藝文類聚》卷七五、《史記·刺客列傳》《索隱》、《意林》、《太平御覽》卷三七六、《資治通鑑綱目集覽》卷三四等，與師古所引小有異同。諸家輯本歸入《辨惑》篇。

〔二〕見《爾雅·釋詁》。郭注曰：「今人云『無恙』，謂無憂也。」師古注《漢書》皆取此義，如《萬石衛直周張傳》「建老白首，萬石君尚無恙」，《李廣蘇建傳》「霍與上官無恙乎」，注皆曰：「恙，憂病。」《賈誼傳》「令此六七公者皆亡恙」，注曰：「無恙，言無憂病。」

〔三〕及君之無憂：王逸注曰：「願楚無憂，君康寧也。」

〔四〕漢元帝詔貢禹：此詔實爲武帝報公孫弘，曰：「君不幸罹霜露之疾，何恙不已，乃上書歸侯，乞骸骨，是章朕之不德也。」師古注曰：「恙，憂也。已，止也。言何憂於疾不止也。」見《漢書·公孫弘卜式兒寬傳》。劉曉東《平議》云：「蓋師古偶誤記。」

〔五〕食人之蟲惣名「恙」：《史記·刺客列傳·聶政》「爲老母幸無恙」，《索隱》引《風俗通》云：「恙，病也。凡人相見及通書，皆云『無恙』。又《易傳》云：『上古之時，草居露宿。』恙，齧蟲也，善食人心，俗悉患之，故相勞云無恙。恙非病也。」然則應劭之說，蓋本於《易傳》也。《玉篇·心部》：「恙，噬蟲，善食人心。」

《楚辭・九辯》洪興祖《補注》曰：「《説文》：『恙，憂也。』一曰虫入腹食人心。古者艸居露宿，多被此毒，故相問無恙乎？《蘇鶚演義》引《神異經》云：北方大荒中，有獸食人，吩人則病，羅人則疾，名曰㺊。㺊者，恙也。黄帝上章奏天，從之。於是北方人得無憂無疾，謂之無恙。」《風俗通》謂「恙」爲蟲，《神異經》謂「㺊」爲獸，其害人致病則一也。《廣韻》漾韻「餘亮切」：「恙，憂也，病也。又噬蟲善食人心也。」「㺊，㺊獸如師子，食虎豹及人。」兼存兩説。王利器《風俗通義校注》亦云：「或以爲蟲，或以爲獸，或謂無憂病，《廣干禄書》兼取憂及蟲，《事物紀原》兼取憂及獸。」「㺊」蓋後起分别字也。

經傳用「恙」，皆謂憂病，如《戰國策・齊策》趙威后問齊使曰：「歲亦無恙耶？民亦無恙耶？王亦無恙耶？」《説苑・奉使》魏文侯問倉唐曰：「擊無恙乎？」「子之君無恙乎？」《晉書・文苑傳・顧愷之》録其與仲堪箋曰「行人安穩，布帆無恙」，《通典・邊防一・東夷上・倭》隋文帝時日本遣使稱「日出處天子致書日没處天子無恙」等。

按：「恙」之爲蟲，蓋與「它」之爲蛇相涉而誤也。《説文・它部》：「它，虫也。从虫而長，象寃曲垂尾形。上古艸居患它，故相問無它乎？蛇，它或从虫。」王楙《野客叢書》卷二四「無恙無他」條云：「《説文》：『古人草居，患他，相問無他乎？音徒何反。』徐鉉注云：『今俗作虵，食遮反。』如魯直詩於『坡』字韻協，『歲晚喜無他』之句是也。又《風俗通》曰：『恙，毒蟲也，喜傷人。古人草居露宿，故相問必曰無恙。』此意與『無他』同。東方朔《神異經》謂北方大荒中有獸食人，咋人則病，名曰『㺊』。嘗近村落，入人室，皆患之。黃帝殺之，由是北方得無憂病，謂之無恙。《神異經》謂毒獸，與前說不同。」

「無它」、「無恙」詞義雖近，字理則異，不得相互比附。「它」爲「蛇」之本字，參見059「赦令」疏證〔五〕。「恙」甲骨文作合21870，从心羊聲，本義爲憂心。翟灝《通俗編》卷四云：「按『恙』之爲蟲，不見經傳，惟《說文》『它』字注曰：『上古草居患它，相問無它乎？它即蛇字。』蛇可稱蟲，蛇未嘗別名『恙』也，則二說似是難並。《神異經》更易蟲爲獸，加『恙』以『犬』，尤屬謬悠。《事物紀原》獨取其說，特好奇之過也。世俗相承，則但以『恙』爲疾病，今即史傳所用，審之亦若未是。《漢·公孫弘傳》『不幸罹霜露之疾，何恙不已』即云罹疾矣，復云疾病耶？《晉書》顧愷之牋殷仲堪云『布帆無恙』，布帆何疾病耶？《爾雅·釋詁》：『恙，憂也。』《說文》解『恙』字，亦曰『憂也』。顔師古注《漢書》，亦云『何憂乎疾不止也』。持此義以爲準，則於凡言『無恙』者皆悉無疑滯。而推之《風俗通》說，亦可測其所因。蓋上古或自有憂患蟲蛇之事，應氏傳聞少差，乃以其問憂患爲問蟲蛇耳。」辨之甚明。

176

【圈稱】〔一〕《陳留風俗傳·自序》云〔二〕：「圈公之後。圈公爲秦博士，避地南山。漢祖聘之，不就。惠太子即位，以圈公爲司徒。自圈公至稱，傳世十一。」按：班書述四皓〔三〕，但有園公，非圈公也。公當秦之時，避地而入商洛深山，則不爲博士明矣。又漢初不置司徒〔四〕，安得以圈公爲之乎？且呼惠帝爲「惠太子」，無意義。孟舉之說〔五〕，實爲鄙野。近代草萊末學之人，多喜自撰家譜，處置昭穆，妄稱爵位。至有云「黄帝時爲御史大夫」〔六〕、「周宣王時爲丞相」〔七〕、「漢光武時爲相州刺史」〔八〕，不知本末，轉相誑耀①，皆此類也。又云：「吕伯，成、哀之時，兄弟三人並爲丞相。」按班書紀、傳及《百官表》，成、哀之時無丞相姓吕者，而云兄弟三人爲之，何所取哉？斯謬甚多，難以具舉。

【校勘記】

①耀：張本朱校、明本、沈本、何本、惠本作「曜」；盧本原作「曜」，改作「耀」。

【疏證】

〔一〕圈稱：王本眉批云：「此條正圈稱《陳留風俗傳》。」

〔二〕《陳留風俗傳》：《隋書·經籍志》雜撰類有「《陳留耆舊傳》二卷，漢議郎圈稱撰」；地理類又有「《陳留風俗傳》三卷，圈稱撰」。清章宗源《隋書經籍志考證》卷一三云：「《隋志》『耆舊』有誤。」清姚振宗《考證》卷二十則云：「《隋志》分出《風俗傳》中之《耆舊》二卷入此類，非誤也。」按：圈稱之書今皆不傳，師古此條引自《陳留風俗傳·自序》，宋洪适《隸釋》卷一六亦引圈稱此語，而云《陳留耆舊傳·自序》，可證姚説是也。

〔三〕四皓：《漢書·王貢兩龔鮑傳》云：「漢興，有園公、綺里季、夏黄公、角里先生。此四人者，當秦之世，避而入商雒深山，以待天下之定也。自高祖聞而召之，不至。其後吕后用留侯計，使皇太子卑辭束帛致禮，安車迎而致之。四人既至，從太子見，高祖客而敬焉，太子得以爲重，遂用自安。」事見《張陳王周傳》。師古注曰：「四皓稱號，本起於此，更無姓名可稱知。此蓋隱居之人，匿跡遠害，不自標顯，祕其氏族，故史傳無得而詳。至於後代皇甫謐、圈稱之徒，及諸地理書説，競爲四人施安姓字，自相錯互，語又不經，班氏不載於書。諸家皆臆説，今並棄略，一無取焉。」可與此條相參。

按：師古之駁圈稱，理據有二：其一，「園公」等皆爲稱號，而非姓名，不得謂其姓圈；其二，圈稱云圈公嘗爲秦之博士、漢之司徒，不合史實。今一一辨明如下：

《史記·留侯世家》「顧上有不能致者，天下有四人」，張守節《正義》不傳，司馬貞《索隱》引《陳留志》備説四皓姓名字號，云：「園公姓庾，字宣明，居園中，因以爲號。」孫詒讓《廣韻姓氏刊誤·一東》「公」字條據此而云：「園公先生之爲號，已屬無疑，四皓亦不必自有姓名也。」又云：「蓋史公之意，若以東園公等爲姓名，則四皓自有姓名，而名『公』及『先生』，於義亦屬不安。若以爲號，則上文明言『四人前對，各言名姓』，於此乃復著其號，則自相抵牾矣。」是孫氏亦以「園公」爲號，而又有疑焉。

唐林寶《元和姓纂》卷六「圈」條云：「《風俗通》云：楚鬻熊之後。一云本姓卷氏，鄭穆公之後，秦末爲博士，避難改爲圈氏。後漢末有圈稱，字幼舉，撰《陳留風俗傳》。又有圈宣明。《郭林宗傳》有陳人圈文生。」《廣韻》阮韻「求晚切」：「圈氏本於其國。」清汪榮寶《法言義疏·淵騫》據此而駁師古曰：「圈公以國爲氏，或作『園』者，託名幖幟，本無正字，聲近通用，古書常例。師古據班書作『園』，遂以幼舉爲非，良爲疏陋。」是則汪氏以爲園公實姓圈氏，圈稱之説是也。

按：後漢固有圈姓，然謂圈氏出自東園公，蓋圈姓之人攀附先賢，似無實據。錢大昕《十駕齋養新録》卷六「角里先生」條以爲圈稱漢人，自述其先代，所言當不妄。四皓之姓名里居，太史公既無明文，安知圈稱之必非乎？又云：「《史記正義》失傳，宋人合《索隱》、《正義》兩書，散入正文之下，妄加删削，使不得見守節真面目，良可歎也。」是錢氏亦疑圈説爲是。而今瀧川資言《史記會注考證》詳録《正義》之文曰：「皇甫謐《高士傳》：『四皓，一曰東園公，二曰綺里季，三曰角里先生，四曰夏黄公，皆河内軹人。』《漢書外傳》云：『園公，陳留園縣，是其先則爲園公。』《陳留風俗傳》云：『園叟字宣明。』《公羊春秋稜》言東園家單父，爲秦博士，遭秦亂，避地于南山。惠帝爲太子，即拜園公爲司徒。遜位，太子封廣襄邑南鄉侯。《陳留志》云：『庾始常居園中，因謂之園公。』」然則《正義》亦以東園公爲號，並無姓圈之語，可證師古之説不誤，而孫、林、汪、錢所疑皆妄也。

宋時出土《四皓神坐神祚機》刻石，其字作「圈公」，於是洪适《隸釋》、趙明誠《金石録》等皆據以然圈稱而駁師古。《隸釋》卷一六洪氏按語曰：「此刻有圈公神坐及神祚機，則圈公蓋有所據也。」《金石録》卷一九《四皓神位刻石》趙氏跋曰：「右《四皓神位神胙幾刻石》四，在惠帝陵傍。驗其字畫，蓋東漢時書。」遂引師古此説而駁之曰：「余嘗疑稱著書自述其世系，不應妄誕如此。及得《四皓刻石》，見其所書亦爲『圈公』，乃知稱所述果非臆説，蓋當時所傳如此爾。至謂圈公爲秦博士及惠帝時拜司徒者，疑無所據。」黄伯思《東觀餘論》卷上「跋四皓碑後」亦云：「又園公，石刻乃爲『圈公』。蓋二字音文爲近，或册牘傳寫之差，亦當以『圈』爲是。」又引圈稱之説而駁師古曰：「以是書證之，圈姓愈曉然矣。今尚有圈姓者，姓氏書多以圈爲園公之後，此又可證云。」

然此石雖有「圈公」，一則真假難辨，詎知果係西漢之物；二則縱爲古物，仍不能解師古詰圈公不得爲秦博士、漢司徒之事。清黄生《義府》卷下「金石録四皓神位石刻」條復駁洪、趙之説云：「四皓之園公，此石作『圈公』。洪引圈稱《陳留耆舊傳·自序》云：圈公爲秦博士，避地南山，惠太子以爲司徒。至稱十一世。此刻有圈公神坐及神祚几，則圈公蓋有所據。趙亦引圈稱《自序》『圈公之後』云云，得《四皓刻石》，知稱所述非臆説，但謂圈公爲秦博士及後拜司徒者，疑無所據。是二君並引稱《序》以證此刻，又因此刻而益信稱《序》也。予謂博士、司徒之説，誠屬妄誕，趙初疑其妄誕，後得此石而信。蓋因圈姓極爲希僻，而『園』字形聲並近，遂冒認四皓爲鼻祖，妄稱公爵，以爲門祚光，豈知即此二字自顯其逗漏耶？又王邵《陳留志》以爲園公姓唐名秉字宣明，四皓各有姓名。劭與稱不知時代孰先後，但同述陳留郡人物，不應兩相牴牾如此。按《史記索隱》注謂『諸人姓名，乃王劭據諸家世譜爲説』，予因悟六朝人崇尚譜牒，妄引古人以自重爾。夫園公之爲『園』也，唐氏且竊祖之矣，況形聲相近之『圈』，又何足怪？故予斷此石刻亦即圈氏所僞造，意在欺後世以售其妄。今趙氏亦云『驗其字畫，蓋東漢時書』，益自信其説不謬。」劉曉東《平議》以爲「扶孟之言，明發駿利，俾師古之説遇晦而復明矣」。

〔四〕漢初不置司徒：司徒之官，相傳少昊始置，唐虞因之。周時爲六卿之一，曰地官大司徒，掌國家土地及人民教化。漢哀帝元壽二年，改丞相爲大司徒，與大司空、大司馬並稱三公。東漢時改稱司徒。歷代因之，至明乃廢。

〔五〕孟舉：惠本眉批：「稱亦字幼舉。」見《元和姓纂》卷六《二十阮》「圈」條。師古此云「孟舉」，疑別有所據。

〔六〕黄帝時爲御史大夫：秦始置御史大夫。漢因之，爲御史臺長官，掌彈劾糾察及圖籍秘書。後改稱大司空，與大司徒、大司馬並稱三公。晉以後多不置。唐復置，實權已輕，至宋又多缺而不補，明廢。

〔七〕周宣王時爲丞相：戰國秦悼武王二年（前三〇九）始置左右丞相，爲輔佐君主之最高行政長官。秦以後各朝時廢時設。明洪武十三年（一三八〇）革去中書省，權歸六部，丞相之制遂廢。

〔八〕漢光武時爲相州刺史：北魏天興四年（四〇一）始以鄴行臺所轄六郡改設爲相州。

177 【嬰奥】〔一〕陶（宏）〔弘〕景注《本草》云「蒲萄作酒」，云「用其（膠）〔藤〕汁」①。又説：「即是江南嬰奥，恐如北土枳之類橘耳〔二〕。」按：蒲萄酒即其多聚而釀之，安得（膠）〔藤〕事？嬰奥、蒲萄，種類殊别〔三〕。江南自是蒲萄，北土兼有嬰奥，斯則非一物明矣。

〔校勘記〕

①藤：各本原皆作「膠」。尚志鈞輯復本《唐新修本草·果部》卷一七「葡萄」條引陶弘景注作「藤」，蘇敬案語同，今據正。下同。

〔疏證〕

〔一〕蘡薁：王本眉批云：「此下五條並正陶宏景《本草集注》。」弘景字通明，自號華陽陶隱居，丹陽秣陵人。南朝著名醫藥家、煉丹家、文學家，時稱「山中宰相」。著有《本草集注》、《華陽陶隱居集》等。事見《南史·隱逸傳下》。

〔二〕北土枳之類橘：《周禮·冬官·考工記》：「橘逾淮而北爲枳……此地氣然也。」

〔三〕蘡薁、蒲萄，種類殊別：《唐新修本草·果部》卷一七「葡萄」條引陶弘景注曰：「魏國使人賫來，狀如五味子而甘美，可作酒，云用其藤汁而殊美好。北國人多肥健耐寒，蓋食斯乎？不植淮南，亦如橘之變於河北矣。人説即是此間蘡薁，恐如彼之枳類橘耶？」蘇敬案曰：「蘡薁與葡萄亦同，然蘡薁是千歲虆。葡萄作酒法，總收取子汁釀之自成

葡萄

蘡薁

（《植物名實圖考》卷三二）

酒。蘡薁，山葡萄，亦堪爲酒。陶景言用藤汁爲酒，謬矣。」尚志鈞《校記》曰：「亦同，《證類》、《圖考長編》作『相似』。」是則弘景以爲葡萄植於淮南則爲蘡薁，而顔、蘇皆謂葡萄、蘡薁種類各別。

《廣雅·釋草》「燕薁，蘡舌也」，王念孫《疏證》云：「即蘡薁也，『蘡』、『燕』聲之轉。《豳風·七月》篇『六月食鬱及薁』，傳曰：『薁，蘡薁也。』……蘡薁自是蒲萄之屬，蔓生結子者耳。《齊民要術》引陸機《詩義疏》云：『櫻薁實大如龍眼，黑色，今車鞅藤實是。』又引疏云：『櫐似燕薁，連蔓生。』《御覽》引《毛詩提綱》云：『藟，一名燕薁藤。』郭璞《上林賦》注云：『蒲萄似燕薁，可作酒。』」《廣韻》云：「薁，蘡薁藤也。」是蘡薁有藤，蒲萄之屬，故謝靈運《山居賦》云『野有蔓草，獵涉蘡薁』也。《唐本草注》云：『蘡薁與葡萄相似，然蘡薁是千歲虆。』宋開寶《本草注》云：『蘡薁是山葡萄，亦堪作酒。毛公釋《詩》，正此草也。蘡薁之子滑澤，故人食之。』《中山經》云：『秦室之山有草焉，白華黑實，澤如蘡薁。』郭注云：『言子滑澤也。』」明李時珍《本草綱目·果五·蘡薁》亦曰：「蘡薁野生林墅間，亦可插植，蔓、葉、花、實，與葡萄無異。其實小而圓，色不甚紫也。」蘡薁爲落葉藤本植物，枝條細長有棱角，葉掌狀。果實黑紫色，俗稱野葡萄、山葡萄、山櫐，可釀酒，亦可入藥。是則蘡薁爲葡萄之屬，然非一物也。

【稻秫稉】《本草》有「秫米」、「稻米」、「稉米」三者，並別出而體不同。陶（宏）〔弘〕景注「秫米」云：「此即今人以作酒及糖者。方藥不(止)〔正〕用①，嘸嚼以塗漆創②，及釀酒諸藥醪耳。」注「(稉)〔稻米〕」云③：「道家方藥，有俱用稻米、(秔)〔粳〕米④，即是兩物。云稻米糠白如霜，今江東無此，皆通呼粳米爲『稻米』耳，不知其色類復云何。」按：《本草》所謂「秫米」者，即今之似黍米而粒小者耳。其米亦堪作酒，而不及黍。所謂「稻米」者，今稬米耳。而陶公以「稬」爲「秫」〔一〕，不識「稻」是「稬」，故說之不曉。許氏《說文解字》曰〔二〕：「秫，稷秔者。」「稻，稌也。」「沛國謂稻爲稌。」又《急就篇》云：「稻黍秫稷。」左太沖《蜀都賦》云：「粳稻漠漠。」益知「稻」即「稬」，共「粳」並出矣〔三〕。然後以稻是有芒之穀，故於後通呼粳、稬惣謂之「稻」。孔子曰「食夫稻」〔四〕，《周官》有「稻人」之職〔五〕，漢置「稻米使者」〔六〕，此並非指屬稻、稬之一色，所以後人混「稬」，不知稻本是稬耳。

〔校勘記〕

①正：各本原皆作「止」。今據尚志鈞輯復本《唐新修本草》正。

②嘸：輯復本《唐新修本草》作「惟」，較長。

③稻米：「稻」，各本原皆作「稉」，今依文意改。「米」字原闕，盧本同。今據明本、沈本、何本、惠本補。

④粳：原作「秔」，明本、何本、惠本、盧本同。沈本作「粇」。今據輯復本《唐新修本草》改。

〔疏證〕

〔一〕陶公以「稬」爲「秫」：此條辨稻、秫、稬之異同，陶、顏似皆未確。今匯合諸說，辨明其種類如下：

《爾雅·釋草》「粢，稷。衆，秫」，郭注曰：「謂黏粟也。」《釋文》云：「郭云『黏粟也』，《説文》云『稷之黏者』，《字林》亦云『黏稷』。《本草》云：『秫米味甘微寒，主止寒熱，利大腸，治漆創亦驗。』然北間自有秫穀，全與粟相似，米黏，北人用之釀酒。其莖稈似禾而麤大也。」郝懿行《義疏》云：「《説文》云：『秫，稷之黏者。』或省禾作『朮』。《齊民要術》引孫炎曰：『秫，黏粟也。』孫、郭曰『黏粟』，許君曰『黏稷』，實一物耳……以今北方驗之，黍爲大黄米，稷爲穀子，其米爲小米。然稷又包高粱，高粱與粟同種差早。高粱謂之『木稷』，《廣雅》云『藋粱，木稷也』，言其禾麤大如木矣。又謂之『蜀黍』，『蜀』亦大也……蜀黍假『黍』爲名，高粱假『稷』爲名，蓋稷米之精者稱『粱』，『粱』亦大名，故高粱與穀子通矣。秫者，稷之黏者也，然稻之黏者亦名『秫』。《廣雅》云『秈，稉也』，『秫，稉也』，《月令》云『秫稻必齊』，唐《本草》注引氾勝之《種植書》云『三月種秔稻，四月種秫稻』，《晉書·陶潛傳》云『五十畝種秫，五十畝種秔』，《爾雅》釋文『江東人皆呼稻米爲秫米』，是皆以秫爲黏稻之名也，《爾雅》之『衆秫』則黏稷也。今北方謂

稻　稷　粱　黍

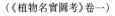

（《植物名實圖考》卷一）

穀子之黏者爲『秫穀子』，其米爲小黄米；謂高粱之黏者爲『秫秫』，亦曰『胡秫』，『胡』亦大也……今以不黏者爲飯，以黏者爲酒，秫穀子得酒少，不如秫秫得酒多而味益美也。故《釋文》云『北閒自有秫穀，全與粟相似，米黏，北人用之釀酒』，其説是矣。然又云『其莖稈似禾而麤大』，此即秫秫矣，陸以爲秫穀，則非也。秫穀與高粱全别，陸是南人，容不識耳。」

《釋草》「稌，稻」，郭注曰：「今沛國呼『稌』。」《釋文》云：「《詩》云：『豐年多黍多稌，爲酒爲醴。』《禮記》云：『牛宜稌，羊宜黍。』《本草》云：『秔米主益氣，止煩泄。稻米主温中，令人多熱。』陶注云：『道家方藥，有俱用稻米、稉米，此則是兩物。云稻米糠白如霜，今江東無，通呼稉米爲稻米耳。不知其色類復云何。』案《説文》云：『沛國謂稻爲穤。』『秔，稻屬也。』《字林》云：『穤，黏稻也。秔，稻不黏者。』李登《聲類》亦以秔爲不黏稻，但江東人呼爲『稬』。《字林》曰：『稬，乃亂反，字亦作穤。北人呼爲穤。稉與粳皆俗秔字也，音庚。』今稉、穤甚相類，但黏與不黏耳。依《説文》，穤即稻也。」郝懿行《義疏》云：「《説文》稻、稌互訓，義本《爾雅》……《説文》『秔』或作『稉』，云『稻屬』，又云『沛國呼稻曰稬』，是稬、秔亦稻之通名。《釋文》引《字林》云：『穤，俗稬字。黏稻也。秔，稻不黏者。』李登《聲類》亦以秔爲不黏稻。是皆以秔、稬爲黏、不黏之異名，蓋漢以後始然，非古義也。稬亦曰秫，秔亦曰秈，故《廣雅》云『秈，稉也』，『秫，稻也』。《氾勝之書》云『三月種秔稻，四月種秫稻』是也。《釋文》引《本草》云『秔米主益氣，止煩泄。稻米主温中，令人多熱』，是又以秔、稻爲黏、不黏之異名……蓋皆後人異稱，不足依據，當以經典爲正。或單言『稌』，《禮》云『牛宜稌』，《詩》云『多黍多稌』是也。或單言『稻』，《論語》『食夫稻』，《内則》『稻醴清糟』是也。是皆直言稻稌，不分黏與不黏。然釀酒必需黏者，故《月令》云『秫稻必齊』。炊飯多是用秔，亦用稬者，各適其便。」

《説文・禾部》：「秫，稷之粘者。」「穄，𪏮也。」「稻，稌也。」「稌，稻也。」「稬，沛國謂稻曰稬。」「秔，稻屬。稉，俗『秔』。」「稴，稻不黏者。」段注「秫」字曰：「《九穀攷》曰：『稷，北方謂之高粱，或謂之紅粱，其粘者黄白二種，所謂秫也。』秫爲黏稷，而不黏者亦通評爲『秫秫』，而他穀之黏者亦叚借通偁之曰『秫』。」注「穄」字曰：「此謂黍之不粘者也……𪏮也、穄也，飯用之。黏者釀酒及爲餌餈酏粥之屬。不黏者評『𪏮』、評『穄』，而黏者乃專得『黍』名矣。今北方皆評『黍子』、『𪏮子』、『穄子』。」注「稻」字曰：「今俗槩謂黏者不黏者……古謂黏者爲稻……玉裁謂『稻』其渾言之偁，『秔』與『稻』對爲析言之偁。」朱駿聲《通訓定聲》云：「今蘇俗，凡粘者不粘者統謂之『稻』。古則以粘者曰『稻』，不粘者曰『秔』。」段注「稌」字曰：「許曰『沛國評稬』，而郭樸曰『今沛國呼稌』，然則『稌』、『稬』本一語，而稍分輕重耳。」注「稴」字曰：「凡穀皆有黏者，有不黏者。秫則稷之黏者也，穄則黍之不黏者也。稻有不黏者，則稴是也。今俗通謂不黏者爲『秈米』，《集韻》、《類篇》皆云：『方言江南呼稉爲秈。』亦作『籼』、作『粞』。」注「秔」字曰：「稻有至黏者，稬是也。有次黏者，稉是也。有不黏者，稴是也。稉比於稬則爲不黏，比於稴則尚爲黏。稉與稴爲飯，稬以釀酒、爲餌餈，今與古同矣。散文稉亦偁『稻』，對文則別。」

《廣雅·釋草》「秫，稉也」，王念孫《疏證》云：「秫爲黏稷，稉爲黏稻，二者本不同物。故經傳言『秫』，無一是黏稻者。但以稉、秫俱黏，故後世稱『稉』者亦得假借稱『秫』……《名醫别録》云『秫米味甘微寒，止寒熱，利大腸，療漆瘡』，唐本注云『此米功用是稻秫也。今大都呼粟稻秫爲糯矣』，《爾雅》釋文云『江東人皆呼稻米爲秫米，嚼稻米以治漆瘡亦驗』，皆是也。《名醫别録》又别有『稻米』。」乃引師古此條曰：「《九穀考》云：《七月》之詩『十月穫稻，爲此春酒，以介眉壽』，《月令·仲冬》『乃命大酋，秫稻必齊』，《内則》、《雜記》並有『稻醴』，《左傳》『進稻醴粱糗』，《内經》『黄帝問爲五穀湯液及醪醴，岐伯對曰：必以稻米，炊之稻薪』，皆言釀稻爲酒醴。是以稻爲黏者之名，黏者以釀也……而食醫之職『牛宜稌』，鄭司農説『稌，稉也』，又引《爾雅》云『稌，稻』，是又以稉釋稻。稉，其不黏者也。孔子曰『食夫稻』，亦不必專指黏者言。《職方氏》揚、荆諸州亦但云『其穀宜稻』。吾是以知稌、稻之爲大名也。引之案：《詩》以黍稷稻粱並舉，明皆大名也。稻之不黏者名『秔』，後遂專呼黏者爲『稻』，猶黍之不黏者名『穄』，後遂專呼黏者爲『黍』耳。」

要之，黍、稷、稻、粱皆爲類名，又分黏與不黏之種，各有專名。類名與專名析言則異，統言則同。今平秩衆論，綜成下表：

類屬	黏性	作物		俗名				米		俗名	功用	
稻	黏	稬（穤）	稌	秫稻	稻			稬米			釀酒、爲餌餈	治漆創
	中	秔（稉）		秈（粞）				秈米	秔米		爲飯	
	不黏	稴										
稷	黏	秫	衆	秫穀子				黏粟	粱	小黃米	釀酒	
	不黏	稷		穀子				粟		小米	爲飯	
粱	黏	高粱		木稷	蜀黍	秫秫	胡秫				釀酒	
	不黏											
黍	黏	黍								大黃米	釀酒、爲餌餈	
	不黏	穄	糜								爲飯	

持此正論，反觀陶注，云秫米可塗漆創及釀酒，此是黏稻，正名爲「稬」，「秫」本指黏稷，亦可泛指穀之黏者；云稻、秔兩物，是析言之也，其實秔即稻之不甚黏者。是故陶説不誤，但未確耳。

〔二〕見《説文・禾部》。今本作「秫，稷之粘者」，「稻，稌也」，「稬，沛國謂稻曰稬」。

〔三〕「稻」即「稬」，共「粳」並出：「稬」爲稻之黏者，「粳」爲不甚黏者，二者皆稻之屬。唐時以「稻」專指稬，與粳並列，師古之説是也。然其不知「秫」可該稬，故以陶注爲誤。《急就篇》「稻黍秫稷粟麻秔」，師古注曰：「『稻』者，有芒之穀摠名也，亦呼爲『稌』。『秫』似粟而黏，亦可爲酒。『秔』謂稻之不黏者，以别於『稬』也。『秔』字或作『粳』。」與此條之意同也。

〔四〕見《論語·陽貨》。

〔五〕稻人：古官名，掌治田種稻之事。《周禮·地官》「稻人，掌稼下地」，鄭注曰：「以水澤之地種穀也。」

〔六〕稻米使者：未詳。

（《中華大典·醫藥衛生典·藥學分典·藥物圖録總部》（彩繪圖卷）穀豆部·穀分部）

179

【沙苑】《本草》云：「防風〔一〕，出沙苑川澤及邯鄲①、瑯琊、上蔡。」陶（宏）〔弘〕景注云：「郡縣無名沙苑者。」按：今同州沙苑之内猶有防風〔二〕，此乃古昔已來，土宜所出，故本草稱之耳。自晉東徙，區宇分崩，揚、越之地與三輔隔絶，所以彼人不識沙苑。陶公生長江南〔三〕，間有此惑②，乃於郡縣名求之，竟不知處，蓋亦「尺有所短」乎？

〔校勘記〕

①出：明本、何本、惠本、盧本同。張本朱校作「生」，與尚志鈞輯復本《唐新修本草》合。

②間：張本朱校、明本、何本、惠本作「聞」。盧本原作「聞」，改作「間」。按：「聞」較長，「間」亦通。

〔疏證〕

〔一〕防風：藥草名。多年生草本植物，羽狀複葉，葉片狹長，開白色小花。根供藥用，有鎮痛、袪痰等作用。明李時珍《本草綱目・草二・防風》：「銅芸、茴草、屏風、蔄根、百枝、白蜚。防者，禦也。其功療風最要，故名。屏風者，防風隱語也。」

防風（《植物名實圖考》卷七）

〔二〕同州沙苑：《唐新修本草・草部》卷七「防風」條蘇敬案曰：「沙苑在同州南，亦出防風，輕虛不如東道者。陶云『無沙苑』，誤矣。」說與師古正同。沙苑乃地名也，而非郡縣之名。其地在馮翊縣（今陝西大荔縣）南，臨渭水，宜於牧畜。唐置沙苑監，掌牛馬諸牧。《水經注・渭水下》：「渭水之陽，即懷德縣界也。城在渭水之北，沙苑之南，懷德縣故城也。」《隋書・地理志上》：「馮翊郡後魏置華州，西魏改曰同州……大業初改名馮翊，置馮翊郡。有沙苑。」西魏大統三年，宇文泰大敗高歡於此，事見《隋書・音樂志中》、《元和郡縣志・關內道三》同州馮翊縣等。唐詩多有吟詠，如杜甫《沙苑行》，元稹《寄樂天二首・其一》「山入白樓沙苑暮，潮生滄海野塘春」，劉禹錫《貞元中侍郎舅氏牧華州時……追想昔年之事因成篇題舊寺》「晴煙沙苑樹，晚日渭川帆」，胡曾《詠史詩·沙苑》，薛逢《開元後樂》「中原駿馬搜求盡，沙苑年來草又芳」等。

〔二〕陶公生長江南：陶弘景爲丹陽秣陵（今江蘇鎮江）人，及長，止於句容之句曲山（今江蘇句容縣東南），後移居積金東澗。雖遍歷名山，尋訪仙藥，然未嘗至於北方，容或不識此地也。

180

【苦菜】《本草》云：「苦菜，味苦，名（茶）〔荼〕草①，一名游東。生益州川谷及山陵旁。（陵）〔凌〕冬不凋死②〔一〕。」陶公（宏）〔弘〕景注云：「疑此即今『茗』。茗一名『（茶）〔荼〕』③，又令人不眠，今（陵）〔凌〕冬不凋④，而嫌其止生益州，益州乃有苦蘵耳。《桐君藥録》云〔二〕：『苦菜，三月生扶疎，六月華從葉出，八月實落根後生⑤，冬不枯。』今茗極似此。」按：此苦菜即詩人所稱「誰謂荼苦」。荼音「塗」〔三〕，其狀全似苦藘而細葉，斷有白汁，味極苦，（陵）〔凌〕冬不凋。桐君所説，正得體狀。近來諸人，無識之者。今吴蜀之俗謂「苦菜」者，即《爾雅》所謂「蘵，黄蒢」爾〔四〕。陶公雖知俗呼苦蘵爲「苦菜」，而不識其苦菜之形。以其一名「（茶）〔荼〕」⑥〔五〕，乃將作茗，巧説滋蔓，秖增煩惑。且《本草》説其主療疾病⑦，功力甚多〔六〕，茗草豈有此效乎？

〔校勘記〕

①荼：各本原皆作「茶」。周祖謨《校記》云：「案『茶草』《爾雅》《釋文》引作『荼草』。」按：「茶」字中唐始起，陸羽《茶經》云其字出《開元文字音義》。師古注《漢書》雖音「荼」爲「丈加反」，而其字仍作「荼」。此條引《本草》及陶注「荼」字皆當作「荼」，而各本皆作「茶」，張本朱校亦無説，蓋宋以前已經改篡。今正。

②凌：原作「陵」，今據張本朱校、明本、何本、惠本及尚志鈞輯復本《唐新修本草》改。盧本原作「凌」，改作「陵」。周祖謨《校記》云：「『陵』景宋本作『凌』，是也。下並同。」

③荼：原作「茶」，明本、惠本、盧本同。今據何本改。

④今：輯復本《唐新修本草》作「亦」，較長。

⑤後：輯復本《唐新修本草》作「復」，較長。

⑥荼：原作「茶」，明本、何本、惠本同。今據張本朱校、盧本改。

⑦疾：明本、何本、惠本、盧本同。張本朱校作「諸」，兩通。

〔疏證〕

〔一〕見《唐新修本草・菜部》卷一八「苦菜」條。

〔二〕《桐君藥録》：見於陶弘景《本草經集注》、《藥總訣》、《輔行訣用藥法要》，《隋書・經籍志・子部・醫方》，明李時珍《本草綱目》，明吴昆《醫方考》等。桐君，一説神農時人，一説黄帝之臣，一説唐堯之臣。《藥録》當係託名之書，約成書於東漢至三國之間。

〔三〕荼：陶注誤以苦菜爲茗，師古駁之甚是。《唐新修本草》「苦菜」條蘇敬案語亦曰：「苦菜，《詩》云『誰謂荼苦』，又云『堇荼如飴』，皆苦菜異名也。陶謂之茗，茗乃木類，殊非菜流。茗，春采爲苦搽，搽音『遲遐反』，非『塗』音也。案《爾雅·釋草》云『荼，苦菜』，《釋木》云『檟，苦荼』，二物全別，不得爲例。」

《爾雅·釋草》「荼，苦菜」，郭注曰：「《詩》曰：『誰謂荼苦。』苦菜可食。」《釋文》云：「案《詩》云『誰謂荼苦』，《大雅》云『堇荼如飴』，《本草》云『苦菜，一名荼草，一名選，生益州川谷』，《名醫別録》『一名游冬，生山陵道旁，冬不死』，《月令》『孟夏之月，苦菜秀』，《易通卦驗玄圖》云『苦菜生於寒秋，更冬歷春，得夏乃成』。今苦菜正如此，處處皆有，葉似苦苣，亦堪食，但苦耳。今在《釋草篇》。《本草》爲菜上品，陶弘景乃疑是茗，失之矣。《釋木》篇有『檟，苦荼』，乃是茗耳。」

苦菜

（《植物名實圖考》卷三）

荼

（《植物名實圖考》卷三五）

又《釋木》「檟，苦荼」，郭注曰：「樹小如梔子，冬生葉，可煮作羹飲。今呼早采者爲『荼』，晚取者爲『茗』。一名『荈』，蜀人名之『苦荼』。」《釋文》云：「《埤蒼》作『𣘻』。案：今蜀人以作飲，音『直加反』。茗之類。」又云：「荈、𣘻、茗，其實一也。」《唐新修本草・木部》卷一三「茗」條云：「茗，苦荼……令人少睡。苦荼……作飲加茱萸、葱、薑等，良。」然則《本草》之「苦菜」，乃《釋草》之「荼，苦菜」；《本草》之「茗」，乃《釋木》之「檟，苦荼」也。

荼、茗二物，説者多能明辨。如《齊民要術》卷十有「荼」、「𣘻」兩條，荼即苦菜，𣘻即茗也。《顏氏家訓・書證》云：「《詩》云『誰謂荼苦』，《爾雅》、《毛詩傳》並以荼，苦菜也。又《禮》云『苦菜秀』。案：《易統通卦驗玄圖》曰：『苦菜生於寒秋，更冬歷春，得夏乃成。』今中原苦菜則如此也。一名游冬，葉似苦苣而細，摘斷有白汁，花黃似菊。」此即《本草》、《爾雅》之苦菜也。《廣雅・釋草》「游冬，苦菜也」，王念孫《疏證》引《家訓》及《爾雅》《釋文》云：「案：顏、陸二家之辨，皆得其實。」惟徐鍇《説文繫傳》「荼」字下案曰「《爾雅》『荼，苦菜』，即今之茗也」，仍從陶注之誤説。

〔四〕見《爾雅・釋草》。郭注曰：「蘵草葉似酸漿，花小而白，中心

龍葵
（《植物名實圖考》卷十四）

酸漿
（《植物名實圖考》卷十一）

黄，江東以作菹食。」《唐新修本草》「苦菜」條蘇敬案曰：「苦蘵乃龍葵耳，俗亦名『苦菜』，非荼也。」是蘵草亦有「苦菜」之名，然與荼固非一物。陶注既疑《本草》苦菜是茗，復疑其爲苦蘵，皆誤。

《顔氏家訓・書證》云：「江南别有苦菜，葉似酸漿，其花或紫或白，子大如珠，熟時或赤或黑，此菜可以釋勞。案：郭璞注《爾雅》，此乃『蘵，黄蒢』也。今河北謂之『龍葵』。」邵晉涵《爾雅正義》云：「《本草》陶注云：『益州有苦菜，乃是苦蘵。』《唐本》注云：『苦蘵即龍葵也，俗亦名苦菜，非荼也。龍葵所在有之，葉圓花白，子若牛李，子生青熟黑，但堪煮食，不任生噉。』」是則顔、蘇、邵皆以蘵爲龍葵。

郝懿行《爾雅義疏》曰：「案：顔君所説此物，即是《爾雅注》所謂『苦葴』，今京師所稱『紅姑孃』者也，與『蘵，黄蒢』稍異焉。」《釋草》「葴，寒漿」，郭注曰：「今酸棗草。江東呼曰苦葴。」王利器《顔氏家訓集解》引趙曦明云：「《古今注》：『苦葴，一名苦蘵，子有裹，形如皮弁，始生青，熟則赤，裹有實，正圓如珠，亦隨裹青赤。』《唐本草》注：『苦蘵，葉極似龍葵，但龍葵子無殼，苦蘵子有殼。』」然則蘵與龍葵亦有小别。

〔五〕荼：荼爲苦菜，而茗亦有苦荼之名，故致相混。按：古有「荼」而無「茶」。「荼」字从艸余聲，古音定母魚部，《説文》大徐本引《唐韻》音「同都切」，《廣韻》模韻同。魏晉以降轉入澄母麻韻，《爾雅・釋木》《釋文》音「直加反」，《穀梁傳》哀六年經「齊陳乞弑其荼」《釋文》一音「丈加

181

反」，《漢書·地理志下》「荼陵」師古注音同，《廣韻》麻韻「宅加切」，此皆隋唐正讀也。又爲茗之別名別造「檫」字，以示其爲木屬，《唐新修本草》蘇敬音「檫」爲「遲遐反」是也。中唐時又別造「茶」字，陸羽《茶經》云：「從艸當作『茶』，其字出《開元文字音義》。」此後「荼」、「茶」二字音義判分。宋王楙《野客叢書》云：「世謂古之荼即今之茶，不知荼有數種，惟荼檟之荼即今之茶也。」是其不知「茶」字古即作「荼」也。

宋魏了翁《鶴山先生大全文集》卷四八《邛州先茶記》詳論「荼」、「茶」二字音形遞變云：「且今所謂韻書，自二漢以前，上泝六經，凡有韻之語，如平聲魚模，上聲麌姥，以至去聲御暮之同是音者，本無他訓。乃自音韻分于孫、沈，反切盛于羌胡，然後別爲麻馬等音。於是魚、歌二音併入于麻，而魚、麻二韻，一字二音，以至上、去二聲，亦莫不然。其不可通，則更易文字，以成其說。且茶之始，其字爲『荼』，如《春秋》書『齊荼』、《漢志》書『荼陵』之類，陸、顏諸人雖已轉入『茶』音，而未敢輒易字文也。若《爾雅》、若《本草》，猶從艸從余，而徐鼎臣訓『荼』，猶曰『即今之茶也』。惟自陸羽《茶經》、盧仝《茶歌》、趙贊《茶贊》以後，則遂易『荼』爲『茶』，其字爲艸、爲人、爲木。」

〔六〕功力甚多：《唐新修本草》「苦菜」條云：「味苦，寒，無毒。主五臟邪氣，厭穀胃痺，腸澼，渴熱中疾，惡瘡。久服安心益氣，聰察，少臥，輕身耐老，耐饑寒。」皆其功用也。

【倉米】《本草》有「陳廩米」〔一〕，陶（宏）〔弘〕景注云：「此今久倉陳赤者。」下條有「稉米」，

（宏）〔弘〕景又注云：「此即今常所食米。前『陳廩米』亦是此種，以廩給軍人，故曰『廩』耳。」按：「陳廩米」正是「陳倉米」，「廩」即是「倉」〔二〕，其義無别。陶公既知已久入倉，故謂之「陳」，而不知呼倉爲「廩」，改易本字，妄以廩給爲名〔三〕，殊爲失理。

【疏證】

〔一〕陳廩米：見《唐新修本草·米部》卷一九「陳廩米」條、「粳米」條。

〔二〕「廩」即是「倉」：「廩」字甲骨文作合 9642，象穀堆上有亭蓋，即「㐭」字，本義爲糧倉；金文作六年召伯虎簋，繁化並加禾，即「稟」字；篆文另加意符广作「廩」。《説文·㐭部》：「㐭，穀所振入也。宗廟粢盛，蒼黄㐭而取之，故謂之㐭。从入从回，象屋形，中有户牖。廩，㐭或从广稟。」《倉部》：「倉，穀藏也。蒼黄取而臧之，故謂之倉。」《文選·潘安〈射雉賦〉》「越壑凌岑，飛鳴薄廩」，徐爰注曰：「廩，翳中盛飲食處，今俗呼翳名曰『倉』也。」潘岳《藉田賦》「致倉廩於盈溢」，李善注引蔡邕《月令章句》曰：「穀藏曰倉，米藏曰廩。」《廣雅·釋宫》云：「廩，倉也。」是則「廩」與「倉」析言則異，統言無别。

〔三〕廩給：師古蓋謂陶注「粳米」誤以「稟」釋「廩」，故正之也。

「稟」本義亦爲倉廩，與「㐭」、「廩」同義。《集韻》寑韻：「㐭廪𥼶廩稟，力錦切……古作廩、𥼶，或作廩、稟。」今音 lǐn。然「稟」又别有一義，意爲賜予、賦予，即師古此條所謂「稟給」之義。《説文·㐭部》：「稟，賜穀也。」段注曰：「凡賜穀曰稟，受賜亦曰稟。引伸之，凡上所賦、下所受皆曰稟。」「賜穀」即賜予義之特指也。大徐本引《唐韻》音「筆錦切」，今音 bǐng。（孫玉文《漢語變調構詞考辨》認爲「賜予、賦予」義是由原始詞義「領受、承受」滋生而來，當讀去聲。最晚至《經典釋文》時，去聲一讀已經消失。）《廣雅·釋詁三》：「稟，予也。」俗作「禀」，《字彙·示部》：「禀，俗『稟』字。」《漢書·文帝紀》三月詔曰「今聞吏稟當受鬻者，或以陳粟」，《地理志下》「所至國皆稟食爲耦」，《西域傳上》「須諸國稟食，得以自贍」，《王莽傳下》「流民入關者數十萬人，乃置養贍官稟食之」，師古注皆曰：「稟，給也。」《禮樂志》「天稟其性而不能節也」，注曰：「稟謂給授也。」

「稟」、「廩」古雖同字，然既有「廩」字之後，倉廩義專用「廩」，「稟」則專取賜予之義，是以二字音義判分。《廣韻》寢韻「力稔切」：「廩，倉有屋曰廩。」「筆錦切」：「稟，供穀也，又與也。」「廩」（來母）、「稟」（幫母）韻同而聲異。《食貨志上》「置養澹官以稟之，吏盜其稟」，注曰「稟音『彼甚反』」，是其當時正音也。《説文》「稟」字段注曰：「《中庸》『既稟稱事』，鄭注《周禮·宮正》、《内宰》、《廩人》、《掌固》皆云『稍食，禄稟也』，又《司稼》注云『賙，稟其

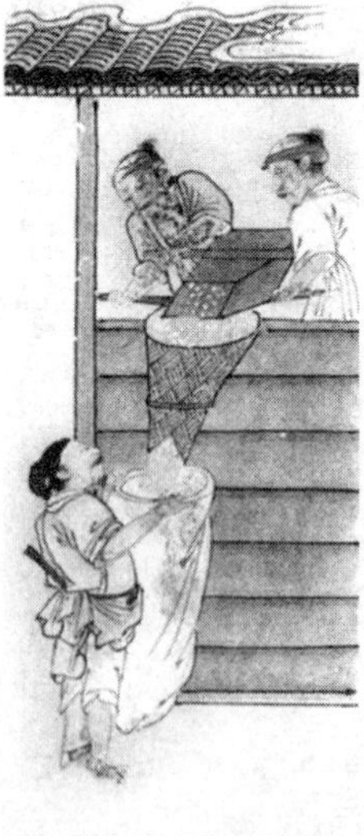

陳廩米（《中華大典·醫藥衛生典·藥學分典·藥物圖録總部》〔彩繪圖卷〕穀豆部·穀分部）

艱阨』，晉惠帝云『官鼃可給稟』，凡若此類，今本多譌爲『廩』。即有未譌者，亦皆讀爲『力甚切』矣。」《廣雅·釋言》「廩，治也」，曹憲音「稟」，皆後世「稟」、「廩」相混之例。

陶注「陳廩米」既云「久倉」，是訓「廩」爲倉廩；注「粳米」又云「以廩給軍人，故曰『廩』」，則又訓「廩」爲賜予，故師古斥其「殊爲失理」。《唐新修本草》「粳米」條蘇敬案語亦駁陶注曰：「《傳》稱『食廩爲祿』，廩，倉也。前『陳倉米』曰廩，字誤作『廩』，即謂廩軍米也。若廩軍新米者，亦爲陳乎？」依此案語之意，後三「廩」字皆當作「稟」，尚志鈞輯復本失校也。

182

【羹臛】王叔師注《楚辭·招魂》云〔一〕：「有菜曰羹，無菜曰臛〔二〕。」案：《禮》云：「羹之有菜者用梜，其無菜者不用梜〔三〕。」又蘋、藻二物，即是鉶羹之芼〔四〕，安在其無菜乎？羹之與臛〔五〕，烹者以異齊調和不同〔六〕，非係於菜也。今之膳者，空菜不廢爲「臛」，純肉亦得名「羹」，皆取於舊名耳。

〔疏證〕

〔一〕王叔師：王逸，字叔師。

〔二〕見「露雞臛蠵」句下。

〔三〕見《禮記·曲禮上》。《正義》云：「有菜者爲鉶羹是也，以其有菜交横，非梜不可。無菜者謂大羹湆也，直歠之而已。」

〔四〕鉶羹之芼：鉶羹，祭祀時盛在鉶器中調以五味的羹。《周禮·天官·亨人》「祭祀，共大羹、鉶羹」，賈疏云：「云『鉶羹』者，皆是陪鼎膷臐膮，牛用藿，羊用苦，豕用薇，調以五味，盛之於鉶器，即謂之鉶羹。」芼，通「毛」，指可食的野菜或水草。《周禮・公食大夫記》云：「鉶芼：牛藿、羊苦、豕薇，皆有滑。」《士虞記》云：「鉶芼，用苦若薇，有滑。夏用葵，冬用荁。」《特牲饋食記》云：「鉶芼，用苦若薇，皆有滑。夏葵，冬荁。」是則鉶羹有菜也。

〔五〕羹之與臛：《招魂》洪興祖《補注》曰：「臛，字書作『脽』，肉羹也。」師古謂王逸以「羹」爲有菜之羹，「臛」爲肉羹無菜，故駁之曰羹、臛之別與菜無涉。其説恐失之矣。

「羹」即《説文》「䰜」字。《䰜部》：「䰜，五味盉䰜也。羹，小篆从羔从美。」段注曰：「實於鉶，謂之鉶羹；肉汁不和五味，謂之大羹。」《周禮・天官・亨人》「祭祀，共大羹、鉶羹」，鄭注曰：「大羹，肉湆。鄭司農云：『大羹，不致五味也。鉶羹加鹽菜矣。』」是則「羹」分大羹、鉶羹。大羹者，《儀禮・公食大夫禮》曰：「大羹湆不和，實於鐙。」鄭注曰：「大羹湆，煮肉汁也。大古之羹不和，無鹽菜。瓦豆謂之鐙。」然則大羹無菜，實於鐙。鉶羹者，《特牲饋食禮》曰：「祭鉶，嘗之，告旨。」鄭注曰：「鉶，肉味之有菜和者也。」然則鉶羹有菜，實於鉶。

鐙

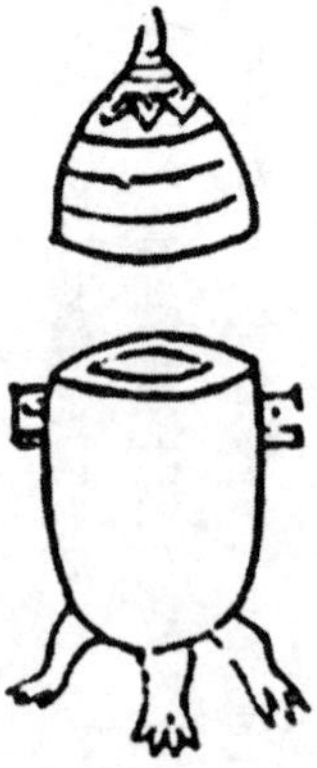

鉶

（《新定三禮圖》卷十三）

又《禮記·曲禮上》「毋嚃羹」，鄭注曰：「嚃爲不嚼菜。」《正義》云：「羹有菜者用挾，故不得歠，當挾嚼也。」此即有菜之羹也。

「臛」即《説文》「膗」字。《肉部》：「膗，肉羹也。」《公食大夫禮》「鄉以東，臐，膮、牛炙」，鄭注曰：「膷、臐、膮，今時『臛』也。」《爾雅·釋器》「肉謂之羹」，郭注曰：「肉臛也。」「膗」字段注曰：「《禮經》『牛膷、羊臐、豕膮』，鄭云『今時膗也』，是今謂之膗，古謂之羹。『膗』字不見於古經而見於《招魂》，王逸曰：『有菜曰羹，無菜曰膗。』王説與《禮》合。許不云『羹也』而云『肉羹也』者，亦無菜之謂。《匡謬正俗》駁叔師説，其言甚誤。」

王逸云「有菜曰羹，無菜曰臛」，蓋因漢時以「臛」專指肉羹，故與菜羹相對爲言耳，非謂臛不是羹。析言則羹有菜，臛無菜，統言則臛亦是羹，王注不誤。師古知羹分有菜、無菜兩種，是也；然不解王逸連類對舉之意，又云羹、臛之别在於異齊調和不同，文獻無徵。

按：此條疑有譌誤。師古引《周禮》用梜之事及《儀禮》鉶羹之芼，似欲辨明羹非無菜也。然王注固云「有菜曰羹」矣，何須再辨其有菜？下云「純肉亦得名『羹』」，又似正就王注「有菜曰羹」而發，未知師古果欲辨明何事，姑爲闕疑可也。

〔六〕齊：調味品。字後作「劑」。如《禮記·少儀》「凡齊，執之以右，居之以左」，鄭注曰：「齊謂食羹醬飲有齊和者也。」

勘正十三則①

「徐仙」字恐當作「徐仙民」，蓋唐諱「民」字。然陸德明《釋文》不諱也，况師古此書有用「民」字處②。然欲只作「徐仙」，除去他「民」字迺可耳③，庶不失其真也。

「焉得諼草，言樹之背」，以爲陸士衡用事之誤。然詩人便宜，不宜拘以箋注。若作「背與襟」，尤覺意切而味長也。

「取於人」、「取人」，恐當有兩音。

「丘」與「區」固爲同音，但所引陸士衡詩以證者，非。《漢書》「丘蓋不言」，荀卿子以爲「區蓋」是也。

「息」字固有「荅」音，但所舉證者非。《易》曰：「萃聚而升不來也，謙輕而豫怠也。」當以此爲證。

「免」字不惟《漢書》「黽勉」作「閔免」，而晉人用「免」乃有作「勉」字者，足見其通用也。

「奚斯頌魯」，以爲始於王延壽《靈光賦》誤，亦非。蓋班孟堅《西京賦序》已用之矣。然班孟堅所用，又祖于楊子雲所謂「正考父睎尹吉甫，公子奚斯睎正考父」。蓋漢《詩》有四家，其説各異。李善注《文選》，以此廼薛君《韓詩章句》。師古不譏孟堅，而譏延壽，亦可見其爲「孟堅忠臣」也。古者作器能銘，可以爲大夫，安知奚斯不作廟而又作頌邪？

「河」字以爲睢去河遠，亦非。「睢河」只謂睢水耳。北人水無小大，皆曰「河」；南人水無小大，皆曰「江」。

「上」字既以爲有「盛」音，又以爲有「市郢反」，只當從一。古人之音緩，不必韻韻皆叶也。此孔穎達《詩》説。

「西」有「先」音，是也。然「西」本爲「先」音，後廼有「西」音耳。漢以前多只爲「先」音，未有「西」音也。

「歷底」之説既（适）〔迂〕④，且其音亦非。歷，經歷也。底，居也。猶律所謂「經歷亭藏」是也。若如此釋，則於下文「中道廻」之意甚明白。

「替」字先見於《書》，《詩》「勿替引之」在其後也。

「遲」字可爲「夷」音，然古「夷」字作「𡰥」，或後誤增作「遲」，亦（可）不〔可〕知也⑤。

〔校勘記〕

①明本、沈本卷未有之，何本、惠本、盧本、雅雨堂本無，張紹仁據影宋本行款鈔補於張本之末。今依沈本迻録，校以明本、張本，並據張紹仁黄筆跋語擬題（簡稱「佚名《勘正》」）。

②用：張本同，明本作「世」。「用」較長。

③他：明本、張本作「它」。

④迃：原作「适」，今據明本、張本改。按：「迃」同「迂」，此駁顔説迂曲，作「迃」是。

⑤不可：原作「可不」，今乙正。明本、張本脱「可」字。

附録一：補遺〔一〕

001【溺休有別】〔二〕《匡謬正俗》以「溺」爲「休」，「休」乃是沈溺字，「溺」又音「而灼切」，其水不能勝鴻毛，蓋弱水也。（宋袁文《甕牖閑評》卷一）

002【挑戰之挑讀上聲】今《匡謬正俗》「挑」字乃音「他彫切」。（宋袁文《甕牖閑評》卷一）

003【居可音據】《匡謬正俗》云：「《孝經》『仲尼居』，『居』當音『據』。」（宋袁文《甕牖閑評》卷一）

004【勅勑】《匡謬正俗》云：衛夫人則有「勑寫《就章》，隨學規歷」之謬。「勑」當作「勅」，「勅」字從束從文，不從來從力。「勅」字乃是變體書，猶可用也；至于「勑」字，則與「賚」字同，豈可謂之「勅」字！（宋袁文《甕牖閑評》卷四）

005【果然】〔三〕《匡謬正俗》解「果」字云：「果然，飽貌。」（宋袁文《甕牖閑評》卷四）

006【孟浪】《匡謬正俗》載「孟浪」二字，「浪」字音「盧黨切」。（宋袁文《甕牖閑評》卷四）

007【酢作醋字用】《匡謬正俗》注云：酢菜，「酢」音「倉故切」。（宋袁文《甕牖閑評》卷六）

〔疏證〕

〔一〕補遺：補遺七條，悉出宋袁文《甕牖閑評》。此七條各本皆無，張本朱校亦無説，倘非袁氏誤記，則其所見與景宋本亦復不同。各條題名據李偉國點校本《甕牖閑評・附録》「甕牖閑評條目擬題」。

袁文（一一一九—一一九〇），字質甫，四明鄞州（今浙江鄞縣）人。著有《名賢碎事餘》三十卷，今已不存。又有《甕牖閑評》一編，其書久佚，《宋史・藝文志》、《文獻通考・經籍考》、《郡齋讀書志》、《直齋書録解題》等皆未著録。今本係清四庫館臣自《永樂大典》中輯出，分爲八卷，所引資料多爲他書所無。武英殿聚珍本後，又有《清芬堂叢書》本、《勵志齋叢書》本、《叢書集成》本、李偉國點校本。清俞樾《曲園雜纂》有《評袁》一卷，云：「宋袁文字質甫，著《甕牖閑評》。其書久佚，國朝從《永樂大典》中輯爲八卷，經史詩文皆有論辨。余尋繹之餘，偶有異同，輒復評之。」其中001「溺休有别」、005「果然」二條有評。

〔二〕溺休有别：俞樾《曲園雜纂・評袁》「評溺休有别」條云：「《説文・水部》：『溺水自張掖删丹西至酒泉合黎，餘波入于流沙。從水，弱聲。』是溺乃弱水之本字，《尚書》作弱者，省不從水耳。陸德明《釋文》曰：『弱本或作溺。』則知古原有從水作溺之本也。」

〔三〕果然：俞樾《曲園雜纂・評袁》「評果然」條云：「『腹猶果然』出於《莊子・逍遥遊》篇，曰：『適莽蒼者三飡而反，腹猶果然。』《釋文》曰：『果，徐如字，又苦火反，衆家皆云飽貌。』則飽貌之訓本《莊子》義，不得以爲非也。果然之爲獸名，又别一義，必以獸名解《莊子》之『果然』，則《文選・非有先生論》之『率然高舉』，亦將以常山蛇名解之乎？」

附録二：《匡謬正俗》各本序跋

國家圖書館藏何焯校清抄本《刊謬正俗》（何本）

何焯跋〔一〕

康熙戊戌二月燈下讀此書，既無他本可以借挍，而自愧見書不多，遇有所疑，不能決定，僅略改其所知者。異日子弟中向學者，其爲我成之！顏監之作，亦以補《家訓》中《書證》、《音辭》二篇所闕，後人當有志於希賢也。　焯記

〔一〕何焯（一六六一—一七二二），字潤千，一字屺瞻，號義門，晚號茶仙，江蘇長洲（今江蘇蘇州）人。世稱「義門先生」，家有藏書樓「齎硯齋」。著有《困學紀聞箋》、《語古齋識小録》、《義門讀書記》等。

國家圖書館藏盧文弨校清抄本《匡謬正俗》（盧本）

蔡廷相跋〔一〕

此爲雅雨堂刊刻底本，卷中硃筆校改者，或出盧召弓先生手歟？與鄭注《周易》底本

同得于趙静涵家。

同治壬戌十二月廿日燈下孫峰蔡廷相識于鴻陽小築之醉經軒

翟文選跋〔二〕

此書據蔡氏所稱，硃筆校改處或出盧召弓先生之手。兹與楊星吾訪書東瀛，所刊宋本第一輯《盋山書影》内盧氏所跋、吴槎客所藏南宋本《漢書》筆跡絲毫不異。復與《雅雨堂叢書》相校，更無一字相差。盧氏既將宋時避諱書名更正，並將元明以來已絶之書補其殘缺而梓行之，以廣其傳。此稿本又出召弓親筆，洵堪寶也。時共和紀元第一辛巳雙十節國慶日雙城翟文選扶病書

頃又得近人羅振玉影印《昭代經師手簡》盧召弓先生致王懷祖手札，與此書硃筆更相符合。抱經先生爲一代經師，得其片紙隻字，猶當寶貴，況此手校之書耶！

辛巳國慶後五日文選又記時年六十有四

〔一〕蔡廷相，生卒年不詳，字伯卿，祖籍江蘇金匱（今江蘇無錫）。與弟蔡廷楨家均富於藏書，藏書樓名「醉經軒」。

〔二〕翟文選（一八八〇—一九五〇），字熙人，一作羲人。滿族，吉林雙城（今黑龍江雙城縣）人。清光緒二十八年（一九〇二）補行庚子科舉人。歷任黑龍江將軍府文案處提調、北京行政會議黑

龍江代表、國會參議院議員、奉天省長、奉天省政府主席、東北交通委員會委員長等。見識宏遠，爲官有功，亦究心典籍，手不釋卷，閑暇之時輒吟詠自娱。一九三一年「九・一八」事變後，嚴詞拒絶出任僞滿洲國要職。後攜眷入關，先居天津，後遷北平，閉門謝客。晚年留心佛事，居家修行。

國家圖書館藏張紹仁校《雅雨堂叢書》刻本《匡謬正俗》(張本)

張紹仁朱筆過録吴翌鳳跋(一)

余藏薄丈自崑鈔本，暇以此册對挍，略正數字。時丙午二月廿四日雨窻　翌鳳

張紹仁朱筆跋

此本乃吴丈枚庵舊藏，余於十五年前得之，置之篋中，未及詳讀。今郡城故家散出古書，中有影宋鈔《刊謬正俗》，爲黄蕘翁所得。余見而借歸，以挍此册，是正甚多。上方所記「影宋本」或「鈔本」，即今所見之本。隨筆所案，未能一律。以吴丈前挍數字，與鈔本悉合，是以羼入，不加淺别。　嘉慶甲戌九月十四日張紹仁

張紹仁黄筆跋

明日，復以家藏明刻本重勘，凡與鈔本同者，皆不更書；與鈔本異而義似稍長及可疑

者，略記數條。後有駁正本書十三則，不着何人所作，鈔本、明刻皆有，此本失刻。今照影宋本行款鈔補於末。訒庵并志

〔一〕張紹仁，生卒年不詳，字學安，號訒庵，一號巽翁、巽夫，江蘇長洲（今江蘇蘇州）人，清藏書家。一生專心於藏書及校勘，不事舉業，淡於仕途。藏書之所曰「緑筠盧」、「執經堂」、「讀異齋」，所藏元明刊本頗多。黄丕烈曾多次造訪其藏書樓，並借觀其藏書。

吴翌鳳（一七四二—一八一九），字伊仲，號枚庵，一作眉庵，别號古歡堂主人，清著名藏書家。家貧而篤好典籍，手抄之書達萬餘卷，精校精核，書法逸秀。晚年建書屋「歸雲舫」、「古歡堂」、「古香樓」、「歸雲草堂」等，一時文士多從之遊。其藏書散出後，黄丕烈所得甚多，吴騫、陳鱣、鮑廷博均有所藏。

陸心源《皕宋樓藏書志》録顧千里校舊抄本《刊謬正俗》

陳昱跋〔一〕

春帆叔藏此書，乃舊寫本，戊午借讀，擬影抄不果。壬戌長夏，得盧雅雨刊本，因以對校，是正頗多。寫本抄手不精，而序後辨十餘條爲盧氏所無。又硃筆句讀甚明，尾有「己亥季秋閱其四十一張」十硃字，潛心體認，乃高祖父純齋公筆也。謹遵句讀，并録辨駁語

於子目之後。嘉慶甲子乞巧日立齋陳昱謹誌

〔一〕陳昱，號立齋，生卒年及生平不詳，清藏書家。

國家圖書館藏吴省蘭校、吴志忠校注清抄本《匡謬正俗》（吴本）

吴志忠跋〔一〕

《匡謬正俗》盧氏刻較明刻諸本爲審，是册又經家稷堂硃訂〔二〕，似爲密矣。近獲影宋抄一本，細細勘讀，盧刻多淺人妄改，而硃校亦多非是。於是一一標出，以質后之讀者。妙道人志忠記

〔一〕吴志忠，字有堂，號妙道人，吴縣（今江蘇蘇州）人。富藏書，與黄丕烈、顧廣圻爲密交，長於目録校勘之學。

〔二〕稷堂，吴省蘭（？—一八一〇）號。省蘭字泉之，江蘇南匯（今屬上海）人，清藏書家。曾任編修等職，與兄吴省欽同附和珅。自少博文多學，藏書頗豐且精。去職後以書史自娱，有藏書樓名「聽彝堂」。嘉慶中，輯刊《藝海珠塵》叢書。著有《聽彝堂文稿》、《五代宫詞》、《十國宫詞》、《河源紀略》等。

《關中叢書》本《匡謬正俗》

宋聯奎等跋〔二〕

右《匡謬正俗》八卷，唐顏師古撰。師古名籀，以字行，雍州萬年人，齊黄門侍郎之推孫也。家學淵源，以經義訓詁名於世。是書考據諸經訓詁及諸書字義字音與俗語相沿之誤，皆極精博，《四庫書目提要》猶以其拘於習俗，不能知音有古今爲病。然古人考辨小學諸書，自其祖之推《家訓·音》、《證》外，此獨稱古，雖《提要》亦不能盡没其長。其爲有裨小學，功亦鉅矣！書經宋時鐫版后，元明以來，絶少刻本。而關中師古故里，復罕流傳，豈非憾事！兹就盧氏雅雨堂本檢出付印，蓋猶盧氏梓行之意云。卷首二引《魯論》「不可得而聞」下有「已矣」二字，與今之集注本不同。據黎氏庶昌《拙尊園稿》，《論語集解》在日本有二：一曰「正平本」，即錢曾《讀書敏求記》所誤稱「高麗本」者；一曰「津藩有造館本」，皆根源中土舊鈔，爲隋唐間傳本，在開成石經未刊以前。其字句較宋以後行本增省異同，可三百餘事。此增二字，即其一也。師古唐人，固宜引用如此，以證黎説恰爲不謬，亦可見吾國古籍散佚久矣！禮失求野，爲之憮然。

民國二十三年十二月校

長安　宋聯奎

蒲城　王健

渭南　武樹善

〔一〕宋聯奎（一八七〇—一九五一），字聚五，亦作菊塢，晚號菊叟。曾任直隸州知州、忠州知州、四川資州知州、叙州府知府、寧遠府知府、永昌府知府、陝西巡按使等，政聲甚佳。一九三四年被聘爲陝西通志館館長，主持編纂《續修陝西通志稿》，同時主編《關中叢書》。抗日戰爭前期，其西安寓所成爲抗日進步人士的聚會場所。

《叢書集成初編》本《匡謬正俗》

牌記

本館《叢書集成初編》所選《雅雨堂叢書》及《藝海珠塵》、《小學彙函》皆收有此書。《藝海》、《小學》皆覆刻雅雨本。雅雨本歲久，有殘缺字，《小學》校讎頗精，故據以影印。

國家圖書館藏張壽鏞校鈔本《刊謬正俗》

張壽鏞跋〔一〕

余先得安成顔氏欲章所編《顔氏遺書》中之顔師古《刊謬正俗》八卷，因録副焉。適又見張氏逰圃舊藏黄蕘圃校影宋鈔本，爲之一一讎校。顔氏謂得于沈孝廉世龍家藏校本，并手爲增補原闕，固較黄見舊鈔本謬訛較少，但如卷八竟脱「沙苑」、「苦菜」條至數百字之多。此外，舊鈔勝處尤多。時值太平洋戰爭爆發，天下離亂，吾心不亂，竭七日之力，爲之校訖。凡用墨筆者，非刻本之誤，乃録副者之誤也，籍以别之。

辛巳夏正十一月朔日　約園

〔一〕張壽鏞（一八七五—一九四五），字伯頌，號泳霓，别號約園，鄞縣（今浙江寧波）人。近代著名教育家、藏書家、經濟學家。極喜藏書，總藏書達十六萬卷之巨。

秦選之《匡謬正俗校注》〔一〕

自序

顔師古《匡謬正俗》一書，古今稍有識者，已頗絶重之矣，夫奚待余之喋喋爲哉？蓋世人所已言者，余不必再言；世人所未言者，余斯不能不言。人之重是書者，謂其能取經史以定謬俗，凡論諸書字義字音及俗語相承之異，攷據精確。又古人攷辨小學之書，今皆失傳，自顔之推《家訓·音辭》、《書證》而外，實莫古於是書。余則謂是書之所以當重者，固亦不外前例諸事，而其創造體例，别出扎録，不譚典故，但紀心得，無前人之駁雜，導後學以方軌，實古今著作之林，異軍特起，獨樹一幟者也。

夫《音辭》、《書證》，不比專書；《風俗》、《論衡》，喜譚瑣事。繼是有作，並蹈故常。丈夫當能自樹立，求如師古獨以小學家言糾彈流俗，兼訂經史是非，首尾一貫，以啓後人，俾世之君子於雪窗螢火之餘，零金斷玉，不肯放棄。如邱光庭、洪容齋、項安世、王伯厚輩，得各紀其所獲，勒成專書，以佐學者，其功顧不偉哉！惟邱、洪諸書，《四部總目》收入雜家，而顔著收入小學，方諸先河後海，一似擬不於倫。斯則遞變衍化，後起益精，要未可以書目部勒不同，數典而忘祖也。猶之史遷創爲紀事表志，而後人論《史》、《漢》者，輒謂班書體例完密，而篳路藍縷，司馬之功不可没也。

抑余嘗論之，師古是書蓋其晚年所著，成於釐正《五經》、註《漢書》後。夫《五經》定義，並世諸儒已多歎服；至《漢書註》時，時人並杜征南謂爲「左、班忠臣」，則師古之淵雅，既不可以度量；而《匡謬正俗》，不更爲其畢生所業之精華耶？余何人斯，敢執是役，獨不懼夫扣槃捫燭，徒遺問鐘揣籥之羞乎？又況隋唐舊籍，不盡傳世，水火刀兵，十亡五六，夫欲從而字釋之，亦益難矣。雖然，孔子不云乎？「爲之猶賢乎己。」故余始焉亦第欲註其所能註者，其不能者，意謂斯世必更有好學勝余者，則待其人而註之，終有成功之一日，而未敢必其果成也。幸鍥而不捨，卒蕆其事。馬氂切玉，勤可知矣。

所可憾者，原書「藁草纔半，部帙未終」，今所行本八卷，乃出其子揚庭手編，而每條之上，雖立標題，未皇緒正。宋人汪應辰氏略爲釐定。今並附於卷首，以資攷正。又書既非顔定本，就中不免衍脱譌誤，則亦各即本條之内，先列原文，嗣據師古他著或照原書校註於下，不改原文，以存舊也。至於余所據本，爲盧雅雨氏原刻，蓋宋人雕板之後首先翻印者，亦即孫星衍氏岱南閣本所出，並足珍貴，用特一併及之。嗟乎！古人一書之成，不知更歷幾許寒暑，而師古此書徒以天不假之年，致未獲覩厥成，顧已見重於世如此，使其當年不與征遼之役，道病以死，俾竟全功，則其爲人所重，又當何如？恐余區區之言，又難以盡之矣。

民國二十五年五月淮陰秦選之叙於清江浦寓齋

〔一〕秦選之（一八八五—一九七一），譜名國銓，更名鑄花，筆名冷燼，字選之，以字行，江蘇淮陰人，民國著名學者。就讀兩江師範學堂期間，經柳亞子等介紹，加入南社，不久又加入同盟會。民國初期，先在漣水、清江浦等地的高小任教，後至清河擔任《申報》、《新聞報》駐淮記者，創辦《江北日報》，宣傳進步思想。後任省立淮陰師範學校教師。新中國成立後，擔任淮陰市教育局教研室語文教研員。在長期從事教育事業的同時，積累了豐富的學術資料，家藏古籍數千種。其學生唐裴然《秦選之先生事跡考略》（《淮陰縣文史資料》第二輯）

謂其有《匡謬正俗校注》、《等韻稿》、《花間集説解》、《秦婦吟箋證》、《評注詞比》、《絶妙好詞箋》等六種學術著作，其中《匡謬正俗校注》、《花間集説解》、《秦婦吟箋證》均由商務印書館刊出，《評注詞比》現藏南京圖書館，餘則未刊，且不知下落。

周祖謨《景宋本〈刊謬正俗〉校記》

序

顔師古《匡謬正俗》，乃雜辨經史字訓及俗語音義之作。原書本未竟之業，及顔氏卒後，其子揚庭始編爲八卷，表上於朝。案師古爲有唐一代通儒，最嫺雅故，觀其所論，博洽精審，有足多者。如宋趙令畤《侯鯖録》載其「池氈」、「幾頭」之説，洪興祖《楚辭·天問》《補注》引「斡箢」一條以證「斡」字字音，即深重其書。然而考辨之學，每易蔽於己見，意裁未審，而理致乖張者亦云多矣。若《正俗》一書，後人亦頗有辨其不當者，宋汪應辰《書刊謬正俗二則》既條駁數事，清《四庫提要》又擿發顔氏拘牽習俗，不能知音有古今之弊，是智者千慮必有一失也。今平情論之：師古生當唐初，所見之書正多，其中所載逸書雅記及當世之俗言音義，固已足貴；至若所引揚雄《甘泉宫》數語不見於《漢書》、《文選》，所引陸機《元康四年從皇太子祖會東堂詩》及《愍思賦》、《大暮賦》諸句不見於今本《陸士衡文集》，唐人類書均已闕載，而此一二珠璣竟賴本書以傳，可勿寶乎？上述詩賦丁福保《全晉詩》及嚴可均《全晉文》均未輯録，蓋失諸眉睫之前也。至如所論《漢書》之文，能與班書《集注》相發明；如卷三「素食」一條可補《霍光傳》注。其不合者，如卷五「赦令」條與《哀紀》注不合。尤資研覈也已。

至於今日所見顔書，爲清盧見曾雅雨堂重翻南宋本，其中譌字脱文，已復不少。余向讀此書，嘗箋校一二，竟未能詳。比見徐乃昌舊藏清嘉慶間張紹仁以景宋鈔本所校盧本，改定譌字六十條，增補脱文二十有五，頓快心意。書尾張氏題識曰：「此本乃吴丈枚庵舊藏，余於十五年前得之，置之篋中，未及詳讀。今郡城故家散出古書，中有景宋鈔《刊謬正俗》，爲黄蕘翁所得。余見而借歸，以校此册，是正甚多」云云。又曰：「明日，復以家藏明刻本重勘，凡與鈔本同者，皆不更書；與鈔本異而義似稍長及可疑者，略記數條。後有駁正本書十三則，不着何人所作，鈔本、明刻皆有，此本失刻。今照影宋本行款鈔補於末。」觀此乃知景宋本者爲士禮居舊藏，原書每葉二十二行，行二十字，書名「匡」字宋人避諱均作「刊」。其中文字與盧本錯互者至多，實一別本也。即如卷五「逡遁」一條，景宋本作「遁巡」，其立意與《漢書·陳勝傳》注盡合，然則盧本作「逡遁」者，豈後人之所改定歟？盧刻《摠目》猶作「遁巡」也。此中消息，蓋難言之。又景宋本書末有平議本書者十三事，爲盧刻所無。其指陳事理，亦粲然可觀。謨遂迻録，以備一説。乃復就張氏所校，撰次爲校記，以明舊本與盧刻之得失。倘異日更有古本出，將藉以論證焉。又汪氏《書刊謬正俗二則》與清人所輯《玉山集》中文字間有歧異，陸心源《皕宋樓藏書志》有舊鈔本《刊謬正俗》者，亦載汪跋全文，今並參覈云。

附録三：《四庫全書總目·匡謬正俗》

《匡謬正俗》八卷，唐顔師古撰。師古名籀，以字行，雍州萬年人，歷官秘書監。事蹟具《唐書》本傳。是書永徽二年其子符璽郎揚庭表上於朝，高宗敕録本付秘書閣。卷首載揚庭《表》，稱「稿草纔半，部帙未終」，蓋猶未竟之本。又稱「謹遵先範，分爲八卷，勒成一部」，則今本乃揚庭所編。宋人諸家書目多作《刊謬正俗》，或作《糾謬正俗》，蓋避太祖之諱。錢曾《讀書敏求記》作《列謬正俗》，則刻本偶誤也。前四卷凡五十五條，皆論諸經訓詁音釋。後四卷凡一百二十七條，皆論諸書字義字音及俗語相承之異，考據極爲精密。惟拘於習俗，不能知音有古今，其注《漢書》，動以合聲爲言，遂與沈重之音《毛詩》同開後來叶音之説。故此書謂「葬」音「臧」，「誼」、「議」音「宜」，「反」音「扶萬反」，「歌」音「古賀反」，「彝」音上聲，「怒」有上、去二聲，「壽」有「授」、「受」二音，「懸」有「玄」、「炫」二音，「迴」音「户鎣反」，皆誤以今韻讀古音；謂「穰」音「而成反」，「上」音「盛」，又音「市郢反」，「先」音「西」，「逢」音如字，不讀「龐」，皆誤以古音讀今韻，未免千慮之一失耳。然古人考辨小學之書，今皆失傳。自顔之推《家訓·音》、《證》篇外，實莫古於是書。其「邱區」、「禹宇」之論，韓愈《諱辨》即引之，知唐人已絶重之矣。戒山堂《讀史漫筆》解「都」、

「鄙」二字，詫爲獨解，不知爲此書所已駁；毛奇齡引《書序》「俘厥寶玉」解《春秋》「衛俘」，詫爲特見，不知爲此書所已引：洵後人證據，終不及古人有根柢也。鄭樵《通志·校讎略》曰：「《刊謬正俗》乃雜記經史，惟第一卷起《論語》，而《崇文總目》以爲論語類，知《崇文》所釋，只看帙前數行，率意以釋之耳。」今檢《崇文總目》，樵説信然。當時館閣諸人，不應荒謬至此。檢是類所列，以《論語》三種、《家語》一種居前，次爲《白虎通》，次爲《五經鈎沉》，次即此書，次爲《六説》，次爲《經史釋題》，次爲《授經圖》，次爲《九經餘義》，次爲《演聖通論》，皆統解羣經之文。蓋當時仿《隋志》之例，以五經總義附之論語類中，雖不甚允，要不可謂之無據。樵不考舊文，而務爲苛論，遽以「只看數行」詆之，失其旨矣。

附録四：擬改《匡謬正俗》目録〔一〕

第一卷　匡謬

論語

詩

書

易

禮

左傳

漢書

宋書

齊書

陳書

金石文字

以上二十七條爲諸史及石刻文字之部

張正見詩

楊素詩

文選

以上二十八條爲雜著及詩文之部

第二卷　正俗

以上六十四條爲俗語攷正之部

右目凡一百八十二條，除「正俗」一部仍用舊書目録外，其「匡謬」一部，則係代爲擬立並分部者。嘗謂謬不限於俗人，而匡、正自是兩事，師古此書，與其分爲八卷，無甯劃爲兩帙，即以「匡謬」、「正俗」分據大綱，較爲得當。又汪氏發明書中標題，多所未適，余意不妨詳爲緒正，俾清眉目，故於注畢之日，更爲擬編新目如右，期同後世讀書扎記體裁云。

〔一〕擬改《匡謬正俗》目録：今依秦選之《匡謬正俗校注》迻録。每則題名之後加標本書編號，並將汪應辰《書》中擬改篇題及王國維訂正篇題一同附注，以便查考。

附録五：新舊《唐書》顔師古本傳

《舊唐書》卷七三《顔師古傳》

顔籀字師古，雍州萬年人，齊黄門侍郎之推孫也。其先本居琅邪，世仕江左；及之推，歷事周、齊，齊滅，始居關中。父思魯，以學藝稱，武德初爲秦王府記室參軍。師古少傳家業，博覽羣書，尤精詁訓，善屬文。隋仁壽中，爲尚書左丞李綱所薦，授安養尉。尚書左僕射楊素見師古年弱貌羸，因謂曰：「安養劇縣，何以克當？」師古曰：「割雞焉用牛刀。」素奇其對。到官果以幹理聞。時薛道衡爲襄州總管，與高祖有舊，又悦其才，有所綴文，嘗使其掎摭利病，甚親昵之。尋坐事免歸長安，十年不得調，家貧，以教授爲業。

及起義，師古至長春宫謁見，授朝散大夫。從平京城，拜燉煌公府文學，轉起居舍人，再遷中書舍人，專掌機密。于時軍國多務，凡有制誥，皆成其手。師古達於政理，册奏之工，時無及者。太宗踐祚，擢拜中書侍郎，封琅邪縣男。以母憂去職。服闋，復爲中書侍郎。歲餘，坐事免。

太宗以經籍去聖久遠，文字訛謬，令師古於秘書省考定《五經》，師古多所釐正，既成，奏之。太宗復遣諸儒重加詳議，于時諸儒傳習已久，皆共非之。師古輒引晉、宋已來古今本，隨言曉答，援據詳明，皆出其意表，諸儒莫不歎服。於是兼通直郎、散騎常侍，頒其所定之書於天下，令學者習焉。

貞觀七年，拜秘書少監，專典刊正，所有奇書難字，衆所共惑者，隨疑剖析，曲盡其源。是時多引後進之士爲讎校，師古抑素流，先貴勢，雖富商大賈亦引進之，物論稱其納賄，由是出爲郴州刺史。未行，太宗惜其才，謂之曰：「卿之學識，良有可稱，但事親居官，未爲清論所許。今之此授，卿自取之。朕以卿曩日任使，不忍遐棄，宜深自誡勵也。」於是復以爲秘書少監。師古既負其才，又早見驅策，累被任用，及頻有罪譴，意甚喪沮。自是闔門守靜，杜絶賓客，放志園亭，葛巾野服，然搜求古跡及古器，躭好不已。俄又奉詔與博士等撰定《五禮》，十一年，《禮》成，進爵爲子。時承乾在東宮，命師古注班固《漢書》，解釋詳明，深爲學者所重。承乾表上之，太宗令編之秘閣，賜師古物二百段、良馬一匹。

十五年，太宗下詔，將有事於泰山，所司與公卿並諸儒博士詳定儀注。太常卿韋挺、禮部侍郎令狐德棻爲封禪使，參考其儀，時論者競起異端。師古奏曰：「臣撰定《封禪儀注書》在十一年春，于時諸儒參詳，以爲適中。」於是詔公卿定其可否，多從師古之説，然而事竟不行。師古俄遷秘書監、弘文館學士。十九年，從駕東巡，道病卒，年六十五，謚曰戴。有集六十卷。其所注《漢書》及《急就章》，大行於世。永徽三年，師古子揚庭爲符璽郎，又表上師古所撰《匡謬正俗》八卷。高宗下詔付秘書閣，仍賜揚庭帛五十匹。

師古弟相時，亦有學業。武德中，與房玄齡等爲秦府學士。貞觀中，累遷諫議大夫，拾遺補闕，有諍臣之風。尋轉禮部侍郎。相時羸瘠多疾病，太宗常使賜以醫藥。性仁友，及師古卒，不勝哀慕而卒。

師古叔父遊秦，武德初累遷廉州刺史，封臨沂縣男。時劉黑闥初平，人多以强暴寡禮，風俗未安，遊秦撫恤境内，敬讓大行。邑里歌曰：「廉州顔有道，性行同莊、老。愛人如赤子，不殺非時草。」高祖璽書勞勉之。俄拜鄆州刺史，卒官。撰《漢書決疑》十二卷，爲學者所稱。後師古注《漢書》，亦多取其義耳。

《新唐書》卷一九八《儒學上》

顔師古字籀，其先琅邪臨沂人。祖之推，自高齊入周，終隋黄門郎，遂居關中，爲京兆萬年人。父思魯，以儒學顯。武德初，爲秦王府記室參軍事。

師古少博覽，精故訓學，善屬文。仁壽中，李綱薦之，授安養尉。尚書左僕射楊素見其年弱，謂曰：「安養，劇縣。子何以治之？」師古曰：「割雞未用牛刀。」素驚其言大，後果以幹治聞。時薛道衡爲襄州總管，與之推舊，佳其才，每作文章，令指摘疵短。俄失職，歸長安，不得調，窶甚，資教授爲生。

高祖入關，謁見長春宮，授朝散大夫，拜燉煌公府文學，累遷中書舍人，專典機密。師古性敏給，明練治體。方軍國務多，詔令一出其手，冊奏之工，當時未有及者。太宗即位，拜中書侍郎，封琅邪縣男，以母喪解。服除，還官。歲餘，坐公事免。

帝嘗歎《五經》去聖遠，傳習寖訛，詔師古於秘書省考定，多所釐正。既成，悉詔諸儒議，於是各執所習，共非詰師古。師古輒引晉、宋舊文，隨方曉答，誼據該明，出其悟表，人人歎服。尋加通直郎、散騎常侍。帝因頒所定書于天下，學者賴之。

俄拜秘書少監，專刊正事，古篇奇字世所惑者，討析申孰，必暢本源。然多引後生與讎校，抑素流，先貴勢，雖商賈富室子，亦竄選中，由是素議薄之，斥爲郴州刺史。未行，帝惜其才，讓曰：「卿之學，信可稱者，而事親居官，朕無聞焉。今日之行，自誰取之？念卿曩經任使，朕不忍棄，後宜自戒。」師古謝罪，復留爲故官。

師古性簡峭，視輩行傲然，罕所推接。既負其才，早見驅策，意望甚高。及是頻被譴，仕益不進，罔然喪沮，乃闔門謝賓客，巾褐裘帔，放情蕭散，爲林墟之適。多藏古圖畫、器物、書帖，亦性所篤愛。與撰《五禮》成，進爵爲子。又爲太子承乾注班固《漢書》上之，賜物二百段、良馬一，時人謂杜征南、顔秘書爲左丘明、班孟堅忠臣。

帝將有事泰山，詔公卿博士雜定其儀，而論者爭爲異端。師古奏：「臣撰定《封禪儀注書》在十一年，于時諸儒謂爲適中。」於是以付有司，多從其説。遷秘書監、弘文館學士。十九年，從征遼，道病卒，年六十五，謚曰戴。

其所注《漢書》、《急就章》大顯于時。永徽三年，子揚廷爲符璽郎，表上師古所撰《匡謬正俗》八篇。

初，思魯與妻不相宜，師古苦諫，父不聽，情有所隔，故帝及之。

師古弟相時，字睿，亦以學聞。爲天策府參軍事。貞觀中，累遷諫議大夫，有爭臣風。轉禮部侍郎。羸瘠多病，師古死，不勝哀而卒。

師古叔遊秦，武德初，累遷廉州刺史，封臨沂縣男。時劉黑闥初平，人多强暴，比遊秦至，禮讓大行，邑里歌之，高祖下璽書獎勞。終鄆州刺史。撰《漢書決疑》，師古多資取其義。

附録六：《匡謬正俗》的版本系統[一]

嚴　旭

唐永徽初，顔揚庭編定其先君遺作《匡謬正俗》，表上朝廷，詔命録付秘府。《舊唐書·經籍志》入甲部詁訓類，《新唐書·藝文志》入甲部經解類。宋時雕板刊行，《宋史·藝文志》作《刊謬正俗》，入經部經解類；又作《糾謬正俗》，入子部儒家類。「刊」、「糾」皆宋人避太祖諱改。《崇文總目》亦作「刊」，入經部論語類。清錢東垣按曰：「《白虎通德論》以下七書，當另是『經總』一門，非論語類也。然《隋志》論語類後叙云『并五經總義附於此篇』，故《白虎通》、《五經鉤沈》諸書並入論語類。此書蓋沿其例。鄭漁仲所譏《刊謬正俗》『只看帙前數行，率意釋之』者，不知此例，憑臆駁詘，謬甚。」[二]又曰：「《通志·校讎略》云：『《刊謬正俗》乃雜記經史，惟第一篇起《論語》，而《崇文總目》以爲論語類，應知《崇文》所釋，不看全書，多只看帙前數行，率意以釋之耳。《刊謬正俗》當入經解類。』東垣謂其論非是，説已見前。是書本作『匡謬』，此避太祖諱。《宋志》作『糾繆正俗』，《書録解題》《毛詩補音》下亦引作『糾繆』，又有鄭樵《刊謬正俗跋》八卷，《遂初堂書目》亦作『刊繆』，皆避諱也。」[三]宋代兩部著名的私人目録，《郡齋讀書志》入經部經解類，《直齋書録解題》入子部雜家類。清乾隆以後，《匡謬正俗》隨雅雨刻書和四庫收録而得以大行，各家書目多有著録，如錢曾《讀書敏求記》、朱彝尊《經義考》、陸心源《皕宋樓藏書志》等〔四〕。清代至民國，衆多學者、藏書家曾收藏、研讀或校勘此書，如何焯、盧見曾、惠棟、盧文弨、吴翌鳳、吴省蘭、吴志忠、張紹仁、黄丕烈、蔡廷相、王國維、張壽鏞等。

《匡謬正俗》的存世版本，《中國古籍善本書目》經部小學類云〔五〕：

①《刊謬正俗》八卷唐顏師古撰，明刻本，三九八六；

②《刊謬正俗》八卷唐顏師古撰，明刻本，三九八七；

③《匡謬正俗》八卷唐顏師古撰，清乾隆二十一年盧見曾刻《雅雨堂叢書》本，清吴省蘭注、清吴志忠校並跋，三九八八；

④《匡謬正俗》八卷唐顏師古撰，清抄本，三九八九；

⑤《刊謬正俗》八卷唐顏師古撰，清抄本，清惠棟校，三九九〇；

⑥《刊謬正俗》八卷唐顏師古撰，清抄本，佚名録清何焯校跋，三九九一。

《中國古籍總目》經部二小學類訓詁之屬云〔六〕：

經21214723，刊謬正俗八卷，唐顏師古撰，有明刻本國圖，清乾隆間鈔本國圖，清抄本國圖（佚名録清何焯校跋）、南京，崇文書局彙刻書本（光緒刻）、民國元年鄂官書處刻本湖南、武漢；

經21214724，匡謬正俗八卷，唐顏師古撰，有雅雨堂藏書本（乾隆刻），四庫全書本（乾隆寫），藝海珠塵本（嘉慶刻道光增刻），清咸豐四年鄭知同抄本四川，反約篇本（同治抄）福建師大，古經解彙函本（小學彙函，同治刻、光緒石印、光緒刻），清抄本國圖、關中叢書本（民國鉛印）。

筆者以此綫索進行訪求，除鄂官書處刻本、鄭知同抄本、反約篇本以外，其餘各本悉皆檢得。其未得者皆清末之本，對版本系統幾無影響。今按年代先後順序擇要整理版本、版式、校注及内容等信息如下：

表1　國家圖書館藏《匡謬正俗》版本信息

序號	國圖索書號	時代	年份	西元紀年	性質	是否善本	收入叢書	出版者
1	SB13699	明	–	–	刻	是	–	–
2	SB12153	明	–	–	刻	是	秘册彙函？	–
3	10035	清	–	–	抄	是	–	–
4	S2431	清	–	–	抄	否	–	–
5	XD8217	清	乾隆	1717～1756	抄	否	–	–

續表

序號	國圖索書號	時代	年份	西元紀年	性質	是否善本	收入叢書	出版者
6	字 129/422/部一	清	乾隆二十一年	1756	刻	否	雅雨堂	德州盧氏雅雨堂
7	A02122	清	乾隆二十一年	1756	刻	是	雅雨堂	德州盧氏雅雨堂
8	SB06406	清	乾隆二十一年	1756	刻	是	雅雨堂	德州盧氏雅雨堂
9	–	清	乾隆四十九年	1784	寫	否	文淵閣四庫全書	–
10	A02850	清	嘉慶	–	刻	是	藝海珠塵・庚集	南匯吴省蘭聽彝堂
11	65317∶38	清	同治十三年	1874	刻	否	古經解彙函・附小學彙函	廣東粵東書局
12	字 129/422.1/部一	清	光緒三年	1877	刻	否	–	湖北崇文書局
13	10626∶18	民國	民國二十三年	1934	鉛印	否	關中叢書	陝西通志館
14	MGTS/012969	民國	民國二十五年	1936	影印	否	叢書集成初編	商務印書館

表2　國家圖書館藏《匡謬正俗》版式概況

序號	册數	行/半頁	字/行	書口	邊	魚尾
1	2	9	18	白	左右雙邊	單
2	1	9	18	白	左右雙邊	單
3	1	10	18	–	–	–
4	1	9	18	–	–	–
5	1	10	21	白	四周雙邊	單
6	1	10	21	白	四周單邊	單
7	1	10	21	白	四周單邊	單
8	2	10	21	白	四周單邊	單
9	2	8	21	白	四周雙邊	單
10	與《續方言》、《續方言補正》合一册	10	21	白	左右雙邊	單
11	與《急就章》、《説文解字》合一册	10	21	白	左右雙邊	單
12	1	12	24	黑	四周雙邊	雙
13	1	10	22	白	左右雙邊	單
14	與《廣雅疏證》、《博雅音》合一册	10	21	白	左右雙邊	單

表3 國家圖書館藏《匡謬正俗》校注情況

序號	校注者	校注者年代	底本	校本
1	-	-	-	-
2	沈士龍	明	-	-
3	何焯	清	-	-
4	惠棟	清	宋刻本?	-
5	盧文弨	清	宋刻本?	-
6	張紹仁	清	-	影宋鈔本、明刻本
7	王國維	清	-	-
8	吴省蘭、吴志忠	清	-	影宋鈔本
9	-	-	-	-
10	胡�堯等	清	雅雨堂	-
11	馮佐勛、林國賡	清	雅雨堂	-
12	-	-	國子監南學	-
13	宋聯奎等	民國	雅雨堂	-
14	馮佐勛、林國賡	清	小學彙函(雅雨堂)	-

表4　國家圖書館藏《匡謬正俗》所含内容

序號	盧見曾《序》	汪應辰《書》	顏揚庭《表》	總目	佚名勘正	跋	備注
1	–	√	√	–	√	–	「匡」作「刊」。
2	–	√	√	–	√	–	「匡」作「刊」。闕三頁，衍一頁。
3	–	√	√	–	–	何焯	「匡」作「刊」。
4	–	√	√	–	–	–	「匡」作「刊」。
5	√	√	√	√	–	蔡廷相、翟文選	「匡」作「刊」。
6	√	√	√	√	–	吴翌鳳、張紹仁	卷末有張紹仁抄補明本《勘正》二頁。
7	√	√	√	√	–	–	校改部分篇題。
8	√	√	√	√	–	吴志忠	
9	–	–	√	√	–	–	有《四庫總目提要》。
10	√	√	√	√	–	–	題名下增顏師古小傳。篇内增雙行小注。
11	√	√	√	√	–	–	

續表

序號	盧見曾《序》	汪應辰《書》	顏揚庭《表》	總目	佚名勘正	跋	備注
12	-	√	√	-	√	-	「匡」作「刊」。
13	√	√	√	√	-	宋聯奎等	卷末有《勘誤表》一頁。
14	√	√	√	√	-	-	

清吴志忠校注雅雨堂本《匡謬正俗》跋云：「近獲影宋抄一本，細細勘讀，盧刻多淺人妄改，而硃校亦多非是。」清張紹仁校雅雨堂本跋云：「今郡城故家散出古書，中有影宋鈔《刊謬正俗》，爲黄蕘翁所得。余見而借歸，以校此册，是正甚多。」民國張壽鏞校鈔本《刊謬正俗》跋云：「適又見張氏莚圃舊藏黄蕘圃校影宋鈔本，爲之一一讎校。」（本書附録二）可知此三人都曾見到影宋鈔本《刊謬正俗》，並以之與各自手中的版本對校。其中張壽鏞跋語作於辛巳（一九四一）十一月朔日，可見截至彼時仍有影宋本存世，惜今已不知所蹤。

現今可見的最早版本是上表中1號、2號兩個明刻本，即《善本書目》之①②，本書分别稱爲「明本」、「沈本」。兩本版式、内容相同。明本無牌記，不知是何人所刻、何年所梓。書名在魚尾上，書中所鈐之印，「虞山毛氏汲古閣收藏」、「子晉」、「毛晉」屬於明毛晉，「朱彝尊印」屬於清朱彝尊，「惕甫經眼」、「蘇州淵雅堂王氏圖書」、「王芑孫」、「淵雅堂讀書記」、「惕甫」、「芑孫」屬於清王芑孫，又有「華渚」、「馮大淵」、「馮子徵齋」、「馮華渚讀書記」，未知何人。

沈本亦無牌記，卷第二至第八結銜署曰「唐顔師古撰　明沈世龍校」，書名在魚尾下。卷第七闕一頁，脱「黄巷」至「隸齒」，計二條三百餘字；卷第八衍一頁，衍「圈稱」至「稻秫稉」，計三條三百餘字；又闕二頁，脱「稻秫稉」至「苦菜」，計三條約五百字。校者沈世龍，字汝納，浙江秀水人。父思孝，官至御史大夫。世龍奥博能文，頗明歷代興革，有用世之志，與胡震亨、姚士粦爲密友。萬曆二十五年（一五九七）與震亨同年中舉，次年同赴京應進士第，皆下第歸，後共同編訂《秘册彙函》〔七〕。萬曆四十年（一六一二）春正月暴病卒。事跡附見於康熙二十四年《秀水縣志》卷五《沈思孝傳》。惟其早亡，聲名不顯，亦無集傳世，今僅見《秘册彙函》中跋語二十餘則。《秘册彙函》現存百四十四卷，收書凡二十四種〔八〕，多是沈、胡等人搜討得來，校訂後題寫跋語，以作者世次序其先後，編定後付杭州刊刻。天啓元年（一六二一），杭州火災，刻板殘毁，時全書尚未刊竟。後胡震亨將殘板交予好友毛晉，因並合之，名《津逮秘書》以行，故《秘册》原本雖頗罕見，而所收諸書卻仍得以流傳。《津逮》中取自《秘册》沈、胡原刻的，版心書名在魚尾下，用宋本舊式，多半頁九行，行十八字，框稍大，字體鬆散呆板；毛晉自刊則書名多在魚尾上，下刻「汲古閣」字，行格參差不齊，以行十九字爲多，框略小，字體敦實有力。今觀沈本版式，似是沈、胡原刻，然《中國圖書綜録》彙編雜纂類（明代）著録現存《秘册彙函》、《津逮秘書》書目，其中均無《刊謬正俗》，姑爲闕疑。

3號清抄本《刊謬正俗》，即《善本總目》之⑥，本書稱爲「何本」。用小楷墨筆抄成，字體清秀。天頭、行間等處有何焯（一六六一—一七二二）校識及按語，卷末有何焯手跋一則，跋末鈐焯弟何煌「小何水部」印一方。每卷題名頁遍佈各家藏書印〔九〕，可知是當時公認的善本。原抄與明本相似度較高，書末何焯跋語云：「康熙戊戌二月燈下讀此書，既無他本可以借校，而自愧見書不多，遇有所疑，不能決定，僅略改其所知者。」（本書附録二）雖云不曾借校他本，但從卷中校注來看，何焯應當見過別本，至少是當時的流行本〔一〇〕。

4號清抄本《刊謬正俗》，即《善本書目》之⑤，年份及抄録者不詳，本文稱爲「惠本」。用小楷墨筆抄成，字體峻逸。天頭、行間等處有惠棟（一六九七—一七五八）手書墨筆校識及按語。書中所鈐之印，「惠棟之印」、「字曰定宇」、「紅豆書屋」屬於清惠棟，「陸沆之印」、「陸沆字亾篁」屬於清陸沆，「陸僎字尌蘭」、「曾在陸尌蘭處」屬於清陸僎，「靖伯」、「陶菴」未知何人。惠棟晚年曾受聘於盧見曾，編校《雅雨堂叢書》、《山左詩抄》、《感舊集》等，惠本很有可能是雅雨堂本的底本之一。

5號清抄本《刊謬正俗》，首頁題名下鈐「積學齋徐乃昌藏書」印一方，卷末有清蔡廷相、翟文選二人手跋，認爲卷中朱筆校改出自盧文弨（一七一七—一七九五）之手，本書稱爲「盧本」。蔡氏跋語云：「此爲雅雨堂刊刻底本，卷中硃筆校改者，或出盧召弓先生手歟？與鄭注《周易》底本同得于趙静涵家。」翟氏跋語云：「此書據蔡氏所稱硃筆校改處或出盧召弓先生之手，茲與楊星吾訪書東瀛，所刊宋本第一輯《盋山書影》内盧氏所跋、吴槎客所藏南宋本《漢書》筆跡絲毫不異。復與《雅雨堂叢書》相校，更無一字相差……頃又得近人羅振玉影印《昭代經師手簡》盧召弓先生跋王懷祖手札，與此書硃筆更相符合。」（本書附録二）蔡氏既言此爲雅雨堂刊刻底本，當有確證，或從可靠途徑獲得。考盧氏之校改，確與雅雨堂本密合，蔡、翟所言當可採信。這是研究《匡謬正俗》版本流變的關鍵節點。

清乾隆二十一年（一七五六），盧見曾刻《雅雨堂叢書》，收有《匡謬正俗》，爲之作序並編製總目，微調版式。雅雨堂本刊刻精美，流傳廣泛，學者多以之與他本對校。其中價值較高的有：

6號張紹仁用黄丕烈藏影宋鈔本及家藏明刻本兩次對校，並朱筆過録吴翌鳳跋語一則的本子，本書稱爲「張本」。卷一題名下鈐「積學齋徐乃昌臧書」印。張氏朱筆校注較爲詳細地展現了影宋鈔本的面貌，黄筆校注又部分展現了沈本的面貌〔一二〕，因此筆者在判斷各本性質時，多以此爲參考依據。

7號王國維校本，卷一結銜下批注「戊午臘月，國維讀於海上寓居之永觀堂，並訂正諸題」，並鈐「王國維」印一方，本書稱爲「王本」。書中有王氏修改篇題若干及校語數則。

8號吴省蘭注、吴志忠校注本，即《善本書目》之③，本書稱爲「吴本」。書中所鈐之印，「稷堂」、「吴省蘭印」屬於吴省蘭，「吴志忠印」、「志忠手校」屬於吴志忠，「蘧莊」、「蘧莊珍賞」屬於清王文奎，「靜紛山房」、「均伯過眼」未知何人。據卷中吴省蘭按語及卷末吴志忠手跋（本書附録二）可知，此本先由吴省蘭參何本校訂，後吴志忠又與影宋鈔本對校。省蘭按語字跡端方，志忠校注字體飄逸。吴省蘭所輯《藝海珠塵》叢書中亦有《匡謬正俗》，即以雅雨堂本爲底本。

9號文淵閣四庫全書本，正文前有總目及《四庫總目提要》。據《四庫採進書目》，《匡謬正俗》江蘇、安徽、浙江三省都有進呈。考其文字，與雅雨堂本亦無二致。

10號《藝海珠塵》本，乃覆刻雅雨堂本，改其版式，排布緊密，如總目每則篇題之間僅空一格，非如雅雨堂本一欄兩則。題名下增入顔師古小傳一篇，每卷結銜署「南匯吴省蘭泉之輯」及各卷校勘者姓字〔三〕，書内增入雙行小注。藝海本於道光三十年（一八五〇）由金山錢氏漱石軒重印，光緒年間，又由文萃堂印行。

11號《古經解彙函·附小學彙函》本，牌記云「德州盧氏雅雨堂本」，版式、内容均與雅雨堂本同，結銜署曰「唐顔師古撰」，每卷末署曰「順德馮佐勛、番禺林國賡校字」。《小學彙函》本於光緒戊子年（一八八八）石印出版。

12號崇文書局本《刊謬正俗》，卷一題名下鈐「國子監南學書光緒九年二月查過準部齊全」。考其文字，底本當爲明本。崇文本《刊謬正俗》後收入《崇文叢刻》及《崇文書局彙刻書》。

13號《關中叢書》本，宋聯奎跋語云「茲就盧氏雅雨堂本檢出付印」，可知亦爲覆刻雅雨堂本，卷末有宋聯奎跋及勘誤表一頁。

14號《叢書集成初編》本，民國二十五年（一九三六）上海商務印書館影印《小學彙函》本，亦即雅雨堂本。一九八五年，中華書局據以影印。

要之，雅雨堂本之後，除崇文本乃翻刻明本外，四庫本、藝海本、小學本、關中本及叢書本皆以雅雨堂本爲底本，因此雅雨堂本的性質及其與之前各本的關係至關重要。筆者對雅雨堂本、明本、沈本、何本、盧本、惠本及張本朱校的異文（不含字形區别）進行整理並分析如下：

盧氏序文云：「宋時雕板避諱，作《刊謬正俗》。元、明以後，未見刻本。爲梓而行之，以廣其傳。改『刊』爲『匡』，存本書之舊。」雅雨堂本無佚名勘正，蓋因直承宋本，未見明本、沈本，否則無容失刻。周祖謨《景宋本〈刊謬正俗〉校記》亦云：「至於今日所見顔書，爲清盧見曾雅雨堂重翻南宋本。」是知雅雨堂本所據底本乃一宋刻本，今已不可得見。

據盧本蔡、張跋語可知，盧本是雅雨堂刊刻底本，然則盧本原抄乃據宋刻本爲之。經過比對，除極個別抄寫訛誤外，惠、盧兩本原抄幾乎完全一致，然則惠本原抄依據的是同一宋刻本。從二人年齒及書中避諱情況來看〔一三〕，當是惠校在前。惠氏的校改大半被吸收到盧校之中，亦有少數不同之處直接被雅雨堂本採納。盧氏校改更多，約一百五十處（不含訂正字形者），絶大多數爲雅雨堂本所採納。其校改半數以上與明本、沈本、何本、張本朱校均不相同，或是吸收惠校，或是理校之法，出自己意。如001「論語」改「也」爲「已矣」，是據今本改；012「矜」改「各頑反」爲「古頑反」，是據《經典釋文》改；019「羿」改「弩戮」爲「弩羿」，是恢復古文字形；023「閞」改「開」爲「閞」，是據文意改，等。然而最終刊行的雅雨堂本還有與兩本原抄及惠校、盧校均不相同者，如061「逡遁」甚至文意全非，疑惠、盧之後又經微量校改，但不知係何人所爲。

又據張本跋語可知，張本朱筆校改可以大致反映影宋鈔本的面貌。周祖謨《景宋本

《刊謬正俗》校記》云：「景宋本者……其中文字與盧本錯互者至多，實一别本也。」是則周氏認爲張本所反映的影宋本與雅雨堂本所依據的宋刻本判然分别。

筆者先以張本朱校與明本、沈本、何本進行比對，發現明本與影宋本異文重合度最高；沈本文字亦與影宋本高度重合，但字形有所差異，蓋因沈世龍校改之故；何本原抄亦與影宋本、明本、沈本較爲相似，但有多處文字與其他各本均不相同，蓋其抄者據《漢書注》等他書所改。此四本可以看作同一個版本系統。

爲確認雅雨堂本與影宋本的差異是源自底本，而非盧、惠等人校改所致，筆者再以影宋本一系四本與惠本、盧本原抄進行比對，發現兩抄本有彼此一致、而與四本均不相同，且不似因抄寫過程中譌、脱、倒、衍而致誤的文字，如顔揚庭《表》中「羽陵」作「羽林」、「揚庭」作「庭揚」，汪應辰《書》中「斿」作「游」，017「莫」「其劉」作「其流」，018「尚書」「學士」作「學者」，021「罶」「武成」作「武城」，029「禹宇丘區」「宇禹」作「禹宇」，040「嘯」「念彼」作「念此」，051「鷮」「之義」作「之議」，057「漢書」「載」作「傳」，078「熹」「不究」作「不救」，098「木鍾」「鍾義」作「於義」，111「褫」「皆失之」作「又失之」，161「上下」「士族」作「士俗」，171「禽」「禽鳥」作「禽獸」，等。故此筆者認爲，周氏《校記》所言不誤，雅雨堂本所依據的宋刻本與張本所反映的影宋本確實是兩個不同的版本。

圖1　《匡謬正俗》版本系統示意圖

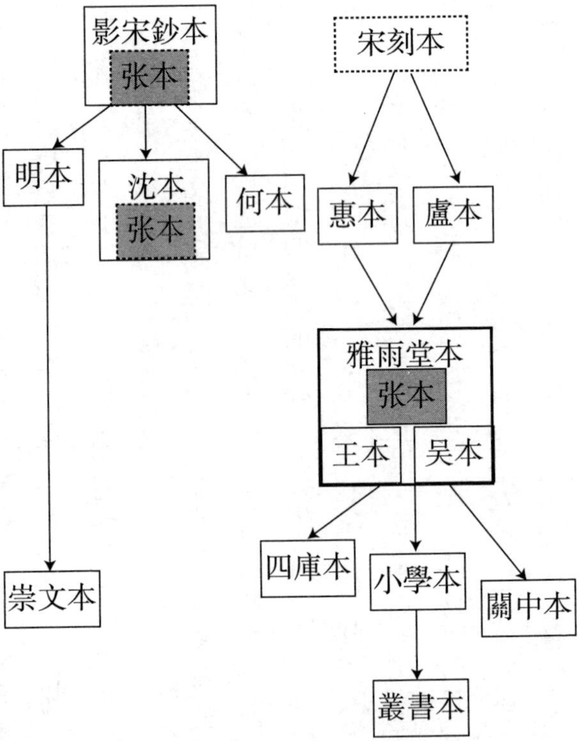

可以推測，惠本和盧本皆據宋刻本所抄，雅雨堂本據惠、盧二人校改之本進行刊刻。

因此雅雨堂本及其後的翻刻者與影宋本一系的四本相比，不僅文字有所改動，而且一些條目的文意也有改變。對雅雨堂本進行校注的學者已經發現了這一點，如吴本《上匡謬正俗表》吴志忠眉批云「『羽陵』見《穆天子傳》，今俗刻本誤作『羽林』，盧誤引妄改也」，023「開」眉批云「楷書自有體，不必參入篆形」，045「不至」眉批云「不必據今《詩箋》改」，061「逡遁」眉批云「此條經淺人妄改，極謬」，114「黄巷」眉批云「舊本無『秦』字，增者謬」，等。

綜上，《匡謬正俗》的版本系統主要有二：一是上承影宋本而各有少量校改的影宋鈔本系統，包含明本、沈本、何本及其翻刻者；二是上承宋刻本而經過惠、盧校改的雅雨堂本系統，包含惠本、盧本、雅雨堂本及其翻刻者。二者在文字、引文和少量條目的文意上有所差别。因對《匡謬正俗》版本的梳理尚屬首次，故此詳論如右。

雖然影宋本一系的明本、沈本時間較早，但明本刊刻不精，字形乖舛，沈本中有缺頁、衍頁，因此筆者此次整理《匡謬正俗》，選取校刻較精、流傳最廣的雅雨堂本作爲底本，以明本、沈本、何本、惠本、盧本、張本爲校本，並參校吴本、王本及相關史書、文集等文獻資料。校勘以考訂文句，疏證以發覆意藴，附録以延展閲讀，索引以方便查考，以期形成一個可信、可讀、可用的新善本。

〔一〕本文原載於《古籍研究》第六六卷，鳳凰出版社二〇一七年。有删改。

〔二〕〔宋〕王堯臣等編，〔清〕錢東垣輯釋《崇文總目》，商務印書館一九三九年，第三〇—三一頁。

〔三〕同上，第三二頁。

〔四〕《皕宋樓藏書志》卷一二著録「《刊謬正俗》十卷，舊抄本，顧千里校」，並録汪應辰《書》、何焯手跋、陳昱手跋。除此以外，其餘各家皆著録爲八卷，顏揚庭《上匡謬正俗表》亦云「分爲八卷，勒成一部」。此舊抄本今不可見，未知其何以獨作十卷。周祖謨《校記·序》云曾參覈《藏書志》所録汪應辰《書》（本書附録二），然則周氏亦未見原本，姑爲闕疑。

〔五〕中國古籍善本書目編輯委員會《中國古籍善本書目》，上海古籍出版社一九八九年，第三九一頁。帶圈序號爲筆者所加。

〔六〕中國古籍總目編纂委員會《中國古籍總目》，中華書局二〇〇九年，第一二一八頁。

〔七〕《秘册》編者，錢謙益《列朝詩集小傳》、黄虞稷《千頃堂書目》卷一五類書類皆云胡震亨、姚士粦，《明史·藝文志》、《中國叢書綜録》則云沈世龍、胡震亨。冉旭《〈秘册彙函〉考》（《古籍整理研究學刊》二〇〇四年第三期）認爲主腦乃沈、胡二人。

〔八〕《千頃堂書目》卷一五類書類著録爲二十卷，《明史·藝文志》著録爲二十二種、一百四十一卷，是諸家所見不同。今依上海圖書館編《中國圖書綜録》，上海古籍出版社一九八二年，第四五頁。

〔九〕顏揚庭《表》頁鈐「仲子考藏」（何煌）、「朱子」、「何堂之印」、「毛晉之印」、「青松白玉」，卷一題名頁鈐「隨菴圖書」（徐乃昌）、「虹橋何氏」（何煌）、「松齋」、「南宮邢氏珍藏善本」（邢之襄）、「邢之襄印」、「黄絹幼婦」（何焯），卷二題名頁鈐「玩此芳艸」、「不薄今人愛古人」，卷三題名頁鈐「古褒堂」，卷四題名頁鈐「逍遥遊」（何焯），卷五題名頁鈐「閑官養不才」（何焯）、「隨菴道人」（徐乃昌），卷六題名頁鈐「遊戲三昧」、「隨菴」（徐乃昌），卷八題名頁鈐「留華醉月」，卷末鈐「靜觀樓印」。

〔一〇〕014「號」條「亦以非也」四字，何本眉批云：「一無『以』字。」064「便面」條「形不圜者」四字，他本皆同，惟何本原抄作「形上衺平而下圜者」，與《漢書・趙尹韓張兩王傳》注合，而眉批云：「『形上衺平而下圜者』作『形不圜者』。」若何焯别無參校之本，則不當有此校語。

〔一一〕張本黄筆眉批如006「籀」「明刻本有『竹』字」，021「罾」「明刻第二字作『罾』，餘同鈔本」，030「予」「明刻作『夫人自有美子兮蓀何爲兮愁苦』」，036「禓」「『毆』明刻作『毆』」，039「温」「明刻『藴』」，057「漢書」「明刻作『强讀陂爲坡』」，098「木鍾」「明刻『掌』字下空十二格」，114「黄巷」「明刻作『自東之西』」等，經校勘發現與沈本悉合，可知張紹仁黄筆跋語所謂「家藏明刻本」乃是沈本。張氏黄筆跋語云「復以家藏明刻本重勘，凡與鈔本同者，皆不更書；與鈔本異而義似稍長及可疑者，略記數條」（本書附録二），因此張本黄筆校改並非沈本全貌，僅爲沈本中與雅雨堂本、影宋鈔本皆不相同而張氏以爲文義較長之處。

〔一二〕卷一青浦胡勛堯贊唐校，卷二婁縣張長庚希白校，卷三巴陵方功錦黼堂校，卷四通道吴大恕近之校，卷五湘鄉張鉞黼文校，卷六寧遠楊登訓聽彝校，卷七茶陵譚德潤汝膏校，卷八麻陽田錫齡會英校。

〔三〕書内「胤」、「弘」、「曆」三字，惠本皆不諱；盧本原抄不諱，而分别改作「允」、「宏」、「歷」。可知惠校當在雍正以前，盧校則在乾隆年間。

附録七：本書主要參考引用文獻目録

《爾雅圖》，積山書局石印影宋本。
《穆天子傳》，明《道藏》本，上海古籍出版社一九九〇年。
〔漢〕班固著，〔唐〕顔師古注《漢書》，中華書局一九六二年。
〔清〕畢沅《釋名疏證》，《續修四庫全書》本，上海古籍出版社二〇〇二年。
常素霞《中國古代玉器圖譜》，河北美術出版社一九九九年。
〔明〕陳第《毛詩古音考》，文淵閣《四庫全書》本。
〔清〕陳奂著，王承略點校《詩毛氏傳疏》，《儒藏》精華編，北京大學出版社二〇〇九年。
〔宋〕陳彭年《宋本廣韻》，江蘇教育出版社二〇〇八年。
程樹德《論語集釋》，中華書局二〇〇六年。
〔晉〕崔豹《古今注》，《叢書集成初編》本，中華書局一九八五年。
〔宋〕丁度《集韻》，上海古籍出版社一九八五年。
董秀芳《詞彙化：漢語雙音詞的衍生和發展》，四川民族出版社二〇〇二年。
〔漢〕董勛《問禮俗》，《增訂漢魏叢書》本。

〔漢〕董勛《問禮俗》，《玉函山房輯佚書》本。
〔唐〕杜佑《通典》，中華書局一九八八年。
〔清〕段玉裁《經韻樓集》，上海古籍出版社二〇〇七年。
〔清〕段玉裁《毛詩故訓傳定本》，《皇清經解》本。
〔清〕段玉裁《説文解字注》，上海古籍出版社一九八一年。
〔清〕段玉裁《周禮漢讀考》，《續修四庫全書》本，上海古籍出版社二〇〇二年。
〔劉宋〕范曄著，〔唐〕李賢注《後漢書》，中華書局一九六五年。
〔明〕方以智《通雅》，影印清浮山此藏軒刻本，中國書店一九九〇年。
〔唐〕房玄齡《晉書》，中華書局一九七四年。
〔唐〕封演著，趙貞信校注《封氏聞見記校注》，中華書局二〇〇五年。
〔清〕顧炎武《音學五書》，中華書局一九八二年。
〔清〕顧炎武著，黄汝成集釋《日知録集釋》，上海古籍出版二〇〇六年。
〔梁〕顧野王《宋本玉篇》，中國書店一九八二年。
〔清〕桂馥《説文解字義證》，上海古籍出版社一九八七年。
郭沫若主編，中國社會科學出版社歷史研究所編《甲骨文合集》，中華書局一九七八—一九八二年。
〔晉〕郭璞著，〔清〕錢熙祚輯《爾雅贊·山海經贊》，《指海》第一八集。
〔晉〕郭璞著，〔清〕嚴可均輯《爾雅圖贊》，葉氏郋園刊本。
〔晉〕郭璞著，張宗祥校録《足本山海經圖贊》，古典文學出版社一九五八年。
郭錫良《漢字古音手册》（增訂本），商務印書館二〇一〇年。
〔宋〕郭忠恕，〔宋〕夏竦《汗簡·古文四聲韻》，中華書局二〇一〇年。
〔清〕郝懿行《山海經箋疏》，巴蜀書社一九八五年。
〔清〕郝懿行著，吴慶峰等點校《爾雅義疏》，齊魯書社二〇〇八年。
〔宋〕洪适《隸釋·隸續》，中華書局一九八五年。
〔宋〕洪邁《容齋隨筆》，上海古籍出版社二〇一五年。
〔宋〕洪興祖《楚辭補注》，中華書局一九八三年。
〔清〕胡承珙《毛詩後箋》，黄山書社一九九九年。
〔清〕胡紹煐《文選箋證》，《續修四庫全書》本，上海古籍出版社二〇〇二年。
華學誠《揚雄方言校釋匯證》，中華書局二〇〇六年。
〔宋〕黄伯思《東觀餘論》，明毛氏汲古閣刊本。

黄侃《説文箋識四種》，上海古籍出版社一九八三年。
黄侃箋識，黄焯編次《爾雅音訓》，上海古籍出版社一九八三年。
黄侃批校《黄侃手批説文解字》，上海古籍出版社一九八七年。
黄侃平點，黄焯編次《文選平點》，上海古籍出版社一九八五年。
〔清〕黄生著，〔清〕黄承吉合按《字詁義府合按》，中華書局一九八四年。
〔宋〕賈昌朝《羣經音辨》，《四部叢刊續編》本，商務印書館一九三四年。
〔漢〕賈誼《新書》，文淵閣《四庫全書》本。
〔漢〕賈誼著，〔清〕盧文弨校《賈子新書》，《叢書集成初編》本，中華書局一九八五年。
〔清〕江永《古韻標準》，中華書局一九八二年。
蔣禮鴻《敦煌變文字義通釋》，《蔣禮鴻集》第一卷，浙江教育出版社二〇〇一年。
〔明〕焦竑《焦氏筆乘》，上海古籍出版社一九八六年。
〔後魏〕闞駰《十三州志》，《叢書集成初編》本，中華書局一九八五年。
〔清〕孔廣森注，楊新勛校注《經學卮言》，華東師範大學出版社二〇一〇年。
〔宋〕李昉《太平御覽》，中華書局二〇一一年。
〔清〕李黼平《毛詩紬義》，《皇清經解》本。

〔清〕李富孫《春秋三傳異文釋》,《叢書集成初編》本,中華書局一九八五年。
〔唐〕李吉甫《元和郡縣志》,中華書局二〇〇三年。
〔唐〕李林甫著,陳仲夫點校《唐六典》,中華書局一九九二年。
李圃主編《古文字詁林》,上海教育出版社二〇〇四年。
李潤英譯注《山海經》(圖文珍藏本),岳麓書社二〇〇六年。
李學勤主編《字源》,天津古籍出版社二〇一二年。
〔唐〕李延壽《南史》,中華書局一九七五年。
〔後魏〕酈道元注,〔清〕楊守敬疏《水經注疏》,江蘇古籍出版社一九八九年。
〔清〕梁玉繩《史記志疑》,中華書局一九八一年。
〔唐〕林寶著,岑仲勉校記《元和姓纂》,中華書局一九九四年。
〔清〕劉寶楠《論語正義》,中華書局一九九〇年。
劉曉東《匡謬正俗平議》,山東大學出版社二〇〇〇年。
〔後晉〕劉昫《舊唐書》,中華書局一九七五年。
劉旭《中國古代兵器圖册》,北京圖書館出版社一九八六年。
〔日〕瀧川資言《史記會注考證》,文學古籍出版社一九五五年。

〔清〕盧文弨《羣書拾補》,《叢書集成初編》本,中華書局一九八五年。
〔唐〕陸德明《經典釋文》,影印通志堂本,中華書局一九八三年。
〔晉〕陸機著,劉運好校注《陸士衡文集校注》,鳳凰出版社二〇〇七年。
逯欽立輯《先秦漢魏晉南北朝詩》,中華書局一九八八年。
陸宗達《説文解字通論》,北京出版社一九八一年。
羅香林《唐顔師古先生籀年譜》,臺灣商務印書館一九八二年。
〔清〕馬建忠《馬氏文通》,商務印書館一九八三年。
〔清〕馬瑞辰著,陳金生點校《毛詩傳箋通釋》,中華書局一九八九年。
馬叙倫《石屋續瀋》,建文書店一九四九年。
〔宋〕聶崇義《新定三禮圖》,《中國版畫叢刊》第一册,上海古籍出版社一九八八年。
〔宋〕歐陽修、宋祁《新唐書》,中華書局一九七五年。
〔唐〕歐陽詢《藝文類聚》,上海古籍出版社一九八五年。
〔清〕皮錫瑞《經學通論》,中華書局一九五四年。
〔清〕錢大昕《嘉定錢大昕全集》,江蘇古籍出版社一九九七年。
秦選之《匡謬正俗校注》,商務印書館一九三六年。

饒宗頤編《敦煌吐魯番本文選》，中華書局二〇〇〇年。
〔清〕阮元刻《十三經注疏》，藝文印書館二〇〇七年。
〔梁〕沈約《宋書》，中華書局一九七四年。
〔漢〕史游著，曾仲珊校點《急就篇》，岳麓書社一九八九年。
〔唐〕釋道宣《廣弘明集》，上海古籍出版社一九九一年。
〔漢〕司馬遷《史記》，中華書局一九五九年。
四庫全書研究所整理《欽定四庫全書總目》（整理本），中華書局一九九七年。
〔宋〕宋敏求《唐大詔令集》，學林出版社一九九二年。
〔唐〕蘇敬著，尚志鈞輯校《唐新修本草》（輯復本），安徽科學技術出版社一九八一年。
孫玉文《漢語變調構詞考辨》，商務印書館二〇一五年。
唐作藩《上古音手册》（增訂本），中華書局二〇一三年。
〔明〕陶宗儀《古刻叢鈔》，《叢書集成初編》本，中華書局一九八五年。
〔元〕脱脱《宋史》，中華書局一九七七年。
汪應辰《文定集》，文淵閣《四庫全書》本。
〔宋〕王觀國著，田瑞娟點校《學林》，中華書局一九八八年。

〔清〕王國維《觀堂集林》，河北教育出版社二〇〇三年。
王利器《顔氏家訓集解》，上海古籍出版社一九八〇年。
〔宋〕王楙《野客叢書》，上海古籍出版社一九九一年。
〔清〕王念孫《讀書雜志》，中國書店一九八五年。
〔清〕王念孫《廣雅疏證》，中華書局一九八三年。
〔明〕王圻《三才圖會》，上海古籍出版社一九八八年。
〔清〕王引之《經傳釋詞》，岳麓書社一九八四年。
〔清〕王引之《經義述聞》，江蘇古籍出版社二〇〇〇年。
〔北齊〕魏收《魏書》，中華書局一九九七年。
〔唐〕魏徵《隋書》，中華書局一九七三年。
吴承仕《經籍舊音序録·經籍舊音辨證》，中華書局一九八六年。
〔宋〕吴仁傑《兩漢刊誤補遺》，文淵閣《四庫全書》本。
〔宋〕吴曾《能改齋漫録》，上海古籍出版社一九七九年。
〔日〕細井徇《詩經名物圖解》，浙江人民美術出版社二〇一五年。
〔梁〕蕭統編，〔唐〕李善、五臣注《六臣注文選》，影印《四部叢刊》本，中華書局一九八七年。
〔梁〕蕭統編，〔唐〕李善注《文選》，影印清胡克家刻本，中華書局一九七七年。
〔梁〕蕭統編，〔唐〕五臣注《五臣注文選》，影印宋陳八郎刻本，臺北中央圖書館一九八一年。
謝紀鋒《漢語聯綿詞詞典》，外語教學與研究出版社二〇一一年。
〔唐〕徐堅《初學記》，中華書局二〇〇四年。
徐中舒主編《漢語大字典》（第二版），四川辭書出版社二〇一〇年。
〔清〕徐鼒《讀書雜釋》，《續修四庫全書》本，上海古籍出版社二〇〇二年。
〔宋〕薛季宣《書古文訓》，文淵閣《四庫全書》本。
〔清〕嚴可均輯《全上古三代秦漢三國六朝文》，中華書局一九五八年。
〔唐〕顔元孫《干禄字書》，《異體字研究資料集成》一期別卷一，雄山閣出版株式會社昭和四十八年（一九七三）。
楊伯峻《春秋左傳注》，中華書局一九八一年。
〔唐〕楊倞著《荀子》，上海古籍出版社二〇一〇年。
〔明〕楊慎著，王仲鏞箋證《升庵詩話箋證》，上海古籍出版社一九八七。

〔漢〕應劭著,王利器校注《風俗通義校注》,中華書局一九八一年。
〔唐〕虞世南《北堂書鈔》,中國書店一九八九年。
〔清〕俞樾《春在堂全書》,鳳凰出版社二〇一〇年。
〔宋〕袁文《甕牖閑評》,上海古籍出版社一九八五年。
章炳麟《章太炎全集》,上海人民出版社二〇一四年。
張傳官《急就篇校理》,中華書局二〇一七年。
〔唐〕張懷瓘《書斷》,浙江人民美術出版社二〇一二年。
〔明〕張溥《漢魏六朝百三名家集》,《欽定四庫全書薈要》本。
〔宋〕章樵注《古文苑》,《四部叢刊初編》本,商務印書館一九二九年。
〔唐〕長孫無忌等撰,劉俊文點校《唐律疏議》,中華書局一九八三年。
張相《詩詞曲語辭匯釋》,中華書局一九五三年。
〔宋〕趙令畤《侯鯖録》,中華書局二〇〇二年。
〔宋〕趙明誠《宋本金石録》,中華書局一九九一年。
〔清〕趙翼《陔餘叢考》,中華書局一九六三年。
鄭金生主編《中華大典·醫藥衛生典·藥學分典·藥物圖録總部》(彩繪圖卷),巴蜀書社二〇〇八年。
〔宋〕鄭樵《通志》，浙江古籍出版社二〇〇七年。
〔清〕鄭珍《説文新附考》，《叢書集成初編》本，中華書局一九八五年。
中國社會科學院考古研究所編《殷周金文集成》（修訂增補本），中華書局二〇〇七年。
周紹良主編《唐代墓志彙編》，上海古籍出版社一九九二年。
周天游輯注《八家後漢書輯注》，上海古籍出版社一九八六年。
周一良《魏晉南北朝史札記》，中華書局一九八五年。
周祖謨《景宋本〈刊謬正俗〉校記》，《輔仁學志》一九三八年第七卷第一、二期合刊。
〔清〕朱駿聲《説文通訓定聲》，武漢古籍書店一九八三年。
〔清〕朱彝尊《經義考》，《四部備要》本，中華書局一九八九年。
〔宋〕朱熹《四書章句集注》，中華書局一九八三年。

後記

二〇一四年十一月廿二日，一次講座活動之後，郁先生震宏介紹我與中華書局朱兄兆虎相識。提及我的專業方向是漢語史與訓詁，朱兄當即言道，他曾有意推出顏師古《匡謬正俗》的校注本，後來因故擱置，欲待自爲，卻又苦無閒暇，問我是否願意一試。面對朱兄熱情而鄭重的囑託，我竟不敢推辭，就這樣不知輕重地答應下來。次日回過神來，還没來得及惶恐，又接到朱兄短信曰：「有《毛雅》，有《鄭雅》，有《朱雅》，似還少一部《顏雅》。」斟酌良久，我回復道：「前修未密，正是我輩當用力處。予雖不才，願盡綿力。」後來朱兄曾贊我爽快，然而彼時我並不清楚將會付出的努力，也並未預見我與本書及顏師古的緣分。當時際遇，只道尋常。

一四年末至一五年夏，我查閱比對了《匡謬正俗》的各個存世版本，並過録出了其中一些重要版本，基本釐清了其版本系統，確定了校注所用的底本校本，收集了大量相關資料。此時我碩士二年級，於是以此作爲了碩士論文的選題。此後至一六年五月，我完成了疏證的初稿並順利畢業。論文答辯時，即將成爲我的博士導師的華學誠（潛齋）教授和答辯主席胡敕瑞教授都建議我静置沉潛，從容修改。一九年春，最終交付朱兄的書稿，雖已大修六次，微調無數，但書中仍有諸多未詳未盡之處（如「姑爲闕疑」的 111「褫」等條），當然也會有自以爲已詳而其實未必然者，以及囿於研究條件而未能實現最優解者。這部尚不成熟的書稿出版之後，能够面對更多師長同仁的批評指正，則固所願也，幸甚至哉。

在這本書後，我最想記録的並不是校注過程中的廢寢忘食亦或悠然心會，苦思冥想亦或柳暗花明，而是一些銘心難忘的人和事、思和感。

這本書的完成，首先要感謝本師濟寬先生和潛齋先生。碩士期間，濟寬先生開設的白文點讀課，使我真正開始研讀古籍原典，始爲完成課業，繼則樂在其中。如果現在或將來我還能做一點小小的所謂研究，可以説這一時期打下了最爲重要的基礎。潛齋師温而厲，威而不猛，是嚴師，亦如慈父。學術成就如高山景行，軒昂風采如皓月清輝，激勵我積跬步，集螢火。我還曾就書中的具體條目多次向郁先生震宏請教，並與宋兄君明、李兄宜賓、何兄漢傑、任兄居易、程姊葦之進行討論，他們對我的情誼和幫助，我亦永記心間。

需要特别聲明的是，這部書稿的寫作曾參考了衆多前賢時彦的研究成果（見本書附録六腳注及附録七等），這些成果極大地啓發我博觀約取，幫助我析疑辨難。尤其是山東大學劉曉東先生的《匡謬正俗平議》，使我學習了許多條目的辨析思路。在這裏，謹向前賢時彦們獻上我誠摯的敬意。

在學習文獻語言學以前，我曾覺得經學家的面目，一向彼此相似卻又始終模糊。譬如提及初唐，我們往往熱衷於易代的風起雲湧、玄武門的刀光劍影、太宗的雄才偉略、貞觀的君明臣良，卻很少矚目於卓立儒林的學者鴻儒。又譬如，我們幾乎很難意識到鄭玄也生在前三國時代，與何進、董卓、袁紹、曹操等人都有過交集。嘗見人説，當政者之所以容忍他一次又一次的不合作，或許就是因爲他其實並不屬於那個時代。康成代表着亂世前的士人，清白而專注，爲教化世道人心不遺餘力。亂世中總需要有這樣一位君子，來提醒士人們最初的理想，所以他的遺世獨立被優容了。學者往往都是如此，他們的故事没有英雄美人的傳奇色彩，他們的面目消隱在連篇累牘的典籍背後，他們的生命或許從未如烈焰般熊熊燃燒，但他們蠟炬成灰凝結的著述，千百年後，觸手依然温熱。

這次疏證是一個契機，讓我品讀出顔師古的大雅正和小慧黠，會心於他釐正五經的揮斥方遒，看到河清海晏的背後，還有爾雅淵深如師古，共同成就着泱泱大唐的文教昌榮。從此經學家、小學家在我心中再不只是一個個無聲無息的名字，虚空中漸漸幻化出他們的面孔，從文山書海中擡起頭，投來嶙峋一瞥：只一瞥，我們就無所遁形。

平生五色綫，願補舜衣裳。弦歌教燕趙，蘭芷浴河湟。

所謂慎終追遠，就是想起在遥遠的古代就有我們熟悉的人，他們的血脈穿過時空流到我們身上，他們的思想通過早熟的文明薪火相傳。所以才有展讀古書時撫過斑駁字迹的怦然心跳，才有仰望夜空時對那些熠耀星光掩抑不住的心折。真正發現樸學之美，並願意從此休戚與共，於我而言，大約是此次疏證除學術以外的最大收穫。

書稿初成後，我曾請宋兄君明爲之賜序。同儕學友之中，君明兄與我相識最早，風義乃在師友之間。他的書序讓我從另一個角度審視了這本書對於我的意義，磽薄的書頁上，銘鐫了我近十年的時光。在贈謝君明兄的詞中我寫道：

別後山河草木春，當時轍跡未銷沉。共君酒客兼詩客，留我心痕與夢痕。笑晏晏，思紛紛，十年珍重託斯文。元知胸次情猶熱，風絮滿天憶故人。

而更有意思的是，當我跟隨潛齋先生開始博士階段的學習，在我們第一次關於論文選題的談話中，潛齋師提議的題目是《顔師古辭典》（後來此項研究計劃被推後了），恰與朱兄當初短信中提出的《顔雅》若合符節。我不能不感歎這奇妙的際遇。既然冥冥之中賦予了我這段因緣，我就一定不會辜負於它。

無論時光的流水去向何方，我都會銘記自己讀書爲學的初心。「詁訓小學及前賢文章，皆相附會，可以無惑。」師古之言，亦時時膏我以光華。願從此書、從此刻搴裳而去，眺望還未能看到的遼遠蒼穹。

二〇一九年四月嚴旭謹記於北語

Y

Z

M

N

P

Q

R

S

D

F

G

匡謬正俗疏證主題詞音序索引

〔一〕本索引按音序編排，標明該詞所在條目的題名編號。如"斿　047"，即"斿"見047"春秋"條。

〔二〕顏氏原文所訓釋的詞語或闡釋的術語，均編入索引。如"率　103"、"埒　103"、"朿　103"，即103"埒"條，顏氏云俗音"埒"、字作"朿"者，本字當作"率"；"古今字　030"，即030"予"條，顏氏闡釋了對古今字的認識。

〔三〕疏證所分析的語言現象，歸納出關鍵詞語，亦編入索引，以星號别之。如"合韻* 067，105"，即合韻問題的相關論述，見於067"葬"和105"誼議"兩條疏證。